KB030527

경계선 인성장애를 위한

전이초점 심리치료

임상 가이드

Frank E. Yeomans, M.D., Ph.D.
John F. Clarkin, Ph.D.
Otto F. Kernberg, M.D. 공저
윤순임 외 공역

TRANSFERENCE-FOCUSED PSYCHOTHERAPY
FOR BORDERLINE PERSONALITY DISORDER
A CLINICAL GUIDE

학지사

Transference-Focused Psychotherapy for Borderline Personality Disorder:
A Clinical Guide, First edition
by Frank E. Yeomans, M.D., Ph.D., John F. Clarkin, Ph.D.,
and Otto F. Kernberg, M.D.

First Published in the United States by American Psychiatric Association
Publishing, Washington, D.C.
Copyright ⓒ 2015. All rights reserved.

First Published in South Korea by Hakjisa Publisher in Korean. Hakjisa
Publisher is the exclusive translation publisher of Transference-Focused
Psychotherapy for Borderline Personality Disorder, First edition, (Copyright ⓒ 2019)
authored by Frank E. Yeomans, M.D., Ph.D., John F. Clarkin, Ph.D., and Otto F.
Kernberg, M.D. in Korean for distribution Worldwide.

Permission for use of any material in the translated work must be
authorized in writing by Hakjisa Publisher.

원 저작물은 워싱턴 D.C. American Psychiatric Association Publishing에서
출간되었습니다.

본 한국어 번역본은 (주)학지사에서 출간되었습니다.
Transference-Focused Psychotherapy for Borderline Personality Disorder,
First edition의 한국어판 저작권은 APA와의 독점 계약으로
(주)학지사가 소유합니다.

저작권법에 의해 한국 내에서 보호를 받는 저작물이므로
무단 전재와 무단 복제를 금합니다.

The American Psychiatric Association played no role in the translation of this publication from English to
the Korean language and is not responsible for any errors, omissions, or other possible defects in the
translation of the publication.

American Psychiatric Association은 한국어로 번역하는 과정에 어떠한 개입도 하지 않았으며 한국어 번역본
의 오류, 누락 또는 다른 결함에 대한 책임이 없습니다.

🎥 역자 서문

서울정신분석상담연구소에서는 현대 사회를 석권하고 있는 경계선 인성장애의 이해를 위하여 우선 이론서로서 『경계선 장애와 병리적 나르시시즘』[1]을 번역하고, 그 뒤 치료서로서『경계선 내담자를 위한 전이초점 심리치료 입문』[2], 『경계선 인성장애의 정신분석 심리치료−전이초점 심리치료 지침서』[3]에 이어, 이 책『경계선 인성장애를 위한 전이초점 심리치료−임상 가이드』[4]를 번역하게 되었다.

미국 뉴욕인성장애연구소의 저자 세 사람이 1980년부터 끊임없는 연구를 해온 결과, 세계 여러 곳에 전이초점 심리치료(Transference-focused psychotherpy) 훈련 연구소가 만들어지게 되었다. 현재 훈련 연구소 혹은 적어도 자격증을 가진 강사와 슈퍼바이저들이 있는 곳은 미국, 캐나다, 멕시코, 우루과이, 칠레, 오스트리아, 독일, 스위스, 네덜란드, 영국, 스페인 등이다.

지침서와 비교하여 임상 가이드에서는 임상연구 과정을 소상하게 설명하고 있는 2장이 추가되고, 10장 위기관리가 빠지지만 위기관리에 대해서는 이 책에서 전반적으로 상황에 맞게 다루고 설명한다. 각 장 말미에 추천도서 목록이 추가되었으며,

---

1) O. F. Kernberg, 『경계선 장애와 병리적 나르시시즘(Borderline Conditions and Pathological Narcissism)』, NY: Jason Aronson, Inc, 1975.

2) F. E. Yeomans, J. F. Clarkin, & O. F. Kernberg, 『경계선 내담자를 위한 전이초점 심리치료 입문(A Primer of Transference-Focused Psychotherapy for the Borderline Patient)』, NY: Jason Aronson, Inc, 2002.

3) J. F. Clarkin, F. E. Yeomans, & O. F. Kernberg, 『경계선 인성장애의 정신분석 심리치료−전이초점 심리치료 지침서(Psychotherapy for Borderline Personality-Focusing on Object Relations)』, Washington DC: American Psychiatric Pressing, Inc, 2006.

4) F. E. Yeomans, J. F. Clarkin, & O. F. Kernberg, 『경계선 인성장애를 위한 전이초점 심리치료−임상 가이드(Transference-Focused Psychotherapy for Borderline Personality Disorder-A Clinical Guide)』, Washington DC: American Psychiatric Publishing, 2015.

전체적으로 실제 사례가 많이 제시되어 있고 비디오 축어록이 부분 부분 인용되고 있다. 원서 자체에는 비디오 축어록이 없고 사이트를 찾아 들어가 보아야 하지만, 이 번역서에서는 총 8편의 비디오 축어록을 한글로 번역하여 부록으로 실었다. 이 비디오들은 시청자가 보면 '왜 내담자 혹은 이 분석가가 그런 말 또는 그런 반응을 바로 그 순간에 그렇게 하는지' 이해하기 어려울 때가 많다. 이는 한 사례의 치료 과정 전체를 소개하기보다는 문제 중심으로 몇몇 사례의 단면만을 예로 제시했기 때문일 것으로 사료된다.

경계선 인성장애 이전에 건강한 인간의 인성을 이해해야 하듯이, 전이초점 심리치료를 이해하기 위해서는 정신분석 치료의 일반적인 원칙을 알아야 한다. 그러므로 이 책은 정신분석 이론과 실제에 대한 이해, 그리고 정신분석적인 이상심리에 대한 이해를 바탕으로 한다. 정신분석은 무의식을 다루는 학문이고 연구 방법이며 심리치료 방법이다. 사실 매뉴얼이라는 형식은 언뜻 보기에 정신분석에 맞지 않는 것 같고 다분히 미국적이고 편의적으로 보인다. 그러나 막상 책을 펴고 읽기 시작하면 경이로울 정도로 자세하고 친절하게 정신분석 기법을 설명하고 절대로 정신분석적 기본 분위기와 창의적인 과정을 잃지 않고 있음을 알 수 있다. 어려운 내담자와 어렵게 씨름하고 난 후 한 장을 골라 읽으면 충분히 위로가 될 수 있는 놀라운 책이다.

역자가 따로 덧붙인 내용의 경우에는 기본 각주의 형태에서 대괄호([   ])로 '역주'를 표기하였다. 사람 이름은 영문 그대로 두었으며, 단 프로이트는 이미 널리 사용되고 있기 때문에 한글로 하였다. 번역하기 어려운 모호한 영어 용어는 그대로 제시하였다. 예를 들면, containing, containment를 '컨테인하기'로 번역하였고, setting은 '세팅'으로 하였다.

끝으로 함께 영어 비디오를 시청하고 오랜 기간 동안 머리를 맞대어 고민하고 토론하며 번역을 끝까지 해낸 연구원 선생님들께 깊이 감사를 드린다. 그리고 넓은 마음으로 기다리고 격려해 주신 학지사 김진환 사장님과 편집부 백소현 선생에게도 고마움을 전한다.

2019년 11월 서초동에서

역자 대표 윤순임

저자 서문

 한 치료를 개발하는 과정은 길며 고도의 기술을 요한 과정이다. 이 과정은 내담자 병리의 평가에서부터 치료 원칙과 지침을 만들어 내며 다양한 상황에서 치료 효과를 경험적으로 연구하는 순차적인 단계로 구성된다. 우리의 지도하에(감독자 Otto Kernberg, 부감독자 John Clarkin, 훈련감독자 Frank Yeomans) 뉴욕-프레스비테리언 병원/웨일 코넬 의료센터의 인성장애연구소(PDI)는 1980년부터 심한 인성장애의 평가와 치료를 계속해 왔다. 이 연구를 시작할 때 우리와 함께한 전문 임상가들은 Ann Appelbaum, Steven Bauer, Arthur Carr, Paulina Kernberg, Harold Koenigsberg, John Oldham, Michael Selzer 박사였다. 해가 가면서 우리는 정신병리와 심리치료에 전문 임상가들(Monica Carsky, Jill Delaney, Kay Haran)과 전문 임상가/연구자들(Nicole Cain, Eve Caligor, Diana Diamond, Karin Ensink, Mark Lenzenweger, Kenneth Levy, Kevin Meehan, Lina Normandin, Mallay Occhiogrosso, Barry Stern)과 함께 우리의 집단작업을 발전시켜 나갔다. 우리는 신경과학자인 BJ Casey, Michael Posner, 그리고 David Silbersweig와 공동작업의 기쁨도 누렸다.

 경계선 인성조직 내담자를 위한 우리의 첫 번째 치료 매뉴얼은 1999년에 출판되었다(Clarkin et al., 1999). 그러나 우리가 기술하는 치료 접근인 전이초점 심리치료(TFP)는 고정된 접근이 아니다. 경계선 병리를 가진 광범위한 내담자를 치료한 경험이 축적되고 이론적 진전과 발달 연구 및 신경인지적 연구로부터 나온 자료가 더해져 병리에 대한 우리의 이해가 풍부해지면서, 치료 자체가 확대되고 더 정교해졌다. 우리의 구체적 목표는 병리적 인성구조에서 생긴 증상의 치료뿐 아니라 인성장애 자체를 치료하기 위한 조직화를 계속하는 것이다. 우리의 장기적이고 야심찬 목표는 치료받는 내담자의 기본 인성조직과 구조를 변화시키는 것이다. 또한 기술적 진보의 덕택에 우리는 치료의 다양한 측면을 글로 쓴 페이지와 비디오 시연(온라인으로 볼 수 있음. www.appi.org/Yeomans)을 결합하면서 이 책의 교육적 유용성은 더 증진될 수 있었다. Fatih Ozbay와 Alexander Lau는 비디오를 만드는 데 도움을 주었고 Victor Yalom과 Psychotherapy.net은 Kernberg의 구조적 면접인 비디오 1의 일부를 재생할 수 있도록 허락해 준 것에 대해 감사함을 전한다. 또한 Michele Athena Morgen과 Hendrik Grashuis는 시연 비디오 녹음에서 능숙한 연기로 우리를 도와주어 감사한다. 그리고 Liam Ó Broin은 우리의 책 표지(원서 표지)에 어린 소녀그림을 실을 수 있게 허락해 주어 감사한다. Kernberg의 초상화를 그렸던 Ó Broin 씨는 Kernberg의 연구에 중심이 되는 한 책에 삽화를 그리기도 했다.

지난 25년간 경계선 인성장애 치료의 발달과 진전은 경이롭다고밖에 할 수 없다. 인성장애연구소에서 우리는 이 영역을 연구하는 다른 두 집단의 학자와 연구자들과의 특별한 만남을 가지는 행운을 누렸다. 연구 초기에는 Marsha Linehan을 만나는 행운을 가져 첫 번째 치료 개발에 대한 자문을 구했고 국립정신건강연구소(NIMH)에서 연구비를 받게 되었다. 또한 그녀는 안식년 일부 기간에 우리 캠퍼스로 와서 즐거운 시간을 보냈다. 우리는 우리의 접근과 그녀의 변증법적 행동치료에 대한 발전적 아이디어를 비교할 기회를 가졌다.

우리는 Peter Fonagy 박사와 Anthony Bateman 박사와 동료로서 만남을 가졌던 것을 가장 큰 행운으로 여긴다. 이들은 경계선 내담자의 치료에 심리화에 근거한 접근(mentalization based approach)의 설계자이며 개발자이다. Kernberg는 국제정신분석학회(IPA)의 회장으로서 내담자 치료에 있어 정신분석적 지향에 대한 경험적 접근을 발전시키는 데 중요한 역할을 했다. 그는 학자와 연구자들을 위해 국제정신분석학회와 런던대학에서 진행한 연구 훈련 프로그램을 발전시키는 데에도 중요한 역할을 했다. 연구 훈련 프로그램 시작부터 Fonagy 박사와 Clarkin 박사는 18년 동안 함께 일했고 경계선 내담자의 병리와 치료에 관한 공동작업을 하면서 아이디어, 자료, 파워포인트 발표, 그리고 많은 즐거운 시간을 함께했다.

임상과 연구의 공동작업에 의하여 최적의 발전이 가능해졌다. 우리는 미국의 토양에서 전이초점 심리치료를 개발하고 그 효과를 검증하면서 동시에 독일, 오스트리아, 캐나다, 네덜란드, 이탈리아, 스페인, 스위스, 칠레, 영국, 멕시코, 브라질, 덴마크, 터키, 폴란드, 스웨덴, 아르헨티나, 그리고 호주(대략 이 순서로)의 임상가, 학자들과 동료로서의 만남을 가졌다. Peter Buchheim의 선견지명과 특별한 노력으로 우리는 독일의 뮌헨, 오스트리아의 빈에서 전이초점 심리치료의 무선화(randomized) 임상시험을 할 수 있도록 격려와 지지를 받을 수 있었다. 그 결과 우리는 전이초점 심리치료가 다른 서양 문화에서도 효과적일 수 있다는 확신을 더 갖게 되었다.

경계선 인성조직 성인 내담자에게 전이초점 심리치료를 적용하면서 우리는 이 치료를 더 높은 수준의 인성조직 내담자에게도 활용하기 위하여 치료 가이드를 저술하였다. 이 작업은 동료인 Eve Caligor 박사와 함께하였다(Caligor et al., 2007). 우리는 동료인 Lina Normandin 박사, Karin Ensink 박사와 함께 경계선 인성조직의 청소년을 위한 전이초점 심리치료도 개발하였다.

뉴욕에서 전이초점 심리치료는 컬럼비아대학 정신분석 훈련 및 연구센터에서 인기 있는 선택과목이고 박사후 훈련과정 프로그램에 도입되었다. 온라인 세미나와 슈퍼비전 집단을 통해 훈련 가능성도 확장되었다. 전이초점 심리치료 과목은 웨일코넬 의대, 뉴욕대 랑곤 의료센터, 마운트시나이 병원에서 점점 더 많은 정신과 전공의 훈련 프로그램에 도입되고 있다. 또한 뉴욕시립대, 펜실베이니아주립대와 라발대학의 박사과정에서는 전이초점 심리치료가 대학원의 임상심리학 프로그램에서 교육되고 있다.

따라서 우리의 치료적 접근에 대한 최근 판은 뉴욕의 인성장애연구소에서 행한 연구, 심한 인성장애 내담자의 치료에 헌신했던 미국의 동료 및 국제적 동료들과의 협업의 결과이다. 이러한 협동적 활동은 즐거운 일이기도 하고, 전이초점 심리치료의 원칙을 다른 문화권에도 적용할 수 있는 가능성을 높인다. 이 점에 대해 감사하게 생각한다.

이 책은 중간 정도부터 심한 정도의 인성장애 내담자와 작업하는 모든 정신건강 전문가를 위해 쓰였다. 우리의 연구는 DSM-IV에 따라 경계선 인성장애 진단(BPD; American Psychiatric Association, 1994)을 받은 내담자를 대상으로 하였다. 그러나 이 책에서 우리는 경계선 인성조직(BPO)을 가진 더 광범위한 경계선 병리를 보이는 내담자 집단에 초점을 두었다. 이 책에서 경계선과 경계선 병리라는 용어는 경계선 인성조직(BPO)을 지칭하며, 이는 더 좁게 정의된 경계선 인성장애를 포함하는 범주이다. 우리는 경계선 병리의 기본(1, 2장)을 논의하고 전이초점 심리치료의 초기 평가, 방략, 기략 및 기법을 기술한다(3~7장). 8~10장에서는 증상과 인성변화를 목표로 하는 장기치료의 초기, 중기, 후기를 조명한다. 11장에서는 전이초점 심리치료를 받은 경계선 내담자가 보인 변화의 궤도를 다양한 방향에서 이해한 바를 개관한다.

연구 초기에 Gerald Klerman 박사는 치료 매뉴얼이 개입의 원칙과 다양한 상황에서 이 원칙이 적용된 것을 보여 주는 임상 사례를 결합해야 한다고 조언하였다. 우리는 그 충고를 고려하여, 책 전반에 걸쳐 치료 원칙과 함께 개별 사례에 대한 심도 있는 논의를 병행하였다. 심한 인성장애의 다양성을 고려해 볼 때 각각의 내담자와 이들의 치료는 독특하다. 따라서 우리는 개별 상황에 적용된 치료 원칙을 결합한다. 어떤 치료 매뉴얼이든 있을 수 있는 위험은 이 매뉴얼이 번호가 매겨진 점을 따라 그림을 그리는 것처럼 사용될 수도 있다는 것이다. 이 매뉴얼을 곧이곧대로 적용하면 생명이 없는 결과를 낳을 것이다. 대신 우리는 캔버스를 준비해서, 시간이 가면서 생생하고 때로 강렬한 치료자와의 상호작용 속에서 내담자의 내적인 세계가 펼쳐지는 것을 기술하려고 한다. 이 점에서 우리에게 치료할 기회를 준 내담자들에게 고마움을 전하고 우리에게 가르침을 준 모든 이에게 감사한다. 불행하게도 여전한 사실은 경계선 인성장애와 이들 내담자들은 계속되는 오해와 오명의 대상이고 적절한 치료자원이 부족하다는 것이다. 우리는 이 문제를 연구하는 데 지치지 않고 작업해 준 Bea Tusiani와 Michael Tusiani, Paul Tusiani-Eng, Winifred Christ 박사, 그리고 경계선 인성장애 자원센터에 감사를 표하고 싶다.

이 책은 경계선 인성장애와 경계선 인성조직 내담자의 치료에서 치료과정에 따라 적용된 전이초점 심리치료의 방략, 기략 및 기법에 대해 독자들에게 전하고자 한다. 이 목적을 위해 이 책은 치료 원칙과 그 원칙이 개별 내담자와 그들의 독특한 상황에 따라 어떻게 적용되는지에 대한 설명을 포함한다. 이 과정은 어느 임상가라도 그대로 할 필요가 있다. 즉, 전이초점 심리치료의 원칙을 각 내담자의 특수성에 따라 적용한다는 것이다. 이 방법은 미리 결정되어 틀에 박힌 방법으로 비효과적으로 이끌어 가는 것이 아닌 장기 역동치료와 내담자의 개별성 둘 다를 제대로 다루게 해 준다.

   우리가 일할 수 있도록 특권을 주고 조언해 주고 지지해 준 웨일 코넬 의대의 두 정신과 과장에게 특별한 감사를 표한다. Robert Michels 박사와 Jack Barchas 박사는 우리의 노력을 인정해 주었고 지속할 수 있도록 격려했고 우리의 실수를 관용해 주었다.

Frank E. Yeomans
John F. Clarkin
Otto F. Kernberg

🎥 비디오 가이드

우리 치료에 대한 최근 기술(description)에서 중요하게 부가된 것은 치료 관련 비디오 시연을 포함한 것이다. 심리치료는 내담자와 치료자 두 사람에게 특수하게 적용되는 개별화된 특성을 가지므로, 이 책에 포함되어 있는 비디오 시연을 어떻게 사용할 것인지에 대한 논의가 필요하다. 실제의 치료 회기에서처럼 이들도 어느 다른 회기와도 정확히 같지 않은 독특한 상호작용을 보여 준다. 그러나 우리는 치료 원칙과 치료 실제에서 기법에 대한 비교적 분명한 예시를 보여 주는 것들을 모았다. 각 회기에는 회기에서의 대화와 상호작용을 방략, 기략 및 기법을 다룬 장에서 제시된 자료와 연결하여 해설을 덧붙였다. 치료 회기는 일련의 생각과 공유된 경험이 만나는 교차점이므로 우리는 비디오에서 치료자와 내담자 간에 무엇이 일어나고 있는지 그리고 그 상호작용은 내담자의 주제와 치료자 자신의 내적 경험과 어떻게 연결되는지에 대해 치료자가 '순간적으로 판단'할 필요가 있음을 보여 주려고 하였다.

비디오 1-1, '자기 묘사 및 타인 묘사'는 4장 '진단 평가 단계' 이후에 보아야 한다. 이 비디오에서는 구조적 면접의 일부를 간단히 들여다볼 수 있는데, 여기서는 치료자가 내담자에게 내담자 자신을 묘사하고 또 다른 사람을 묘사하도록 요청한다. 이 부분은 이렇게 단순한 듯한 질문이 어떻게 도전적인지를 입증하며, 내적인 구조에서 정체성 혼미를 보이는 사람들의 반응 유형을 보여 준다. 비디오의 다른 부분은 전이초점 심리치료의 기략과 기법 사용을 예시한다. 비디오 1-2와 1-3('기법적 중립성과 감각 있는 직면')은 비디오 1-1과 같이 전체를 볼 수 있는 시연 비디오 정신분석 심리치료에서 발췌한 것이다. 전체 시연 비디오는 http://www.psychotherapy.net/video/psychoanalytic-psychotherapy-otto-kernberg에서 볼 수 있다. 이 부분은 치료자가 명료화 과정에서 충분한 정보를 얻어 감각 있는 직면과 초기 해석으로 이동하는 치료적 시점을 예시한다. 이들은 6장 '치료기법' 후에 보아야 한다.

비디오 2-1과 2-2, Betty와 Em 박사의 '휴가 전 회기'도 6장 이후에 보아야 한다. 6장의 끝에 있는 설명은 한 회기의 앞부분에서 어떻게 치료 틀에 맞추기, 활성화된 이자관계의 상세화, 그리고 해석의 제시 간 상호작용이 이루어지는지를 설명한 것이다. 이 회기 부분은 또한 정동을 컨테인하고 해석하는 것이 어떻게 정동의 행동화에서 성찰적 사고로 이동할 수 있게 도울 수 있는지를 보여 준다.

비디오 3-1, 3-2, 3-3, '정동 폭주'는 7장 '치료의 기략과 임상적 도전' 후에 보아야 한다. 다른 비디오에서처럼 치료의 요소는 서로 뒤얽혀 있지만, 이 회기가 예시하는 것은 치료자인 Hamilton 박사가 치료 중단과 정동 폭주의 위험을 어떻게 다루는지를 보여 준다. Hamilton 박사는 내담자 Carolyn이 문제의 근원이 되고 있는 자기와 타인에 대한 경험을 상세화하도록 돕고, 분리되어 나가 다른 소통 경로를 통해 소통하는 내적인 세계의 부분을 자각할 수 있도록 돕는다.

유의해야 할 것은 비디오가 실제 치료 사례에 근거하므로, 이 사례들은 내담자의 비밀유지를 위해 1) 상당히 위장되었고, 2) 회기를 조합했다는 점이다. 비디오에 나온 모든 내담자는 실제 내담자가 아니고 배우들이며 실제 인물과 닮았다면 순전히 우연이다. 독자는 '휴가 전 회기'와 '정동 폭주'에서 배우(Michele Athena Morgen과 Frank Yeomans)는 같지만 각기 다른 두 치료자라는 점을 주지해야 한다.

비디오 시연: 본문에 제시된 비디오 장면은 제목과 실행시간으로 확인한다.[1]

비디오는 온라인 주소 www.appi.org/Yeomans에서 찾아볼 수 있다. 비디오는 모바일 iOS 5.1, 안드로이드 4.1과 상위버전을 포함한 가장 최근에 사용하는 체계로 최적화되어 있다.

---

1) [역주] 한글 · 비디오 축어록은 제목과 반응·번호로 확인할 수 있다.

비디오 삽화

독자는 비디오 1-2와 1-3('기법적 중립성과 감각 있는 직면'), 비디오 2-1과 2-2('휴가 전 회기'), 그리고 비디오 3-1, 3-2 및 3-3('정동 폭주') 각각이 기법적 이유 때문에 필요한 중지를 갖지 않은 회기라는 것을 알고 있어야 한다. 독자는 각각을 연속적 회기로 생각해야 한다.

4장. 진단 평가 단계: 임상적 평가와 치료 선정
  ▶ 비디오 1-1: 자기 묘사 및 타인 묘사(4:24) _ [부록 p. 485]

6장. 치료기법: 즉각적 개입과 변화의 작용과정
  ▶ 비디오 1-2: 기법적 중립성과 감각 있는 직면 1부(9:15) _ [부록 p. 486]
  ▶ 비디오 1-3: 기법적 중립성과 감각 있는 직면 2부(10:08) _ [부록 p. 488]
  ▶ 비디오 2-1: 휴가 전 회기 1부(9:24) _ [부록 p. 491]
  ▶ 비디오 2-2: 휴가 전 회기 2부(6:12) _ [부록 p. 496]

7장. 치료의 기략과 임상적 도전
  ▶ 비디오 3-1: 정동 폭주 1부(9:28) _ [부록 p. 497]
  ▶ 비디오 3-2: 정동 폭주 2부(9:26) _ [부록 p. 501]
  ▶ 비디오 3-3: 정동 폭주 3부(10:10) _ [부록 p. 506]

8장. 치료 초기: 치료 틀의 안착, 충동 컨테인하기, 이자관계의 확인
  ▶ 비디오 2-1: 휴가 전 회기 1부(9:24) _ [부록 p. 491]
  ▶ 비디오 2-2: 휴가 전 회기 2부(6:12) _ [부록 p. 496]
  ▶ 비디오 3-1: 정동 폭주 1부(9:28) _ [부록 p. 497]
  ▶ 비디오 3-2: 정동 폭주 2부(9:26) _ [부록 p. 501]
  ▶ 비디오 3-3: 정동 폭주 3부(10:10) _ [부록 p. 506]

9장. 치료 중기: 퇴행 삽화와 함께 통합으로의 움직임
  ▶ 비디오 2-1: 휴가 전 회기 1부(9:24) _ [부록 p. 491]
  ▶ 비디오 2-2: 휴가 전 회기 2부(6:12) _ [부록 p. 496]

15

차례

1장 정상 및 비정상 인성조직 • 21

2장 전이초점 심리치료의 개발을 위한 경험적 임상연구 과정 • 49

정상 및 비정상 인성조직

이 책에 기술된 인성장애 및 치료모델은 Kernberg(1984, 1992)가 발전시킨 현대 정신분석 대상관계 이론에 기초하고 있으며, 현대 현상학적 및 신경생물학적 연구(Clarkin & De Panfilis, 2013; Clarkin & Posner, 2005; Depue & Lenzenweger, 2001)에 의해 확장되었다. 인성장애 내담자에 대한 심리역동적 개념화와 치료의 근본적인 전제는 이들 내담자의 관찰 가능한 행동과 주관적인 장해가 기저의 심리구조의 병리적 특징을 반영하며 이런 구조가 모든 개인이 부딪치는 내적 및 외적 문제들 간의 만족스러운 균형을 증진시키는 방식을 반영한다는 점이다. 이 개념화에 따라, 우리는 우선 경계선 인성장애 내담자의 관찰 가능한 행동과 증상을 개관한다. 경험적 연구에서 관찰 가능한 행동을 개관한 후, 우리는 근본적인 심리구조가 관찰 가능한 행동을 이끈다고 가정하는 대상관계 관점에서 인성의 본질을 기술할 것이다. 인성병리에 대한 진단적 분류, 평가 문제, 치료적 개입 목표에 관한 우리의 접근에는 관찰 가능한 행동과 근본적인 구조 둘 다에 대한 정보가 필요하다.

다른 연구(Clarkin et al., 인쇄 중)에서 경계선 병리에 대해 이미 제시했으므로, 이 장에서는 경계선 병리를 광범위하게 개관하지는 않을 것이다. 이 장에서 우리의 주

요 목표는 임상가에게 숙련된 평가와 치료 계획에 필수적인 경계선 병리 모델을 제
공하는 것이다. 임상가에게는 현상학적으로 관찰되는 경계선 병리의 일반적인 기
술과 이들 내담자가 발달 경험에서 내재화했던 자기와 타인에 대한 심리적 표상에
대한 모델 둘 다가 도움이 될 것이다. 현재 이 분야에 통용되는 경계선 병리 모델
(Lenzenweger & Clarkin, 2005)은 불완전하지만, 내담자와의 상호작용에서 즉각적인
개입을 위하여 임상가는 이 장애의 경험과 근접한 작업 모델이 필요하다. 그러므로
우리는 이 장에서 경계선 병리에 대해 먼저 현상학적 관점에서 기술하고 그다음에
구조적 견해를 제시할 것이다.

1. 경계선 병리에 대한 두 가지 접근

　　Otto Kernberg와 John Gunderson은 경계선 병리를 기술하고 증후군을 명확히
표현하는 데 주된 역할을 했으며, 이는 DSM-III(American Psychiatric Association,
1980)에서 처음으로 정의되었고 지금은 **경계선 인성장애**(borderline personality
disorder, BPD)라고 부른다. 전정신분열증적 인성구조(preschizophrenic personality
structure), 경계선 상태(borderline states), 정신증적 성격(psychotic characters) 및 경
계선 인성에 대한 개념은 심각하게 장해가 있고 다양한 증상을 나타내는 내담자를
치료한 임상적 경험에서 발전되었다(Kernberg, 1975). Knight(1954)는, 예를 들어,
전이에서 심한 퇴행을 초래하는 자아 약화와 심리치료적 접근을 수정할 필요성에
대해 기술했다. 메닝거 재단의 심리치료 연구과제의 일환으로 심한 인성장애 내담
자들을 연구한 경험을 근거로, Kernberg(1975)는 이들 내담자가 신경증 내담자들
과 구별되고 또 정신증적 범위에 해당하는 내담자들과도 구별되는 특정하고 지속
적이며 병리적인 심리구조를 가지고 있다고 기술했으며, 이들 집단을 **경계선 인성조
직**(borderline personality organization, BPO)을 가지고 있다고 지칭했다. 고전적 정신
분석적 치료에서, 이들 내담자는 현실검증력의 상실과 전이를 제한하는 망상적 사
고를 쉽게 나타냈다. 방어적 분열이라는 개념을 사용하여(Fairbairn, 1943; Jacobson,

1954, 1957, 1964; Kein, 1946), Kernberg는 이들 내담자의 기술적 병리와 구조적 조직화 수준 둘 다를 설명했는데, 이는 불안 내성의 결핍, 충동통제의 결함, 승화 통로의 발달 결함(자아 약함) 및 병리적으로 내재화된 대상관계를 포함한다.

　Kernberg(1975, 1984)는 이들 내담자를 기술적 병리와 구조적 특징 면에서 설명하였고, 다른 연구자들(Grinker et al., 1968; Gunderson & Kolb, 1978)은 특히 분노와 우울 같은 강한 정동으로 내담자들을 구분하고 이들 내담자의 하위집단을 나타내기 위해 전적으로 기술적 접근을 사용하였다. 이들 내담자에 대한 많은 기술적 특징들은 경계선 인성장애 진단을 진단체계(American Psychiatric Association, 1980)에 처음으로 공식화하는 데 사용되었다.

　이 장에서는 경계선 병리를 구조적, 대상관계적 견해로 기술할 것이다. 2장에서 우리는 경계선 병리를 가진 내담자들에 대해 구조적 이해와 그들의 행동적, 신경인지적 기능에 관하여 증가하고 있는 연구결과를 결합시킬 것이다.

2. 경계선 병리: 구조적 조직화

　인성장애 내담자의 심리역동적 개념화와 치료의 기본 전제는 이들 내담자의 관찰가능한 행동과 주관적인 장해가 근본적인 심리구조의 병리적 특징을 반영한다는 점이다. **심리구조**(psychological structure)는 개인의 행동, 지각, 주관적 경험을 조직하는 심리기능의 안정적이고 오래 지속되는 패턴이다. 심한 인성장애 내담자가 나타내는 심리구조의 중심적 특징은 자기의식(the sense of self)과 타인의식(the sense of others)의 본질과 통합 정도이다. 정상에서 신경증, 경계선, 정신증에 이르는 인성장애의 심각성과 관련된 인성 조직화 수준은 주로 통합의 정도에 따른다.

　대상관계 이론(Jacobson, 1964; Kernberg, 1980; Klein, 1957; Mahler, 1971)에서는, Sigmund Freud가 기술한 추동인 리비도와 공격성이 항상 구체적인 타인, 즉 그 추동의 대상과 관련해서 체험된다는 것을 강조한다. **내적 대상관계**는 심리구조의 기초요소이며 동기와 행동의 조직자로서 기능한다. 이들 기초요소는 자기표상과 대상

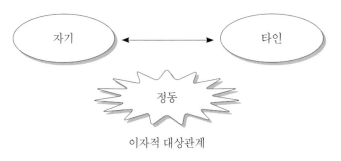

그림 1-1 전이초점 심리치료의 이론적 근거: 대상관계 이론

표상, 추동과 관련되거나 추동을 표상하는 정동에 의해 연결되는 것으로 구성되는 단일체(units)다([그림 1-1]). 이러한 자기, 타인 및 그들을 연결하는 정동의 단일체가 **이자적 대상관계**다. 이자관계에서 자기와 대상은 자기 또는 타인 전체에 대한 정확한 내적 표상이 아니고 과거의 실제 상호작용에 대한 정확한 표상도 아니며, 이보다는 초기 발달과정에서 특정 순간에 정동적으로 점유되어서 경험되고 내재화되며 그 후에 일차적 정동과 환상이라는 내재적 힘에 의해 가공된다는 점을 지적하는 것이 중요하다.

1) 정상 인성 발달과 그것에서 벗어남

인성병리는 정상적 인성 기능의 분명한 개념과 비교될 때 뚜렷이 부각된다. 평가(4장)와 치료에서, 전이초점 심리치료를 사용하는 치료자는 내담자의 기능을 정상수준의 인성조직을 나타내는 개인의 기능과 끊임없이 비교한다. 치료 목표는 내담자가 이상 인성 기능에서 정상 기능으로 나아가도록 돕는 연속적 단계로 표현된다(〈표 1-1〉).

인성(personality)은 행동패턴의 통합을 나타내며 그 뿌리는 기질, 인지적 역량, 성격 및 내재화된 가치체계에 있다(Kernberg & Caligor, 2005). **기질**(temperament)은 체질에 기초를 둔 소인으로 내적 및 환경적 자극에 대한 반응패턴을 말하며, 이 패턴에는 정동반응의 강도, 리듬 및 역치가 포함된다. 긍정적이고 즐겁고 보상적인 정동

표 1-1 인성조직 수준의 측면

	경계선 조직	신경증적 조직	정상적 조직
정체성	• 일관되지 않은 자기의식과 타인의식 • 일, 관계, 여가에 대한 빈약한 투자	• 일관된 자기의식과 타인의식이 있지만 심리적 삶의 한 요소가 충분히 통합되지 않음 • 일, 관계, 여가에 대한 투자	• 통합된 자기의식과 타인의식 • 일, 관계, 여가에 대한 투자
방어	• 원시적 방어 사용	• 좀 더 발전된 방어 사용 • 경직성	• 좀 더 발전된 방어 사용 • 유연성
현실 검증	• 현실적인 사회적 기준에 대한 공감이 일정치 않음 • 자기 대 자기가 아닌 것(nonself), 내부 대 외부에 대한 상당한 혼돈과 왜곡	• 자기 대 자기가 아닌 것, 내부 대 외부에 대한 정확한 지각 • 현실적인 사회적 기준에 공감	• 자기 대 자기가 아닌 것, 내부 대 외부에 대한 정확한 지각 • 현실적인 사회적 기준에 공감

및 부정적이고 고통스러운 정동의 활성화에 대해 체질에 근거한 역치는 인성의 생물학적 측면과 심리적 측면 간의 가장 중요한 연결을 나타낸다(Kernberg, 1994). 발달 단계에 따라 아이들이 보여 주는 정동의 강도, 유형과 범위는 경계선 인성조직을 이해하는 데 있어서 중요하다. 정동 발달이 아이의 돌봄과 관련되는 것은 놀랄 일이 아니다(Kochanska, 2001). 어머니와 14개월 된 유아의 애착패턴은 실험실 세팅에서의 정동표현과 관계된다. 이들 세팅에서, 시간이 지나면서 안정적인 아이는 화를 덜 내며, 불안정적인 아이는 좀 더 부정적인 정동을 나타냈다.

인지적 과정은 현실지각에서 그리고 뚜렷한 목표를 향한 행동을 조직화하는 데 있어서 중요한 역할을 한다. 또한 인지적 과정은 정동반응의 발달과 조절에서 중요한 역할을 한다. 정동의 인지적 표상은 정동이 활성화되는 역치에 영향을 준다. 이들 인지적 과정은 원시적 정동 상태를 복합적인 정서 경험으로 변형시키는 데 있어서 핵심적이다. 양육자가 제공하는 모델에서 배운 것과 기질적 소인이 통합되면서 주의조절과 의도적 통제에 대한 인지적 역량이 발달된다.

성격(character)—정체성의 행동적 발현—은 특정 개인에게 독특한 행동패턴의 역동적 조직화다. 성격에는 행동패턴의 조직화 수준과 정도 그리고 환경적 상황에 걸쳐 행동의 유연성이나 경직성 정도가 포함된다. 성격은 행동의 내적 모델을 제공하는 자기와 타인 간의 내재화된 무수한 관계를 통합하려는 노력을 반영한다. 성격의 주관적 결과는 정체성의 구조이다. 즉, 이들 이자관계 단위의 모든 자기표상이 하나의 안정되고 복합적인 자기 개념으로 통합되고, 또한 대상표상들의 보완적인 통합을 통해서 중요한 타인 개념이 통합되는 것과 관련된다. 성격과 정체성은 상호 보완하는 측면이다. 정체성은 자기 개념과 중요한 타인 개념들로 구성되는데, 이는 성격의 역동적 조직화를 결정하는 심리구조를 제공한다.

중요한 대상관계의 내재화는 윤리적 가치의 통합된 체계라는 하나의 좀 더 중요한 주관적인 구조를 만들며, 이는 정신분석 이론에서 **초자아**(superego)로 불린다. 경계선 병리의 발달에서, 이런 구조의 장해는 중요한 임상적, 치료적 및 예후적 함의를 갖는다.

2) 정상 인성조직

정상 인성조직을 지닌 개인은 먼저 통합되고 일관된 자기 개념 및 중요 타인 개념을 가지고 있으며, 그것이 정체성 개념에 나타난다. 이 개념에는 일관된 내적 자기의식과, 자기일관성을 반영하는 행동 둘 다 포함된다. 이런 일관된 자기의식은 자기 존중감, 즐기는 것, 타인과의 관계로부터 그리고 일에 대한 헌신으로부터 기쁨을 끌어내는 역량 및 시간에 따른 연속감의 근간이 된다. 일관되고 통합된 자기의식은 자신의 역량, 욕망 및 장기 목표를 실현하는 데 기여한다. 마찬가지로, 일관되고 통합된 타인 개념은 공감과 사회적 감각을 포함해서 타인에 대한 현실적인 평가에 기여하며 따라서 성공적으로 상호작용하고 관계를 맺는 능력에 기여한다. 통합된 자기의식과 타인의식은 타인과의 성숙한 상호의존성 역량에 기여하며 또한 그것은 타인과 정서적으로 헌신하는 관계를 맺는 동시에 자기일관성과 자율성을 유지할 수 있는 역량을 포함한다. 친밀하고 안정된 사랑관계를 형성할 수 있고 이런 관계에서 에로티시즘과 다정함을 통합하는 역량은 일관된 정체성의 또 하나의 결과이다.

정상 인성조직의 두 번째 구조적 특징은 폭넓은 스펙트럼으로 정동을 경험하는 것이다. 정상 인성조직을 지닌 개인은 충동 통제력을 잃지 않고도 복합적이고 잘 조절된 다양한 정동을 체험할 수 있는 역량을 지닌다. 이 역량은 정체성과 개인의 방어기제 수준 둘 다와 관련된다. 방어기제는 개인이 자기 안의 갈등(사랑하는 감정과 미워하는 감정 간의, 혹은 충동과 그 충동에 반대하는 내적 금지 간의)과 연관된 불안 혹은 내적 충동과 외부 현실의 요구 간의 갈등을 타협하도록 도와주는 심리적 장치의 측면이다. 잘 기능하는 심리적 방어와 연합된 일관된 정체성은 개인이 그 정동을 이해하고 받아들이는 것 둘 다에 도움이 되는 내재화된 경험이라는 일관되고 견고한 기반의 맥락에서 강한 정동을 경험할 수 있게 한다. 인성장애 내담자들을 위한 치료의 기본적인 초기 요소는 내담자가 컨테인하기 어렵고 그러므로 언어를 통해 상징적으로 소화시키기 어려운 강한 정동을 치료자가 컨테인할 수 있는 세팅을 만드는 것이다.

정상 인성조직의 세 번째 특징은 내재화된 가치체계가 통합되어 있는 것이다. 부모의 가치와 금지에 발달적 뿌리를 두고 있으면서, 성숙한 내재화된 가치체계는 부모의 금지에 경직되게 묶여 있지 않으며 안정적이고 개인화되어 있으며 타인과의 외부 관계에 영향을 받지 않는다. 이러한 가치의 내적 구조는 개인적 책임감, 현실적인 자기칭찬과 자기비판 역량 및 표준, 가치, 그리고 이상에 대한 헌신에서 우러나오는 유연한 의사결정에 반영된다.

3) 발달 요인

내재화된 이자적 대상관계는 심리구조의 기초요소이다. 유아 발달과정에서 다중적인 내적 이자관계가 정동적으로 강한 경험을 기반으로 만들어진다. 이런 이자관계는 자기와 타인에 대한 개인 경험의 원형이 된다. [그림 1-2]는 발달과정에서 일반적으로 내재화되는 많은 이자관계 중에서, 가장 두드러진 몇 개를 예시한다.

대상관계 이론은 유아의 기질과 환경에서 양육자와 정동적으로 강한 상호작용경험의 조합이 발달에 중요하다고 가정한다. 유아와 양육자 간의 초기 상호작용은 유아가 외부 세계의 표상을 점진적으로 내재화하는 데 작용하는 요소이다. 이들 상호작용은 유아의 기질에 의해 영향을 받은 방식으로 내재화된다. 이들은 정동적 각성과 인지-지각적 요소 둘 다를 포함한다. 최적의 유아-양육자 상호작용은 유아에게 양육하고 돌보는 분위기를 제공하는 것이다. 그 분위기에서 유아는 양육자가 사랑을 주고 자신의 욕구를 정확하게 이해하는 것을 지각하며, 유아의 욕구는 서로를 만족시키는 주기적인 주고받음(rhythmic interchange) 속에서 충족된다(Gergely & Waton, 1996 참조). 이와 관련해서 유아는 양육자와 안정된 애착을 발전시키고 유아가 안전하고 돌봄을 받고 있다는 긍정적이고 즐거운 기대를 가지고 자기와 타인에 대한 일관된 내적 이야기를 만들기 시작한다. 이런 안정적 애착은 유아가 발달 경로에서 불가피한 부분인, 불편하거나 고통스러운 순간에 부정적인 경험을 다루는 데 도움이 된다.

낮은 정동 강도의 비교적 차분한 기간 동안, 유아는 연령과 신경심리학적 발달에 따른 일반적 종류의 인지적 학습을 하면서 주변 환경을 받아들인다. 이에 비해, 유아는 또한 높은 정동 강도의 기간을 체험한다. 이것은 일반적으로 욕구나 쾌에 대한 소망("나는 도움이 필요해." "나는 더 원해.") 또는 공포나 또는 고통으로부터 벗어나고 싶은 소망("그것으로부터 벗어나고 싶어!")과 관련된다. 유아의 정동은 강렬한데, 그 이유는 쾌와 돌봄을 추구하고 해로운 것을 피함으로써 그리고 정동표현에 의해 양육자에게 욕구의 신호를 보냄으로써 정동은 미숙한 포유류가 생존해 가도록 돕는 생물학적 기능을 지니기 때문이다. 쾌나 만족의 전형적 경험은 유아가 몹시 배가 고플 때 어머니가 있어서 반응해 주면 생기는 반면, 고통이나 좌절의 전형적 경험은 어떤 이유에서건 양육자가 유아의 욕구에 반응하지 않을 때 생긴다. 초기 유아기 동안, 아직은 이런 순간적인 강도가 경험의 넓은 범위의 내재화된 배경에 의해서 완화되지 않는다.

이러한 최고조 정동 강도 기간은 자기가 타인과 관계하게 하고 발달하고 있는 마음에 **정동이 실린 기억구조가 자리 잡게**(laying down of affect-laden memory structure) 한다([그림 1-2] 참조). Kernberg(1992)는 이런 과정을 다음과 같은 방식으로 기술하였다. "최고조 정동 경험은 보상적이거나 좋기만 한 축을 따라서 또는 회피적이거나

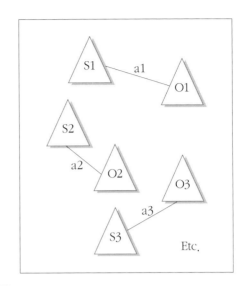

예 1: S1=배고프고 박탈된 자기
   O1=가학적이고 박탈하는 타인
   a1=두려움

예 2: S2=배고프다가 만족된 자기
   O2=이상적이고 반응적인 타인
   a2=사랑

예 3: S3=강력하고 통제적인 자기
   O3=약하고 노예 같은 타인
   a3=분노

그림 1-2 유아의 내적 세계

주. a=정동, S=자기표상, O=대상표상.

나쁘기만 한 축을 따라 조직화된 원시적 대상관계의 내재화를 촉진할 수 있다. 다른 말로 하면, 유아가 최고조 정동 상태에 있을 때 자기와 대상의 경험은 정동적 기억구조가 자리 잡는 것을 촉진하는 힘을 지닌다."(p. 13) 이러한 정동이 실린 기억구조는 발달하는 개인의 동기 체계에 영향을 준다. 왜냐하면 최고조 정동 상태에서 유아는 생존에 중대해 보이는 것을 내재화할 것이기 때문이다. 즉, 필요한 것을 획득하고 고통스럽거나 위험한 것을 회피한다.

이자적 대상관계와 관련해서, 유아의 만족스러운 경험에는 완벽하게 돌보는 타인과 만족하고 충족된 자기라는 이상적인 상이 포함된다. 반면, 좌절되는 경험에는 박탈하거나 심지어 학대하는 타인과, 정에 굶주리고 무기력하고 불안한 자기라는 완전히 부정적인 상이 포함된다. 비록 이러한 상들은 대상의 전체성이나 연속성보다는 어떤 시점에서 특정한 순간을 표상하지만, 기억구조에는 순간보다는 더 큰 현실의 부분 표상으로서 부호화된다. 이러한 체계의 특성 때문에, 양육자가 대체로 관심을 가지며 보살펴 줄 때에도 유아는 일시적인 좌절이나 박탈 경험으로 인하여 가학적이고 박탈하는 대상상을 내재화할 수 있다. 비슷한 방식으로, 양육자가 대체로 방치하거나 학대할 때도 유아는 드물게 만족스러운 경험을 할 수 있고, 이는 만족에 대한 동경과 합쳐져서 애정적이고 보살펴주는 내재화된 대상상을 가져올 수 있다.

유아-양육자 간 상호작용의 혼란은 최적의 발달 경로를 이탈하게 만드는데, 이는 부정적인 경험이 마음을 발달시키는 데 좀 더 주도적인 역할을 하게 되는 것이다. 자기 개념 및 타인 개념은 일찍부터 발달하며 또 이것은 언어의 출현과 (세상에 대한 객관적 정보에 대한) 의미기억 및 (과거 사건을 재경험하는) 삽화기억의 부호화에 좌우된다. 자서전적 기억은 삽화기억 형태로 간주되는데, 이것은 시간이 지나면서 자기 자신의 이야기에 대해 개인적이고 오래 지속되는 개념을 형성한다(Nelson & Fivush, 2004). 자기표상의 발달은 순차적으로 이루어지는데, 유아기에 전부냐 아니냐(all-or-none)식의 사고를 보이는, 비현실적으로 긍정적이거나 부정적인 평가를 하는 것으로부터 아동기 중기, 후기로 가면서 반대 속성을 통합하는 능력과 함께 긍정적인 평가와 부정적인 평가가 함께 존재하는 것으로 발전해 간다(Harter, 1999).

아동과 양육자 간 관계에서 혼란과/혹은 외상의 존재가 자기 개념과 타인 개념의 발달에 엄청난 영향을 미친다(Harter, 1999). 몇몇 경계선 내담자의 개인력에서 초기의 성적 학대가 발생했으며, 또 양육자의 방임, 무관심 및 공감 실패가 추가적 요인으로서 엄청나게 해로운 영향을 끼친다는 것이 밝혀졌다(Cicchetti et al., 1990; Westen, 1993). 이러한 혼란된 환경에서 자라난 아이들은 주요 양육자와 불안정한 애착을 형성한다(Cicchetti et al., 1990; Westen, 1993). 이러한 불안정 애착은 의도적 통제와 자기조절 역량이 발달하는 것을 방해하며, 강한 부정적 정동과 고통을 회피하도록 정보체계를 왜곡하는 방어적 조작으로 인해 의해 자기 개념과 타인 개념을 내재화하는 것이 위태로워진다.

4) 동기적 측면: 정동과 내적 대상관계

정동은 타고난 소인으로 인간 발달의 초기 단계에서부터 나타난다. 긍정적 및 부정적 정동은 체질적으로 그리고 유전적으로 결정된 경험이며, 점차적으로 동기를 포함하여 더 넓은 추동으로 조직화되고, 또 이들 정동이 특정한 이자관계와 연합되면서 좀 더 넓은 긍정적 부분과 부정적 부분으로 구분된다. 만족스럽고 즐거운 정동은 리비도로 조직화되는 반면, 고통스럽고 혐오적이며 부정적인 정동은 공격성으로 조직화된다. 정동은 경험된 상호작용에 기반을 두고 그다음에는 무의식적 환상 과정에 의해서 정교화된 개인의 내적 대상관계 틀의 발달을 작동시키며, 이렇게 정동적으로 점유된 자기표상과 대상표상의 이미지가 기억에 형성되며 개인의 내적 대상관계 세계가 된다. 따라서 정동은 추동의 기초 요소이며, 특정한 내재화된 대상관계 맥락에서 추동의 활성화를 신호한다.

유아 발달과정에서, 다중의 정동으로 점유된 경험이 내재화된다. 마음의 한 부분은 한편으로는 만족스러운 경험에 기초한 이러한 이상화된 상들로 이루어지고 마음의 다른 부분은 부정적이고 혐오적이며 적대적인 상들로 이루어진다. 초기 발달에서, 이러한 부분에 대한 적극적인 분리가 마음에서 일어난다([그림 1-3]).

정상적으로 발달하는 아이는 생후 몇 년 동안 자기와 타인에 대해 이렇게 극단적으로 좋은 표상과 나쁜 표상을 점차적으로 통합한다. 이러한 통합은 좀 더 복합적이고 현실적인 자기와 대상[1]에 대한 내적 표상으로 귀결되고, 현실이란 사람들이 좋은 속성들과 나쁜 속성들의 혼합체이고 때로는 현실에 만족할 수 있지만 다른 때는

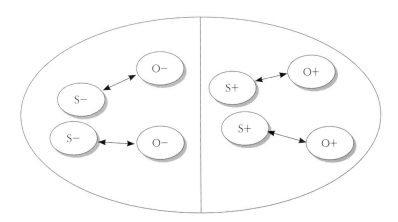

그림 1-3 분열 조직: 좋기만 하거나 나쁘기만 한 내적 표상에 대한 의식

주. O=대상표상, S=자기표상.

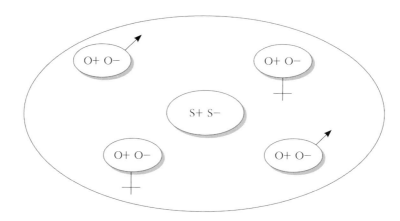

그림 1-4   정상 조직: 복합성을 자각하는 통합

주. O=대상표상, S=자기표상.

좌절할 수 있다는 것을 인정하게 한다([그림 1-4]).

경계선 병리가 생기는 내담자들은 이러한 통합과정이 제대로 일어나지 않으며, 그 대신 최고조 정동 경험의 이상화된 부분과 박해를 당하는 부분 간의 좀 더 영구적 분열이 고정된 병리적인 심리내적 구조가 된다([그림 1-3] 참조). [그림 1-2]에서 제시한 바와 같이 이자관계는 분열된 내적 구조에서 중요한 역할을 한다. '배고프고 박탈된 자기'는 '가학적이고 박탈하는 타인'과의 관계에서 '희생양'으로 경험될 수 있다. 그리고 '배고프다가 만족된 자기'는 '이상적이고 반응하는 타인'의 '완벽하게 사랑받는 대상'으로 경험될 수 있다. 이러한 분리는 만족스럽게 지각되는 대상을 향한 따뜻하고 사랑하는 감정으로 채워진 이상화된 표상을 불안과 격노 및 미움의 정동과 관련된 부정적 표상으로부터 '보호한다.' 대상관계 이론을 순수 인지 심리학과 구별 짓는 한 가지 측면은 이들 표상들이 인지적 이미지일 뿐만 아니라 박탈하는 대상에 대한 미움을 포함하는 강한 원시적 정동과 관련됨을 강조하는 데 있다. 미움은 파괴하려는 소망으로 정의되기 때문에, 이 원시적 심리구조에서 좋은 부분과 나쁜

---

1) 타인(other)은 개인의 삶에서 사람들을 지칭한다. **대상표상**(object representation)은 대상의 정동과 추동에 대한 마음에서의 표상을 지칭한다. 대상표상은 다른 사람과의 경험에서 기인하지만 그들의 객관적 현실에 정확하게 상응하지는 않는다.

부분의 분리는 자기와 대상의 '이상적인' 표상을 '나쁜' 표상과 관련된 미움에 의해 파괴되는 위험으로부터 보호하기 위해 필요한 것이다. 이러한 분리는 분열이라는 내적 기제인데, 그것은 원시적 방어기제의 전형적인 예로 볼 수 있으며 경계선 인성 병리의 핵심이다. 정동을 이렇게 정반대 진영으로 극단적으로 분열시키는 것은 개인이 외부 현실의 복합성에 잘 적응하도록 돕는 것은 아니지만, 그럼에도 불구하고 이것이 세상에 대한 개인의 경험에서 혼란스러운 정동의 혼합을 조직화하는 첫 시도를 제공하기 때문에 불안을 다소 누그러들게 한다. 그러므로 개인은 변화 과정에서 이 체계가 의문시되어도 포기하기 어려울 것이다.

Melanie Klein(1946)은 이러한 분열된 내적 세계를 **편집-분열 포지션**(paranoid-schizoid position)이라고 불렀다. 그것은 좋기만 한 그리고 나쁘기만 한 내적 표상으로 특징지어진다. 이 포지션의 분열적 특성은 그것의 분열 성향으로부터 온다. 편집적 특성은 '나쁜' 박해하는 대상을 외부 대상으로 투사하고 그런 이유로 외부로부터의 공격성을 두려워하면서 사는 경향으로부터 나온다. 누군가와 가깝게 되는 것은 공격성의 근원과도 가까워질 가능성이 있다는 것을 의미하므로, 이런 심리구조는 친밀감에 방해가 된다. 정상 발달과정에서, 개인은 분리된 편집-분열 포지션을 넘어서 자기와 타인 안에서 사랑하는 정동과 공격적 정동의 혼합에 대해 인정하는 통합되고 좀 더 복잡한 심리구조로 발전한다. 개인은 완벽한 타인 혹은 자기, 철저하게 부정적인 자기 혹은 타인만을 포함하는 극단적인 영역으로부터 '충분히 좋은'이라는 좀 더 현실적이고 복합적인 표상들로 옮겨 간다. Klein은 이런 후자의 심리구조를 두 가지 이유로 **우울 포지션**(depressive position)이라고 명명했다. 첫째, 우울 표지션은 양육자와 자기에 대한 비현실적인 이상적 상을 포기해야 하는 상실감을 포함하고 이 상실을 애도해야 하기 때문이다. 그리고 이상에 대한 추구에서 예술이나 영성과 같은 좀 더 상징적 영역으로의 전환을 포함할 수 있는 어려운 단계이다. 둘째, 이것은 개인이 전에는 오로지 타인에게만 있는 것으로 경험했던 공격성을 자기 자신의 것으로 받아들이는 것을 포함한다. 이는 타인들을 나쁘기만 한 내적 대상이라는 렌즈를 통해서 지각했을 때 어떤 자각이나 죄책감 없이 타인을 향해서 공격성을 행동화했을 수 있다는 의식적 자각을 수반하는 죄책감과 후회를 경험하도록 이끌 수 있다. 전이초점 심리치료의 목표는 내담자가 편집−분열 포지션에서 우울 포지션으로 나아가도록 돕는 것이며, 그 후에는 추가 작업을 하여 우울 포지션의 문제를 해결하고 조화로운 심리적 균형을 얻는 것이다.

만약 유아가 나쁜 것을 피할 수 없고 좋은 것을 얻을 수 없다면 양육자에게 도와달라는 신호를 보낸다. 그런 신호를 읽을 수 있는 역량이 있는 양육자는 정동적 표현과 행동적으로 아이에게 어떻게 반응할지 알고 있다(Fonagy et al., 2007). 그러나 만약 유아와 양육자 간의 상호작용 체계가 신호와 반응의 불일치를 나타내는 이상애착(abnormal attachment)에 의해서 왜곡되면, 유아는 부정적 정동에 압도되는 고통을 겪게 된다. 이런 과정의 결과로 정동적으로 상반되는 경험들의 정상적인 통합이 이루어지지 않는다. 유아는 일반적으로 곳곳에 믿을 만한 체계가 있음을 아는 상황에서는 좌절을 견딜 수 있다는 사실을 내재화하지 못한다. 이러한 부정적 경험이 축적되면서, 하나의 전반적인 동기 체계, 즉 긍정적인 보상적 동기 체계와는 별개로 기능하는 하나의 해리된 동기 체계가 발달하는데, 이는 강한 부정적 정동을 다루는 여러 심리기제를 만들어 낸다. 투사적 방어기제는 부정적 정동을 제거하려 하고, 그것이 외부에서 오는 것으로 지각하려 한다. 다른 원시적 방어기제는 부정적 정동이 활성화되는 위험에서 보호하기 위해 어떤 관계를 이상화한다. 비현실적으로 이상화된 왜곡이 비현실적으로 편집적인 왜곡과 번갈아 나타난다.

왜곡에서의 이런 교체가 관계 체계에 영향을 주는 것은 한 개인이 내적 갈등이 있는데도 불구하고 편안하게("나는 안전해.") 느낄 수 있는 대신, 공격성을 외부로부터 오는 위험으로 갑작스럽게 경험할 수 있다는 점이다. 정동 경험에서 부정적인 부분이 과장되고 비정상적으로 발달하면서, 개인은 잠재적으로 부정적인 자극에 과민해지고 부정적이며 위협적인 경험에 대해 과잉반응하게 된다. 살아남기 위해서는 철수하거나 반격해야 하는데, 이는 다른 사람을 동일시하기 어렵게 하며 또 공유된 가치가 있는 일관된 체계를 동일시하는 것에 근거한 내재화된 도덕성의 결함을 가져온다. 이런 과정으로 인해 형성 중인 심리사회적 체계가 방해받는다.

결국 정상 발달과정에서는, 부정적 정동을 분열시키고 투사하는 강한 동기 체계가 조절되며 개인의 적응기제와 일반적인 포부로 통합되면서 행동패턴이 수립되는

데, 이는 현실 세계의 복합성에 대한 적응을 증진시킨다. 그러나 경계선 개인은 마음에 극도로 부정적인 부분과 이상화된 부분 간의 분열이 원래대로 남아 있어서, 자신이 누구인지에 대해 통합된 감각을 발달시키는 것을 방해하고 타인과의 관계는 심하게 왜곡된 채 남겨지게 된다. 이들 개인은 자기가 어떤 심리상태에 있는지 정확하게 알게 해 주는 통합된 자기의식에 도달할 수 없고 자기와 인간 상호작용에 대해 일반적으로 균형 잡힌 관점을 고려하여 통합된 타인의식에 도달할 수 없다. 이런 개념들은 좀 더 최근에 심리화 이론에서 채택되고 연구되었다(Bateman & Fonagy, 2004).

마지막으로, 행동패턴을 조직화하고 이끌어 가는 데 있어 중요한 것은 내재화된 가치체계다. 이러한 도덕적 나침반은 도덕적 발달의 첫 단계에서는 부모와 문화적 요구 및 금지를 내재화하는 것에 기인하지만 이 체계가 성숙함에 따라 일관적이고 현실적 가치에 따르게 된다. 정신분석적 대상관계 관점에서 보면, 일관된 도덕적 가치체계의 발달은 자기와 타인에 대한 내재화된 표상들의 성공적인 통합과 관련된다. 도덕적 발달은 내재화된 가혹하게 처벌하는 목소리와 동일시하는 것에서부터 일관된 가치를 지닌 조화로운 체계로 진행한다(Jacobson, 1964). 일련의 연구에서, Kochanska와 동료들은 양심의 기원을 의도적 통제의 발달에서 찾았다. 초기 유아기 동안, 의도적 통제는 성격특성(traitlike attribute)과 마찬가지로 45개월경 나타난다. 더 높은 의도적 통제력을 지닌 유아는 양심이 좀 더 많이 발달했고 외재화 문제가 더 적었다(Kochanska & Knaack, 2003).

요약하면, 건강하고 적응적인 자기성찰은 일련의 기제에 달려 있다. 즉, 자기 개념이 통합되어 있고, 중요한 타인에 대한 개념이 통합되어 있는 이자관계의 내재화에 달려 있다. 또한 통합된 타인 개념으로 인해 다른 사람에 대해 깊이 있는 관점을 가지게 되며, 다른 사람의 구체적인 행동을 그 사람의 전반적인 행동패턴에 준하여 판단하게 된다. 자기 개념에 대한 해석을 통해 일시적인 정동 상태를 개인의 좀 더 복잡한 정동 소인의 맥락 안에서 분화하고 한정 지을 수 있다. 만약 타인에 대한 평가 전체를 좁은 내적 상들로 투사하여 왜곡한다면, 타인에 대해 현실적으로 볼 수 없다. 즉, 상대방이 그 순간의 상호작용에서 일으키는 내적 대상표상을 넘어서 볼 수 없게 된다. 이는 특정 순간에 다른 사람의 정서상태와 행동을 넘어서 그 사람을 평가하기보다는 타인이 특정 순간에 어떠한지 생각해서 타인을 정의하도록 이끈다.

발달 경로에 대해 의도적 통제와 다른 자기조절 기술의 합류로 특징지어지는 하나의 그림이 나타나는데, 이는 아이와 양육자 간에 양육적이고 확실히 리듬이 있고 예상할 수 있는 관계의 맥락에서 나타난다. 호의적이고 공감적이며 주의를 기울이는 양육자와 아이의 상호작용을 통해 자기조절의 증가, 부정적 정동보다 긍정적 정동의 우세, 양심의 시작, 또래와의 부드러운 상호작용이 점차 나타난다. 이러한 정상 발달 경로는 비정상적으로 강한 수준의 정동 활성화로 특징지어지는 유전적 성향(기질)과/혹은 신체적 또는 정서적 방임과 신체적 또는 성적 학대로 특징지어지는 환경에 의해 파괴될 수 있다. 그 결과, 아이는 주로 부정적 정동, 빈약한 자기조절, 자기 개념과 타인 개념의 붕괴 및 또래 관계에서 장해를 보인다. 경계선 내담자에 대한 어떤 발달적 연구도 아직 없긴 하지만, 이렇게 등장하는 그림은 경계선 인성조직 성인 내담자가 정체성 혼미, 부정적 정동의 우세, 빈약한 자기조절 및 타인과의 위태로운 관계를 보이는 것과 유사하다.

3. 대상관계 분류모델

인성과 그 병리는 주관적 경험과 기저의 심리구조를 참고해서 관찰 가능한 행동을 조사함으로써만 이해할 수 있다는 기본적인 전제하에, 우리는 이러한 요소들에 근거해서 정신분석적 분류모델을 만들었다. [그림 1-5]에서 예시된 인성장애의 이론적 분류는 인성장애 전체 영역을 이해하기 위해 범주적 구성개념[즉, DSM-5 장애(American Psychiatric Association, 2013)와 다른 인성장애]과 차원적 구성개념(즉, 병리의 상대적 심각성, 심리적 삶에 공격성이 스며든 정도 및 내향성 대 외향성)을 결합한다.

행동 수준에서, 인성병리는 정상적 행동의 억제와/혹은 특정 행동의 과장으로 나타나며(예, 성적 억제 혹은 성적 문란), 또한 모순된 행동 사이를 왔다 갔다 하는 것으로 나타난다. 구조 수준에서, 인성은 일관되고 통합된 자기의식 및 타인의식으로 조직될 수 있거나 또는 이러한 정체성에 대한 일관된 감각 없이 조직될 수 있다(정체성

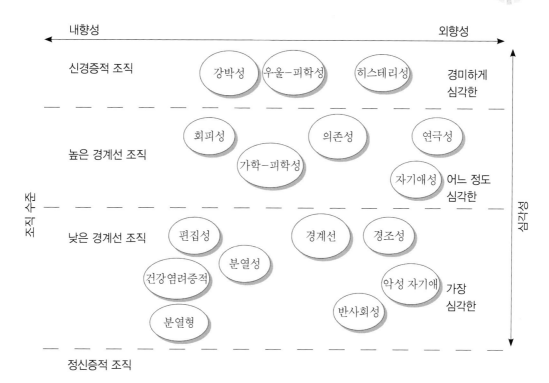

그림 1-5 구조적 진단: 범주적 구성개념과 차원적 구성개념을 연합한 인성장애 분류

심각성은 1) 정체성 혼미, 2) 원시적 방어의 우세, 3) 공격성의 강도를 반영한다.

혼미). 정체성 개념을 방어기제, 현실검증, 대상관계, 공격성 및 도덕적 가치 등 관련된 개념을 따라 고찰함으로써, 인성조직의 병리적 수준이나 정도를 개념화할 수 있다. 즉, 건강한 조직화에서 점차 역기능적 조직화에 이르며, 이는 정상에서 신경증적으로, 경계선으로 그리고 정신증적 인성조직으로 진행한다(〈표 1-1〉 참조).

1) 신경증적 인성조직

경계선 인성조직을 지닌 내담자와 대조적으로, 신경증적 인성조직을 지닌 내담자는 통합된 정체성(즉, 통합된 자기의식과 타인의식)을 지닌다. 신경증적 인성조직 내담자는 일반적으로 분열보다는 억압을 중심으로 조직화된 성숙한 방어기제를 사용한다. 즉, 이들은 방해하는 자신의 사고와 정동을 더 성공적으로 제지한다. 이러한 방어기제는 내담자의 삶의 경험과 대인관계 상호작용을 심하게 왜곡시키는 정동상태나 외현적 행동특징의 갑작스러운 변화를 유발하지 않는다. 분열과 달리 신경증적 방어는 통합되고 자아동질적인 자기표상과 대상표상을 포함한다. 이들 표상은 복합적인 전체로 결합되고 이 복합적 전체가 일관된 자기 개념과 타인표상의 현실적 레퍼토리를 정의한다. 이들이 경계선 인성조직에서는 결여된 안정성을 제공한다. 이러한 방어 유형의 전형적 예는 반동형성이다. 공격성과 관련된 갈등을 지닌 신경증적 개인은 강력한 권위에 대해 추종하지만 예의 바른 개인이라는 우세한 자기의식에 따라 기능할 수 있다. 반면, 가학적 권위에 공격적으로 도전하는 반항적인 자기를 포함하는, 다른 면에서 일관된 자기의식과 통합되지 않은, 단일하고 고립된 이자관계를 의식으로부터 일관되게 억압한다. 이 고립된 이자관계는 일관적으로 억압되고, 신경증적 개인에게서 폭발적인 분노 분출, 꿈 혹은 반항적인 충동이 의식에 가까워질 때 느끼는 불안 등의 신경증적 증상과 같은 퇴행의 경우를 제외하면 의식되지 않는다. 대부분의 경우에 이런 개인은 경쟁적인 추구를 충족시키지는 못하지만, 균등한 수준의 기능을 나타낼 것이다. 신경증적 인성장애는 히스테리성(hysterical) 인성장애, 강박성 인성장애 및 (DSM-5 진단에는 빠져 있는) 우울-피학성 인성장애를 포함하는데, 이는 가장 덜 심한 인성장애이다([그림 1-5] 참조).

2) 경계선 인성조직

경계선 인성조직을 지닌 내담자들은 각각 서로 내적으로 연결되지 않은 원시적이고 강렬한 정서를 경험한다. 그러므로 그 순간에 경험되는 정서가 무엇이든 그 내담자의 주관적 경험을 압도하여 그의 전체 현실감이 되며 또 상황을 인지적으로 정확하게 평가하는 능력을 손상시킨다. 그의 마음에서 강한 정동과 연합된 인지(cognition)를 의식하고 있음에도 불구하고, 내담자는 효과적으로 외부 상황을 평가하지 못한다. 이것은 단순히 정동조절의 실패가 아니라, 인지 및 정동조절의 실패이다.

경계선 인성조직 수준에는 DSM-5에 기술된 특정 인성장애와 DSM-5에서 언급되지 않은 다른 인성장애도 포함된다(경조성 인성장애, 가학-피학성 인성장애, 건강염려증적 인성장애 및 악성 자기애 증후군) (Kernberg & Caligor, 2005).

(1) 경계선 인성조직의 구성요소

경계선 인성조직 내담자는 정체성의 파편화된 속성, 원시적 방어 사용, 대체로 온전하지만 깨지기 쉬운 현실검증력, 정동조절의 손상, 성적 그리고 공격적 표현의 손상, 비일관적인 내재화된 가치 및 타인과의 관계에서 장애가 있음으로 특징지어진다(〈표 1-1〉 참조).

경계선 인성조직의 병리적 구조는 초기에 강한 정동을 경험하는 동안 기억 흔적으로서 형성된 초기 대상관계의 원시적인 긍정적 (이상화된) 부분과 부정적 (박해하는) 부분의 통합이 결여되어 있다. 일관된 자기의식과 중요한 타인에 대한 일관된 표상에서 이런 내적 통합의 결여는 정체성 혼미 증후군을 구성하는데, 이는 정상적 정체성과 자기의식의 반대다. 임상적으로 이러한 자기와 타인에 대한 내적 표상의 통합 결여는 내담자의 자기와 타인에 대한 비성찰적, 모순적 또는 혼란스러운 경험에서 명백해지며 그리고 이러한 모순을 통합하지 못하거나 심지어 이를 알아채지 못하는 무능력에서 분명해진다.

이러한 경계선 심리구조의 행동적 상관물에는 정서적 불안정성, 분노, 대인관계 혼돈, 충동적인 자기파괴적 행동 및 현실검증의 실패 경향성(즉, DSM-5에서 기술된 증상 유형들)이 포함된다. 무시당한다는 지각 때문에 관계가 평온한 순간에서 격노로 돌변하는 것은 혼미하고 파편화된 정체성 경험의 전형적 표현으로 볼 수 있다.

(2) 원시적 방어

원시적 방어기제의 주된 사용은 내담자의 기능에 지장을 주는 행동으로 나타나고, 치료 상황에서는 작업할 자료가 되는 내담자-치료자 상호작용을 왜곡한다. 일반적으로 방어기제의 목적은 정동 상태와 추동, 추동에 대한 내재화된 금지 및 외부 현실에 영향을 미치는 경쟁적 압력들 간의 갈등을 타협하는 것이다. 성공적인 성숙한 방어는 이러한 갈등에서 야기되는 불안을 최소화하며, 유연하게 행동하고 사랑과 일에서 성공하는 개인의 능력을 최대화한다. 정상적 심리 발달과정에서 개인은 갈등의 내적 힘들 간에 어떤 질서를 확립하기 위한 첫 번째 시도인 분열과 같은 유아기와 아동기에 우세한 원시적 방어로부터 건강한 개인의 심리적 삶에서 우세한 성숙한 방어인 합리화, 주지화, 유머 및 승화 등으로 나아간다.

원시적 방어들은 불안을 다루기 위한 첫 번째 시도이지만, 그것들은 경직되고 유연하지 못하며 삶에 성공적으로 적응하지 못하게 한다. 그것들은 초기 몇 년 동안 자라나는 아이가 강한 정동과 그것들에 관련된 추동 및 외부 현실과의 관계에서의 접점에 대처하려고 시도할 때 나타난다. 상충하는 리비도와 공격적 정동에 대한 불안으로부터 보호하려는 첫 번째 노력은 이런 정동의 대상들을 분리하는 것뿐 아니라 이런 정동들을 엄격하게 분리하는 것이다. 원시적 방어는 **분열**을 중심으로 조직화되는데, 이는 좋은 정동과 나쁜 정동, 좋은 대상과 나쁜 대상을 철저히 분리시킨다. 이러한 방어기제는 개인의 심리 혹은 내적 세계의 이상화된 부분을 공격적인 부분으로부터 보호하려는 시도를 나타낸다([그림 1-3] 참조). 어떤 질서에 대한 감각(즉, 좋은 것과 나쁜 것을 구분하고 자기와 타인을 구분하도록 시도하는)을 제공하는 이러한 분리는 마음에서 상들의 통합을 해치면서 유지된다. 이들 방어가 외부 세계나 내적 정동의 성공적인 인지적 처리를 방해할 수 있기 때문에, 종종 이런 방어는 괴로움을 내적으로 통제하기보다는 행동으로 표현하게 만든다.

마음의 이러한 분열된 내적 조직화는 개인이 세상에 대해 지각하는 데 영향을 주며, 이런 지각은 범주적으로 경험된다. 소신은 강하지만 안정적이지 않다. 상태(things)는 좋거나 나쁜데 이런 극단적 방법은 현실에 잘 맞지 않는다. 좋은 것은 완벽하게 좋아야 하므로 어떤 실패나 결점이 있으면 갑자기 나쁜 범주에 속하게 된다. 결과적으로 좋은 것과 나쁜 것은 즉각적인 상황에 따라 돌변할 수 있다. 이러한 갑작스러운 변화들은 경계선 인성조직을 지닌 개인에게 삶의 경험을 혼돈스럽게 만들 수 있다. 만약 개인이 한 친구에게 실망했다고 느낀다면, 그 친구가 갑자기 '블랙리스트'에 오를 수 있다. 나중에 긍정적인 경험이 생기면 전적으로 좋은 대상이 돌아온 것을 찾으려는 소망에 따라 사태를 되돌리려 할 수 있다. 세계에 대한 좋은 반응 대 나쁜 반응은 개인의 기분에 영향을 줄 수 있다. 하나의 좌절로 모든 것이 어둡게 보일 수 있으며, 결과적으로 우울한 기분이 될 수 있다. 하나의 기쁘고 놀라운 일이 그 사람을 일시적으로 행복한 상태로 바꿀 수 있다. 엄격한 좋은 범주 대 나쁜 범주들은 세상의 복합성, 특히 대인관계 상호작용의 복합성을 다루기 위해 필요한 유연성을 거의 제공하지 못한다. 이런 사람은 상황의 미묘한 차이를 인식할 수 없거나 모호성을 견뎌 낼 수 없다. 이런 개인은 외부 현실을 자기표상과 대상표상의 엄격하고 원시적인 내적 구조를 통해 걸러 내기 때문에 지각에서 왜곡을 나타내기 쉽다. 분열은 삶에 대한 성공적인 적응을 제공하지 않으며 또한 경계선 인성조직 내담자의 많은 정서적 및 대인관계의 혼돈과 증상을 설명할 수 있다.

분열이 우세한 경계선 인성조직을 지닌 개인은, 불연속적이며 돌발적이고 해리된 형태이긴 하지만, 분열의 각 부분을 의식하고 표현할 수 있다. 이런 개인은 혼돈된 방식으로 모순된 사고, 정동 및 행동을 체험한다. 분열된 자료가 의식되면, 이는 최대의 정동을 동반하며 강한 정서적 혼돈을 일으킨다.

분열이나 원시적 해리는 투사적 동일시에 의해 나타날 수 있으며, 이는 견디기 어려운 정동 상태를 다른 사람에게 유발하는 무의식적 경향성이다. 그리고 그 다른 사람은 자기가 견딜 수 없는 해리된 정동을 보관하는 장소가 된다. 이 개념은 내담자와 치료자의 상호작용에서 매우 중요한데, 그 상호작용에서 '느끼도록 유발되는' 것에 대한 치료자의 자각은 내담자가 자기 자신 안에서 통합하기 어려운 것에 대해 가치 있는 정보를 제공하기 때문이다. 투사적 동일시는 전능 통제 방어와 밀접하게 연관된다(Kernberg, 1995). 자기의 원하지 않는 부분들을 다른 사람에게 맡긴 내담자는 상대방을 통제하려는 욕구를 느끼는데, 자기의 부분을 투사한 것이 상대방을 위험하거나 위협적인 것(예, 분노, 공격성, 버려짐의 근원)처럼 만들기 때문이다. 원시적 이상화, 평가절하 및 부인은 분열과 투사적 동일시 및 전능 통제를 보완하거나 강화하는 다른 주된 원시적 기제다. 원시적 부인은 그 개인이 다른 때에 경험했던 정동 상태 혹은 행동에 대해 의식적인 인지적 자각은 하지만 현재로서는 그 경험과 정서적으로 연결할 만한 역량이 없는 것을 말한다.

(3) 현실검증

경계선 인성조직이나 신경증적 인성조직을 지닌 개인은 온전한 현실검증, 즉 현실에 대한 일상적인 사회적 기준에 동일시하는 역량을 지닌다. 그러나 경계선 내담자는 현실검증이 신경증적 내담자와는 다른 방식으로 동요되기 쉽다. 경계선 인성조직을 지닌 개인은 일반적으로 사회적 상호작용, 특히 스트레스 상황에서 기지(tactfulness)가 결여되어 있으며, 편집증적 사고로 퇴행할 수 있는데 이는 '그 방에서의' 정동이 내담자에게서 기인한 것인지 상대방에게서 기인한 것인지에 대한 명료성의 부족과 관련된다. 상호작용의 어떤 요소가 자기로부터 온 것인지 또 상대방에게서 온 것인지에 대해 혼란이 있을 수 있다. 이에 비해 신경증적 인성조직의 개인은 훨씬 더 섬세한 기지에 대한 감각, 공감, 신중함 및 자기성찰을 유지한다.

(4) 대상관계

정상적 발달에서 내적인 이자적 대상관계가 연결되며 성숙한 심리 장치인 원초아, 자아 및 초자아를 구성하는 더 큰 조직화된 구조로 발달한다(Kernberg, 1980). 이러한 심리구조 간의 비교적 지속적인 갈등이 신경증 증상의 바탕이 된다. 경계선 내담자들은, 내적 표상의 조직화된 체계와는 대조적으로, 좀 더 고립된 충동과 금지로 이루어진 심리적 풍경에 상응하는 더 파편화된 수준의, 반드시 정확하다고 할 수 없는 자기와 타인들에 대한 내적 표상에 여전히 머물러 있다. 그 결과로, 첫째, 애정으로 양육하는 대상과 처벌하고 박탈하는 대상이 현실적인 중간 지역 없이 번갈아 나타나는 세계관이 생기며, 둘째, 자기의식의 발달이 빈약하여 자기 자신을 (대체로 의식적으로) 궁핍하고 무기력하게 체험하는 것에서부터 전능하게 체험하는 것으로 변화한다. 혼란된 대상관계는 타인에 대한 공감 능력의 결핍과 타인에 대한 성숙한 평가의 결핍으로 나타난다. 타인은 이상화되거나 박해하는 것으로 또/혹은 평가절하되는 식으로 번갈아가며 지각되기 때문에, 경계선 인성조직을 지닌 개인은 깊이 있는 관계, 특별히 친밀한 관계를 수립하고 유지하는 데 어려움이 있다. 이와 상응하여, 성적 병리는 성적 경험의 억제나 혼란스러운 성(sexuality)의 형태를 취한다.

임상적 장면에서 흔히 볼 수 있는 경계선 인성조직(BPO)의 특별한 변형은 자기애성 인성장애(NPD)다. 자기애성 인성장애를 나타내는 개인은 경계선 수준에서 조직된 모든 인성장애에서 특징적인 정체성 혼미를 공유한다. 그러나 그들의 방어구조는, 정체성 혼미와 연관된 고통과 공허감을 피하기 위하여 자기애성 인성장애를 나타내는 개인은 상상된 거대 자기로 철수한다는 점에서 다른데, 이는 통합된 것처럼 보일 수 있으나 객관적 현실에 상응하지 않기 때문에 깨지기 쉽고 불안정하다. 자기애성 인성장애 내담자는 임상적 실제에서 증가하고 있는 난제로 간주된다. 이 책에서 개관하는 전이초점 심리치료 방법이 자기애성 인성장애 내담자들에게도 적용되긴 하지만, 임상적 제약으로 인해 우리는 자기애적 병리에 대한 충분한 논의와 자기애성 인성장애의 특별한 난제를 다루기 위해서 전이초점 심리치료를 수정하지 못했다. 이런 논제에 대한 보다 충분한 논의는 다른 곳에서 찾아볼 수 있다(Diamond et al., 2011; Stern et al., 2013; D. Diamond, F. E. Yeomans, & B. L. Stern, 『A clinical Guide for Treating Narcissistic Pathology: A Transference Focused Psychotherapy』[2] 준비 중, 참조.).

(5) 도덕적 가치

성숙한 초자아는 내재화된 자기표상 및 대상표상과 관련된 가치체계의 연속적인 층에 의해 발달적으로 구성된다(Jacobson, 1964; Kernberg, 1984). 첫 번째 발달 층은 양육자가 공격적, 성적 및 의존적 충동의 표현을 금지하도록 요구하면서 아이가 경험하게 되는 요구적이고 원시적인 도덕성을 반영한다. 두 번째 층은 초기 아동기 이상(ideals)을 반영하는 이상적 자기표상과 대상표상으로 이루어진다. 초자아의 세 번째 층은 초자아 기능의 가장 초기의 박해적인 수준과 나중의 이상화하는 수준이 통합되고, 완화되며, 좀 더 현실적이 되어서, 좀 더 현실적인 부모 및 문화적 요구와 금지를 내재화하도록 촉진하면서 발전한다. 통합된 초자아의 이러한 세 번째 층은 내재화된 가치체계로 작동하면서, 개인이 외부 인정과 행동 통제에 덜 의존되게 하며, 가치에 따라 다른 사람에게 더 깊게 헌신할 수 있게 한다. 그것은 일반적으로 후기 청소년기에 달성되는 추상화, 일반화, 개별화 과정으로 진행한다.

---

2) [역주] 자기애적 병리의 치료를 위한 임상적 지침: 전이초점 심리치료

초자아 병리의 정도와 그것의 가장 극단에 있는 반사회적 특성은 인성장애에 대한 모든 심리치료 접근에서 부정적인 예후를 의미한다는 점에서 특히 중대하다. 이러한 최우선 예후 지표는 단지 의미 있는 타인과의 강렬한 관계의 존재(또는 부재)에 의해서 중요하게 연결된다. 비록 그 관계가 혼란스럽거나 혼돈스러울지라도 그렇다. 반사회적 특성이 심각할수록, 또 내담자가 오랜 기간 동안 고립될수록 예후가 더 나쁠 것이다. 반대로 대인관계 행동이 유지되고 반사회적 특징이 없는 심한 인성장애는 심리치료에서 긍정적인 예후를 나타낼 수 있다.

(6) 공격성

우리는 앞에서 인간 행동의 가장 초기의 강력한 동인이 되는 체질적으로 유래된 정동의 핵심 역할에 대해 논의하였다('2. 경계선 병리: 구조적 조직화' 참조). 이러한 정동들은 초기 발달단계에 출현하며, 환경 특히 주요 양육자와의 상호작용을 통해 즐겁고 만족스러운 정동은 리비도로 조직되고, 괴롭고 부정적인 정동은 공격성으로 조직된다. 성적 흥분은 리비도의 핵심 정동을 이루며, 초기의 고양 경험과 신체-표면 감각의 즐거움으로부터 발전된다. 성애적 체계(erotic system)는 점차 긍정적 정동 체계의 통합, 즉 리비도에서 중심적인 역할을 획득한다. 공격성은 좀 더 분화된 정동인 짜증, 분노, 시기심, 미움의 근원과 관련된다.

정동은 개인이 바라는 것을 추구하고, 바라지 않고 고통스럽거나 해로운 것으로부터 도망가려 한다는 의미에서 주요 심리적 동인이다. 한 가지 복잡한 변형은 긍정적 및 부정적 정동체계의 일반적으로 정상적인 통합에서 비정상적인 발달이 생긴 것이다. 즉, 지나친 가학성이나 자해에서 쾌감을 찾음으로써 공격성을 이용하여 성적 만족을 보충하는 것이다. 이런 환경에서, 공격성의 경험은 쾌의 원천이 된다. 부정적 정동의 원인과는 무관하게, 즉 그 원인이 체질적인 부정적 정동과/또는 환경적으로 중재된 외상 경험이거나, 양육자와의 혼란된 관계이거나 압도적 고통이거나 간에 그것의 내재화된 표상과 관련된 왜곡은 개인이 느끼는 것과 개인이 그것을 어떻게 지각하는지에 중요한 영향을 준다.

낮은 수준의 경계선 인성조직 장애([그림 1-5]의 아래쪽에 있는 장애) 내담자는 그

들의 대상관계를 침범하는 공공연한 공격성으로 고통받으며 따라서 높은 수준의
경계선 인성조직 내담자에 비해 초자아 발달에서 좀 더 심각한 공백이 있다. DSM
의 진단에서, 낮은 수준의 경계선 인성조직 내담자는 경계선 인성장애와 함께 자기
애성, 편집성, 반사회성 인성장애나 특성을 지닐 수 있다. 낮은 수준의 경계선 인성
조직 내담자는 높은 수준의 경계선 인성조직 내담자보다 치료하기 더 어렵고 때로
치료 한계에 이르기도 한다(Koenigsberg et al., 2000a; Stone, 2006). 덜 심한 장애 집
단의 내담자([그림 1-5]의 위쪽에 있는 장애)는 공격적 정동에 비하여 (좌절되었음에도
불구하고) 더 많은 비율의 리비도적 정동을 나타내며, 중요한 타인과 의존 관계를 맺
을 역량이 더 크고, 일과 사회적 관계에 투자할 수 있는 역량이 더 크고, 자아 취약
성이 비특정적으로 발현되는 것이 더 적다.

(7) 대상관계 분류와 DSM-5

DSM 체계들은 진단기준을 관찰 가능한 행동에 기반을 두려는 경향성을 지닌
다. 이런 접근의 한계는 동일한 행동이 기저의 인성조직에 따라(Kernberg & Caligor,
2005) 매우 다른 기능과 의미를 지닐 수 있다는 것이다(Horswitz, 2004). 예를 들어,
사회적 위축이나 억제와 관련된 행동들이 분열성 또는 회피성 인성장애로 진단될
수 있지만, 이렇게 동일한 표면적인 행동들이 사실은 편집적인 사람의 조심스러움
을 반영하거나 아니면 자기애적 거대성을 지닌 개인이 자신의 깊은 열망을 드러내
지 않는 것을 반영할 수도 있다.

이 장의 앞부분에서 언급한 경계선 인성장애(BPD)와 경계선 인성조직(BPO)이라
는 개념의 역사에 비추어 볼 때, 이 개념들은 DSM-III('1. 경계선 병리에 대한 두 가지
접근' 참조) 이전에 있었으며, DSM-5에서 제시된 인성장애에 관한 두 가지 견해를
고려하는 것은 흥미 있는 일이다. 치열한 토론과 논쟁을 거친 후, DSM-IV(American
Psychiatric Association, 1994)부터 인성장애 범주는 DSM-5에 유지되었지만, 인성장애
연구집단(Personality Disorders Work Group)에서 심사숙고한 것들이 DSM-5의 3편에
'인성장애에 대한 대안적 DSM-5 모델'로 '새로 개발된 평가치와 모델'이 제시된다.
인성장애의 핵심은 대안적 모델에서 자기와 대인관계 기능에서의 장해로 정의된다.

자기 기능은 정체성과 자기주도성(self-direction) 영역으로, **대인관계 기능**은 공감과 친밀감 영역으로 기술된다. 인성장애 연구집단에서 채택한 이런 정의는 자기와 대인관계 기능이 인성과 인성장애의 중심이라는 이 분야에서 증가되고 있는 합의와 일치한다(Bender & Skodol, 2007; Gunderson & Lyons-Ruth, 2008; Horowitz, 2004; Livesley, 2001; Meyer & Pilkonis, 2005; Pincus, 2005). 이것은 대상관계 이론에서 충분히 확립되었다(Kernberg, 1984). 자기와 대인관계 기능에서의 이런 어려움들은 서로 얽혀 있고 주관적 경험과 대인관계 행동이라는 최종의 공통된 경로로 이어진다.

DSM-5의 3편에서 인성장애에 대한 수정되고 개선된 정의는 인성장애의 핵심 측면에 대한 더 세련된 측정과 이런 장애를 가진 개인의 치료성과 측정에서 발전을 이끌 수 있다. 지금까지 인성장애의 치료는 증상행동과 감정을 감소시키는 데 집중되었다. 다양한 치료가 증상에서 유의미한 변화를 가져왔음에도 불구하고, 자기 기능과 대인관계 기능이라는 핵심 문제들은 주의를 덜 받았다. 대안적인 DSM-5 모델은 인성장애 진단이나 유형에 대한 관심과, 심각도 평가로 중요한 역기능 영역을 포착하는 차원적 특징 사이의 균형을 맞춘다. 이 대안적 모델은 부정적 정서성, 애착상실(detachment), 적대감, 탈억제 및 정신병적 경향성에 해당하는, 인성 특성 변화의 다섯 개의 광범위한 영역을 포함한다. 정체성에 대한 대상관계 개념은 다른 사람과의 관계에 집중하는 것을 포함하며, 또 이는 적대감과 애착상실 특성과도 관련될 수 있다. 현실검증에 대한 대상관계 개념은 정신증 특성을 포함하지만 보다 더 넓은 의미이다. 부정적 정동과 적대감 특성은 대상관계 모델에서 공격성 차원이라는 점에서 유사하다. 도덕적 가치에 대한 대상관계 개념은 대안적 DSM-5 모델의 특성들에는 포함되지 않는다.

특성은 환경적 상황들에 걸친 개인의 안정적인 패턴을 기술하는 용어이다. 이것은 기본적으로 기술적인 과정이므로 특성 이론(trait theory)은 왜 혹은 어떻게 그런 행동들이 발생하는지를 설명하지 못한다. 단지 인성 과정 연구와 함께 우리는 인성 특성이 어떻게 또 어떤 방식으로 영향력을 갖는지 이해하기 시작할 수 있다(Hampson, 2012). 인성 특성과 인성 과정(예, 정동조절) 둘 다를 이해함으로써(Cervone, 2005; Mischel & Shoda, 2008), 인성 기능의 보다 충분한 그림을 얻을 수 있다. 이런 충분한 그림은 인성병리가 의심되는 개인의 임상적 평가에 함의를 갖는다. 현저한 특성들과 그것의 심각성에 대한 평가는 단지 치료를 계획하는 첫 단계에서 이루어지며 고질적인 특성이 두드러지는 상황에 대한 면접평가와 특정 맥락에 대한 세부 사항이 뒤따라야만 한다.

핵심적 임상 개념

- 대상관계 이론에서 인간의 추동은 항상 자기와 다른 사람들 간의 관계에서 경험된다고 가정하며 또 정동으로 연결된 자기와 타인(추동의 대상)에 대한 개인의 내적인 심리적 표상들에 초점을 둔다.
- 유아−양육자 맥락에서 기질적 소인과 경험의 상호작용을 통해서, 자기와 타인에 대한 상징적인 인지적−정동적 표상들이 개인이 발달함에 따라 내재화된다. 이들 **이자적 대상관계**는 특히 정체성 면에서 심리적 구조의 블록을 형성하는 것으로 생각될 수 있다.
- 인성장애의 임상적으로 유용한 분류는 차원적 변인(정체성 통합의 수준, 방어, 현실검증, 대상관계의 질, 공격성, 도덕적 가치)과 조직화의 범주적 구획을 결합한다.
- 구조적 진단의 열쇠는 공격적이고 박해하는 '나쁜' 정동이 사랑과 리비도의 '이상적' 정동으로부터 극단적으로 분리된 내적 구조의 분열이라는 개념이다. 전자는 투사되고 외부로부터 오는 것처럼 경험된다. 성장과 통합은 개인이 자신의 정동 상태의 전체 범위를 자각을 하게 되고 또한 책임감을 갖게 되는 것이다.

추천 도서

Akhtar S: Broken Structures: Severe Personality Disorders and Their Treatment. Northvale, NJ, Jason Aronson, 1992 [인성장애의 본성에 관한 수준 높은 논의].

Auchincloss EL, Samberg E: Psychoanalytic Terms and Concepts. New Haven, CT, Yale University Press, 2012.

Jacobson E: The Self and the Object World. New York, International Universities Press, 1964.

Kernberg OF: Psychoanalysis: Freud's theories and their contemporary development, in New Oxford Textbook of Psychiatry, 2nd Edition, Vol 1. Edited by Gelder MG, Andreasen NC, Lopez-Ibor Jr JJ, et al. Oxford, UK, Oxford University Press, 2009 [심리 역동의 기본 개념에 그다지 정통하지 않은 사람들에게, 이 장은 병리의 기본 개념과 치료를 현재 추세와 관련시키는 데 도움이 된다].

Klein M: Notes on some schizoid mechanisms. Int J Psychoanal 27:99–110, 1946.

Lenzenweger MF, Clarkin JF (eds): Major Theories of Personality Disorder. New York, Guilford, 2005 [이 책은 인성병리의 다른(예, 신경생물학적, 애착, 스키마) 이론들의 맥락 안에서 인성장애의 대상관계 이론(Kernberg와 Caligor가 쓴 3장을 참고)을 평가하는 데 도움을 줄 수 있다].

2장

전이초점 심리치료의 개발을 위한 경험적 임상연구 과정

이 장에서 우리는 경계선 병리의 개념화에서 전이초점 심리치료(TFP)의 치료적 초점과 과정에 대한 명확한 설명 및 경험적 평가에 이르기까지 전이초점 심리치료 (TFP)의 경험적 발달 단계에 대해 기술한다. 우리는 최근의 핵심 병리적 과정을 치료 초점과 연관시키려 하며, 이에 더하여 경험적인 방법론 발전에 의해서 밝혀진 경계선 병리를 나타내는 내담자들의 실시간 기능에 특별히 주의를 기울이려 한다. 전이초점 심리치료와 경계선 인성장애에 대해 경험적으로 입증된 다른 주요 치료들에서 내담자의 현재 기능에 초점을 두기 때문에, 실시간 기능에 관한 이런 세련된 이해가 치료적 발달에서 매우 중요하다.

Chiara De Panfilis 박사가 이 장에서의 신경인지적 기능과 경계선 병리를 자세히 설명하는 데 중요한 공헌을 했다.

1. 전이초점 심리치료의 경험적 발달 단계

심리치료적 개입의 경험적 발달은 다음의 여섯 가지 필수적 단계를 포함하는 것으로 기술되었다. 1) 특정 임상적 기능장애(dysfuction)의 본질에 대한 이론과 연구, 2) 편람 형태로 제시되는 치료 설명서, 3) 치료 성과에 대한 예비 조사, 4) 변화 과정 혹은 변화기제에 대한 이론과 연구, 5) 결과가 무엇에 의해 결정되는지를 알기 위해 (치료 이전의 내담자 특성과 같은) 조절변인의 영향에 대한 검사, 6) 치료가 일상적인 임상적 조건들에 어떻게 일반화되는지에 대한 평가(Kazdin, 2004).

경계선 인성장애를 위한 치료 발달과 조직화에 관한 경로는 임상 작업에서 나타나는 경계선 병리의 상세한 기술에서부터 경험 많은 치료자가 경계선 병리를 보이는 내담자의 치료를 검토하며 치료 원칙을 만들고 치료 매뉴얼을 명확히 구성하는 것으로 진행되었다. 우리는 소규모 연구에서 비교집단 없이 이 치료의 효과를 살펴보는 것으로부터, 성과에 관심을 갖는 무선화된 통제시행으로 그리고 변화기제를 강조하는 접근으로 진행하였다. 경로의 각 단계는 약간의 설명을 필요로 한다.

2. 경계선 병리에 대한 이해의 발전

경계선 병리의 본질에 대한 연구와 임상적 탐색의 역사는 임상적 기술로부터 진단기준의 출현과 행동적 상응물(correlates)을 가진 이 기준에 대한 경험적 타당화를 거쳐 마지막으로 경계선 기능에서 핵심 심리적 및 신경인지적 과정의 검토로 진행하는 것으로 기술되었다(Lenzenweger & Cicchetti, 2005). 1장에서, 우리는 Kernberg(1975)가 지금은 심각한 인성장애를 가진 것으로 기술되는 내담자들과의 까다로운 치료경험을 근거로 경계선 조직을 어떻게 밝혔는지 논의했다. Gunderson과 Kolb(1978)는 DSM-III(American Psychiatric Association, 1980)에서 경계선 인성장애(BPD)를 명확하게 기술하는 데 상당한 영향을 준 이들 동일한 내담자들에 대한 현상학적 기술을 발전시켰다. 이런 특정 진단기준의 도입은 이들 내담자의 병리와 치료 둘 다에 대한 엄청난 연구의 물결을 일으킬 만큼 대단히 생산적이었다. 신뢰도에 강조점을 두었으며, 타당도 문제는 동일하게 다루어지지 않았다. 진단기준은 경계선 표본들을 확인하고 치료 연구를 촉진하는 데 매우 효과적이었지만, 그 체계가 갖는 문제점은 시간이 지나면서 더 분명해졌다. DSM 기술들의 준거에만 의존하는 것은 수많은 제한점을 나타낸다.

DSM-III에서 DSM-5(American Psychiatric Association, 2013)에 이르기까지 사용된 경계선 인성장애의 다중 기준의(polythetic) 준거 틀의 한 가지 결과(예를 들어, 전체 9개 준거들 중의 5개 이상의 어떤 조합을 충족시킴)는 이들 준거에 따라 선택된 내담자들이 이질적이라는 점이다(Lenzenweger, 2010). 이들 내담자는, 다양한 범위의 증상 장애뿐 아니라 다른 인성장애를 함께 가지고 있는 경우도 흔하다.

이 표현형 수준에서의 이질성은 다양한 방식으로 문제가 된다. 이것은 경계선 인성장애에서 관련된 내재적 표현형(endophenotypes)과 유전적 요인을 찾으려는 시도에 혼란을 가져온다. 이런 이질성은 또한 경계선 내담자 치료의 경험적 연구에 혼란을 가져왔다. 경계선 내담자의 치료에서 기존의 무선화된 통제시행(RCT)은 치료 효과 연구에서 내담자들의 하위집단을 밝히지 못하며 또한 경계선 내담자의 특정 유형을 선택하지도 못한다.

DSM의 경계선 인성장애 준거에 해당하는 내담자 집단은 매우 이질적인 내담자 집단이다. 이 이질성을 해체하는 것이 지금 이 분야에서 당면한 주요 과제이다. 경계선 인성장애의 이질성을 이해하는 것은 다른 병인론적 근거를 가졌을 병리 영역을 기술하고 또 현재 광범위한 경계선 구성개념 아래 자리 잡고 있는 다양한 병리 영역에 정교한 접근을 하는 치료를 기술하는 데 필요하다.

1) 증상 요인구조

1980년에 인성장애를 도입한 이후, 경계선 인성장애를 정의하는 8개, 후에는 9개의 준거가 빈도, 동시-발생, 요인구조 및 예언 타당도에 따라 검토되었다. DSM-III

의 준거에 대한 요인분석 연구(Clarkin et al., 1993; Sanislow et al., 2000)와 DSM-IV (American Psychiatric Association, 1994)의 준거에 대한 연구(Johansen et al., 2004)에서는 표집과 사용된 도구에 따라 2~4개 요인이 나타났다. 경계선 인성장애의 주요 구성요소는 일반적으로 정체성 문제, 부정적 관계, 정동적 불안정성 및 자해로 기술되었다(Distel et al., 2010).

요인분석이 임상적으로 관련된 하위집단의 피험자들을 식별하는 데 가장 효과적인 통계적 접근은 아니기 때문에, 우리는 한정된 혼합 모델링(finite mixture modeling)이라 불리는 정교한 통계적 절차를 사용하였다. 이런 노력으로 경계선 인성장애의 세 가지 하위집단 내담자들을 식별해 냈는데(Lenzenweger et al., 2008), 이들 하위집단은 다른 사람에 대해 편집적이고 의심이 많은 경향, 공격적 태도와 행동 및 반사회적 행동과 특성의 서로 다른 조합으로 특징지어진다. 집단 1은 상대적으로 편집증, 공격성 및 반사회적 특성이 낮다. 집단 2는 편집증을 특징적으로 나타내지만 다른 두 변인은 상대적으로 낮다. 집단 3은 공격성과 반사회적 특성이 높다. 이런 결과들은 반복 검증되었고(Hallquist & Pilkonis, 2012; Yun et al., 2013), 이들 하위유형은 기저하는 내재적 표현형과 유전형을 이해하기 위한 진전된 노력에 중요한 안내가 될 수 있을 것이다. 이들 식별 가능한 하위집단은 또한 임상적 의미를 갖는데, 11장에서 좀 더 충분히 탐색하게 될 것이다.

2) 특성 기술

몇몇 연구자들(예, Widiger & Simonsen, 2006)은 개인들의 특성 기술을 옹호하는데 이는 내담자의 개별성과 인성장애 내담자 집단 간의 차원적 유사성 둘 다를 포착하기 위해서다. 이것은 유용하지만 제한된 접근이다. 우리와 동료들은 특성 수준(Sanderson & Clarkin, 2013)과, 정체성, 방어 및 현실검증 등의 심리역동적 구성개념의 관점(Lenzenweger et al., 2001, 2012b)에서 경계선 병리를 검토했다. 경계선 인성장애 내담자들은 소외, 공격성 및 몰두 특성의 측정치는 높았으며, 또 이런 특성은 원시적 방어 및 현실검증 손상과 같은 심리역동적 과정과 중요한 연결을 나타낸다.

특성은 개인이 다른 환경적 상황에서 안정적 행동패턴을 보이는 것을 기술하지만 이들 행동이 어떻게 왜 발생하는지에 대해서 설명하지는 못한다. 인성 과정에 관한 연구를 통해서만 어떻게 그리고 왜 그 인성 특성들이 영향력을 갖게 되는지 이해할 수 있게 된다(Hampson, 2012). 인성 특성과 인성 과정을 결합한 이해(Caspi et al., 2005; Cervone, 2005; Mischel & Shoda, 2008)는 인성 기능에 대한 좀 더 충분한 설명을 제공할 수 있다. 우리는 경계선 내담자의 특성부터 실시간 과정에 이르는 정보를 결합하려고 했다.

3) 경계선 인성장애에서의 실시간 과정

경계선 인성장애와 다른 심한 인성장애를 가진 내담자의 실시간 과정에 초점을 두는 데는 설득력 있는 이유들이 있다. 성공적인 치료는 내담자의 당면 현실에 초점을 맞추어야 하며 그들이 현재 기능하는 것을 바꾸도록 도와야만 하는데, 그 이유는 그들의 행동이 파괴적이며 더 정상적인 생활을 하려는 움직임을 방해하기 때문이다. 많은 치료가 이들 내담자의 증상을 감소시키는 데 도움이 되지만, 이들 치료가 어떻게 효과를 일으키는지에 대해, 즉 변화기제에 대하여, 이용할 수 있는 정보가 상대적으로 거의 없다. 치료자가 어떤 개입으로 치료과정을 진행하면서 내담자의 반응과 연결되어 성공적인 치료결과를 이끄는가? 독자들에게 분명히 하고 싶은 점은 이들 내담자의 치료에 필요한 변화기제에 대한 우리의 견해는 행동 통제와 함께 그들의 행동을 안내하는 그들 자신 및 타인에 대한 현재의 활성화된 표상들에서 의미 있는 변화를 가져오는 데 주목해야 한다는 것이다.

과학적 방법론에서 두 가지 두드러진 발전, 즉 생태학적 순간측정(ecological momentary assessment, EMA)과 사회적 신경인지 과학의 방법이 경계선 내담자들의 실시간 역기능적 과정을 이해하는 데 기여했다. 경험 표집 방법과 생태학적 순간측정(EMA)은 기억에 따라 매우 편파적이 되기 쉬운 자기보고 방법을 넘어서는 진전이다. 좀 더 새로운 이들 방법은 실제 사건에 대해 자기보고를 사용하거나 가까운 시점에서 실제 사건을 회상하여 행동, 인지 및 정서의 지표로 사용한다(Trull & Ebner-

Priemer, 2009). 기능적 자기공명영상법(fMRI)은 경계선 내담자의 실시간 기능에서, 특히 사회적 도전에 대한 그들의 지각과 반응에 포함되는 기저의 신경회로에 대한 발전된 지식을 제공한다(개관하려면, Frith & Frith, 2012 참조). 이들 두 접근은 경계선 내담자의 활동에서, 특히 사회적 상호작용에서 자기와 타인에 대한 좀 더 자세한 묘사와 지각을 촉진한다.

생태학적 순간측정과 사회적 신경인지 과학 모두는 인성장애에 대한 특성을 기술하는 것을 넘어서는 발전을 가능하게 하며 들어오는 자극에서 행동 반응으로 진행하는 경계선 내담자의 실시간 기능의 중요한 세부 사항을 제공할 수 있게 한다. 이들 방법은 인성이 활동으로 어떻게 조직되는지 기술한다. 생태학적 순간측정은 그 개인의 행동이 어떻게 조직되는지와 특정한 종류의 상황에서 어떻게 반복되는지에 초점을 두고, 시간의 경과에 따른 개인의 자료를 제공한다. 생태학적 순간측정은 또한 개인이 상호작용에서 다른 사람을 어떻게 지각하는지를 나타내기 시작한다. 두 접근 모두는, 실시간으로 정상적 개인과 비교해서 경계선 내담자의 정서적·인지적 체계의 기능에 대한 인식을 증가시키고 있다.

(1) 정서조절

경계선 내담자의 기능적 영상법 연구는 이들 내담자가 정서적 자극을 처리하면서 경험하는 몇몇 특정 영역을 제시하고 또 경계선 내담자가 사용하는 방어기제에 대한 Kernberg(1984)의 초기 고찰을 진전시키는 데 도움이 된다. 정서조절에 대한 경험적 작업은 1960년대에 심리역동적 연구자에 의해 제시된 방어기제 연구들로 시작됐고 또 평가와 재검토를 하는 데 기능적 자기공명영상법 연구를 사용한 배경에 근거하여 인지적 정동조절에 대한 현대적 모델이 시작되었다(Ochsner & Gross, 2008).

정서는 개인의 목표와 욕구를 고려하여 자극의 의미를 평가하는 뇌체계에서 발생하며, 재평가(reappraisal)는 자극을 재사고(rethink)하는 데 사용될 수 있고 또 정동 반응을 조절하는 데에 사용될 수 있다. 재평가는 통제와 관련되는 전전두엽과 대상피질 영역들과, 정서적 반응과 관련된 편도체와 인슐라 간의 상호작용에 따른다.

경계선 내담자는 부정적 자극을 효율적이고 효과적으로 처리하는 것을 특히 어려워한다(Silbersweig et al., 2007). 이들 내담자는 반사적이며 자동적으로 반응하는 네트워크에 의존하는 반면, 정신과적으로 건강한 통제는 더 높은 수준의 의식적인 대뇌 피질의 처리에 가까운 네트워크를 더 많이 사용하게 만든다(Koenigsberg et al., 2009a). 더욱이, 경계선 내담자는 재평가를 통해서 부정적 정동을 감소시키는 능력에 결함이 있다(Koenigsberg et al., 2009a). 이 발견은 경계선 병리와 잠재적인 치료 제안에 아주 중요하다. 인성장애가 없는 개인에게서, 억제와 대조되는 재평가에 의한 정동조절은 더 큰 긍정적 정서, 감소된 부정적 정서 및 더 좋은 대인관계 기능과 연합된다(Gross & John, 2003). 전이초점 심리치료와 심리화 근거 치료는, 특별히 자기와 타인에 대한 대인관계 지각에 있어서, 명료화, 심리화 및 해석을 사용한 재평가를 권장한다.

(2) 자기조절과 그것의 실패

의도적 통제는 과하지 않은(subdominant) 반응을 수행하기 위해 우세한(dominant) 반응을 억제하는 능력으로 기술되었다(Posner & Rothbart, 2000; Posner et al., 2002; Rothbart & Bates, 1998). 행동의 충동성은 의도적 통제, 기질의 자기조절 차원 역량과 역상관을 나타낸다(Ahadi & Rothbart, 1994). 의도적 통제를 하는 개인은 자발적으로 주의를 억제하고 활성화하거나 변화시킬 수 있으므로 잠정적으로 뒤이은 정동을 수정하고 조절할 수 있다. 유아와 아동에게 의도적 통제의 발달은 정동조절과 성숙한 사회적 관계와 양심 발달에 중요하다는 증거가 많아지고 있다(Eisenberg et al., 2004).

의도적 자기조절은 개인이 일시적 혼란(distractor), 유혹 혹은 편견에도 불구하고 그들의 장기 목표를 추구하는 다양한 과정을 포함한다. 이것은 본질적으로 개인과 환경 간에 상호적인 과정이다. 모든 개인은 그들에게 자신의 정서, 사고 및 행동을 동시에 조절하도록 요구하는 스트레스 상황에 직면한다. 일상생활의 일반적인 상황에서, 다각적인 자극들이 주목받기 위해 서로 경쟁하며, 이런 경쟁은 상향식의 자극 돌출에 의해 크게 영향을 받는다. 중요한 것은, 부정적인 정동 자극(예, 부정적 정동, 위협-관련된 단서)은 매우 두드러지며 정서조절을 유지하기 위하여 인지적 통제를 증가시키도록 요구한다. 인지적 자원은 누구에게나 제한되어 있으며, 또 경계선 인성장애 내담자에게 정서적 영역을 조절하려는 투쟁은 다른 영역을 조절하는 데 필요한 인지적 통제 기술의 가용성을 줄이는 결과를 가져올 수 있다. 부정적 자극의 강도가 정서조절을 가능하게 하는 하향식 인지적 통제과정에 의해 균형이 잡히지 않는다면, 부정적 정동은 그 개인이 다른 영역에서 뒤이은 자기조절 실패에 '민감하게 만들' 수 있으며(Heatherton & Wagner, 2011), 이는 지각, 행동 및 사회적 자극의 처리에서 효과적인 자기조절을 방해할 수 있다. 부정적 정동은 아마도 경계선 내담자의 사회적 인지의 (깊이 생각하기보다는) 반사적인 패턴, 거부와 관련된 자극을 처리하지 못함 및 다른 사람의 조망을 잘못 지각하는 것에 기여할 것이다.

경계선 인성장애 내담자들은 하향식 통제와 부정적 정서의 재평가 두 측면 모두에서 상대적인 무능력함을 보이는 정서조절의 어려움을 나타낸다(Koenigsberg et al., 2009b). 부정적 정동 상태에서, 경계선 인성장애 내담자들은 갈등 해결과 인지적 통제에 있어서 상향적 손상을 보인다(Silbersweig et al., 2007). 신경인지 기능의 관점에서, 경계선 인성장애 내담자는 정동적 자각이 포함되지 않은 주의 과제(Posner et al., 2002)와 정서적 자극을 처리할 때(Silbersweig et al., 2007)도 곤란을 보였다.

(3) 대인 간 기능

경계선 인성장애의 핵심 특징은 대인 간 행동에서 심각한 혼란을 나타내는 것이며(American Psychiatric Association, 2013; Clarkin et al., 1983), 이는 다른 증상이 감소한 후에도 지속된다(Skodol et al., 2005). 인성장애는 자기 정의와 대인관계 기능에서 만성적으로 어려움이 있다는 것이 핵심이라는(Bender & Skodol, 2007; Livesley, 2001) 데 대한 합의가 증가하고 있는데, 이 견해는 대상관계 접근에서 오랜 기간 동안 지지되어 왔다(Kernberg, 1975, 1984). 혼란된 그리고 혼란시키는 대인관계 행동은, 경계선 인성장애 내담자들을 포함해서, 인성장애를 가진 개인들이 보이는 수많은 역기능적 과정의 마지막 공통된 경로이다. 인성장애 분야에서 핵심 문제는 인간의 어떤 기능이 적응에 필수적인가의 문제와, 그래서 인성장애를 가진 사람들은 어떤 기능에서 장애를 보이는가의 문제이다(Livesley, 2001). 이들 역기능적 과정은 상황 선택, 상황 수정, 주의의 배치, 인지적 변화 및 반응 조절의 순서로 개념화된 혼란스러운 대인관계 행동을 유발한다(Gross & Thompson, 2007).

경계선 내담자들이 경험하는 강하게 이상화된 긍정적 정동 상태와 평가절하를 일으키는 부정적 정동 상태는 대인관계의 혼란(Jovev & Jackson, 2006)과 거부에 대한 지각(Herpertz, 1995; Stiglmayr et al., 2005)과 같은 대인관계 측면에 의해서 자주 자극된다. 사건에 따른(event-contingent) 생태학적 순간측정(EMA) 방법을 사용해서, Russell 등(2007)은 더 불쾌한 정동을 경험한 경계선 내담자들이 비임상적 통제 집단에 비하여 덜 주도적이며 더 복종적이고, 또 대인관계 행동에서 더 문제가 많았다는 것을 발견했다. 경계선 인성장애 내담자들은 이런 행동에서 더 큰 가변성을 나타냈다. 다른 인성장애를 나타내는 내담자들과 인성장애가 아닌 심리장애를 보이는 내담자들과는 달리, 경계선 인성장애 내담자들은 사회적 상호작용에서 더 많은 의견충돌, 혼란, 적대감, 공허, 양가감정을 나타냈다(Stepp et al., 2009). 이런 발견은 경계선 내담자들이, 다양한 대인관계 상황에서 순조롭고 효율적으로 처신하는 데 도움을 주는 안정된 자기의식이 결여되어 있다는 임상적 가설과 일치한다(Kernberg, 1975). 실제로, 정보처리 편향은 자기와 타인에 대한 내적 신념, 가정, 작업모델과 연결될 수 있으며, 다음에는 대인 간의 행동을 이끌 수 있다. 사회적 세상에 대한 신념은, 사악한 사회적 환경에 직면하여 개인은 무력하고 취약하다처럼(Beck et al., 2004), 환경에 대해 편향되게 평가할 수 있다. 경계선 인성장애 내담자들은 다른 사람들의 정서에 대한 자각을 많이 하면서(Fertuck et al., 2006), 부정적 정보를 선택적으로 기억한다(Korfine & Hooley, 2000).

(4) 대인 간 신뢰

손상된 자기-타인 표상의 중심적 역할은 경계선 내담자가 인간의 상호작용에서 상호관련된 두 가지 도전을 다루는 데 무능함에서 나타난다. 즉, 1) 타인을 신뢰하고 협동해야 할 필요성과 2) 사회적 수용을 얻어내고 거부를 회피할 필요성이다. 이 책에 제시되는 임상 사례에서 입증될 것이지만, 이런 불신과 거부의 지각에 관한 문제는 경계선 내담자와 치료자 간에 몇 번이고 다시 발생한다.

타인을 신뢰할 것인지에 대한 결정은 부분적으로는 상호 협조를 이끄는 사회적 교환에서 타인의 의도를 정확하게 추론하는 능력에 따른다. 타인이 믿을 만하다는 기대를 발달시키는 것은 여러 단계의 과정이다. 첫째, 이것은 다른 사람의 심리 상태를 표상하는 데 포함되는 뇌 영역을 사용하는 것이 필요하다. 둘째, 이것은 사회적 기억, 학습, 애착 행동과 같은 다양한 측면의 사회적 기능이 조절과 관련된 뇌 영역을 활성화한다. 긍정적인 심리적 모델을 발전시킴으로써, 상대방이 서로에게 사회적으로 애착하게 되고 유리한 방식으로 협조할 만큼 충분한 상호신뢰를 축적한다. 건강한 개인은 그들이 서로에게 안전하게 의존할 수 있다는 것을 학습함으로써 신뢰할 수 있는 관계를 형성하지만(Krueger et al., 2007), 경계선 인성장애 내담자는 이런 과정에서 기능장애를 나타낸다. 경계선 내담자들은 사회적 교환의 지각에서 비전형적인 사회적 규범을 나타내는데, 이는 실제 사회적 경험에 의해 수정되지 않은 신뢰할 수 없음에 대한 확고하고 만연된 사회적 기대와 일치한다. 타인에 대한 이런 편향된 지각은 궁극적으로 협력적인 교환으로부터 혜택을 받을 수 없도록 한다(King-Casas et al., 2008).

(5) 거부 민감성

타인을 신뢰하거나 불신하는 경향성은 논리적으로는 거부 민감성(rejection sensitivity, RS)과 관련될 수 있는데, 이 개념은 인성 기능의 인지-정동적 처리 모델로부터 나온 것이다(Mischel & Shoda, 2008). **거부 민감성**은 "거부 단서를 불안하게 예상하고, 쉽게 지각하고, 또 강하게 (부정적으로) 반응하는 처리 성향"이라고 정의된다(Downey & Feldman, 1996, p. 1327). 높은 거부 민감성을 가진 개인은 거부를 불안하게 예상하는 데 강하게 초점을 맞추는데, 이는 결과적으로 타인의 모호하거나 해가 없는 행동조차도 거부로 지각하게 된다. 이런 개인은 어떤 사회적 상황도 자동적으로 그들의 거부 두려움을 확신시키는 것으로 해석하는 경향이 있다. 부정적인 성향을 이렇게 '자동적으로' 타인의 탓으로 돌리는 것은 거부의 자기충족적 예언을 유발함으로써 대인 간의 갈등을 증가시키는 원인이 된다. 거부를 예상하는 편향은 결과적으로 개인적인 그리고 대인관계에서의 여러 가지 불리한 결말을 초래한다(Ayduk et al., 2000). 거부 민감성은 특정한 이자적 대상관계로 개념화되는데, 그것은 상대방이 거부하고, 자기는 취약하다고 보는 것이며 둘은 불안과 두려움의 정동으로 묶여 있다.

거부 민감성 특징은 경계선 인성장애 내담자들이 갖는 대인 간 어려움의 주축을 이루며(Ayduk et al., 2008; Staebler et al., 2011b), 이것은 경계선 인성장애 특징과 중립적인 사회적 국면을 신뢰할 수 없는 것으로 해석하는 높은 경향성 간의 연합을 설명할 수 있다(Miano et al., 2013). 이들 결과는 (악의 있고 거부하는) 타인에 대한 혼돈된 표상과 (거부되거나 버림받은) 자기표상이 경계선 인성장애 내담자들의 신뢰 평가의 손상에 내재되어 있을 수 있음을 제시하며, 따라서 그들이 타인에게 의존하고 협력하는 데 광범위한 어려움을 겪는 원인이 된다. 신체적 및 정서적 방임이 있었고, 몇몇 사례에서는 명백한 신체적 학대 및 성적 폭행이 있었던 것을 감안하면, 경계선 인성장애 내담자가 사회적 상황에 대해 거부적이거나 더 나쁘게 편향된 접근을 할 수도 있다는 것은 놀랄 만한 일이 아니다. 그러나 학대의 개인력을 가진 내담자 중 소수만이 정신과적 장애를 발생시키기 때문에(Paris, 1994), 경계선 인성장애 내담자 마음의 이런 양상들이 학대의 역사와 결합하여 이 장애를 일으키는 것 같다. 경계선 인성장애에서 거부 민감성 특성은 생각이 깊거나 정서적으로 조절된 방식으로 사회적 상호작용을 처리하는 데 상대적으로 무능력한 것과 관련된다. 경계선 내담자는 방어적인 방식으로 반응하며 실제 대인 간의 수용 혹은 거부와 상관없이 거부당한다고 느낀다(Renneberg et al., 2012; Staebler et al., 2011a).

단지 거부 민감성으로 정상적인 개인과 경계선 병리를 가진 사람을 구별하는 대인 간의 행동을 설명할 수는 없을 것이다. 비임상적 개인에게, 사회적 거부와 수용에 대한 위협은 즉각적으로 정서적 균형을 가지고 반응함으로써 개인적 고통을 최소화하고 적응을 증진하는 방식으로 거부-관련 자극들을 해석하도록 돕기 위하여 인지적 통제를 증가시킬 필요성을 알린다(Eisenberger et al., 2003). 이런 기제는 의도적 주의 방략(effortful attentional strategy)을 알맞게 사용하는 것이 대인 간의 갈등에 뒤이어 성공적인 적응을 가져오는 이유를 설명할 수 있다(Hooker et al., 2010). 그러나 이런 기능은 경계선 인성장애 내담자에게는 잃어버렸거나 부족한 것으로 보인다. 중요한 것은, 높은 거부 민감성이 있는 개인이 낮은 실행적 통제력을 가질 경우에 경계선 특징을 발달시킬 위험이 증가하는데(Ayduk et al., 2008), 이는 거부 단서를 의도적으로 통제하는 역량이 이 장애의 발생과 유지에서 중요한 역할을 할 수 있음을 나타낸다. 흥미롭게도 다른 사람의 마음 상태에 대한 편향되지 않은 생각(예, 적대적인 귀인보다는 중립적 의도, 맥락에 따른 평가)을 육성하기 위해서 의도적 인지 능력이 개인 자신의 자기−경험(예, 지각된 고통이나 거부)을 억제하는 것이 필요하다(Lieberman, 2007). 그러나 경계선 인성장애를 나타내는 내담자는 조망이 감소되고 개인적 고통이 증가될(Dziòbek et al., 2011) 뿐만 아니라 부정적인 사회적 단서에 대해 반사적인 과민성(Koeingsberg et al., 2009a)을 보인다.

이들 자료는 경계선 인성장애 내담자가 자신의 내적이고 미리 결정된 조망과 독립적으로 타인의 행동에 대해 다른 설명을 하는 것이 어렵다는 것을 제시한다. 부족한 정서조절과 함께 혼돈된 자기−타인표상은 사회적 자극에 직면했을 때 인간의 행동에 대한 반사적인 처리와 의도에 대한 평가로 나타난다. 사회적 귀인에 대한 이런 자동적인 원인 규정은 성찰하는 방식으로 거부−신뢰 딜레마를 처리하는 데 필요한 의도적 자기조절 기술을 사용하는 데 상대적으로 무능력함에 기인할 수 있다. 자기조절 실패에 대한 사회 신경과학의 최근 식견은 이런 기제들을 명확하게 하는 데 도움을 줄 수 있다.

(6) 사회적 배제

사회적 배제를 알려주는 자극들은 경계선 인성장애 내담자의 부정적 정동의 증가(Sadikaj et al., 2010), 부정적 타인−초점의 정서(Renneberg et al., 2012; Staebler et al., 2011a), 정서조절 장애 및 문제행동(Selby et al., 2010)과 연관된다. 경계선 내담자는 사회적 거부 단서에 의해 유발된 부정적 정동을 경험할 때 사회적 문제 해결의 손상을 보인다(Dixon-Gordon et al., 2011). 버림받거나 거부당한다고 지각되는 상황에서 경계선 인성장애 내담자는, 비임상적 통제집단과는 대조적으로, 타인표상에서 양극성이 증가되었으며, 또 이것은 뒤이은 충동적 행동을 예상하게 했다(Coifman et al., 2012). 이런 경험적 발견은 극단적이고 양극화된 지각과 정동변화를 초래하는 방어적 분열에 대한 대상관계적 이해와 일치한다.

이런 고찰에 따르면 경계선 인성장애 정신병리는, 특히 거부나 신뢰 문제를 포함하는 상황에서, 자신과 타인에 대한 지각을 다루는 데 있어 조절이 잘 안 되는 반사적인 반응으로 고려될 수 있다. 거부 민감성 역동에 의해 포착된 양극화되고 왜곡된 자기−타인표상은 '통제된' 정서와 사회적 조절 방략을 적용해도 완화되지 않으며, 또 이것은 대인 간의 부적응 반응으로 이끌 수 있다.

대상관계 조망은 인성 기능과 인성병리에 대한 이런 관점에 중요하게 부가된다. 대상관계 이론에서 이자관계로 언급된 인지−정동 단위는 고정된 것이 아니라, 오히려 경계선 인성장애 내담자가 지각하는 대인관계 상황에 따라 끊임없이 활성화된다. 심한 인성병리 내담자에게서 더 분명하게 나타나는 분열과 같은 방어기제는 그것이 활성화되는 인지−정동 단위의 기능을 복잡하게 한다. 이런 정동과 관련된 자기표상과 타인표상은 반전되기 쉬운데, 다시 말하면, 개인은 자기를 희생자로 지각하다가 다음에는 타인을 자기에게 박해당하는 희생자로 취급할 수 있다.

경계선 인성장애 병리에 대한 이런 개념화는 이 장애의 이질성 표현형을 밝히는 데 기여할 수 있다. 경계선 인성장애 내담자가 거부−신뢰 딜레마를 다루는 데 부적응적인 '해결'의 다른 유형을 나타낼 수 있다는 것은 아주 그럴듯하다. 예를 들어서, 경계선 인성장애 내담자는 거부 위협에 대해 증가된 분노, 격노 및 적대감으로 반응하거나(Berenson et al., 2011), 또는 위협과 거부−관련된 고통 경험을 방어적으로 하향조절하려고 사회적 위협을 회피할 수 있다(Berenson et al., 2009). 경계선 내담자들이 보이는 사회적 거부에 대해 (성찰하기보다는) 반사적이고 불완전하게 조절된 취약성이 이 장애의 중심적 특징이 될 수 있으며, 이들이 나타내는 다른 표현형 반응들이 하위집단으로 묶이면서 식별가능한 표현형들을 만들어 낸다(예, Lenzenweger et al., 2008). 경계선 인성장애 내담자들은 거부된다고 지각할 때, 대인 간의 상황에 따라 또 각 내담자의 개인적 성향의 인지−정동 처리에 따라 다른 부적응적인 방어행동을 일으킬 수 있다.

자기와 타인 및 관련된 정동의 인지적 표상으로서, 거부 민감성 역동에서 기술된 것처럼, 자기-타인표상에 대한 초점은 경계선 인성장애의 현상학을 탐색하는 데 유리한 입장을 나타낸다. 특별히 새롭게 나타나는 증거는 성찰적인 사회적 및 정서적 조절의 실패는 이런 (거부된) 왜곡된 자기표상과 (신뢰할 수 없는) 타인표상의 근거가 되고 이를 영속시킬 수 있으며, 경계선 내담자의 대인 간 적응에서 나타나는 광범위한 기능장애를 이런 방식으로 설명할 수 있다는 것을 시사한다. 결국 내담자가 중요한 타인으로부터 예상되거나 지각되는 대인 간의 거부를 다루기 위해 채택한 다양한 행동적 및 방어적 방략이 경계선 인성장애 현상학과 심각성을 구체화할 수 있다.

4) 자기표상과 타인표상

애착과 발달 연구에서는 손상된 자기-타인표상과 심리화 과정에서 그런 표상들과 관련된 결함 및 왜곡이 경계선 인성장애의 위험을 구체화하는 데 중요한 역할을 한다고 제시한다. Barone(2003)은 경계선 인성장애 내담자들은 성인애착면접(adult attachment interview)의 측정치에서 변함없이 불안정 애착으로 고통을 겪는 것으로 보고했는데, 이 면접은 중요한 타인에 대한 개인 견해의 일관성(coherence)을 평가한다. Levy 등(2006)은 경계선 인성장애 내담자의 애착유형 연구에서 거부형과 집착형이 우세한 거의 전반적인 불안 애착을 발견했다. 불안정 애착에 대한 취약성 때문에 경계선 인성장애 내담자들은 타인과의 관계에서 자기에 대해 불안정한 지각을 나타내는 경향이 있다. 경계선 내담자들은 타인 지각이 불안정할 뿐만 아니라, 특히 성적 학대를 당한 개인력이 있는 경우에는 주요 우울장애를 나타내는 내담자보다 자신의 양육자에 대해 더 '악의적인' 표상을 나타낸다(Baker et al., 1992). 학대를 경험한 개인 중에서, 성찰기능 혹은 타인의 심리상태와 의도를 정확하게 추론하는 능력을 성공적으로 발달시키면 경계선 인성장애 진단의 위험이 낮아지는 것으로 보인다(Fonagy et al., 1996). 그러므로 어쨌든 학대의 개인력을 가진 사람이 타인에 대한 악의적인 표상을 형성하는 경우에 경계선 인성장애가 발생할 위험이 시사된다. 아동기와 청소년기에 혼란된 자기표상의 측정은 유아기의 애착 혼란 (disorganiztion)과 성인기의 경계선 인성장애 증상 사이의 연결을 매개한다(Carlson et al., 2009). 이런 결과들이 시사하는 것은 손상된 자기-타인표상은 (불운한) 경험을 나중의 삶으로 운반하는 매개체로 기능할 수 있으며 또 초기의 불운한 경험이 경계선 인성장애로 연결되는 발달과정을 설명할 수 있다는 것이다.

5) 종단적 과정

우리의 개인적인 임상 경험은 인성이 개인의 일관성 있고 지속적인 측면이라고 확신하며, 이런 가정은 인성장애에 관한 DSM 정의를 형성했다. 그러나 수많은 연구에서, DSM 준거에 의해 정의되고 식별되는 인성장애는 지역사회 표집과 임상 표집 둘 다에서 시간이 지남에 따라 범주적으로 차원적으로 감소하는 경향을 나타낸다. 공동의 종단적 인성장애 연구에 따르면 지역사회에 거주하는 축II 진단을 받은 내담자들은 2년이 지난 후 인성장애 진단을 받는 경우가 의미 있게 감소하였으며 (Shea et al., 2002), 12년간 대학생 표집을 추적한 연구에서도 유사하게 감소되었다 (Lenzenweger et al., 2004).

이들 연구에서 주요 제한점은 DSM 축II 준거만 따랐다는 점이며, 이것은 자주 개인의 장기적인 측면을 반영하지 않고 대신에 일시적인 행동 표현(예, 자살 시도)만을 반영한다는 것이다. DSM 준거 틀에는 감정, 증상적 행동, 타인과 상호작용하는 좀더 특성(trait) 같은 유형, 정체성 혼란처럼 사회적 행동과 관련된 내적 구성개념의 혼합이 포함되어 있다. 개인은 시간이 지남에 따라 개별 준거의 안정성과 변화에서 다른 정도를 나타내리라고 예상된다. 이와 관련하여 일시적인 것(예, 증상)과 더 일관적인 것(예, 대인관계 및 직업 기능)의 지표에서의 이런 차이를 지적하는 것이 중요하다.

인성장애 준거가 시간이 지남에 따라 감소한다는 일반적인 발견은 시간이 흐르면서 변하고 있는 것이 정확하게 무엇인지와 비교적 안정적으로 남아 있는 것이 무엇인지에 대해 고찰하도록 만들었으며, 이런 문제는 인성이론에서 중심적인 관심사가 되었다. Zanarini 등(2003)은 경계선 내담자들 간에, 자살 행동과 같은 급성 증상의 완화는 만성적 분노 같은 더 안정적인 기질적 특징의 완화보다 시간에 따라 다른 경과를 보인다고 제안했다. 마찬가지로 Clark(2007)는 기본적인 기질적 차원이 인성장애의 지속적인 측면의 원인이 된다고 제시했다.

인성장애에서의 변화를 이해하기 위한 독특한 노력으로 삼 파장(three-wave) 연구를 12년 넘게 진행했는데, 이 연구에서는 인성장애 특징의 변화는 기저의 신경생물학적 체계의 변화와 관련이 있을 것이라고 가정하였다(Lenzenweger et al., 2004). 높은 수준으로 작용하는 긍정적 정서 체계는 B군 인성장애 특징들이 시간이 지나면서 더 빠르게 감소하는 것을 예측했다. 연구자는 인성장애 특징을 나타내지만 그럼에도 불구하고 세상에 참여할 수 있고 자기조절을 위해 보상이나 인센티브를 사용할 수 있는 개인은 시간이 지남에 따라 지속되는 인성의 역기능에 덜 영향을 받는다는 것을 발견한다.

이 책에서 가장 의의가 있는 것은 경계선 인성장애와 경계선 인성조직 성인의 치료에서 성인기 동안에 그 개인들이 보이는 증상과 기능의 개선이다. Zanarini 등(2012)은 McLean 병원에서 경계선 인성장애로 치료받은 18세에서 35세까지의 내담자 대단위 집단을 대상으로 16년간의 전향적 추적연구를 하였으며, 경계선 인성장애 내담자들과 같은 병원에서 치료받은 다른 인성장애 내담자들을 비교했다. 경계선 인성장애 내담자는 비교 집단 내담자보다 더 느리게 증상이 감소했으며, 두 집단은 모두 16년간 추적연구에서 회복률이 높았다. 경계선 인성장애 내담자의 40%만이 8년 혹은 더 긴 기간 후에 증상에서 회복되었고, 반면 같은 기간에 다른 인성장애 내담자는 75%가 회복되었다는 것이 더 과장 없는 설명이다. 연구자는 직업적 손상이 경계선 인성장애 내담자의 증상 완화와 좋은 사회적 및 직업적 기능 모두를 달성하고 유지하는 데 실패하는 주요 이유라고 지적했다. 경계선 인성장애에 대한 현재의 전문적인 치료는 사회 및 직업 기능을 유의미하게 증진하는 데 효과적이지는 않다(McMain et al., 2012).

6) 경계선 인성장애에 대한 현재 이해

인성장애는 개인이 환경과 상호작용하면서 심리적 조직화를 확증하는 신경행동 체계들과 관찰 가능한 행동의 상호작용에서 나타나는 결과물이다(Lenzenweger, 2010). 결과적으로 형성된 인성장애 표현형은 기저하는 구성요소로 환원될 수 없으며, 더욱이 인성장애의 드러나는 표현형과 기존의 기술 간의 일치는 아직 결정되지 않았다.

경계선 인성장애 및 경계선 인성조직의 형태로 심각한 인성병리를 포함한 인성병리에 대한 충분한 평가를 위해서, 유기체의 세 가지 관련 수준, 즉 1) 관찰 가능한 행동, 2) 주관적 경험, 3) 신경인지적 기능을 고려해야만 한다. 대상관계 모형에서의 기본 가정은 경계선 인성장애 내담자는 경험의 부정적 측면과 긍정적 측면 둘을 통합하는 데 고질적인 결함으로 고통받는다는 것이다. 통합 결여로 인해, 경계선 내담자는 경험의 부정적 측면을 강하게 느끼는 성향이 우세하다. 이들 개인이 임상적으로 드러내는 성향은 중립적 자극을 심지어 때로는 긍정적인 자극을 부정적으로 지각하고, 타인의 의도를 부정적인 방향으로 왜곡하며, 공격성을 타인에게 투사하고 귀인하며, 타인이 부정적으로 동기화되어 있는 것처럼 타인을 향해 행동한다는 것이다. 이들 내담자의 주관적인 경험에 초점을 두고, 대상관계 이론은 이런 개인이 충동조절장애를 나타내며, 자신의 공격성을 타인에게 투사하고, 타인의 즉각적인 동기를 잘못 지각하며, 타인의 순간적인 반응을 타인의 일상적 행동의 더 큰 맥락에서 이해하는 데 어려움을 갖는다는 것을 예상한다. 내담자와의 수년의 임상적 경험에 근거한 이런 이론 형성은 경험적 연구의 발견과 일치하는데, 특히 이 장의 앞부분에서 개관한 이런 내담자의 실시간 기능을 포착하는 연구들과 일치한다('3) 경계선 인성장애에서의 실시간 과정' 참조).

경계선 내담자들의 정신분석 치료는 내담자의 주관적 경험에 대한 정보를 제공했는데, 이는 강하면서 자주 부정적인 정동으로 채워진 자기와 타인에 대한 그들의 지각과 경험을 조직하려는 방어적인 시도를 포함한다. 경계선 인성장애 병리의 관찰 가능한 행동을 연구하는 심리학적 연구와 심리특성 연구는 기술적이고 현상학적 수준에서 정보를 준다. 마지막으로 신경인지적 과학은 기억, 작업 기억, 대인 간의 상호작용에서 자기와 타인의 지각 및 정서 조절을 포함하는 중요한 작업을 수행하는 동안 뇌가 어떻게 기능하는지에 대한 이해를 발전시키고 있다.

실시간에 경계선 인성장애 내담자의 대인관계 행동을 감지하는 데 더 큰 정확성 때문에, 이 분야는 Gunderson(Gunderson & Kolb, 1978)의 현상학적 접근과 Kernberg(1975)의 구조적 접근의 통합에 가까워지고 있다. 경계선 인성장애 내담자는 끊임없이 접근−회피 딜레마에 직면하고 있는데, 그들은 거부에 대한 예상으로 강하게 위협당하면서도 타인과의 연결을 필사적으로 원하기 때문이다. 그러나 내담자는 이 딜레마에 대처하는 부적응적인 '해결'의 다른 유형을 보일 수 있으며, 결과적으로 다른 현상학적 하위유형으로 귀결된다.

3. 임상적 연구 집단에서 경계선 인성장애 내담자의 치료

경계선 내담자를 위한 심리역동적 정보에 근거한 치료는 선임 임상가 집단에 의해서 개발되었는데, 이들은 경계선 내담자들을 치료한 경험이 있고 임상적 회기의 세부 사항을 조사하기 위해서 비디오 녹화를 사용하였다. 이들은 회기에 대한 집단 검토와 논의에서 명확하게 표현하고 동의할 수 있는 개입의 원리를 만들어 냈으며, 이는 치료 방략으로 이 책에 제시될 것이다. 이런 개발은 1980년대 초기에 이루어졌는데 그 당시는 분석적 입장의 치료자가 이런 절차가 전이 작업을 방해할 것이라는 두려움으로 회기를 녹음하거나 녹화하기를 꺼렸을 때다. 비디오 녹화 방식에 기꺼이 서면으로 동의한 내담자에게는 비디오 녹화를 하는 것이 잘 받아들여진다는 것이 경험을 통해서 분명해졌다. 반면, 치료자는 자신의 작업을 타인에게 보이는 것에 익숙해지지 않았다. 이런 문제가 논의되었고, 지지와 비판 없는 상호 긍정적 제안이라는 분위기가 이 과정의 지속적인 사용을 가능하게 했다.

4. 전이초점 심리치료의 치료모델

경계선 인성조직의 치료는, 관찰 가능한 기능장애 행동과 자기와 타인에 대한 내적 표상 둘 다에 기초를 둔, 병리의 특성에 의해 형성된다. 전이초점 심리치료는 분명한 치료 틀의 형태로 구조에 대한 경계선 내담자의 구체적 요구에 주의하면서 핵심적인 심리역동적 관심을 결합한다. 심리역동적 관심은 각 개인이 자신의 감정, 사고 및 행동에 영향을 갖는 힘들 간의 균형을 발견하도록 돕는 것이다. 즉, 생물적 충동, 이들 충동에 대항하는 내적 제한 그리고 개인의 사회적 현실의 가치와 제한 간의 균형을 발견하도록 돕는 것이다. 치료목표는 외부 세계에 성공적으로 적응하면서 적절한 통제를 유지하고 충동의 적절한 만족을 허용하는 균형이다. 전이초점 심리치료는 종종 행동적 증상의 밑바탕이 되는 사고와 감정의 무의식적인 비합리적 패턴과 이들 간의 갈등에 대해 내담자가 이해하도록 돕는다. 우리는 이들 무의식적 사고와 감정이 자각됨에 따라, 이러한 이해로 인해 자기의 다른 측면 간의 내적 갈등뿐 아니라 이전에는 내담자의 감정과 행동을 무의식적으로 통제해 왔던 자기의 측면들을 내담자가 조절할 수 있게 될 것이라고 믿는다.

1) 전이초점 심리치료의 목표

전이초점 심리치료의 목표는 내담자가 자신과 타인을 일관되고 균형 잡힌 방식으로 경험하게 하기 위하여 그들의 내적 세계의 모든 측면을 (수치스럽고, 고통스러운, 혹은 '받아들일 수 없는' 사고, 감정 및 동기를 방어적으로 분열시키기보다) 통합하도록 돕는 것이다. 전이초점 심리치료자는 전이관계를 이용하여 이런 별개의 심리적 상태들을 통합하는 것을 돕는데, 전이관계는 내담자의 자각 밖에 있지만 감정 상태와 행동의 기초가 되는 내적 관계패턴을 이해하는 도구이다.

경계선 인성장애를 위한 수많은 구조화된 치료가 유의미하게 증상을 감소시키고, 이 점에서 어떤 단일 치료도 다른 것보다 더 낫지 않다고 하면(Levy et al., 2012),

전이초점 심리치료가 어떻게 독특한지를 논의하는 게 중요하다. 전이초점 심리치료는 의욕적인 치료목표를 제안하는 것으로 시작한다. 전이초점 심리치료는 내담자의 인성구조를 변화시키는 것을 목표로 구조화되고 조직되었다. 치료목표는 몇몇 수준의 관찰로 밝혀질 수 있고 측정될 수 있다. 가장 가까운 목표는 경계선 내담자의 자기와 타인 지각에 중요한 영향과 변화를 주는 것이다. 자기표상과 타인표상의 정상화(normalization)는 대인 간 행동을 안내하고 또 대인 간 기능영역에서 의미 있는 변화를 이끌어 낸다. 자기표상과 타인표상의 측정은 성인애착면접(C. George, N. Kaplan, & M. Main: Adult Attachment Interview protocol, 3rd Edition, unpublished manuscript[1], University of California, Berkeley, 1996)과 같은 표준화된 기법 및 성찰기능척도(Fonagy P., Steele M., Steele H., et al.: Reflective-function manual: version 5.0, unpublished manuscript[2], University College London, 1998)로 채점된 자료를 사용할 수 있다. 또 다른 수준의 측정과 관찰에서, 우정과 친밀한 관계에서 또 일 관계에서 내담자의 성공은 전이초점 심리치료의 주요 목표이다. 증상 감소는 우정, 친밀한 관계 및 일 관여와 성공에 대한 정상적인 만족을 향한 하나의 단계로서 중요하다.

전이초점 심리치료는 증상 변화, 자기표상과 타인표상에서의 변화, 그리고 우정, 친밀한 관계 및 일 기능에서의 성공에 대한 의욕적인 목표를 갖는다는 점에서 독특하다. 전이초점 심리치료의 이런 광대한 목표는 개입 기법, 개별 회기들에서의 초점 및 치료 지속기간을 포함하여 전체 과정에 영향을 준다. 이에 대해, 경계선 내담자가 많은 공통된 증상을 공유하기는 하지만, 사랑과 일에 대한 그들의 적응을 포함해서 심각성 수준이 크게 다르다는 점을 지적해야만 한다. 이는 전이초점 심리치료의 과정과 기간이 치료 시작에서 각 내담자의 기능장애의 심각성 수준에 따라 다르다는 것을 의미한다. 이 주제는 11장에서 다시 다룰 것인데, 이 책의 주요 장에서 치료의 주요 개념과 도구를 설명한 후에 치료에서의 다양한 궤도를 고려하게 될 것이다.

---

1) [역주] 성인애착면접 프로토콜, 3판, 미발표원고
2) [역주] 성찰기능 매뉴얼, 5판, 미발표원고

2) 안전한 상황에서 대상관계의 활성화

다른 치료모델과 비교해서, 전이초점 심리치료는 발달하는 치료자와 내담자 간의 관계 속에서 자기와 타인에 대한 내담자의 내적 표상이 충분히 활성화하도록 격려하는 환경을 제공한다. 원시적 대상관계, 즉 자기와 타인에 대해 강하게 내재화된 경험이 치료 세팅에서 활성화되는 것이 예상된다. 왜냐하면 이들은 내담자의 삶의 모든 영역에서 활성화되고 내담자의 주된 동기 체계의 근거가 되기 때문이다. 내담자들은 치료기회를 활용하여 치료 세팅을 원시적 대상관계가 펼쳐지도록 허용하며, 여기서 전이초점 심리치료자는 내담자가 가장 깊은 수준에서 지각하고 경험하는 것을 분석하고 명료화한다. 이들 시나리오는 단순히 과거에 일어났던 일 그대로의 재생산이 아니라 일어났던 것과 일어났다고 내담자가 상상한 것, 그리고 고통스러운 자각을 피하기 위해서 내담자가 방어적으로 만들어 낸 것의 결합이다.

전이초점 심리치료에서 내담자의 치료자와의 관계는 강한 정동이 완전히 폭발하거나 소통을 압도해 버리지 않도록 통제된 상황하에서 구조화된다. 5장에서 기술될 것인데, 우리는 이런 과거 병인론적 경험을 안전하게 재활성화하는 치료구조를 만든다. 치료적 환경의 안전과 안정성은 내담자가 자신이 경험하고 있는 것에 대해 생각하고 또 그 경험을 내적 표상과 연관시키기 시작하도록 허용한다. 이 내적 표상은 객관적인 현실에, 그리고 궁극적으로는 과거에 일어났던 것에 부합되지 않는 것일 수 있다. 왜냐하면 현재 지각은 때로 현실적으로 지금 진행되고 있는 일보다는 내적 표상에 더 많이 근거하기 때문이다. 치료자 편에서 **기법적 중립성**은 내적 표상들을 활성화하고 관찰하는 자세를 확립하는 데 도움이 된다. 중립성은 내담자가 경험의 모든 부분을 관찰하고 그 관찰에 치료자를 함께하도록 돕는데, 치료자는 내담자 경험의 어느 한 면을 편들지 않아야 한다. 치료자가 어느 한 편을 든다면 내담자의 사고, 정서 및 행동에 영향을 주는 모든 요인을 충분히 표현하거나 고려하는 것을 어느 정도 억제할 수도 있기 때문이다.

내담자가 정서조절 결함을 보이면 평범한 환경에서는 반응의 악순환을 만들어 내는데, 전이초점 심리치료는 이런 악순환을 만들어 내지 않고 통제된 상황에서 원시적 대상관계를 재활성화함으로써 변화를 촉진한다. 이런 방식으로 전이초점 심리치료는 장해가 있는 내담자에 대한 평범한 환경의 통상적 반응을 중단하고 통제된 상황에서 내적인 병리적 관계를 실행하도록 허용한다. 이는 전이의 진수이다. 교육적 수단으로 이들 지각과 행동을 단념시키려고 시도하는 대신, 우리는 그것을 관찰하고 성찰하며 이해하기 위하여 활성화하는 것을 허용한다.

그렇지만 이런 과정은 제한을 갖는다. 기억에서 그리고 과거 다른 시점에서 발생한 것의 응축으로 인해 변형 과정, 진전, 퇴행 및 고착이 발생하기 때문에, 우리는 이런 재활성화가 과거에 실제로 발생한 것의 재생산이라고 결코 가정할 수 없다.[3] 치료는 그 시각의 특정 경험을 재생산하기보다는 오히려 정확하게 어떤 내적 구성을 만들어내는데, 그것의 근본적 기원은 밝혀낼 수 없다. 우리는 실제로 환상이 무엇인지, 과거에 대한 정확한 기술이 무엇인지에 대해 문제로 삼지 않는다. 내담자의 삶에서 기본적인 동기적 요인은 현재의 심리적 현실이며, 이것은 심리구조를 반영하며 이 구조가 치료에서 수정의 초점이기 때문이다(〈표 2-1〉). 변화의 기본적인 기제는 통제된 상황에서 해리되고 억압되거나 투사된 내재화된 대상관계의 재활성화를 촉진하는 것이다. 이것은 시간 면에서의 퇴행인 퇴행 과정과 기능 양상, 내성혹은 자기성찰(self-reflection)의 발달에 기여하는 경험을 촉진한다.[4] 내담자의 성찰증가는 변화를 위한 필수적인 기제이다.

치료자와의 관계에서 내적 대상관계의 재활성화는 **전이**라고 불리는데, 이는 지배적인 병인적으로 내재화된 대상관계가 내담자에 의해서 확립된 현재 관계에서 무의식적으로 활성화된 것이다. 내담자에게 치료자가 처음 지시한 말(내담자가 치료에 가져오는 문제에 관하여 자유연상을 격려함)과 경청 태도(잔잔히 떠 있는 주의)는 특정 대상관계가 시작하는 것을 알린다. 즉, 이는 도움을 필요로 하는 사람에게 촉진하는 사람(치료자)이 전능하지 않으며 진정한 관심과 지식을 가지고 돕고자 한다는 현실

---

3) 이것은 불어에서 *après coup*이라 부르는 것의 한 사례이다. 독어에서 이 개념은 *Nachträglichkeit*, 외상에 대한 회고적인 수정이다.

4) 우리는 성찰기능(reflective functioning)이라는 용어보다 내성(introspection)이라는 용어를 선호한다.

적인 신뢰를 갖도록 하는 것이다. 전이 발생은 치료자와의 상호작용에서 내담자의 원시적인, 분열된, 박해당하는 그리고 이상화된 이자적 내적 대상관계가 나타나면서 '정상적인' (친밀한) 관계가 얼마간 왜곡되는 증거를 통해서 알려질 수 있다.

정체성 혼란의 핵심과 관련된 무의식적 갈등이 치료적 상호작용에서 나타날 수 있으며, 또 이런 출현에 대한 분석이 전이초점 심리치료의 기법적 접근에서 핵심이 된다. 이런 경험에 대한 치료자의 인지적 개념화를 해석이라고 하며, 이것은 전이 혹은 내담자의 경험이나 행동의 다른 측면들의 무의식적 의미에 대한 가설 형성을 포함한다. (치료계약에서 상세하게 설명된) 보호적 틀은 내적 갈등에 수반되고 거기에 기여하는 강한 정동에 대해 기본적으로 컨테인하기(containment)나 안아 주기(holding)를 제공한다. **안아 주기**는 정동적 컨테인하기 혹은 정동적 구조(affective framing)를 말하며 치료자가 공공연하게 따뜻하거나 동정적이라는 것은 아니다(치료자가 내담자를 정신분석적 치료자에 대한 캐리커처에서처럼 차가운 '중립성'으로 대하기보다는 정중하고 호의적으로 내담자를 대하기는 하지만).

컨테인하기는 처음에 인지적으로 혼돈되어 보이는 것에 대해 좀 더 인지적으로 구조화하는 것을 더 말한다. 심한 장해가 있는 내담자와 작업할 때, 치료자는 내담자의 가장 견딜 수 없고 강한 정동 상태에 노출되고 이것을 수용하는 것이 자신의 주요한 역할인 기간을 받아들여야 할 것이다. 이런 상태에서 내담자는 이런 강한 정동을 참을 수 없으며 행동화를 통해 방출하는 경향이 있다. 이런 정동을 부인하거나 반응하지 않고 참아 내는 치료자의 역량은 내담자가 전에는 충분히 오래 참을 수 없었던 것에 대해 생각하기 시작하는 경험을 하도록 내담자를 돕는 데 필수적일 것이다. 이 시점에서 해석 과정이 시작될 수 있다.

3) 사고하기의 파괴

내담자의 혼란은 자기 개념과 타인 개념, 자기와 타인 간의 관계, 원시적 정동의 우세함뿐만 아니라 충분한 자각을 방해하는 방어과정도 포함한다. 이런 과정은 자각과 사고하기(thinking)를 지우고 왜곡한다. 좀 더 건강한 신경증 내담자는 수용할 수 없

는 사고, 정동 및 기억을 억압 과정으로 제거하며, 비록 그 체계가 불안과 같은 증상
을 포함하긴 하지만 비교적 안정되고 균형 잡힌 체계를 만든다. 좀 더 원시적인 내담
자는 사고의 연결에 공격을 받아 사고의 파편화와 단절을 나타내므로(Bion, 1967), 개

표 2-1 전이초점 심리치료에서 변화기제

치료자 개입	내담자 행동과 반응
치료 틀에 대한 협의, 기법적 중립성 입장, 역전이에서 정동을 컨테인하기	결과는 내담자가 일상생활에서는 덜 충동적인 행동을 보이는 반면, 치료자에게는 관련된 병리적 대상관계가 활성화된다.
치료에서 활성화되는 병리적 대상관계의 확인과 탐색은 다음 단계를 포함한다.	
1. 명료화: 강한 정동 상태의 인지적 내용을 대상관계 면에서 확인, 기술, 정교화	높게 점유된 정동 상태와 행동화가 인지적 정교화에 의해서 변환되고 컨테인된다. 이는 어느 정도의 정동적 조절과 컨테인하기로 이어진다.
2. 직면: 내담자의 의사소통, 행동 혹은 마음 상태에서의 불일치와 모순에 대한 감각 있는 탐색	이것은 내담자가 성찰할 수 있게 해준다. 내담자는 경험의 모순적 특징을 알아차리고, 이상화된 경험과 박해 경험 사이를 오락가락 하는 것을 자각하기 시작한다. 내담자는 자신의 심리적 경험을 더 잘 관찰할 수 있게 된다. 삼자관계에서 사고할 수 있는 역량과 사고의 상징적 특성을 인식할 수 있는 역량이 증가하는 순간이 있는데, 이를 통해 정동이 더 컨테인되고 정동 경험의 압도하는 특성이 감소된다.
3. 분열과 다른 원시적 방어기제의 방어적 동기에 대한 해석	이것은 상징적인 심리적 경험에 대한 관찰을 심화시킨다. 이 과정은 사고과정과 행동이 자기의 여러 측면을 어떻게 감추는지에 대한 자각의 증가와 함께 이루어진다.
4. 분열에 대한 해석	이것을 통해 부정적 정동을 더 인정하고 컨테인할 수 있게 되며, 사고의 상징적 특성을 인식할 수 있게 된다. 이와 함께 사고의 삼자관계적 특성을 성찰하고 인식할 수 있는 역량이 증가된다. 이상화된 경험과 박해 경험에 대해 처음에는 일시적이었던 통합이 점진적으로 이루어지며, 원시적 정동 경험이 누그러진다. 감소된 불안과 감소된 분열의 주기가 치료 중기에 편집적 불안으로 퇴행하는 것과 교대로 나타날 수 있는데, 이때 '우울 포지션'을 향한 점진적 움직임이 있으며, 자기와 타인에 대한 더 통합되고 현실적인 견해가 함께 나타난다.

인의 바로 그 사고과정이 영향을 받는다. 이 사고과정은 정동들에 의해서 강하게 영향을 받을 수 있는데, 특히 가장 부정적인 정동은 자기(self) 안에 그 정동이 존재하는 것을 내담자가 인지적으로 자각하지 못하지만 행동으로 표현된다. 다른 말로 하면, 이들 내담자는 극적으로 공격적일 수 있지만 공격성에 대한 의식적 자각이 없다. Amy의 사례에서처럼, 정동은 단지 행동으로만 나타나는데, 우리는 치료 단계에 대한 8, 9, 10장에서 이를 논의할 것이다. 그녀 사례의 예에서, Amy는 경비원이 지키고 있었을 때 자해를 하면서 그 행동에 포함되는 공격성에 대해 자각하지 못했다.

전이초점 심리치료는 내담자의 행동과 관련된 정동을 대상관계의 관점에서, 즉 그 행동의 기저에 있는 자기경험과 타인경험에 의해 이해하기 위해 작업한다. 전이초점 심리치료에서의 또 다른 변화기제는 ('행동화'의) 행동에서 정서적 인지(emotional cognition)로 변환하는 것인데, 즉 행동적 행동화(behavioral actions)에서 그들의 동기 체계를 구성하는 자기와 타인의 내재화된 표상에 대한 이해로 변환하는 것이다. 치료는 전이에서 내적 대상관계를 활성화하고, 그다음에 성격구조를 구성하며 행동화의 근거가 되는 이 내재화된 대상관계를 설명하려고 한다. 기계적이고 자동적인 행동은 근원이 되는 내적 관계(들)로 재변환되는데, 애착이론가들은 이것을 '내적 작업모델'이라고 부른다. 다른 사람과의 상호작용에서 자기상을 포함하고 또 대인 간 거래의 기대를 포함하는 내재화된 관계 시나리오 개념은 이자적 대상관계에 그리고 애착이론에서 정교화된 애착의 내적 작업모델 둘 다에 공통된다. 정동에서 그리고 정동과 인지적 과정과의 연결에서의 원시적 혼란을 감안해서, 치료자는 내담자가 정동을 표현하는 인지적 역량을 발달시키도록 촉진한다. 치료자는 내담자를 도와서 비정상적으로 해리되고 통합되지 않은 인지와 정동을 함께 연결시키도록 한다.

4) 전이초점 심리치료의 진행

전이초점 심리치료의 실행은 규칙을 따라 진행된다. 치료 틀은 안전한 분위기를 제공하면서 컨테인하기에 기여하며, 이는 전이에서 내재화된 이자관계 쌍의 안전한 재활성화를 허용하게 된다. 내담자는 애착에 대한 불안과 전이의 편집적 특성들 때문에 치료 틀에서 관계를 발전시키는 것에 대해 자연스럽게 저항할 것이며 또한 강한 정동(affective intensity)을 피하거나 확산시키기 위한 방편으로 행동화할 수도 있다. 관계를 맺지 않으려는 내담자의 노력을 분석하면 관계에 대한 내재화된 가정과 기대를 이해하는 데 도움이 될 것이다. 치료 틀 속에서 자유로운 소통을 격려함으로써, 치료자는 내담자의 삶을 특징짓는 관계가 얽히는 것이 재활성화되도록 허용한다.

전이초점 심리치료에서는 우선 내담자의 방어를 분석한다. 위험하게 들릴 수 있지만, 치료 틀이 제공하는 컨테인하기는 닻의 역할을 하면서 내담자가 퇴행할 수 있는 공간에 대한 통제를 유지한다. 이런 분석에 이어 해석 단계와 자기성찰의 발달이 뒤따른다. 전이초점 심리치료는 반복적인 과정이다. 즉, 아무것도 한 번에 말끔하게 해결되는 것은 없다. 수정과 변화가 반복되는 주기를 나타내는 점진적인 과정이다. 예를 들어, 정동 폭주는 처음에는 통제될 수 없고 성찰할 수 없을 것 같아 보이지만, 내담자가 증가된 성찰로 정동을 조절하는 주기를 통해서, 또 더 조절된 정동의 맥락에서 좀 더 증가된 성찰을 함으로써, 이들은 결국에는 조절되고 그 후에는 사라진다. 정동 폭주와 작업하는 예는 비디오 3-1, 3-2와 3-3(7장 참조)에서 볼 수 있다.

경계선 내담자에게 부정적 정동은 고통이나 괴로움의 원인으로 생각되는 것이나 사람을 공격하거나 잠정적으로 파괴함으로써 자기 스스로를 보호하려는 일반적인 경향으로서 위계적으로 조직화된다. 자기 자신뿐 아니라 타인을 향한 일반적인 파괴적 충동이 있다. 만성적 분노와 공격성은 고통의 원인으로 지각되는 대상과의 관계에서 미움이라는 경험으로 구체화될 수 있다. 그 충동은 고통의 원천을 제거하거나 파괴하는 것인데, 이 경우에 복수하거나 타인에게 고통을 주려는 충동이 동시에 있을 수 있다. 이는 결과적으로 내담자가 자각하지 못하는 상황의 역전을 초래할 수 있다. 쾌와 고통은 공격성과 함께 연합되어 두드러진 가학-피학적 역동을 이끌어 낼 수 있다. 덜 심각한 수준의 공격성에서는, 복수보다는 타인을 통제하려는 욕구가 있다. 개인은 자신이 통제하고 있는 한 안전하다고 느끼며, 또 그것은 전능한 통제라는 활발한 원시적 방어에서 볼 수 있다.

고통을 유발하는 대상은 외부 대상으로 지각되거나 내적 대상으로서 경험될 수 있다. 그러므로 공격성은 부정적 정동의 근원에 대하여 투사적으로 동일시하고 재내사함으로써 유발되는 잦은 혼란과 혼동과 함께, 자기에게로 다시 향하게 될 수 있다. 자기를 직접 공격하려는 강한 충동이 있으며, 가장 극단적인 상황에서는 자기를 파괴하려는 소망이 지배적인 추동이 된다.

자기에게 공격성이 향하는 것(예, 자살이나 유사 자살 행동을 통해)은 전이에서 발생할 수 있는 다른 동기를 행동으로 표현하는 것이다. 자살이 한 종류만 있는 것은 아니며 다양하다. 때로 사고와 행동은 가학적인 양육자에 대한 동일시를 나타낸다. Fairbairn(1952)의 다음 문장이 적절하다. "하나님이 지배하는 세상에서 죄인이 되는 것이 악마가 지배하는 세상에서 사는 것보다 낫다."(pp. 66-67) 다른 말로 하자면, 순수한 선을 끝까지 요구하는 것이 공격성의 근본적인 존재를 인정하는 것보다 더 낫다는 것이다. 이런 방식으로, 피학성은 어떤 안전체계가 될 수 있는데, 그 체계에 의해 잔인한 공격이 내재화된다. 그리고 공격성이 이상화된 타인을 피해서 자신에게 향하는 한 안전감이 생긴다. 다른 때에 개인은 공격적인 양육자와의 관계를 유지하기 위하여 좀 더 직접적으로 가학적인 대상을 내재화하고 동일시한다. 자기를 죽이려는 시도는 공격적인 타인과 동일시하고 결합하려는 시도이다.

성공적인 치료 중기에 행동화가 감소되고 정동이 치료 틀 안에 컨테인될 때, 내담자의 주된 내적 대상관계가 반복되면서 그것이 인식되고 명료화될 수 있다. 내담자가 보이는 점차적인 변화에는 몇 가지 측면이 있다. 내담자는 내성할 수 있게 되고 동시에, 정반대의 정동이 함께 일어나는 것을 점차 참을 수 있게 된다. 내성의 증가와 모순된 정동의 점차적인 통합은 정동의 조절을 이끌며, 그다음에는 내성을 증진시킨다.

5) 전이초점 심리치료에서 인간관계의 역할

치료자와 내담자 간에 어느 정도의 직접적이고 도움이 되는 인간관계를 갖는 것이 중요한가라는 문제는 문헌에 광범위하게 논의되어 왔다(Mitchell & Aron, 1999). 일상적인 환경에서 인간관계는 개인에게 도움이 된다. 그러나 장해가 더 심할수록 내담자는 일상적인 인간관계에 반응할 역량이 더 적어진다. 그것이 심한 인성병리의 비극이다. 즉, 상호 소통하고 타인과의 불만을 누그러뜨리는 평범한 경로가 왜곡되거나 파괴되었다. 내담자의 성장을 허용하는 것이 따뜻하고 관심을 기울이는 인간관계라는 가정과 반대로, 전이분석을 통해 강한 부정적 정동을 탐색함으로써 내담자는 새로운 관계를 자신의 성장과 만족을 위해 사용할 수 있는 무엇인가 가치 있는 것으로 점차 받아들이게 된다. 치료자의 작업은 내담자가 타인에 대한 경험을 결정하는 고정된 내적 이미지에 갇혀 있는 상태로부터 타인이 다르고 독특하다는 것을 알 수 있는 능력에 이르게 하는 것이다. 치료자와의 관계는 모든 치료에서 일어날 수 있는 특이하지 않은 효과지만, 전이초점 심리치료와 다른 분석적 치료를 받는 내담자들이 자신의 내적 이미지와 투사로 인해 깊게 관계를 맺을 가능성이 파괴된 경우에 특별히 도움이 된다. 처음에 치료자에게 요구되는 것은 따뜻함이 아닌데, 왜냐하면 경계선 내담자는 자주 이런 따스함을 치료자가 진지하지 않거나 심지어 위험할 만큼 유혹적이라고 오해할 수 있기 때문이며, 그보다는 내담자의 강한 정동에 대해 방어적으로 위축되거나 앙갚음하지 않고 받아들이거나 컨테인하는 능력이 치료자의 필수적인 자질이다. 치료의 마지막 단계에서, 특정적이지 않은 요인인 도움이 되는 인간관계가 좀 더 영향을 미치게 된다. 우선 치료자가 내담자와 좋은 관계를 만들어야 한다는 상식적인 가정과 대조적으로, 경계선 내담자와의 치료적 동맹은 치료의 결과이며 전제조건이 아니다. 즉, 그것은 전이의 부정적 측면들을 체계적으로 해결하고 내적 세계를 통합한 결과이다. 그 전제조건은 강한 정동을 컨테인하는 것이다.

6) 전이초점 심리치료의 지속기간

우리가 기술한 바와 같이, 경계선 인성장애 진단에 해당하는 내담자들은 이질적인 집단이며, 증상의 심각성과 친밀한 관계 및 직업적 결함의 심각성 정도도 다양하다. 이런 이유로 치료의 일정한 시간 틀을 기술하는 것은 불가능하다. 우리는 자주 평가와 통계치를 사용해서 치료의 변화궤도를 분석하는 연구를 통하여, 이들 내담자의 특정한 변화와 관련된 어떤 치료기간의 관찰을 기술할 수 있게 되었다. 예를 들어, 우리는 많은 사례에서 내담자의 행동화가 치료의 처음 6개월 이내 통제되고 또 원시적인 방어기제의 사용이 치료 2년 이내에 의미 있게 감소하는 것을 보았다. 이런 변화들은 내담자의 정체성 혼미를 해결하는 데, 통합된 정체성을 공고하게 하는 데, 그리고 내담자의 사랑, 일, 여가의 문제들에 관한 이해와 진행을 개선하는 데 좀 더 직접적으로 초점을 맞추는 준비를 한다(기간에 따라 성취할 수 있는 것에 대해 좀 더 알아보려면 11장 참조).

5. 치료 매뉴얼 만들기

치료 회기들의 녹화내용을 계속하여 개관하면서, 집단 토론에서 나온 개입원리를 명확하게 표현하여 기록하는 단계는 쉬웠다. 우리는 개입원리들을 특정 임상 사례와 연합시킴으로써 치료 매뉴얼을 만들었다(Clarkin et al., 1999). 그러나 이 매뉴얼은 정적인(static) 기록된 결과물이 아니라 경계선 내담자와의 지속적인 경험을 반영하여 업데이트되며 발전하는 자료이다. 우리는 『전이초점 심리치료 입문』(Yeomans et al., 2002)과 두 번째 매뉴얼(Clarkin et al., 2006)을 이어서 썼다. 이 현재 매뉴얼에서, 우리는 치료 중기와 후기에 대한 좀 더 많은 경험, 시간이 경과하면서 예측될 수 있는 결과에 대한 더 많은 경험, 그리고 높은 수준의 경계선 인성조직, 자기애나 혹은 병리적인 자기애가 있거나 없는 낮은 수준의 경계선 인성조직에 이르기까지 경계선 인성조직의 다양한 하위집단 내담자에게 적용될 수 있는 좀 더 분화된 치료에 근거한 새로운 발전을 포함시켰다.

기록된 치료 매뉴얼은 더 진전된 연구를 위하여 다른 사람이 치료를 반복할 수 있도록 충분한 세부 사항을 구체화하기 위하여 심리치료 연구 도구세트를 소개하는 것이다. 이런 목적과 학생을 교육하려는 요구가 이 매뉴얼을 쓰도록 자극하였다.

이에 더하여, 전이초점 심리치료를 가르치면서 발견한 것은 치료를 배우는 과정에서 경험 있는 치료자와 임상가의 녹화된 회기가 치료에서 다른 사람을 교육하는 데 훌륭한 도구라는 것이다. 이런 이유로, 이 책은 배우들이 내담자 역할을 하는 것으로 구성된 온라인 비디오를 포함한다(www.appi.org/Yeomans에서 이용 가능).

6. 전이초점 심리치료 엄수 및 역량 증진

인성장애연구소에서 우리의 임상연구 집단은 전이초점 심리치료를 엄수하고 역량 수준을 획득할 수 있도록 임상가를 훈련시키는 경험을 축적하였다. 전형적인 훈련은 세미나 교육을 포함하고, 전이초점 심리치료를 엄수하는 치료자의 녹화테이프를 보는 것으로 진행한다. 그다음에 치료자는 정규적인 지도감독을 받으면서 두 명의 경계선 내담자를 전이초점 심리치료로 치료한다. 우리는 훈련(신청이 가능한)에서 이들의 수행을 공인된 전이초점 심리치료자가 평가할 수 있게 해주는 치료 엄수 및 역량 평가 형식을 발전시켰다. 치료자가 전이초점 심리치료를 엄수하고 치료자의 역량을 정규적으로 평가하는 것이 전이초점 심리치료의 질을 보증하는 데 필수적이다.

7. 치료결과에 대한 예비검사

전이초점 심리치료가 발전하는 동안, 우리는 국립정신건강연구소로부터 John Clarkin을 주연구자로 하여 치료개발 보조금(R21)을 받았다. 이 보조금의 지원으로, 우리는 통제집단 없이 1년간 17명의 경계선 내담자를 전이초점 심리치료로 치료하였다. 이 연구로 인해서 우리는 새롭게 만들어진 치료 매뉴얼을 적용할 수 있게 되었고 서로의 사례에 대한 정기적인 임상적 협의과정을 발전시킬 수 있었다. 이런 협력 미팅의 초점은 지난 회기에서 일어난 것만이 아니라 다음 회기와 더 이후 개입을 계획하기 위해 그 정보를 사용하는 데 있다. 이 연구결과는 고무적이었다(Clarkin et al., 2001). 치료하는 그해 동안, 치료 이전의 해에 비교해서, 자살 시도를 한 내담자의 수가 의미 있게 감소하였다. 자해행동에 따른 의학적 위험과 의학적 상태의 심각성도 현저하게 감소했다. 또한 연구 내담자들은 치료받기 이전 해보다 치료받는 동안에 의미 있게 더 적게 입원하였으며 입원 일수도 의미 있게 더 적었다.

8. 무선화된 통제시행

1) 뉴욕에서의 무선화된 통제시행

스위스에 위치한 사설 재단인 경계선 연구재단이 치료 개발 작업의 실행 가능성을 알아보고 지원여부를 타진하기 위해 우리를 찾았다. 부서장인 Dr. Jack Barchas의 격려와 협력으로, 우리는 연구비를 지원받기 위해서 성공적으로 경쟁하였으며, 세 군데 다른 장소에서 우리는 매뉴얼화된 다른 치료들과 전이초점 심리치료를 무선통제로 비교할 수 있게 되었다. 우리는 전이초점 심리치료를 변증법적 행동치료와 경쟁시킬 것을 선택했는데, 이는 당시에 경계선 내담자의 치료로 경험적으로 입증된 치료이다. 또한 우리는 매뉴얼화된 지지적 심리역동치료와 경쟁할 것을 선택했는데, 이 치료는 전이초점 심리치료에서 변화에 필수적인 요소라고 보는 것, 즉 지금 여기에서의 해석을 사용하지 않는다는 것을 제외하면 전이초점 심리치료와 유사했다. 이 연구(Clarkin et al., 2007)는 전이초점 심리치료, 변증법적 행동치료 및 지지적 역동치료 모두가 1년간의 치료에서 내담자의 우울, 불안, 전반적인 기능 및 사회적 적응에서 유의미하게 긍정적 변화를 보였지만, 단지 전이초점 심리치료만 성마름과 언어적 및 직접적 폭행에서 유의미하게 변화를 예측하였다. 전이초점 심리치료와 변증법적 행동치료는 자살 시도의 개선에서 유의미하게 나타났고, 전이초점 심리치료와 지지적 심리치료는 분노와 충동성 측면에서의 개선을 나타냈다. 무엇보다도, 변증법적 행동치료나 지지적 심리치료가 아니라, 전이초점 심리치료에서 내담자들이 성찰기능에서 유의미한 변화를 보였는데, 이는 전이초점 심리치료에서의 변화기제라고 가정된 것이다(Levy et al., 2006).

2) 유럽에서의 무선화된 통제시행

전이초점 심리치료가 증상을 감소시키는 데 변증법적 행동치료에 필적할 만큼 효과적이라는 증거와 함께, 전이초점 심리치료가 시작된 곳 이외의 다른 장소에서 임상적 영향력을 나타낼 수 있음을 입증하는 것이 중요했다. 독일 뮌헨의 정신과 의사인 Dr. Peter Buchheim의 격려와 대학에서의 광범위한 활동으로, 우리는 뮌헨과 독일어권 다른 도시들에서 임상작업에 전이초점 심리치료를 사용할 수 있게 되었다. 전이초점 심리치료 매뉴얼은 독일어로 번역되고 출판되었다. 이런 발전으로 무선화된 통제시행을 설계할 기회를 얻었으며, 또 독일과 오스트리아의 건강관리체계에서 전이초점 심리치료와 지역의 숙련된 치료자가 일반적으로 수행하는 치료를 비교할 기회를 갖게 되었다. Doering 등(2010)이 1년간의 전이초점 심리치료와 경험 있는 지역사회 심리치료자에 의한 치료를 무선통제로 비교하는 연구를 하였다. 두 치료에서 내담자들은 개선되었고, 전이초점 심리치료로 할당된 내담자들의 중도탈락률이 더 낮았으며, 자살 시도 횟수, 입원 횟수와 경계선 인성장애 증상의 수가 유의미하게 더 많이 감소하였고, 인성조직과 심리사회적 기능에서 유의미하게 더 크게 개선되었다. 두 집단 모두에서 우울과 불안은 유의미하게 개선되었으며, 전이초점 심리치료 집단의 경우에 모두에서 유의미한 집단 간 차이를 나타낸 것은 아니지만, 일반적인 정신병리에서 개선되었다. 이 연구결과는 전이초점 심리치료가 경계선 인성장애의 효과적인 치료임을 시사한다.

3) 증상 변화 이후의 치료 효과

수많은 무선화된 통제시행을 통해 경계선 인성장애 내담자를 위한 다양한 매뉴얼로 된 인지적 및 심리역동적 치료의 효과성이 입증되었다(Bateman & Fonagy, 1999; Clarkin et al., 2007; Giesen-Bloo et al., 2006; Linehan et al., 1991). 이 결과는 치료의 공통된 요소가 이 내담자들에게 도움이 된다는 것을 제시하고 변화기제에 대한 다음의 질문을 제기한다. 변화를 이끌어 내는 이들 치료의 조작적(operative) 요소는 무엇인가? 예를 들어, 각각의 치료 매뉴얼에서 제시된 것은 주요 치료 방략과 기법, 즉 기술 훈련(Linehan, 1993), 심리화 증진하기(Bateman & Fonagy, 1999), 전이초점 심리치료에서 전이해석 과정의 사용(Clarkin et al., 2006)이 변화의 경로라는 것이다. 이들 치료가 유의미하게 증상을 감소시키는 것을 보여 주긴 하지만, 특정 치료자 기법이 나타난 변화와 관련된다고 보기에는 가용한 자료가 제한적이다. 두 번째 및 연관된 질문은 다양한 치료가 목표로 하는 결과에 관한 것이다. 우리는 전이초점 심리치료에서 경계선 내담자의 증상변화가 필수적이지만, 진정한 인성변화를 획득하는 것, 즉 내담자가 심리적으로 자기와 타인을 표상하는 방식을 변화시키고 친밀한 관계와 직업 기능에서의 성공을 성취하는 방식을 변화시켜야만 한다고 항상 주장한다. 우리 연구의 몇몇 측면은 이런 질문에 접근하였다.

　무선화된 통제시행으로 전이초점 심리치료를 변증법적 행동치료 및 지지치료와 비교하면서(Clarkin et al., 2007), 우리는 각 내담자의 성찰기능을 평가하기 위한 자료를 제공하기 위하여 치료 전 1년과 치료 후 1년에 성인애착면접(George et al., 1996)을 실시하였다. 이런 방식으로 측정된 성찰기능은 Fonagy 등(1998)에 의해 심리화의 능력을 조작적으로 측정하는 것으로 제시되었는데, 즉 태도, 정서 및 동기 면에서 자신과 타인을 표상하는 능력이다. 우리는 전이초점 심리치료에서 내담자가 치료자와의 상호작용에서 자기표상과 타인표상을 이해하고 정교화하는 것을 발전시키도록 돕는 것을 강조하므로, 전이초점 심리치료는 경계선 내담자의 성찰기능 수준을 유의미하게 증진시킬 것이며, 전이해석의 조작적 요소를 포함하지 않는 변증법적 행동치료와 지지치료는 성찰기능을 증진시키지 못할 것이라고 가정한다. 실제로, 이것이 정확하게 발견되었다(Levy et al., 2006). 전이초점 심리치료가 증상을 유의미하게 감소시켰고 성찰기능 수준을 높였다는 사실은 치료에서 가정된 활동기제와 정확하게 일치한다. 우리는 전이초점 심리치료 동안 성찰기능에서 유의미한 상승을 치료자가 내담자에게 자기와 타인에 대한 자신의 개념을 명료화시키고, 비일관성을 직면시키며 또 지금 여기에서의 해석을 통해 내담자가 자기와 타인에 대한 복합적인 표상을 통합하도록 이끈 것의 결과로 해석한다.

유럽의 무선화된 통제시행(Doering et al., 2010)에서, 인성조직에 대한 구조화된 면접(Structured Interview for Personality Organization, STIPO), 즉 대상관계 이론에 근거한 반구조화된 면접이 인성기능을 평가하기 위해 치료 전과 치료기간 1년이 지난 후에 사용되었다. 이 연구에서는 전이초점 심리치료가 인성조직에 대한 구조화된 면접으로 측정된 전반적 인성기능을 유의미하게 증진시켰지만, 이런 증진은 비교되는 치료에서는 발견되지 않았다.

4) 전이초점 심리치료의 현재 경험적 상태

앞부분에서 기술된 임상연구는 전이초점 심리치료의 현재 상태에 기여했다. 전이초점 심리치료는 시작된 장소(The Weil Cornell Personality Disorders Institute)에서뿐 아니라 다른 장소에서도 배울 수 있고 치료자에 의해서 엄수되고 역량을 가지고 활용될 수 있다. 치료 1년 후의 무선화된 통제시행을 한 추수연구에서 전이초점 심리치료에서의 유의미한 증상변화가 입증되었다(Clarkin et al., 2007; Doering et al., 2010). 전이초점 심리치료는 지역사회의 숙련된 치료자에 의해 사용되는 평소의 치료보다 우수하며(Doering et al., 2010), 적어도 이 분야의 기준인 변증법적 행동치료만큼은 효과적이다(Clarkin et al., 2007). 마지막으로, 전이초점 심리치료는 단순한 증상변화를 능가하는 변화를 만든다. 즉, 전이초점 심리치료는 성찰기능에서의 변화(Levy et al., 2006)와 인성기능에서의 유의미한 개선(Doering et al., 2010)을 나타낸다.

9. 진행 및 결과 자료와 관련된 임상사례

임상적 돌봄과 경험연구 간의 간격에 대한 연구가 많았다. 임상가는 개별 내담자와 개별 치료자-내담자 관계를 강조한다. 임상가는 세부 사항을 효과적으로 기술하는 사례사를 쓰지만 특정 사례가 다른 내담자와 치료에 어떻게 일반화할 수 있을지에 대해 의구심을 남길 수 있다. 대조적으로, 연구자는 집단 자료와 단일한 기능장애를 명확하게 정의된 치료적 접근을 사용하여 얻어진 다수의 개인들에 대한 객관적 자료의 필요성을 강조한다. 연구자는 임상가가 연구 자료를 사용하지 않는 것에 대해 불평하며 임상가는 연구가 임상작업에 정보를 제공하기에 충분히 구체적이지 않다고 주장한다. 이것은 양측에서 결코 만날 수 없는 평행선에 있어서 해결할 수 없는 상황처럼 보인다.

임상적 및 경험적 접근 둘 다 부분적으로는 옳기 때문에 하나의 중요한 관점으로 영향을 미친다. 우리의 견해는 임상적 접근 대 경험적 접근이 문제라기보다는 임상적 연구 집단이 두 접근 모두로부터 어떻게 도움을 받을 수 있는가 하는 것이 중요하다는 것이다. 이 치료 매뉴얼은 두 접근의 이점을 연합하려는 하나의 시도다. 이 매뉴얼에서 우리는 임상사례의 중요성을 강조하며, 또 개별 임상사례를 광범위하게 사용하여서 치료의 초기, 중기 및 마지막 단계에서 사용되는 전이초점 심리치료의 방략, 기략 및 기법을 기술할 것이다. 우리는 이들 사례 모두의 결과 자료를 가지고 있고 이 사례들은 전이초점 심리치료에 대한 우리의 다양한 경험적 시도로부터 나왔으므로, 개별 사례의 힘과 세부 사항을 우리가 연구해 온 경계선 인성조직 내담자 집단에서의 진행 및 결과 자료와 연합할 수 있다. 개별 사례와 집단 통계결과 점수를 알고 있기 때문에, 우리는 전체 모집단 결과의 맥락에서 개별 사례의 위치를 알 수 있다.

이 책의 일차적 목표는 임상가가 경계선 인성조직의 증상과 어려움을 보이는 내담자를 치료하는 데 도움이 되는 것이다. 전이초점 심리치료는 원칙에 근거한 치료 접근이다. 즉, 우리는 개별 내담자에게 적용되는 치료 원칙(방략, 기략 및 기법)을 제시한다. 독자들은 우리가 기술한 것에 따라서 만나고 치료했던 개별 사례에서 내담자에게 적용한 원칙을 이해해야만 한다. 그런 후에, 독자들은 임상적 과정을 진행하면서, 그들이 가장 좋은 임상적 판단을 하여 개별 사례에 그 원칙을 사용하고 적용해야만 한다.

이 매뉴얼에서 세부적으로 제공된 것은 독자에게 개별 사례에 관한 안내를 제공하는 데 유용하다. 이들 각각의 내담자가 독특하기는 하지만, 이들 모두가 경계선 인성장애와 경계선 인성조직의 범주에 해당한다. 인용된 수많은 사례 중에서, 우리는 두 사람, Amy와 Betty의 치료를 선택해서 치료 진행과 내담자의 변화에 대해 예시하였다(8, 9, 10장 참조). 다른 더 짧은 일화는 전이초점 심리치료의 특정 원리를 적용하는 것을 예시하기 위하여 도처에 사용된다.

핵심적 임상 개념

• 전이초점 심리치료는 경계선 내담자의 치료에 몰두하여 시작된 임상연구 집단에 의해서 발전되었다.

• 전이초점 심리치료는 치료모델의 매뉴얼화로부터 무선화된 임상적 시행으로 진행하는 단계적인 방식으로 경험적으로 발전되었다.

• 성과 연구와 개별 사례에 대한 깊이 있는 경험의 결합이 전이초점 심리치료의 원리를 지지한다.

• 경계선 병리의 이해는 경계선 내담자의, 특히 사회적 장면에서의 실시간 기능에 초점을 둔 연구에 의해서 촉진되었다.

추천 도서

Barber JP, Muran C, McCarthy KS, et al: Research on dynamic therapies in Bergin and Garfield's Handbook of Psychotherapy and Behavior Change, 6th Edition. Edited by Lambert MJ, New York, Wiley, 2013, pp 443-494 [역동 치료의 효과 맥락에서 전이초점 심리치료에 관한 개관이 들어간다].

Kazdin A: Psychotherapy for children and adolescents, in Bergin and Garfield's Handbook of Psychotherapy and Behavior Change, 5th Edition. Edited by Lambert MJ, New York, Wiley, 2004, pp 543-589 [심리치료적 치료의 발달에서 단계적 과정에 대한 가장 좋은 기술].

Levy KN, Meehan KB, Yeomans FE: An update and overview of the empirical evidence for transference-focused psychotherapy and other psychotherapies for borderline personality disorder, in Psychodynamic Psychotherapy Research. Edited by Levy RA, Ablon JS, Kachele H. New York, Springer, 2012, pp 139–168 [경계선 인성장애를 위해 특수화된 치료의 강점, 약점 및 증거의 비교].

3장

전이초점 심리치료의 방략

전이초점 심리치료의 목표는 정체성을 다지는 것이다. 이는 전이에서 서로 분열된, 이상화된 그리고 박해적인 내재화된 대상관계를 통합하여 자기와 타인을 일관되고 현실적이며 안정적으로 체험하게 하는 것이다. 이렇게 내적으로 정체성이 확고해야 정서 조절이 가능하고 다른 사람과 협조적이며 긍정적인 관계가 가능할 수 있다. 이러한 목표는 치료적 개입을 통해 달성되는데, 이 치료적 개입은 추상화와 특수성에서 그 수준이 서로 다르게 개념화될 수 있다. 전이초점 심리치료의 **방략**은 전체를 아우르는 접근으로서 전이에서 활성화된 대상관계를 해석하는 과정에서 차례로 나타나는 단계를 정의한다. **기법**은 치료자가 순간순간 개입하는 방법이다. 마지막으로, 전이초점 심리치료의 **기략**은 해석 및 다른 치료적 기법을 알맞게 사용하는 기초를 다지기 위하여 치료자가 사용하는 수단이다. 이 장에서 전이초점 심리치료의 방략을 서술하고, 6장에서 기법을, 7장에서 기략을 서술하겠다.

방략은 대상관계 이론에서 도출된다. 치료자에 의해 기저의 표상이 확인되고 명명되며 이로 인해 내담자가 대인관계를 경험하는 데 어떠한 영향을 받는지 따라가 보는 과정을 통해 부분자기와 부분대상 표상이 통합된다. 내담자가 특징적인 관계

표 3-1	전이초점 심리치료의 방략
방략 1	지배적 이자 대상관계를 정의한다.
방략 2	이자관계에서 역할 반전을 관찰하고 해석한다.
방략 3	서로 방어하고 있는 이자 대상관계 간의 연결을 관찰하고 해석한다.
방략 4	내담자가 전이관계를 다르게 경험할 수 있는 역량을 훈습하고 내담자의 다른 중요한 관계를 검토한다.

패턴을 인식하기 시작하고 모순적인 자기상 및 대상상이 예상할 수 있을 만큼 다시 나타나기 시작하면 치료자는 내담자가 이를 얼마나 적극적으로 분리시키려고 하는지 보여 주기 시작한다(즉, 이렇게 반대되는 특징이 동시에 지각될 때 느껴지는 불안을 피

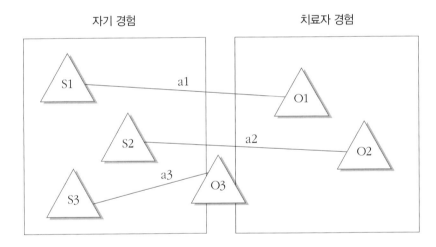

그림 3-1 전이: 자기 및 타인에 대한 즉각적 경험

그림의 왼쪽은 내담자의 자기 경험을 나타내고 오른쪽은 다른 사람, 이 경우 치료자의 경험을 나타낸다. 세 개의 이자관계는 자기와 타인의 세 가지 서로 다른 경험으로, '유발 사건'에 의해 활성화될 수 있다. 한 이자관계가 활성화되면 다른 것은 의식되지 않는다.

치료자의 역할은 두 가지이다. 1) 우선 투사된 대상표상을 수용한다. 그리고 2) 상호작용을 관찰하는 위치에서 그 상황을 '이리저리 살펴보면서' 내담자가 문제의 '행동'을 관찰하고 탐색하는 데 참여하게 한다.

세 번째 이자관계는 그가 치료자에게 느꼈던 것이 자신 안에 있는 것일 수 있다는 것을 내담자가 이해하기 시작하는 움직임을 보여 준다. 대상표상은 치료 중기에 얼마 동안 투사되기도 하고 자기 부분으로 받아들여지기도 하면서 변동할 수 있다.

주. a=정동, O=타인(이 경우, 치료자), S=자기.

하기 위해 일어나는 분열). 〈표 3–1〉의 네 가지 방략을 다음 절에 각각 상세히 기술하였다.

1. 방략 원칙 **1**
지배적 대상관계를 정의하기–행동을 대상관계로 전환하기

전이초점 심리치료의 첫 번째 방략은 치료자가 내담자를 경청하고, 내담자가 치료자와 관계하는 방식을 관찰하며, 지금 여기 상호작용에서 내담자가 나타내거나 경험하는 지배적 이자 대상관계를 차츰 정의해 나가는 것이다. 이는 [그림 3–1]에 나오는 모델을 실제로 적용하는 것이다. 즉, 현재 활성화된 내담자의 내적 이자 대상관계를 지각하고 치료자에게 투사된 자기 및 타인표상을 확인한다. 첫 번째 방략에는 여러 단계가 있다.

1) 1단계: 혼란을 경험하고 견뎌 내기

경계선 내담자와 작업하면서 치료자는 종종 첫 시간부터 당황스럽고 곤란하고 혼란스럽고 좌절되는 분위기를 느끼게 된다. 이러한 경험은 매우 스트레스가 될 수 있는데, 특히 내담자가 억지 쓰는 느낌을 줄 때 그렇다. 경계선 내담자는 자주 그러한 느낌을 준다. 혼란스러움 때문에 치료자는 무력감을 느낄 수 있다. 비록 내담자는 치료적 도움을 분명히 구하지만, 침묵으로 버티거나 마치 치료자가 나쁜 의도를 가진 것처럼 대들거나 치료자를 욕하거나 정동 폭주를 보인다. 내담자는 서로 모순되거나 현재 정동이나 행동과 모순되는 말을 주장할 수도 있다. 이러한 분위기가 초반에 경계선 내담자와 작업을 시작할 때 전형적으로 나타난다. 치료자의 첫 번째 과제는 자신의 감정을 자각하는 것이다.

혼란스러운 경험에 저항하거나 이를 부인하기보다는, 또는 너무 빨리 '이해하여' 이런 일이 처음부터 일어나지 못하게 눌러버리기보다는 치료자는 이런 경험이 자연스럽게 일어나도록 할 수 있어야 한다. 특정한 역전이 감정을 주의 깊게 관찰하는 것은 그 순간에 내담자에게 일어난 감정과 같은 종류이거나 혹은 반대의 감정 상태에 대한 중요한 단서가 될 수 있다. 예를 들어, 협조는 하지 않으면서 급하게 요구해 대는 내담자 때문에 치료자에게 유발된 무력한 분노감이 사실은 위험할 만큼 전지전능하게 느껴지는 치료자 때문에 궁지에 몰린 내담자가 주로 느끼는 경험을 나타낼 수도 있다. 아니면 치료자가 경험하는 무력한 분노감은 현재 내담자의 강력한 가학적 통제에 대한 상보적 반응일 수도 있다. 조기 종결로 몰아가지 않음으로써 치료자는 강하고 상반되는 감정 상태를 견딜 수 있는 능력을 보여 준다. 많은 경우 치료자에게서 이러한 자질을 지각하면 내담자는 안심하게 된다. 왜냐하면 치료자가 혼란을 참아낼 수 있으면 내담자의 내적 세계에 있는 정동 전체에 열려 있을 수 있기 때문이다. 치료자가 혼란을 견뎌 내는 것이 첫 번째 형태의 공감이다.

2) 2단계: 지배적 대상관계를 확인하기

내적 대상세계를 구성하는 표상은 직접적으로 관찰할 수 없고, 다만 내담자가 다른 사람, 특히 치료자와 관계하는 데서 나타내는 반복적인 양상을 살펴봄으로써 내재화된 대상에 대하여 추론할 수 있다. 겉으로 보이는 내담자의 행동패턴을 이해하는 좋은 방법은 상호작용에 대해서 여러 연기자가 각각의 역할을 맡은 드라마의 한 장면으로 생각하는 것이다. 장면을 만드는 데 필요한 각 역할은 활성화된 부분자기 및 부분대상 표상이다. 지금 이 순간 내담자가 연기하고 있는 역할과 치료자에게 부여된 역할을 생각해 봄으로써 치료자는 내담자의 내적 표상 세계에 대한 생생한 상을 얻을 수 있다. 예를 들어, 어떤 경우에 역할은 잘해 주지 않고 정떨어지는 부모와 사랑에 굶주리고 요구가 많은 유아이고, 어떤 경우에는 사랑이 많고 관대한 부모와 자율적이고 위축되지 않은 아동이다. 더 많은 역할 예가 〈표 3-2〉에 열거되어 있다. 여기에 결코 모든 역할이 다 망라된 것은 아니다. 치료자는 연기자를 가능한 한 정확하게 묘사하는 형용사를 골라서 각 내담자에 해당하는 역할을 기술해야 한다. 〈표 3-2〉에는 역할이 가상적 쌍으로 배열되어 있지만 각 내담자에 따라 연결은 달

표 3-2 내담자와 치료자 간 역할 쌍에 대한 예

내담자	치료자
파괴적이고 못된 유아	벌주고 가학적인 부모
통제당하고 화가 난 아이	통제하는 부모
원치 않는 아이	애정 없고 자기중심적인 부모
결함이 있고 가치 없는 아이	경멸적인 부모
학대받은 희생자	가학적인 공격자/박해자
돌봄을 못 받은 아이	이기적인 부모
통제되지 않는 성난 아이	무력한 부모
공격적인 아이	겁먹은, 비굴한 부모
성적으로 흥분한 아이	유혹적인 부모
성적으로 흥분한 아이	거세하는 부모
의존하고 만족하는 아이	완벽한 양육자
사랑에 굶주린 아이	좌절시키는 부모
통제적이고 전능한 자기	약하고 노예 같은 대상
우호적이고 순종적인 자기	애지중지하고 감탄하는 부모
공격적이고 경쟁적인 자기	처벌적이고 보복적인 대상

주. 왼쪽 칸은 일반적인 자기표상이고 오른쪽 칸은 일반적인 대상표상이다. 그러나 역할 쌍은 끊임없이 서로 바뀐다는 것을 명심해야 한다. 치료자와 내담자는 아주 빠르게 부분자기 및 부분대상 표상의 보관소가 된다.

라질 수 있다.

내담자가 대인관계 드라마에서 나타내는 이자 대상관계의 배역을 정의하기 위하여 치료자는 내담자의 그 순간 감정, 현재의 소망, 공포뿐만 아니라 치료자에 대한 내담자의 기대와 지각 등 많은 자료를 가지고 있어야 한다. 치료자는 내담자에게 지금 여기에서 치료자와의 상호작용 경험을 표현하도록 격려하면서 이러한 자료를 모은다. 이러한 과정은 명료화 작업의 일부로서 내담자의 즉각적 경험을 적극적으로 탐색하고 이를 교정하고 새롭게 하기 위하여 내담자와의 상호작용에 대해 치료자가 이해한 바를 제시하기도 한다. 이러한 명료화 과정은 전이초점 심리치료에 뒤이어 개발된 심리화 기반 치료 접근(Bateman & Fonagy 2004)과 비슷하다. 따라서 치료자는 다음과 같이 말할 수 있다. "오늘 회기를 시작할 때부터 ○○씨는 뭔가 비밀

이 있고 피하는 것 같아요. 마치 저를 위험하게 보는 것 같아요. 그런가요?" 내담자가 치료자의 말을 고치면서 새롭고 중요한 점을 덧붙일 수 있다. "왜 제가 선생님께 말을 해야 되죠? 선생님은 제 질문에 절대 대답하지 않고 제가 한 말을 그냥 바꿔 말할 뿐이잖아요." 그러면 치료자는 원래의 가설을 다음처럼 수정할 수 있다. "○○씨가 비밀스러운 것은 제가 아무것도 해 주지 않는 사람처럼 느껴지기 때문이군요. 그런 건가요?" 이러한 과정은 치료자가 현재 어떻게 보이는지 내담자와 치료자가 일치할 때까지, 혹은 그들이 서로 일치할 수 없다고 일치할 수 있을 때까지 계속된다. 내담자의 현재 자기표상도 비슷한 방법으로 도출된다. 가끔 내담자와 치료자는 서로 일치하지 않는다. 그러면 치료자는 내담자에게 현재에는 그들이 상호작용을 다르게 보고 있는 것 같다고 하며 그 관계를 가장 잘 기술하여 제시한다. 그들이 왜 서로 다르게 지각하는지 이해하려 하는 것은 종종 매우 생산적이다.

내담자는 가끔 치료자가 제안하는 모든 것을 거부한다. 아무 생각도 하지 않고 자동적으로 그렇게 한다. 치료자에게서 오는 모든 것을 이렇게 평가절하하는 것은 그 자체가 전이에서 원시적 대상관계가 활성화되었다는 특징이 된다. 내담자는 여기에 직면해야 하고 그 의미가 해석되어야 한다.

치료자가 내적으로 느끼는 감정은 종종 내담자에 의해 치료자 안에 활성화된 대상표상의 존재에 대해 단서를 준다. 따라서 치료자가 그의 내적 상태를 살펴보면 낯선 느낌, 치료자 역할에서 벗어나고 싶은 욕구, 강한 정동, 침투적 환상 또는 철수하고 싶은 마음 등을 알아차리게 된다.

3) 3단계: 연기자와 연기를 명명하기

(1) 각 이자관계의 수준

치료자가 그 순간에 활성화된 중요한 자기표상과 대상표상을 알아차리면 이러한 인상을 내담자에게 전달한다. 내담자가 치료자와의 상호작용의 질에 대하여 자발적으로 호기심을 갖고 또 일정한 거리를 둘 수 있을 때 그러한 것을 전달하면 내담자는 가장 잘 알아들을 수 있다(즉, 내담자가 정서적으로 그 시간에 참여하고 있지만 정동 강도가 줄어들고 있을 때 해석의 효과가 가장 높다). 치료자 또한 간결하고 뭔가 떠오르게 하는 해석을 하려면 상호작용의 강도로부터 일정한 거리를 필요로 한다. 치료자는 내담자의 개성을 반영하는 뉘앙스를 포착하려 하면서 가능한 한 그 순간에 정확하게 치료과정을 특징지으려 해야 한다. 치료자는 모든 걸 다 아는 게 아니고 치료 과정은 마술이 아니기 때문에 내담자가 자료를 제공해야 한다는 것을 보여 주기 위하여 치료자는 내담자에게 어떻게 그런 특징을 기술하게 되었는지를 설명해야 한다. 예를 들어, 치료자는 이렇게 말할 수 있다. "잘 들리지 않는다고 내가 계속 말했는데도 ○○씨는 점점 더 낮은 목소리로 말하네요. 그런 걸 보면 ○○씨는 내게 화가 났나 봐요." 이때 자기표상과 대상표상뿐 아니라 이를 연결하는 정동도 포함시키는 것이 중요하다.

  내담자와 치료자가 복합적인 자기상 및 대상상에 대하여 이야기하는 데 있어서 종종 내담자 자신의 언어에서 선정된 메타포가 매우 생생하고 간결하며 정서적으로 풍부한 도움을 줄 수 있다. 다음 예는 메타포를 사용하는 것과 활성화된 부분자기 및 부분대상 표상을 구체적으로 특징지으려는 치료자의 노력을 보여 준다.

- "내가 보기에 ○○씨는 마치 내가 ○○씨에게 전권을 행사하는 적인 것처럼 반응하네요. 마치 나는 간수이고 ○○씨는 자기를 방어할 수 없어 웅크리고 있는 죄수인 것처럼요."
- "내가 ○○씨에게 인색하고 주지 않는 사람이라 ○○씨가 유일하게 할 수 있는 것은 똑같이 나에게 거의 아무것도 주지 않으면서 말을 극도로 아끼는 거네요."
- "내가 ○○씨에게 복종하면 [○○씨에게는] 되는가 봐요. 그래서 마치 내가 지배적이고 고집 세고 엄격한 어머니에게 반항하는 고집불통의 아이처럼 되는가 봐요.
- "○○씨는 마치 자기 행동에 아무런 책임을 지지 않는 아이가 될 권리가 있는 것처럼 행동하네요. 어머니가 끊임없이 아이의 뒤를 쫓아다니며 정리하는 책임을 지네요."

치료자는 이렇게 역할에 대해 이름 짓는 과정을 시작해야 한다. 그 과정은 내담자의 반응에 따라 검증되고 개선되어야 할 가설로서 제시되어야지 받아들여야 할 진실로 제시되어서는 안 된다. 치료자는 이후 내담자의 연상을 보면서 내담자가 이에 동의하는지 그렇지 않은지를 주의 깊게 살펴보아야 한다. 명명된 역할이 정확하지 않거나 심지어 상당히 벗어나 있다는 것을 확인하면 허심탄회하게 이를 인정하고 가설을 수정해야 한다.

(2) 전이 주제 유형을 확인하기

각 내담자의 전이 패턴은 주로 반사회적(정직하게 의사소통하지 않고 받아들이지 않음), 편집적(무서워하고 의심함), 또는 우울적(자기비난과 죄책감에 짓눌림) 전이일 수 있다. 이러한 주제는 여러 가지 중에서도 자기애적, 성애적, 의존적 전이패턴이 포함되면서 변형된다. 경계선 내담자의 심리는 이론적으로는 무한한 이자 대상관계로 이루어진 파편화된 구조라는 특성을 띠지만, 임상 실제에서 각 내담자는 일반적으로 일정한 수의 지배적인 이자관계를 나타낸다. 따라서 비록 경계선 내담자는 전이의 모습이 빠르게 변하지만 일반적으로 치료를 시작할 때 중심적인 기저의 전이 성향을 나타낸다. 내재화된 관계가 그 순간 어떻게 재경험되느냐, 그리고 관계에 내재되어 있는 어떠한 역할이 무의식적으로 내담자에게 부여되고 어떤 것이 치료자에게 부여되느냐에 따라 전이는 빠르게 변할 수 있다. 그러나 전이가 이렇게 빠르게 변하는 장면에서도 경계선 내담자는 **지배적인 기본 전이**(predominant baseline transference)를 나타낸다. 치료가 효과적이라면 시간이 지날수록 이 기본 전이가 전개될 것이다. 기본 전이는 변화하는 이자관계에서 중심 악상 같은 것이다. 빠른 전이 변화는 지배적인 기본 전이의 변형일 수도 있고 또는 일시적으로 다른 전이가 표면으로 부상한 것일 수도 있다.

발달적 관점에서 보면 경계선 내담자에 대한 치료의 초기 단계에서 핵심 주제는 일반적으로 전 오이디푸스적 발달 단계에서 유래한다. 여기에는 양육자와의 관계에서 경험한 만족과 좌절, 이러한 경험들의 상호작용, 리비도적 및 공격적 추동 발달의 체질적 요인들이 포함된다.

4) 4단계: 내담자 반응을 관찰하기

활성화된 이자관계를 명명한 뒤에, 치료자는 내담자의 반응을 세심하게 살펴보아야 한다. 겉으로 표현된 동의 또는 비동의보다 더 중요한 것은 이후에 내담자의 연상이 어떻게 나아가는지 그리고 치료자와의 상호작용에서 어떠한 변화가 나타나는지다. 지배적 대상관계에 대한 정확한 특징묘사 후에는 여러 가지 반응이 뒤따를 수 있다. 첫 번째, 명명된 자기와 대상의 상호작용이 좀 더 뚜렷해질 수 있다. 두 번째, 갑작스러운 역할 교체가 일어나 명명된 자기상이 치료자에게 투사되고 대상상은 내담자에게 재내사된다. 따라서 자신을 통제적 어머니로 묘사하면서 치료자를 버릇없지만 무기력한 아이처럼 대했던 내담자는 이제 전지전능한 치료자−어머니에 의해 무기력하고 비난받는다고 느낄 수 있다. 정확한 특징묘사로 인한 세 번째 가능한 결과는 통찰하는 것이다. 내담자는 치료자가 말하는 것과 일치하는 감정으로 이를 받아들이면서 비슷한 양상을 나타내는 다른 상호작용을 스스로 이야기할 수 있다. 특징묘사가 정확히 된다면 이전에 얘기하지 않았던 내용이나 기술된 자기−대상 이자관계와 연결된 새로운 기억으로 이어질 수 있다. 네 번째 결과는 갑자기 다른 이자 대상관계가 활성화될 수도 있다. 마지막으로, 정확한 역할 명명은 완전히 부인될 수 있다.

역할 명명을 부정확하게 할 때 내담자는 명백히 동의하지 않는다며 거부하거나 또는 치료자를 기쁘게 하기 위하여 동의할 수도 있다. 부정확한 특징묘사라도 이전의 혼란스러운 경험을 조직화한다면 내담자는 안심할 수 있다. 맞지 않는 공식화라도 내담자는 이를 치료자에게서 오는 선물, 즉 이해가 가능하다는 치료자 신념의 표시로 받아들일 수 있다. 반대로, 내담자는 치료자가 항상 이해할 수 있는 것은 아니며 전지하지 않고 따라서 나와는 다른 사람이라는 것을 깨달으며 실망할 수도 있다. 그러므로 개입의 정확성을 즉각적으로 평가할 수는 없을 것이다. 그러한 상황에서 치료자는 틀릴 수 있다는 가능성을 계속적으로 마음에 품으며 가설을 확증 또는 기각하기 위하여 추가 자료가 나타날 때까지 인내심을 가지고 경청해야만 한다. 때로 치료자는 이러한 불확실성을 오랫동안 견딜 필요가 있다.

치료가 진행될수록 정확한 개입은 종종 기술된 이자관계에서 벗어나 반대의 이 자관계가 활성화되게 할 것이다. 따라서 서로 반대가 되는 자기상과 대상상이 한 회 기 내에 나타날 수도 있다. 이러한 경우 분열을 해석하는 것이 가장 좋을 수 있다. 예를 들어, 회기 중 어느 때에는 내담자가 치료자를 마치 차갑고 거리가 있는 부모 처럼 대하다가 또 다른 때에는 따뜻하고 다정한 부모처럼 대하였다면, 밉고 차가운 마녀 같은 치료자−어머니에 대한 감정이 다정한 어머니 같은 치료자에 대한 감정 과 분리되어 있는데 이것은 사랑하는 사람에 대한 미움이 참을 수 없는 불안을 일으 킬 것이므로 이를 피하기 위해서였음을 치료자는 지적할 수 있다. 대상관계를 정확 히 해석했다고 해서 해석하자마자 통찰이 일어나지는 않는다. 똑같은 양상이 일어 날 때마다 반복적인 해석이 전형적으로 요구된다.

2. 방략 원칙 **2** 내담자에게서 일어나는 역할 반전을 관찰하고 해석하기

앞서 방략 원칙 **1**에서 기술하였듯이 내담자가 치료자와 상호작용할 때 상연하 는 역할의 예는 다양하지만 알아차릴 수 있다. 왜냐하면 이는 각 내담자마다 반복적 이고 특징적이기 때문이다. 이자관계를 구성하는 자기표상과 대상표상에서 흥미로 운 것은 회기 과정 중 (실제 생활에서처럼) 이것들이 종종 서로 교대하거나 자리를 바 꾼다는 것이다. 그래서 처음에는 자기의 특징이었던 것이 대상에게로 가고, 또 그 반대도 마찬가지이다([그림 3-2]). 내담자는 흔히 이러한 역할 반전을 자각하지 못 하면서 행동으로 표출하므로 치료자가 이를 자각하는 것이 매우 중요하다. 따라서 자신의 내적 세계에 대한 내담자의 자각을 확장시키는 데 있어서 첫 번째 단계는 흔 히 내담자가 보통 다른 사람의 것이라고 경험하던 역할을 상연하고 있음을 지적하 는 것이다. 예를 들어, 회기 중 어느 때에는 치료자에 대한 내담자의 상호작용이 전 능한 힘에 의해 통제되고 있는 무방비 상태의 희생자인 자기표상이 활성화된 것처 럼 보인다. 그러나 치료자가 시계를 보고 있는 것을 알고 나서 내담자는 "다음 희생 자가 들어오는 데만 정신이 팔린 자기만 아는 이기주의자"라며 치료자를 맹비난하

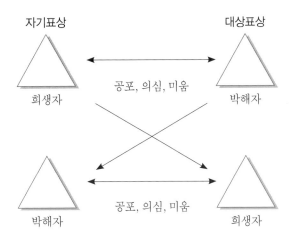

그림 3-2 대상관계 상호작용: 이자관계 내에서 역할 반전

주. 반전은 흔히 행동으로 나타나고, 의식되지는 않는다.

고 공격하기 시작한다. 내담자는 이러한 변화를 알아차리지 못할 수 있지만 사실 상 매우 강력한 사람이 된다. 내담자는 흔히 자신이 체험하고 상연하는 역할을 의식 하지 못한다. 아마 내담자는 자신이 매우 합리적으로 반응하고 있다고 생각할 것이 다. 이는 내담자의 행동이 그의 내적 세계와 관련해서는 합리적으로 보일 수도 있기 때문이다. 이제 치료자는 내담자에 의해 통제당하고 부당하게 희생당한다고 느낀 다. 반전이 일어난 것이다. 동일한 자기-대상 이자관계가 활성화되었지만 투사와 내사 기제에 의해 내담자와 치료자가 상연하는 역할이 뒤바뀌었다. 이렇게 역할이 바뀌면 흔히 치료자는 갑자기 길을 잃은 것 같은 느낌을 경험한다. 혼란스러울 때 치료자는 자기와 대상의 역할 반전이 일어났을 가능성을 생각해 보아야 한다.

3. 방략 원칙 **3**
서로 방어하고 있는 이자 대상관계의 연결을 관찰하고 해석하기

내담자에게 있는 일련의 내적 이자 대상관계의 윤곽을 그려 나가기 시작한 뒤 치료자는 내담자의 내부 세계를 한 걸음 더 이해하려 해 본다. 자기-대상 이자관계는 내담자의 심리에서 서로 완전히 독립되어 파편화되고 분열된 요소로만 존재하는 것은 아니다. 개인의 내적 세계는 각각의 이자 대상관계 쌍을 포함하여 그렇게 기술한 것 이상으로 복합적으로 조직화되어 있다. 이제까지는 내적인 자기표상과 대상표상의 분리되고 불연속적인 성격, 즉 표상들이 내적으로 서로 분열되어 있음을 강조하였다. 그러나 이 체계는 정지되어 있지 않다. 자기와 대상표상은 서로 특정한 관계 패턴 속에 있다. 이 체계의 첫 번째 패턴은 방략 원칙 **2** 에서 기술하였다. 즉, 어떠한 이자관계든 계속 **반전**될 수 있다는 것이다. 따라서 자기에게 속한 특징이 갑자기 대상에게 가고, 대상에게 속한 것이 자기에게 온다(이러한 의미에서 '자기'표상과 '대상'표상은 결국은 모두 자기표상이다). 이러한 갑작스러운 반전은 경계선 내담자의 주관적 체험에서의 혼란, 정동조절의 장애, 대인관계를 어느 정도 설명해 준다. 왜냐하면 많은 경우 이러한 역할 반전이 의식적으로 자각되지 못하기 때문이다.

두 번째 패턴은 비록 어느 하나가 다른 것보다 의식에 더 가깝다 할지라도 내적인 표상체계가 서로 상반된 이자관계를 포함하는 것이다([그림 3-3]). 이것이 분열의 핵심이다. 분열은 하나의 이자관계 안에 '좋은' 자기표상(희생자)과 '나쁜' 대상표상(공격자)이 엄격히 대조된다는 것이 **아니다**. 이 표상은 모두 부정적 정동으로 물들어 있다. 좀 더 근본적으로 분열은 온통 부정적이고 미워하는 정동으로 물들은 이자관계와 완전히 긍정적이고 이상적이며 사랑하는 정동으로 가득 찬 이자관계 간에 근본적으로 건널 수 없는 간격이 존재하는 것이다. 이러한 이자관계는 함께 존재하지만 서로 완전히 분리되어 있다. 이는 각 이자관계가 다른 것에 의해 오염 또는 파괴되는 것으로부터 보호하려는 방어적 목적에 기여한다. 분열은 사랑과 보호로 채색된 이자관계가 상반된 이자관계에서 나타나는 미움에 의해 파괴되지 못하게 막아 준다. 마찬가지로, 분열은 미움으로 가득 찬 이자관계가 어떤 긍정적 정동에 의해서도 오염되는 것을 막아 준다. 왜 미움으로 가득 찬 이자관계가 보호되어야 하는지 처음에는 분명하지 않을 수 있다. 그러나 경계선 병리에서 분명하고 순수한 미움의 느낌은 정체성 혼미의 혼란을 일시적으로 유예해 줄 수 있고 (다른 경우에는) 좋은 대상에 대한 자신의 공격성에서 비롯되는 죄책감을 방어해 줄 수 있다.

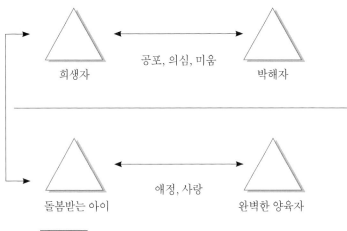

그림 3-3 대상관계 상호작용: 반대 것을 방어하는 이자관계

경계선 내담자에 대한 치료에서 항상 그런 것은 아니지만 보통 미움이 실린 이자관계가 치료 시작 단계에서 더 표면에 나타난다. 사랑과 돌봄을 받은 내적 체험은 좀 더 감추어져 있고 부서지기 쉬우며 어렴풋한 동경으로만 나타나는데 이를 알아보려면 치료자는 매우 주의해야 한다. 내담자가 미움 대신 사랑에 대한 이러한 내적 가능성을 어느 정도 자각하도록 치료자가 도움으로써 미움이 큰 것은 사랑에 대한 부서지기 쉬운 동경을 유지하고자 하는 필사적 노력임을 내담자가 이해할 수 있도록 해 준다. 사랑은 햇빛 아래 드러나면 부서져 버릴 수 있는 위험으로부터 숨겨지고 보호되어 있다.

앞 절에서는 경계선 내담자에게서 대상관계가 상반되는 이자관계를 방어하고 있는 가장 전형적인 예를 기술하였다. 그러나 내적 대상관계 체계에서 어떠한 것이든 특정 이자관계는 다른 이자관계를 방어할 수 있고 그 각각은 심리내적 갈등의 한 부분을 나타낸다. 각각 특유의 정동을 지니는 내적 이자관계는 리비도적 혹은 공격적 추동을 표상할 수 있는데, 그 추동들은 추동에 대한 내적 금지와 갈등을 빚거나 또는 추동끼리 서로 갈등을 빚는다. 추동과 금지는 모두 이자 대상관계에 의해 개인의 내적 세계에 표상된다. 예를 들어, 성적으로 흥분한 자기표상과 모성적 대상표상을 담고 있는 리비도적 이자관계가 무서워하는 자기표상과 위협하는 부성적 대상표상을 담고 있는 불안으로 가득 찬 이자관계와 갈등이 될 수 있다.

다른 예를 들면, 수동적, 복종적 자기표상과 이와 연결되어 강력하고 거리가 있는 부성적 대상표상에 대한 동경을 담고 있는 리비도적으로 점유된 이자관계가 잔인하고 경쟁적인 자기표상과 이와 연결되어 위협적이고 독재적인 부성적 대상표상의 분노를 담고 있는 공격적으로 점유된 이자관계와 갈등을 이룰 수 있다. 개인의 인성에 따라 이 이자관계 중 어느 하나가 좀 더 의식에 가깝고 지배적인 것이 되어 일반적으로 해리된 다른 것을 방어할 수 있다. 경계선 내담자는 좀 더 지배적인 이자관계와 억제되고 분열된 이자관계를 동시에 의식적으로 자각하지 못한다. 비록 후자가 행동화로 표면에 나타나고 이를 자각하는 순간에도 그러하다. 의식 밖으로 밀려난 갈등은 1) 행동화를 통하여 행동으로, 또는 2) 신체화에서 신체적 증상으로 경험된다.

분열은 하나의 이자관계가 그것이 방어하고 있는 다른 이자관계와 무의식적으로 한 쌍을 이루는 것이다. 각각은 내적 갈등에서 한 면을 표상한다. 이것은 내적 추동과 이를 향한 금지가 마음 안에서 이에 상응하는 정동적으로 채워진 자기표상 및 대상표상 쌍에 의해 표상되기 때문이다.

예를 들어, 한 내담자는 종종 자신을 놀라고 마비된 피해자로 경험하였고 가학적인 간수 같은 치료자가 정한 인위적이고 자기 본위적인 규칙을 따르도록 강요당한다며 치료자를 맹렬히 비난하였다. 다른 경우에 내담자는 치료자를 완벽하고 모든 것을 주는 어머니같이 느끼면서 자신은 엄마 캥거루 주머니 안에 편히 앉아 충분히 만족하는 아기 캥거루같이 느꼈다. 첫 번째 이자관계에서 간수는 나쁜, 좌절시키는, 감질나는, 거부적인 양육자/어머니를 표상하고 피해자는 복수하고 싶지만 자신의 분노를 어머니에게 투사하기 때문에 파괴될까 봐 두려워하는 성난 아이를 표상한다. 끔찍한 어머니와 고통받는 유아라는 관계는 이상화된 관계와 완전히 분리되어 있다. 이는 이상화된 관계가 박해적인 관계에 의해 오염될까 봐 그리고 나쁜 어머니에 대한 분노와 복수심에 불타는 공격에도 불구하고 이상적인 어머니와의 완벽한 관계가 회복될 수 있다는 모든 희망이 파괴될까 봐 그러하다. 추동 면에서 이상적인 어머니와의 이자관계는 리비도적으로 점유되어 있는 반면, 피해자 아이와 가학적 어머니라는 이자관계는 공격성으로 점유되어 있다. 각 이자관계는 하나가 의식되면 다른 것을 자각하지 못하도록 방어한다.

정동이 실린 이자관계가 추동 및 그에 대한 방어를 표상하는 기능을 한다는 점을 이해하게 되면 치료자의 과제는 새로운 수준으로 복잡해진다. 추동은 일차적 정동 상태에서 나온다. 실제적 관점에서 보면, 추동은 유사한 모든 정동 상태에 대한 상위의 공통된 동기적 힘으로 정의될 수 있다. 가장 기본적인 추동은 리비도적 추동과 공격적 추동이다. 리비도적 추동은 애착, 놀이 유대 및 성애와 관련된 모든 긍정적, 유쾌한, 친화적 정동 상태의 통합을, 공격적 추동은 고통, 분노, 투쟁-도피, 불안, 공황, 수치심 및 혐오와 관련된 모든 부정적, 혐오적 정동 상태의 통합을 각각 표상한다. 경계선 인성조직 내담자는 일반적으로 추동이 근본적으로 분열되어 있고 서로를 방어한다. 이것은 앞서의 예에서도 볼 수 있듯이 압도적인 공격적 정동으로 점유된 이자관계가 그 반대의 리비도적 정동으로 점유된 이자관계를 방어하고 있다. 이 체계는 불안정하여 현재 의식되는 이자관계/정동/추동은 방어되고 있는 이자관계/정동/추동으로 갑자기 변한다.

요약하면 경계선 내담자와 작업하는 치료자는 내담자의 내부 세계에 있는 파편화와 갈등을 온전히 이해하기 위해서 이자관계를 구성하는 여러 가지 캐리커처를 그려 내고 이자관계 안의 자기표상과 대상표상 간의 반전을 파악해야 할 뿐 아니라 하나의 이자관계가 다른 이자관계와 관련하여 어떠한 기능을 하는지도 주목해야 한다. 이러한 수준까지 이해하려면 치료자는 우선 내담자가 전이에서 경험 또는 상연하는 여러 가지 정동이 실린 역할에 끊임없이 주의를 기울일 뿐만 아니라 역전이에서 유발되는 역할에도 끊임없이 주의를 기울여야 한다. 그리고 나서 치료자는 이러한 역할 쌍 혹은 이자관계가 추동과 방어를 어떻게 전달하는지를 고려하여, 분열과 투사 때문에 내적으로 파편화되어 그 요소들이 성숙한 심리 발달에 상응하는 복합적인 방식으로 모아질 수 없는 상태에서, 초보적이지만 안정성을 시도해 보는 방식으로 이들을 조직화해야 한다.

4. 방략 원칙 **4**
내담자가 관계를 다르게 경험할 수 있는 역량을 훈습하기, 전이에서 출발

1) 따로 떨어진 부분 대상의 통합

분열되어 떨어져 나간 부분대상을 통합하는 것은 반복적인 과정이다. 계속해서 치료자는 회기에서 내담자가 나타내는 모순된 자기 측면을 지금 여기 상호작용에서 포착해야 한다. 몇 개월 지나고 나면 몇 주 안에, 마침내 한 회기 안에 치료자는 두 개의 상반된 자기표상과 대상표상 쌍을 결합시킬 수 있다. 이로써 내담자는 이러한 두 개의 단위가 방어적으로 분열되어 있는 이유를 이해할 수 있게 된다. 이러한 과정을 통해 통합된 자기 개념 및 통합된 중요한 타인 개념이 나타나는 데, 종종 처음에는 치료자를 좀 더 현실적이고 깊이 있게 지각하는 것으로 시작된다. 이와 함께 다른 사람과 관계 맺는 능력이 성장하는데 좀 더 현실적이고 깊이 있게 관계를 맺는다.

2) 통합의 표시

따로 떨어진 부분자기와 부분대상이 점점 통합됨을 나타내는 회기 내 내담자의 행동상 변화는 미묘하지만 점점 더 누적된다. 이러한 바람직한 변화는 비록 미묘하고 단지 점진적으로 나타나지만 치료자에게 유용한 표시가 되며 치료의 전반적 방략을 결정하는 데 도움이 되기 때문에 우리는 여기에서 이러한 변화의 표시를 기술하겠다.

1. 치료자의 말을 내담자가 좀 더 확장시키거나 더 탐색하려 함. 문제는 여기에서 내담자가 해석에 동의하느냐 아니냐 또는 탐색에 제시된 주제를 따라가느냐 아니냐가 아니다. 문제는 치료자의 말을 내담자가 생각해 보느냐 아니냐 그리고 치료자의 말을 자동적으로 거부 또는 부인하느냐 아니면 그렇지 않느냐 하는 정도다. 문제는 전이가 긍정적이냐 부정적이냐가 아니라 현재 진행되는 것을

명료화하는 데 있어 내담자가 협조하는 정도이다.

2. **공격성과 미움에 대한 자각을 견디기 그리고 이 정동을 컨테인할 수 있는 능력.** 공격성과 미움을 자각하고 이를 컨테인하는 것은 정동이 자기파괴적 행동, 신체화 또는 치료자와의 소통을 파괴하는 것으로 표현되는 것과 달리 내담자의 발전에 핵심적이다. 이것이 종종 치료에서 가장 어려운 단계이다.

3. **환상을 허용하기 그리고 중간 공간을 열기.** 이 문제는 내담자가 마음을 열고 자유연상을 할 수 있는 정도다. 자유연상은 내담자의 엄격한 통제하에 있지 않으며 자신이 충분히 알아차리기 전에 내담자의 마음에서 일어나고 있는 것을 치료자가 알 수 있다는 '위험'을 내포하고 있다. 예를 들어, 자기애적 내담자는 전능한 통제를 원하기 때문에 자유연상이 억제되고 환상 자료를 잘 활용하지 못한다.

4. **원시적 방어기제, 특히 투사적 동일시에 대한 해석을 견디고 통합할 수 있는 능력.** 전이에서 투사적 동일시 및 이와 관련된 원시적 기제가 지배적이므로 내담자가 예를 들어 박해적 혹은 가학적 인물과 무의식적으로 동일시한 측면을 치료자에게 돌린 것을 인식할 수 있는 역량은 통합 과정에 매우 중요하다.

5. **전이에서 병리적 거대자기를 훈습하기.** 이 표시는 병리적 거대자기 구조가 자기 개념에 핵심인 자기애성 인성장애로 진단된 경계선 수준의 조직을 나타내는 내담자 경우에만 해당한다(Stern et al., 2013; D. Diamond, F. E. Yeomans, & B. L. Stern, A clinical Guide for Treating Narcissistic Personality: A Transference-Forused Psycho-therapy, in preparation[1]). 이 경우 자기표상은 거대하고 대상표상은 가치절하된 단위가 오랫동안 전이에서 지배적이다. 외견상 한 덩어리처럼 보이는 거대자기에 가려져 있는 좀 더 전형적인 기저의 분열된 자기표상 및 대상표상 단위가 전이에서 나타날 때까지 이를 체계적으로 정교화하여 해석을 통해 해소하는 과정을 가져야 한다. 이러한 전환이 일어나는 것은, 즉 병리적 거대자기가 해소되는 것은 이러한 특정 내담자 집단에게는 중요한 표시가 된다. 이러한 만성적 전이 포지션은 좀 더 복합적이고 단편적인 급성 전이 체험으로 바뀌어 나가야 한다.

---

1) [역주] 자기애적 병리의 치료를 위한 임상적 지침: 전이초점 심리치료, 준비 중

6. **지배적 전이 패러다임의 변화.** 이상적 그리고 박해적 자기표상 및 대상표상에서 항상 똑같이 서로 분열된 단위들이 몇 개월 동안 반복적으로 전이에서 활성화되기 때문에, 그러한 지배적 단위에서 치료 초기 단계에서는 나타나지 않는 좀 더 통합된 다른 전이 단위에서 의미 있는 전환이 일어나는 것은 심리내적 구조에서 중대한 변화가 일어났음을 알리는 표시가 된다.

7. **죄책감을 경험하고 우울 포지션으로 들어갈 수 있는 역량.** 우울 포지션이라는 용어는 자기표상 및 대상표상에서 공격적으로 점유된 박해적 단위와 이상화되고 좋기만 한 단위가 통합된 상태를 가리킨다. 이 포지션은 개인이 원시적인 **이상적 대상**을 애도하고 이상적 대상은 존재하지 않는다는 현실을 받아들여야만 한다는 점에서 우울이다. 좀 더 통합되고 현실성이 가미된 **좋기도 하고 나쁘기도 한** 자기표상이 출현하여 좀 더 성숙한 자기 개념을 형성한다. 또한 좋기만 한 그리고 나쁘기만 한 중요한 타인표상이 통합되어 좀 더 복합적이고 분화된 중요한 타인표상을 형성하고 그 결과 상대방을 좀 더 깊이 있게 이해할 수 있고 그들과 좀 더 적절하게 관계할 수 있게 된다. 이러한 발달 단계는 중요하고 필요로 하는 사랑하는 대상에 대한 자신의 양가성을 인정할 수 있고, 이와 관련되어 자신의 초기 공격성에 의해 위협받았을 수 있는 의존적이고 사랑하는 관계에 대해 죄책감과 관심을 가질 수 있게 되는 특징이 있다. 이러한 죄책감, 관심 능력은 현실적으로 사랑하는 대상에 대한 복구 노력을 동반하고, 치료자에 대한 좀 더 성숙한 의존성, 감사, 협동 작업 및 이러한 역량이 치료 세팅 바깥의 관계로 확장되는 데 기초가 된다.

다음 사례는 치료 방략과 몇 가지 통합의 표시를 보여 준다. 이 사례는 9장에서 성애화된 전이를 보여 주는 예에서 다시 나온다.

〈사례〉

Gabby는 여러 가지 고전적인 특징의 경계선 병리를 나타냈다. 수년간 자해와 약물 과다복용을 하였고 한동안 거식증이 있었으며 오랫동안 대인관계가 파란만장

자기:　　　　　　정동:　　　　　타인:
약한　　　　　　　의심　　　　　야비한
상처를 잘 받는　　분노　　　　　착취적인
아픈　　　　　　　　　　　　　필요로 하는

하고 혼돈스러웠다. 그녀는 자신이 다른 사람을 처음 대하는 태도를 치료자 Tam 박사에게 다음과 같이 말하였다. "미친 행동을 고치려고 여기 왔어요. 그것 때문에 계속 문제가 생기거든요. 그런데 저는 그저 아무도 의지하지 않아도 될 만큼 강해지고 싶을 뿐이에요. 선생님은 아무한테도 의지하지 않아도 되죠? 사실 사람들은 다 썩었고 남을 이용해 먹어요. 내 문제는 내가 그런 걸 잘 못한다는 거죠. 저는 약하고 상처를 잘 받아요. 그러면 화가 나서 자해를 하죠. 이런 걸 극복해서 나를 챙기고 돈 많이 벌어 남편과 헤어지고 아무와도 관계하지 않으며 혼자 살고 싶어요." Tam 박사는 Gabby의 말을 위와 같은 이자관계로 이해하였다.

　그러나 Tam 박사는 치료자에 대한 내담자의 태도와 역전이에서 이와는 다른 이자관계 또한 느꼈다. 이러한 이자관계에서 경멸은 심하게 평가절하하는 복합적인 공격적 정동으로 시기심이 많은 경계선 내담자에게 전형적이다.

자기:　　　　　　정동:　　　　　타인:
거대한　　　　　　경멸　　　　　평가절하된
교만한　　　　　　　　　　　　경멸당하는

　이 두 번째 이자관계는 상당 부분 첫 번째 이자관계의 자기표상 및 대상표상이 반전된 것이다. 따라서 Tam 박사가 방략 **1**과 **2** 관점에서 생각하고 있음을 보여준다. 내담자에게 개입하는 것을 보면 이를 알 수 있다. 교육목적상 사례를 단순화하였다. 대부분의 경계선 내담자와 마찬가지로 Gabby도 Tam 박사에게 치료자에 대한 느낌, 결혼 위기, 일 문제, 과거 언급, 강렬하고 참기 어려운 정동 상태 등을 뒤섞어 얘기하며 매우 혼란스러운 자료를 제시하였다. 대상관계의 내적 구조를 이해해야만 이러한 문제 전체를 해결할 수 있기 때문에 치료자는 이 예에서처럼 그 수준에 초점을 맞추어야 한다. 예를 들어, Gabby는 치료계약 조건 때문에 자주 Tam 박사를 비난하였다. 그녀는 비록 조건에 동의하였지만 치료를 받으려면 그래야 된다고 느꼈기 때문에만 그랬다고 나중에 말했고, 이러한 조건이야말로 Tam 박사가 그녀를 차갑게 무시하는 증거라고 느꼈다고 하였다. Gabby에 의하면 계약이란 치료자만 더 편하게 해 주고 만약 치료가 잘 되지 않았을 때 '발뺌'하려는 것일 뿐이었다. 그녀는 그의 의사 윤리를 의심하였고 돌팔이라고 하며 비웃기까지 하였다. Tam 박사는 그들 간에 무슨 일이 일어나는지 자신이 관찰한 것에 Gabby도 주목하도록 하였다. 박사는 Gabby가 주관적으로 자신을 약하고 상처받기 쉬운 사람으로 느끼는 것은 인정하였지만, 두 사람 간에 오가는 것을 보면 그녀가 자각하지 못하는 듯한 측면, 예를 들어 그녀가 다른 사람에게서 기대할 수 있는 전부라고 하는 차가운 야비함 같은 것이 보인다고 하였다. Gabby는 자기를 보호하기 위해 해야 하는 것을 할 뿐이라며 이러한 개입을 거부하였다.

내담자의 반응을 주목하면서 Tam 박사는 의식적인 자기상을 더 강조하는 것처럼 보이는 것이 무슨 의미인지 곰곰이 생각해 보았다. 그녀는 무엇으로부터 '자기를 보호할까?' 아마도 투사 과정이리라고 생각하면서 비록 그녀가 그를 위협적으로 느끼지만, 실제 위협은 그녀 내부에 더 깊숙이 숨겨져 있으리라고 생각하였다. 그는 이러한 위협을 어떻게 이해할 수 있는지 보여 줄 좀 더 많은 자료를 기다렸다. 그녀가 겉으로는 의심과 불신에 차 있지만 안에는 이와 상반되는 감정이 있으리라고 생각하였다. 그는 그녀가 가끔씩 남편을 가깝게 느끼는 것 같은데 때로는 Tam 박사 그에게도 그렇게 느끼는 것 같다는 것을 주목하였다. 예를 들어, 그녀가 회기 끝부분을 질질 끌면서 가고 싶어 하지 않는 것 같기 때문이었다. Tam 박사가 Gabby에게 이 얘기를 하자 그녀는 그가 틀렸고 이렇게 생각하는 것을 보면 얼마나 무능력하고 무관심한지를 알 수 있고 그녀라는 사람에 대해 요만큼도 모른다고 딱 잘라 말하면서 그녀의 입장을 고수하였다.

치료 첫 두 달은 이러한 이야기가 주를 이루었고 다른 이야기도 회기 중에 나오곤 하였다. 또 다른 전형적인 이야기는 그녀가 어머니로서 맞지 않고 바보처럼 느껴진다는 것이었다. Gabby는 이러한 이야기가 좀 더 강해져야 된다고 생각하는 자신의 요구와 연결된다고 하였다. Tam 박사는 이러한 이야기를 그녀에게 살벌한 면이 있는데 자신에 대한 책망 뒤에는 이러한 살벌한 부분이 있는 것 같다는 생각과 연결 지었다. 그녀는 이러한 의견을 거부하였다. 회기 밖에서 그녀는 계속해서 가끔씩 팔다리에 가벼운 자해를 하곤 하였다.

치료 3개월째에 Tam 박사는 Gabby에게 자신이 다음 달에 1주일 정도 어디 갔다 올 것이라고 미리 알렸다. 그녀는 그가 가는 데 관심 없다고 하였고 이를 큰일인 양 한다고 비웃기까지 하였다. 그가 돌아왔을 때 Gabby는 한 주가 똑같았고 사실은 상담에 와야 되는 부담이 없었기 때문에 평소보다 더 좋았다고 하였다. Tam 박사는 그가 어디 갔을 때 많은 내담자가 불안해하거나 공격적으로 하는데 그녀는 그렇게 하지 않아서 속으로 안심하였다. 두 달이 또 이전과 비슷한 이야기로 흘러갔다. 그리고 Tam 박사는 또 한 주간 어디 다녀올 것이라고 통보하였다. 그런데 Gabby의 반응이 이번에는 달랐다. 그녀는 마치 말로 그를 통제할 수 있을 것처럼 "안 돼요!"라고 소리쳤다. Tam 박사는 내담자의 내적 갈등에서 분열되어 나간 부분이 뚫고 나오는 걸 보게 되었다. 이로 인해 그는 방략 **3** 수준에서 좀 더 분명하게 작업할 수 있었다. 몇 달 동안 두 사람이 작업하면서 강한 애착이 발달하였는데 그녀는 지금까지는 이를 부인할 수 있었다. 그런데 이러한 자료가 갑자기 나타나면서 Tam 박사는 Gabby가 애착을 맺고 돌봄을 받고 싶은 것과 독립적이고 무시하고 싶은 것 사이에서 내적으로 심한 갈등을 겪는다고 해석할 수 있는 자료를 좀 더 얻게 되었다. "지금 보면 Gabby 씨의 어떤 측면이 매우 중요한데 Gabby 씨는 그것을 감당하고 체험하기가 매우 어려운 것 같아요. 이렇게 반응하는 것을 보면 Gabby 씨가 다른 사람을 대부분 무섭고 위험하게 느낌에도 불구하고 애착이 생긴 것 같아요. 그리고 제 생각에 Gabby 씨가 그렇게 된 것은 마음속 깊이에 좋은 것과 보살핌에 대한 갈망이 있기 때문인 것 같아요. 그러나 이러한 갈망이 무엇보다 가장 무서운 것이죠. 왜냐하면 결국 상처받고 속아 넘어갈 거라고 생각하기 때문이에요. 아마 누가 Gabby 씨를 보살피고 Gabby 씨에게 친절할 수 있다고 생각하게 될수록 더 불안해지는 것 같아요. 다른 사람이 악하고 착취적이라고 생각하는 것이 아주 나쁘기는 하지만 누군가 Gabby 씨에게 관심이 있을 수 있다고 생각하는 것보다 실제로 덜 무서울 거예요. 왜냐하면 관심이 있다고 생각하면 가장 심하게 상처받을 수 있기 때문이죠. 믿었는데 배신당하는 것이요. 말하자면 유혹당하고 이용당하는 것이죠."

다음에 제시되는 이자관계에서처럼 사랑과 보호에 대한 Gabby의 동경은 그녀의 불신, 분노와 완전히 분열되어 있었다.

자기:	정동:	대상:
열망하는	사랑	좋은
의존적인	보호	보살펴 주는
		완벽한 양육자

Tam 박사와 Gabby 사이에서 이러한 관계가 오고 간 것은 진전을 의미하였다. 그러나 이러한 내적 분열을 작업하는 것은 계속해서 힘들고 도전적인 일이었다. Gabby는 친해지고 싶은 소망이 어느 정도 있는 것 같다고 인정하면서도 Tam 박사가 어디에 가고 없으면 그러한 느낌이 없어지고 완전히 독립적이고 싶은 소망이 더 크다는 것이 확인된다고 하였다. "보세요, 제가 맞아요. 아무도 믿을 수 없어요. 선생님은 사라지잖아요. … 그것도 제가 선생님을 믿기 시작한 바로 그때예요. 어떻게 그럴 수 있어요? 선생님도 다른 사람과 똑같아요. 선생님은 제가 필요로 할 때까지 기다렸다가 사라져 버려요".

Tam 박사는 그녀가 어떠한 대상을 믿을 수 있다고 느낄 수 있으려면 완벽한 대상을 필요로 한다는 것을 작업하려 하였고 그녀가 버림받는다고 느끼는 데에는 공격성이 한몫을 한다는 데 대해서도 이야기를 나눴다. "Gabby 씨가 애착을 동경하면서도 마음껏 느끼기가 어렵다는 것을 이제 좀 더 이해할 수 있을 것 같아요. 만약 어떤 결점, Gabby 씨에 대한 완벽한 관심에서 조금이라도 벗어나면 Gabby 씨는 다른 사람이 전혀 무관심하다는 증거라고 느껴요. 그런데 제가 보기에 여기에 무언가가 좀 더 있는 것 같아요. Gabby 씨가 실망해서 화나고 노여워하고, 마음속에 있는 상대방의 이미지를 공격해 버린다는 거예요. 예를 들어, 내가 어디 가는 것이 사실이긴 하죠. 그러나 마음속에 있는 나에 대한 이미지를 유지하기보다는 화가 나 그 이미지를 싹 쓸어 버려요. 그래서 외롭고 공허하게 돼요. 내 생각에 결국 Gabby 씨가 온통 공허해지는 것은 내가 일주일간 어디 가기 때문이 아니라 마음속에 있는 나에 대한 이미지를 Gabby 씨가 공격하기 때문이에요."

앞의 예에서 내담자와 치료자의 대화 속에 담긴 것 같은 종류의 작업이 치료에서 오랫동안, 몇 달에서 몇 년까지 계속될 수 있다. 물론 이야기는 변형도 되고 진전도 되지만 자기와 대상에 대한 내담자의 내적 표상과 좀 더 현실적인 표상 사이에 있는 투쟁은 보통 느리게 진행된다. Gabby는 Tam 박사가 그녀를 실망시키고 배신하기까지 하므로 "다른 사람과 똑같을 뿐"이라고 계속 비난하였는데 그러면서도 치료에 계속 열심히 오는 것을 보면 또 다른 면이 있음이 분명하였다. Tam 박사는 자신이 진실하고 믿을 수 있는 사람이라고 설득하기보다는 그녀의 전이를 깊이 있게 탐색하려 하였다. 만약 그가 정말로 그녀를 속이고 상처 주기 위해 신뢰를 얻고 싶을 뿐이라면 그렇게 하는 동기는 무엇인가? 그는 부정직하게 자신이 그녀를 돕길 원하는 치료자인 척하나? 혹시 그는 가학적인 사람이라 그녀가 괴로워하는 것을 보면서 즐거움을 느끼나? 가끔 내담자는 이러한 생각은 극단적인 것 같고 치료 초반에 밝힌 것처럼 Tam 박사가 일관되게 그녀에게 가용하다는 현실과 일치하지 않는다고 스스로도 생각할 수 있었다. 그러나 또 어떤 때에는 실제 상황은 거의 중요하지 않았고, Gabby는 회기를 마치는 것 같은 일이 Tam 박사가 그녀에게 무관심한 증거라고 느꼈다. 이렇게 왜곡된 지각과 좀 더 현실적인 지각을 오락가락하는 것은 오랜 기간 동안 계속될 수 있으며 치료자 쪽의 인내와 숙련된 개입을 필요로 한다.

치료자는 어떻게 과거의 자료를 전이초점에 통합시키는가? 내담자의 내적 표상이 전이에서 나타날 때 치료자는 이를 이끌어 내면서, 과거의 자료를 활용하여 내담자가 타인표상을 어떻게 이해하는지 알려 줄 수 있다. 그러나 이때 치료자는 그가 듣고 있는 과거에 대한 기술이 내담자가 내재화한 것이지 과거 현실의 객관적 표상이 아니라는 것을 명심해야 한다. 이는 내담자가 기술한 것이 과거 현실과 관련이 없다는 말이 아니다. 그러나 경계선 내담자의 심리구조는 통합되어 있지 않기 때문에 부분적이고 모순적인 특징을 띨 수 있다. 따라서 치료자는 예를 들어 "○○씨 어머니가"라고 하기보다 "어머니가…"라고 말한다. Gabby의 경우에 치료자는 내담자의 어머니가 재발성 우울증이 있었고 우울할 때 치료를 받기보다는 술과 마약을 하곤 하였다는 것을 알고 있었다. 치료자가 무관심하다고 Gabby가 확신하는 것을 이야기하면서 Tam 박사는 그 시점에 전이에서 활성화된 대상표상을 기술하면서 내담자의 내재화된 과거에서 이 부분을 언급하곤 하였다. "Gabby 씨는 마치 내가 앞에 있는 불쌍한 소녀에게 완전히 무관심하고 약에 취한 어머니인 것처럼 반응하고 있어요. Gabby 씨는 나를 마치 약을 먹은 것처럼 무표정하고 아무 말이 없으며… 상황이 극단적이어야만 반응하는 사람처럼 보고 있어요."

내재화된 과거를 이렇게 언급하는 것은 대화를 확장해, 기억된 과거와 관련되고 또한 억제 혹은 억압되었을 수 있는 과거 요소와 관련된 내적 이미지를 더 상세화할 수 있다. 과거의 일부는 내담자가 의식적으로 기억하지 못하지만 전이에서 재체험되어 나타날 수 있다. 전이에서 재생되는 것을 통해 내담자는 자신의 내적 세계의 일부를 자각하게 되고 이로써 그러한 부분을 좀 더 의미 있고 온전한 자기의식에 통합할 수 있게 된다. 그러나 전이에서 자료를 과거의 내재화된 이미지와 연결시킨다 해도 그 자체로 통합이나 갈등 해소가 저절로 일어나지는 않는다.

예를 들어, Gabby는 Tam 박사가 '약에 취한 어머니'라고 한 것에 동의하였으나, 이것이 그녀의 심한 부정적 전이를 즉각적으로 해소해 주지는 않았다. 그녀는 다음과 같이 반응하였다. "나는 하루 24시간 그런 일을 수없이 겪고 있어요. 도저히 벗어날 수가 없어요! 오직 교회에서만 잠시나마 제가 편해질 것 같아요." 그녀가 교회를 언급하자 Tam 박사는 그녀의 내적인 분열을 언급하는 더 많은 정보를 얻게 되었다. "마치 순수하게 좋은 상황에서만 누군가의 보호와 관심을 믿을 수 있다는 것 같군요. 그리고 그런 때에도 좋은 기분은 아주 일시적이죠. 조금의 모호함이나 불확실함만 있어도, 지금도 그렇고 대부분의 상황이 그런데, 당신은 다른 사람을 차갑고 무관심하게 느끼는 '기본' 위치로 가 버려요. '약에 취해 있다'고요."

전이를 내재화된 과거와 연결시켜도 반드시 통합이 일어나지 않는 이유 중 하나는 당연히 내재화된 상이 부분적이고 서로 분열되어 있기 때문이다. Gabby는 다른 많은 내담자처럼 부정적인 어머니 상에서 이상화된 상으로 이동할 수 있다. "하지만 어머니는 환자였어요…. 어머니께 뭘 기대할 수 있겠어요? 어머니도 저에게 최선을 다하려고 하셨죠. 어머니를 행복하게 해 드릴 수 없었던 걸 보면 저한테 문제가 있는 게 틀림없어요. 저는 정말 너무 바보예요…. 예나 지금이나 저는 어린애예요." 치료자는 다시금 이자관계에서 자기표상 및 대상표상에서의 역전과 반전이라는 방략 2를 따를 것이 요구된다.

마침내 Gabby는 내부 세계가 통합되었다는 표시를 보였다. 실제로 그녀의 말은 편집 분열 포지션에서 우울 포지션으로의 이동이라는 Melanie Klein의 개념을 비전문가가 표현한 것 같았다. "사람들이 완벽하지 않다는 걸 이제 알겠어요. 아마 저는 기준이 높았나 봐요. 그러나 선생님 덕분에 완벽한 사람은 없다는 걸 깨달았어요. 저는 황홀한 동화 같은 사랑을 원했어요. 저는 그럴 수 있다고 항상 믿었죠…. 몇 번 그러기도 했어요. 그러나 그런 식으로 영원히 지속될 수는 없었죠. 그것이 내 마음을 아프게 해요. 저는 굉장히 낭만적인 사람이에요…. 제가 좋아하면 500%이죠. 그러나 그렇게 되면 저도 미쳐 버리는 것 같아요." 이 말은 높은 수준의 깨달음을 전하지만 또한 이상적 대상을 잃어버리는 데 수반하는 슬픔도 전달한다.

5. 치료작업의 반복

지배적인 분열된 대상표상을 치료 시간에 반복적으로 명료화하고 직면하고 해석해야 하는 것은 경험이 많은 치료자에게도 좌절이 될 수 있다. 그러나 치료자는 반복적인 훈습의 성질과 과정을 평가해야 한다. 확실히, 치료효과를 갖는 유익한 반복적 훈습과 치료적 교착을 나타내는 내담자의 변하지 않는 방어기제의 신호인 끝없는 반복을 구분해야 한다는 진단적 문제가 있다. 유익하고 생산적인 훈습은 적어도 다음의 두 가지 방식으로 나타날 것이다. 1) 내담자는 회기 밖에서 충동적, 자기파 괴적 행동을 점차 줄여 나갈 것이다. 동시에 대상관계의 정동적 힘이 회기 내 전이 반응에서 증가한다. 2) 점진적 통합의 표시에 대한 논의에서 기술된 것처럼 치료 초 기 단계에서 중기 단계로의 전환이 치료시간 중에 나타날 것이다.

핵심적 임상 개념

- 경계선 병리에 대한 대상관계 모델은 자기와 타인에 대한 내적 표상의 영향과 어떻게 이러한 내적 표상이 조직화되고, 어떻게 행동에 영향을 끼치는지를 강조한다.
- 전이초점 심리치료의 방략은 치료의 전체적인 목표를 나타낸다: 분열 및 파편화로부터 정체성 통합으로 이동한다. 말하자면, 부정적 동기를 투사하는 데서부터 자신의 사고, 감정, 행동이 통 합됨에 따라 이에 대해 책임질 수 있는 역량으로 이동한다.
- 방략에 따라 치료자는 다음 사항을 주목한다. 1) 현재 활성화된 이자 대상관계, 2) 이자관계 내 역할 반전, 3) 이상화된 이자관계가 박해적 이자관계로부터 방어적으로 분열됨.

추천 도서

Britton R: Naming and containing, in Belief and Imagination. London, Routledge, 1998, pp 19-28.

Britton R: Subjectivity, objectivity, and triangular space. Psychoanal Q 73:47-61, 2004.

Caligor E, Diamond D, Yeomans FE, et al: The interpretive process in the psychoanalytic psychotherapy of borderline personality pathology. J Am Psychoanal Assoc 57:71- 301, 2009.

Gill M: Analysis of transference. J Am Psychoanal Assoc 27:263-288, 1979.

Klein M: Notes on some schizoid mechanisms. Int J Psychoanal 27(Pt 3-4):99-110, 1946.

4장

진단 평가 단계:
임상적 평가와 치료 선정

대상관계 접근은 내담자의 주관적 경험, 관찰할 수 있는 행동, 기저의 심리구조에 기초하여 인성장애를 분류한다(1장 참조). 그러므로 치료를 선택하기 전에 하는 임상적 평가는 이 세 영역을 각각 포함해야 한다. 1) 주관적 경험(예, 불안이나 우울 같은 증상), 2) 관찰 가능한 행동(예, 관계와 일에의 관여, 기능에서의 결함 영역), 3) 심리구조(예, 정체성과 정체성 혼미, 방어, 현실검증)(Caligor & Clarkin, 2010). 이러한 평가 방법은 정신의학에서 가끔 보는 것처럼 주로 증상에 초점을 맞추는 단순한 기술적 방법이 아니다. 또한 이 평가 방법은 개인사, 그리고 과거와 관련된 기저의 역동에 초점을 맞추는 전통적인 정신분석적 방법도 아니다. 그렇다기보다 우리가 보기에 치료 경험은 본질적으로 인성조직의 수준[신경증적 인성조직(NPO)이나 높은 혹은 낮은 수준의 경계선 인성조직(BPO)], 내담자가 경험하는 증상, 그리고 손상된 기능 영역에 따라 함께 결정된다.

인성조직의 구조는 내담자가 자신의 모든 경험과 행동을 통합하고 조직화하는 데 있어서 중심이 된다. 특정 증상 구성(우울, 섭식장애, 물질남용, 자살 행동)과 역기능 영역(사회적 관계, 일)은 인성조직 수준에 따라 달라진다. 그러므로 내담자를 평가하는 우선 목적은 내담자의 증상, 역기능 영역, 그리고 인성조직을 정확하게 확인하는 것인데, 이것이 치료의 초점, 과정, 성과에 직접적으로 영향을 미치기 때문이다. 이러한 영역을 평가하고 적절한 치료 틀을 만든 이후에(5장 참조), 서서히 나타나는 전이 주제와 기저의 심리역동에 초점을 맞추면서 치료가 시작된다.

경계선 인성조직 내담자는 종종 사전에 하는 상세한 개인사 탐색과 치료계약에 개의치 않고 그냥 '치료를 시작'하기를 원한다. 사실 많은 경계선 인성조직 내담자는 약을 더 달라고 하거나 갑자기 자살 생각이 난다고 하거나, 혹은 중단되었거나 잘못된 이전 심리치료의 문제를 즉시 봐 달라고 하는 등 스스로 '위기'를 규정하면서 찾아온다. 내담자의 상황을 민감하게 알아주기는 해야겠지만 치료를 정말 하기로 결정하기 이전에 적절한 평가를 해야 한다. 치료해 달라는 어떠한 요구에 대해서도 치료자는 문제의 본질을 이해하고 적절한 치료법을 추천하기 위해서는 평가가 필수적이라는 것을 설명해야 한다. 즉각적인 치료와 변화에 대한 내담자의 절실한 요구를 존중하면서도, 문제를 이해하고 어떻게 진행할지 두 참여자가 분명히 합의해야만 효과적이라는 것을 지적한다. 내담자의 상황이 임상적으로 위기라면 응급 서비스로 의뢰한다. 세심한 평가와 치료계약은 응급상황이 다루어진 뒤에 이뤄질 수 있다.

경계선 인성조직 내담자는 그들의 혼란스러운 행동에서 드러나는 것처럼 내적 구조와 조직에서 결함이 있기 때문에 치료과정이 제공하는 외적 구조가 이러한 내담자를 치료하는 데 있어서 핵심 요소이다. 치료가 전개되는 과정을 보면 전이초점 심리치료가 어떻게 평가 과정에서부터 내담자에게 즉각적으로 구조를 제공하는지 분명해질 것이다.

1. 임상적 평가

임상적 평가는 치료계약을 맺기 이전에 일반적으로 한 회기에서 세 회기(두 회기 연속 첫 면접을 추천함) 정도 이루어지는데 그 목표는 치료자에게 진단, 그리고 인성장애가 있다면 장애의 심각도와 신경증적 인성조직이나 높은 혹은 낮은 수준의 경계선 인성조직 같은 조직화를 알려 주는 것이다. 평가 과정은 증상, 역기능 영역, 인성조직의 수준에 관한 정보를 치료자에게 제공하는 것 외에도 내담자로 하여금 자신의 문제를 자세히 살펴보고 도와주는 사람과 상호작용을 시작하는 경험을 줄 수도 있다. 이후에 치료계약을 명확히 하는 것과 가장 관련된 것으로, 임상가는 이전 치료와 관련된 정보를 이끌어 내야 하고 특히 내담자가 이전 치료자와 맺은 관계의 질과 전 치료가 어떻게 끝났는지에 주의한다. (내담자의 허락을 받고) 이전 치료자와 연락하는 것이 좋은데, 특히 치료가 어떻게 중단되거나 단절되었는지, 만약 기회가 있다면 무얼 다르게 할 것인지에 대해 의논하는 것이 좋다.

DSM-5(American Psychiatric Association, 2013)의 인성장애 진단기준은 임상적 유용성이 제한적이다.[1] 그러므로 현재의 증상 및 심리 상태, 인성조직 수준, 그리고 정체성을 구성하는 심리적 점유에 중요한 핵심적 적응 영역(직업, 사회생활 및 친밀관계, 창조성)에서 현재의 기능을 포착하는 평가를 해야 한다.

1) 심리구조 면접

심리구조 면접(Kernberg, 1984)은 내담자의 현재와 과거의 증상, 자기와 타인 개념을 포함하는 내담자의 인성조직, 내담자와 면접자 간 지금 여기에서의 상호작용의 질에 초점을 둔 임상적 평가 방법이다. 면접자는 내담자의 주요 문제에 초점을 두면서 구조적 진단에 핵심적인 변인을 다음과 같이 민감하게 평가한다. 1) 정체성 통합 대 혼미, 2) 특유의 방어, 3) 현실검증 수준. 면접자는 내담자가 외재화하지 않고 자신의 내적 갈등을 얼마나 자각하는지도 평가한다. 이러한 탐색은 내담자에게 매우 긴장되는 일이기 때문에 그의 심리적 기능에서 두드러진 방어적 혹은 '구조적' 조직화가 나타날 것이다. 심리구조 면접은 내담자의 개인력도 살펴보기는 하지만

---

1) 그러나 DSM-5의 3부에서는 자기 및 타인 경험과 같이 오래전부터 우리가 보기에 인성장애와 구조적 진단 체계에 중심적인 고려사항들을 소개하고 있다.

전통적 정신과적 병력청취보다 지금 여기에서 내담자의 심리적 기능에 좀 더 초점을 맞춘다. 심리구조 진단은 면접에서 내담자의 문제 영역을 탐색할 때 내담자가 주로 어떻게 임하는지에 달려 있다.

연구에서 사용되는 구조화된 혹은 반구조화된 정신의학적 면접과는 달리, 심리구조 면접은 전적으로 사전에 결정된 순서를 따르지 않는다. 이것을 구조적이라고 하는 이유는 심리구조를 결정하려 하기 때문이다. 시작과 끝은 분명하지만, 면접이 전개되고 진단적 요소가 드러나는 방식은 덜 고정되어 있다. 그것은 내담자가 자기를 어떻게 나타내고, 그랬을 때 진단가의 반응은 어떤지에 따라 좌우된다. 순환적 과정이 심리구조 면접에서 중요한 특징이다([그림 4-1] 참조). 이 모델에서 보면 원의 둘레를 따라 순환형으로 정리된 증상을 배치하기 때문에 면접자는 하나의 중요한 증상에서 시작해 다음으로 진행하여 결국 다시 출발점으로 되돌아오게 되어 있

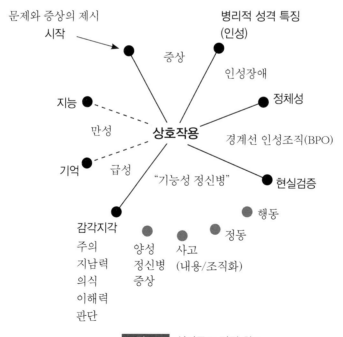

그림 4-1 심리구조 면접 회로

주. 주요 정동장애, 불안장애, 혹은 정신병 장애를 시사하는 증상을 살펴보라.

고 필요한 경우 새로 또 돌 수 있다. 이것은 탐색할 때 고정된 진행 양상을 보이는 '의사결정 계도(decision tree)' 모델과는 대조적이다. 정리된 증상을 따라 새롭게 돌면 면접자는 앞서 알게 된 것을 면접 뒷 단계에서 재확인하며 필요할 때마다 다른 맥락에서 같은 주제로 돌아올 수 있다. 정리된 증상을 언제나 체계적으로 탐색하려는 것은 아니다. 앞서 알게 된 것에 따라 탐색 회로를 다르게 할 것이 권고된다.

심리구조 면접은 세 부분이 있는데, 각각은 중요한 선도적 질문으로 되어 있다. 첫 부분에서 면접자는 네 가지 질문을 하며 시작한다.

1. 무엇 때문에 오셨어요?
2. 어떤 문제가 있고 얼마나 힘드세요? (현재 상담을 받게 된 이유가 아닌 문제까지 포함해서 치료자는 내담자의 문제 전부를 알아내려 한다.)
3. 자신의 문제를 어떻게 생각하세요?
4. 치료에서 무엇을 기대하세요?

면접 초반에 이러한 영역을 한꺼번에 질문하는 것은 정보를 알아내는 것 외에도 인지적 기능과 잠재적 결함을 평가할 수 있게 해 준다. 기억 또는 집중 문제가 있는 내담자는 이러한 질문을 동시에 받으면 어려워 할 것이다. 내담자가 문제가 있으면 치료자는 문제를 민감하게 탐색해야 한다. 내담자는 아직 진단받지 않은 문제가 있을 수 있으므로 평가에서는 인성장애뿐 아니라 정동장애나 인지적 혹은 기질적 문제 같은 잠재적 문제를 심사해야 한다.

이렇게 시작하는 것은 내담자에게 자신의 증상, 치료에 오게 된 주된 이유, 내담자가 자신의 현재 생활에서 경험하고 있는 다른 어려움들에 대해 논의할 기회를 제공한다. 내담자의 대답을 경청하면서 면접자는 병리에 대한 내담자의 자각과 치료에 대한 욕구 및 치료에 대한 (현실적 혹은 비현실적) 기대를 평가할 수 있다. 정신병적 혹은 기질적 문제가 없는 내담자는 종종 대인관계 생활에서 어려움을 이야기하는데 이는 병리적 성격 특징을 시사하지만 일반적으로 현실검증은 적절하다.

내담자가 자신의 문제를 어떻게 이해하는지를 보면 그가 책임을 밖으로 돌리고 자신의 내적 세계의 측면을 주변 환경에 투사하는 원초적 방어기제를 사용하고 있음을 알 수 있다. 예를 들어, 한 내담자는 자살 시도 때문에 치료에 오게 되었는데 이는 그녀에게 어떠한 정신과적 장애나 문제가 있다는 징후가 아니라 '괴물' 남편과 살기 때문에 당연한 반응이라고 하였다. 이 시점에서 치료자는 실제 상황을 알 수 있는 위치에 있지 않기 때문에 중립적 입장을 유지해야 한다. 이 경우 중립적 입장은, 내담자의 남편이 실제로 괴물일 수도 있지만 내담자가 그녀의 내적 세계를 남편에게 투사할 가능성도 고려하는 것이다(즉, 치료자는 내담자가 사용할지도 모르는 특징적 방어를 고려한다). 치료가 시작된 후 발달하는 전이가 이러한 문제를 가늠하는 데 도움이 될 수 있다(치료자의 중립성에 대한 전체 논의를 보려면 6장 '치료기법' 참조). 중립적 입장은 내담자의 입장을 분명히 지지하는 것과 달리("그런 남편과 산다니 정말 끔찍하겠네요.") 그녀가 투사하고 있지는 않은지 그리고 그러는 것이 그녀의 내적 갈등을 덜어 주는 역할을 하고 있지는 않은지 질문하는 내담자의 한편과 연결될 수 있기 때문에 불안을 어느 정도 높일 수 있다. 치료자의 중립성은 완전히 경직된 방어 체계 혹은 마음 자세와 대조적으로 내적 갈등을 자각할 수 있는 내담자의 역량을 예민하게 평가하는 부분이다.

내담자가 면접자의 질문을 듣고 반응하는 방식 또한 감각지각(sensorium), 기억, 그리고 지능에 대해서도 어느 정도 간접적인 증거를 제공한다. 예를 들어, 내담자는 기억 결함이나 제한된 추상화 역량을 보일 수 있거나 너무 구체적일 수 있다. 내담자는 질문에 적절하게 반응할 수 있지만, 명료화 과정에서 지엽적인 데에 몰두할 수 있다. 경계선 인성조직 내담자의 경우 자살 및 기타 자기파괴적 행동, 섭식장애, 물질남용, 그리고 우울의 성질과 정도에 대한 주의 깊은 평가가 복잡할 수 있다. 왜냐하면 그러한 주제가 정동을 불러일으키면서도 정동에 대해 방어하게 하기 때문이다.

두 번째 부분에서 면접자는 내담자에게 우선 자기 자신에 대해 최대한 말해 보라고 하고, 그다음 그의 삶에서 중요한 몇 사람에 대해 최대한 말해 보라고 한다. 이것은 정체성 혹은 정체성 혼미를 평가하는 데 도움이 된다. 이러한 요청은 간단한 것이 아니다. 이걸 하려면 자기를 성찰하고 이해하는 것이 필요하다. 정체성이 통합된 사람이라면 풍부하고 복합적으로 자기를 묘사할 수 있지만, 정체성이 혼미한 사람은 자기와 타인을 제한적이고 피상적으로 묘사할 것이다. 비디오 1-1은 Otto Kernberg 박사가 내담자 역할을 하는 배우에게 이 부분의 심리구조 면접을 하는 것을 보여 준다. 내담자 Albert는 4년 된 여자친구인 Saskia가 갑자기 떠나갔기 때문에 치료받으러 왔다. 그는 우울했고 인생의 이 지점에서 길을 잃었다. Kernberg 박사는 Albert가 이 사건을 어떻게 이해하는지 보면서 진단적 인상을 얻으려고 심리구조 면접을 하였다. Kernberg 박사는 Albert에게 그와 Saskia에 대해 말해 보라고 하였다. 비디오에서 보듯이, Albert는 피상적이고 일차원적으로 묘사하였는데 이는 자기와 타인에 대해 통합된 감각을 갖지 못한 사람들의 특징이다. 그는 자신이 매우 다정한 사람이라고 하면서 분노 폭발에 대해서는 어떠한 언급도 하지 않았다. Saskia에 대해서 묘사해 보라고 하였을 때는 그녀의 외모에 대한 얘기로 시작하였고 피상적으로 이상화하였다. 정신분석 심리치료 사이트(http://www.psychotherapy.net/video/psychoanalytic-psychotherapy-otto-kernberg)에 나오는 전체 심리구조 면접을 보길 바란다.

▶ 비디오 I-I: 자기 묘사 및 타인 묘사(4:24)_[부록 p. 485]

　면접 마지막 부분에 가면 현재의 어려움과 관련되어 과거를 탐색하는 것이 나온다. 전이초점 심리치료자는 지금 여기에서 펼쳐지는 내담자의 내적 세계에 주목하지만, 외부 현실을 가능한 한 최대로 분간하며 내담자 내부 세계와의 상호작용을 파악하기 위해서 가족과 발달력에 대해 아는 것이 필수이다. 면접 각 부분에서 면접자는 내담자의 대답 내용(예, 내담자는 우울하고 친한 관계가 없다고 한다)뿐 아니라 더 중요하게는 대답의 형태(양상), 즉 대답하면서 면접자와 관계하는 방식과 내담자가 대답할 때 나타내는 어떠한 어려움이든 이에 관심을 갖는다.

2) 반구조화된 면접

심리구조 면접을 실시하는 데 훈련되지 않은 임상가 그리고/또는 임상적 연구에 관심이 있는 독자들을 돕기 위해 우리는 반구조화된 면접, 즉 인성조직에 대한 구조화된 면접-개정판(Structured Interview for Personality Organization-Revised: STIPO-R)을 포함시켰다. STIPO-R은 웹사이트(http://www.personalitystudiesinstitute.com/pdf/Structured-Interview-of-Personality-Organization.pdf)에서 접속할 수 있다. 구조화된 질문과 탐색을 통해 STIPO-R은 임상가에게 경계선 인성조직 내담자와 신경증적 인성조직 내담자를 구분하는 심리역동적 진단에 필요한 핵심 영역을 어떻게 평가할지에 대해 지침을 제공한다(〈표 1-1〉 참조). STIPO-R은 임상적 직관과 심리구조 면접의 세밀함이 부족하지만 정보를 수집하고 이를 객관적으로 채점하는 표준화된 방법을 제공한다. 이는 연구에 매우 유용할 것이다. STIPO-R의 목표는 7개 필수적인 구성개념, 즉 정체성, 대처와 경직성, 원시적 방어, 현실검증, 대상관계의 질, 공격성, 그리고 도덕적 가치를 면밀히 평가하여 구조적 진단(신경증적 인성조직, 높은 수준의 경계선 인성조직, 혹은 낮은 수준의 경계선 인성조직)에 이르는 것이다.

신경증적 인성조직의 개인은 공고한 정체성과 비교적 안정되고 지속적인 인간관계/대상관계[2]가 있고, 다양한 정도로 대처의 경직성을 보이지만 원시적 방어는 존재하지 않는다. 도덕적 가치가 지나치게 엄격하고 경직될 수 있지만 현실검증력은 양호하다.

높은 수준의 경계선 인성조직 내담자는 가벼운 수준에서 중간 정도의 정체성 혼미, 어느 정도는 안정되었지만 분열되고 피상적인 대상관계, 그리고 공감 능력의 손상을 보인다. 이 사람들은 자기와 타인을 향한 공격성과 함께 원시적인 방어와 부적응적인 대처를 보이지만 사랑과 친밀함에 대한 열망도 있다. 도덕적 가치가 변하기 쉽고 현실검증에서도 상당한 문제가 있다.

낮은 수준의 경계선 인성조직 내담자는 7개 모든 차원에서 높은 수준의 경계선

---

2) 대상관계의 질은 대인관계를 조직화하는 기대(대인관계적, 조직화 원리)와 역량을 가리킴을 상기하라.

인성조직 내담자보다 좀 더 심각한데, 가장 뚜렷한 것은 빈약한 질의 대상관계(공감 결여, 일관된 대상관계를 유지하는 역량의 결여), 공격성(자신과 타인을 향한 위험한 수준의 공격성), 조직화된 가치 체계의 부재(반사회적 특성과 행동)이다.

다른 연구자들도 인성 문제가 있는 내담자를 평가하는 데 있어서 진단적 주제에 관심을 가졌다. 기존의 면접 측정도구인 대상관계 질 척도(the quality of object relations scale)는 단기 심리치료에 다른 반응을 보이는 내담자를 평가하는 데 사용되었다(Piper & Duncan, 1999). 특히 Shedler와 Westen(2010)은 종종 임상가들이 대인관계 내러티브에서 포착된 자신과 타인에 대한 기술을 얻음으로써 내담자를 평가한다고 하였다. 이 면접들은 구조화될 수 있고 Q 분류로 신뢰할 수 있게 평정될 수 있다.

2. 치료 선정

경계선 인성조직 진단 범위 내에서 임상가는 그중 높은 수준의 일부 내담자에게만 정신분석을 고려할 수 있다(예, 높은 수준에서 조직화된 자기애적 내담자). 그러나 상대적으로 비구조화된 분석 카우치 세팅에서는 혼란스러워한다는 것이 역사적으로 밝혀진 장애 집단 내담자에게도 경계선 인성장애를 위해 특별히 개발된 치료 모델은 일반적으로 적용된다. 전이초점 심리치료, 심리화 기반 치료(MBT; Bateman & Fonagy, 2004), 심리역동적 지지 심리치료(Kernberg, 1984; Rockland, 1992)는 다양한 정도로 정신분석적 개념에 기초해 있다. 변증법적 행동치료(DBT; Linehan, 1993)와 도식 초점 치료(Beck et al., 2004)는 인지행동치료와 행동치료 원리에 기초하여 통합된 치료법이다. 비록 전이초점 심리치료도 실제적 자살 혹은 유사자살과 관련된 주제를 계약 맺기 단계와 후속적인 한계 검증에서 다루기는 하지만, 현재까지의 연구를 보면 이런 행위를 보이는 경계선 인성조직 하위집단 내담자는 우선 DBT와 MBT가 맞는 것 같다. 일부 연구에서는 전이를 다루는 것이 낮은 질의 대인관계를 보이는 내담자에게 특히 좋다는 결과가 나왔고(Høgland et al., 2008), 또한 다른 연구에

서는 처음에 자기성찰 기능 수준이 낮았던 내담자가 DBT나 심리역동적 지지치료
보다 전이초점 심리치료에서 좀 더 치료를 오래 받는 것으로 나타났다(Levy et al.,
2011).

우리는 DBT에서 행동 통제로 증상에 도움을 받은 일부 내담자가 인간관계, 특
히 친밀한 관계에서 지속적인 어려움이 있기 때문에 전이초점 심리치료를 받고 싶
어 한다는 것을 주목하였다. 조언을 받는 데 어려움이 있는 좀 더 자기애적 내담
자는 DBT보다 전이초점 심리치료가 나을지도 모른다. 다양한 증상이 있고 치료
에 대한 태도가 부정적이며 치료적 자원이 거의 없는 경계선 인성조직 내담자에게
는 지지적 접근이 활용될 수 있다(Rockland, 1992). 동기가 없고 치료를 계속 잘 받
지 못하는 전력이 있는 내담자도 지지 심리치료가 좋을 수 있다. Good Psychiatric
Management(GPM; Gunderson, 2014)는 임상가에게 경계선 인성장애 내담자에 대
한 기본적인 치료적 관리 원칙을 제공해 주는 치료 접근이다. 이것은 높은 수준의
경계선 인성장애 사례를 보다 직접적으로 치료하는 데 사용될 수 있고, 까다로운 사
례를 안정화한 다음, 좀 더 깊이 있는 치료를 위해 전이초점 심리치료에 의뢰할 수
도 있다.

치료를 선정하는 데 중요한 것은 대개 한 가지 내담자의 특성이 아니라 특성의 조
합이다. 치료가 어려울 것임을 시사하는 내담자 특성은 반사회성 인성장애나 행동,
치료자에게 배우는 것을 방해하는 심각한 오만함, 이차적 이득, 빈약한 대상관계의
질, 약물이나 알코올 남용으로 인한 생활에서의 심각한 붕괴, 혹은 변화될 수 없는
참담한 생활 상황 등이다. 대부분의 치료에서 긍정적인 내담자 특성은 변화에 대한
동기, 자기 개발을 위해 현실적으로 시간을 투자함, 치료에 책임을 짐, 지능, 어느
정도 실제적인 재능, 그리고 한 인간으로서의 매력 등이다.

전이초점 심리치료는 적어도 지능이 평균이고, 중간에서 심한 정도의 증상이 있
으며 일 또는 직업 기능, 사랑과 성, 혹은 사회생활과 창조성에서 심한 문제가 있는
경계선 인성조직 내담자에게 적합하다(〈표 4-1〉). 흥미롭게도 내담자들은 때로 직
업 기능이 높았지만 관계 영역에서는 극도의 문제가 있었다. 심리구조 면접에서 보
이는 자기성찰 능력과 정도는 전이초점 심리치료의 강점이지만, 우리는 또한 초기

표 4-1 내담자 다양성과 치료계획

공존 인성장애	반사회성 인성장애가 동반되는 경우 심리역동적 치료가 배제될 수 있다.
증상	약물남용이나 섭식장애(5장 참조)를 통제하도록 치료가 구조화되어야 한다. 주요 우울증이나 다른 생물학적 장애에 대해서는 약물치료를 포함할 수 있다.
구조적 차이	정체성 혼미는 병리적 거대자기에 의해 가려질 수 있다. 이는 자기애성 인성장애의 특징적 구조로서 특별한 치료적 고려를 필요로 한다.[a]
성과 친밀성	애착을 열망하고, 사랑에 빠질 능력이 어느 정도 있으며, 성과 부드러움을 통합할 수 있는 능력이 어느 정도 있는 내담자가 예후가 더 좋다.

출처. [a]Diamond et al., 2011; Stern et al., 2013.

평가에서 최소의 자기성찰을 보이는 내담자에게도 성공적인 성과를 얻었다.

정신분석과 전이초점 심리치료(Caligor et al., 2007)는 신경증적 인성조직, 즉 히스테리성 인성, 강박성 인성, 또는 우울-피학성 인성 내담자에게 적합한 치료이다. 이것은 또한 유아적이고 히스테리적인 특성이 혼합된 사람들에게도 적합할 것이다. 높은 수준의 경계선 인성조직 범위에 있는 자기애성 인성장애 내담자는 정신분석을 받을 수 있는데, 명백한 경계선적 특징의 충동적 행동이 없고, 내담자가 불안에 대한 내성과 승화할 수 있는 경로가 있는 경우이다. 그 외 신경증적 인성조직 내담자는 전이초점 심리치료에 의뢰해야 한다(Diamond et al., 2001; Stern et al., 2013).

우리는 Betty 사례에서 심리구조 면접의 주요 요소를 살펴볼 것이다. Betty 사례는 8장 '치료 초기' 단계에서 높은 수준의 경계선 인성조직 내담자에게 실시하는 전이초점 심리치료의 예로도 제시될 것이다.

1) 임상 예: Betty 사례

(1) 면접 초기 부분

Betty는 33세의 독신 여성으로 다른 치료를 받았지만 나아지지 않았기 때문에 좌절하여 이 치료를 받으러 왔다고 하였다. 그녀는 약물 과다복용을 한 16세 이후로 수많은 치료를 받았다. 그녀의 첫 진단은 주요 우울 삽화였다. 몇 년 뒤 이 진단은 양극성 장애로 바뀌었다. 그녀는 두 번 입원하였다. 약물 과다복용으로 처음 입원 하였고, 다음은 30대 초반이었는데, 사는 데 희망이 없다고 느껴서 두 번째로 약 물을 과다복용하였다. 이후로 그녀는 삼환계 항우울제와 선택적 세로토닌 재흡 수 억제제, 낮은 용량의 항정신증제, 항불안제, 기분 안정제, 전기충격 치료를 받 았다. 평가 시점 당시 그녀는 하루에 가바펜틴 1,200mg을 복용하고 있었다. 그녀 는 약물 과다복용으로 두 번 입원한 것뿐만 아니라, 많은 개인치료(지지치료와 인 지행동치료)와 집단치료, 낮병동 치료를 받았다. 심리구조 면접의 첫 번째 질문 에 대하여 내담자는 다음과 같이 말하였다. "나는 너무 우울해서 침대에서 일어날 수가 없어요. 에너지가 없고, 아무것도 재미가 없어요. 가끔은 일어날 수도 없고 물도 못 마셔 거의 탈수 지경이 돼요. 몇 주 내내 그러기도 해요. 그런 식으로 지 난 6개월을 지내 왔어요. 오늘 여기 오기 위해 일어난 것은 언제부터였는지 모르 겠지만 그때부터 지금까지 내가 할 수 있었던 최대한이에요."

　　Betty의 치료자인 Em 박사는 우울의 자율신경 증상(수면, 식욕, 집중, 성 추동 등의 문제)과 (앞서 기술된) 이전 치료에 대해 적절하게 탐색하였다. 그런 다음, 그는 우울한 상태로 침대에 누워 있으면 어떤 생각이 나는지를 물었다. 그녀는 '불 치의 우울증'으로 고통받지 않았다면 작가로서 모든 성공과 명성을 가질 수 있었 을 텐데라는 생각을 한다고 하였다. 그녀는 자신의 글쓰기 능력을 당대의 가장 성 공한 작가와 비교하였다. 이러한 자료는 Em 박사에게 내담자의 자기표상에 대해 그리고 그녀의 우울 증상에 자기애적 성격병리가 역할을 할 가능성에 대해 중요 한 정보를 알려 주었다.

(2) 면접 중간 부분

Em 박사는 Betty에게 직업적, 사회적, 대인관계 기능에 대해 질문하였고, 혹시라 도 그녀의 증상이 이러한 영역에 어떤 영향을 미치는지 질문하였다. 면접자는 내 담자의 현재 생활 상황과 기능에 대해 포괄적이고 심층적인 시각을 얻는 것이 중 요하다. Betty는 자신이 대학을 1년 반 다니고 그만두었는데, 주의집중이 힘들었 고 학교 친구들과 지내는 데 어려움이 있었기 때문이라고 하였다. 특히 그녀는 일이 있을 때 그들이 항상 그녀를 배제한다고 느꼈다. 이것을 그녀는 "그들이 내 재능에 분노했어요."라고 설명하였다. 이는 투사와 외재화 방어의 증거이다. 대학을 그만둔 뒤 그녀는 그동안 다녔던 모든 직장에서 해고되었다. 이 역시 비슷하게 분노 때문이라고 하였고 그녀가 종종 상사보다 일을 더 잘하기 때문이라고 하였다. 사회적 기능 면에서 그녀는 친구가 없었고 친밀한 관계를 가진 적이 한 번도 없었다. 성 경험은 일회성 관계밖에 없었다. 그녀는 많은 가족 성원과 심한 갈등적 관계를 지속하였다. Betty는 혼자 조그마한 아파트에서 살았고 지난 6개월은 아파트에서 TV만 보면서 혼자 지냈다. 벌어 놓은 돈이 다 떨어졌을 때 그녀는 월세 때문에 부모님께 도움을 청했다. 내담자는 사는 걸 포함하여 어떤 활동에도 관심을 표시하지 않았다. 그녀는 이것을 문제로 보지 않았고 사는 데 관심 없다며 도발적으로 말하였는데, 마치 그녀의 문제라기보다는 치료자의 문제라는 식이었고, 이러한 태도는 그녀가 치료받으러 왔다는 사실과 모순되었다.

다음으로 Em 박사는 Betty가 다른 사람들에 대해 개념화하는 수준을 이해하기 위하여 그녀의 삶에서 의미 있는 사람에 대해 알아보았다. "이제는 Betty 씨의 현재 생활에서 가장 중요한 사람들에 대해서 묻고 싶어요. 제가 그 사람에 대해 실제적이고 생생한 인상을 얻을 수 있게 이야기해 주세요." 이렇게 탐색하면 한 시점에서 횡단적으로 정체성 통합이나 혼미의 정도를 알 수 있고, 또한 시간이 지나면서 타인과의 종단적이고 역사적인 관계를 모두 알 수 있게 된다.

Betty는 아버지에 대해 다음과 같이 말하였다. "아버지는 스탈린 같아요. 선생님이 제 말을 믿지 않는다는 것을 알지만, 아버지는 스탈린 같아요. 과장하는 게 아니에요. 아버지는 사람들에게 신경 쓰지 않아요. 아버지가 관심 있는 건 성적뿐이었어요. 제가 방에서 울고 있어도 상관하지 않았어요. 저는 아버지를 본 적이 없어요. 선생님은 제가 아버지에게 치료비를 도와 달라고 할 수 있다고 했지요! 선생님은 아버지를 몰라요. 아버지는 저를 위해 손가락 하나 까딱하지 않아요. 아버지는 그냥 가족이 성과를 내기만 바라요. 아버지는 누가 뭘 느끼는지에는 관심이 없어요. 아버지는 모든 것을 잘하셨죠. 아버지는 우리가 아버지 같기를 바라요."

몇 분 후에 어머니에 대해 말할 때 내담자는 다시 아버지 주제로 돌아갔다. "아버지는 어머니에게 신경을 많이 써요. 어머니는 몇 번 고비가 있었어요. 아마 그래서 어머니가 우리를 위해 못 있었던 것 같아요. 그러나 어머니가 고비를 겪을 때마다, 아버지는 할 수 있는 것을 했어요. 아버지는 무엇을 해야 할지를 정말로 알지는 못했어요. 아버지는 그런 사람이 아니에요. 어머니는 정말 대하기 어려워요. 저는 어머니를 어떻게 대해야 할지 모르겠어요."

Em 박사는 Betty가 아버지에 대해 처음에는 매우 극단적으로 말하였지만 이렇게 다르게 말하는 것을 주목하였고, 이것이 아버지에 대해 부분적이고 연결되지 않은 두 가지 내적 표상을 제시하기 때문에 정체성 혼미의 증거로 간주하였다. 치료자는 Betty가 이런 차이를 어느 정도 통합할 수 있는지 보기 위해서 이를 다루었다.

> Em 박사: 지금 Betty 씨는 아버지가 할 수 있는 한 최선을 다했다고 말했지만, 그전에는 스탈린 같다고 했어요. 어떻게 생각하세요?
>
> Betty: 아버지는 스탈린 같아요. 잘 모르시겠어요? 아마도 그래서 어머니가 처음에 우울했던 것 같아요.

Betty가 아버지의 좋은 질과 나쁜 질을 통합하는 역량을 보이지 않고 전적으로 부정적인 견해로 되돌아간 것은 내적인 심리구조의 분열과 정체성 혼미에 대한 또 다른 증거이다.

내담자의 정체성을 좀 더 평가하기 위해, Em 박사는 Betty에게 다음으로 자신에 대해 묘사해 보라고 하였다. "Betty 씨는 증상과 어려움에 대해 이야기하였는데 저는 이제 인간적으로 Betty 씨에 대해 더 알고 싶어요. Betty 씨 자신이나 인성에 대해 말해 보세요. Betty 씨가 어떻게 생각하는지가, 제가 인간적으로 Betty 씨를 아는 데에 정말 중요합니다."

이러한 질문은 내담자에게 자기성찰적인 태도를 취하게 하고 일관된 언어로 자기를 기술하게 하는데, 이는 다양한 층의 묘사와 관념을 담을 수 있다. 임상적으로 내담자의 반응을 평가할 때, 면접자는 내담자가 말한 내용뿐 아니라 사고과정과 정교화에도 주의를 기울인다. 내담자가 자신에 대해 명료하고, 상세하며, 다양한 층으로 구성된 기술을 할 수 있는 정도는 정체성 통합 대 혼미의 지표이며, 인성 병리의 수준을 결정하는 데 도움이 된다. 내담자의 지능과 교육이 자기성찰의 수준과 스타일에 영향을 주겠지만 지능 수준이 높다 해도 반드시 성찰력이 좋은 것은 아니다.

Betty는 자신에 대해 말하라는 요구에 다음과 같이 대답하였다.

Betty: 저는 우울해요. 선생님께 그렇게 말했죠. 그리고 사람들은 저를 좋아하지 않아요. 왜 그러는지 이유를 모르겠어요. 아마 제가 너무 뚱뚱해서 그런가 봐요. 내가 버스를 타자마자 모든 사람들이 나를 쳐다봐요. 때로 그들은 나에 대해 이야기를 해요. 그래서도 저는 바깥에 나올 수가 없어요.

Em 박사: Betty 씨에 대해 말할 수 있는 다른 것이 있어요?

Betty: 전에 남자친구가 있었어요. 몇 번 데이트를 했지요. 그때 그 사람이 나를 강간하려고 했어요.

Em 박사: Betty 씨를 강간하려고 했다고요?

Betty: 예. 우리는 영화를 본 다음 집으로 갔는데 그가 성관계를 하려고 해서 제가 쫓아냈어요.

이러한 정보는 성관계라는 주제와 애착 문제를 제기한다. Betty는 이 문제에 대해 갈등이 많다. Em 박사는 Betty가 작가로서의 포부에 대해 말했던 이전의 정보를 생각하였는데, 그녀의 자기 기술에는 이에 대한 언급이 없었다는 것을 주목하였다. 그래서 그녀의 자기 기술이 빈약하고 파편적이라고 치료자는 더 확실히 느끼게 되고, 자기 기술이라는 주제에 머무르기를 기본적으로 어려워하는 것과 함께 정체성 혼미의 증거를 더 얻는다.

(3) 면접 세 번째 부분

종종 내담자의 과거에 대한 관련 정보는 내담자의 현재 인성과 타인과의 관계에 대한 질문에서 자연스럽게 흘러나온다. 특히 경계선 인성조직 내담자는 과거의 세부 사항이 현재 어려움에 의해 오염되고 통합되지 않은 내적 표상으로 왜곡될 수 있기 때문에, 일반적 선을 따라서만 과거를 탐색하는 것이 좋다. 평가되어야 할 과거에서 가장 중요한 요소는 의미 있는 대인관계의 역사이며 여기에는 이전 치료자와의 관계와 반사회적 행동의 역사가 포함된다.

　Betty는 전반적으로 빈약하고 적대적인 대인관계 이력이 있었다. 그녀는 친구가 없었다. 그리고 다녔던 모든 직장에서 해고되었다. 그녀는 성관계를 해 본 적이 없었다. '남자친구'와의 유일한 관계는 그가 성관계를 하려 하자마자 끝이 났다. 이전 치료자에 대한 그녀의 기술은 치료자들이 무능하다는 데 초점이 있었다. 그녀는 그중 한 치료자에게 치료를 잘하지 못했다는 비난을 표출하였다. 그녀가 정기적으로 만나는 유일한 사람은 가족들이었다. Betty는 그 만남을 부정적으로 기술하였고, 가족들이 그녀를 비난하고 거부한다고 강조하였다. 그녀가 긍정적인 감정으로 기술한 한 사람은, 그녀를 진정으로 이해하려 했다고 느낀 나이 든 치료자였다. 하지만 그녀는 그의 노력을 높이 샀지만 그녀가 변화하는 데 도움을 주지는 못했다고 느꼈다. 그렇다 하더라도 그녀는 치료자가 은퇴하면서 그들의 작업도 함께 끝났다고 아쉬워하였다. 부정적인 감정이 지배적이지 않은 이러한 관계의 한 예는 그녀가 다른 사람과 애착을 형성할 수 있는 역량을 시사하는 유일한 지표였다. 이러한 면 때문에 Em 박사는 그녀가 가장 낮은 수준의 경계선 인성조직 스펙트럼에 있는 것은 아니라고 평가하였다.

　Betty의 발달사는 다른 사람과의 관계에 대한 기술과 얽혀 있었다. 그녀의 가족은 아버지가 육군 장교였기 때문에 자주 이사하였다. 그녀는 아버지를 학업 성취 이외에는 아이들에게 관심이 없는 것으로 기술하였고, 그녀와 남자 형제들은 결코 아버지를 기쁘게 할 만큼 잘하지 못했다고 하였다. 그녀는 학교에서 항상 외톨이같이 느꼈다. 그녀의 어머니는 아이들을 돌보는 데 일관적이지 않았는데, '기분'이 들락날락했기 때문이었다. 그녀는 똑똑해 보였지만 사람들과 지내기 어려웠고

방에서만 지냈으며 공부를 하지 않았기 때문에 2학년 때 대학교를 자퇴하였다. 아버지의 영향력으로 Betty는 간신히 직업을 가졌지만 앞서 말한 것처럼 항상 해고되었으며, 이번 평가 직전에 그랬던 것처럼 아무것도 하지 않고 지내곤 하였다.

정체성을 평가한 다음, 특히 심한 정체성 혼미의 경우에, 치료자는 내담자의 행동, 사고과정과 내용, 그리고 정동 측면을 탐색하는데, 이상하거나 기이한 것 혹은 치료자와 내담자 간 일반적인 상호작용 방향에서 맥락을 벗어나는 것 등을 탐색한다. 만약 이러한 행동이나 사고 혹은 정동이 있으면, 치료자는 이러한 의문에 솜씨 있게 내담자를 직면시켜야 하는데, 진단하는 사람의 마음에 있는 이러한 의문을 내담자가 이해할 수 있는지 그리고 면접자가 좀 더 이해할 수 있게 표현하여 설명할 수 있는지 질문을 제기한다.

이것을 설명할 수 있는 내담자의 역량은, 달리 말하면 이 시점에서 치료자에 의해 표현된 사회적 현실의 일상적 준거에 공감하는 역량은 현실검증력이 양호함을 나타내며 진단이 인성장애 쪽임을 가리킨다. 치료자에게 이상하게 보인 내담자의 행동, 사고, 혹은 정동에 대한 적절한 직면에 공감하는 역량이 결핍되어 있다면, 이것은 현실검증력의 상실을 나타내고 내담자는 정신증이나 기질적 정신장애가 있을 가능성이 있다. 이것은 좀 더 심각하고 퇴행적인 상태와 경계선 인성조직을 구분하는 실제적이고 비교적 단순한 방법이다.

　　Em 박사는 그가 생각하기에 현실검증 문제를 나타내는 것 같은 Betty의 말로 돌아갔다.

　　Em 박사: Betty 씨가 버스를 타면 모든 사람이 쳐다보고 Betty 씨에 대해 말한다고 하셨는데 정말로 그렇게 생각하세요? 아니면 그럴 수도 있고 아닐 수도 있다고 생각하세요?
　　Betty: 그 사람들이 저에 대해 이야기하는 것 같아요, 하지만 어떻게 알겠어요? 선생님은 제가 마음을 읽을 수 있다고 생각하세요?

다소 공격적이기는 하지만 이렇게 반응하는 것을 보면 Betty는 다른 관점을 고려할 수 있는 것 같다. 그리고 적어도 이 시점에서는 현실검증력이 완전히 붕괴되지는 않은 것 같다.

(4) 면접 종료

Em 박사는 자신이 해야 할 일은 다 마쳤고 Betty가 더 말하고 싶은 것이 있는지 혹은 지금까지 다루지 않았던 주제가 있는지를 질문하며 심리구조 면접을 종료한다. 한 가지 도움이 되는 질문은 다음과 같다. "Betty 씨가 보기에 내가 물었어야 했는데 묻지 않은 것이 있나요?" 이에 대한 Betty의 대답은 짤막했다. "전문가시네요."

2) 진단 과제의 요약

전이초점 심리치료는 치료자와 관계하면서 보이는 내담자의 회기 내 행동과 회기 밖 일상생활에서의 내담자의 현재 기능 모두를 다루는 이중 초점을 가지고 있다. 따라서 치료자의 진단 과제는 내담자의 주관적인 경험과 세계를 탐색하고, 내담자의 행동과 면접자와의 상호작용을 관찰하며, 내담자가 면접에 가져오는 기저의 활성화된 대상관계를 이해하기 위해 내담자에 대한 치료자 자신의 정동적 반응을 동시에 활용하는 것이다. 면접자는 내담자의 자기 이미지(들)(자기표상)에 대한 모델과 내담자가 그러한 이미지(들)를 자각하고 소통할 수 있는 정도에 대한 모델을 세운다. 마찬가지로, 면접자는 내담자 삶에서 의미 있는 타인에 대한 모델과 자기와 타인의 상호작용 표상에 관한 모델을 세운다. 이러한 의미에서 면접은 전이초점 심리치료 과정의 전 단계이다.

이에 더해 면접자는 직업, 사회적 관계, 친밀관계, 창조성과 문화적 추구에 관여하는 영역에서 현재의 기능에 대해 상세한 시각을 얻는다.

(1) 평가 요약: 사례 개념화

Betty는 전에는 재발성 주요 우울 삽화와 양극성 장애라는 진단을 받았는데 이와 달리 구조화된 면접은 Betty를 자기애적 특성과 성격적 우울이 있는 경계선 인성조직으로 진단하였다. 이러한 진단은 정체성 혼미와 원시적 방어, 특히 분열과 (화와 공격적 감정을 다른 사람에게 투사하여 유발하는) 투사적 동일시를 한다는 점, 자기표상에서 어느 정도 거대한 질적 특성이 있는 점 등에 근거하여 내려졌다. 임상적 특징과 내적 대상관계(거대한 자기상이 가혹한 자기비판 및 자신에 대한 거부적 태도와 번갈아 일어남)와의 관련성, 일관적인 자율신경적 증상의 결여, 그리고 반복된 약물치료에 대한 저조한 반응 때문에 Betty의 우울증은 성격적이라고 간주되었다. Betty는 삶의 모든 영역, 즉 직업, 사회생활, 애정 생활, 그리고 창조성 추구 영역에서 역기능적이었다.

Betty에게는 전이초점 심리치료가 권유되었다. 진단과 함께 치료를 제안하고 내담자와 논의하였다. 구체적으로 Em 박사는 우선 다음에 대해 내담자에게 설명하였다. 그녀가 정서적 불편감에 대한 생물학적 취약성이 있을 수도 있지만, 그녀가 경험하고 있는 증상과 역기능을 기저의 심리적 상태에 근거하여 이해하는 것이 가능하며, 이러한 심리 상태는 심층 심리치료를 통해 이해되고 변화될 수 있다는 것이다. Em 박사는 보통 사람들이 생각하는 인성장애 개념도 논의에 포함시켰다. 인성장애란 자기와 상대방에 대한 경직되고 제한된 일련의 반응이라서 삶의 복잡한 문제에 적응하는 것을 어렵게 하고 감정적으로 반응하는 경향을 악화시킨다는 것이다. Betty는 그녀의 문제를 이렇게 이해하는 것이 맞을 수 있다고 느꼈고, 치료계약을 맺기로 동의하였다. 치료 틀에 안착될 때까지 약물치료는 계속하다가 차차 줄이기로 하였다.

핵심적 임상 개념

- 대상관계 이론은 역기능 차원(정체성, 방어, 현실검증, 공격성, 도덕적 가치)과 조직화 수준 차원(신경증적, 높은 수준의 경계선, 낮은 수준의 경계선)을 함께 개념화하여 인성장애를 분류한다.
- 임상적 평가는 한편으로 증상을 평가하고 다른 한편으로 자기, 타인, 그리고 관계 양상에 대한 내적 표상에 초점을 맞추어 정체성, 방어기제 수준, 현실검증의 질을 평가한다.
- 경계선 인성조직, 평균 지능, 중간에서 심한 정도의 증상 등의 요인 구성이 있으면 전이초점 심리치료가 권고된다. 전이초점 심리치료를 하지 말아야 할 주요 지표는 반사회성 인성장애가 공존하는 것이다.

추천 도서

Caligor E, Clarkin JF: An object relations model of personality and personality pathology, in Psychodynamic Psychotherapy for Personality Disorders: A Clinical Handbook. Edited by Clarkin JF, Fonagy P, Gabbard GO. Washington, DC, American Psychiatric Publishing, 2010, pp 3-36.

Hörz S, Clarkin JF, Stern BL, et al: The Structured Interview of Personality Organization (STIPO): An instrument to assess severity and change of personality pathology, in Psychodynamic Psychotherapy Research. Edited by Levy R, Ablon J, Kachele H. New York, Springer, 2012, pp 571-592.

Kernberg OF: Structural diagnosis and the structural interview, in Severe Personality Disorders. New Haven, CT, Yale University Press, 1984, pp 3-51.

PDM Task Force: Psychodynamic Diagnostic Manual, Personality Patterns and Disorders. Silver Spring, MD, Alliance of Psychoanalytic Organizations, 2006.

5장

치료 틀 확립하기:
계약, 약물치료, 보조치료

평가를 마친 후 첫 번째 치료 과제는 치료 틀을 확립하는 것인데, 이것은 전이초점 심리치료의 일련의 기략들 중 첫 번째이다(다른 기략들은 7장 '치료의 기략과 임상적 도전' 참조). 치료를 시작하기 전에 평가와 계약을 먼저 하는데, 이것은 분명한 치료조건들이 준비되어 있지 않으면 치료를 진행할 수 없기 때문이다(Yeomans et al., 1992). 치료계약은 치료자와 내담자 사이에 언어적 치료계약의 협의를 통해 혹은 둘 사이의 이해를 통해 이루어진다. 계약에서는 심리치료 과정이 진행될 수 있는 환경을 보장하는 데에 필요한 일련의 **최소 제약**(least restrictive) 조건들을 상세히 기술한다. 치료계약은 치료 틀을 확립하고, 치료자와 내담자의 책임을 규정하고, 정해진 '공간'에서 내담자의 역동을 관찰할 수 있는 장을 마련한다. 본질적으로, 계약은 치료관계의 실제가 무엇인지 정의한다. 치료자가 이것을 명심하는 것이 중요한데, 그것은 실제 관계를 왜곡하려는 압력 속에서 내담자의 내적 대상관계 세계가 드러날 것이기 때문이다. 왜곡은 미묘하게 나타날 수 있기 때문에, 치료자는 관계의 현실이 그의 마음속에 단단히 닻을 내리게 하여 어떤 이탈을 거기에 비추어 이해할 수 있는 참조점으로 삼아야 한다. 하나의 단순한 예는 내담자가 밤에 혼란에 빠졌을 때 치료자에게 전화할 수 없기 때문에, 치료자가 스스로 이기적이고 인색하다고 느끼기 시작하는 경우이다(역전이). 그의 반응을 회기 밖 소통에 관한 계약에 비추어 점검해 보면, 실제로는 그가 치료계약을 등한시한 것이 아니라 그걸 준수하고 있음을 상기시켜 준다. 이것은 치료자에게 그의 역전이가 내담자 내적 세계의 논의될 필요가 있는 어떤 요소에 상응한다는 것을 이해할 수 있도록 도와줄 수 있다.

1. 치료의 시작

치료의 시작은 다음과 같은 순서를 따른다: 평가(평균 1~3회기. 4장, '진단 평가 단계'에서 논의됨), 치료계약(평균 2~3회기. 그러나 복잡한 사례에서는 더 많은 회기가 필요할 수 있음), 그리고 치료의 시작(내담자와 치료자가 계약에 합의한다면). 심리역동적 탐색이 이루어질 수 있는 조건을 만드는 데에는 다음과 같은 내용이 포함된다. 1) 내담자의 어려움은 (문제에 대한 순수하게 생물학적인 관점과는 대조되는) 자기에 대한 더 깊은 이해를 통해 도움받을 수 있다는 데에 동의하는 것, 2) 행동화를 컨테인함으로써, 탐색작업이 '불 끄기'에 의해 반복적으로 방해받지 않도록 하는 것, 3) 치료와 치료관계가 무엇인지 정의하기.

치료조건 확립을 위한 지침이 되는 원칙은 치료자가 명확하게 생각하는 데에 충분할 정도로 편안하고 안전하게 느낄 수 있어야 한다는 것이다. 이것은 종종 불안을 일으켜서 치료자가 그 순간의 요구를 채워 줄 조치를 위해 심리역동적 기법을 포기하게 하거나 혹은 더 심한 경우 사례 자체를 포기하게 만드는 그런 내담자들의 치료에서는 작은 문제가 아니다. 치료자가 그렇게 포기하는 경우, 대개 치료자는 내담자가 자신의 원시적 역동을 이해하고 해결할 수 있도록 돕는 대신, 오히려 내담자가 그런 역동을 행동화하는 데에 참여하게 된다. 치료 틀 확립에서 또 다른 지침이 되는 원칙은 장애로 인한 내담자의 이차적 이득(증상을 이용해서 치료자에게 더 다가가는 것이나 의학적 장애와 같은 부가적 이득을 얻는 것)을 제한한다는 것이다. 치료계약의 본질적 기능은 〈표 5-1〉에 요약되어 있다.

표 5-1 치료계약의 기능

1. 치료에서 다룰 문제에 대한 공동의 이해를 확립한다.
2. 치료관계의 실제를 정의한다.
3. 치료에 대한 내담자 책임과 치료자 책임을 정의한다.
4. 내담자, 치료자, 치료를 보호하는데, 여기에는 치료자가 명료하게 생각할 수 있는 능력이 포함된다.
5. 장애의 이차적 이득을 최소화한다.
6. 내담자의 역동이 드러날 수 있는 안전한 곳을 제공한다.
7. 계약에서 정한 치료 틀로부터의 이탈의 의미를 해석할 수 있는 장을 마련한다.
8. 치료가 내담자 삶에서 닻이 되게 해 주는 치료 틀을 구성한다; 계약논의의 내재화는 종종 치료자와의 첫 번째 내적 연결이 된다.
9. 내담자의 선택을 정의하기 시작한다; 삶의 가능한 활동들에 대한 논의는 정체성의 요소들과 그 안의 갈등을 명료화하기 시작한다.

1) 진단의 논의: 심리교육의 한 요소

내담자에게 치료조건을 기술하기 시작하면서, 치료자는 자신의 진단적 인상을 언급해야 하는데, 그것은 권고된 치료조건이 그 장애에 대한 이해에서 비롯되기 때문이다. 경계선 인성장애(BPD)에 따라오는 불행한 오명 때문에, 많은 치료자는 그 진단으로 명명하고 논의하는 것을 주저한다. 그러나 자신이 불안과 우울을 앓고 있다고 믿으면서 더 깊은 심리적 문제를 이해하지 못하는 내담자에게 치료자가 진단이 인성장애로 보인다고 설명하고, 이어서 인성장애의 개념을 일반인의 용어로 설명해 주는 것은 자기 삶의 혼돈의 원천을 이해하지 못하는 내담자를 안심시켜 줄 수 있다. 경계선 인성장애에는 다음 요소들이 포함된다는 것을 설명하는 것이 도움이 된다. 1) 강렬하고 빠르게 변하는 정서('정서적 롤러코스터인 삶'), 2) 불안정하고 언쟁이 오가는 대인관계, 3) 파괴적일 수 있는 충동적 행동[1], 4) 자신이 누구인지에 관한

---

1) 충동적 공격성은 많은 경계선 인성장애 내담자의 행동 특징이긴 하지만, 어떤 내담자는 두 시간에 걸쳐 자

내담자 지각에서 명료성의 기본적인 부족, 그리고 일반적으로 다른 문제들의 뿌리인 타인에 대한 현실적 평가의 어려움. 행동화가 이 장애의 가장 극적인 표현일 수는 있지만, 행동화가 있다고 이 장애가 되는 것은 아니다. 오히려 핵심적인 것은 파편화되고 혼란스러운 자기의식이다.

치료계약을 논의하면서, 치료자는 1) 심리역동치료에서 모든 사례에 적용되는 보편적이고 본질적인 치료의 변형기법들(〈표 5-2〉)과, 2) 치료를 위협할 수 있는 특정 행동으로 나타날 수 있는 저항을 강조해야 한다. 이러한 행동적 저항은 탐색적 치료가 내담자의 깨지기 쉬운 항상성을 위협한다는 사실에서 생겨난다. 비록 분열기반 방어기제들이 복잡한 삶에 대한 좋은 적응을 제공하진 못하지만, 투사를 통한 외재화를 중심으로 내담자 세계에 질서를 부여하는 동안에는 불안을 완화해 준다. 이 체계에 대한 어떤 의문도, 즉 개인의 방어구조의 어떤 변화도 새로운 구조가 자리 잡기 전까지는 불안을 유발한다. 행동적 저항은 심리역동치료의 일반적 변형기법을 넘어서는, 그리고 개별 내담자에 따라 달라지는 특정한 변형기법의 확립을 필요로 한다. 하나의 예는 이전 치료자가 내담자의 자살 시도라는 응급상황의 관리에 너무 관여되어 어떤 의미 있는 심리적 탐색을 할 수 없었던 그런 내담자에 대해 치료자가 자신의 입장을 명확히 하는 수반성을 확립할 필요성이다.

비록 내담자는 처음부터 치료의 변형기법 안에서 작업하기 위해 노력해야 하지만, 치료자는 계약이 확실하게 준수되기 전까지는 계약에 따른 어려움이 치료에서 일차적 주제가 될 수 있음을 이해해야 한다. 계약은 치료 시작 전에 체결되지만, 치료작업에는 종종 계약을 재검토하는 것이 포함되며, 가끔은 치료 중에 계약을 수정하거나 다른 것을 추가하기도 한다.

만일 내담자가 치료의 기본 측면들을 받아들이지 않는다면, 치료자는 그 내담자를 치료해야 할 의무감을 느낄 필요가 없다. 적절한 치료를 제공해야 하는 것은 치료자의 일이다. 이것은 소독된 수술장소와 같은 필수적 조건이 준비되어 있지 않으

신을 조직적으로 자해한 내담자의 경우처럼, 어떤 통제된 방식으로 공격적인 행동을 보이기도 한다는 점을 독자들은 알아야 한다.

표 5-2 치료계약의 핵심 요소

---

1. 내담자의 책임
   - 치료에 정기적으로 참여한다.
   - 치료비를 지불한다.
   - 내담자가 치료를 찾게 된 문제와 관련된 자유연상(검열하지 않고 자기 생각과 감정을 자유롭게 보고하려고 노력한다.)[a]
   - 자신이 보고하고 있는 것, 치료자의 언급, 상호작용을 성찰하려고 노력한다.

2. 치료자의 책임
   - 치료 일정에 참여한다.
   - 내담자의 자료에 대한 잔잔히 떠 있는 주의
   - 내담자가 자신에 대해, 그리고 자기 인성과 어려움의 더 깊은 측면에 대해 이해할 수 있도록 도우려는 노력을 한다.
   - 필요하다면, 자신의 개입에서 한계를 명확히 한다.

주. [a]이러한 '수정된' 자유연상은 내담자가 어렵고 해리된 내적 상태에 접근하는 것에 대한 저항으로 자유연상 과정을 사용할 수 있다는 사실에서 기인한다. 이 주제는 내담자의 이야기에서 '사소화(trivialization)'의 언급을 논의한 7장에서 더 탐색할 것이다.

면 수술을 진행하지 않는 외과 의사의 상황과 비슷하다. 만일 내담자가 탐색적 치료의 필수적 조건을 받아들이지 않는다면, 치료자는 내담자에게 덜 구조화되고 더 지지적인 치료를 권유하거나 그 치료에 의뢰해야 한다. 전이초점 심리치료는 내담자와 치료자 모두의 많은 노력이 필요한 야심적 목표를 가진 집중적 치료이다. 만일 내담자가 치료조건에 충실할 준비가 되어 있지 않거나, 그럴 수 없거나, 혹은 그럴 마음이 없다면, 적어도 당장은 덜 집중적이고 덜 야심적인 치료가 권고된다.

치료자 생각에 내담자의 상태, 치료의 특징과 한계를 의논할 필요가 있다면, 계약 단계에서 내담자의 부모, 배우자, 파트너를 만날 수도 있다. 이런 만남은 일반적으로 내담자가 그의 생활에서 이들에게 매우 의존하고 있을 때, 그리고 그들이 그 장애의 특징을 이해하지 못할 위험이 있거나, 혹은 자기파괴적인 내담자가 심지어 치료 중에라도 자해하거나 자살하지 않을 것이라는 점을 치료가 보장하지 않는다는 사실을 이해하지 못할 위험이 있을 때 이루어진다. 이것을 적절히 이해하지 않고 치료를 진행하는 치료자는 내담자를 '치료'하라는 압력을 받게 되는데, 이 압력은 역효과를 낳으며, 탐색적 치료자의 역할에서 이탈하도록 유발한다; 이것은 가까운 가족이 보기에 그 내담자가 약물치료로 효과를 볼 수 있는, 전적으로 생물학적인 상태로 고통받고 있다는 인상을 줄 때 가장 흔히 나타난다. 내담자가 수년 동안 더 생물학적 원인에서 기인한 상태(일반적으로 치료에 저항하는 우울증이나 양극성 장애)로 잘못 진단되어 별 효과 없이 여러 치료를 받아 온 경우라면, 가족들은 인성장애의 특징과 효과적 치료 가능성을 알게 되면서 종종 안도할 수 있다. 심한 반사회적 특징을 가진 불성실한 젊은 성인의 경우, 치료자가 정확한 정보를 알고 있음을 확실히 하기 위해 부모나 제삼자(예, 물질남용 상담자)와의 소통을 포함하는 변형적 치료기법의 사용이 필요할 수 있다.

2) 계약협의 과정

계약과정은 치료자에 의한 일방적인 진술이 아니며, 그보다는 치료조건 설명에 대한 내담자 반응에 치료자가 주의를 기울이는 대화 과정이다. 이러한 주의는 피상적이고 의미 없는 동의도 피하고, 초기 전이가 이 과정에서 나타난다면 그것을 분간하기 위한 것이다.[2] 중요한 것은 평범하지 않은 노력이나 영웅적 조치를 요구하는 치료방식에 치료자가 동의하지 않는 것이다. 영웅적 치료를 제공하고 싶은 유혹은 역전이 문제가 시작되는 단서를 제공한다.

치료자가 평균적인 치료적 처치에서 합당하게 여겨지는 것보다 더 많은 것을 받아들이게 되면, 결과적으로 내담자가 짊어져야 할 책임을 치료자가 떠맡음에 따라 내담자의 자기파괴적 가능성을 강화할 수 있으며, 또한 치료자가 소진되고, 압도되

---

2) 계약 평정 척도는 우리 웹페이지(http://www.borderlinedisorders.com/images/RITCS.pdf)에 제시되어 있다. 독자들은 이 평정 척도를 살펴봄으로써, 계약 평정 과정에 대한 질적 이해를 얻기 위해 (치료자와 내담자 모두의) 어떤 행동을 평정하는지에 대한 보다 상세한 개념을 얻을 수 있다. 사실 이 장의 개요는 이 도구의 평정 순서와 일치한다.

고, 지치게 되어 감당하기 힘든 역전이 발달의 가능성이 증가할 수 있다(Carsky & Yeomans, 2012). 치료자는 '충분히 좋은' 치료자라면 어떻게 해야 하는지를 유념해야 하며, 그것을 넘어서려는 내적 충동이 있다면 자신의 동기를 살펴보아야 한다.

3) 내담자의 책임

모든 내담자와 항상 논의해야 하는 내담자 책임 영역에는 치료에 오기, 검열하지 않고 생각과 감정을 보고하는 방식으로 참여하기, 치료비, 그리고 성찰 노력이 포함된다. 치료에서 책임감을 갖는다는 생각이 어떤 경계선 내담자들에게는 낯설 수 있는데, 이들은 자기 행동을 자기가 통제할 수 없다고 느끼며 자기들을 돌보는 것이 치료자 역할이라고 느낀다. 이들 내담자는 통제 결여가 그들이 가진 장애의 본질이라고 느낀다. 이런 태도는 경계선 내담자는 그의 행동을 통제할 수 없다고 보는, 그리고 내담자의 일을 '대신 맡아 주는 것'이 치료자 역할이라고 느끼는 가족 구성원과 치료자에 의해 지지될 수 있다. 우리의 실제 임상 경험에 의하면, 일반적으로 이들 내담자가 종종 가정되는 것보다 더 높은 통제 수준과 더 높은 활동 수준이 가능하며, 이런 이해를 갖고 그들에게 접근하는 것이 치료 진전에 이익이 되고 내담자의 잠재력에도 영향을 준다는 것을 알 수 있다. 치료자가 내담자의 행동화를 그의 장애의 본질로 보기보다는 이해받고 변화될 수 있는 기저의 심리적 어려움의 표현으로 본다는 점을 치료자가 설명하는 것이 도움이 될 수 있다. 더욱이 만일 경계선 인성의 진단이 옳다면, 내담자는 노력을 통해 자신의 행동화 충동을 많은 경우 통제할 수 있으며, 그리고 통제할 수 없는 경우에는 적절한 도움을 요청할 수 있어야 한다는 것을 치료자가 알려 주어야 한다. 내담자가 이전에는 필요한 노력을 결코 시도하지 않았을 가능성이 있는데, 그것은 내담자도 치료자도 내담자가 그것을 할 수 있다고 믿지 않았기 때문이다.

(1) 치료에 옴
내담자에게 기대하는 것은 매 회기 제시간에 오고 예정된 시간에 떠나는 것이다.

내담자가 회기에 올 수 없는 경우, 그의 책임은 가능한 한 빨리 치료자에게 알리고 가능하다면 다시 시간 약속을 하는 것이다. 예를 들어, 치료자는 내담자에게 다음과 같이 말할 수 있다. "○○씨의 책임은 매 회기 제시간에 와서 시간이 끝나면 돌아가는 것입니다. 만일 어떤 회기에 올 수 없게 된 것을 미리 알게 되면, 가능한 한 빨리 나에게 알려 주세요. 회기에 오기 어려운 여러 가지 이유들이 있겠지만, 약속된 모든 회기에 오려고 노력하는 것이 중요합니다."

치료자는 치료 출석에 관한 이들 조건이 합리적이고 명백하다고 생각할 수 있지만, 내담자는 다르게 생각할 수도 있다. 예를 들어, 이러한 조건은 전능한 대상에 대한 내담자의 믿음을 위협하는 것으로 지각될 수 있다. 내담자가 오지 않으면 도와줄 수 없다는 점을 치료자가 분명히 밝힌다는 사실은 마술적으로 내담자의 문제를 해결해 줄 수 있는 전능한 구세주가 있다는 내담자의 원시적 생각에 대한 도전이 될 수 있다. 다른 가능성은 내담자가 이런 책임을 자기를 구속하는 것으로 혹은 치료자에 의해 통제당하는 것으로 경험하는 것이다. 또 다른 가능성은 내담자가 정말 집밖으로 나올 기운도 없는 날들이 있다고 주장하는 것이다. 만일 내담자가 어떤 이유로든 치료 출석에 대한 기대에 반대한다면, 치료자는 자신이 판단하는 것이 아니라 단지 치료를 위해 내담자의 출석이 필요하다는 현실을 언급한다는 점을 명확히 해야 한다. 계약조건과 관련된 내담자 입장을 이해하기 위해 우리가 계약조건을 논의할 필요성을 강조하지만, 기본 변형기법들은 이러한 유형의 치료를 위한 **필수조건**이다. 따라서 내담자가 반대한다면, 치료자는 반대에 주목하고 내담자의 반대를 이해하는 것이 치료에 대한 귀중한 정보를 제공할 수 있다는 점을 지적한다. 그러나 치료를 시작하기 위해, 치료자는 치료 출석의 필요조건을 검토하고, 출석이 치료에 필수적이라는 것을 설명한다. 반복해서 얘기하면, 만일 치료자와 내담자가 치료조건에 대해 동의하지 않는다면, 계약 단계의 타당한 결과는 치료자와 내담자가 함께 작업하지 않기로 합의하는 것이다. 우리의 임상경험에 따르면, 치료자가 치료조건의 배경에 있는 이유들을 명확하게 얘기했을 때 내담자가 계약을 거부하는 경우는 드물다.

계약 맺기 단계는 치료를 시작할 수 있을지의 여부를 결정하기 위한 것이기 때문에, 이 단계의 해석은 성급한 것이고 일반적으로 피한다. 이 시점에서의 이슈는 왜 내담자가 조건들을 반대하는지에 대해 충분히 이해하는 것이 아니며, 이러한 조건은 필수적이기 때문에 내담자가 이 조건 속에서 작업할 의지가 있는지 그리고 작업과정에서 반대의 의미를 탐색할 의지가 있는지의 여부이다.

실제 진술은 다음과 같다. "○○씨에게 이것이 어려워 보일 수 있는 여러 가지 이유가 있다는 것을 이해해요. 우리가 치료를 진행한다면, 이러한 이유들 중 몇 가지를 살펴보는 것이 우리가 함께하는 작업의 중요한 측면이 될 것 같습니다. 그렇지만, 이 시점에서 주목해야 할 중요한 것은 ○○씨가 여기 오지 않는다면 어떤 작업도 진행될 수 없다는 점입니다. 때로 회기에 출석하는 것이나 머무르는 것이 어려울 수 있어요. 그러나 이러한 어려움을 치료에 오지 않는 식으로 행동화하기보다는, 그것을 우리가 의논하는 것이 필수사항입니다."

(2) 치료비에 대한 책임[3]

내담자와 치료자는 회기당 치료비, 지불 시기에 관한 방침, 약속된 회기에 빠졌을 때의 지불 방침에 합의해야 한다. 치료자가 어떤 범위 안에서 작업해야 한다면, 내담자의 경제능력에 따른 비용문제를 의논할 수도 있다. 여러 치료자는 빠진 회기, 일정 재조정, 그리고 지불기한 내 지불에 대해 서로 다른 방침을 적용할 수 있다. 핵심 요점은 치료자가 일관성 있는 방침을 제시해야 하며, 그것을 고수할 준비가 되어 있어야 한다는 점이다. 시작할 때부터 비용에 관한 기본 규칙을 정하는 것은 상황에 따라 필요하다면 치료자가 되돌아갈 수 있는 기준점을 설정하는 것이다.

예를 들어, 어떤 내담자가 치료를 시작했는데 계약상 정해진 기간 내에(월말까지) 비용을 내지 못했다고 하자. 회기 속에서, 그녀는 자신이 어린 시절 정서적 보살핌을 받지 못했기 때문에, 생활에서 어떤 책임은 면제받아야 한다고 느낀다는 얘기를 하였다. "나는 다른 사람들이 하는 모든 일을 할 수 있도록 준비되어 있지 않아요.

---

3) [역주] 이것은 각 나라에 따라 다르다. 예를 들면, 독일에서는 정신분석치료가 보험으로 지불되기 때문에 내담자가 직접 치료비를 내는 것과는 그 내용이 다를 수 있다.

나에게 그렇게 하기를 기대하는 것은 공평하지 않아요. 누군가가 내게 쉴 틈을 준다면 내가 화를 극복할 수 있을지도 몰라요."

　치료자는 내담자가 자신에게 화낼까 봐 두려워서, 잘못된 계산에 대한 얘기를 피하고 싶을 수 있다. 그러나 내담자의 정동이 지금 여기의 전이와 직접적으로 연결되어 있음을 인정하는 것은 치료에 결정적이며, 계약은 치료자가 내키지 않더라도 내담자에게 이 주제를 제기할 책임을 상기시켜 준다. 사실 이렇게 내키지 않는 싫은 감정은 직접적으로 전이에서 이 자료의 정동적 중요성에 해당할 수 있으며, 치료자의 싫은 감정은 타인을 통제하려는 내담자의 시도의 영향으로 나타난 것일 수 있다. 그것은 내담자가 치료 밖의 관계들에서 실패하는 데에 영향을 주는 속성이다. 이 예에서 내담자가 치료비를 내지 않은 것은 그녀가 논의하고 있는 주제가 전이 안에서 상연된 것이다. 다른 예에서는 치료비를 내지 않는 일이 회기의 언어적 내용과 이처럼 분명한 관계성 없이 일어날 수 있지만, 이것은 항상 치료 틀과의 관계에서 행동화로 간주되어야 한다.

(3) 치료에서 내담자의 역할

　모든 유형의 정신의학 치료에서 치료가 효과적이기 위해서는 어떤 형태의 내담자 참여가 필요하다. 그러나 내담자들은 종종 치료자가 그들을 치료하는 동안 수동적으로 치료를 받는 것으로 기대하고 치료에 접근한다. 경계선 내담자에게서 이러한 기대가 종종 특히 강하게 나타나는데, 그것은 이들의 내적 대상세계의 원시적인 특성 때문이다. 내담자에게 자신의 치료에 참여해야 할 필요성을 지적하는 것은, 그리고 더 중요하게는 치료성과가 내담자 자신의 적극적 참여에 달려 있다고 얘기해 주는 것은, 경계선 내담자에게 공통적인 여러 가지 주제를 건드리는데, 그것은 전능한 대상에 대한 기대와 의존에 대한 소망/두려움과 같은 것들이다.

　전이초점 심리치료(TFP)는 치료를 찾아오게 된 문제와 관련해서 그의 마음에 떠오르는 모든 것, 즉 모든 생각과 감정을 다 보고하도록 요구함으로써, 일반적인 정신분석적 규칙인 자유연상을 수정한다. 회기의 안정적 조건들은 내담자가 자신의 내적 세계의 보다 깊은 측면에 접근할 수 있도록 도와줘야 한다. 전이초점 심리치료에서 일반적으로 자유연상 규칙을 따르기는 하지만, 우리는 연상 과정이 때로 해리된 자료에 접근하는 것을 방해하는 방어로 사용될 수도 있다는 점을 알고 있다. 따라서 치료자는 상대방에 대해 소통의 두 경로에, 즉 비언어적인 것과 역전이에 지속적으로 주의를 기울여야 하는데, 이것은 언어적 경로가 다른 경로와 일치하는지, 그리고 거기에 정동이 실려 있는지 여부를 평가하거나, 그것이 방어적 사소화를 나타내는지 여부를 평가하기 위해서이다.

다음은 치료방법에 대해 내담자에게 정보를 알려 주는 전형적인 진술이다.

치료에서 ○○씨의 역할은 특히 여기에 오게 된 주요 문제와 관련해서, 마음에 있는 어떤 것이든 자유롭게 이야기하는 것입니다. 이것은 ○○씨의 감정과 행동의 알려져 있지 않은 동기를 이해하기 위해서입니다. 때로 이렇게 하는 것이 어렵게 느껴질 수도 있지만, 자신을 검열하지 않고 ○○씨 마음을 이야기하는 것이 중요한데, 여기에는 생각, 감정, 꿈, 환상 기타 등등이 포함됩니다. 나에 대한 질문이 생각날 수도 있는데, 그럴 때는 내가 그 경우에 무엇이 가장 치료적이라고 느끼는가에 따라 대답을 할 수도 있고 하지 않을 수도 있습니다. ○○씨의 이해를 증가시키는 것이 우리의 목표이기 때문에, 내가 직접 대답해 주기보다는 ○○씨 스스로 성찰할 수 있도록 내가 격려해 주는 것이 더 도움이 될 수 있습니다.

회기에서 자유롭게 이야기하는 일반적 규칙을 넘어서서, ○○씨의 삶에서 자신이나 타인을 해칠 위험을 ○○씨가 무릅쓰는 일이 일어나거나, 치료의 지속에 영향을 미칠 수 있는 어떤 일이 생겼다면, 그런 경우 ○○씨는 다른 무엇보다도 우선 그 주제부터 얘기해야 합니다. 예를 들어, ○○씨가 직장에서 ○○씨의 직업에 위협이 되는, 그리고 치료를 받을 수 있는 경제력에 위협이 되는 어떤 나쁜 보고를 받았다면, ○○씨 마음에 떠오르는 그 밖의 다른 것을 얘기하기 전에 그 주제부터 의논하는 것이 중요할 것입니다.

4) 치료자의 책임

치료자가 그의 책임을 명확하게 밝힌다는 사실은 치료가 양방향적 과정이라는 치료자의 믿음을 구체화하는 것이다. 책임은 관여를 규정한다. 치료자의 가장 중요한 책임은 내담자가 자신, 자기 인성, 자신의 어려움들을 더 많이 이해할 수 있도록 돕는 것이며, 목표는 내담자가 자신의 이런 문제를 해결하도록 돕는 것이다. 치료자의 다른 책임은 정기적 예약시간 정하기, 회기 동안 치료작업에 전념하기, 내담자에 대한 관여를 탐색적 치료작업으로 제한하기, 그리고 비밀보장을 유지하기이다.

(1) 일정에 대한 치료자 책임

치료자는 내담자와 약속시간 일정을 의논하는데, 여기에는 시간 조정, 치료자가 자리를 비울 때 내담자에게 알리는 절차가 포함된다. 치료자는 일정에 대한 그의 제안, 그가 취소해야 할 때 일어날 일에 대해 명확하고 간결하게 얘기해야 한다. "나는 ○○씨와 함께 만나 작업할 시간으로 일주일에 두 번의 정기적 회기를 정할 겁니다. 만남은 매번 45분씩 이루어질 것입니다. 나는 긴급한 상황이 아니라면, 사무실을 비울 계획이 있을 때 적어도 1개월 전에는 미리 알려 주겠습니다. 내가 어느 날 약속된 회기를 취소해야 했지만 그 주의 다른 날에는 나올 수 있는 경우에 그 주의 다른 날에 그 회기를 다시 약속할 수 있도록 최선을 다하겠습니다. 나는 매주 2회씩 정기적으로 ○○씨와 함께 치료작업을 하는 데에 전념하겠습니다."

(2) 치료비에 대한 치료자의 태도

치료비에 대한 치료자의 진술에는 중요한 임상적 함의가 있다. 치료비 지불에 대해 의논하면서, 치료자는 제공되는 서비스가 보상을 기대할 만큼 가치가 있다고 분명히 밝히는 것이다. 치료비에 대한 얘기가 간단할지라도, 많은 것이 태도를 통해 소통된다. 치료자가 치료비에 대해 언급하는 동안 기침을 하거나, 목소리를 낮추거나, 눈길을 돌리는 것은 하나의 중요한 진술이 된다. 내담자를 도와줄 수 있는 자기 능력에 자신이 없는 치료자는 치료비에 대해 미안해하는 어조로 얘기할 수 있는데,

이것은 그가 내담자가 '지불한 비용의 가치만큼' 못할 수도 있다는 것을 시사한다. 요약하면, 많은 역전이 주제는 치료비용을 의논하면서 건드려질 수 있는데, 이것은 일반적으로 불안정한 내적 애착모델이 특징인 내담자 집단의 전이 주제와 마찬가지이다.

이상적으로, 치료자는 치료비에 대해서도 어떤 다른 주제를 의논하는 것과 똑같은 방식으로 의논할 것이다. 이것은 경계선 내담자는 치료비가 치료자에게 갖는 의미를 왜곡하는 경향이 있다는 점에서 특히 중요하다. 치료자는 내담자에게 그의 노력은 그가 받은 치료비로 보상받고 있다는 것과, 내담자에게 그의 서비스에 비해 더 많게도 더 적게도 받지 않는다는 것을 알린다. 치료와 관련해서, 그리고 치료비용과 관련해서 지각된 치료자의 위치에 대한 내담자의 믿음과 태도는 전이적 의미로 분석될 수 있다.

(3) 치료방법에서 치료자의 역할

치료계약에 대한 논의의 목표 중 하나는 권고받은 치료의 특징에 대해 내담자를 교육하는 것이다. 과거에 치료받은 경험이 있는 내담자일지라도 내담자와 치료자 양쪽의 책임을 명확하게 이해할 것이라고 가정하는 것은 순진한 것이다. 치료자 역할에 대한 진술에 포함되는 것은 치료자가 경청하면서 내담자가 이해를 얻도록 돕는 데에 초점을 두는 것, 언제 말할 것인지의 선택에 사용하는 규칙, 신체적 접촉은 허용되지 않을 거라는 사실, 그리고 비밀보장의 특징에 대한 논의이다. 다음은 그 예이다.

나의 책임은 내가 할 수 있는 한 주의 깊게 ○○씨의 얘기를 듣고, 우리가 ○○씨에 대해 더 이해하는 데에 도움이 될 거라고 느낄 때 얘기를 하는 것입니다. ○○씨가 질문을 했는데 내가 대답을 하지 않는다거나, ○○씨가 나에게서 어떤 말을 듣기 원할 때 내가 어떤 얘기도 하지 않을 수 있습니다. 어떠한 상황이든, 나는 지금 일어나고 있는 일에 대한 ○○씨의 경험에 늘 관심을 가질 겁니다. ○○씨가 나에게 내가 충고해 주거나 ○○씨가 무엇을 해야 할지 말해 주기를 원할 때도 있을 것입니다. 내가 ○○씨에게 권고하는 치료형식은 ○○씨가 자신, 상호작용, 그리고 상황을 잘 성찰할 수 있는 ○○씨 자신의 능력을 기르기 위한 것입니다. 이것은 또한 ○○씨의 자율성과 독립적인 기능을 키우는 방법입니다. 따라서 대부분의 경우에 내가 ○○씨에게 직접적인 대답이나 조언을 하는 것은 (설사 내가 모든 해답을 가지고 있다 해도) ○○씨 스스로 자신의 결정을 하도록 내가 돕는 것만큼 도움이 되지는 않을 겁니다. 더구나 ○○씨가 무엇을 원하는지, ○○씨에게 무엇이 최선인지를 내가 안다고 자처하는 것은 주제넘은 일이 될 것입니다. 이 모든 이유 때문에, 내 입장은 ○○씨가 무엇을 해야 하는지 내가 말해 주기보다는, ○○씨가 원하는 것이 무엇인지, ○○씨가 원하는 것을 둘러싼 ○○씨의 갈등이 무엇인지를 ○○씨가 이해하도록 돕고자 노력하는 것이 될 것입니다. 비밀보장과 관련해서, 여기서 우리가 얘기한 것은 우리 둘 사이에 일어난 사적인 것입니다. 우리가 여기에서 먼저 의논하고 동의하지 않는다면 타인에게 어떤 정보도 제공하지 않을 것이며, 정보를 제공하기 전에는 ○○씨에게 서면으로 허락을 받겠습니다.

자살이나 격렬한 폭발의 전력이 있는 내담자에게는 다음과 같은 이야기를 덧붙이는 것이 필요할 수 있다. "이러한 규칙의 유일한 예외는 ○○씨가 자신이나 다른 사람의 생명에 위협이 될 때입니다. 그런 경우 나는 ○○씨 혹은 누구든 관련된 사람을 보호하기 위해 어쩔 수 없이 그게 무엇이든 필요한 조치를 취할 것입니다. 이 조치에는 비밀보장을 하지 않는 것도 포함될 수 있습니다."

치료자는 자신이 기술하고 있는 역할에 대해 편안하게 느끼는 것이 중요하다. 때로 초보 치료자는 탐색적인 치료자의 경청하는 역할을 유지하는 것이 얼마나 중요한지 그리고 얼마나 어려운지에 대해 충분히 알지 못한다. 이들 치료자들은 내담자의 고통과 혼란스러운 삶 앞에서 자신이 '아무것도 하지 않고 앉아 있다'는 흔한 비판에 마음이 상할 수 있다. 이러한 형태의 비판은 전능한 타인이 자신을 마술적으로 고쳐 줄 수 있지만 단지 가학적 철수 때문에 그렇게 하지 않고 있다는 내담자의 원시적 신념에 부합되는 것이다. 초보 치료자는 그러한 비판에 대한 반응으로 중립성의 위치를 쉽게 포기할 수 있다. 그러나 실제로는 강렬하고 혼란스럽게 펼쳐지는 내담자의 내적 세계에 주목하고 집중하는 것이 주된 일이다. 치료자는 아마 내담자의 삶에서 그런 역할을 할 수 있는, 그리고 내담자 내적 세계의 강렬한 정동에 기꺼이 몰입할 수 있는 유일한 사람일 것이다.

　내담자의 과거력과 제시하는 것에 따라, 치료자는 내담자에 대한 개입의 한계를 더 분명하게 설명하고자 할 수 있는데, 특히 실제 응급상황인 경우를 제외한다면, 치료가 정해진 회기 시간에 사무실 환경 안의 언어적 상호작용으로 제한된다는 것이다. 다음은 그러한 소통의 예이다.

> ○○씨는 과거에 혼란스럽거나 불안할 때마다 ○○씨의 치료자에게 전화했다고 했지요. 그렇게 하면 짧은 순간에는 더 나아졌다고 느낄 수 있었지만, ○○씨의 문제를 영구적으로 해결하는 데에는 도움이 되지 않았습니다. 이 치료에서 우리가 하게 될 작업은 정기적으로 예정된 회기 동안 우리가 합의한 시간 틀 속에서 이루어질 거예요. 때로 ○○씨는 회기 밖에서 전화나 우편이나 이메일로 혹은 직접 개인적으로 나와 연락하고 싶을 때가 있을 수 있어요. 대개는 그러한 의논을 우리가 정한 시간에 사무실에서 할 겁니다. 전에 말했듯이, 이 치료는 ○○씨 자신의 성찰, 독립적 기능, 스스로 결정하기를 촉진하기 위한 것이에요. 예를 들면, 약속시간 재조정이나 실제 응급상황과 같은 실제적인 문제가 생긴 경우가 아니라면 회신 전화를 않겠다는 뜻이에요.

　치료에서 치료자 관여의 한계를 더 자세히 설명해야 할 때가 있는데, 예를 들어 내담자가 이전 치료자의 사생활을 침해한 전력이 있는 경우이다.

　이러한 계약 논의 단계에서, 응급상황의 특징에 대해 종종 혼동이 있을 수 있다. 내담자는 자신이 동요되거나, 불안하거나, 자살하고 싶을 때가 응급상황이라고 믿을 수 있다. 내담자의 이전 치료자는 응급상황에 대한 이러한 이해에 동의했을 수도 있다. 전이초점 심리치료에서 치료자는 만성적이고 진행 중인 조건과 응급상황을 구별하는데, 그 예는 다음과 같다.

예전에 ○○씨는 혼란스럽거나 자살 생각이 날 때마다 치료자에게 전화했지요. 나는 그것을 응급상황이라고 보지 않아요. 왜냐하면 유감스럽게도 그런 감정들은 이 시점에서 ○○씨의 만성적인 존재방식을 나타내기 때문이에요. 스트레스를 경험할 때마다 ○○씨의 습관적인 반응은 혼란스러워지고, 종종 자살할 생각까지 하는 거예요. 이것이 ○○씨가 여기에 치료받으러 오게 된 주요 이유들 중 하나예요. 즉, 그런 습관적 반응을 바꾸기 위해서죠. 그러나 우리는 당분간 ○○씨가 그런 감정을 느낄 거라고 예상할 수 있어요. 예전에는 장기입원이 ○○씨의 장애를 치료하기 위한 한 가지 선택이 될 수 있었어요. 이제 그런 치료는 가능하지 않으며, 우리는 통원치료를 허용하는 합의를 할 필요가 있어요. 우리는 ○○씨가 계속 혼란스럽고, 불안하며, 죽고 싶은 감정을 경험할 거라는 걸 알아요. 회기 밖에서는 이런 감정이 올라올 때 이걸 다루는 것은 ○○씨의 책임이에요. 그럴 때는 여기에서 우리가 논의한 것을 생각해 보는 것이 도움이 될 수 있어요. 때로는 가족이나 친구들에게 전화를 거는 것이 도움이 될 수 있고요. ○○씨가 통제할 수 없는 위험에 처해 있다고 느낄 때는 병원 응급실에 가거나 911[4]에 전화해야 해요.

그렇지만 실제 응급상황인 경우가 있을 수 있으며, 그럴 때는 회기 시간이 아니어도 전화할 수 있어요. 나는 응급상황을 어떤 중요하고 예측할 수 없는 스트레스 사건이라고 봐요. 즉, ○○씨 남편이 암 진단을 받았다는 것을 알게 되었다거나 ○○씨 집에 불이 났다거나 하는 개인 삶에 중요한 영향을 줄 수 있는 어떤 일이라고 생각해요. 그런 스트레스 사건의 경우라면 전화하는 것이 적절할 거예요. 나는 ○○씨 반응의 어떤 측면을 도울 수 있을 거예요. 추가 회기 약속을 잡는 것이 적절할 수도 있어요. 그러나 그런 경우라도, ○○씨가 기억해야 할 것은 내가 무선 호출기를 갖고 다니지 않으며, 내가 ○○씨의 메시지를 받고 응답하는 데에는 몇 시간이 걸릴 수도 있다는 거예요. 다음 사실을 분명히 하는 것이 중요해요. 나는 장기적으로 ○○씨에게 도움이 될 거라고 믿는 치료를 지속적으로 제공하지만, 24시간 응급상황 서비스를 제공하지는 않으며, 그리고 우리 작업과 목표의

---

4) [역주] 우리나라의 경우, 119에 해당.

본질상 설사 내가 그럴 수 있다 할지라도 그렇게 하는 것은 ○○씨에게 도움이 되지 않을 거라고 생각해요."

기법상 중요한 점으로서, 내담자가 무엇을 현실적으로 기대할 수 있는지 알도록 하기 위해서는 치료자가 실제로 언제 내담자와 연락이 가능한지를 명확하게 알려 주는 것이 중요하다(예, "나는 평일에는 오전 9시, 정오, 오후 5시, 9시에 메시지를 확인하고, 주말에는 오후에 확인을 해요").

치료자가 언제 자신과 연락이 가능한지 설명해 주는 것이 중요한데, 이것은 내담자가 현실적으로 무엇을 기대할 수 있는지 밝혀 주며, 충동에 의한 변덕스러운 접촉과는 반대되는 신중한 일관성의 모델을 제공한다. 내담자들은 종종 회기들 사이에 그들이 겪는 고민에 대해 도움을 주지 못한다고 불평한다. 그러나 내담자는 자기가 받은 치료의 도움으로 상대에 대한 일관된 긍정적 이미지와 애착감을 유지할 수 있는 역량을 발전시킬 수 있을 것이다. 그것은 해석 작업(6장 참조)을 통해 자신의 내적 정동이 어떻게 그런 이미지의 안정성을 파괴하는 경향을 보이는지 이해했기 때문이다.

내담자 전화에 대해 치료자가 취하는 입장은 상황의 역동에 따라 달라질 수 있다. 앞의 치료자 언급의 예에는 치료자와의 추가적 접촉이라는 이차적 이득을 얻기 위해 전화하는 내담자가 포함되어 있는데, 이것은 만족감은 주지만 변화 과정에는 도움이 되지 않았다. 치료자가 설명하였듯이, 전화는 응급상황인 경우에만 정당화된다. 응급상황의 한 가지 유형은 대체로 회기들 사이에 전화했던 적이 없던 내담자가 치료작업으로 인해 자신의 특징적 방어구조가 도전받기 시작함으로써 심한 고통과 불안을 경험하기 시작한 경우이다. 이것의 한 예는 자기애적 경계선 내담자들인데, 이들의 내적 구조는 약하지만 거대한 자기의식 그리고 타인을 평가절하하는 무시에 기초하고 있다. 다른 사람을 무시하는 것은 대개 근본적인 불신을 포함하며, 이것은 타인에게 의지하면 버림받고 상처받을 뿐이라는 신념이다. 그런 내담자가 치료자에 대한 (대개 처음에는 드러나지 않는) 의존성을 감지하게 되면, 일반적으로 불안이 증가한다. 이것은 치료를 중단하고 싶은 소망이나 심지어 자살 사고로 나타날 수 있다.

이러한 상황에서, 즉 내담자의 내적 세계에서 필요한 변화가 (이 경우 의존성을 허용하지 않는 내적 세계에서 의존성을 경험하는 것이) 내담자에게 매우 고통스러워 그가 일정 기간 동안 감당하기 어려워하는 것으로 보일 때, 치료자는 다음과 같은 방식으로 적극적인 역할을 취할 수 있다. 1) 내담자가 겪고 있는 급격한 어려움을 이해한다는 것을 전한다. 2) 이런 경험이 어려운 만큼 그것은 의미 있는 변화가 일어나기 위해 필요하다는 점을 확인해 준다. 3) 내담자가 '모르는 영역'을 두려워하고 있음을 느끼는 동안, 치료자는 내담자가 치료를 끝내거나 그의 삶을 끝내고 싶은 충동을 느낄 때 치료자에게 전화할 수 있음을 알려 준다. 치료자는 또한 치료적 진전에 의해 유발된 불안을 작업하기 위해 추가 회기를 제공할 수 있다.

이러한 메시지는 전화 통화가 응급상황 시에만 적절하다는 일반적 방침과 모순되는 것처럼 보일 수 있음에도 불구하고, 사실은 치료가 발달함에 따라 전이에서 응급상황이 발생할 수 있다는 것이다. 가장 전형적으로 이것은 만성적인 자기애적 전이나("선생님은 제게 별로 중요하지 않아요."), 만성적 편집적 전이("선생님은 저에게 상처를 주려고 해요.")의 맥락에서, 내담자에게 의존감이 일어날 때 발생한다. 만일 위기가 가라앉았는데도 (비록 최종적으로 해결되기 전까지는 그런 위기가 재발될 수도 있지만) 내담자가 전화를 계속한다면, 치료자는 전화의 동기가 치료자와 더 많이 접촉하는 이차적 이득이 되고 있지는 않은지 탐색해야 하며, 적절한 한계를 설정해야 한다.

5) 계약과정에서 치료자와 내담자의 상호작용

치료계약을 맺는 것은 상호작용 과정이다. 계약에서 많은 사항은 치료를 진행하는 데에 필요한 **최소한의** 조건이기 때문에 타협할 수 있는 것이 아니지만, 계약 맺기는 일종의 대화이다. 치료자는 치료 변형기법에 대한 내담자의 반응을 물어보아야 한다. 만일 내담자가 변형기법에 반대하면, 치료자는 내담자에게 그런 반대에 대해 설명해 주기를 요청하고, 변형기법이 필요한 이유를 내담자가 이해할 수 있게 되는지 본다.

(1) 계약에 대한 내담자의 경청과 수용의 평가

치료자가 치료계약의 어떤 부분을 제시하고 나면 내담자 반응을 관찰해야 하는데, 이것은 이들 주제가 내담자에게 갖는 중요성을 평가하고, 전이 패턴의 관찰을 시작하기 위해서이다. 첫째, 치료자는 자신이 말한 것을 내담자가 경청하고 잘 들었다는 것을 확실히 할 필요가 있는데, 이것은 내담자가 치료를 시작하기 위해 치료자 얘기가 끝나기를 조바심 내며 기다리는 것과 반대되는 것이다. 둘째, 만일 내담자가 잘 들었다면 치료자는 내담자의 반응이 무엇인지 결정해야 한다.

치료자는 또한 계약조건을 내담자가 기꺼이 받아들이려고 하는지를 고려할 필요가 있다. 기꺼이 들으려고 하는 것과 기꺼이 받아들이는 것은 같은 연속선상에 나타난다. 내담자가 계약조건에 대해 명확하게 듣고 이해하고 나면 계약을 거부하기로 결정할 수도 있다. 계약의 거부는 자기애적 경계선 내담자들에게서 더 흔하게 나타나는데, 이들은 계약이라는 바로 그 개념이 자신이 중요하다는 느낌과 특권의식을 공격하는 것으로 본다. 계약 맺기 과정은 그런 내담자에게 협력에 대한 강한 거부를 불러일으킬 수 있다. 때로 반대는 도전적인 방식으로 표현되기도 한다. "만일 내가 이 모든 것에 동의한다고 말해야 한다면, 그럼 선생님은 나를 위한 치료자가 아니에요." 또는 계약에 대한 도전이 표면적으로는 덜 공격적일 수 있다. "나는 이런 규칙들이 없으면 우리가 더 잘 해낼 것 같아요. 그냥 만남을 시작해서 우리가 어떻게 함께 작업하는지를 보는 것은 어떨까요?" 자기애적 내담자와의 계약과정에서 유용하게 사용할 수 있는 수정기법의 논의는 D. Diamond, F. E. Yeomans와 B. L. Stern의 『A Clinical Guide for Treating Narcissistic Pathology: A Transference Focused Psychotherapy』[5](준비 중)를 참조하라.

계약을 거부하는 또 다른 변형은 내담자가 피상적으로는 동의하지만 겉핥기식 동의에 의해 계약에 대한 어떤 실제적 동의를 거부하고 있음을 시사하는 경우이다. 예를 들면, 내담자는 치료자가 계약에 대해 다 설명하기도 전에 치료자를 방해하면서 다음과 같이 말할 수 있다. "예, 한번 해 볼게요. 너무 사소한 것까지 집착하지 말

---

5) [역주] 자기애적 병리의 치료를 위한 임상적 지침: 전이초점 심리치료.

고 작업을 시작하죠."

치료를 받아들이는 연속선상에서 좀 더 전망이 좋은 입장은 모든 측면에 동의하지는 않지만 기본 조건에 반대하지 않고 그것을 고려하고 있음을 보여 주는 내담자들이 보여 준다. 동의에는 '예, 그러나(yes, but)' 특징이 있다. "나는 선생님이 여기에서 마음에 떠오르는 것이 무엇이든 보고하라고 얘기한 것을 이해합니다. 그러나 나는 내가 할 수 있을지 확신이 없네요." 사려 깊은 방식으로 반대를 표현할 수 있는 내담자는 처음에 어떤 의구심도 없이 모든 측면을 지지하는 사람보다 더 치료에 협조적일 수 있다. 실제로 후자의 경우라면, 치료자는 "내가 얘기한 것의 어떤 부분에 대해서라도 어떻게 아무런 질문도 의구심도 없나요?"라고 이상하게 여겨야 한다.

경계선 인성을 위한 치료를 선택할 때, 내담자들은 때로 왜 심리역동적 접근이 다른 접근들보다 더 나은지 묻는다. 만일 치료자가 4장에서 제시된 치료 적응증을 고려했다면, 전이초점 심리치료를 권하는 것은 다음과 같은 믿음 때문이라고 얘기해 줄 것이다. 즉, 내담자 문제의 가장 완전한 해결은 특정 증상의 기저에 있는 심리구조를 다룸으로써 가능할 것이라는 점과, 이 수준에서 작업함으로써 일, 사랑, 대인관계, 창조적 활동과 여가 활동에서 정상적으로 기능할 수 있게 될 것이라는 점이 그것이다.

(2) 내담자 반응에 대처하기

계약 과정은 내담자-치료자의 역동에 따라 결정된다. 이것은 서로의 책임에 대한 체크리스트를 단순히 열거하는 것이라기보다는 틀을 만드는 것이다. 치료자는 치료의 일반적 조건을 제시하고 내담자 반응을 주의 깊게 경청하면서, 내담자 반응을 치료를 시작하기에 적절한 것으로 받아들여야 할지, 혹은 계약에 대한 내담자의 암묵적이거나 명시적인 반대를 더 탐색해야 할지 결정해야 한다. 계약의 여러 부분에 대한 내담자 반응을 추적하는 치료자의 기술은 적절한 치료 틀을 세우는 데 있어 주요 요인이다. 숙련되지 못한 치료자는 내담자의 반대에 대해 사과하거나, 어떤 치료조건을 철회하거나, 자신의 역할을 포기하고 내담자가 조건을 결정하게 놔둘 수 있다.

예를 들어, 도전적이고 평가절하하는 내담자를 만난 치료자는 모든 내담자 책임들에 대해 언급하는 것을 미루면서, 스스로에게 내담자가 치료에서 편안할 수 있어야 한다고 말할 수 있다. 치료자가 계약의 어떤 측면에 대한 논의를 피한다면, 이것은 역전이 주제를 시사한다. 치료가 이루어지는 데에 필요한 것을 치료자가 스스로 기술하지 못한다면, 그러한 표현의 어려움은 나중에 치료에서 내담자의 거대성, 공격성 또는 특권의식에 대한 직면이나 해석을 피하는 것으로 나타나기 쉽다. 이것이 바로 치료자가 치료과정을 시작할 때 치료의 계약과 틀에 대한 분명하고 내재화된 감각을 가져야 하는 이유이다. 그러면 치료자는 자신의 이탈에 민감할 수 있으며, 이것을 그 시점에서 자신의 역전이를, 그것이 두려움, 연민, 혹은 다른 불편한 정서 반응이든 간에, 검토할 필요가 있음을 가리키는 위험신호로 볼 수 있다.

이 문제의 다른 형태에서, 치료자는 책임 영역을 충분히 분명하게 얘기해 놓고도, 여러 가지 방식으로 자신의 이야기를 뒤집을 수 있다. 예를 들면 다음과 같다.

1. 내담자의 책임 중 하나는 회기에 제시간에 오는 것이라는 데에 합의한 후에, 치료자가 "물론 ○○씨가 회기에 시간 맞춰 올 수 없는 날도 있을 거예요. 그럴 때는 내가 회기 끝에 잃어버린 시간만큼 보충해 주도록 해 볼게요."라고 덧붙일 수 있다.
2. 내담자가 계약의 어떤 개념을 거세게 비난할 때, 치료자는 "그래요, 이걸 한꺼번에 요구하는 건 무리일 수 있어요. 우리가 그걸 향해 작업할 수 있는지 봅시다."라고 말할 수도 있다.

또 다른 가능성은 말로는 완벽하게 얘기할 수 있지만 '어조'로는 전혀 다른 이야기를 할 수 있다는 것이다. 예를 들면, 자신이 하고 있는 것을 불안해하는 치료자는 내담자 책임에 대한 얘기를 급히 지나가듯 이야기함으로써, 모든 적절한 항목을 포함하기는 하지만 내담자에게 그것에 대해 생각하거나 반응할 시간을 허용하지 않을 수 있다.

계약조건으로부터 치료자가 물러나는 다른 형태는 내담자의 반대를 간과한 채 치료 시작에 대한 합의가 이루어진 것처럼 행동하는 경우이다. 가짜 합의를 받아들이게 되면 직면을 피할 수 있지만 나중에 치료에서 어려움을 초래한다. 더 낫지만 여전히 불완전한 입장은 치료자가 내담자의 반대에 대해 더 명확하게 얘기해 주기를 요청하지만 지금 논의하고 있는 계약조건이 치료의 필요조건이라는 사실로 돌아가지 못한 경우이다.[6] 예를 들어, 치료자가 "왜 치료에 규칙적으로 올 수 없는지 더 이야기해 봐요."라고 하자, 내담자가 자신의 공부를 위해 시간이 더 필요할 수 있다고 대답한 후에, 치료자가 더 이상 어떤 언급도 하지 않고 다른 주제로 넘어가는 경우다.

치료자는 여러 번에 걸쳐 특정 치료조건이 필요하다고 반복해야 할 수도 있는데, 매번 그 이유를 설명하고(예, "○○씨가 오지 않으면 치료는 할 수 없어요."), 내담자의 반대를 다시 살펴보고, 그리고 내담자가 관련 주제에 대해 강한 감정을 보이더라도 치료는 어떤 필요조건들이 요구되는 특정한 과정이라는 점을 내담자가 이해할 수 있는지 본다. 인내심, 끈기, 반복은 경계선 내담자 치료의 특징이다.

스펙트럼의 다른 극단에서, 숙련되지 않은 치료자는 계약에 대해 비현실적일 만큼 경직되고 '완벽한' 동의를 요구할 수 있다. (그리고 아마도 역전이에서 가혹하고 처벌적인 대상을 상연할 수 있다.) 치료자는 계약에 대한 내담자 반응을 다룰 때 적절한 융통성을 발휘하려고 애쓸 필요가 있다.

권고받은 내용에 완전히 동의하지는 않더라도, 치료자가 치료를 시작할 수 있겠다고 느낄 만큼 규칙을 따르겠다는 의지를 보이는 내담자들도 분명히 있을 것이다. 사실 치료 진행에 대한 충분한 합의가 이루어진 때를 아는 데에 임상적 판단은 필수적이다. 대부분의 경계선 내담자가 계약의 모든 측면에 진심으로 분명하게 동의할 거라고 기대하는 것은 순진한 일일 것이다. 치료자는 내담자가 언제 계약조건의 골자를 파악했는지, 그리고 마지못해서라도 노력하려는 것처럼 보이는지를 평가해야 한다. 내담자가 계속해서 어떤 양가감정을 갖고 있다는 것을 치료자가 알고 있음을 나타내는 것이 중요하며, 그리고 이 양가감정이 중대한 반대로 커진다면 그것을 우

---

6) 지금은 우리가 어떤 내담자만 독특하게 보이는 특정 치료 방해 행동에 대해 고안된 그런 치료계약 측면을 고려하지 않고 있다. 지금까지의 논의는 탐색적 심리치료를 위한 최소 필요조건에 중점을 두었다. 이런 조건은 치료의 본질에 의해 결정되지, 치료자에 의해 결정되지 않는다. 하지만 내담자는 종종 치료자가 결정하는 것처럼 반응하며, 단지 치료자의 생활을 편하게 하려는 목적으로 임의적 규칙을 강요한다고 비난한다.

선적으로 의논해야 한다는 점을 치료자가 언급하는 것도 중요하다.

계약 회기 동안 내담자 행동은 그의 구두적 합의와 일치하지 않을 수 있다. 그런 경우 치료자는 드러난 모순을 다룰 필요가 있다. "치료를 시작하면 ○○씨는 주 2회 오기로 동의하였지만, 치료조건을 논의하는 동안 이미 ○○씨는 두 회기나 빠졌어요." 계약 맺기에서 치료 단계로 알아차리기 어렵게 옮겨 가지 않는 것이 중요하지만, 치료자는 논의되고 있는 계약 사안들과 관련된 내담자 행동을 다루어야 한다. 그렇게 하지 않는다면, 치료자는 중요한 정보의 원천을 간과하는 게 된다.

그런 경우 치료자는 다음과 같이 말할 수 있다. "지금은 ○○씨가 두 회기에 왜 빠졌는지에 대한 더 깊은 동기를 알고자 하는 시간이 아닙니다. 지금 우리의 과제는 치료에 관한 협의사항들에 분명하게 합의하는 것입니다. ○○씨가 두 회기에 빠졌다는 것은 ○○씨가 나에게 말했듯이 이 치료에 참석하는 것에 충분히 동의하지 않는다는 신호로 보입니다. 의구심이 드는 게 있다면 나에게 솔직하게 얘기하는 것이 중요합니다. 그렇게 하지 않으면, 그것은 계속 행동으로 나타나기 쉽고, 그렇게 되면 치료가 위험에 빠질 수 있습니다."

요약하면, 치료에 앞서 계약과정이 이루어지지만, 이 과정은 치료 안에서 다루어져야 하는 강렬한 정동과 힘의 영향을 받기 쉽다. 따라서 이런 작업을 하는 치료자는 경계선 병리에 충분히 편안해져서 겁먹은 느낌이나 숙련되지 않은 느낌 없이 계약을 맺을 수 있어야 한다.

2. 치료계약 맺기: 개별적 측면

전이초점 심리치료를 받는 내담자에게 요구되는 일반적 협의사항에 덧붙여서, 계약 맺기의 주요 목표는 내담자가 탐색에 대한 어떤 형태의 저항을 통해 치료의 지속을 위협할 수 있는지 예측하는 것과, 그러한 위협을 다루고 줄일 수 있는 변형기법을 고안하는 것이다. 이 과정은 각 내담자에 따라 다르며, 미묘하고 복합적일 수 있다. 계약 맺기의 이 부분에 포함된 추론은 치료자가 숙달하기 위해 중요한데, 왜냐하면 치료를 위협하는 것에 대해 구체적 변형기법을 수립할 필요성은 치료의 초기단계에만 국한되지 않기 때문이다. 많은 사례에서, 내담자들은 치료과정 동안 치료에 대한 새로운 저항과 위협을 제시한다. 그럴 때, 치료자는 이 장에서 기술된 과정으로 되돌아갈 준비가 되어 있어야 한다.

1) 치료에 대한 저항의 행동 형태

치료에 대한 잠재적 위협의 범위는 심각한 자살 및 자기파괴적 행동으로부터 치료비를 내주는 부모를 격노하게 만드는 것과 같은 더 간접적인 것까지 걸쳐 있다 (〈표 5-3〉 참조). 저항은 치료와 치료자에게 직접적 영향을 주는 행동이나, 치료를 위험에 빠지게 하는 외부 상황을 초래하는 행동으로 이루어진다. 후자의 예로는 치료비를 지원하는 가족 구성원과 소원해지는 것, 치료를 받을 수 있게 해 주는 직장을 (예를 들면, 만성적인 지각으로) 위태롭게 하는 것, 또는 어떤 가족 구성원이 치료자를 위협할 정도로 그 사람에게 치료자에 대한 적대감을 부추기는 것 등이 있다.

치료에 대한 위협은 일반적으로 저항에, 그리고 장애의 이차적 이득을 유지하려는 노력에 기반을 두고 있다. 저항은 내담자 내적 세계의 서로 갈등적인 부분들이 분열되어 있다가 행동화로 이어지는, 그런 불안정한 상태를 유지하기 위한 원시적 방어기제의 결과다. 이차적 이득의 유지 노력을 제거하는 것이 초기 치료 단계의 과제 중 하나이다. 전체 치료과정에서, 이차적 이득이 제거되면 일반적으로 내담자는 치료에 더 충분히 참여할 수 있게 되고, 원시적 방어기제의 효과적 해석을 위한 토대가 마련된다.

자신을, 때로는 타인을 해치겠다는 내담자의 얘기는 긴장과 혼란을 일으켜서, 치료시간에 치료자가 자유롭고 자발적으로 생각하는 데에 방해받을 수 있고, 치료자가 내담자 삶의 행동에 관여하게 만들 수 있다(내담자를 응급실에 데려간다거나, 경찰을 내담자 집에 보내는 등). 내담자 삶에서 적극적 역할을 떠맡기 시작한 치료자는 일반적으로 내담자 내면세계의 대상관계에서 비롯된 어떤 역할을 상연하며, 내담자가 자기 내면세계의 성질과 그것이 자신의 기능에 미치는 영향을 관찰하고, 성찰하

표 5-3	저항/치료에 대한 위협의 예

1. 자살 및 주요 자기파괴적 행동
2. 살인 충동이나 행동, 치료자에 대한 위협도 포함
3. 거짓말하기 혹은 정보를 얘기하지 않기
4. 물질의존과 물질남용
5. 섭식장애 행동
6. 작은 자기파괴적 행동[긁기, 긋기(cutting)와는 다름]
7. 낮은 참석률
8. 과도한 전화 걸기 혹은 치료자 생활에 대한 다른 침범들
9. 치료비 지불하지 않기 혹은 지불을 방해하는 상황 만들기
10. 치료 지속을 방해하는 치료 밖 문제들 만들기
11. 장애의 이차적 이득에 유리한 만성적으로 수동적인 생활양식 유지하기

고, 이해하도록 돕는 역량을 상실한다.

효과적인 치료에 대한 모든 위협이 다 적극적 행동인 것은 아니다. 내담자의 생활양식이 너무 만성적으로 수동적이거나 사회적으로 철수되어 있어서 치료가 내담자의 삶에서 유일한 활동이라면, 치료자는 치료조건으로서 어떤 형태의 일이나 공부를 해야 할 필요성을 내담자와 이야기할 수 있다. 내담자가 치료에 오는 것 말고는 무한정으로 아무것도 하지 않는데도 치료자가 이를 받아들이는 것은 내담자는 무기력해서 수동적이고 의존적으로 영원히 보살핌을 받아야 한다는 생각과 공모하는 것이다. 우리의 경험에 따르면 경계선 내담자가 개선되어 어느 정도의 독립적 기능을 성취하지 못하는 경우는 매우 드물다. 이것은 많은 치료자의 생각보다 더 낙관적이다. 사실 내담자가 어떤 수준의 독립성을 발달시킬 것으로 기대하지 않는 많은 치료자의 비관론과 이와 관련하여 장애급여가 한없이 확장될 가능성은 많은 내담자의 호전을 방해한다. 의존적 위치에 계속 머물러 지낼 수 있는 가능성은 매력적일 수 있다. 그러나 우리의 경험에서 보면, 많은 내담자가 더 높은 수준에서 기능하는 데에 관심이 있는 어떤 측면을 분명히 보여 주며, 종종 어느 정도의 갈등과 투쟁에도 불구하고 그들이 더 많은 것을 할 수 있을 거라는 메시지에 반응을 보인다.

2) 치료에 대한 특정 위협의 평가

(1) 진단적 인상

치료계획은 적절한 진단적 인상에 근거한다는 점을 명심하는 것이 중요하다. 계약 전에, 치료자는 내담자가 경계선 수준에서 조직화되어 있고, 현재 주요 우울 삽화나 정신증 장애와 같은 다른 주요 병리를 겪고 있지 않다는 것을 편안하게 받아들여야 한다. 만약 치료자가 내담자와 계약과정을 시작했다가 내담자에게 다른 주요 병리가 있을 수 있다는 의심이 생겨서 그 과정을 바꾸기 시작한다면, 치료자는 진단에 대한 자신의 의심이 현실에 근거한 것인지, 아니면 역전이 문제(예, 내담자는 치료자가 너무 많이 요구하고 있다는 의문과 죄책감을 치료자에게 유발하고 있는가?)인지 분명히 해야 한다. 그 지점에서 적절한 기법은 진단적 질문을 재평가하고, 이 질문이 해결될 때까지 계약 맺기를 유보하는 것이 될 것이다. 그러나 만일 치료자가 진단에 대한 그의 의심에 따라 행동해서 그런 의심이 계약조건의 변화를 즉시 요구하기라도 하는 것처럼 준비 중인 조건을 변화시킨다면, 치료자는 역전이를 행동화할 위험에 처하게 된다. 보다 치료적인 접근은 다음 사례에서 보여 주듯이 치료자가 내담자에 대한 새로운 그림뿐만 아니라 자신의 반응도 살펴보는 것인데, 이것은 그것으로부터 내담자 내면세계의 정동과 대상관계에 관한 어떤 부가적 정보를 확인할 수 있을지 알아보기 위해서이다.

〈사례〉

경계선 조직 수준의 자기애성 인성장애(NPD) 내담자가 반사회성 특징을 보였는데, 그는 '치료에 반응하지 않는 우울증'으로 노동불능 보조금을 받고 있었다. 내담자 기분은 우울해 보이지 않았다. 치료자가 자기애성 인성장애로 진단한 것은 내담자의 우울 과거력이 자신의 삶에서 자기 역할이 어떤 것이어야 하는지에 대한 이미지(유명한 작가)와, 그녀의 실제 삶, 즉 그녀가 우울로 귀인한 낮은 기능 상태, 이 둘 간의 불일치와 관련 있어 보인다는 인상 때문이었다. 내담자는 인성장애라는 새로운 진단을 기꺼이 고려하였으며, 일반적 치료조건(참석하기, 검열

하지 않고 얘기하기 등)에도 선뜻 동의하였다. 그러나 그녀가 어떤 형태의 작업
이나 연구에 참여할 필요성에 대해 치료자가 얘기했을 때, 그녀는 위협적인 태도
로 그런 활동을 하게 되면 틀림없이 완전히 우울하고 생명을 위협하는 상태로 되
돌아가게 될 거라고 하였다. 치료자의 첫 역전이는 해로운 치료조건을 제안한 것
에 대한 죄책감이었다. 그러나 그가 자신의 진단적 인상의 근거를 마음속으로 살
펴보았을 때, 그는 더 평온한 상태로 돌아왔으며, 이 변형기법이 그녀에게 해가
될 것이라는 주장의 배경에는 내담자의 수동적인 반사회적 특징이 있음을 이해하
면서, 내담자가 일할 필요성이 있다는 논의를 이어 갔다. 내담자가 장애의 이차적
이득을 지키려 하고 있다고 생각하면서, 치료자는 구조화된 활동에 적극적으로
관여하는 것에 대해 계속 얘기하였고, 이 치료에 참여할지의 여부에 대한 결정은
그녀에게 있다는 것을 상기시켰다.

진단적 결론의 중요성은 과대평가될 수 없는데, 그것은 경계선 내담자들이 단기
정신병 삽화를 겪기 쉽고, 또한 전이 정신증이나 정동장애 삽화를 보일 수 있기 때
문이다. 치료에서 나중에 그런 현상을 어떻게 이해하고 다룰지가 가장 어려운 순간
이 될 수 있다. 이러한 만일의 경우들은 계약 맺기 주제와 직접적으로 관련되는데,
왜냐하면 계약에 대한 기대는 내담자가 다른 사람에게 책임을 전가하지 않고 스스
로 책임질 수 있음을 의미하기 때문이다.

(2) 이전 치료들과 지금 여기 상호작용에 주의 기울이기

개별 내담자에게 어떤 특정 주제를 다룰 필요가 있는지 결정할 때, 치료자는 이
전 치료들에서 일어난 일(특히 치료를 방해하거나 끝나게 한 요인들)과 치료자와의 지
금 여기 상호작용, 이 두 가지 모두에 특별히 주의를 기울일 필요가 있다. 회기에서
나타난 내담자의 태도와 행동은 특히 유용한데, 그 이유는 그것이 다른 누군가(내담
자, 이전 치료자, 가족 등)의 보고가 아니라, 치료자가 자신과 내담자 사이에서 일어난
것을 관찰한 것이기 때문이다. 이론적으로 두 참여자는 정보에 동의할 수 있지만,
그들이 불일치하는 정도는 합의 상태에 관한, 그리고 내담자와 치료자의 이자관계

에서 펼쳐지는 역동에 관한 귀중한 정보를 제공한다. 예를 들어, 내담자가 세 번의 진단적 면접에 지각했을 때, 임상가가 내담자에게 그렇게 늦는 것이 치료에서 하나의 주제가 될 수 있음을 언급하지 않고, 그리고 그런 가능성에 대해 그들이 어떻게 함께 계획을 세울 수 있을지 논의하지 않는다면, 그 임상가는 태만한 것이 될 것이다. 잠재적으로 치료를 위협하는 행동이 진단 단계에서 표면화되는 것은 이점이 있는데, 왜냐하면 후속 작업에 대한 그것의 의미가 서로 다를 수 있긴 하지만, 이런 활동이 일어났다는 것에 대해서는 아마도 내담자와 치료자가 동의할 수 있기 때문이다. 예를 들면, 내담자와 평가자는 내담자가 몇몇 회기에 늦게 왔다는 데에 동의할 수 있지만, 내담자는 이런 행동이 '일단 치료가 시작되면' 자신의 행동을 결코 예언하지 못할 거라고 주장할 수 있다. 최소한 임상가는 내담자의 확신의 근거를 탐색할 필요가 있으며, 달리 행동하는 것이 평가자에게 납득되지 않는다면 만성적 지각의 위험을 계약에서 논의할 주제로 포함시킬 필요가 있다.

치료에 대한 가능한 위협의 자료를 얻을 때, 내담자의 이전 치료경력을 아는 것은 임상가에 대한 내담자 행동을 살펴보는 것 다음으로 중요하다. 경계선 내담자는 비교적 젊은 나이에도 종종 많은 치료경력을 보인다. 다음 몇 가지에 대해 아는 것은 특히 중요하다. 1) 내담자가 자신의 치료, 치료자, 자신에 대해 무엇을 기대했는가, 2) 만일 그랬다면, 내담자는 어떤 경험을 통해 치료에 관한 자신의 이해, 행동, 소망이나 기대를 수정하였는가, 3) 내담자는 치료가 어떤 방식으로 다르게 진행되기를 원했는가, 4) 만일 그랬다면, 내담자는 이전 치료를 끝내는 데 있어서 자기가 어떤 역할을 했다고 느끼는가, 5) 내담자는 그런 지식을 새로운 치료 세팅 구성에 어떻게 통합시킬 것인가 등이다. 분명히 그런 상황에 대한 이전 치료자들의 견해를 알기 위해 이전 치료자들과 접촉하기 위해서는 내담자의 허락을 얻는 것이 중요하다. 또한 이전 치료자의 견해를 내담자와 함께 공유하는 것이 중요한데, 특히 내담자가 자신의 견해와 이전 치료자의 견해 간의 차이를 어떻게 다루는지에 대해 특별히 주의를 기울이는 것이 중요하다.

임상가는 자신의 특정한 관심사에 대한 이유를 내담자에게 명확히 설명해야 하며, 내담자가 제공한 것으로서 논의와 개입계획의 필요성을 시사하는 정확한 정보를 인용해야 한다. "이전의 세 번의 치료가 끝난 이유가 ○○씨가 밤늦게 치료자의 집으로 전화했기 때문이라고 얘기해 주셨기 때문에, 우리는 시작하기 전에 전화 거는 것에 대한 방침을 이야기할 필요가 있으며, 그래야만 이 치료가 이전 치료들처럼 끝나지 않도록 할 수 있습니다." 그리고 임상가는 자신의 말에 대한 내담자의 반응을 관찰하게 되는데, 이는 내담자가 얼마나 진지하게 치료자의 행동을 받아들이는지 보기 위해서이다.

내담자의 과거 또는 현재 행동에 초점을 맞춤으로써, 임상가는 무엇이 치료에 위협이 되는지에 관한 결정이 치료자가 임의로 하거나 변덕을 부려서가 아니라 내담자 자신의 행동에서 **직접적으로** 기인한 것임을 얘기한다. 변형기법의 도입에 대해 내담자는 종종 부정적인 내적 대상표상의 관점에서 경험하는데, 그것을 이기적이고 처벌적인 사람에 의해 시작된 해로운 행위로 본다. 치료자는 자신의 의도가 내담자를 돕는 것이라는 점과, 그러한 도움에는 치료의 보호를 위해 변형기법의 도입이 포함된다는 점을 내담자에게 명확히 함으로써 이러한 표상에 도전해야 한다. 치료자는 "이 모든 게 왜 필요한가요?" 혹은 "왜 선생님은 이런 것을 고집하시나요?"와 같은 내담자의 도전에 대해, 치료의 보호를 위한 이들 조건의 필요성을 결정하는 것은 내담자이며 치료자가 내담자에게 그의 의지를 강요하는 게 아니라는 점을 설명함으로써 이를 다룰 수 있다. 예를 들면, 임상가는 다음과 같이 말할 수 있다. "지난 두 회기에 ○○씨가 취해서 왔기 때문에 그리고 ○○씨 스스로 인정했듯이 생각을 명료하게 할 수 없었기 때문에, 내가 임의적으로 음주가 문제라고 말하고 있는 것이 아니며, 오히려 ○○씨 스스로 음주 때문에 생각이 방해받고 그래서 상담회기도 방해받는다고 나에게 말하고 있는 거예요. ○○씨가 자신을 어떻게 생각할지에 대해 도움을 원하기 때문에, ○○씨 스스로 술을 마시고 상담회기에 올 수 없다고 나에게 말하는 거예요." [추가적 논의에는 자조적 단주모임(AA)과 같은 단주 프로그램에 참여하기와, 치료의 변형기법으로 알코올 검사의 무선적 사용가능성에 관한 세부 사항들이 포함될 수 있다.]

치료에 위협이 될 수 있는 것을 평가할 때, 임상가는 계약의 기본 과제가 치료과정이 펼쳐질 수 있는 틀을 마련하고, 임상가와 내담자가 각각 자신의 과제를 수행할 수 있도록 충분히 보호받는 환경을 만들고 유지하는 것이라는 점을 기억할 필요가 있다. 내담자는 자기 안에서 일어나고 있는 모든 것에 대해 자신과 임상가에게 가능한 한 많이 알려야 하며, 치료자와 치료과정이 자신의 신념, 감정, 반응에 미치는 영향에도 개방적이어야 한다. 치료자는 비교적 편안하고 가능한 한 개방적으로 경청할 수 있어야 하고, 자신의 지식, 과거 경험, 그리고 치료에 대한 정서적 및 이성적 경험을 자유롭게 활용할 수 있어야 하고, 새로 드러나는 자료에 근거해서 기꺼이 자신의 마음을 변화시켜야만 치유적으로 개입할 수 있다. 치료과정 속의 어떤 것도 내담자나 임상가가 더 이상 자발적이고, 사려 깊고, 상상력을 발휘하며 참여하기 어려울 정도로 그들을 위협해서는 안 된다.

치료에 대한 위협의 목록(〈표 5-3〉 참조)이 치료자가 다루도록 교육받은 우선순위 위계와 어느 정도 상응한다는 것은 결코 우연의 일치가 아니다(7장 참조). 왜냐하면 회기에서 다룰 첫 번째 주제들은, 만일 그런 문제들이 있다면, 치료에 대한 위협이기 때문이다. 치료에 대한 특정 위협에 대해 계약을 맺을 때, 임상가는 넓은 범위의 행동화에 주의해야 한다. 긋기와 약물 과다복용 같은 가장 흔한 형태 외에도, 내담자는 화상을 입히고, 난폭운전을 하고, 문란한 성관계를 맺고, 약물이나 알코올을 남용하는 등으로 자기파괴적일 수 있다. 치료를 위협하는 행동에는 치료 밖의 내담자 생활에서 나타나는 행동뿐만 아니라 회기 내 행동도 포함된다.

3) 특정 치료위협에 대한 계약 절차

원칙적으로 특정 위협에 대한 치료계약 절차는 치료의 보편적 조건에 관한 그것과 동일하다. 그러나 몇 가지 차이가 있다. 첫째, 특정한 위협에 대한 계약은 치료자의 판단을 더 적극적으로 요구하는데, 왜냐하면 이런 계약에서는 치료자가 다음과 같은 것을 결정해야 하기 때문이다. 즉, 1) 특정 내담자의 행동과 개인력의 어떤 측면이 치료에 위협이 되는지, 2) 치료를 시작하기 전에 엄격한 변형기법이 준비되어 있어야 할 만큼 위협이 매우 심각한 것인지(예, "치료를 시작하려면 ○○씨는 모든 약물 사용을 중단해야 하고 12단계 모임에 규칙적으로 참석해야 할 거예요."), 혹은 위협이 되는 행동이 계속되고 있어도 치료를 시작할 수 있는지(예, "○○씨가 여전히 거식행동과 싸우고 있다는 걸 알아요. 그렇지만 ○○씨가 영양사를 규칙적으로 만나고 최소체중 이상을 유지하는 데에 동의한다면, 우리는 치료를 시작할 수 있을 거예요.") 결정해야 한다. 둘째, 특정 요소에 대해 계약하는 것은 종종 보편적인 치료조건에 비해 내담자의 더 많은 저항을 유발한다. 치료자가 치료의 위협으로 간주하는 행동을 두고 내담자는 그것이 바로 자신이 위안을 얻고 심지어 생존하는 데에 도움이 되는 대처기제라고 느낄 수 있다. 그러므로 내담자는 그런 행동을 포기하는 것에 대해 저항을 보일 수 있는데, 이것은 중독성 진정제를 지속적으로 매일 사용하지 않으면 치료와 생활 일반의 스트레스들을 견뎌 낼 수 없다고 고집하는 내담자의 경우와 비슷하다. 내담자는 치료자가 위협으로 보는 행동의 심각성을 부인할 수 있다. 내담자는 자신의 과거 행동이 과장되었거나, 잘못 전해졌거나, 혹은 이젠 더 이상 그렇지 않다고 주장할 수 있다.

따라서 치료자가 가장 먼저 해야 할 일은 그가 치료에 대한 특정 위협으로 간주하는 것이 무엇인지 분명하게 설명하고, 내담자에게 이러한 염려에 공감할 수 있는지 물어보는 것이다. 만일 내담자가 치료자의 염려를 이해할 수 있다면, 치료자는 가능한 한 치료를 보호하기 위해 어떤 조치를 취할 수 있는지 계속 검토해야 한다. 그러나 만일 내담자가 치료자의 염려를 제대로 이해할 수 없다면, 치료자는 그러한 염려의 근거가 되는 증거를 제시해야 한다.

예를 들면, 치료자는 다음과 같이 얘기할 수 있다. "○○씨의 이전 치료자 두 사람은 치료가 끝난 이유에 대해 ○○씨가 치료시간에 잘 오지 않기 시작해서 치료자가 작업을 할 수 없다고 느꼈기 때문이라고 했어요. 이 외에도 ○○씨는 우리가 예정했던 두 번의 평가회기를 빼먹었어요. 그게 바로 내가 ○○씨가 빠지는 것을 염려하는 이유이며, 이런 행동이 여전히 다른 치료를 방해할 가능성을 얘기하는 방식에 대해 우리가 생각해 봐야 한다고 느끼는 이유예요." 자료를 제시한 후에도 치료자가 염려하는 것의 근거를 내담자가 인정하지 않는다면, 치료자는 무엇이 치료에 위협이 되는지에 대해 양자가 동의할 수 없어 치료계약은 이루어질 수 없음을 지적할 수밖에 없다.

대부분의 내담자는 계약에 동의하겠지만, 어떤 내담자는 계약 단계 동안 자기 행동이 치료 가능성을 위협할 수 있는 방식을 인정할 수 없다는 것을 분명히 하거나, 그러한 위협의 영향력을 줄이기 위해 무언가를 하는 것에 동의할 수 없음을 명확히 한다. 그런 경우 내담자의 태도는 성공적인 치료를 사실상 불가능하게 한다. 그럴 때 치료자는 내담자가 논의된 문제의 적절성을 나중에라도 고려해 보고 싶을 때 치료를 시작할 수 있는 가능성을 열어 놓는 방식으로 얘기하는 것이 더 바람직하다. 다음은 그러한 소통의 예이다.

> 지금 시점에서 분명한 것은 ○○씨의 음주가 치료에 위협이 된다는 것에 대해 ○○씨와 내가 일치할 수 없다는 것이에요. ○○씨 생각에는, 내가 사실을 과장하고 있는 거지요. 그러나 평가회기 중 한 번은 ○○씨가 술을 마시고 왔던 것을 나는 경험했고, 다른 치료자들이 나에게 얘기해 준 과거력을 함께 고려해 보면, 어떤 치료 노력도 이렇게 많은 위험을 안고 시작하면 실패하기 쉬울 뿐만 아니라, 폭음하면서도 동시에 치료에 충분히 참여할 수 있다는 ○○씨의 주장을 내가 비현실적 가정으로 보는 것을 지지한다는 것이 분명해요. 나는 ○○씨가 왜 이런 생각을 고집하는지 모르겠어요. ○○씨가 치료를 받고자 한다면, 그것은 매우 중요하게 검토할 주제가 될 거예요. 그러나 지금 시점에서 효과적인 치료는 이런 조건에서 가능하지 않아요. 만일 나중에 내가 ○○씨에게 얘기한 것이 이해가 되고, ○○씨가 치료 가능성에 대해 나와 연락을 취하고 싶다면, 나는 기꺼이 우리의 논의를 계속할 거예요.

(1) 치료 보호 계획 세우기

치료자의 염려를 인정하는 내담자의 경우, 치료자의 다음 단계는 특정 위협으로부터 치료를 보호하기 위한 계획에 내담자를 동참시키는 것이다. 예를 들면, 다음과 같이 묻는 것이다. "○○씨의 자살 위협이라는 위험으로부터 어떻게 치료를 보호할 수 있을까요? 그 위험 때문에 지금까지 세 번의 치료가 끝나게 되었고, ○○씨는 하마터면 죽을 뻔했었잖아요." 이 시점에서 내담자 협력에 대한 가장 든든한 증거는 계획을 세우는 데에 적극적으로 참여하는 것, 치료자가 말한 것에 대해 관심과 반대를 표현하면서도 동시에 자기 생각의 대안을 고려할 수 있는 것이다.

(2) 자살 행동에 대해 계약하기

자살위험은 경계선 내담자의 치료에서 치료자에게 가장 큰 어려움을 주는 측면

내담자가 회기들 사이에 자살 충동을 느낀다면, 세 가지 가능한 시나리오가 있다.

시나리오 1

내담자는 자살 사고를 경험하고, 자기 행동을
통제할 수 있다고 느낀다. 그러면:

(계약에 따라) 내담자는 치료자에게 전화하지
않고, 다음 회기에 그 충동을 논의한다.

시나리오 2

내담자가 그 충동을 통제할 수 없다고 느낀다. 그러면:

(계약에 따라) 내담자는 응급실에 간다. 그러면
• 응급실에서 퇴원해서 다음 회기에 오거나, 또는
• 입원을 권고받는다.

만일 입원을 권고받으면,
• 내담자는 이에 동의하고 퇴원 후에 치료에 돌아
  오거나, 또는
• 내담자는 거절하고, 다른 외래치료에 의뢰해 줄
  것을 요구한다.

또는 (계약에 따르지 않고) 내담자는 치료
자를 부르고, 치료자는 그에게 계약을 상기
시킨다. 그러면
• 내담자는 응급실로 가거나,
• 내담자는 가기를 거부한다. 그렇게 되면
  치료자는 내담자의 안전을 위해 필요한
  것을 한다. 그리고 안전한 조건이 마련
  되면 치료를 계속할 수 있는지 여부에 대
  해 내담자와 의논한다.

시나리오 3

내담자는 자살 행동을 한다. 그러면:

(계약에 따라) 내담자는 가족, 친구, 혹은 911에 전
화해서, 평가를 위해 병원으로 간다.
내담자를 입원시키거나, 치료에 돌려보내는 결정
이 내려진다.

또는 (계약에 따르지 않고) 내담자는 치료
자에게 전화하고, 치료자는 내담자의 생명
을 구하기 위해 할 수 있는 모든 것을 한다.
그리고 나서 차분해지고 중립적이 되면, 치
료자는 이런 형태의 치료를 계속할 것인지
에 대한 질문을 다룬다.

그림 5-1 주요 우울 삽화를 경험하지 않고, 만성적 자살 충동을 보이는 경계선 내담자의 자살경향성에
대한 계약

일 것이다. 따라서 치료자가 이 주제를 어떻게 다룰지에 대한 명확한 계획을 갖는 것이 중요하다. 다음의 논의는 [그림 5-1]에 요약되어 있다.

이전 치료에서 치료 틀을 와해시켰던 자기파괴적 행동의 과거력이 있는 내담자의 치료를 개념화할 때, 치료자는 자기파괴적 행동을 논의 중인 치료맥락에서 어떻게 바라보고 다룰 것인지에 대해 내담자에게 분명히 해야 한다. 다음은 그러한 논의의 예이다.

> 치료자: 과거 ○○씨의 자살 시도와 제스처는 ○○씨 치료자와의 상호작용의 초점이 되었어요. 가장 최근의 치료에서, ○○씨는 밤에 Black 박사에게 전화를 걸어 자살할 것 같다고 했어요. 혹은 회기가 끝날 무렵 자살할 것 같아서 상담실을 떠날 수 없다고 말하곤 했지요. 치료자는 회기 시간을 연장하거나, ○○씨를 위해 위기관리 팀을 부르거나, ○○씨를 응급실에 데려가기도 했어요. 그가 ○○씨의 24시간 응급 서비스가 되었다고 할 수도 있어요. 이런 접근은 ○○씨가 자신의 자기파괴성을 다룰 수 있도록 돕기 위한 하나의 선택이에요.
>
> 그러나 이 접근의 심각한 단점은, Black 박사와의 치료에서 일어났던 것처럼, 치료가 ○○씨의 행동을 너무 오래 다루어서 기저에서 ○○씨 행동을 동기화하는 더 깊은 감정을 이해하는 작업이 어려워져요. 게다가 ○○씨가 자살 충동을 느낀다는 점에서 나아진 게 전혀 없어요. 내 평가에 따르면, ○○씨가 얘기한 문제를 극복하도록 도울 수 있는 가장 가능성 있는 치료 형태는 현재 ○○씨가 의식하지 못하고 있는 감정과 갈등을 이해하는 것에 기반을 두는 치료입니다. 그런 감정과 갈등 때문에 ○○씨가 반복적으로 관계를 깨뜨리고, 직업을 잃고, 분노하고, 절망하고, 자살을 시도하고, 그렇게 되는 겁니다.
>
> 비록 ○○씨가 내 얘기에 동의한다고 말하면서도 이런 관점과 Black 박사와의 치료에서 나타난 ○○씨의 행동 사이에서 어떤 모순도 보지 못할 수 있지만, 나는 그것을 다르게 봐요. 만일 우리가 ○○씨의 내적 감정과 갈등에 대한 탐색을 치료의 목적으로 한다면, ○○씨의 삶에 내가 적극적으로 관여하게 되면 나는 ○○씨 행동의 기저에 있는 것을 관찰하고, 성찰하고, 이해하는 데에 내

능력을 쓸 수가 없어요. 나는 ○○씨 생활의 행동에 휘말리면서도 동시에 탐색적 치료를 수행할 수는 없어요. [저자 주: 치료자는 치료적 중립성을 준수하는 것의 필요성을 일반인의 말로 기술하고 있다.]

그러므로 만일 ○○씨가 관심이 있다면, 나는 자살하고 싶은 ○○씨 감정에 대해 이런 형태의 치료에서 요구되는 접근법을 얘기해 주고 싶어요. [내담자가 관심을 표현한다.] ○○씨가 자살 충동을 느낄 때, 그런 감정을 통제하고 컨테인할 수 있는 자신의 능력을 평가하는 것은 ○○씨의 책임이 될 거예요. [저자 주: 우리의 임상 경험에 따르면, 일반적으로 내담자들은 언제 자기가 더 이상 그런 감정을 통제할 수 없는지 진단할 수 있다. 그때가 바로 응급실에 가야 하는 때이다.]

만일 ○○씨가 자살 감정을 통제할 수 있다고 느낀다면, 그것을 다음 회기에서 이야기할 수 있어요. 만일 자살 감정을 통제할 수 없다고 느낀다면, ○○씨의 생명을 보호하기 위해 필요한 어떤 조치라도 취하는 것은 ○○씨의 책임이 될 거예요. 여기에는 가족, 친구, 지역 위기관리 팀, 혹은 911에 전화하는 것이 포함될 수 있어요. ○○씨가 병원 응급실에 바로 갈지, 평가를 받을지, 그것이 문제일 수 있어요. 누구든 ○○씨를 평가하고 있는 사람이 정보를 얻기 위해 내게 연락할 수 있지만, ○○씨가 입원할 필요가 있는지 여부에 대한 최종 결정은—내가 아니라—그 사람에게 달려 있어요. 왜냐하면 그 사람이 ○○씨의 현재 상태에 대한 가장 즉각적인 정보를 갖고 있을 것이기 때문이에요.

이렇게 합의를 정의하면, 치료자를 의사결정과 행동하기의 '순환고리'에서 뺌으로써, 치료자를 내담자 삶에 관여시키는 내담자의 이차적 이득이 줄어든다. 병원 의사가 정보를 얻기 위해 치료자와 이야기를 나눌 수 있기는 하지만, 치료자는 그것 외에는 그 상황에 관여되지 않는다.

치료자: 그런 경우, ○○씨의 책임은 평가에서 나온 권고를 받아들이는 것이 될 거예요. 만일 병원 입원을 권하는데 ○○씨가 거절한다면, ○○씨를 평가한 의

사가 위험하다고 판단한 상황에 ○○씨가 놓이게 되기 때문에, 나는 ○○씨의 치료를 계속할 수 없을 거예요. 이 치료를 위해서는 ○○씨 마음에 떠오르는 것이 무엇이든 그것을 탐색하는 것이 안전하다고 느낄 수 있어야 해요. 병원 입원이 필요하다고 결정되었는데도 ○○씨가 입원 권고를 거절했다는 것을 우리 둘 다 아는 경우라면, 그것은 여기에 해당되지 않는 것이 되지요.

일단 병원에서 병원 팀의 돌봄을 받게 되면, 나는 퇴원 계획을 논의할 때까지는 ○○씨의 치료에서 적극적 역할을 맡지 않을 거예요. 그때가 되면 내가 ○○씨, ○○씨의 입원 치료자와 함께 우리의 치료 재개에 관해 의논할 수 있을 거예요. 그것은 우리 둘 모두에게 심사숙고해야 할 중요한 순간이 될 거예요. ○○씨는 ○○씨에게 가장 도움이 될 거라고 생각하는 종류의 치료를 다시 한번 숙고하고, 나는 우리의 치료방식에 어떤 변화가 필요한 것이 있는지 다시 살펴보아야 합니다. ○○씨 생각은 어떠세요?

내담자: 글쎄요, 분명히 다르게 들려요. 한편으로 선생님은 내가 갖고 있을 수 있는 어떤 실제 문제에 대해 귀찮게 신경 쓰고 싶지 않은 것처럼 들려요. 그냥 앉아서 사탕이나 물고 유식한 말이나 하는 그런 부류의 치료자가 되고 싶은 것 같아요. 다른 한편으로, 저는 병원을 들락거리며 저를 위해 자기 삶을 희생할 수 있을 거라고 생각하는 훌륭한 치료자에게 3년간 치료를 받았어요. 그러나 좋아지지 않았어요. 선생님은 선생님이 무슨 얘기를 하시는지 아시죠?

치료자: 좋아요, 계속하죠. 그러나 만일 ○○씨 마음이 바뀌었다든지, 내가 무슨 얘기를 하는지 모르면서 얘기하는 것 같은 생각이 들면, 그걸 내게 얘기하는 것이 중요할 겁니다. 내가 지금까지 설명한 것은 ○○씨가 어떤 자기파괴적인 행동을 하기 전에 응급실에 가야 하는 것을 가정하는 거예요. 누군가에게 연락하기 전에 자살 행동을 하는 상황이 일어날 수도 있어요. 물론 이런 가능성은 ○○씨가 실제로 목숨을 끊을 수 있는 현실적 위험을 나타내는 거예요. 앞에서 얘기했듯이, ○○씨 목숨은 결국 ○○씨 손에 달려 있어요. 나는 ○○씨가 자기파괴성을 더 많이 통제할 수 있도록 도우려고 애쓸 수는 있지만, ○○씨의 안전을 보장해 줄 수는 없어요. 오직 ○○씨만이 그렇게 할 수 있어

요. 만일 ○○씨가 약물 과다복용 같은 자살 행동을 하고 난 후 다시 자기 목숨을 구하기로 결정했다면, ○○씨의 책임은 의학적 평가와 그다음의 정신과적 평가를 위해 응급실로 가는 것이에요. 다시 한번 얘기하지만, 가족, 친구, 911 혹은 위기관리 팀에 전화를 할 것인지 결정하는 것은 ○○씨에게 달려 있어요. 만일 ○○씨에게 의학적 문제가 있다면, 다음으로 정신과 치료를 받을 것인지 결정하기 전에 의료병동에 입원하게 될 거예요. 만일 ○○씨가 입원을 거절한다면, 나는 ○○씨가 자신을 안전하지 않은 상황에 두는 것에 협조하지 않고 치료를 끝낼 수밖에 없어요. ○○씨가 정신과 입원 권유를 거절한다면, 이것은 내가 위에서 설명한 사례와 같은 경우가 되는 거예요.

내담자의 자살 충동 관리에 관한 앞에서 언급한 기대를 설명한 후에, 치료자는 이런 치료조건에 대한 내담자의 추가적 반응과 생각을 물어볼 것이다. 지금까지 기술된 치료조건에 대한 내담자 반응을 논의한 후에, 치료자는 자살 충동과 관련되어 기대되는 관리에서의 이탈에 대한 반응으로 치료자가 따르게 될 변형기법에 대해 계속 설명한다.

치료자: 만일 ○○씨가 자기파괴성에 대한 질문 때문에 회기 사이에 내게 전화를 걸어 온다면, 나는 이런 감정을 다음 회기에 이야기하라고 제안할 거예요. 만일 ○○씨가 그때까지 기다릴 수 없다고 한다면, 나는 병원 응급실로 가는 것이 ○○씨의 책임이라는 점을 상기시킬 거예요. 만일 ○○씨가 그렇게 하지 않겠다고 한다면, 나는 ○○씨에게 필요한 위기 개입을 받을 수 있도록 돕기 위해 그 순간에 내가 할 수 있는 모든 것을 다할 거예요. 그리고 위기가 끝나고 나면 우리는 일어난 일의 의미를 의논해야 하고, ○○씨의 자율성 증가를 강조하는 이 치료가 ○○씨에게 정말 맞는 치료인지에 대해 얘기해야 해요. 마찬가지로, ○○씨가 내게 전화해서 약물 과다복용과 같은 자살 행동을 하려 한다거나 혹은 이미 했다고 말한다면, 그리고 응급실로 가는 책임을 다하지 않는다면, 그런 경우에 ○○씨의 생명을 구하는 데 도움이 되는 거라면 할 수

있는 모든 것을 다할 거예요. 그리고 나서 상황이 안정되면, 우리는 만나서 그런 경우에 치료를 계속하는 것이 권할 만한 것인지 고려할 거예요. 또는 ○○씨의 행동이 우리가 동의한 치료에 대한 거부인지 생각해 볼 것인데, 만일 그렇다면 다른 치료에 의뢰할 필요가 있을 거예요.

이 시점에서 내담자는 치료자의 무관심을 비난할 수 있다.

> 내담자: 그래서 선생님은 실제로 내게 도움이 되지 않아요. 선생님이 나를 돌보아 주는 대가로 내가 치료비를 내지만, 선생님의 주요 관심사는 내가 선생님을 괴롭히지 않는 거예요.

다른 치료들이 실패했던 곳에서 살아남을 가능성을 높이기 위해 논의 중인 치료의 특성과 치료 틀을 만들 필요성을 명료화하는 작업을 여러 번 반복해야 될 수도 있는데, 그것은 지금 제시되는 조건이 치료자의 개인적 소망에서가 아니라 치료의 필요조건에서 나온 것이라는 점을 내담자가 이해할 수 있도록 하기 위해서이다. 계약과정에 대한 내담자의 지각은 그의 내적 대상표상에 의해 영향을 받게 되는데, 내담자는 치료자를 무관심하고 신경 써 주지 않는 인물로 지각할 수 있다. 치료자가 자기가 원하는 것은 내담자를 돕고 그것을 어떻게 시작할 것인지 알리는 것이라는 점을 구체적으로 언급하는 것이 적절한데, 다만 이것은 필요조건이 준비되어 있을 때에만 가능하다고 덧붙인다.

> 치료자: 내가 여기 있는 이유는 ○○씨를 도우려는 거예요. 나는 그런 이유로 우리의 치료적 협의에 대해 이야기하고 있어요. 내가 제안하는 치료계획은 우리의 평가회기, ○○씨의 과거력, 이전 치료경력을 통해 ○○씨에 대해 내가 아는 것을 바탕으로 하고 있어요. 그러나 그것에 대해 이야기하기 전에 다시 한 번 설명하고 싶어요. 내가 권하는 치료는 ○○씨의 내적 감정과 갈등을 탐색하는 데에 초점을 두는 치료예요. 내가 '○○씨를 돌보는 것'에 대해 비용을

지불한다는 ○○씨의 생각은 ○○씨가 다른 종류의 치료를 염두에 두고 있음을 시사하는 것 같아요. 어쩌면 독립적으로 살 수 없다는 데에 동의하기 때문에 매일매일 ○○씨가 결정을 하고 자기 삶을 살도록 돕는 사례관리 같은 치료를 생각하는 것 같아요. 그런 종류의 치료도 ○○씨에게 하나의 선택이 긴 하지만, 나는 그것을 권하지 않아요. 왜냐하면 ○○씨는 과거에 그런 치료를 받고도 삶에 대한 대처능력에서 장기적 호전을 경험했다거나 어떤 만족감을 얻지 못했기 때문이에요. 실제로 이 시점에서 ○○씨가 탐색적 치료를 찾는 이유 중 하나는 ○○씨가 반복적으로 많은 사례관리자와의 관계를 파괴했다는 것인데, 치료자들이 의도적으로 ○○씨에게 반대했다고 비난하면서 반복해서 화냈기 때문이에요. ○○씨는 아직 사례관리자와 다시 작업하는 것을 선택할 수 있고, 우리는 그런 가능성에 대해 의논할 수 있어요. 그러나 사례관리 주제와 관련해서 당장의 문제는 ○○씨가 왜 자신의 행동패턴을 변화시키기 위해 그러한 종류의 도움을 받을 수 없었는가의 문제예요. 만일 ○○씨에게 지금 필요한 것이 추가적 사례관리나 내가 ○○씨에게 권한 것과는 다른 형태의 치료라는 것을 확신한다면, ○○씨가 지금 바로 그것을 분명히 밝히는 것이 중요할 거예요.

내가 느끼기에 지금 여기에서 일어나고 있는 것의 한 측면은 ○○씨가 나를 무관심하고, 무책임하고, 이기적인 인물로서 단지 ○○씨를 돕는 척만 하는 것처럼 느낀다는 거예요. 이에 대한 내 생각은 달라요. 나는 ○○씨를 돕기 위해 할 수 있는 최선을 다하고 있다고 느껴요. 만일 우리가 이 치료에 동의한다면, 아마도 이러한 조망의 차이를 올바로 이해하는 것이 도움이 될 거예요. 그러나 문제가 무엇인지 그리고 문제에 어떻게 접근할지에 대해 우리가 합의하지 못한다면, 우리는 치료를 시작할 수 없어요. 만일 ○○씨가 이 치료에 관해 더 듣고 싶다면, 나는 내가 설명하는 치료조건이 ○○씨의 이익을 희생해서 나의 이익만 챙길지 모른다는 ○○씨의 염려에 대해 얘기할 수 있어요. [내담자는 더 듣고 싶다는 관심을 보인다.]

내가 말했듯이, 이 조건들은 우리가 ○○씨와 ○○씨 과거력에 대해 알고 있는 것에 근거를 두고 있어요. 우리는 ○○씨가 이전 치료에서 회기 사이에 매우 자주 Black 박사에게 전화해서 자살 충동을 이야기하는 바람에 Black 박사가 더 이상 실제로 심각한 상황과 '거짓말하는' 상황을 구분할 수 없었다는 것을 알아요. 이런 상황에서 Black 박사는 자기가 ○○씨를 계속 치료하는 것이 안전하다고 느끼지 않았어요. Black 박사는 또한 늘 ○○씨가 밤늦게 전화해서 다음 날을 피곤하게 만들기 때문에, 회기 중에 ○○씨 이야기를 듣는 동안 중립적이고 객관적으로 되는 게 어려웠다고 이야기했어요. 이런 전화의 한 가지 영향은 충분한 주의력, 집중력, 객관성을 갖고 경청하는 Black 박사의 능력이 손상되는 거예요. 모든 치료자는 인간이고, 나 또한 예외가 아니에요. 그런 의미에서 내가 이런 조건들을 '○○씨가 나를 괴롭히지 못하도록'이라고 정했다고 ○○씨가 말하는 것에는 약간의 진실이 있어요. 회기들 사이에 Black 박사에게 했던 ○○씨의 행동이 박사를 괴롭혀서 더 이상 ○○씨를 치료할 수 없는 지점까지 갔기 때문에, 나는 치료를 보호하는 조건을 제안하는 것인데, 여기에는 ○○씨와 치료적으로 작업하는 나의 능력을 보호해 주는 것이 포함되어 있어요.

(3) 물질남용이나 물질의존에 대한 계약

알코올이나 약물을 사용하는 내담자를 평가할 때, 치료자는 그 행동이 남용인지 아니면 의존인지를 확인해야 한다. 전이초점 심리치료에 의미 있게 참여하기 위해서는 술이나 약물에 취하지 않은 상태여야 한다. 우리의 경험에 의하면, 전이초점 심리치료를 시작하기 전에 최소 3개월간은 물질에 취하지 않은 기간을 갖기를 권한다. 이 기간은 내담자가 술이나 약물에 취하지 않기 위해 노력할 수 있다는 것, 그리고 내담자가 그 상태를 유지하도록 돕기 위해 어떤 외적 지원이 필요하다는 것을 보여 준다. 가장 흔한 외적 지원은 12단계 프로그램에 참여하는 것이다. 평가할 때 알코올이나 약물 의존이 심각했던 내담자에게는 외래치료에 참여하기 전에 입원 중독치료와 재활 프로그램이 필요할 수 있다. 내담자를 물질남용 전문가에게 의뢰하는 것은 알코올이나 약물 문제를 다루는 데 도움이 될 수 있다.

만일 물질에 취해 있지 않은 상태라면, 치료자는 재발 방지를 지원하는 치료의 변형기법을 얘기해야 한다. 이러한 변형기법에는 항상 술이나 약에 취하지 않은 상태를 유지하겠다는 약속이 포함되며, 대개 12단계 프로그램을 시작하거나 지속하는 것이 포함된다. 내담자에게 잦은 재발 경력이 있다거나, 내담자가 알코올과 약물 사용에 대해 정직하게 보고하는지 의심스럽다면, 치료자는 하나의 필요한 변형기법으로서 무작위적인 알코올 혹은 약물 검사를 실시할 수도 있다.

(4) 섭식장애에 대한 계약

알코올 및 물질 사용과 마찬가지로, 섭식장애도 심각성의 정도는 다양하다. 가장 심한 경우, 거식증은 생명을 위협할 수 있다. 내담자가 건강한 체중에 미달한 적이 있는 경우, 전이초점 심리치료를 시작하기 전에 영양사, 영양학자 혹은 내과의사의 자문이 필요하다. 전문가는 내담자의 최소 건강체중이 얼마인지를 확인해 준다. 만일 내담자가 그 체중이 안 된다면, 전이초점 심리치료를 시작하기 전에 섭식장애 행동치료가 권고된다. 행동치료는 사례의 심각도에 따라 입원치료나 외래치료로 진행될 수 있다. 일단 내담자의 체중이 받아들일 수 있는 최소 수준을 넘어서면, 전이초점 심리치료자는 치료를 시작할 수 있다. 치료의 변형기법은 치료의 초기 단계 동안 내담자가 정기적으로 영양사, 영양학자 또는 내과전문의에게 체중을 재도록 하는 것이다. 만일 내담자의 체중이 최소 건강수준 아래로 떨어지게 되면, 전이초점 심리치료는 보류되며, 내담자는 체중이 적정 범위로 회복될 때까지 섭식장애 행동치료를 다시 받게 된다.

일반적으로, 폭식증은 거식증에 비해서는 건강에 덜 긴박한 위험이 된다. 대부분의 폭식과 구토는 느리고 만성적인 형태의 자기파괴적 행동이며 치료에서 다루어질 수 있다. 그러나 만일 내담자가 하루에 여러 번 구토를 한다면, 구토로 인해 전해질 불균형과 같은 의학적 위험이 생기지는 않는지 알아보기 위해 내과의사의 자문이 필요하다. 그런 경우에는 지속적인 의학적 모니터링이 치료 초기 단계에 필요한 변형기법이 될 수 있다. 일반적으로 치료가 진전되면 이런저런 유형의 행동화가 단계적으로 제거된다.

(5) 사회적 의존성 이슈에 대한 계약

치료에 오기 전에, 많은 경계선 내담자는 장애를 갖게 되고, 일을 할 수 없고, 그래서 생활보호 대상자가 된다. 이런 상황은 즉시 치료자의 주목을 받게 될 수도 있지만, 내담자가 이 문제를 꺼내지 않는다면 한동안 드러나지 않을 수도 있다. 따라서 치료자는 항상 내담자의 재정을 누가 지원하는지에 대해 물어보아야 한다. 내담자가 장애수당을 받는 경우, 치료자는 1) 내담자가 일을 할 수 있는지 평가하고, 2) 내담자가 일할 수 있는 역량만큼 일할 의지가 있는지, 아니면 비기능적 생활유형이 지속되게 하는 심리적, 재정적 이차 이득 때문에 일하는 것에 저항하는지를 평가해야 한다.

치료를 시작할 시점에 모든 경계선 내담자가 어떤 능력에서든 기능하지 못하고 있다고 얘기할 의도는 없다. 오히려 많은 사람이 학교를 다니고 있거나 직장 혹은 직업을 가지고 있다. 의존적인 삶을 살고 있는 사람조차도 종종 자신의 수동적이고 의존적인 상태에 대해 양가감정과 내적 갈등을 경험한다. 그러나 내담자는 다른 측면의 갈등을 나타내며 치료에 온다. 어떤 내담자는 적절한 수준에서 기능하는 것이 치료에서 기대하는 것임이 분명해질 때 치료를 떠나는 데 반해, 다른 내담자는 이러한 기대에 마음이 끌릴 수 있는데, 이는 자기가 제대로 기능하지 못하는 데에 따른 좌절과 더 적극적인 역할을 떠맡고 싶은 충동 때문이다. 하나의 아이러니는 일차적 장애가 미숙한 의존성과 이차 이득의 추구로 나타나고, 심각한 자기파괴적 행동을 하는 내담자들만큼 그렇게 '아프지는' 않아 보이는 내담자들은 그들의 병리 속에서 편안함을 느끼는 것이 더 쉽기 때문에, 자기파괴적 내담자들만큼 좋아지지는 않는다는 것이다. 심한 자기파괴적 행동을 하는 내담자는 자신의 장애의 심각성을 부인하기가 더 어렵다. 병리적으로 의존적인 내담자는 장애의 뿌리에 도달하고 근본적 변화를 일으키려는 치료를 회피하거나 중단할 가능성이 높다. 이런 유형의 내담자는 만성적인 상태에 빠지기 쉽고, 특히 대안적 치료와 사회복지 체계가 이런 상태를 지원하는 사회적 장면에서 그렇다. 전이초점 심리치료자에게 가장 좋은 방략은 이러한 만성적 의존성의 선택을 의문시하는 것과, 좀 더 자율적으로 기능하려는 내담자의 노력을 지원하는 것이다.

치료조건을 수립할 때, 치료자는 항상 내담자의 현재 일상적 기능 수준을 고려하고, 구조화된 활동의 현실적 수준을 의논해야 한다. 활동의 범위는 일일 프로그램에 참여하기부터 중요한 고용을 얻어 내기까지가 될 수 있다. 치료자는 다양한 시나리오를 고려할 필요가 있다.

1. 일하고 있지 않은 내담자, 그리고 왜 일할 수 없는지에 대한 심리적 혹은 신체적 이유가 분명하지 않은 내담자의 경우, 명시된 기간 내에 일자리를 얻는다는 목표가 치료의 계약단계에서 협의되어야 한다. 경계선 인성조직 내담자는 일반적으로 직장에서나 학교에서 기능할 수 있다. 그럼에도 불구하고 수동적, 유아적, 의존적 그리고/혹은 반사회적 특성을 지닌 경계선 인성조직 내담자는 종종 기능할 수 있는 역량이 있음에도 불구하고 일을 하지 않으며, 대신 사회적 체계, 즉 정부의 도움이나 가족의 도움을 이용한다. 이러한 행동은 기능하는 것과 관련된 내적 갈등(내담자의 내적 세계는 종종 대상표상으로부터 무자비하고 맹렬한 비판을 받는 결함 있고 무능한 자기표상을 포함한다), 다른 사람들에 대한 정서적 반응성(유전적 부하와 내적 표상의 결합에 기초한), 외부 세계가 실제적 혹은 지각된 방임이나 학대의 역사를 보상하도록 하려는 소망이 결합되어 나온 것일 수 있다. 비록 이런 문제들은 있지만, 우리 경험에 따르면 대부분의 내담자가 기능을 잘할 수 있으며, 그런 기능은 어떤 실제적 호전에 필수적이고 중요한 심리적 이점을 가진다(예를 들면, 개인이 삶에서 선택을 고민할 수 있도록 돕고, 이를 통해 정체성 혼미를 해결하는 데에 도움이 되고, 대인관계 상황에서 스트레스를 경험할 수 있고 의논할 수 있고 이해할 수 있도록 지지한다).

2. 우울, 불안과 같은 증상 때문에 일하지 않고 있는 내담자의 경우, 증상의 특성을 평가해야 한다. 만일 내담자가 주요 우울 삽화를 겪고 있다면, 내담자의 기능 수준을 증가시키기 위해 항우울제를 사용한 약물치료가 필요할 수 있다. 불안과 관련해서, 어떤 내담자는 적은 용량의 비전형적 항정신증 약물치료로 도움을 받을 수 있다. 그러나 기능을 방해하는 불안의 특성을 다루는 것 또한 도움이 될 수 있다. 우리는 그 불안에 종종 타인과 관련된 편집 포지션이 포함

되어 있다는 것을 알고 있는데, 학교나 직장 장면에서 타인이 내담자에 대해 비판하고, 화내고, 뒷담화할 거라는 등의 기대를 가질 수 있다. 그런 두려움에 대해, 그리고 이 불안은 대개 투사되고 있는 가혹한 내적 대상표상과 일치한다는 사실에 대해 논의함으로써, 내담자가 기능적 역할을 시작하도록 도울 수 있다. 그러나 종종 이러한 논의는 그러한 역동이 치료자와의 관계에서 경험되고 탐색될 때 가장 중요해진다.

3. 내담자가 자신의 잠재력보다 낮은 일을 하고 있을 때, 치료자는 이 문제를 치료에서 다루게 될 것이라고 설명해야 한다. 이는 왜 그렇게 되는지를 이해하기 위해서이고, 그리고 내담자가 관심이 있다면 자신의 기능 수준을 개선하기 위한 행동을 할 것이라는 구체적인 기대가 있기 때문이다.

4. 기능 수준과 관련된 여러 가지 문제에는 적극적이지만 위험하거나 반사회적 측면이 있는 행동에 관여하는 내담자(예, 매춘부로 일하는 것)가 포함된다. 그런 경우 치료자는 덜 위험하거나 덜 반사회적 특성의 일로 나아가는 것이 치료목표가 될 것이라는 입장을 취해야 한다.

4) 첫 치료계약의 한계

계약은 치료과정에 위협이 되는 것처럼 보이는 문제들을 분명하게 설명하고 치료가 탈선하지 않게 해 주는 계획을 제안한다. 계약을 하게 되면 치료가 시작되기 전에 내담자의 모든 의구심이 없어질 거라고 가정하는 것은 순진한 것이다. 한쪽 극단, 즉 어떤 행동을 수정하는 것에 대한 전면적 거부(예, "그러나 박사님, 내가 그걸 벌써 할 수 있었다면, 여기 올 필요가 없잖아요.")와, 다른 극단, 즉 변형기법을 활용하여 문제를 즉각적으로 근절하려는 기대, 이 두 극단 사이의 어딘가에 계약 단계가 끝나고 치료가 시작되는 지점이 있다.

(1) 치료자에 대한 신호로서 계약 혹은 치료 틀로부터의 이탈

계약을 맺는 것은 참여자 각각의 책임의 한계를 정의한다. 그것은 현실적 치료관계를 규정한다. 치료가 진행됨에 따라, 치료자는 반복적으로 그 순간의 자기 경험이 그 상호작용에 대한 정확하고 객관적인 인식인지, 아니면 자기 경험이 내담자의 내적 세계로부터 투사된 요소에 의해 결정되고 있는지 명확하지 않은 순간을 경험하게 될 것이다. 역전이 반응에 휘말린 치료자는 계약을 활용함으로써 자신의 반응이 치료의 방법과 목표에 적절한 것인지, 또는 그의 내적 반응에 미치는 내담자의 영향력 때문에 생겨난 것인지 살펴볼 수 있다. 예를 들면, 만일 치료과정에서 내담자가 치료자에 대해 차갑고 둔감하다고 비난함으로써 치료자에게 내담자의 비난이 정확하다는 역전이 두려움을 불러일으켰다면, 치료자는 내담자의 긴급하지 않은 전화를 받지 않은 것이 그 비난을 정당화해 주는 증거가 되는 것은 아닌지를 평가하느라 고심할 수 있다. 그러나 만일 내담자에게 이전 치료자에게 과도하게 전화했던 이력이 있고, 이 문제가 현재 치료에 대한 잠재적 위협으로 논의되었다면, 치료자는 자신의 동기를 의심하는 순간에도 그 계약에 대해 돌아볼 수 있으며, 내담자 전화를 받지 않아 내담자에게 해를 줄 수 있다는 생각이 계약내용과 어긋나며, 따라서 역전이 문제를 나타낸다는 점을 인식할 수 있다. 이렇게 계약내용을 살펴봄으로써, 치료자는 진행 중인 이자관계를 탐색하지 않고 전화 통화를 하게 되는 행동화를 피할 수 있다.

계약 맺기는 뒤따르는 탐색적 치료에 방향을 제공한다. 만일 내담자가 계약으로부터 벗어나기 시작한다면, 치료자는 그 계약을 언급하고 현재 상황에서 내담자 이탈의 원인이 될 수 있는 것을 찾을 수 있다. 이것은 내담자 이탈이 좀 더 큰 행동화로 '폭발'하기 전에 중요한 역동적 자료에 접근하는 방식이다. 치료자는 이렇게 말할 수 있다. "치료 시작 전에 우리는 치료에 대한 ○○씨의 양가적 태도가 학교를 중퇴하는 것으로 표면화될 수 있고, 그러면 ○○씨의 아버지가 더 이상 치료비를 대지 않을 수 있다는 데에 합의했지요. 지금 ○○씨는 내게 공부를 안 하고 있고 시험도 안 볼 생각이라고 말하고 있어요. ○○씨가 치료에 대해 숙고해 본다면 그 생각을 성찰하지 않고 행동화하는 것보다는, 우리가 함께 그것에 대해 의논하는 것이 더 좋을 거예요."

치료에 대한 잠재적 위협은 또한 문제의 본질에 대한 적절하고 명확한 표현과 내담자 반응에 대한 감수성 있고 사려 깊은 반응성, 이 두 가지 모두를 포함하려는 치료자 노력을 요구한다. 계약 맺기가 문제를 근절하지는 **못한다**. 계약 맺기는 내담자와 치료자에게 위험을 컨테인할 수 있는 계획을 수립할 필요성뿐만 아니라 위협의 본질에 대해 주의를 환기시킨다. 그것은 치료자에게 뒤따르는 치료에서 위험이 나타날 때 되돌아갈 기준점을 제공한다. "치료 시작 전에 우리가 함께 얘기했듯이, (이런 식으로 행동하는) ○○씨의 경향성이 표면으로 나타났어요. 우리는 왜 지금 이런 일이 일어나는지 알 필요가 있겠지만, 우선 우리는 치료에 도전하고 그것을 행동으로 표현하는 ○○씨의 부분을 다루어야 하고, 희망하건대 ○○씨가 그것에 따라 행동하지 않도록 그것을 이해하려고 애쓸 필요가 있어요." 만일 치료를 시작한 후에 계약의 어떤 요소를 위반했다면 일반적 원칙은 그 상황을 다루는 것인데, 여기에는 계약 위반과 그에 따른 한계 설정의 이유와 중요성에 대한 해석적 태도와 한계 설정도 함께 포함된다.

내담자가 계약을 위반했다면, 치료자는 내담자에게 두 번째 기회를 주는 것이 중요하다. 문제는 이 시점 이후로 한 번 더 계약을 어길 경우 갑작스럽고 예기치 않게 치료가 끝날 수 있는 위험성에 대해 내담자에게 계속해서 직면시킬 필요성이다. 그러한 위험, 특히 내담자의 심각한 자기패배적 충동의 의미는 해석 작업에 통합될 필요가 있다. 그것을 해석하지 않는다면, 다루어지지 않은 공격적 및 자기공격적 충동이 주기적으로 반복되는 행동화가 나타날 수 있다. 이러한 행동화가 분명하게 나타나는 경우에도 임상 실제에서 치료자가 내담자와 함께 행동화 삽화에 대한 충분한 탐색을 회피할 수 있다. 이것은 심각한 행동화의 기저에 있는 불안하고 불편한 정동의 의식적 자각에 저항하는 해리 방어와 공모하는 형태이다.

(2) 계약 맺기에서 흔한 치료자 문제

계약 맺기는 치료에서 펼쳐질 역동의 축소판을 나타낸다. 그래서 치료자는 계약 맺기를 둘러싸고 일어날 수 있는 복잡한 일들을 알아야 하며, 계약단계에서 치료로 성급하게 바로 들어가지 않아야 한다. 성급하게 치료로 넘어가지 않기 위해서는 치료조건들에 합의되기 전까지 저항 해석을 시작하고 싶은 유혹에 넘어가지 않아야 한다. 그보다 치료자는 계약단계의 기법에 초점을 두어야 하는데, 그것은 일차적으로 치료조건과 이들 조건에 대한 내담자 반응을 반복해서 명료화하는 것이다. 그러나 모든 규칙에는 예외가 있으며, 계약단계 동안 해석이 내담자가 남을 것인지 아니면 떠날 것인지에 영향을 줄 수 있다면 해석의 가능성은 배제되지 않는다. 예를 들면, 치료자는 다음과 같이 이야기할 수 있다.

> 내가 ○○씨에게 마음속에 있는 것을 검열하지 않고 보고하는 것이 중요하다고 얘기한 후, ○○씨가 작은 목소리로 "전 여기에 없어요."라고 말하는 것을 들었어요. ○○씨는 불안해 보였어요. 우리는 일단 치료가 시작되고 나서야 충분히 이해할 수 있지만, 나는 ○○씨의 반응이 두려움을 나타내는 것인지 궁금해요. ○○씨가 말하려고 하는 것을 내가 못마땅해할 거라는 두려움일 수도 있어요. 개방적으로 얘기하게 되면 ○○씨가 불안해하는 친밀감이 생길 거라는 두려움일 수도 있어요. 그 밖의 다른 것일 수도 있고요. ○○씨가 여기에서 치료를 계속한다면 우리는 모든 가능성을 다 살펴볼 수 있어요. 그러나 지금 당장은 그것들이 ○○씨가 불안해 보이고 그리고 아마도 우리의 논의를 계속하기 위해 돌아오지 않는 이유라고 생각할 수 있어요.

(3) 내담자 반응 따라가기의 실패

치료자가 각 영역의 치료조건들을 적절히 제시하였지만 내담자 반응을 적절히 탐색하지 못했다면, 치료계약을 맺을 때 결함이 생길 수 있다. 이런 형태의 실수는 흔한데, 그 이유는 내담자들이 종종 표면적으로 순응하면서 그들의 더 깊은 생각을 얘기하지 않기 때문이다. "괜찮은 거 같아요."와 같은 피상적 반응은 탐색해 보아야 하는데, 내담자가 치료자 얘기를 실제로 듣고, 받아들이고, 생각했는지를 확인하기 위해서이다. 치료자는 "○○씨가 동의하는 치료조건에 대해 ○○씨가 이해한 내용을 말해 줄 수 있나요?"라고 물어볼 수 있다. 이런 실수가 흔히 나타나는 또 다른 이유는 내담자 반응을 철저히 따라갔을 때 나타날 수 있는 어려움과 저항을 치료자가 피하고 싶어 하기 때문이다. 이것은 치료에서 필연적으로 나타나게 될 문제들을 순진하게 '외면하는 것'이다. 전이초점 심리치료의 원칙은 이런 문제들이 나중에 치료에서 행동화되도록 놔두는 것보다는, 이 문제들을 가능한 한 빨리 검토하는 것이 더 낫다는 것이다.

어떤 치료자는 내담자가 이해한 바를 추적하려는 노력을 꺼릴 수 있는데, 그러한 탐색이 내담자에게서 기저의 반대나 화를 불러일으킬까 봐 두려워하기 때문이다. 내담자가 치료조건에 반대할지 모른다는 두려움은 종종 내담자가 제시된 치료를 실제로 받아들이지 않을 수 있다는 치료자의 염려에 근거하고 있다. 이러한 염려는 대개 초심 치료자에게 가장 전형적인데, 그들은 종종 자신의 성공과 실패를 내담자를 치료에 붙잡아 놓을 수 있는지 여부로 판단한다. 이 단계에서 작업의 가장 핵심적인 부분은 치료조건을 확립함으로써 탐색적 치료가 이루어질 수 있게 하는 것임을 치료자가 명심하는 것이 중요하다. 명확한 치료 틀의 결여로 인해 계속적으로 부적응 행동의 뿌리에 있는 갈등과 정동의 체험을 회피하고 행동화하게 되는 그런 치료에 참여하는 것은 내담자에게 도움이 되지 않는다. 어떤 저자들은 '내담자들이 있는 곳에서' 그들을 만나고 거기에서부터 작업하는 것이 매우 중요하다고 주장할 것이다. 우리의 경험에 비추어 보면, 치료에서 실패한 적이 많았던 경계선 내담자들도 일반적으로 책임을 받아들이라는 기대에 순응할 수 있음을 보여 주는데, 심지어 그들과 이전 치료자들이 그들이 이렇게 변화할 수 없을 거라고 생각했던 경우에도 그렇다. 종종 이전에 어떤 치료자도 이런 내담자들이 스스로 자기 행동을 어느 정도 책임지고 통제할 수 있다고 생각한 사람은 없었다. 우리의 임상 경험에 의하면, 그런 생각이 이치에 벗어나지 않는다는 것을 보여 준다.

내담자가 치료를 받아들이지 않을지도 모른다는 염려에 덧붙여서, 치료자는 계약조건에 대한 내담자의 강한 반대를 드러냄으로써 부정적 전이를 자극하게 될까 봐 두려워할 수 있다. 계약 맺기 단계 동안 전이와 역전이 문제의 역할을 명심하는 것이 매우 중요한데, 그것은 계약이라는 용어가 근본적으로 인지적 과정을 시사하기 때문이다. 하지만 계약 맺기 동안 전형적으로 표면화되는 어려움은 어떻게 치료의 가장 인지적이고 합리적인 요소조차 심리내적 역동이 펼쳐지는 장이 될 수 있는지를 보여 준다. 이 시점에서 우리의 강조점은 계약 맺기 과정 속에서 전이와 역전이를 **알아차리는** 것이며, 아직 그것의 분석은 시작되지 않았다. 이런 문제들을 인식하는 것은 계약단계에서 치료자 개입의 방향을 결정하는 데에 중요하다. 이때 해석은 최소한으로 제한하고, 모순들을 적절하게 직면하면서 명료화가 강조된다. 만일 내담자가 부정적 전이를 표현하기 시작한다면(예, "선생님이 저에게는 신경 쓰지 않고, 오직 선생님이 하는 치료의 '순수성'에만 관심을 보이는 것을 이제 알기 시작했어요."), 치료자는 내담자가 느끼는 것을 인정하고, 치료를 시작할 때 그것에 대해 더 많이 이해하려는 관심을 표현해야 하며, 그렇지만 지금의 과제는 내담자가 치료를 시작하고 싶어 하는지 알아보기 위해 치료조건의 논리를 설명해 주는 것이라는 점을 명확히 해야 한다. 내담자가 치료자에 대해 갖고 있는 어떤 부정적 반응에 대한 관심을 방어적이지 않게 표현하는 것은 내담자를 안심시킨다. 치료자의 중요한 첫 번째 기능은 그가 내담자의 부정적 정동을 컨테인할 수 있다는 것을 전달하는 것이다.

계약조건에 대한 주요 반대에 직면하는 것이 두려운 치료자는 내담자가 화나서 평가절하할 수 있는 가능성을 감지할 수 있으며, 그런 반응을 촉발하게 되는 것이 두려워서 어떤 탐색이나 직면을 회피할 수 있다. 이것은 두 가지 점에서 오류가 될 수 있다. 첫째, 치료자가 내담자에게서 어떤 것이 나오든 그것을 통제할 수 있다는 착각 아래 작업할 것이다. 이것이 착각이 되는 이유는 치료자가 이런 유형의 통제를 할 수 없기 때문이며, 또한 회기에서 치료자의 행동을 통제하고 있는 사람이 이 경우 내담자일 것이기 때문이다. 둘째, 치료자는 부정적 전이가 일어나는 것을 피하려고 한다는 것이다. 전이와 역전이는 경계선 내담자의 치료에서 매우 초기에 나타난다. 부정적 전이를 작업하는 것은 이런 내담자 집단에서 필수적이다. 우리 경험에서 보면, 부정적 전이가 치료에서 더 일찍 일어날수록, 그리고 그것이 치료에서 컨테인될 수 있다는 것을 치료자가 더 빨리 보여 줄수록, 치료가 지속되고 중심 문제에 접근할 가능성은 더 높아진다.

(4) 내담자 반응의 공격적 추적

계약조건에 대한 내담자 반응을 추적하는 치료자는 **반대** 방향으로 실수를 범할 수 있다. 내담자 반응에 대한 탐색을 피하는 대신에, 치료자는 공격적 성질을 띠는 집요함과 끈질김으로 내담자를 대할 수 있다. 치료자는 내담자 반응에 대해 적절히 질문함으로써 시작할 수 있지만, 그다음에는 내담자의 추가 반응을, 그리고 내담자가 정말로 계약을 이해하고 받아들였다는 추가 확인을 반복해서 요청할 수 있다. 이런 상황은 치료에서 나타난 어떤 재료가, 그것이 표면적 내용이 무엇이든 간에, 치료자나 내담자에 의해 어떻게 방어적 방식으로 사용될 수 있는지의 예를 보여준다. 이 경우, 한 가지 가능성은 치료자가 이미 투사적 동일시에 휘말려 있을 수 있고, 공격성이 내담자 속에서 올라올 때 내담자를 압박함으로써 행동화할 수 있다는 것이다. 또 다른 가능성은 치료자가 자신의 공격성을 상연할 수 있다는 것인데, 그것이 일차적인 것이든, 아니면 잠재적으로 어려운 내담자의 치료 전망 때문에 생긴 불안에 대한 반응이든 간에 그렇다. 치료자는 사례를 받는 것과 관련된, 그리고 내담자가 치료를 그만두는 데에 영향을 준 이후의 행동과 관련된 자신의 저항을 모를 수 없다. 치료를 강화하고 진전시키기 위해 치료계약에 주목하는 것은 고압적인 태도로 변할 수 있고, 치료자의 양가감정이 펼쳐지는 무대가 될 수 있다. 그러므로 계약 맺기 과정에서 치료자는 내담자의 참여만큼 자신의 참여에 대해서도 주의를 기울여야 한다. 만일 치료자에게 특정 내담자나 일반적인 경계선 내담자의 치료가 꺼려진다면, 치료자는 이 문제를 직접적으로 다루어야 하며, 계약 맺기 과정이 반갑지 않은 내담자를 돌려보내는 방식으로 되지 않도록 해야 한다. 치료계약과 치료 틀에 대한 주된 논리적 근거의 하나는 치료자가 이런 종류의 불안을 느끼지 않을 수 있도록 충분한 안전감을 느낄 수 있게 해 주는 것이다.

(5) 계약에 관한 치료자의 양가감정

계약과 관련해서 더 복잡한 형태의 어려움은 치료자가 계약 맺기 절차를 적절히 공부해서 그것을 실행할 수 있지만, 내적으로 치료기법으로서의 그것을 반대하는 마음을 갖고 있을 때에 일어난다. 이 문제는 치료에 내담자의 기대가 포함되지 않아야 하며 치료는 느슨하게 수립된 치료 틀의 맥락 속에서 내담자가 이끄는 대로 따라가야 한다고 생각하는 치료자들에게서 가장 전형적으로 나타난다. 한편으로 치료자의 반대는 이러한 치료적 접근에 관한 솔직한 의견 차이 때문일 수 있는데, 이 경우에는 치료자가 그것의 적용을 미루어야 한다. 다른 한편으로, 반대하는 것은 경계선 병리에 대한 치료자의 이해에 근거할 수 있다. 예를 들어, 치료자는 내담자를 학대의 희생자로 보는 것에 기초해서 경계선 병리를 이해할 수 있다. 이러한 이해는 경계선 내담자가 어려운 내담자로서 부당하게 희생양이 되었다는 견해를 강조할 수 있고, 결과적으로 계약 맺기에 특별히 초점을 두는 것은 이러한 희생양 되기를 영속시키고, 매우 경직된 치료 틀에 동의하기를 '요구함'으로써 내담자를 수치스럽게 한다는 의견으로 귀결된다. 경계선 병리에 대한 서로 다른 이해들은 많은 흥미로운 논쟁을 자극해 왔다. 우리는 내담자가 배타적으로 희생자 역할을 한다는 치료자의 입장을 특정한 역전이 입장을 나타내는 것으로 볼 것인데, 그것은 치료자는 자신을 약한 희생자로 보는 내담자의 자기표상과 일치하는 일치적 역전이에 고착되어 있는 것이다. 여기에서 내적 표상은 분열된 공격성으로 점유되고, 행동으로 표출되거나 외부 대상에 고착되게 된다. 계약 맺기 과정에 대한 이러한 태도의 적절성은 내담자의 희생자 위치에 초점을 맞추는 치료자가 종종 치료의 이런 측면에 대해 반대나 어려움을 보인다는 것이다.

역전이의 또 다른 예는 치료자가 경계선 내담자에 대해 구조적 결핍이 뚜렷해서 계약의 요구가 비현실적이라고 보는 경우이다. "만일 내담자가 이런 기대를 따를 수 있다면, 그는 치료가 필요 없을 것입니다. 그는 치료가 끝나 가는 상태에 있을 것입니다." 물론 치료계약을 수립하는 것은 도전적인 과제이다. 그것은 치료자 편의 기술을 요구하며, 내담자에게는 자신이 이전에 받아들인 적이 없을 수 있는 책임감에 동의하는 노력을 요구한다. 하지만 계약의 요구가 내담자에게 비현실적이라고 느끼는 치료자는 충동적이고 다소 격노에 찬 반응이 특징인 내담자에게 어떤 기대나 한계를 설정하는 것에 대한 자신의 불안에 의문을 가질 수 있다. 어떤 치료자는 내담자의 행동에 책임이 있는 것은 내담자보다는 그들이 정한 한계라고 느낀다. 우리는 다시 내담자의 내적 세계와 보다 객관적인 외부 세계 사이의 경계라는 미묘한 문제를 다루고 있는 것이다.

5) 계약에서 치료로 들어가기, 그리고 계약 주제로 돌아오기

앞에서 기술한 계약과정을 이해하고 나면, 치료자는 언제 자신과 내담자가 치료조건에 대한 논의를 끝내고 치료로 넘어갈 수 있을 만큼 충분한 합의가 이루어졌는지를 결정해야 한다. 치료자는 그때 다음과 같은 말과 함께 진행한다. "우리는 치료를 시작할 수 있을 만큼 함께 일하는 것에 대해 충분히 이해한 것 같아요. 이 단계에서 질문이 더 없다면, 우리가 이야기했듯이 ○○씨 마음에 떠오르는 것을 얘기하는 것으로 시작합시다."

계약과정이 신중했다 하더라도, 치료자는 치료과정에서 계약 문제로 되돌아가야 할 때가 생길 수 있다. 이런 필요성은 1) 치료 시작할 때는 없었던 새로운 문제가 발생했을 때(예, 자해나 약물남용의 첫 발생), 또는 2) 내담자가 초기 계약에서 논의한 조건을 고수하지 않기 때문에 생길 수 있다. 첫 번째 경우, 치료자는 시간을 갖고 새로운 변형기법의 필요성을 고심해야 한다. "우리 앞에 이런 새로운 문제가 생겼기 때문에, 그것이 우리의 치료에 어떤 영향을 줄지, 어떤 치료조건이 그것을 다루는 데에 가장 적합할지에 대해 이야기해 봐야 해요."

두 번째 문제인 내담자가 계약을 지키지 않는 것은 저항의 흔한 형태이다. 그런 계약 위반을 다루는 것은 7장에서 논의되었다. 간단히 말하면, 치료자는 치료의 변형기법을 재수립하는 것과 내담자 계약 위반의 의미를 해석하는 것을 결합해서 작업한다. 바람직한 것은 치료자가 내담자에게 두 번째 기회를 주고, 내담자가 가혹한 처벌적 대상표상의 상연을 유발하고 있을 가능성을 살펴보는 것이다. 예를 들면, 치료자는 다음과 같이 얘기할 수 있다. "우리는 ○○씨가 술이나 약에 취하지 않은 상태를 유지할 때만 치료가 효과를 발휘할 수 있다는 것을 분명히 이해하고 있어요. ○○씨가 단주모임에 나가는 것을 그만두고 다시 술을 마신다는 이 소식은 비상 신호예요. 우리의 작업을 다시 하려면, ○○씨는 우리의 처음 합의를 지켜야만 해요. 그렇게 해야만 이렇게 자기파괴적 행동으로 되돌아간 것 뒤에 무엇이 있는지 알아낼 수 있는 희망을 가질 수 있어요." 이와 같은 상황에서, 치료자는 내담자에게 후자의 경우 치료가 즉각적인 위험에 놓이는 상황이 된다고 주의를 환기한다. 변형기법으로 되돌아감으로써 내담자는 치료를 재수립하고 나아갈 수 있지만, 계약 위반이 재발된다면 이것은 내담자가 이런 형태의 치료에서 작업할 의지가 없거나 작업할 능력이 없음을 나타낼 수 있으며, 치료자는 내담자를 다른 곳으로 의뢰할 수 있게 된다.

3. 전이초점 심리치료와 다른 치료의 결합

전이초점 심리치료는 다른 치료들과 결합될 수 있는데, 여기에는 특정 증상을 위한 약물치료, 섭식장애나 물질남용 혹은 기술부족과 같은 특정 증상행동에 대한 행동치료가 포함된다(Koenigsberg et al., 2000b 참조).

1) 전이초점 심리치료와 약물치료

심리치료와 약물치료의 결합은 경계선 내담자의 치료에서 상당한 상승작용의 가능성이 있다. 약물치료는 내담자가 심리치료를 더욱 잘 활용할 수 있도록 하는 데에 도움이 될 수 있다. 예를 들면, 해석의 효과는 그것을 전달할 때의 내담자 정동 상태에 의해 강한 영향을 받는다. 경계선 내담자의 경우, 정동적 강도와 불안정성으로 인해 종종 언어적 개입을 받아들일 수 없을 때가 생긴다. 극단적인 경계선 정동을 조절해 주는 약물치료는 내담자의 접근가능성을 증가시킬 수 있다(물론 과도한 약물치료도 내담자의 접근가능성을 감소시킬 수 있다). 현실 왜곡이나 사고장애와 같은 일시적 정신증 현상 또한 심리치료 과정을 방해할 수 있다. 소량의 신경이완제 약물치료는 이런 상황에서 잠재적 이득이 될 수 있다. 충동통제를 개선해 주는 약물치료는 치료 자체를 방해할 수 있는 행동화를 줄여 줄 수 있다.

경계선 인성조직이나 경계선 인성장애를 위한 특정적 약물치료 처방은 없기 때문에, 현재의 실제 기준은 내담자의 특정 목표증상을 살펴보면서 증상 완화를 위해 약물치료를 사용하는 것이다. (연구들 간 피험자 선정기준 차이에 의해 부분적으로 설명되는) 약간의 서로 다른 결과에도 불구하고, 많은 증상반응 패턴이 나타났다.

정동조절장애, 충동-행동 통제장애, 인지-지각 장애와 같은 경계선 인성장애의 특정 증상들이 약물치료의 대상이 되었지만, 이 증상을 위해 선택할 분명한 치료는 없다. 더욱이 경계선 인성장애 내담자에 대한 약물치료의 효과는 대체로 약하고 비특정적인 것으로 나타났으며, 시간이 지남에 따라 약해질 수 있다. 게다가 경계선 인성장애 내담자들은 특히 부작용에 민감하다(Silk & Friedel, 인쇄 중). 만일 임상가가 경계선 인성장애 내담자에게 약물치료가 필요하다고 믿는다면, Silk와 Friedel은 한 번에 단지 하나의 체계적이고, 연속적이고, 반응-기반적인 약물치료 시도를 권고한다. 그런 계획을 준수하는 것은 임상가에게 빠른 증상 완화를 압박하고, 그의 경험과 증상 보고가 빠르게 변할 수 있는 내담자의 경우에 항상 쉽지만은 않다. 시간이 지나면서 감소하는 초기 약물치료 반응의 빈번한 패턴 때문에, Silk와 Friedel은 3개월 혹은 그 이상이 지난 후에도 내담자가 약물치료로 더 나아진 상태를 지속하고 있다는 명백한 증거가 있을 때에만 약물치료를 유지할 것을 권고한다. 경계선 인성장애의 특정적 증상에 대한 약물치료에서 최근 추세를 보면, 기분 안정제와 소량의 항정신증 치료제의 역할이 더 커졌고, 오랫동안 약물치료에서 중요하게 간주되어 온 항우울제 약물치료는 감소되었지만 여전히 중요한 역할을 하고 있다(Silk & Friedel, 인쇄 중; Stoffers et al., 2010).

약물치료는 성격병리를 치료해 주지 않기 때문에, 임상가는 이 접근의 한계를 알아야 하며, 약물치료 방략을 지속적으로 확대시킴으로써 치료법을 찾으려는 유혹을 피해야 한다. 약물치료에 너무 많은 기대를 하는 임상가는 일련의 약물치료 시도에 관여함으로써, 약물치료를 둘러싼 상호작용에서 중요한 역동이 펼쳐질 때조차도 심리역동적 초점을 상실할 수 있다('3. 1) (3) 내담자와 치료자에게 약물치료의 의미' 부분 참조).

치료를 시작하는 대부분의 내담자는 이미 약물치료를 받고 있다. 만일 약물치료에 대한 타당한 근거가 있고 내담자가 긍정적 반응을 보고한다면, 내담자가 치료에 참여할 때 약물치료를 지속하는 것이 임상적으로 유용할 수 있다. 그러나 치료의 목표는 일반적으로 내담자가 치료에 참여할 때 약물치료를 점차 줄여 가는 것이다. 점진적으로 줄여 가는 결정에는 주의 깊은 감별진단이 필요한데, 예를 들면 성격적 우울과 주요 우울 삽화 기간의 가능성을 구분하는 것이다. 어떤 내담자들은 치료과정 동안 약물치료를 점진적으로 줄여 갈 수 있지만, 다른 내담자들은 지속적인 약물치료에서 도움을 받을 수 있다. 두 집단 사이의 차이는 특정 내담자의 장애에서 생물학적 요인 대 발달적 요인이 어느 정도의 역할을 하고 있는지와 관련될 수 있다.

(1) 심리치료 과정에서 생기는 증상

치료과정 동안 경계선 내담자는 주요 우울 삽화, 조증 삽화, 정신증 삽화를 경험할 수 있다. 이들 공존병리 상태는 적절한 생물학적 개입을 필요로 한다. 그러나 우울 기분, 일시적 정신증 증상, 공황, 충동성, 불안정한 기분은 공존병리 상태보다는 인성장애 병리 자체의 발현이다. 따라서 치료자가 증상을 충분히 평가하고 그것을 치료 맥락에서 이해하는 것이 필수적이다. 만일 그런 증상이 전이 발달이나 내담자 생활사건에 대한 반응을 나타낸다면, 가장 효과적인 치료는 내담자가 그 증상의 기원과 의미를 이해할 수 있도록 돕는 것이다.

(2) 심리치료와 약물치료의 결합

심리치료 과정에 대한 관심은 약물치료에 대한 협력을 증진시키는 데에, 그리고 약물치료가 효과를 나타내기에 충분한 기간 동안 내담자가 치료를 유지하는 데에 기여할 수 있다. 효과적인 약물치료에는 내담자가 약물치료의 긍정적 및 부정적 효과를 정확히 보고할 수 있는 동맹이 필요하다. 경계선 내담자의 주관적 경험에서, 내담자의 내적 세계가 서로 교대하는 분열된 대상표상들에 의해 지배될 때, 인지 및 기분 상태는 빠르게 변화된다. 결과적으로 이들 내담자는 약물치료 효과에 대해 왜곡된 보고를 할 수 있다. 심리치료를 동시에 진행하면 그런 왜곡의 존재를 진단하고, 내담자의 내적 세계를 이해하기 위해 해석을 사용함으로써 그런 왜곡을 줄일 수 있는 기회를 가질 수 있다.

(3) 내담자와 치료자에게 약물치료의 의미

내담자가 약물치료에 귀인하는 의미는 매우 중요하다. 기본적으로 연구들은 지속적으로 위약효과의 중요성을 보여 준다. 치료에 약물치료가 도입되면, 치료자는 그것의 의미를 다음의 세 가지 관점에서 결정해야 한다. 1) 약물치료와 그 효과에 대한 내담자의 의식적 신념과 환상, 2) 현재 전이 상태의 맥락에서 내담자에 대한 약물치료의 의미, 3) 역전이에서 내담자의 약물치료의 의미.

약물치료에 대한 내담자 반응은 현재 전이 상태에 의해 강하게 영향받을 것이다. 약물치료는 치료자 통제의 대리인으로, 양육의 신호로, 선물로, 내담자 정동 상태를 치료자가 참지 못하는 증거로, 혹은 치료자 절망의 확증으로 볼 수 있다. 약물치료의 전이적 의미를 이해하는 것은 치료자가 전이의 변화와 강화를 이해하는 데에, 그리고 불순응의 무의식적 동기를 이해하고 해석하는 데에 도움이 된다. 만일 약물치료를 둘러싸고 심각한 행동화가 예상된다면, 치료자는 사전에 이것을 예측하고 해석할 수 있을 것이다.

약물치료를 고려할 때 치료자는 역전이 상태 또한 살펴보아야 한다. 예를 들면, 치료자는 내담자의 행동이나 태도에 대해 특히 무력감을 느낄 때 약물치료에 의지할 수 있다. 치료자는 치료에 대해 무망감을 느낄 때나, 내담자에 의해 심리치료자로서 단순작업을 하는 것으로 느껴질 때 약물치료에 의지하고 싶은 유혹을 받을 수 있다. 약물치료는 또한 내담자로부터 거리를 두고 싶을 때에 사용될 수 있다.

(4) 탐색에 대한 방어로서 증상, 부작용, 약물치료

증상은 어떤 진단 집단에서도 내담자에게는 대인 간 소통의 통로가 될 수 있지만, 경계선 내담자들은 특히 치료자에게서 어떤 반응을 유발해 내기 위해 증상을 보고하는 경향이 있다. 증상 강도의 변화나 방해가 되는 부작용의 출현은 순수한 약물효과를 반영하는 것만큼 전이의 변화를 반영할 수 있다. 증상과 부작용의 역동적 의미를, 그것이 있다면, 이해하려고 노력하는 것이 중요하다. 내담자들은 증상이나 부작용을 보고하는 방식을 통해 치료자 행동을 통제하려고 시도할 수 있는데, 이것은 대개 탐색 추구에 대한 방어이다. 탐색적 작업에 대한 초점이나 약물치료의 관리에 확신이 없는 치료자는 내담자가 복용량의 변화나 약물치료의 변화를 결정하도록 허용할 수 있다. 결과적으로, 경계선 인성장애 내담자들은 종종 부적절한 시험적 약물치료를 받게 되거나, 또는 오랫동안 동종요법의 복용량이나 과도한 복용량으로 유지될 수 있다.

경계선 내담자들에게 약물치료를 사용하는 한 가지 핵심적인 원칙은 시험적 약물치료 기간에 관한 일반적으로 인정된 지침을 따르는 것과, 갑작스러운 약물치료 변화의 유혹을 피하는 것이다. 정동적 및 행동적 불안정성이 이들의 특징이기 때문에, 증상의 개선이나 악화가 약물치료 효과인지를 치료자가 결정하기 어려울 수 있다. 순수한 약물치료 효과를 결정하기 위해서는 치료자가 정동 상태와 전이의 변화라는 배경을 넘어서는 장기적 경향을 파악하기 위해 기다릴 수 있어야 한다.

(5) 경계선 내담자의 결합치료에서 복잡한 문제

내담자가 받는 치료 형태(심리치료 그리고/혹은 약물치료)에 따라 내담자는 생물학적 자기나 심리적 자기로서 자기표상에 집착하게 될 수 있다. 만일 자기에 대한 생물학적 시각이 우세하다면, 충동과 감정 상태는 화학적 및 생리적 사건으로 귀인된다. 만일 자기에 대한 심리학적 시각이 우세하다면, 이들 상태는 의식적 혹은 무의식적 소망, 두려움, 가치로 귀인된다. 결합치료가 이루어질 때는 두 모델 모두가 일깨워진다. 경계선 내담자들은 방어적 목적으로 이들 두 참조 틀을 이용할 수 있다. 그들은 자신의 감정 상태를 배타적으로 생물학에 귀인시킴으로써 심리내적 갈등이나 대인관계 경험의 함의를 방어할 수 있다. 그렇지 않으면, 그들은 약물치료에 의한 호전을 최소화시키거나 순수한 생리학적 효과를 심리적 과정으로 귀인시키면서, 약물치료 지침을 따르지 않음으로써 그 역할을 인정하지 않고 방어할 수 있다. 이것은 약물치료의 필요성을 나약함과 불완전함의 표시로 경험하는 자기애적 특징을 가진 내담자들에게서 특히 그렇다. 약물치료가 추가된 집중적 심리치료에서 치료자 과제의 하나는 그러한 방어적 입장을 해석하는 것이다.

(6) 약물치료를 누가 관리할 것인가의 문제

내담자에게 약물치료가 필요하다고 생각되면, 다음 주제는 약물치료 관리를 누가 할 것인지를 결정하는 것이다. 만일 심리역동치료를 하는 치료자가 정신과 의사라면 치료자가 약물치료도 관리해야 하는가? 어떤 조건에서 이차적 인물이 처방을 책임지는 게 최선이 될까? 심리역동치료자가 의사가 아니라면, 치료자와 약물치료자 사이의 소통의 원칙은 무엇인가? 누가 약물치료를 관리할 것인지의 질문에 대해 절대적으로 옳거나 그른 답은 없지만, 어떤 원칙들은 적용된다.

1. 만일 치료를 나눈다면, 약물치료 관리를 책임 맡은 사람은 심리역동치료에 익숙해야 한다. 이러한 익숙함이 치료자들 간의 분열이 안 생기도록 보장해 줄 수는 없지만, 최소한 그런 일을 치료 틀 안에서 의논할 수 있는 상황을 만들어 준다. 약물치료 하는 의사가 받아들여야 하는 한 가지 핵심적 치료 측면은 증상, 특히 우울감, 불안, 기분 불안정성이 전이나 내담자의 생활사의 발달에 의해 촉진된 내적 정동 상태를 나타낼 수 있다는 점이다.
2. 만일 치료가 나뉘지 않았다면, 치료자는—정신과 의사든 아니든 간에—약물치료를 통해 현실적으로 기대할 수 있는 것이 무엇인지 알 수 있을 만큼 약물치료에 대해 충분히 알고 있어야 한다. 그렇지 않다면, 실제로는 심리치료 개입의 영역일 수 있는 치료적 곤경을 해결하기 위해 약물치료에 호소할 수도 있다.

(7) 두 가지 역할을 결합하는 것의 장단점

내담자의 약물치료 관리를 치료에서 분리시킬 것인가의 문제는 치료자의 임상적 판단에 달려 있다. 그 역할은 전통적으로 분리되어 있었는데, 증상을 평가하고 관찰하는 것은 처방과 더불어 치료자를 탐색적 역할로부터 멀어지게 하였다. 그러나 잘 훈련된 치료자라면 탐색적 치료에 그런 요소를 포함하는 것을 둘러싸고 발달하는 역동을 알아차릴 수 있다는 것이 점차 분명해졌다. 한 가지 가능한 위험은 약물치료자가 증상 변화와 부작용을 적극적으로 묻고 용량의 변화를 권고하는 등 때때로 지시적이어야 한다는 사실과 관련되어 있다. 이 과제는 덜 지시적인 역할을 하기를 원하고 기법적 중립성에서 벗어나지 않으려고 애쓰는 심리역동적 심리치료자에게 도전이 될 수 있다.

이중적 역할을 선택한 치료자는 약물치료 주제의 논의가 어떻게 치료 틀에 들어가는지 결정해야 한다. 치료자는 내담자가 회기를 시작하도록 허용하고 적절할 때 약물치료 주제를 꺼내는 원칙을 고수할 수도 있다. 만일 회기 동안 적절한 순간이 나타나지 않는다면, 치료자는 회기를 끝내기 몇 분 전에 약물치료 주제를 점검해 볼 필요가 있다는 것을 얘기할 수 있다. 한 가지 대안적 접근은 (아마도 1주일에 1회의) 회기를 시작할 때, 약물치료 질문, 처방 쓰기, 그리고 약물치료 효과와 부작용에 대한 간략한 개관을 위해 어떤 고정된 시간을 할애하는 것이다.

(8) 두 가지 역할을 분리하는 것의 장점과 위험

치료자와 약물치료자 역할은 분리되어 있을 때가 많다. 이러한 방식에는 주의 깊은 공동작업과 분열에 대한 경계가 필요하다. 종종 내담자들은 약물치료자를 '좋은 대상'으로 취급한다. 이것은 약물치료자가 경계와 기법적 중립성에서 덜 엄격할 수 있고, 그래서 내담자에게 더 개방적이고 가용하고 따뜻해 보인다는 사실에 의해 촉진된다. 반대로, 내담자가 치료자에 대해 차갑고 거부적이라고 불평할 수도 있다. 치료자는 이러한 일련의 분열된 대상표상들을 탐색하고 작업할 수 있어야 한다.

그렇지 않으면, 약물치료자는 약속 잡기가 어렵고, 전화 회답을 해 주지 않고, 무례하게 말하고, 경청하거나 관심을 주지 않는 등등의 '나쁜 대상'으로 지각될 수 있다. 내담자의 이러한 지각은 치료자에게 딜레마가 될 수 있는데, 치료자는 이런 불평의 타당성이 궁금할 수도 있고, 동료의 전문성을 의심하기 시작할 수도 있다. 핵심적인 것은 치료자가 1) 약물치료자의 전문성을 기본적으로 신뢰할 수 있을 만큼 충분히 그를 알아야 하는 것이고, 2) 약물치료자에 대한 내담자의 부정적 경험을 명료화하고 탐색하는 것이, 잘못 표현하였다거나 거짓말했다고 내담자를 비난하는 것이 아니라(비록 내담자는 그렇다고 주장할 수도 있지만), 그보다는 내담자 내적 세계의 대상표상을 더 잘 기술하기 위해, 전이로 인해 (약물치료자에 대해) 무엇이 왜곡될 수 있는지 이해할 수 있도록 돕는 것이라는 점을 치료자가 이해하는 것이다.

2) 전이초점 심리치료와 기술 접근의 결합

전이초점 심리치료의 궁극적 목표는 자기와 타인에 대한 통합된 개념의 성취와, 기분 안정성, 자기 개념, 대인관계, 사랑과 일에서의 만족감의 변화이다. 치료계약과 같은 전이초점 심리치료의 요소들이 내담자가 문제행동을 통제할 수 있도록 돕는 데에 강력한 영향을 주며 일반적으로 탐색적 치료에 적합한 조건을 만들어 주긴 하지만, 전이초점 심리치료가 보조치료 혹은 보완치료로서 수행되는 지지적 접근, 정보제공 접근, 기술향상 개인적 및 집단적 접근과 결합될 수 있다(Koenigberg et al., 2000b 참조). 적절한 보조치료의 구체적 예로는 12단계 프로그램(예, 단주모임, 약물중독자 자조모임), 웨이트워처스(Weight Watchers), 영양사, 내과의사, 기술훈련, 부부치료, 그리고 가장 기능수준이 낮은 내담자를 위한 낮병동 프로그램이 있다. 변증

핵심적 임상 개념

- 치료계약은 변형기법을 확립함으로써, 내담자, 치료자 그리고 치료를 보호하며, 치료가 진행됨에 따라 치료자가 내담자의 내적 세계를 이해할 수 있도록 돕는다.
- 내담자와 치료자 사이의 언어적 계약은 치료에 관련된 양쪽의 책임을 구체적으로 명기한다.
- 계약과정은 치료관계의 현실을 확립한다. 그것은 치료시간에 치료자와 치료에 대한 내담자의 태도와 행동이 명백히 계약에 규정된 관계로부터 벗어났을 때, 치료자가 내담자의 내적 세계를 이해할 수 있도록 돕는다.
- 내담자의 과거력과 이전 치료경험을 주의 깊게 살펴보는 것은 내담자가 치료과정에 대해 나타낼 수 있는 행동적 저항에 대한 정보를 제공한다. 치료의 변형기법은 기저의 정동이 치료 속으로 들어올 수 있게 길을 내주는 방식으로, 이들 저항을 예상하고 다룬다.
- 내담자의 특정 증상과 역기능 영역이 무엇인지에 따라, 전이초점 심리치료는 약물치료 또는 다른 보조치료와 결합될 수 있다.

법적 행동치료(Linehan, 1993)와 같은 보다 인지행동적인 치료법을 통해 증상 면에서 도움을 받은 내담자들이 정체성, 대인관계, 삶에 대한 관여와 같은 주제들을 더 깊이 있게 다루기 위해 전이초점 심리치료를 찾는 경우가 점차 흔해졌다. 이러한 치료 순서는 종종 유익한 것으로 밝혀졌다.

추천 도서

Silk KR, Friedel RO: Medication in the context of integrated treatment, in An Integrated Modular Treatment for the Personality Disorders. Edited by Livesley WJ, DiMaggio G, Clarkin JF. New York, Guilford, in press.

Yeomans FE, Selzer MA, Clarkin JF. Treating the Borderline Patient: A Contract-Based Approach. New York, Basic Books, 1992.

6장

치료기법:
즉각적 개입과 변화의 작용과정

전이초점 심리치료(TFP)의 기법은 치료 회기에 치료자가 내담자에게 하는 순간 순간의 개입이다. 이 장에서 우리는 전이초점 심리치료에서 사용되는 네 가지 기본 기법인 해석, 전이분석, 기법적 중립성, 역전이에 대해 상세하게 기술한다. 우리는 기법들을 개별적으로 논의하지만, 독자는 기법들이 끊임없이 상호작용한다는 점과, 기법과 치료자 마음속에 있는 치료 틀과의 관계를 명심해야 한다.

순간순간의 상호작용에서 치료자에 대한 경계선 내담자의 경험은 파편화된 그의 내적 세계에 의해 결정되며, 시시각각 극적으로 변화할 수 있다. 치료자와의 이러한 전이관계에서, 내담자는 내재화된 지각이 무의식적으로 반복되는 지각, 태도, 정동, 환상을 경험한다. 전이는 내재화된 대상관계 패턴이 현재에서 반복되는 것이다. 이러한 패턴은 구조가 되는데, 그것은 개인의 현재 현실 경험, 특히 관계 경험을 결정한다. 경계선 내담자 사례에서, 이러한 내재화된 관계 패러다임은 유아기와 아동기에 사랑과 미움의 해결되지 않은 갈등에서 비롯된 원시적 특징을 갖고 있으며, 현재 자기 및 타인과의 병리적 관계로 귀결된다. 치료자에 대한 내담자의 반응에서 이러한 내적 패러다임이 펼쳐지는 것은 내담자의 내적 세계를 이해하고 개입하는 데에 중요한 수단이 될 것이다.

대상관계 이론은 전이 활성화가 기본적 이자관계 단위, 즉 특징적 정동에 의해 연결되는 자기표상과 대상표상을 포함한다는 것을 강조한다. 이러한 이자관계 단위는 개인 안에서 추동 표현과 정동 경험을 결정하는 데에 중요한 역할을 한다. 이들 이자관계는 그걸 통해 서로 다른 추동이 경험되는 수단이며, 또한 그걸 통해 추동 억제가 경험되는 수단이다. 따라서 이자적 대상관계는 심리내적 갈등이 경험되는 매개체이다. 이러한 초기 정동 경험의 이자관계 단위는 정상적인 심리발달 환경하에서 아동이 부모 사이의 관계를 알아차림에 따라 삼자관계 단위가 된다. 삼자관계 단위를 발달시키는 이러한 역량으로 인해 내적 단위의 본질에 대한 성찰 역량이 시작될 수 있는데, 이것은 심리화의 핵심 요소이다. 치료관계에서 그 역량은 전이에서 이자관계 단위에 관한 치료자의 해석적 명료화와 해석으로 검증된다. 경계선 내담자들은 그러한 '삼자적' 관점과의 동일시에서 서로 다른 정도의 한계를 보인다. 삼자관계와 관찰자 조망(Britton, 2004)에 대한 감당하기 어려움은 내재화된 대상관계의 특히 심각한 왜곡을 가리키며, 내담자가 자기 생각과 다른 어떤 생각도 견뎌 낼 수 없는 퇴행을 가리킨다. 치료자의 첫 역할은 내담자의 그런 관점을 확증해 주고, 그러한 공유된 경험의 현실과 안정성을 내담자에게 확인시켜 주는 것이 될 수 있는데, 이것은 즉각적으로 불안을 고양시키고 위협이 되는 관점 차이를 가진 채 출발하는 것과는 대비된다.

여기에서 우리는 전이에서 **활성화된 이자관계** 개념에 중요한 것을 추가하고자 한다. 내담자가 치료자에 대한 관계를 표현하는 한—대개 그때까지는 무의식적인— 잠재적이고 암묵적인 희망이 아직 남아 있는데, 그것은 치료자가 과거 문제를 영속시키지 않을 것이고 그 대신 관계에 어떤 새로운 '역할 연기자(actor)'를 도입할 것이라는 희망이다. 마찬가지로 치료자의 역할은 내담자가 치료자에게 투사한 자기표상이나 대상표상에 일시적 동일시를 경험하는 것과, 이런 정서적 관계의 재경험에 관여된 자신의 부분을 거리를 갖고 관찰하는 것, 두 가지 모두이다. 치료자는 해석적 개입을 통해 원시적 대상관계를 붕괴시키는 배제된 제삼자로 행동하는데, 이런 해석적 개입은 내담자의 언어적 이야기를 경청하고, 비언어적 행동을 관찰하며, 역전이를 분석함으로써 얻어진 지식을 통합한 것이다. 따라서 전이에서의 이자관계는 잠재적 삼자관계에 끊임없이 노출된다.

전이에서 활성화된 이자관계는 추동이나 그것에 반하는 방어의 표현을 나타낼 수 있다. 치료자에 대한 내담자의 전이 반응에서 전형적인 것은 충동-방어 조직이 갈등의 방어적 측면을 표상하는 대상관계의 형태로 먼저 활성화되는 것이다. 예를 들면, 치료자에 대한 첫 반응으로 치료자가 차갑고 무관심하다고 화내며 평가절하하는 내담자는 치료자를 자기가 바랐던 돌보아 주는 대상으로 상상하는 분열된 이자관계에 뿌리를 둔 리비도적 충동을 방어하는 것일 수 있다. 반대로 처음에 치료자를 이상화하는 것은 분열된 편집적이고 공격적인 감정을 방어하는 방식일 수 있다. 나중에는 갈등의 충동적 측면을 반영하는 대상관계가 전이에서 나타난다. 치료자는 대상관계 관점의 틀에서 처음에는 혼돈된 관계처럼 보이는 것을 이해할 수 있고, 이자관계의 변동과 변화 패턴이 전이에서 재상연될 때 이를 지각할 수 있다. 이러한 이해는 치료자가 이 장에서 기술되는 기법을 가지고 개입하는 근거가 된다.

경계선 내담자의 전이에서 활성화되는 대상관계는 과거 중요한 대상과의 관계에 대한 현실적 표상과 상상의 왜곡된 표상의 조합으로 가장 잘 이해될 수 있다. 따라서 경계선 내담자의 전이 해석은 신경증 수준에서 조직화된 내담자의 전이 해석과는 다르다. 신경증 내담자의 경우, 초기 발달단계의 더 원시적이고 과장되고 분열된 내적 표상들은 더 복합적이고 일관된 심리내적 구조로 통합되어, (상대적으로 명확한 정체감을 가진) 자기와 내적 대상세계, 그리고 (상대적으로 일관된 도덕적 가치감과 내적 금지를 가진) 초자아를 구성한다. 신경증적 내담자의 치료에서, 저항 분석은 전이에서 이런 구조들의 비교적 전반적이고 일관된 특징(예, 원초아 추동에 대항하는 초자아 금지)을 활성화한다. 이런 구조들은 일관된 질적 특성을 갖는데, 왜냐하면 신경증적 내담자의 경우 자기의 측면들이 서로 연결되어 있고 대상 측면들도 함께 연결되어 있기 때문이다. 다시 말하면, 하나의 자기표상은 자기의 나머지 부분과 '일관되며', 대상표상의 경우도 마찬가지이다. 신경증 내담자의 경우, 분열되고 통합되지 않은 자기표상과 대상표상 사이의 교체는 극심한 퇴행이 있을 때만 일어난다.

그에 반해 경계선 내담자의 경우, 원시적인 내적 표상은 다른 자기표상 및 타인표상으로부터 분열된 채로 있는데, 이들 표상들은 모두 오랫동안 어떤 더 크고 더 일관된 구조로 통합되지 않은 채 남아 있다. 그 결과는 더 혼란스러운 주관적 경험, 더 엉뚱한 행동, 더 심각한 대인관계 장애로 나타난다. 내적 갈등은 정해진 충동적 힘과 억제하는 힘 간의 일관된 패턴으로 나타나지 않고, 대신 원시적 분열 방어에 기초한 해리된 자아 상태들로 표현된다. 이들 해리된 자아 상태들은 갑자기 전환될 수 있는데, 내담자는 어느 한 순간에 갈등의 오로지 한 측면에만 배타적으로 동일시했다가, 다음 순간에는 갈등의 다른 측면에 배타적으로 동일시한다.

1. 전이초점 심리치료의 기법

전이초점 심리치료에는 네 가지 기본 기법이 있다. 해석 과정, 전이 분석, 기법적 중립성의 활용, 역전이의 활용 등이다.

1) 해석 과정

해석은 대개 억압되었거나 혹은 해리/분열된 무의식적 갈등을 밝혀가는 과정이다. 경계선 내담자의 경우, 전이에서 재활성화된 무의식적 갈등에는 열망, 경쟁적 분투와 경쟁의식, 죄책감과 불안이 주제인 비교적 전형적인 오이디푸스적 발달이 포함되며, 여기에는 돌봄에 대한 강한 열망, 버림받는 것에 대한 두려움, 지각된 박해자에 대한 격노와 같은 전오이디푸스적 주제가 응축되어 있다. 오이디푸스적 갈등, 특히 공격성이 실린 오이디푸스적 갈등이 만연되어 있다 할지라도, 더 우세한 경향을 보이는 것은 전오이디푸스적 갈등이다. 매우 초기의 애착 갈등은 때로 나중에 나타나게 될 심각한 응축된 갈등을 감출 수 있다.

전이초점 심리치료의 초기 단계에서, 해석 과정은 전통적 정신분석 작업과 질적으로 다르다. 이것은 경계선 내담자가 겪는 첫 전이 경험의 특성에서 비롯된다. 전이에서 활성화된 원시적 대상관계는 임상적 상호작용을 압도하는 강한 정동(대개 미움이나 이상화의 변형)으로만 경험될 수 있다. 따라서 치료자에 대한 내담자의 경험은 구체적(concrete)이고, 내담자는 내적 현실과 외적 현실의 차이를 인식할 수 있는 역량이 부족하다. 치료자는 거부하는 사람같아 보이는 것이 아니다—치료자는 거부하는 사람이다. 그것은 활성화된 대상관계에 대한 인지적 표상이 없는 경험이다. 처음에 내담자는 전이에서 자신이 겪는 즉시적 경험을 관찰할 수 있는 거리나 조망을 만들기 어려울 수 있다. 치료자와 내담자 모두 처음에는 혼란감과 불안을 경험한다. 전이 경향은 내담자의 행동 그리고/또는 역전이에서 가장 분명하게 나타날 수 있다. 내담자에게 관찰할 수 있는 거리가 부족하기 때문에, 처음에는 내담자 경험을 조직하는 기저의 불안과 방어에 대한 전통적 해석을 활용할 수 없다. 더구나 내담자는 어떤 개입이든지 비난이나 공격으로 경험할 수도 있다. 이 경우, 치료자[1]는 정동 경험을 컨테인하고 버텨줄 수 있는 더 근본적인 개입을 사용하고, 그것을 인지적으로 표상할 수 있는 역량이 생길 수 있도록 촉진할 수 있다. 정동을 컨테인할 수 있는 치료자 능력은 재난에 직접 맞딱뜨리지 않고도 정동을 경험할 수 있는 소통의 목적에 기여한다. 이런 상황에서, 해석 과정의 첫 단계는 존재하는 것을 단순히 **명명**하는 것이다. 그다음에 그 경험의 기저에 있는 것을 **설명**할 수 있다.

이러한 명명 과정의 예는 비디오 2의 '휴가 전 회기'의 Betty에게서 찾아볼 수 있다. 치료자인 Em 박사는 처음엔 더 고전적인 해석을 시도한다. 치료자는 Betty의 화내고 치료자를 평가절하하는 태도는 자신이 그녀가 찾는 이상적 치료자(caretaker)가 아닌 것에 대한 반응이라고 말했다. 이 해석이 이해를 증진하는 것처럼 보이지 않자, 그는 더 단순하게 말했다. "지금 일어나고 있는 것은 [화와 평가절하] ○○씨가 누군가에게 애착을 느끼는 것과 같은 감정에 대한 실제의 극적인 반응이에요. 그리고 이것은 분명히 그 과정이 시작될 때 나타나는 일이에요." 이 개입은 Betty의 비언어적으로 전달했던 요소, 즉 앞선 회기에서 때때로 나타났던 무언의 따뜻함과, 내담자의 분노 집중공세에도 불구하고 리비도적 요소를 갖고 있는 Em 박

---

[1] [역주] 영어원문에는 '내담자'로 되어 있지만, 문맥상 치료자에게 해당하는 내용이어서, 본 역서에서는 '치료자'로 고쳤다.

사의 역전이에 근거한 것이다. Em 박사의 이러한 언급은 해석인데, 왜냐하면 설명을 하진 않았지만 Betty가 현재 볼 수 있는 것에서 한 걸음 더 나아간 자각을 유도했기 때문이다. 그로 인해 그녀는 Em 박사가 다른 소통 경로를 통해 감지한 방어된 리비도적 이자관계에 접촉할 수 있게 되었다. Em 박사가 정동을 버텨 주고 다음에는 Betty가 그것을 명명할 수 있게 도와줌으로써, 그녀는 전에는 행동화만 했던 전이에서의 경험을 상징적으로 관리하고 성찰할 수 있는 역량을 점진적으로 갖게 되었다 (Winnicott, 1949).

▶ 비디오 2-1: 휴가 전 회기 1부(9:24)_[부록 p. 491]

▶ 비디오 2-2: 휴가 전 회기 2부(6:12)_[부록 p. 495]

우리는 해석 과정을 더 상세하게 기술하기 전에, 경계선 내담자에게 이 기법을 사용하는 방법에 관해 우리가 이해한 중요한 특징을 기술한다. 경계선 인성장애 내담자의 경우 (억압-기반 방어보다는) 분열-기반 방어활동이 우세하기 때문에, 해석은 (일관되게 억압된 것보다는) 비록 시기는 다를지라도 의식화될 수 있는 경험의 상호해리된 측면에 초점을 둔다. 치료가 진행되고 내적 심리구조가 더 통합되기 시작할수록, 해리 방어는 억압 방어로 대체되는데, 이때 해석은 억압된 심리적 내용에 초점을 맞추는 것으로 전환될 수 있다. 해석 과정은 (3장 '전이초점 심리치료의 방략'에서 논의된) 전이초점 심리치료의 기본 방략을 따르는데, 이것은 내담자가 정체성을 통합할 수 있도록 돕기 위한 것이다. 가장 넓은 수준에서, 해석은 우선 지배적 대상관계의 특성과 그 이자관계의 양극을 확인하는 내담자의 어려움을 다룬다. 따라서 초기 단계에서 해석은 한 번에 하나의 이자관계에, 그리고 그 안에서의 반전에 초점을 맞춘다. 다음으로 이 과정은 박해적 이자관계와 이상화된 이자관계 간의 방어적 분열을 다루고, 그리고 그것을 분열시키는 이유를 탐색하는 것으로 나아간다.

(1) 명료화, 직면, 해석

해석 과정은 대략 다음의 4단계로 나눌 수 있다(Caligor et al., 2009).

1. 그 순간의 내담자 자기(self) 상태를 확인하고 이해하고, 마찬가지로 상대방/치료자를 상세하게 이해하기
2. 그 순간에 가능한 상대방/치료자의 경험을 고려하고, 이자관계에서의 반전에 대한 관찰 과정의 일부로서 그것이 내담자 경험과는 다를 수 있음을 알아차리기
3. 탐색한 그 순간을 더 넓은 맥락에서 살펴봄으로써, 즉시적인 자기 경험과 치료자 경험을 다른 시기의 그런 경험들과 비교하기
4. 서로 반대되는 정동가(affective valences)를 가진 이자관계들을 분열시킨 동기를 해석함으로써, 이자관계들의 층(그것들을 분리시키는 분열), 분열, 갈등을 다루기

명료화와 직면은 본래의 해석을 준비하는 해석 과정의 일부이다. 해석은 종종 정신분석에 기초한 치료에서 기본적 기법으로 간주되며, 다양한 방식으로 수행될 수 있다. 경계선 내담자의 치료에서, 우리는 역사적 발달 자료에 대한 '발생기원적' 해석을 넘어서 지금-여기의 전이 상호작용에 대한 해석을 강조한다. 아울러 우리는 해석 작업이 명료화에서 직면과 본래의 해석으로 진행되는 과정임을 강조한다.

소통의 세 경로를 경청하기   효과적인 명료화, 직면, 해석을 위해서는 소통의 세 경로에 대한 세심한 주의가 필요하다. 내담자는 직접 말한 것을 통해, 행동과 다른 비언어적 소통을 통해, 그리고 치료자의 역전이를 매개로 자료를 제공하는 투사 과정을 통해 소통한다. 직면시켜야 할 소통에서의 불일치, 갈등, 모순이 자주 관찰되는데, 이것은 한 경로를 통해 소통되고 있는 것과 다른 경로를 통해 소통되고 있는 것을 비교함으로써 알 수 있다.

명료화   명료화는 해석 과정의 첫 단계이다. 이것은 불명확하거나 모호하거나 헷갈리거나 모순되는 정보에 대해 치료자가 내담자에게 탐색하고 설명하도록 하는 것이다. 명료화는 외부 현실 요소, 내담자 과거, 혹은 그 순간의 경험에 초점을 맞출 수 있지만, 그것의 목표는 항상 내담자의 주관적 경험을 최대한 충분히 이해하는 것

이다. 명료화는 두 가지 기능을 하는데, 구체적 자료를 명백히 하는 것과, 내담자가 어떻게 경험하고 그것을 얼마나 이해하는지 밝혀내는 것이다. 명료화 과정은 내담자가 선택된 소통의 새로운 요소를 끌어내도록 돕는데, 그것은 이전에 불분명하거나 알려져 있지 않은 측면을 밝혀 줄 수 있다.

일반적으로 경계선 내담자를 대할 때 치료자의 초기 주관적 경험은 혼란스러운 경험이다. 이것은 내담자 내적 세계의 통합되지 않은 상태로부터, 내담자가 외부 현실과 잘 부합되지 않는 내적 대상관계에 의해 외부 현실을 경험하고 있다는 사실로부터, 그리고 현실에 대한 내담자 시각을 결정하는 내적 대상관계가 매 순간마다 갑자기 바뀔 수 있다는 사실로부터 일어난다. 이런 혼란의 근원 외에도, 경계선 내담자의 소통 방식이 혼란스러울 수 있다. 왜냐하면 내담자가 자신이 무엇을 전달하려고 애쓰는지 분명하지 않거나, 자기가 충분히 설명하지 않아도 상대가 자신을 이해할 수 있으리라는 자기애적 가정을 가지고 이야기하거나, 혹은 단순히 내담자가 불안하기 때문이다.

치료자는 종종 충분히 명료화하는 것을 주저한다. 내담자는 종종 드러내 놓고 혹은 암묵적으로 즉각적 이해를 요구하면서, 그런 이해에 도달하진 못했지만 그걸 향해 작업해야 한다고 하는 치료자를 평가절하한다. 이런 압력에도 불구하고, 치료자는 내담자에게 그가 말하고 있는 것을 명료화하라고 요청하는 것을 결코 주저해서는 안 된다. 이것은 종종 치료의 첫 단계 동안 주된 개입이다. 시작하자마자 바로 내담자를 이해해야 할 것 같은 치료자의 느낌과, 그리고 이와 관련해서 명료화를 망설이는 것은 내담자의 평가절하에 대한 두려움을 반영할 뿐만 아니라, 내담자가 치료자에게 투사할 수 있는 원시적 전지(omniscient) 대상의 역할을 떠맡으려는 치료자의 무의식적 시도를 반영한다. 그러나 치료 초반에 치료자가 내담자의 혼란 상태를 공유하게 되는 것은 불가피하다. 실제로 치료자는 내담자보다 이 혼란스러움을 더 잘 자각할 수 있는데, 그것은 내담자의 경우 서로 다른 상태들이 해리되어 있으면 그들 간의 차이로 인해 생기는 혼란의 경험을 어느 정도 차단할 수 있기 때문이다. 어쨌든 치료자가 어떤 불분명한 점에 대해 내담자에게 명료화하도록 요청하는 것을 망설인다면, 치료자는 아무리 단순하다 할지라도 그 시점에서 자신의 역전이를 탐색해 보아야 한다.

다음은 치료자가 시도하는 명료화의 예이다.

- "○○씨가 John이라는 사람에 대해 언급했는데 나는 그 사람이 어떤 사람인지 모르겠어요." (치료자는 이처럼 단순한 명료화도 망설일 수 있다. 치료자는 내담자가 John에 대해 이전에 얘기했을 수 있는데 그가 누구인지 물어서 자기가 잊어버렸다는 것을 드러내는 것이 두렵기 때문이다. 잊어버릴 수 있는 보통 사람이 되는 것에 대한 치료자의 두려움은 완벽한 대상에 대한 내담자의 암묵적 요구에 상응한다.)
- "○○씨는 자신이 '보통의 십 대'라고 했는데, 그게 무슨 뜻인지 좀 자세히 설명해 줄래요?"
- "○○씨가 얘기한 클럽은 뭐하는 곳인지 얘기해 줄 수 있나요?"
- "어머니가 '성인'이라고 했는데 무슨 뜻이죠?"
- "○○씨는 남자친구와 어떤 성적인 문제가 있다 해도, 그건 '지금까지 최고의 섹스'라고 했어요. ○○씨에게 그건 어떤 뜻인지 얘기해 줄 수 있나요?"
- "○○씨는 어머니를 방문할 때마다 '너무 혼란스러워 명확하게 생각할 수 없다'고 했어요. 혼란스러운 것들이 무엇인지 알려 줄 수 있나요?"

직면　　명료화와 마찬가지로, 직면은 해석에 앞서 이루어진다. 직면은 또한 명료화와 마찬가지로, 치료 초기 단계에서 종종 해석보다 더 빈번하게 사용된다(예외적으로 위기 시에는 치료의 중단을 막기 위해서 치료자가 빠르게 깊은 해석을 해야 할 수도 있다). 직면의 목적은 내담자가 언어적, 비언어적으로 전달한 자료의 서로 모순되는 측면을 스스로 성찰할 수 있게 하는 것인데, 이는 내적 불일치와 갈등에 대한 자각을 높이기 위한 것이다. 직면 기법은 또한 '성찰로의 초대(invitation to reflect)'로 부를 수 있다. 해석 과정의 두 번째 단계인 직면은 내담자가 따로따로 경험하는 의식적, 전의식적, 무의식적 자료들을 결합시키는 것인데, 무의식적 자료의 경우에는 자료의 여러 요소가 서로 분열되어 있기 때문에 내담자가 이를 경험하는 대신 행동화하게 된다. 직면은 내담자가 지금까지 자각하지 못했던 자료나 혹은 지극히 당연하다고 생각했으나 다른 생각, 태도 혹은 행동과 모순되는 자료에 내담자가 주의를 기울이게 한다. 본질적으로 직면은 내담자가 자기의 해리된 측면에 주목하게 한다.

일반적으로 직면은 여러 소통 경로를 통해 전달되는 것에서 나타난 불일치를 지적하는 것이다. 보통 영어에서 **직면**(confrontation)은 적대적 호전성이라는 의미가 함축되어 있지만, 치료기법으로서 직면은 정중하면서도 감각 있게, 그리고 무엇보다도 진정한 호기심을 가지고 활용해야 한다. 그럼에도 불구하고 심지어 감각 있는 직면일지라도 때로 내담자에게는 적대적으로 경험될 수 있는데, 왜냐하면 이 개입은 모순되는 이미지와 정동을 분열시키는 내담자 방어체계를 문제 삼기 때문이다. 명료화는 순전히 명확히 하는 것인 반면, 직면은 어떤 관찰된 사실이 역동적으로 또 치료적으로 중요하다는 치료자의 판단을 함축한다. 직면은 정동, 외부 현실, 전이 혹은 내담자 과거 등 내담자가 전달하는 어떤 측면의 자료와 관련해서도 이루어질 수 있다. 만일 내담자가 이런 직면에 성찰로 반응할 수 있다면, 그는 스스로 어느 정도의 해석 작업을 할 수 있게 될 것이다. 예를 들어, 내담자는 다음과 같이 말할 수 있다. "선생님이 맞아요. 지난주에는 치료에 대한 느낌이 좋았지만, 오늘은 싸울 준비를 하고 온 것 같아요. 선생님이 다음 주에 휴가 떠나는 것이 저에게 아무런 의미도 없다고 한 것은 제가 틀린 것 같은데, 그렇지만 그렇다는 것을 솔직하게 인정하는 것이 제게는 어렵네요."

다음은 치료자가 한 직면의 몇 가지 예이다.

- "고통을 줄이려고 자해를 해야 할 만큼 마음이 힘들었다는 얘기를 하면서 ○○ 씨는 분명히 웃었어요. 어떻게 그럴 수 있지요?"
- "이 시간을 시작할 때 ○○씨는 내가 치료자가 되어 주어 고맙다고 했는데, 지금은 내가 ○○씨에게 쓸모가 없고 여기 오는 것이 시간낭비라고 말하고 있어요. 이 둘을 어떻게 연결할 수 있나요?"

해석   해석은 치료자가 명료화와 직면에서 얻은 정보를 활용하고 통합함으로써, 내담자가 의식하고 있는 자료를 내담자 동기와 기능에 영향을 미치는 것으로 생각되는 추론되고 가정된 무의식적 자료와 연결시키는 것이다. 치료자는 내담자 말과 행동에서 관찰하고 있는 것을 설명해 낼 수 있는, 무의식적 혹은 해리된 심리내적 갈등에 대한 가설을 공식화한다. 해석의 목표는 자료의 상충되는 특징, 특히 경계선 내담자 경우에는 분열된 심리내적 부분 간의 갈등에 뿌리를 둔 행동의 상충적 특징을 해결하는 것이다. 이 과정은 기저의 무의식적 동기와 방어를 내담자가 이해하게 되면 이전의 명백한 모순과 부적응적인 행동이 해결될 수 있다고 가정한다. 치료자는 지금 여기의 전이, 내담자의 현재나 과거의 외부 현실 혹은 내담자의 특징적 방어를 해석할 수 있으며, 혹은 이들 요소를 가정된 무의식적 과거와 연결시킬 수 있다(이른바 발생기원적 해석은 주로 치료의 후기 단계에서 사용된다).

효과적인 해석을 하는 것은 치료의 성공에 중심이 되며, 유능한 치료자는 이 기법에 숙련되어야 한다. 전이초점 심리치료에서 해석과 관련된 치료자의 능력에는 다음 요소들이 포함된다. 1) 해석의 명확성, 2) 해석 개입의 속도나 템포, 3) 해석의 적합성, 4) 해석의 적절한 깊이.

해석을 준비할 때 치료자는 내담자의 의식적인 소통, 내담자의 내적 세계에서 그가 견뎌 낼 수 없는 것, 그리고 내담자가 견딜 수 없는 것으로부터 자신을 보호하는 방어기제를 꿰뚫어 알고 있어야 한다. 치료자는 다른 소통 경로, 즉 내담자의 비언어적 행동과 역전이에 주의를 기울임으로써 그가 견뎌 내기 어려운 것이 무엇인지 알게 된다. 이 과정에서 치료자는 더 깊은 수준에서 자신의 역전이를 분석함으로써 내담자가 자각한 것을 넘어서는 자료에 접근할 수 있게 된다. 적절한 자료가 모아지면, 치료자는 편안한 마음으로 자신의 해석을 상세히 설명할 수 있게 된다. 비록 해석은 가설이고 치료자도 이를 인정하지만, 그럼에도 불구하고 치료자는 해석할 때 확신을 가지라는 조언을 듣게 되는데, 왜냐하면 해석이 자료에 대한 치료자의 주의 깊은 분석에 기초하고 있기 때문이며, 동시에 해석은 종종 내담자의 원시적 방어에 근거한 강력한 저항에 부딪칠 것이기 때문이다. 비디오 2에서 치료자가 한 작업이 이 점을 반영한다.

해석을 시작할 때 치료자가 내담자의 내적 분열과 자각에 대한 저항에 공감을 표현하는 것이 도움이 될 수 있다. 예를 들어, 치료자는 내담자의 분열된 내적 세계의 일부(예, 공격성)를 언급하려 하는데 만일 그것이 내담자에게 자각된다면 비난을 받게 될 상황에서, 치료자는 다음과 같은 얘기로 시작할 수 있다. "내가 지금부터 얘기하려는 내용이 ○○씨에게는 비난으로 들릴 수도 있어요. 그러나 그걸 생각해 보는 것이 괴로울지라도 그것은 잠시 생각해 볼 가치가 있을 거예요."

2) 전이 분석

전이 분석은 치료계약에서 규정된 '정상적인' '실제' 치료관계의 왜곡에 대한 지속적인 분석이다(5장 '치료 틀 확립하기' 참조). 처음에 규정된 관계로부터의 어떤 일탈이든 내담자 내적 세계에 관한 정보를 제공한다. 이러한 일탈은 특정한 코멘트나 행동의 형태로 혹은 회기에서의 일반적 태도의 형태로 나타날 수 있다. 치료자는 치료관계에서 이러한 일탈의 발달을 탐색하고, 나중에는 그것을 내담자의 치료 밖 인간관계에서 나타나는 유사한 왜곡과 연결시킨다. 전이 분석은 Reich(1972)의 저서 첫 6개 장에서 기술된 성격 분석과 매우 유사하다.

다음 대화는 특정한 코멘트에 관한 전이 분석의 예이다.

내담자: 하지만 선생님은 제가 그 남자와 결혼해야 하는지 말해 주셔야 해요! 선생님은 제가 결정을 못한다는 것을 알고 있고, 여기에 대해 저는 선생님의 도움이 필요해요.

치료자: 물론 내 의견을 말할 수 있지만, 우리가 어떻게 이 치료를 시작했는지 돌아봅시다. 우리는 ○○씨가 성장하고 자기 삶에 더 많이 책임질 수 있도록 돕는 방식으로 함께 작업하기로 합의했어요. 우리는 ○○씨 삶에서 ○○씨가 문제를 처리하는 데에서 어려움을 겪는 이면에 무엇이 있는지 이해하려고 노력하는 것이 최선이라고 합의했어요. 나와의 관계에서 어떻게 느끼는지가 문제일 수 있는데, 지금이 그 순간 같네요. ○○씨는 내가 이 복잡한 질문에 확실한 정답을 줄 수 있는 지식을 접할 수 있다고 느끼는 것 같아요[내적 이상화 대상을 참조하기]. 우리는 ○○씨 스스로 결정을 내리는 어려움에 영향을 미

치는 이 요소와 다른 요소를 고려해 봐야 해요.

이 예는 전이 분석 작업이 기법적 중립성이라는 치료자 태도에 따라 어떻게 달라지는지를 보여 준다. 기법적 중립성은 '1. 3) 기법적 중립성의 활용' 부분에서 논의될 것이다.

다음 대화는 일반적인 태도를 중심으로 한 전이 분석의 예이다.

> 내담자[매주 월요일 회기마다 하는 것과 비슷한 얘기로 시작한다]: 주말 어떻게 보내
> 셨어요? 골프 좀 치셨나요?
>
> 치료자: 내가 골프에 관한 ○○씨의 관심을 같이 나눌 것인지 ○○씨가 궁금할 수
> 있다고 이해해요. 우리는 골프에 관해 얘기를 나눌 수 있어요. 하지만 월요일
> 회기를 ○○씨가 어떻게 시작하는지를 생각해 보는 것이 어쩌면 치료적으로
> 가치가 있을 것 같네요. 치료를 시작할 때, 우리는 ○○씨의 역할이 치료시간
> 에 오는 것과 그리고 치료에 오게 된 문제들과 관련해서 마음속에 떠오르는
> 것은 무엇이든지 얘기하는 것이라는 점에 동의했어요. 물론 ○○씨의 문제
> 와 나의 주말에 관한 ○○씨의 질문 사이에 어떤 연관성이 있을 수도 있지만,
> 지금 이 시점에서는 그것이 무엇인지 분명하지 않아요. ○○씨는 어떻게 생
> 각해요?

치료자는 질문을 통해 명료화를 요청하는 것으로 해석 과정을 시작하고 있다. 치료자는 내담자가 자기 행동의 동기가 무엇인지에 대해 얼마나 이해할 수 있는지 탐색하고 있다. 내담자가 이해한 정도에 따라, 치료자는 해석 과정을 진행하게 된다. 탐색은 지위의 차이(내담자가 마음의 더 깊은 수준에서 실제로 과장할 수 있는 차이)를 견디는 데에서 어려움을 겪는 자기애적 특징에 대해, 그리고 관계를 동등하게 만들거나 치료자를 미묘하게 평가절하하려는 욕구에 대해 이루어질 것이다.

전이 분석을 촉진하는 단순한 마음 상태는 치료자가 자료를 경청하고 관찰하면서, 늘 마음속으로 '이런 상황(즉, 계약에 의해 규정된 치료 회기)에서의 '정상' 반응과

비교해서 이 반응은 어떤가?'란 질문을 하는 것이다. 또 다른 유용한 내적 질문은 '내담자가 지금 이 시점에 이런 특정한 자료를 나와 의논하기로 함으로써 어떤 관계가 만들어지고 있는가?'이다.

경계선 내담자 치료에서의 해석(Bateman & Fonagy, 2004; Gabbard, 1991)을 포함해서, 전이 해석은 심리치료 문헌에서 계속 논란이 많은 주제이다. 이 주제에 관한 연구의 수는 소수에 불과하고, 수행된 연구들은 전형적으로 적은 수의 피험자를 대상으로 이루어졌으며, 연구결과는 일관성이 없다(Crits-Christoph et al., 2013). 가장 유익한 연구는 내담자 중재변인의 영향을 받는 전이 해석의 영향에 관한 연구들이다. 단기 심리역동치료에 관한 한 연구에서, 높은 수준의 전이 해석은 치료 시작 시의 대상관계 질이 높았던 내담자에게서만 빈약한 치료성과와 관련성을 보였다(Piper et al., 1991). 그러나 단기 역동치료에 관한 또 다른 연구에서는 높은 수준의 전이 해석이 치료 시작 시 낮은 관계의 질을 보인 내담자들의 낮은 치료성과와 관련성을 나타냈다(Connolly et al., 1999).

보다 최근의 연구들은 더 일관된 그림을 그리기 시작했다. 1년간의 심리역동치료에 관한 한 연구(Høglend et al., 2008)에서, 심리역동적 기능으로 측정한 성과에서 대상관계 질이 빈약한 내담자는 높은 수준의 전이 해석을 하는 치료에서 전이를 해석하지 않는 치료의 내담자와 비교했을 때 더 나은 결과를 보였다. 이러한 결과는 더 기능을 잘하고 '심리학적으로 생각할 수 있는(psychologically minded)' 내담자만이 전이 해석을 통해 도움을 받을 수 있다는 오래된 믿음과 맞지 않지만, 대상관계 질이 빈약한 내담자에게 전이 해석이 더 도움이 된다고 주장할 수 있는데, 정확한 이유는 그러한 해석이 덜 추상적이기 때문이다. 전이 해석은 내담자가 지금 여기에서 겪는 치료자에 대한 경험이라는 즉각적 자료를 제공하는데, 이것은 내담자의 정동과 연결되며 그것을 설명하고 이해하려는 시도와 연결된다.

우리 관점에서 전이 해석은 임상에서나 연구에서 치료과정에서 분리된 치료적 사건으로 개념화되어서도 안 되며, 고립되어 판단되어서도 안 된다. 이 매뉴얼이 명료화해 나감에 따라, 우리는 치료자와 내담자의 연속적 상호작용 맥락 속에 해석을 포함시킨다. 이러한 연속에는 (내담자 심리상태를 명료화하려는 치료자 노력의 도움을 받아) 내담자가 이해하는 전체 범위와 내담자 표현에서 모순된 요소들의 출현이 포함된다. 치료자는 그것에 대한 내담자의 성찰을 격려하며(직면), 그리고 나서야 문제되는 사고, 감정, 행동의 가능한 의미와 동기에 관한 치료자의 가설(해석)이 이루어진다.

(1) 부정적 전이와 긍정적 전이 분석하기

전이 발달에 관한 한 가지 단순한 분류는 긍정적 전이와 부정적 전이로 나누는 것이다. 긍정적 전이와 부정적 전이는 모두 해석되어야 하는데, 그 이유는 경계선 조직에서 두 전이는 내적 세계의 이상화된 부분 및 박해하는 부분에 상응하기 때문이다. 경계선 내담자들의 공격성에 관한 원시적 갈등과 이들이 양가감정을 못 견디는 점을 직접적으로 다루는 것은 치료 동맹을 간접적으로 강화하는 주요 수단이다. 다시 말해, 의미 있는 치료 동맹이란 단순히 내담자와 치료자 사이의 긍정적 감정이 아니라, 아무리 강렬하고 부정적인 감정이 나타날지라도 기꺼이 치료에 참여하는 내담자의 확신이다. 지배적인 정동적 자료로서 전이는 대개 치료의 아주 초기부터 시작되기 때문에 초기부터 다룰 수 있다. 부정적 전이는 가능한 한 충분히 경험되고, 탐색되며, 해석되어야 한다. 부정적 전이의 분석은 일반적으로 전이에서 좀 더 긍정적 감정이 나타나도록 하며 양가감정이 발달할 수 있게 한다. 만일 치료자가 부정적 전이를 피하고 있다고 내담자가 느끼게 되면, 자신의 정동이 너무 파괴적이어서 견디지 못할 거라는 내담자의 두려움이나 믿음은 강화될 것이다. 그렇게 되면 내담자는 자신의 부정적 감정을 억제 혹은 전치시키려고 시도하거나, 아니면 의기양양하거나 파괴적인 폭발로 치료자를 날려 버리려고 할 것이다.

분명한 적대감처럼 보일 수 있는 것에 부딪쳤을 때에도 내담자의 양가감정이 시작되는 것에 주의를 기울이는 것이 중요하다. 일반적으로 내담자 행동에서 더 긍정적인 측면이 먼저 나타난다. 내담자는 분열의 결과로 더 명백하게 절대적인 것으로 보이는 부정적 입장과 관련된 어떤 갈등도 만들어 내지 않는다. 함께 잘하고 있다는 감정을 느끼는 순간과 같은 어떤 긍정적 경험이라도 다루는 것은 모든 것을 나쁘게만 보는 내담자의 지각을 완화시킬 수 있다. 이 긍정적 경험은 호기심과 탐색의 대상이 될 수 있으며, 이는 숨겨진 깨지기 쉬운 이런 정동의 특징을 이해하려고 시도하는 것이다. 긍정적인 측면이 인식되거나 인정되지 않는다면, 부정적 전이를 강조하는 것은 자기를 무자비하게 나쁘게만 보는 내담자 지각을 영속시킬 수 있다.[2] 따라서 치료자는 다음과 같이 지적할 수 있다. "○○씨는 내가 쓸모없는 치료자라고 말하면서도, 상담시간에 정기적으로 그리고 시간 맞춰서 오기 시작했어요. 이것은 ○○씨 마음속 어딘가에는 ○○씨가 나를 묘사하는 것처럼 내가 그렇게 전적으로 차갑고 인색한 사람인 것만은 아니라고 생각한다는 의미예요."라고 짚어줄 수 있다.

긍정적 전이에서 해석은 나쁘기만 한 대상관계로부터 좋기만 한 대상관계를 분열시킨 원시적이고 과장된 이상화에 초점을 두어야 한다. 이상화된 긍정적 전이를 치료 목표인 더 통합되고 현실적인 긍정적 작업동맹으로부터 구분해 내는 것이 중요하다. 이상화된 표상은 원시적 방어를 훈습하고 자기표상과 대상표상을 통합하면서 체계적으로 해석되어야 한다. 원시적 이상화에 대응하는 것은 박해받는 느낌이다. 이상화된 요소와 대조적으로, 덜 원시적으로 결정되고 더 조절된 긍정적 전이의 측면은 초기 단계에서 해석되어서는 안 되며, 그보다는 어떤 정도의 자아기능에 대한 지표로 받아들여야 한다. 전이의 이런 측면을 존중하는 것은 치료 동맹의 점진적 발달을 촉진한다. 예를 들어, 내담자가 치료자에 대해 도움이 되는 관심 있는 사람으로 보는 것은 해석하지 않아야 한다. 하지만 내담자가 치료자를 지나치게 이상화한다면, 다음과 같은 얘기가 적절하고 필요하다. "○○씨는 마치 내가 아무런 잘못도 하지 않는 사람처럼 보는군요." 혹은 "○○씨는 내가 ○○씨에게 어떤 마법이라도 부릴 수 있다고 느끼는 것 같아요."

치료의 이후 단계에서, 강한 부정적 전이를 분석하고 난 후 종종 치료자는 이상화된 긍정적 전이와 이것이 통합 과정을 방해하는 것을 분석하는 데에 덜 적극적이 되는 실수를 범한다. 이상화된 전이는 의존적이거나 성애화된 특징을 포함할 수 있는데, 이것은 우울 포지션으로 진전되는 것을 방어하는 기능을 할 수 있다. 우울 포지

---

2) 시간이 흘러도 관계의 긍정적 측면이 명시적으로나 암묵적으로 나타나지 않는다면, 치료자는 애정에 기초한 애착 갈망이 결여된 상태인 반사회성 인성장애의 진단을 고려해야 한다.

선에서는 세상에서 현실적으로 기대할 수 있는 좋은 것과 나쁜 것—그리고 한계—의 혼합을 받아들인다. 예를 들면, 한 젊은 여성 내담자는 치료자와의 긍정적 관계 가능성을 갈망하면서도 그것에 대해 매우 방어적으로 치료를 시작하였는데, 그것은 기본적으로 편집적인 전이에 기초한 의심 때문이었다. 편집 전이가 치료 첫해에 분석되고 난 후, 이 내담자의 주요 전이는 이상화 전이가 되었다. 그녀는 자신의 치료자를 결점이 없는 사람으로 간주하고, 지적이고, 학식 있고, 교양 있고, 모든 영역에서 완벽한 취향을 갖고 완벽한 삶을 사는 사람으로 보았다. 그녀는 치료자를 남편과 비교했는데, 남편의 단점과 한계를 점점 더 참기 힘들어했다. 부정적 전이를 오랫동안 분석하였지만, 그녀의 내적 세계 안에서 통합되지 않았다는 것이 분명했다. 그녀는 계속해서 분열을 보였는데, 나쁜 대상은 남편에게 외재화되고 치료자는 비현실적으로 완벽하게 좋은 대상으로 표상되었다. 치료자는 내담자가 보이는 치료자 이미지가 그녀가 상상한 것에 근거한 것임을 계속 지적하였는데, 왜냐하면 그녀가 치료자에 대해 실제로 별로 알지 못했기 때문이었다. 내담자는 결국 치료자에 대한 자기 시각이 비현실적임을 이해할 수 있게 되었으며, 이것을 이해하게 되자 남편을 세상에서 제일 멍청이라고 하던 것을 멈추고, 남편에 대한 시각과 남편과의 관계가 개선되었다.

(2) 전이 분석의 맥락에서 원시적 방어기제 분석하기

원시적 방어기제는 경계선 내담자의 주관적 경험을 결정한다. 치료의 한 가지 목표는 내담자가 이런 기제와 이런 기제가 존재하는 이유를 깨닫도록 돕는 것이다. 기본적인 원시적 방어는 분열, 투사적 동일시, 이상화/평가절하, 원시적 부인, 전능, 그리고 전능 통제다. 이 기법이 치료에서 가장 중요한 부분인 한, 이 치료에 대한 전체적 기술에서는 전이 발달에서 원시적 방어를 분석하는 방법을 다룬다. 따라서 이 부분에서 우리는 이 기법을 총망라한 해설을 제공하지는 않을 것이며, 그 대신에 이런 수준의 해석이 허용되는 상황이 되었을 때 원시적 방어와 전이 발달을 분석하는 몇몇 전형적인 예를 제시할 것이다.

〈사례: 전이에서 분열을 분석하기〉

내담자는 두드러진 부정적 전이로 시작했던 치료의 첫해를 마쳤다. 그 부정적 전이의 특징은 많은 회기에서 강한 정동 폭주가 나타났다는 것이다. 그녀는 한 회기를 다음과 같은 말로 시작했다. "나는 선생님과 같은 치료자를 만난 것이 매우 행운이라고 느껴요. 내가 만난 다른 모든 치료는 실제로 아무런 도움도 되지 않았어요. 내 친구들도 치료에서 아무 도움도 받지 못하는 것을 보았어요. 내가 아는 한, 선생님이 바로 내게 필요한 분이에요." 회기 중간에, 그녀는 장애 등급 기한이 거의 만료되어 간다는 사실을 얘기했으며, 치료자에게 자기가 아직 장애 상태에 있음을 입증하는 서류를 제출해 달라고 요청했다. 치료자가 그 시점에 내담자가 장애를 겪고 있는 것인지 의문을 보이자, 내담자는 격노해서 다음과 같이 말했다. "내가 성가시게 여기 왜 왔는지 모르겠네요. 이런 회기들은 시간낭비예요. 나는 상담시간에 얻은 게 아무것도 없어요. 선생님은 전혀 하는 일도 없으면서, 내담자를 돕는 척했어요. 내가 할 만한 유일한 일은 관련 기관에 선생님을 사기꾼으로 신고하는 거예요."

치료자는 이에 대해 내담자가 자신에 관해 두 가지 상반된 입장을 보였음을 직면시켰다. 치료자는 내담자에게 회기 초반에 그녀가 표현했던 감정을 기억하는지, 그리고 지금 감정과의 차이를 어떻게 이해할 수 있는지 물었다. 내담자는 치료자를 단호하게 평가절하하면서, 먼저 했던 말들은 나쁜 상황에서 최선을 다하려는 시도였으며, 실제로는 도움이 안 되는 치료에서 무엇인가 얻고 있다고 스스로 확신하기 위한 노력이었다고 말했다. 내담자는 자기 말이 변한 것은 단지 치료받는 것이 좋았다고 자신을 계속해서 속일 수 없다는 사실을 나타낸다고 설명했다.

치료자는 전이에서 드러난 내담자의 분열을 계속 분석해 나갔다. "이 회기 처음에 ○○씨가 말한 나에 대한 감정은 나나 다른 누군가가 ○○씨가 은연중에 바라는 완벽하게 보살펴 주는 사람일 수 있다는 뿌리 깊은 소망을 나타내는 것 같아요. ○○씨에게는 그런 사람에 대한 소망과 그런 사람을 찾을 수 있다는 신념이 너무 중요해요. 그래서 ○○씨는 일반적으로 세상을 그와 정반대로, 즉 사람들이 당신을 돌보지 않거나 혹은 실제로 당신에게 해를 입히는 차갑고 무관심한 곳으로 봄으로써 실망하게 될 위협으로부터 그것을 보호하려 해요. 우리가 치료를 처음 시작했을 때는 ○○씨가 나를 그런 식으로 보았어요. 그렇지만 ○○씨의 행동은, 예를 들면 규칙적으로 상담시간에 오는 것은 ○○씨가 찾는 완벽한 조력자가 여기에 있을 수도 있다는 더 깊은 소망이나 믿음을 나타내요. ○○씨가 나와 어떤 유대감을 느끼게 되면서, 내 생각으로는, 내가 실제로 ○○씨에게 해 줄 수 있는 것을 주려고 한다는 것을 느끼게 되면서, 내가 ○○씨에게 실망을 줄까 봐 매우 불안해했어요. 실제로 지금 ○○씨 마음이 움직이는 것을 보면, 조금이라도 실망을 하면, 이를테면 ○○씨가 완벽한 보살핌이라고 생각하는 것을 내가 주지 못한다고 느끼게 되면, 나에게 기대할 것이 아무것도 없고, 그와 반대로 내가 잔인하게 빼앗아 가는 것으로 느끼는 것이 당연하다는 증거로 받아들이는군요. 나에 대한 그런 시각으로 후퇴하는 것은 완벽한 양육자를 찾을 수 있다는 뿌리 깊은 믿음을 보호할 수 있겠지요. 하지만 그러한 후퇴는 우리 관계와 같은 관계가 줄 수 있는 어떤 좋은 것을 경험하고 받아들이는 것을 방해해요. 따라서 완벽한 양육자에 대한 ○○씨의 소망을 지킨다는 미명하에, ○○씨는 세상이 주는 실제적인 보살핌을 스스로 잃을 수 있어요."

"그러나 ○○씨는 지금 이것에 대해 의문을 갖기 시작했어요. 지금 ○○씨가 화내고 나를 깎아내리는 이유는 내가 ○○씨를 돌보지 않는다고 생각하기 때문인 것 같군요. ○○씨의 장애 상태를 확인해 주는 것이 이 시점에 ○○씨에게 해 줄 수 있는 가장 좋은 돌보는 태도인지 의문을 가져 볼 수 있어요. 장애 상태를 지속하려는 ○○씨의 소망이 성인으로서의 삶에 적응하는 것을 어렵게 만드는 전적인 돌봄에 대한 뿌리 깊은 소망의 또 다른 표현은 아닌지 생각해 봐야 해요."

따라서 치료자는 분열, 즉 완벽하게 돌봐 주는 대상에 근거한 이자관계로부터 무자비하게 박탈하는 대상에 근거한 이자관계를 방어적으로 분리하는 것을 지적할 뿐만 아니라, 이런 방어가 일어나는 이유를 내담자가 이해하도록 돕는다. 그것은 깊은 곳에서 소망하고 있지만 실제 생활에는 적응적이지 않은 내적 양육자상을 보호하고 유지하기 위해서이다.

전이에서 원시적 방어를 분석하는 다음의 예는 전능 통제를 포함한다. 이 방어는 다음과 같은 다양한 소망의 표현으로서 다른 사람을 통제하고/하거나 통제하려고 시도하는 환상을 포함한다. 1) 좋은 대상과의 융합이라는 이상화된 상태를 유지하려는 소망, 2) 나쁜 대상을 처벌하고 나쁜 대상으로부터 오는 무서운 보복과 박해를 피하기 위해, 나쁜 대상을 지배하고 통제하는 소망. 전능 통제를 통해 이상적 대상의 상실과 관련된 우울을 방어할 수 있거나 '나쁜' 대상에게 투사된 공격성과 관련된 두려움을 방어할 수 있다(Kernberg, 1995).

〈사례: 전이에서 전능 통제 분석하기〉

2년째 치료받고 있는 한 내담자는 회기를 시작하자마자 치료자에게 자기가 전화 메시지로 요청했는데도 그날 더 늦은 시간에 만날 수 없는 이유를 물었다. (우리는 2년째까지는 어떤 역동에 대한 초기 이해가 충분히 이루어져서 해석에 역사적/발생적 수준을 더할 수 있다는 점을 지적한다.) 치료자는 전화 메시지에 말했듯이 다른 약속 때문에 내담자를 더 늦은 시간에 만날 수 없었다고 되풀이해서 말했다. 내담자는 화를 내면서 자신이 전에 더 늦은 상담시간이 훨씬 편하다고 얘기했었으며, 치료자가 다른 내담자에게 우선권을 준 것이 '분명하다'고 대꾸했다. 치료자는 내담자가 치료자가 다른 내담자에게 우선권을 준 것으로 생각했고 그래서 화가 났다는 것을 이해한다고 내담자에게 얘기해 줬다. 이 내담자는 어머니가 아이들 간의 경쟁을 부추기려고 아이들에게 사랑과 보살핌을 감질나게 주지 않았던 것으로 경험하였다.

내담자는 치료자에게 그날의 상담 약속을 마친 후 마지막 시간에 그녀를 다시 만날 시간을 내 달라고 요구하면서 그 문제를 갖고 끈질기게 괴롭혔다. 치료자는 그녀가 상담회기에는 왔지만 그 회기에 가져온 것을 탐색하지 않고, 자신의 의지를 강요하는 데에 시간을 쓰고 있는 것 같다고 지적하였다. 내담자는 이 회기 시간이 너무 불편하기 때문에, 그녀가 오긴 했지만 그 시간을 효율적으로 사용할 수 없다고 하였다. 치료자는 내담자가 추가 회기를 고집하고 이 회기를 활용할 수 있는 가능성을 포기한 것은 치료자를 처벌하려는 소망을 나타낸다고 언급하였다.

표면적인 수준에서는 내담자가 원했던 것을 치료자가 해 주지 않았다고 치료자를 벌주고 있지만, 더 깊은 수준에서 내담자는 치료자와 함께하는 시간을 활용하여 치료자를 도와주는 사람으로 경험할 수 있는 기회를 희생함으로써 치료자뿐만 아니라 그녀 자신을 벌주고 있었다.

내담자는 화를 내며 치료자가 그날 늦게 그녀를 만나 주는 것에 동의하지 않은 이유에 대해 계속 몰아붙였다. 치료자는 치료에 대한 이해를 높이기 위해 다음과 같이 설명하였다. 즉, 치료자를 소홀하고 무관심하다고 보는 내담자의 시각과, 자신의 치료자를 필요하다면 강제로라도 추가 상담시간을 내주는 '베푸는' 치료자로 바꾸려는 내담자의 노력에 초점을 맞추는 것이 가장 도움이 될 것이라고 하였다. 내담자는 치료자의 언급에 대해 깊이 생각해 보지는 않았지만, 이제 치료자 자신도 인정했다면서 그가 소홀하고 무관심하다는 것을 더 격렬하게 주장하는 데에 그 언급을 이용하였다. 내담자가 자기에게 추가 회기를 제공할 것을 맹렬하게 주장하면서 치료자의 말하려는 시도를 철저히 방해했기 때문에, 치료자는 잠시 침묵을 유지하기로 결정하였다.

내담자가 계속해서 비난을 거듭한 후에, 치료자는 그녀의 계속되는 비난이 어떤 기능을 하는지 물었다. 그러자 내담자는 조용해졌다. 몇 분 후 치료자는 내담자가 증오에 차서 경멸하는 표정으로 자신을 쳐다보고 있다는 것을 알았다. 치료자는 그녀의 침묵이 이전의 반복된 비난과 동일한 목적을 위한 것인지, 즉 내담자의 활성화된 격노를 이해하려고 시도하는 그들의 협력을 방해하는 대립적 분위기를 유지하기 위한 것인지 궁금했다. 다음으로 치료자는 자신에 대한 내담자의 공격을 보면서 어린 시절 그녀를 언어적으로 공격했던 어머니에 대한 그녀의 이야기가 떠오른다는 점에 주목했다. 어머니가 내담자의 잘못된 행동을 비난할 때 그녀는 자신을 그 공격의 무기력한 희생자로 경험하였다. 치료자는 내담자가 이런 비난하는 역할을 상연하는 것은 그녀에게 힘과 권력의 느낌을 주며, 치료자와의 관계에서 내담자가 강해진 느낌을 갖는 것이 그녀를 격노하게 만드는 진정한 문제일 수 있다고 계속해서 제시하였다. 치료자는 강하다는 느낌이 무력하고 희생당했다는 감정보다 일반적으로 더 선호되지만, 그녀는 표면적으로 희생자의 정체성을 유지하면서 오직 간접적으로만 강해진 느낌을 가질 수 있다는 사실에 공감하였다. 치료자는 이것이 힘과 주장에 대한 불안과 양가감정을 나타낸다고 하였는데, 그 이유는 그녀가 이들 특성을 자기 어머니와 반복해서 겪었던 받아들일 수 없는 극단적 형태와 연결시켰기 때문이다. 치료자는 내담자의 현재 기능 체계로 인해 그녀가 구체적 목표(여기에서는 추가 회기)를 달성하는 것보다 이렇게 힘을 가진 느낌을 갖는 것이 더 중요해 보이는 상황이 되었다고 지적하였다. 마지막으로 치료자는 내담자가 권력에 대한 양가감정 때문에 자기 속의 분투를 의식적으로 성찰하기 어려웠고 그래서 원하는 목표를 위해 자신의 강점을 효과적으로 적용하기 어려웠다고 말했다. (우리는 이것이 새로운 해석이 아니며, 내담자가 공격자와 희생자 역할을 번갈아 가면서 전이에서 공격적 관계를 상연하는 경향에 대한 여러 회기에 걸친 일련의 해석들의 일부라는 점에 주목해야 한다.)

내담자는 자기가 아직 화는 나 있지만 치료자 얘기를 들을 수 있고 생각할 수 있다고 하였다. 치료자는 이 말이 치료자의 생각이 타당한 것인지 고려해 볼 수 있다는 의미인지, 혹은 그녀가 이제 치료자를 복종해야 하는 강한 어머니로, 자신을 잘못에 대해 변상을 해야 하는 행실 나쁜 소녀로 경험하는 것인지 물었다. 내담자는 자기가 어떤 변상을 해 줘야 한다고는 생각하지 않는다고 하였고, 그 회기를 마칠 때는 뚜렷하게 더 편안한 분위기가 되었다.

이 예에서 치료자는 내담자가 치료자에게 고집스럽게 요구할 때에 그리고 치료자가 얘기를 못하게 그를 압도할 때에 그녀가 사용한 전능 통제를 다루었다. 치료자는 이것을 강력한—무력한 이자관계로 해석하는데, 이것은 이 치료에서 주된 전이 패러다임의 하나였다.

나중의 해석에서는 전능 통제의 더 깊은 동기를 더 충분하게 다루었다. 그 동기는 내담자의 내적 세계에서 그가 상상했던 모든 것을 다 주는 대상과의 연결을 보호하는 것과, 박탈하는 대상을 처벌하고 복수할 가능성을 방어하는 것이다.

3) 기법적 중립성의 활용

기법적 중립성은 내적인 심리적 갈등에 포함된 어떤 힘과도 동맹을 맺지 않는 입장의 유지를 의미한다. 이런 힘에는 서로 충돌할 수 있는 내담자 추동들, 추동의 금지, 외부 현실의 제약이 있다. 기법적 중립성은 이들 경쟁하는 힘들로부터 동등한 거리를 유지하는 입장으로서 그것들의 관찰과 이해를 촉진한다. 이것은 내담자가 함께 합류하도록 초대받은 과정이다. 이런 관점에서 보면, 치료자는 내담자의 가용한 혹은 잠재적인 관찰 자아와 동맹을 유지하는 한, 내담자가 내놓는 어떤 자료에 대해서도 자유롭게 얘기할 수 있다. 관찰 자아는 개인의 정동, 동기, 행동에 영향을 미치는 내적 힘(충동과 금지)과 외부 현실 요소 둘 다를 지각하고 평가할 수 있는 개인의 부분이다. 관찰 자아는 자아의 방어적 측면, 즉 주지화, 합리화, 억제, 반동형성과 같은 높은 수준의 방어와는 구별된다.

일반적으로 기법적 중립성과 표현 심리치료는 치료자에게 수동적으로 있고 내담자에 관해 애매한 태도를 유지할 것을 요구하는 것으로 빈번한 오해를 받는다. 그러나 유능한 치료자는 침묵 속에 경청하고 있을 때조차도 늘 적극적이다. 치료자의 깨어 있는 주의력(attentiveness)은 이해에 대한 지속적인 관심과 내담자 삶에서 더 건강한 관계와 더 큰 성취에 대한 장애물을 관찰하고 제거하려는 꾸준한 의지를 나타낸다. 치료자는 분명히 내담자의 건강한 관찰 자아 측면과 동맹을 맺기 때문에, 중립성의 입장은 내담자의 안녕을 촉진하는 구조 속에 있다고 말할 수 있다.

경계선 내담자의 경우, 관찰 자아가 때로 더 강한 힘에 의해 압도됨으로써, 치료자는 내담자의 어떤 부분과도 관련 없는 외부 입장에서 얘기하고 있는 것처럼 보인다. 이런 상황에서 치료자는 그 순간에 분열된 내담자의 한 부분을 자신이 대변하고 있음을 지적해야 한다. 치료자는 '배제되어 관찰하는 제삼자'가 되어서, 내담자가 깊고 상호적이며 친밀한 관계를 맺을 수 없게 하는 내적 이자관계가 상황을 전적으로 통제하는 것을 막게 된다.

치료의 매 순간에 활성화된 지배적 전이 패러다임을 진단하고 명료화하고 해석하는 치료자 능력은 중립적 관찰자로서의 치료자 입장에 달려 있다. 신경증 내담자에 대한 기법적 중립성은 내담자의 관찰 자아에 가깝고, 내담자의 원초아, 초자아, 자아의 방어적 측면, 외부 현실로부터 동등한 거리를 유지하는 입장으로 기술되었다. 경계선 내담자의 해리된 내적 세계는 아직 일관된 자아 및 초자아 구조에 통합되지 않았기 때문에, 이들 내담자에 대한 기법적 중립성은 서로 갈등하는 자기표상과 대상표상 간에 등거리를 유지하고, 서로 분열된 좋기만 한 이자적 대상관계와 나쁘기만 한 이자적 대상관계 사이에 등거리를 유지하는 것을 의미한다. 이들 표상과 이자관계는 나중에 결합되어 더 일관된 자아, 초자아, 통합된 정체성을 형성하게 될 요소들이다.

중립적 개입과는 달리, 내담자 갈등의 한 극단을 편드는 치료자 개입은 중립성이 결여되어 있다. 전이초점 심리치료는 일반적으로 중립적 입장을 요구하는데, 왜냐하면 치료자는 이런 입장을 통해 내담자의 갈등에 작용하는 모든 힘을 관찰하고 이해하고 그들 간의 상호작용을 분석할 수 있기 때문이다. 그리고 중립적 입장을 통해, 치료자는 내담자가 정서적 갈등을 해결하고 자율성을 키우는 목적 아래 내담자 자신의 갈등 부분을 관찰하고 성찰할 수 있도록 할 수 있기 때문이다.

다음 사례는 기법적 중립성 입장에서 어떻게 작업하는지, 그리고 이것이 지지치료와는 어떻게 다를 수 있는지를 보여 주는 예이다.

〈사례: 기법적 중립성〉

높은 수준의 경계선 인성조직을 가진 어떤 명석한 젊은 여성 은행원이 반복적으로 직장에서 해고되었는데, 이유는 상사에게 거칠고 공격적으로 굴었기 때문이었다. 지지치료를 했던 첫 번째 치료자는 내담자에게 판매직을 찾아보라고 권고했는데, 그것은 그녀의 '활기와 적극성'이 그 일에 더 잘 맞을 거라는 생각에서였다. 내담자는 동의했지만 새로운 직장에서도 같은 인간관계 어려움에 부딪혔다. 지지치료자는 중립성을 유지하지 못하고 내담자 자아의 방어적 측면을 편들었으며, 합리화를 통해 그녀의 공격성은 받아 주면서 내담자의 내적 갈등 및 대인관계 갈등의 맥락에서 공격성과 그것의 역할을 탐색하지 않았다. 그 후 내담자는 치료자를 탐색적 접근을 하는 전이초점 심리치료자로 바꾸었다. 내담자의 전반적 심리구조의 맥락에서 그녀의 공격성을 탐색하자, 공격성은 더 깊은 수준의 매우 의존적인 자기표상을 방어하는 표면적 자기표상을 나타낸다는 것이 드러났다. 이런 의존적인 자기 측면이 숨겨진 채로 남아 있는 한 내담자는 효과 없는 공격행동을 반복하게 되는데, 그것은 공격행동이 분명한 경쟁 노력에 기초한 것이 아니라 의존 소망에 기초하기 때문이며, 이 소망으로 인해 내담자의 공격적 주장은 무의식적으로 타협 실패로 이끌게 된다. 여기에서 타협 실패는 1) 그녀가 직접 요청할 수 없는 도움을 간접적으로 불편하게 요청하는 것이며, 2) 내담자가 자신의 의존 소망과 공격 행동에 대해 마땅히 받아야 한다고 무의식적으로 느끼는 처벌을 그에게 반복적으로 제공하는 것이다. 치료자가 중립성을 유지하지 않았다면, 이 힘들의 복합성은 이해할 수 없었을 것이다.

두 번째 예는 중립성이 치료과정에서 어떻게 문제로 대두되는지, 그리고 역전이와는 어떻게 상호작용하는지 보여 준다.

〈사례: 중립성과 역전이〉

Maria는 불우한 환경 출신의 명석한 33세 내담자인데 다음과 같은 목표를 갖고 치료를 시작하였다. 즉, 만성적으로 우울한 기분을 개선하고, 가정을 이루려는 목적을 위해 안정적인 관계를 맺으며, 모든 물질남용을 멈추고, 대학을 졸업해서 보수가 더 좋고 더 중요한 직업을 갖는 것이다. 마지막 목표에 따라, 그녀와 그녀의 치료자인 Carla 박사는 치료계획의 일환으로 그녀가 주간에 일을 계속하면서 야간에 두 가지 대학 과정을 다니는 것에 동의하였다. 치료는 6개월 동안 대체로 잘 진행되었다. Maria는 그 반에서 1등을 하지는 않았지만 교수들로부터 좋은 피드백을 받았다. 그리고 나서 그녀는 다음과 같이 얘기하며 회기를 시작하였다. "대학도 그만두고 [그녀가 이전에 세 번이나 그랬던 것처럼] 치료도 그만두려고요! 선생님이 저에게 대학에 다니라고 압박하는 것이 이젠 진절머리가 나요."

Carla 박사의 역전이 반응은 그녀의 생각, 즉 '이건 재앙이야. 어떻게 해야 Maria가 자기 기회를 망치지 않도록 할 수 있을까?'라는 생각에서 나타났다. 그녀는 Maria가 대학과 치료를 계속하도록 설득할 수 있는 논거를 생각하기 시작했다. 그리고 나서 그녀는 갑자기 멈추고서 어떤 중립적인 입장이 더 치유적일 수 있음을 깨달았다. 그녀는 "우리가 함께 치료를 시작했을 때를 기억하나요? 대학 졸업이란 생각은 Maria 씨에게서 나온 것 같은데요."라고 하였다. Maria는 동의했다. Carla 박사는 계속해서 "이 시점에 Maria 씨가 내가 주는 '모든 압박'이 지겹다고 하는 것에 흥미롭군요."라고 말했다. Maria는 듣고 있었고, Carla 박사는 계속했다. "Maria 씨는 대학을 끝마치고 싶어 하는 부분과 그것이 '너무 큰 것'이 될 정도로 스스로에게 많은 압박을 주는 부분으로 나뉘어 있는 것은 아닐까요?" Maria는 여전히 듣고 있었고, Carla 박사는 계속하였다. "압박이 Maria 씨 외부에서 온다고 생각하는 편이 더 쉬울지 모르겠군요. 그러면 그것은 치료를 그만둠으로써 피할 수 있어요. 그러나 나는 더 큰 압박이 Maria 씨에게서 나오는 게 아닌가 생각해요. 어쨌든 Maria 씨는 잘 지내는 것처럼 보이지만, 자신의 내적 요구를 만족시키기에는 충분하지 않을 거예요. 아마도 그것이 Maria 씨가 이전에 세 번이나 도중에 그만둔 이유겠지요. Maria 씨는 결코 그만두려고 하지 않겠지만, Maria 씨가 매우 가혹한 내적 요구를 갖고 있기 때문에 중단을 통해 그것을 피하려 할 수 있고 그게 통하지 않으면 약물을 통해 역시 피할 수도 있을 거예요. 여기에서 우리는 작업을 계속하는 데에 매우 중요한 어떤 것을 발견한 것 같아요." Maria는 동의하였고, 그녀가 그들 사이에 외재화하려고 했던 갈등을 Carla 박사가 그녀 속에 있는 것으로 간주하는 것을 받아들였으며, 치료를 계속하였다. 만일 Carla 박사가 중립성을 유지하지 않고서 Maria에게 계속 대학에 다니라고 고집했다면, Maria는 자기가 그곳에서 경험했던 압박을 벗어날 수 있다고 생각하면서 치료를 끝냈을지도 모른다.

이 사례에서 치료자는 다음과 같이 덧붙일 수 있다. "우리가 계획한 것을 그만둘 이유를 찾는 Maria 씨의 패턴으로 인해, 나는 Maria 씨가 더 의미 있는 활동에 참여할 것을 대변하는 입장에 서게 될 수 있어요. 그러나 Maria 씨가 알다시피 Maria 씨가 수동적 삶을 살 것인지 아니면 능동적인 삶을 살 것인지는 전적으로 Maria 씨에게 달려 있어요. 이 치료가 수동적인 삶보다 능동적인 삶을 선호하는 것은 사실이지만,

Maria 씨는 자유롭게 선택할 수 있어요. 그리고 만일 Maria 씨가 원한다면 Maria 씨가 지금까지 살아온 삶에 더 잘 적응할 수 있도록 도와줄 치료법을 찾도록 내가 도울 수 있어요." 갈등의 한쪽 측면을 내담자가 투사하는 것을 치료자가 지적할 때, 내담자가 갈등을 인정하고 그것을 작업할 수 있는 경우가 종종 있다.

요약하면, 기법적 중립성 덕분에 치료자는 갈등의 한 측면에 동조하여 조망을 잃지 않으면서, 관심을 가진 객관성의 입장에서 내담자의 무의식적 갈등을 분석할 수 있다. 고전적인 예는, 치료자가 "○○씨가 아내를 속인 것에 대해 매우 죄책감을 느끼는 것 같은데 나는 ○○씨가 그럴 필요 없다고 생각해요."라고 말하지 않고, 그보다는 차라리 죄책감, 그것에 포함된 다양한 욕구, 그리고 그것들의 함의를 탐색하는 편이 더 낫다는 것이다.

기법적 중립성을 유지하는 것이 단조롭고 건조한 방식으로 소통하는 것을 의미하는 것은 아니라는 것을 강조하는 것이 중요하다. 정확히 경계선 내담자의 관찰 자아가 매우 약하기 때문에 치료자는 보통의 자연스러운 정동을 가지고 소통해야 하며, 그리고 내담자의 건강하고 관찰하는 부분이 강한 정동에 의해 압도되고 있을 때에는 따뜻하게 관심을 가지면서도 단호하게 말해야 한다. 기법적 중립성의 역할을 강조하였으므로, 이제는 치료자가 중립성으로부터 이탈하도록 강요받을 경우를 논의할 것이다.

(1) 기법적 중립성으로부터 이탈

좀 더 건강한 내담자의 심리역동치료에서는 기법적 중립성이 일관되게 유지될 수 있지만, 경계선 내담자의 자신, 타인, 치료를 위험에 빠뜨릴 수 있는 방식으로 행동화하는 경향에 대해서는 때로 치료자가 방략적으로 중립성에서 이탈할 필요가 있다. 따라서 기법적 중립성은 이런 이탈이 시작되는 바람직한 기저선이다. 이런 이탈이 일어날 때, 중립성은 해석을 통해 항상 나중에 회복되어야 한다.

중립성에서 이탈하는 것은 내담자, 타인, 치료를 위협할 수 있는 행동화 형태를 단호하게 다루어야 할 필요에 의해 일어난다. 치료 상황의 일반적인 지지적 측면들(예, 내담자를 이해하려는 치료자 노력, 회기의 빈도와 규칙성, 치료자의 따뜻함과 이해)이

때로 이런 내담자에게는 충분히 버텨 주는 환경이 되지 않을 수 있으며, 실제로 경계선 내담자에게는 침투적이고, 위험하고, 압도하는 것으로 경험될 수 있다. 그러므로 치료자는 행동화나 행동화 위험을 통제하기 위하여 중립성에서 벗어나 구조화하는 변형기법을 도입할 수밖에 없다. 예를 들어, 치료자는 다음과 같이 자기 의견을 말할 수 있다. "겉으로는 반항처럼 보이지만 실제로는 그런 반항에 대한 자기파괴적 처벌일 수 있어요. ○○씨는 학교를 그만두고 싶은 유혹에 굴복하면 안 돼요."

이런 변형기법, 즉 치료자의 구체적이고, 초점이 맞추어져 있고, 일시적인 입장이 효과를 발휘하는 동안, 변형기법에 의해 통제된 무의식적 갈등의 해석은 변형기법 자체에 초점을 둘 필요성에 의해, 그리고 내담자가 치료자를 이렇게 행동하도록 압박하는 위치에 두는 것의 의미에 초점을 둘 필요성에 의해 제한된다. 치료자는 계속해서 내담자가 치료자의 행동에 부여하는 의미를 탐색하고 해석하며, 그와 함께 그가 이해한 상호작용을 설명한다. 이 단계를 통해 변형기법을 점진적으로 줄여 가고 원래 갈등을 새로운 시각에서 해석하는 과정이 시작될 수 있다.

(2) 기법적 중립성으로 복귀

기법적 중립성은 전이 해석을 촉진하기 때문에, 치료자가 중립적 입장을 회복하기 위해 노력하는 것은 필수적이다. 앞의 Maria 사례에서, 만일 그녀가 학업을 계속할 의사가 없다는 입장을 단호하게 고집했다면, Carla 박사가 중립적 입장을 떠나서 자기는 Maria가 그만두지 않는 것이 중요하다고 생각했다고 얘기하고, 그리고 그 이유를 설명했을지도 모른다. 만일 그랬다면, Maria가 학교를 계속 다닐 의향을 보이자마자, Carla 박사는 자신이 갈등의 한 측면을 지지함으로써 편들었다는 것을 개방적으로 인정했을 것이고, 그다음에는 이렇게 편드는 일이 왜 그리고 어떻게 일어났는지를 Maria와 논의했을 것이다. 이런 방식으로 치료자는 다음의 언급에서처럼 더 중립적인 입장으로 되돌아갈 것이다.

지난주에 내가 Maria 씨에게 학교를 중도에 그만두지 말라고 조언했는데, 그 이유는 그때 Maria 씨가 자신에 대한 염려를 내게 맡긴 것 같아서 그랬어요. 그리고 동시에 내가 무관심하고 Maria 씨가 더 나빠지도록 내버려 두는지 나를 시험해 보는 것 같았어요. 이제 Maria 씨가 학교로 돌아가는데, 내 생각에는 학교로 돌아가는 것에 대한 Maria 씨의 **모든** 감정에 대해, 긍정적인 것과 부정적인 것 둘 다에 대해 우리가 의논하는 것이 중요하다고 생각해요. 그리고 Maria 씨가 학교에 계속 다니도록 내가 강력하게 권했던 것이 Maria 씨에게는 어떤 의미였는지 함께 이야기해 봐야 한다고 생각해요.

기법적 중립성에서 이탈할 때, 치료자는 자신이 내담자에게 금지적이고, 판단적이고, 통제적이며, 심지어 가학적으로 보일 수 있는 위험에 직면한다. 이것은 내담자의 자기표상 및 대상표상의 투사와 재내사라는 악순환의 시작이 될 수 있다. 치료자는 이런 위험에 대응하기 위해 전이를 해석할 수 있고, 다음에는 필요할 때 구조화하는 변형기법을 도입할 수 있으며, 마지막으로는 변형기법을 포기하지 않고 전이를 다시 해석할 수 있다. 다음은 그러한 해석이다. "나는 ○○씨에게, 사교모임에서 사람들의 주목을 받는 미묘한 입장에 있으면서, 사람을 선택하는 것의 위험을 강조해야만 했어요. 나는 ○○씨에게 이것에 대해 경고해야 할 필요가 있었어요. 왜냐하면 그때 ○○씨는 자신에 대해 충분한 관심이 없었어요. ○○씨는 ○○씨와 ○○씨의 치료에 대해 나의 관심이 진심인지 시험할 필요가 있었어요."

치료자가 내담자의 자료와 관련해서 자신의 정서 반응과 환상을 탐색할 내적 자유를 최적 수준으로 유지하기 위해서는, 특히 기법적 중립성의 이탈에 주의를 기울여야 하는데, 이것은 오직 내담자의 의도나 행동이 명료화, 직면, 해석에 의해 해결될 수 없는 치료에 대한 위험이 될 때에만 그렇다. 이러한 상황을 제외하면, 절제라는 일관적 태도를 유지하는 것이 중요한데, 그것은 전이 속에서 원시적인 의존적, 공격적, 성적 욕구의 즉각적 만족에 대한 내담자의 요구에 굴복하지 않는다는 의미에서 그렇다. 그리고 이런 요구를 충분하고 일관성 있게 해석하는 것도 중요하다. 치료자의 인간애, 따뜻함, 관심은 전이에서 내담자의 어려움에 지속적인 관심을 갖고 작업하는 과정을 통해, 그리고 내담자의 원시적 욕구에서 비롯된 압력에 집중하면서도 반응하지 않는 치료자 능력을 통해 자연스럽게 전해질 것이다.

만족시켜 주고 보호해 주는 특성으로 인해, 치료관계가 일상생활을 대체하도록 허용하지 않는 것이 중요하다. 이는 내담자가 회기 안팎에서 전이(예, 의존성)를 통해 원시적 욕구를 만족시키지 않도록 하기 위해서이다.

내담자들은 일반적으로 변화라는 정해진 목표를 갖고 치료를 시작하지만, 이들은 종종 동시에 모순되는 충동을 보이는데, 그것은 치료를 이용해서 다른 곳에서는 만족시킬 수 없는 욕구를 만족시키는 것이다. 만일 그런 일이 있다면, 이러한 치료목표의 이탈을 내담자에게 지적해야 한다.

> 치료를 시작할 때 ○○씨는 함께 가정을 이룰 남자를 찾으려는 노력이 실패할까 봐 매우 염려하는 것 같았어요. 우리가 함께 작업해 온 몇 달 동안 ○○씨는 상담 회기 안팎에서 관계문제의 작업에 에너지가 덜 쓰이면서 더 차분한 상태가 된 것처럼 보여요. 한편으로는 더 차분해진 것이 좋지만, 다른 한편으로는 어떤 미묘하게 일어나고 있는 일이 걱정이 돼요. ○○씨는 변화하기 위해 치료에 왔지만, ○○씨가 안정되고 편안해 보이는 나와의 관계에 안주하게 되면서 그러한 편안함이 이제는 변화하려는 소망보다 더 우세한 것은 아닌가요? 자신의 가정을 꾸미려는 ○○씨 소망을 포기하는 것과, ○○씨가 얻을 수 있는 가장 만족스러운 관계가 여기에서의 관계라고 생각하는 것은 부당한 것 같아요.

따라서 치료자는 이러한 있을 수 있는 치료의 이차 이득을 알아차리고 이것을 적극적으로 해석해야 한다. 어떤 경우에는 치료를 시작할 때 기능 수준이 매우 낮은 내담자에게 자율성을 높이기 시작하는 실제적 개입이 필요할 수 있다. 그런 경우 치료자는 내담자의 외부 생활에 직접 개입해서 기법적 중립성을 잃기보다는, 보조적 사회적 지원체계(예, 사례관리자, 간호사, 직업상담사)를 활용할 수 있다. 그런 다음 치료자는 상황을 주시하고, 내담자가 의존 욕구를 만족시키기 위해 그 체계의 보조적 부분을 이용할 위험성에 대해 경계해야 한다. 다음 사례는 자기파괴적 행동의 위험을 다루는 중립성의 예이다.

〈사례: 중립성과 자기파괴적 행동〉

내담자는 아침이 되면 일하러 가는 대신 지하철역에 가서 기차 앞으로 뛰어들 생각을 하느라 몇 시간씩 보내는 패턴이 생겼다고 하였다. 치료자는 이 행동을 중단시키기 위해 내담자와 내담자 남편과의 전화 연락망을 만들고 싶은 충동을 경험하였다. 치료자는 이런 충동에 따라 행동하지 않고 자신의 역전이 반응을 탐색하였고, 다음과 같이 해석하였다. "○○씨는 내가 ○○씨가 살아 있기를 원한다는 것을 알고 있어요[현재 상황에서는 눈에 보이지 않는 내담자의 건강한 부분과의 동맹]. 하지만 나는 그것을 통제할 수도 보장할 수도 없어요. ○○씨는 여기에서 자신을 공격하고 자신을 파괴하려고 위협하는 ○○씨 부분과 더 충분히 동일시하기 위해, ○○씨의 살고자 하는 부분을 나에게 투입하고 있어요. 여기에서 우리가 이해해야 할 점들이 많이 있어요. 한 가지는 내가 ○○씨가 살아 있기를 원하는 한, ○○씨가 무엇을 하든 내가 어떻게 해서라도 ○○씨를 구할 수 있을 거라는 환상을 갖고 있는 것처럼 보여요. 또 다른 것은 ○○씨는 자신의 파괴적인 부분이 어떻게든 살아남아서 자신이 죽어 가는 것을 즐길 것처럼 행동하는데, 실제로 그 때가 되면 그 부분 역시 죽을 거예요. 이 중 어떤 것을 탐색하기 전에, 내가 강조해야 할 점은 ○○씨가 자유롭게 자신의 파괴적인 부분과 충분히 동일시하기 위해, ○○씨의 살고자 하는 부분을 나에게 투입하려는 시도는 거짓된 입장이라는 점이에요. 그것은 ○○씨가 갈등하고 있다는 사실을 부인하는 거예요. ○○씨의 파괴적인 부분이 살고자 하는 부분을 압도하고 있다고 해도, 이 두 부분 모두 ○○씨 속에 있다는 점을 지적하는 것이 나의 일이며, 또 우리는 ○○씨 안에 있는 그 갈등을 다루어야 해요."

내담자는 이 해석에 동의하였다. 그녀는 나아가 자기 속에 아무런 갈등도 없는 것처럼 구는 것이 더 쉬웠다는 것을 분명히 밝히고, 자기가 기차 앞으로 뛰어들지 않은 것으로 보아 틀림없이 어떤 갈등이 있었을 거라는 점을 인정하였다. 치료자와 내담자는 계속해서 가학적 공격의 내적 역동을 탐색하였으며, 자살과 비슷한 것을 보고하면서 치료자를 고문하는 내담자의 전이에서 그 역동이 어떻게 펼쳐지는지 탐색하였다. 이 예에서 치료자는 자기 입장("나는 ○○씨가 살아 있기를 바라요.")을 얘기했지만, 구원자 역할을 받아들임으로써 내담자와 자기 사이의 갈등을 상연하는 대신에, 내담자 속의 갈등에 초점을 맞춤으로써 중립성을 유지하였다.

(3) 편들지 않기

내담자는 자주 치료자가 자기의 다른 측면에 반대하여 한 측면을 편들도록 하거나, 혹은 가끔은 다른 누군가를 반대하는 데에 치료자를 끌어들이려 한다. 어떤 경우이든 치료자가 분명하게 건강한 관찰 자아의 편을 드는 게 아니라면, 치료자가 그런 노력에 동조하는 것은 기법적 중립성을 위반하는 것이 된다. 앞서 언급했듯이, 치료자는 내담자의 성장과 안녕에 도움이 되는 틀 안에서 중립적이다. 한 가지 일반적 원칙은 내담자를 성찰할 수 있는 성인으로 대하는 것이다. 이런 방식으로 치료자는 내담자의 건강한 관찰 자아와 소통하면서, 어떤 원시적 관계의 상연에 휘말리는 것을 피한다. 다른 말로 하면, 치료자는 전이−역전이 상연에 '휘말리지' 않으면서, 그렇게 하도록 끌어당기는 힘을 관찰하고 그 관찰을 이용해서 상호작용의 역동을 해석한다. 기법적 중립성과 역전이를 알아차리는 것은 함께 간다.

그럼에도 불구하고 앞에서 얘기한 바와 같이, 치료자가 편을 드는 경우가 있는데, 그것은 그렇게 하는 것이 공격 추동으로부터 내담자, 누군가 다른 사람, 치료를 보호할 때이다. 이것은 처음에 치료를 구조화할 때, 그리고 발생할 수 있는 한계를 설정할 필요가 있을 때 가장 분명해진다. 그러나 만일 치료자가 일관되게 공격성보다 삶의 편을 드는 입장에 있다면, 치료자는 투사에 대한 논의에서 기술하였듯이('2. 5) (1) 수준 1: 원시적 방어 해석하기' 참조), 내적 갈등의 외재화를 해석할 필요성을 고려해야 한다.

4) 역전이 활용

내담자와 치료자 사이의 소통에서 내담자의 언어적 소통과 비언어적 행동 이후의 세 번째 경로는 역전이다. 우리는 역전이를 특정 시점에서 내담자에 대한 치료자 정서적 반응의 전체로 간주하는데, 이것은 정신분석 문헌에서 역전이에 대한 최근의 이해와 부합된다(Auchinloss & Samberg, 2012).

치료자 역전이 반응은 다음에 의하여 결정된다. 1) 치료자에 대한 내담자의 전이, 2) 내담자의 삶의 현실(치료자는 내담자의 생활환경에 대해 개인적 반응을 가질 수 있다), 3) 치료자의 내적 세계에 의해 결정되는 치료자 자신의 전이 성향(역전이의 이런 측면 때문에 치료자는 자신의 습관적 반응을 자각하고 있어야 하며, 치료자 자신이 탐색적 치료를 받을 것이 권고된다), 4) 치료자의 삶의 현실(예, 치료자가 결혼생활의 좌절 때문에 내담자의 유혹에 대응할 때 영향을 받는가?). 이들 네 요인 모두가 치료자 역전이에 영향을 준다는 사실로 인해 치료자가 내담자와의 관계에서 자기 내적 경험의 원천을 구분하려고 노력하는 것은 필수적이다. 대개 내담자 병리가 심각할수록 역전이 반응을 일으키는 내담자 전이가 더 두드러진다. 이것은 더 심각한 병리를 가진 내담자가 더 원시적인 방어기제, 특히 투사적 동일시를 사용하기 때문이다. 투사적 동일시는 내담자가 자신의 내적 갈등을 충분히 느끼지 않으려는 노력의 일환으로 자기 내적 세계의 요소를 치료자 속에서 유발하는 경향이 있다. 결과적으로 경계선 내담자, 특히 더 낮은 수준의 경계선 내담자의 경우, 역전이의 많은 부분은 치료자와의 관계에서 나타나는 내담자의 내재화된 대상관계에 의해서 결정된다.

치료자의 역전이는 일치적 역전이 혹은 상보적 역전이일 수 있다(Racker, 1957). 역전이에서 일치적 동일시는 (내담자가 거의 분명하게 자각하고 있는) 현재 주관적 정동 경험에 치료자가 정동적 동일시를 경험할 때 일어난다. 다른 말로 하면, 치료자는 내담자의 현재 자기표상에 공감한다. 치료자가 일치적 역전이를 경험할 때 치료자는 시험적 동일시를 통해서 내담자가 어떻게 느끼는지 배운다고 할 수 있다.

대조적으로, 역전이에서 상보적 동일시는 내담자가 견딜 수 없어서 그 당시에 치료자에게 투사하고 있는 것에 동일시하는 것이다. 내담자가 자기표상과 동일시한다면, 치료자는 현재 활성화된 이자관계에 포함된 대상표상과 동일시될 수 있다. 만일 내담자가 자신의 대상표상과 동일시하면 자신의 자기표상은 치료자에게 투사할 수 있는데, 이것은 역전이에서 상응하는 동일시를 유발하게 된다.[3] 상보적 역전이는 내담자의 분열된 내적 대상에 대해 더 잘 느낄 수 있게 해주며, 따라서 현재 이자관계 전체에 대해서도 더 잘 느낄 수 있게 해 준다. 예를 들어, 내담자가 "시험에

떨어졌어요."라고 말하고서 침묵하고 있다면, 치료자도 슬픔을 느낄 수 있다. 이것은 일치적 역전이를 나타내며, 이 경우 치료자는 다음과 같이 말할 수 있다. "○○씨가 말이 없는 것은 ○○씨가 슬프고, 실망스럽고, 이제 끝장이라고 생각하기 때문일 거예요." 그러나 같은 상황에서 치료자가 내담자에게 화나서 비판하고 싶을 수도 있다. 이것은 상보적 역전이를 나타내며, 이때 치료자는 다음과 같이 말할 수 있다. "○○씨가 침묵하는 것은 내가 ○○씨를 비난할 수 있을 거라고 생각하기 때문인 것 같아요." 이 경우 치료자는 자신의 화가 내담자가 투사하고 있는 박해 대상과의 동일시라는 것을 깨닫는다. 일치적 역전이는 내담자가 자기라고 경험하는 내담자 마음의 그 부분에 치료자가 동일시하는 것을 포함한다. 치료자의 내적 경험은 내담자의 그것, 즉 내담자가 자각하는 자기표상과 유사하다. 상보적 역전이는 내담자의 현재 투사된 자기표상에 상응하는 대상표상에 치료자가 동일시하는 것을 포함한다.

치료자의 역전이는 어떤 순간에 내담자에게서 활성화된 특정 이자관계 안에서 일치적 역전이와 상보적 역전이를 오갈 수 있다. 더욱이 역전이는 순간순간 내담자의 경험을 결정하는 이자관계의 변화에 따라 변할 수 있다. 치료자가 자신의 역전이, 그리고 역전이와 내담자 내적 세계의 관련성을 자각하는 것은 앞에서 개관한 개입방략을 따르는 데 있어서 핵심적 역할을 한다.

치료자의 역전이는 또한 급성(acute) 역전이 반응과 만성적(chronic) 역전이 반응으로 분류될 수 있다. **급성 역전이 반응**은 잠재적으로 치료에 매우 도움이 된다. 이 반응은 각 회기에서 전이 발달과 관련해서 변화할 수 있다. **만성적 역전이 반응**은 더 문제가 되는데, 일반적으로 만성적이고 해결되지 않은 전이 및 역전이 발달이나 치료적 교착상태를 반영한다. 이들 후자의 반응들은 암암리에 시작되어, 수주 혹은 수

---

3) **자기표상**과 **대상표상**에 관해 말하는 것은 내담자가 궁극적으로 둘 모두와 동일시한다는 것을 전달하지 않는다. 다시 말해서, 깊은 수준에서 보면 자기표상과 대상표상은 실제로는 둘 다 자기표상이다. 이 용어들을 간략하게 사용하면, 자기표상은 내담자가 더 의식적으로 동일시하는 이자관계의 한 극이고, 대상표상은 내담자가 상대 쪽에서 보거나 행동의 의미를 충분히 자각하지 못한 채 행동하는 경향이 있는 이자관계의 한 극이다.

개월까지 확장될 수 있으며, 치료자가 내담자 내적 세계를 지각할 때 맹점을 유발함으로써 치료자의 기법적 중립성 입장에도 영향을 미칠 수 있다.

임상 실제에서, 치료자가 계약에서 정해진 치료조건들을 명확하게 이해하고 있으면 역전이 반응을 알아차리는 데에 도움이 된다. 정해진 치료 틀로부터 이탈하려는 유혹이나 내담자가 이탈하는 것을 허용하려는 유혹은 내담자 내적 세계의 어떤 요소에 상응하는 역전이 반응의 표시로 보아야 한다. 예를 들어, 모든 회기에 빠지지 않고 참석해야 한다는 기대가 경직되고 가혹하다는 내담자의 주장에 치료자가 동의한다면, 치료자는 그 기대를 바꾸려고 하지 않아야 하며, 경직되고 가혹하고 아마도 가학적인 특징을 가진 이자관계에 대한 전이를 탐색해야 한다. 치료자는 그의 새로운 내적 공식화에 이런 자료를 포함시켜야 한다. 예를 들어, "나는 이 내담자에 대해 점점 더 처벌적이며 가학적으로 느끼기 시작했어. 이 이자관계와 연결된 정동을 관찰해 보고, 또한 이자관계의 양극이 변화할 수 있다는 것을 알고 있을게. 그래야 어떤 더 깊은 수준에서 혹은 더 나중의 시점에서 내가 처벌적이고 가학적인 어떤 것을 받는 극단에 있을 수 있을 것 같아."

만일 치료자가 자신의 역전이를, 그리고 이 역전이를 대상관계 관점에서 탐색할 필요성을 자각하지 않는다면, 치료자는 내담자 저항과 공모하는 방식으로 역전이를 상연할 위험에 놓이게 된다. 예를 들면, 치료자는 내담자가 옳으며 내담자가 회기에 규칙적으로 참가할 것으로 기대해서는 안 된다고 생각할 수 있다. 이 반응은 피상적인 긍정적 이자관계를 건드리지 않으며, 탐색되지 않은 더 깊은 수준에서는 부정적 관계를 나타낼 수 있다. 치료자가 이 입장을 취하게 되면 이것은 실제로 내담자를 돕기 위해 필요한 노력을 포기하는 결과가 된다. 결과적으로, 내담자와 치료자는 표면적으로는 우호적이고 지지적으로 보이지만, 더 깊은 수준의 내적 세계에 대항해서 방어하는 그런 상황에 합류하게 된다. 그런 내적 세계에는 무책임하고, 무시하고, 심지어는 학대하는 관계 요소들이 포함되며, 이제 이 요소들은 탐색을 피하려는 공모 속에서 함께 상연되고 있다.

역전이 반응은 내담자의 내적 세계에서뿐만 아니라 치료자에게서 비롯될 수도 있기 때문에, 치료자는 역전이 반응의 원천을 개방적으로 탐색할 수 있어야 한다.

이것은 특히 내담자가 치료자 행동에 대해 언급하는 경우에 중요하다(예, "선생님이 화나신 거 같아요." 혹은 "선생님이 제 가슴골을 봤잖아요.").

역전이를 명확하게 모니터링하는 것은 투사적 동일시 및 분열과 같은 내담자의 원시적 방어기제를 이해하는 데에뿐만 아니라, 내담자 내적 세계의 부분대상 표상의 특성을 이해하는 데에도 중요한 접근 기회를 제공한다. 간단히 말하면, 치료자의 반응은 치료 초기 단계의 주된 질문, "이 내담자는 나와 어떤 관계를 하고 있지?"에 대한 단서를 제공하는데, 이에 대한 답은 "나에게 어떤 감정이 일어나지?"라는 질문을 생각하는 중에 찾을 수 있다.

(1) 역전이 반응에 대한 추가적 언급

내담자의 관찰 자아와 동맹을 맺는 것과 함께, 치료자가 내담자의 어떤 좋아할 만하고 믿을 만한 인간적 측면을 발견하는 것이 중요하다. 이것은 자아 성장의 잠재적 영역으로서, 치료자로부터 내담자에게로의 진정한 소통을 위해서 처음에는 작지만 필수적인 토대를 이루게 될 것이다. 다시 말해서, 치료자의 기법적 중립성 입장은 치료자가 기대하거나 희망하기에 대인 투여의 가용한 핵심이자 내담자 속에 있는 보통의 인간성의 가용한 핵심을 이루는 것에 대한 진정한 관여를 의미한다. 그 핵심은 내담자를 치료에 오게 만든 문제에도 불구하고 진정으로 의존하고 치료관계를 확립할 수 있는 역량을 시사한다.

치료자의 언급은 치료자라는 역할과 내담자 인성의 관계추구 측면 사이의 암묵적 동맹에서 시작된다. 이것은 전적으로 가학적이거나 이상화된 특성을 지닌 분열된 부분 자기표상과 부분 대상표상을 반영하는 내담자의 내적 생활과 외적 행동의 그런 측면에 대한 일관된 해석의 토대가 된다. 처음에 치료자는 악몽 같은 세계의 가운데에 갇혀 있는 내담자의 다소 정상적인 자기표상의 존재를 가정해야만 할 수 있다. 치료자는 이 가정 덕분에 원시적인 부분에 대한 해석을 내담자 상태에 대한 공격과 동일시하지 않고서, 내담자가 이런 세계에 갇혀 있음을 체계적으로 직면시킬 수 있다. 이것은 내담자가, 예를 들면 가혹한 초자아 전조를 치료자에게 투사하고 결과적으로 치료자의 어떤 비판적 언급을 막아 내야 할 사나운 공격으로 지각함에도 불구하고, 치료자가 다음의 두 가지를 유지하는 것이 중요하다는 것을 의미한다. 즉, 1) 도덕주의적으로 되지 않으면서 도덕적 태도를 유지하고, 2) 투사된 가학적 이미지와 동일시하려는 유혹에 넘어가지 않으면서, 혹은 내담자의 내적 세계에 뿌리를 둔 심한 공격성의 부인을 강화하는 방어적 소통양식을 취하려는 유혹에 넘어가지 않으면서, 비판적이며 분석적 태도를 유지하는 것이다.

내담자의 도발적 행동은 치료자가 기법적 중립성과 진정한 인간적 관심의 입장에서 다음 역할 중 하나로 옮겨 가도록 몰아갈 수 있다. 즉, 치료자는 내담자에 대한 가학적 박해자, 내담자의 공격성 부인을 감수하는 희생자, 혹은 내담자로부터 정서적으로 철수하는 무관심한 타인이 될 수 있다. 때로 치료자가 치료에 거짓 관여하게 되면, 즉 표면적으로는 우호적이지만 전이−역전이에서의 공격성을 부인하게 되면, 피상적으로 긍정적인 치료는 가능하겠지만, 내담자를 편집−분열 포지션에 머물게 하고 깊이 있는 관계를 불가능하게 만드는 부인과 분열과정을 해결할 가능성은 없게 된다.

치료에서 치료자는 강한 정서적 힘에 노출되기 때문에, 치료과정에 대한 치료자의 성실한 관여를 보호하기 위해서는 치료자의 객관적인 안전이 필요하다. 치료자가 위협을 받는다고 느낄 때마다, 첫 단계는 치료자가 자신의 신체적, 정서적, 법적 안전을 확인할 수 있어야 한다는 것이다. 안전은 다른 어떤 고려사항보다 우선되어야 하는데, 왜냐하면 이것은 심리치료 노력에 대한 진정한 관여의 전제조건이며, 따라서 치료의 지속과 효과성에 대한 기본적 보장이기 때문이다. 적절한 치료적 관여에는 항상 무엇이 가능한가에 대한 현실적 감각의 유지가 필요하다. 반대로 불가능한 사례를 도와주고 구하려는 구세주와 같은 태도를 취하는 것, 즉 내담자의 도발적 행동에도 불구하고 그런 내담자에게 완전하게 헌신하는 '교정적 정서 경험'을 제공하는 데에 과도하게 열중하는 것은 치료자가 부정적 측면의 역전이를 부인하게 될 위험을 초래할 수 있다. 이러한 부인으로 인해 치료자는 역전이 속의 부정적 감정을 점차 무의식적으로 그리고 결국에는 의식적으로 축적하고 행동화하게 되며, 치료자는 치료를 성급하게 끝내게 될 수 있다. 전이에서 강한 투사된 미움을 보이는 내담자에 대한 강한 부정적 역전이 반응을 감내하는 것은 내담자 역동에서 미움의 역할을 이해하는 데에 필수적이다.

〈사례〉

어떤 경험 많은 여성 치료자는 한 여성 경계선 내담자와 함께 있으면 완전히 마비되는 느낌을 받았는데, 그녀는 남자들과의 만성적 가학피학적 상호작용, 난폭한 신체적 폭발, 일에서의 불안정성, 폭식증 등으로 일상생활이 황폐화되고 있었다. 내담자는 회기 중에 구부정한 자세로 앉아, 자기 삶에서 잘못되고 있는 많은 것에 대해 화내며 불평하곤 하였다. 그녀는 한 주제에서 다른 주제로 옮겨 다녔고, 치료자를 바라보지 않은 채 단조로운 톤으로 얘기하였다. 치료자는 이렇게 끝없이 바뀌는 불평들로 인해 무능력해지는 느낌을 받았으며, 회기에서 내담자의 낙담하고, 수동적이고, 은근히 교만하고, 거만한 행동에 대해 직감적으로 분개하였다.

　내담자는 자기 어머니를 거대하고, 자기중심적이고, 거만하고, 무관심한 사람이라고 했으며, 내담자의 불평은 치료자가 내담자의 일상적 고통을 변화시키려 하지 않는다면 그건 자기 어머니처럼 행동하는 것이라는 의미였다. 마치 내담자 어머니가 내담자에게 했던 것처럼 내담자가 치료자에게 행동하고 있다는 치료자의 자각은 치료자가 자신의 일관되고 강렬한 역전이를 내적으로 탐색함으로써 가능해졌고, 이를 통해 치료자는 지배적 전이 상황을 분석할 수 있게 되었다. 이런 방식으로 치료자는 내담자의 끝없는 불평과 낙담하는 내적 반응들을, 거대하고 거만하고 무관심한 어머니와 무기력하고 마비된 그녀의 희생자 사이의 관계에 대한 적극적 탐색으로 변화시켰는데, 이것은 내담자가 전이에서 이 두 역할을 번갈아 가며 상연하는 동안에 이루어졌다.

　심리치료의 엄격하고 일관적인 치료 틀은 치료자에게 현실적 안전을 제공해야 하는데, 이를 통해 치료자는 즉각적 행동에 대한 과도한 압력 없이 역전이를 탐색할 수 있다. 그럼에도 불구하고, 내담자의 도발적인 행동이 치료자에게 어느 정도 역전이 행동화를 유발할 때가 있다(예, 치료자 자신의 정서 반응에 의해 오염되어 있는 치료자의 개입). 증오에 찬 내담자는 치료자가 딱 잘라서 화난 어조로 말했다는 사실을 의기양양하게 지적할 수 있다. 치료자는 이런 행동에 대해 부인하거나 혹은 과도한 죄책감으로 반응하지 않고 그 행동을 인정할 수 있어야 한다. 실제로 치료자가 반응함에 따라 기법적 중립성이 간헐적으로 손상되는 것은 치료자의 인간다움을 전달할 수 있고, 또한 내담자가 심하게 가학적 혹은 도발적으로 행동한 것의 예상된 결과를 전달할 수 있다.

치료자가 내담자에 의해서 영향 받을 수 있는 자신의 시간, 공간, 생활 상황에 대한 한계를 설정하고, 어떤 특정 전이 호소에 대한 반응으로 자기 길을 벗어나지 않고 그런 제한을 일관되게 고수하는 것이 중요하다. 치료자 행동의 일관성은 치료자가 역전이 행동화의 유혹을 진단하고, 역전이 반응의 원인을 전체 전이-역전이 상황에 대한 분석에서 찾을 수 있게 해 줄 것이다. 치료자가 치료 세팅의 온전함, 자기 환경의 물리적 온전성과 공간, 내담자와의 치료관계 밖에서 자기 생활의 사생활을 보호하는 것은 필수적이다. 내담자 속의 공격적 및 리비도적인 부분은 자연스럽게 치료자-내담자 관계의 경계를 겨냥할 것이다. 그런 경계에 도전하는 것은 치료자가 기법적 중립성 입장에서 벗어나 내담자 내적 갈등의 한 부분을 상연하게 만들려는 시도이다.

2. 숙련된 해석의 특징

해석의 숙련성, 즉 해석을 공식화하고 소통하는 능력의 수준은 다음 네 가지의 추가 기준에 달려 있다. 1) 명확성, 2) 속도, 3) 적합성(pertinence), 4) 깊이.

1) 해석의 명확성

해석의 명확성은 치료자의 정확하고 직접적인 소통을 가리킨다. 해석은 내담자의 심리내적 기능에 관한 가설이지만, 해석은 직접적이고 분명하게 진술하는 것이 최선이다. 해석에 대한 확신의 정도는 치료자의 마음에서 다양하게 나타날 수 있으며, 어조와 강세는 이러한 서로 다른 확신의 정도를 반영할 수 있는데, 해석을 머뭇거리며 진술하는 것은 대개 역전이의 상연을 반영할 것이다. 만일 해석이 올바르지 않다면 그것의 부정확성은 분명해질 것이다. 주저하는 듯한 잠정적인 해석은 대개 치료 속도를 더디게 한다.

〈명확성이 부족한 예〉

치료의 어떤 시점에 내담자는 점점 더 우울해지는 느낌과 자살 사고가 다시 되살아난다고 하였다. 치료자는 내담자에게 약물치료를 해 줄 정신과 의사를 만나보라고 권고하였다. 그러한 자문 후 다음 치료 회기에서 내담자는 그 의사를 바보라고 하면서 의사의 권고가 쓸모없다고 하였다.

치료자는 다음과 같이 말했다. "나는 ○○씨가 Sutton 박사에 대해 말한 내용은 나와 어느 정도 관계가 있다고 생각해요. ○○씨는 그와 내가 한 팀으로 일한다는 것을 알아요. ○○씨는 그에게 부정적으로 반응하는 것처럼 보이는데, 그렇다면 나에 대해서도 어떤 부정적 감정을 갖고 있을 것 같아요. 이것은 ○○씨의 우울한 기분과 자살 사고와도 관련 있을 수 있어요. 때로 사람들은 자기를 도울 수 있는 사람에게 시기심을 느껴요. 아마도 그것이 ○○씨가 부정적으로 반응하는 이유일 수 있어요. 그리고 그렇기 때문에 ○○씨가 화날 수 있는데, 왜냐하면 ○○씨의 한 부분은 정말로 도움을 원하기 때문이에요."

〈명확성을 갖춘 동일한 해석〉

"○○씨는 ○○씨를 도우려는 Sutton 박사의 노력을 경멸하고 있어요. 또한 ○○씨의 자살 사고가 다시 시작된 것은 ○○씨를 도우려는 나의 노력에 대한 경멸의 표현일 수 있어요. ○○씨의 우울은 ○○씨 속에서 지금 일어나고 있는 갈등에 대한 현실적 반응일 수 있어요. 그 갈등은 필사적으로 도움을 원하는 ○○씨의 한 부분과 ○○씨를 도울 수 있는 사람을 의심하고 시샘하고 화내고 공격하는 ○○씨의 다른 부분 사이의 갈등이에요. 이건 참으로 대단한 딜레마에요."

2) 해석의 속도

해석 과정이 최대한의 효과를 얻기 위해서는 해석이 시기적절하게 전달되어야 한다. 부적절한 속도의 주된 이유는 경계선 내담자의 언어적 소통에서 나타나는 파편화된 특성 때문이다. 이러한 파편화는 외상 경험에 대한 방어적 회피를 반영할 수 있다[Green(2002)의 '중심적 공포 포지션(central phobic position)' 또는 '연결하기(linking)에 대한 공격'(Bion, 1967)과 생각하기의 거부]. 슈퍼비전을 하면서 우리가 관찰한 바에 따르면, 어떤 치료자들은 해석하기 전에 너무 오래 기다리는 경향이 있는 것으로 나타났다. 기다리는 것에 대한 치료자의 일반적 설명은 해석의 정확성을 확실히 하기 위해 더 많은 자료를 모을 필요가 있다는 것이다. 그러나 우리가 보기에 많은 치료자가 반복적으로 해석을 미루며 때로는 수 주 동안 미루는데, 이것은 내담자 반응에 대한 불안 때문으로 보인다. 이러한 경향성은 많은 치료자가 자신이 내담자 삶에서 중요한 대상이라는 점과 치료과정에는 내담자의 가장 강한 정서가 회기 속에서 표현되는 것이 필요하다는 점을 일반적으로 받아들이기 꺼린다는 것을 반영한다.

해석 지연에 관한 앞의 경고를 유념하면서, 해석은 다음 경우에만 사용되어야 한다. 1) 내담자가 전달한 것 그리고/또는 치료자가 상호작용에서 관찰한 것을 근거로 어떤 가설을 형성할 수 있을 만큼 치료자가 분명하다고 느낄 때, 2) 이 가설에 대해 만일 내담자가 동의한다면 그의 자기 인식 범위를 확대할 수 있고, 또는 만일 해석이 틀렸다면 치료자 쪽에서 더 깊은 이해를 하는 데에 기여할 것이라고 치료자가 확신할 수 있을 때, 3) 해석의 도움 없이는 내담자가 쉽게 이 가설에 도달할 수 없을 거라고 판단될 때. 이 세 조건에 맞지 않는다면, (뒤에 나오는 '2. 4) 해석의 깊이' 부분에서 논의된 것처럼, 초기에 깊은 해석이 요구되지 않는 한) 치료자는 침묵을 유지하거나 명료화 및 직면 기법을 사용해야 한다.

일단 세 조건이 적용된다면 해석은 가능한 한 빨리 행해져야 하는데, 왜냐하면 그것은 치료적 가치뿐만 아니라, 다음의 내용을 나타내는 내담자 반응을 평가할 기회를 제공하기 때문이다. 1) 내담자가 들을 준비가 되어 있는가, 2) 내담자가 해석에 대해 그것을 더 자세히 설명하거나 혹은 그것에 대해 추가적 연상을 하는 등의 무언가를 할 수 있는가, 3) 내담자가 치료자와의 관계에서 해석을 어떻게 경험하는가, 즉 이해의 풍부한 확장으로, 치료자가 가진 마술적 힘의 증거로, 자기애적 상처로, 선물로, 가치 없는 것으로, 기타 등등. 이 마지막 고려사항, 즉 내담자가 해석을 어떻게 경험하는가는 내담자 전이에 관한 진행 중인 정보를 제공한다.

3) 해석의 적합성

해석의 적합성은 치료자가 지배적인 주제를 다룰 때 회기에서 가장 많은 정동을 가진 자료 부분에 적절하게 초점을 두는 것(해석의 경제적 원칙)을 가리킨다.

〈부적합한 해석의 예〉

한 내담자가 회기를 시작하면서 화를 내며 치료자에게 꿈을 '내뱉듯이' 얘기한다. 치료자는 꿈의 내용에 초점을 맞추고, 내담자의 화난 정동과는 연결시키지 않고 꿈을 해석한다. 적절한 해석이라면 치료자에 대한 내담자의 정동을 다룰 것이며, 꿈의 내용은 다룰 수도 혹은 다루지 않을 수도 있다.

〈부분적으로 적합한 해석의 예〉

철수되고 억제되어 있는 경계선 내담자를 몇 달째 치료하고 있는 치료자가 자신에 대한 내담자의 무관심한 정동에 대해 언급하였다. "○○씨는 나에 대해 아무런 감정도 없는 것처럼 대해요. 이것은 ○○씨가 나에 대해 실제로 느끼는 감정을 두려워하는 것일 수도 있다는 생각이 들어요."

〈더 충분히 적합한 해석의 예〉

치료자는 자신에게 무관심한 것처럼 보이는 내담자에게 다음과 같이 얘기하였다. "○○씨는 나에 대해 마치 아무런 감정도 없는 것처럼 보여요. 이렇게 내게 무관심한 것처럼 보이는 것은 나에 대한 ○○씨의 깊은 관심과 또 내가 ○○씨를 돌봐 주기를 바라는 깊은 소망을 감추고 느끼지 못하게 하는 것일 수 있다고 생각해요. 내가 이렇게 생각하게 된 데에는 여러 가지 이유가 있어요. 예를 들면, ○○씨는 늘 약속시간보다 일찍 오는데, 조바심 내며 나를 기다리는 것처럼 보여요. 또한 내가 일정 기간 없을 거라고 얘기할 때마다 ○○씨는 괜찮다고는 얘기하지만, 비언어적으로는 염려와 불안이 느껴져요. 만일 지금 내 얘기가 맞다면, 다음 단계는 ○○씨가 나와 관련해 느낄 수 있는 감정을 알아차리고 인정하는 것이 왜 그렇게 어려운지 이해하는 것이 될 거예요."

(1) 해석의 초점과 내용을 결정하는 준거

경제적 원칙, 역동적 원칙, 그리고 구조적 원칙은 또한 해석의 초점과 내용을 안내한다(7장의 '3. 기략 ③ 주요 주제를 선택하고 작업하기' 참조). **경제적 원칙**은 해석이 그 회기의 지배적 정동과 연결되어야 한다는 것인데, 내담자의 정동 상태는 그의 무의식적 대상관계 중 어떤 것이 자극되었다는 징표이기 때문이다. 그 회기에서 지배적 정동과 연관된 대상관계는 전형적으로 전이에서 지배적인 대상관계와 일치한다. 그러나 정동적으로 지배적인 이자관계가 전이 바깥의 사람이나 상황과 관련되어 있어서 그 시점의 전이와 직접적 관련성이 없는 경우도 있다. 이 경우 치료자에게 정동이 가장 강한 영역을 탐색해 보라고 권고하게 되는데, 설사 이것이 그 순간의 전이에서 나타나는 자료에 주의를 기울이지 않는다는 의미일지라도 그렇다. 지금까지 말해 왔듯이, 우리는 전이 밖에 있는 것처럼 보이는 정동이 실린 자료는 나중에 언젠가 거의 필연적으로 전이와 연결된다는 것을 보아 왔다.

역동적 원칙은 마음속에서 서로 갈등하는 힘들에 대한 해석에 초점을 둔다. 치료자는 이 원칙에 따라 표면에서 깊이로, 그리고 방어에서 동기를 거쳐 충동으로 작업해 나간다([그림 6-1]). 치료자는 일반적으로 내담자가 가장 즉각적으로 접근할 수 있는 자료부터 시작해야 하며, 비교적 과거력과 관계없는 방식으로 지금 여기에서 내담자의 소통이 가진 무의식적 의미를 그가 이해할 수 있도록 해야 한다. 예를 들면, 치료자는 지금 상연되고 있는 대상관계가 역사적으로 정확하다고 가정하고서, "○○씨는 부모로부터 받았던 가혹하고 처벌적인 대우 때문에 계속 화를 느끼네요."와 같이 이야기하는 대신, "여기에서 ○○씨 행동을 보면 마치 화나서 벌주는 부

표면적 방어:	내담자는 침묵하지만 화나 보인다
방어되는 충동(방어의 동기):	강렬한 공격성

치료자는 다음과 같이 말함으로써 이것을 시사한다. "○○씨는 자기가 '화낼지' 모른다는 두려움 때문에 말하는 걸 불안해하는 것처럼 보여요." 내담자는 이 가설에 동의한다.

다음 수준의 방어:	의존성에 대한 방어로서 공격성

치료자는 다음과 같이 말한다. "화내는 것에 대한 두려움 때문에 ○○씨는 나와 상호작용을 하지 않고 있어요."

다음 수준의 충동:	의존성에 대한 갈망

치료자는 다음과 같이 말한다. "아마도 화를 폭발하려는 충동은 의존하는 느낌을 유발할 수 있는 상호작용을 회피하려는 목적에 이용되는 것 같아요."

작업이 진행되면서, 치료자와 내담자는 의존의 소망이 결국 경쟁적인 오이디푸스적 추구에 대한 방어라는 것을 알 수 있다. 작업은 여러 수준을 통해 계속 진행될 수 있다. 게다가 경계선 인성조직 내담자들의 경우, 해리성 방어는 어떤 방어된 수준이 어떤 시점에 표면으로 이동하여 이제는 방어적 목적에 기여하게 되는 가능성을 만든다. 변하지 않는 점은 해석이 훈습될 때까지 갈등하는 부분들이 서로 해리된 채로 남아 있다는 것이다.

그림 6-1 표면에서 심층으로 작업하기

모에게 화내고 있는 아이 같아요."라고 말할 수 있다. 전자의 개입은 부정확할 수 있을 뿐만 아니라, 치료자와의 지금 상황에서 내담자의 정동을 놓치게 할 수 있다.

일반적으로 의식에 더 가까운 자료를 먼저 해석해야 하며, 예외적인 경우는 이 장의 뒷부분에서 논의하였다('표면에서 심층으로 진행 과정에서의 복잡한 문제' 부분 참조). 치료의 초기 단계에서 해석은 주로 내담자가 제시한 자료의 방어적 특성을 다룬다. 내담자들은 자신이 의식하지 못하지만 행동과 대인관계에서 나타나는 원시적 정동과 내적 파편화를 자각하는 고통을 본능적으로 피하려는 경향이 있다. 초기 작업의 많은 부분은 내담자가 보고 이해해야 할 중요한 자료를 보지 않으려고 회기 안과 밖에서 어떻게 행동하는지 볼 수 있도록 돕는 것을 포함한다. 이러한 임상작업의 현실은 치료에서 다루어져야 하는 우선순위 위계의 기저에 있는 요인 중의 하나인데, 이것은 7장 '3. 3) 주제의 우선순위 지키기' 부분에서 논의되었다. 탐색적 치료 작업에 저항하는 내담자 행동은 탐색작업을 수행하기 전에 다루어야 한다.

구조적 원칙은 방어와 충동에 포함된 심리내적 구조에 대한 해석에 초점을 둔다. 즉, 신경증 내담자의 경우 삼원 구조(원초아, 자아, 초자아)의 수준에 초점을 두며, 경계선 인성조직 내담자의 경우는 우세한 이자적 대상관계 수준에 초점을 맞춘다. 후자의 목표는 방어적 역할을 하는 이자적 대상관계를 이해하고 해석하는 것과, 방어되고 있고 충동과 연결되어 있는 더 심층의 이자관계를 알아차리는 것이다. 해석의 적절성은 치료자가 경제적, 역동적, 구조적 원칙에 따라 개입하는 것을 포함한다.

4) 해석의 깊이

해석의 깊이는 내담자의 의식적, 행동적 체험으로부터 내담자의 행동을 동기화시키는 기저의 심리구조와 그 속의 갈등에 대한 기술로 해석 과정이 진행되는 것을 가리킨다. 모든 심리내적 갈등에는 한 층의 방어와 충동뿐만 아니라, 연속적으로 층층이 쌓인 충동-방어 구성이 포함된다([그림 6-1] 참조).

이상적으로 치료자의 해석은 너무 피상적이어도 안 되며(즉, 너무 표면에 가깝고 이미 내담자가 분명히 알 수 있는 자료), 너무 깊어도 안 된다(즉, 내담자가 아직은 자기 것으로 소화할 수 없는 자료). 그러나 최적의 해석 수준은 시행착오를 통해 찾아야 하며, 해석의 깊이에 대한 기준은 내담자가 해석을 이해하고 통합할 수 있는 수준을 가늠하면서, 가능한 한 해석을 깊게 하려는 치료자의 노력을 말한다.

모든 방어에는 동기가 있는데, 즉 해당하는 충동을 내담자가 의식적으로 받아들일 수 없는 데에는 이유가 있다. 깊이 있는 해석에는 반대의 충동행동에 대한 방어행동과 그 행동의 동기, 그리고 그 충동 자체에 대한 상세한 설명이 요구된다.

5) 해석의 세 수준

해석은 다음의 세 수준 중 하나에서 이루어질 수 있다. 1) 내적 체험의 자각을 회피하기 위해 행동화나 원시적 방어가 어떻게 이용되는지 해석하기, 2) 현재 활성화된 대상관계 해석하기(이자관계에서 자기표상과 대상표상 기술하기와, 이자관계 속에서 역할 반전 기술하기), 3) 현재 활성화된 대상관계가 방어하고 있는 대상관계 해석하기.

(1) 수준 1: 원시적 방어 해석하기

해석은 대체로 표면에서 심층으로 진행되기 때문에, 우리는 먼저 원시적 방어를 해석하는 접근부터 다룬다. 일반적으로 방어는 견디기 어려운 갈등, 즉 마음의 상이한 부분들 간의 갈등과 마음의 부분과 외부 현실요소 간의 갈등을 회피하기 위한 기제이다. 더 성숙한 방어기제와 달리, 원시적 방어기제는 자기와 타인의 사랑하는 측면과 미워하는 측면 사이에 날카롭고 비현실적인 심리내적 분리를 유지함으로써 갈등을 회피하려고 시도한다. 이것은 서로 갈등하는 부분들이 내담자의 심리적 자각의 장에서 만날 수 없도록 하기 위한 것이다. 설사 이런 서로 모순되는 상태들이 의식에 나타난다 하더라도, 그것은 서로 다른 시기에 완전히 분리되어 나타난다. (비록 어떤 한 상태가 의식적으로 경험될 때 반대되는 다른 상태가 동시에 행동으로 나타날 수 있지만, 그것은 내담자 의식 속에 존재하지 않는다.) 함께 공존할 수 없는 상태들이 이렇게 극단적으로 분리되면, 내담자는 그중 일부를 의식적으로 체험하지만, 동시에 그가 견딜 수 없는 내적 세계 부분은 **그의 외부에 있는 것으로** 경험하게 된다.

분열은 원시적 방어의 중심 기제로서 내담자의 내적 세계에서 극단적이고 과장된 자기표상과 대상표상을 고립시키는데, 이는 '나쁜' 이미지와 연결된 미움으로부터 사랑스러운 '좋은' 내적 이미지를 보호하기 위해서이다. 내적 표상을 이렇게 격리시킴으로써 내담자가 치러야 하는 대가는 현실 세계의 특징인 유연성과 복합성을 갖고 사람과 상황에 대처하는 능력이다. 내담자의 주관적 체험에서 분열은 일반적으로 자기, 타인, 세상에 대한 내담자의 경험에서 불규칙한 비연속성이 일어나게 한다. 어떤 경우에는 분열의 결과로 고정되고 경직되고 불안정한 유사 안정성이 나타나는데, 유사 안정성은 나쁜 내적 대상을 외부 세계로 일관되게 투사하는 것에 기초한다. 이것은 자기애성 인성장애 내담자들에게서 매우 전형적으로 나타나는데, 이들의 내적 세계는 병리적인 거대자기를 중심으로 구조화되어 있다(D. Diamond,

F. E. Yeomans, & B. L. Stern,『A Clinical Guide for Treating Narcissistic Pathology: A Transference Focused Psychotherapy』[4] 준비 중). 일반적으로 전능 통제, 투사적 동일시, 이상화, 평가절하, 원시적 부인과 같은 원시적 방어 작용은 분열이 지속될 수 있게 하는데, 그것은 자기의 받아들일 수 없는 측면이 자기 속이 아닌 대상 속에 있다는 믿음, 나쁜 대상이 다른 때에는 좋은 대상이라는 믿음, 그리고 모순은 정서적으로 중요하지 않다는 믿음 때문이다.

　부분-자기표상과 부분-대상표상을 내담자가 알아차릴 수 있도록 돕기 위해, 치료자는 투사, 투사적 동일시, 전능 통제와 같은 방어의 사용을 내담자에게 보여 줌으로써, 종종 그런 부분표상들을 투사된 곳으로부터 되찾아 와야 한다. 내담자가 원시적 이상화, 평가절하, 부인을 사용하는 것 또한 해석되어야 하는데, 이것은 내담자가 자기상과 대상상에 대한 더 정확한 평가를(좋은, 나쁜, 혼합된) 인식할 수 있도록 돕기 위해서이다. 일단 치료자가 내담자의 관계에 영향을 미치는 과장된 이미지의 목록을 보여 주었다면(3장에서 논의된 '1. 방략 원칙 **1**'), 다음 과제는 자기 파편과 대상 파편을 함께 결합하는 것이다. 이것은 원시적 방어기제들의 해석이 가장 유용할 때이다. 이들 방어기제는 다음의 목록에 기술되어 있다.

1. **분열**: 분열의 가장 명백한 발현은 내담자가 치료자나 자기를 좋기만 한 사람으로 보거나, 반대로 나쁘기만 한 사람으로 지각하는 데에서 나타나는데, 여기에는 완전히 갑작스럽게 반전될 가능성이 수반된다. 원시적 이상화, 평가절하, 전능 통제, 투사적 동일시는 모두 분열된 심리구조에서 비롯된 것이다.

   치료자: 지금 ○○씨는 내가 인정이 많고, 나와 같이 있으면 완전히 편하다고 말하는데요.

   내담자: 물론이에요. 그게 뭐가 잘못됐나요?

   치료자: 아니에요. 하지만 그 말은 ○○씨가 10분 전에 했던 말과는 너무 다른 것

---

4) [역주] 자기애적 병리의 치료를 위한 임상적 지침: 전이초점 심리치료

같아요. ○○씨는 내가 ○○씨에게 상처를 줄 수 있다고 생각했고, 그래서 '엄중히 감시해야' 한다고 했어요.

내담자: 하지만 저는 선생님이 괜찮은 분이라는 걸 알 수 있고, 그렇게 느껴져요. 저번에는 제가 틀렸을 수 있어요.

치료자: 하지만 좀 전에 ○○씨는 내가 위험한 사람이라고 확신했었어요. 내가 그렇게 빨리 변하는 것을 어떻게 설명할 수 있을까요? ○○씨가 나를 한 극단 아니면 다른 극단으로 볼 때에만 나를 어떻게 해야 할지 아는 것처럼 보이네요. 나를 체험하는 이런 방식은 제가 그 극단들 중 어느 하나에도 맞지 않는다는 것을 경험할 때의 불안을 피하는 한 가지 방법일 수 있어요.

2. **원시적 이상화와 평가절하:** 이 두 가지 원시적 방어기제는 외부 대상의 좋음이나 무가치함을 인위적이고 병리적으로 증가시킴으로써 외부 대상을 전적으로 좋거나 전적으로 나쁘게 보는 경향성에 기반을 둔다(극단적인 경우에는 평가절하된 대상이 무가치함을 넘어서 악이 된다). 원시적 이상화는 비현실적으로 좋기만 한 강력한 이미지를 만들어 내는데, 이는 내담자가 치료자, 다른 누군가, 혹은 자기 자신을 의심하지 않고 의지할 수 있는 이상적이고 전능한 신과 같은 인물로 대하는 것으로 나타난다. 치료자는 똑같이 강력한(그리고 똑같이 비현실적인) 나쁘기만 한 대상들에 대항하는 잠재적 동맹자로 보일 수 있다. 그렇지 않으면 치료자, 다른 사람, 또는 내담자가 때로 완전히 평가절하된 무가치한 악으로 경험될 수 있다.

3. **전능 통제:** 이 방어기제는 외부 대상에 투사된 공격적 정동의 위협으로부터 내담자를 보호하고자 한다. 논리적으로 보면, 한 사람이 상대에게 공격성을 투사하고 상대 속의 공격성을 인식한다면, 공격성으로부터 자기를 보호하기 위해 상대를 통제하는 게 필요해진다. 그래서 관계를 유지하는 유일한 방법은 통제를 유지하는 것이다(Kernberg, 1995). 안타깝게도 종종 대상들이 내담자에게 등을 돌리게 만드는 것은 정확히 바로 이런 통제하는 태도이다. 전능 통제

의 한 가지 형태는 내담자의 말하는 스타일 속에 있을 수 있다. 즉, 때로 한 주제에서 또 다른 주제로 갑작스럽게 바꾸는 속사포 같은 병적 수다는 방어적으로 치료자가 의미 있는 방식으로 개입하지 못하도록 하는 데에 사용될 수 있다. 이런 형태의 병적 수다는 조증 삽화의 그것과 구분해야만 한다.

4. **투사적 동일시**: 자기 속의 억압된 충동을 다른 사람에게 귀인시키는 것이 특징인 더 높은 수준의 투사와는 대조적으로, 원시적 형태의 투사, 특히 투사적 동일시의 특징은 다음과 같다. 1) 내담자가 다른 사람에게 투사되고 있는 충동을 상연할 수 있고 심지어 간헐적으로 체험할 수 있다는 사실, 2) 이 투사된 충동이나 정동의 영향을 받고 있는 다른 사람에 대한 두려움의 경험, 3) 이런 이유에서 다른 사람을 통제할 필요성(전능 통제와 연결), 4) 두려워서 투사했던 정동을 다른 사람에게 불러일으키기. 따라서 투사적 동일시는 상호작용을 의미하며, 이것은 전이에서 극적으로 나타날 수 있으며, 역전이를 통해 치료자에게 중요한 정보를 제공할 수 있다.

투사적 동일시는 치료에서 두 가지 방식으로 나타날 수 있다. 첫째, 자기가 받아들일 수 없는 정동을 무의식적으로 치료자 속에서 유발함으로써 자신의 내적 세계의 어떤 측면을 방어하려는 내담자는 치료자에 대해 그런 정동이나 반응을 갖고 있다고 비난할 수 있다. 예를 들면, 내담자는 치료자가 혐오스럽다고 비난하면서, 자기가 치료자를 차갑고 통제하고 경멸하는 방식으로 대하고, 그러면서 치료자로부터 자신을 보호해야 할 필요성을 느낀다. 둘째, 치료자는 내담자에 대한 자신의 일상적 반응에서 벗어난 이례적인 정동을 경험하기 시작할 수 있고, 그리고 이런 역전이 요소가 어디에서 오는 것인지 질문해 볼 수 있다. 이 정동은 내담자에게서 나온 자료의 표현적 수준과 직접 관련되지 않은 것으로 보일 수 있는데, 이것은 내담자가 자기 속에서 견뎌 낼 수 없는 자기의 부분을 치료자 속에서 유발함으로써 그것을 다루는 기저의 투사적 동일시 과정에 대한 증거일 수 있다. 역전이는 내담자 내적 체험의 이러한 측면에 접근할 수 있는 주요 수단이 될 수 있다.

투사적 동일시의 일반적인 예는 내면에서 파괴를 추구하는 공격적 힘과 삶과 건강한 관계를 위한 노력을 지지하는 리비도적 힘 사이의 첫 갈등을 포함한다. 치료 초기에 내담자는 종종 자신의 유일한 소망이 죽는 것이라는 입장을 취하고, 치료자와 치료는 이 소망에 반대한다. 즉, 내면의 리비도적으로 점유된 부분을 치료자에게 투사한다. 이 투사는 내담자를 내적 갈등으로부터 해방시키려는 시도인데, 이것은 내담자와 치료를 위험에 빠트릴 수 있다. 치료자는 이 갈등을 해석해야 한다.

> ○○씨는 꼭 죽고 싶다고 말하면서, 나를 그것을 방해하는 장애물로 보는 것 같아요. 이것은 위험한 상황이고, 내 생각에 그리 단순한 게 아니에요. 내 생각에 갈등은 ○○씨 안에 있고, ○○씨에게 전적으로 죽고 싶은 소망만 있는 건 아닌 듯해요. 예를 들면, 그것은 ○○씨가 어쨌든 치료받으러 여기 오기 시작했다는 단순한 사실에서도 볼 수 있어요. 또한 ○○씨의 자살 시도가 실패했다는 사실은 ○○씨가 이 소망에 대해 갈등하고 있음을 나타내요. 그러나 ○○씨는 자기 속의 이 갈등을 피하고 싶어 하고, 이것을 ○○씨와 (나를 포함하는) 다른 사람 사이의 투쟁으로 보는 것을 선호해요. 이것은 위험한 게임인데, 왜냐하면 이로 인해 ○○씨가 죽을 수도 있기 때문이에요. ○○씨 안에 있는 이 갈등을 인정하고, 그리고 아무리 지금 당장은 약하게 보일지라도 자신의 삶을 살고 싶어 하는 ○○씨의 그런 측면과 함께 작업하는 것은 중요해요.

한 부분의 내적 갈등의 이런 투사 유형을 작업하는 더 상세한 예는 7장의 '7. 11) 입원' 부분에서 볼 수 있다.

5. **투사**: 이 방어기제는 경계선 인성조직에 국한되지 않으며, 경계선 병리에서 적극적 역할을 할 수 있다. 매우 자주 내담자는 심리내적 갈등의 양면을 동시에 자각하는 것을 감당할 수 없기 때문에, 갈등의 한 면은 의식적으로 체험하는 반면, (특정한 대상표상으로 구체화되는) 다른 한 면은 억압하고 치료자에게 투사한다. 투사는 투사적 동일시에 비해 덜 원시적이다. 투사는 억압의 우세에

기초하기 때문에, 경계선 내담자의 분열기제 우세와 대조되며, 그 표현 양상이 더 미묘하다. 투사에서 내담자는 투사적 동일시에서와 달리 치료자에게 투사한 것을 치료자에게서 무의식적으로 유발하지 않고, 이 투사의 영향 아래에서 치료자를 통제하려고 하지 않는다.

6. **원시적 부인**: 경계선 내담자에게서 이 방어는 분열과정을 강화한다. 부인은 일반적으로 생각이나 기억과 연관된 감정에 대해 이루어진다. 이 내담자는 그 순간에 경험된 것과 완전히 반대되는, 자신이나 다른 사람에 대한 지각, 사고, 감정을 기억할 수는 있지만, 그 기억은 아무런 정서적 요소도 갖지 않고, 그가 지금 느끼는 방식에 영향을 줄 수도 없다. 또한 원시적 부인은 즉각적이고 심각하고 절박한 욕구, 갈등, 위험에 대한 적절한 정서적 반응의 결여로 나타날 수 있다. 내담자는 태연하게 그 상황의 정서적 의미를 부인하면서 그것에 대한 인지적 자각을 얘기하거나, 전체 영역을 자각하지 못하게 함으로써, 잠재적인 갈등 영역에 대항해서 '보호하고자' 한다.

원시적 방어를 체계적으로 해석함으로써 그 회기에 활성화된 대상관계에 변화가 일어난다. 그러한 변화는 치료자 해석의 정확성을 확증하는 데에 매우 유용하다. 내담자는 모순적인 내재화된 대상상을 점진적으로 자각하게 된다. 전체적이고 삼차원적으로 내재화된 자기표상과 대상표상이 형성될 때, 내담자는 10장에서 논의된 좀 더 진전된 치료 후기와 종결 단계로 들어간다.

(2) 수준 2: 현재 활성화된 대상관계를 해석하기

해석의 두 번째 수준은 3장에서 논의된 치료 방략 원칙 **1**을 계속 일관되게 적용하는 것이다. 이 수준에서 해석은 치료자가 그냥 보기에는 분명하지 않은 내담자의 자기표상과 대상표상을 정확하게 기술하는 준비 단계를 포함할 수 있다. 이러한 단계는 무엇보다도 다음과 같은 상황에서 유용한데, 전이에서 상연되고 있는 역할이 다소 위장되었거나(즉, 겉으로 드러난 역할 상연이 기저에 있는 것을 덮을 때), 내담자가 자신의 내적 세계가 상황에서의 상호작용 경험을 조성하고 있다는 것을 자각하기 어려운 경우인데, 여기에서 내담자는 티끌만큼의 진실을 내세워 상황에 관한 자신의 지각과 경험이 객관적인 현실이라고 고집을 부린다. 이 수준에서의 해석은 현재의 상호작용을 기술하는 것으로 시작해서 내담자가 왜 이런 역할에 따른 상호작용을 경험하는지를 제시할 때 더 깊은 단계로 이동한다.

다음은 이 수준의 해석을 준비하는 한 예이다.

> 치료자: 대부분의 사람에게 지금 ○○씨는 속수무책인 어린아이같이 보일 거예요. 사실 나도 그런 인상을 받았어요. 그러나 ○○씨는 겉으로는 잘 드러나지 않지만 줄곧 아주 강해요. 스스로 마치 가망이 없는 것처럼 하고, ○○씨의 상황을 더 잘 이해해 보려고 하는 나의 모든 노력을 거절하며, 아예 내가 말하는 것을 듣지 않는 것 같아요. 이 모든 것이 단순히 ○○씨가 무기력하다는 것을 나타내 주는 것이라고도 할 수 있겠죠. 그러나 내 경험으로 보아 보통 무기력한 사람은 도와주려는 사람에게 어느 정도 개방적이에요. 무기력한 상황을 유지하려는 ○○씨의 고집은 내가 얘기하는 모든 것을 거절하는 것과 연결해서 흥미로운 상황을 만들고 있어요. 그 상황에서 ○○씨는 강한 사람이고 나는 약하고 비효과적으로 일하고 결국 무기력하죠. 이러한 상황을 좀 살펴보는 것이 의미가 있을 거예요.

다음은 이 수준의 해석을 준비하는 또 다른 예이다.

> 치료자: 내 비서에게 확인했는데 비서가 그때 바빠서 좀 나중에 다시 한번 전화해 달라고 부탁한 것은 맞아요. 그런데 내가 그 비서를 해고하지 않으면 치료를 중단하겠다고 하는데 그런 반응에 대해서는 좀 생각해 봐야겠죠?
>
> 내담자: 못 믿는 사람한테 어떻게 치료를 계속해요? 저는 선생님의 비서가 무책임하다고 말씀드렸어요. 그런데도 아무 조처를 안 한다면 선생님도 마찬가지로 똑같이 무책임하게 되는 거죠.

치료자: 내 비서의 행동이 무책임한 것인지 아닌지 그것도 하나의 문제죠. 그렇지만 이 일 때문에 ○○씨가 무슨 일을 벌이는지 살펴보는 것은 중요해요. ○○씨가 전에 비난했듯이 이번에도 내가 무책임하고 무심한 인간이라는 것이 증명됐다는 거죠. 나는 ○○씨가 죽든 살든 상관하지 않는 괴물이란 말이죠. 우리 둘 다 내 비서가 무슨 말을 했는지는 알고 있어요. 그런데 ○○씨는 이것을 아무래도 이유가 다른 데 있는, 나에 대한 ○○씨의 생각을 방어하기 위해서 끌어오는 거예요. 이제 우리는 그것을 이해하기 위해서 함께 작업해야 되겠죠.

그런 다음 이 예에서 치료자는 수준 2의 해석을 하기 시작했다.

치료자: 흥미로운 것은 ○○씨가 나를 괴물로 취급할 때 ○○씨는 좀 이완이 되는 것 같아요. 오히려 저번 시간에 ○○씨가 시간을 바꿔 달라고 해서 ○○씨가 원하는 대로 해 드렸을 때는 불편해 보였어요. 우리가 아직 이해하지 못한 어떤 이유 때문에 ○○씨는 친절해 보이는 누군가를 대할 때보다 ○○씨가 매 순간 불신하는 확실한 괴물을 상대하고 있을 때 더 편안하게 느끼는 것 같아요. ○○씨는 나를 괴물로 보는 그런 상황을 익숙하게 느끼는 것 같아요. ○○씨는 나를 괴물로 생각하면 행복하지는 않겠지만 불안하지도 않겠죠. 내가 ○○씨를 돕기보다는 이용하거나 착취하고 있다는 ○○씨의 깊은 확신이 이 불안하지 않은 것을 설명해 줄 수 있을 것 같아요. 내가 친절한 것으로 생각되면 ○○씨의 기대에 맞지 않고, 또 이것을 마치 앞으로 오게 될 홀대에 대한 예고로 경험할 수 있을 것 같아요. 혹은 내가 ○○씨에게 친절하면 ○○씨는 그동안 나에게 화를 내고 나에게 잘못한 것 때문에 양심의 가책을 느끼겠죠.

치료의 초기 단계에서 전형적으로 나타나는 편집적 전이를 다룰 때, 치료자는 내담자의 투사와 그들의 마음 이론을 연결시키는 해석을 제시할 수 있다. 예를 들어, 치료자는 다음과 같이 말할 수 있다. "○○씨가 '잘못한 것을 말하면' 내가 '○○씨를 버릴 것'이라는 ○○씨의 불안은 내 마음이 ○○씨와 똑같은 방식으로 작동한다는 생각에서 나오는 것인지 궁금해요. ○○씨는 나에게 누군가를 좋아하다가 그 사람이 한 말이나 행동 때문에 완전히 혐오하게 된 많은 예들을 얘기했어요."

(3) 수준 3: 방어하고 있는 대상관계를 해석하기

해석의 세 번째 수준은 분열된 심리구조를 지향하기 때문에 가장 포괄적인 수준이다. 치료자는 내담자가 방어하고 있고 표면 수준에서는 직접적으로 보이지 않을 수 있는 관계가 어떤 유형인지 이해하는 데 충분한 정보가 있다고 느꼈을 때 이 수준의 해석을 하게 된다(3장의 [그림 3-1] 참조).

다음은 치료자가 하는 이 수준의 해석을 보여 주는 예이다.

○○씨가 어떤 종류이든 좋은 느낌, 얼마나 미묘한지는 상관없이 언제나 나와 좋게 만나고 간 날은 둘 중의 하나가 생기더라고요. ○○씨는 내게 전화 메시지로, 치료를 계속하고 싶지 않다고, 치료가 소용이 없으며 치료를 끝내고 싶다는 말을 남기거나, 다음 상담시간에 와서 화를 내고 반항적으로 쳐다보면서 아무 할 말도 없다고 해요. 흥미로운 질문은 ○○씨 안에 무엇이 이런 반응을 유발하는가 하는 것이죠. ○○씨는 ○○씨가 나를 믿을 수 없고 내가 ○○씨를 도울 수 없다는 사실이 '현실'이라고 말했어요. 그러나 내가 보기에는 ○○씨가 이렇게 반복해서 부정적으로 반응하는 것은 ○○씨에게 큰 불안을 일으키는 것과 마주친 것을 의미하죠. ○○씨가 그렇게도 동경하고 원하던 것, 누구를 믿고 누구로부터 도움을 받는 것, 이번 경우에는 내가 그 사람이죠. 그렇게 되면 ○○씨는 화를 내지는 않지만 그 대신에 머뭇거리면서 불안해하는 것처럼 보여요. 그리고 양육하고 돌봐 주는 부모와의 관계처럼 진정한 관계를 동경하는 것 같아요. 이러한 동경은 ○○씨한테 익숙한 부분, 그러니까 화내고 경멸하는 것으로 되돌아가면 사라지죠. 그러면 누군가와 진실된 관계를 맺을 가능성은 파괴되지만 안전하다고 느끼게 되는 거죠.

(4) 해석의 수준을 활용한 작업

세 가지 수준의 해석 중 어느 수준에서 작업을 하든, 치료자는 해석하는 데 필요한 자료를 얻기 위하여 세 가지 소통 경로를 항상 살펴보고 있어야 한다. 어떤 수준에서 해석을 하더라도 보통 그 이전에 명료화와 직면이 선행된다. 때로 적시적소에 이루어진 직면은 내담자가 그것을 활용할 수 있는 경우 해석을 필요 없게 만든다. 직면은 본질적으로 성찰을 위한 초대로 자기 자신에 대한 통찰을 얻기 위한 것이다. 치료자는 내담자가 도움 없이는 통찰에 이를 수 없다는 것이 명확해지면 그때서야 해석해야 한다. 우선 내담자가 지금까지 정보를 어떻게 이해하는지를 치료자는 내담자에게 물어보아야 한다.

> 치료자: ○○씨는 지난 두 회기에 늦게 왔고 동시에 사람들이 '○○씨에게 실망'한다고 불평했는데 그 사실에 대해서 어떻게 생각하세요?
>
> 내담자: 제가 남에게 불평하는 일을 저도 똑같이 하고 있다고 생각하신다는 거죠?
>
> [내담자는 이자관계 내에서 역지사지를 통해 어떤 통찰에 이르는 것을 보여주고 있다.]

개입은 내담자가 현재 자각한 것에 더하여 한 단계 더 통합하도록 자극해야만 한다. 직면을 통해 내담자가 그 단계에 이르도록 돕는 것이 충분하지 않다면, 그다음에 치료자는 해석으로 진행해야만 한다.

6) 해석 과정에서의 어려움

경계선 내담자와 작업하는 치료자는 해석의 깊이에 관한 주제와 관련하여 특별한 문제에 부딪치게 된다. 내용 이전에 방어를 해석한다는 일반적 원칙(깊이 이전에 표면)은 무엇이 표면이고 무엇이 그 기저에 있는지를 정확히 구별하는 문제로 어려워진다. 이 과정의 어려움은 분열의 특성 때문이다. 분열로 인하여, 이자관계 쌍 중 하나가 표면에서 더 가깝고 이자관계에서 상응하는 쌍에 대해 방어할 뿐 아니라, 이자관계 쌍은 자리를 바꾸어서 더 심층적인 것이 더 표면에 가까운 것이 되고 다음의 예에서처럼 처음에 표면에 있었던 것이 현재 방어하고 있는 것이 될 수 있다.

〈사례〉

내담자는 화내고 미워하며 치료자와 상호작용을 하고 있는데, 이는 두 경로를 통해 소통된다. 주로 말로 소통하지만 비언어적 행동으로도 소통한다. 그런데도 치료자는 다른 비언어적 소통의 측면에서 치료자와 가까워지고 싶은 갈망을 표현하고 있다는 것을 감지한다. 치료자는 또한 역전이 반응을 감지하는데, 이 역전이는 화내며 공격하는 사람으로부터 벗어나기를 원하는 것(일치적 역전이)과 취약하고 어린아이 같은 사람을 보호하기를 원하는 것(상보적 역전이) 둘 다를 포함한다. 이용할 수 있는 모든 자료를 함께 사용해서, 표면에 가까운 이자관계 쌍, 즉 화난 사람이 자신을 학대했던 사람에 대해 증오를 경험하는 것이 더 깊은 이자관계 쌍의 경험을 방어하고 있는 것이라고 결론지을 수 있다. 이 이자관계에는 양육자에게 사랑과 돌봄을 갈망하는 깨지기 쉽고 불안정한 자기표상이 포함될 것이다. 이것은 해석으로 이어질 수 있을 것이다.

그러나 표면에 더 가까운 이자관계와 방어되고 있는 이자관계는 뒤바뀔 수 있다. 어떤 내적 혹은 외적 자극에 반응하면서, 내담자는 갑자기 결핍과 양육자에게 돌봄을 받고 싶은 갈망을 표현하기 시작할 수 있다. 이 상황에서 비언어적 소통과 치료자의 역전이는 위험한 대상과의 관계에서 불신하고 증오에 찬 자기를 포함하는 현재의 더 심층적인 이자관계와 관련된 자료를 제공한다. 이 역전이는 이제 불안과 경계심을 포함할 수 있다.

방어와 더 심층적인 내용이 교대로 나타날 수 있는 것, 즉 '표면'과 '심층'이 서로 바뀔 수 있다는 것이 치료자를 혼란스럽게 만들 수 있다. 이것이 분열의 특성이다. 경계선 내담자와 작업하는 치료자는 내담자의 마음에 고정된 방어-충동 구성(defense-impulse constellation)이 없고, 대신에 자꾸 상황이 교체되는 것에 익숙해져야만 한다. 여기서 핵심은 모든 부분이 관찰되어야 하는 것인데, 이는 서로 분열된 것의 의미가 내담자에게 분명해지기 위해서다. 이것의 당연한 결과는 내담자가 애정 어린 돌봄을 갈망하는 무기력한 아이 혹은 화가 나 비난하는 사람이 아니라, 무기력한 아이이면서 동시에 화가 나 비난하는 사람이라는 것이다. 앞에 제시된 사례에서, 두 가지 반대되는 이자관계들이 교대로 나타나는 것을 관찰한 후에, 치료자는 다음과 같이 해석을 할 수도 있을 것이다.

때로 ○○씨는 나를 피해야 하거나 파괴되어야 하는 원수같이 대해요. 다른 때는 내가 전적으로 돌봐 주기만을 바라는 것 같은데요. 이 두 가지가 공존하면서 ○○씨가 앞으로 나아가는 것을 방해하고 있어요. ○○씨가 나로부터 돌봄을 받고 싶다고 느끼면 ○○씨 안의 불신하는 측면이 내가 믿을 수 없는 원수라고 말할 거예요. ○○씨 마음에 나를 증오하고 파괴하고 싶은 마음이 생기면 나로부터 돌봄을 받을 가능성이 없어지게 되는 거죠. ○○씨는 이길 수도 없고, 앞으로 나아갈 수도 없어요. 이 양쪽 측면이 ○○씨가 나를 현실적으로 체험하는 것을 방해하고 있어요. 현실적으로는 완벽하지 않아서 신뢰할 수 없는 누군가에게 전적으로 무기력하게 의존한다는 느낌을 가지지 않으면서 ○○씨에 대한 나의 관심을 받아들이는 거죠.

3. 해석 과정의 부가적 요소

1) 치료 초기에서 전이에 대한 깊은 수준의 해석

원시적 전이 성향은 깊은 수준의 경험으로 빠르게 전환하는 것을 의미하므로, 경계선 내담자와 작업하는 치료자는 현실적인 지금 여기에서의 대상관계로부터 전이에서 활성화된 좀 더 비현실적이고 환상에 의한 대상관계로 초점이 바뀌는 것에 대비하여 준비되어 있어야만 한다. 이런 대상관계는 종종 극단적이고 원시적인 특징을 가지고 있으므로 치료자가 이해하는 만큼 이를 분명히 알게 해 주어야 한다. 이런 해석이 치료 초기에 행해지는 경우는 내담자의 내적 경험이 내담자, 다른 누군가, 혹은 치료를 위험에 빠뜨리는 방식으로 행동화될 때다. 예를 들어, 치료자는 다음과 같이 말할 수 있다.

> 우리가 치료하기로 계약하고 함께 작업하기로 한 지 이제 겨우 두 번째 시간인데, ○○씨는 이번 시간의 반을 이 치료를 그만두는 것에 대해서 생각하고 있다는 것 외에는 침묵하고 있어요. 많이 진행하지는 않았지만, 내 주의를 끄는 것은 ○○씨의 표정이에요. ○○씨는 머리를 한쪽으로 젖히고, 거만한 태도로 나를 바라보고 있어요. 그것은 ○○씨가 침묵을 나에 대한 승리로 경험하고, 말하는 것을 나와 작업하는 것이라기보다는 내게 복종하는 것으로 여기는 것처럼 느껴져요. 마치 여기에서 유일한 가능성은 우리 중 하나가 다른 사람을 지배하는 힘겨루기를 하는 것처럼 보여요. ○○씨의 표정으로 드러나는 이런 인상은 ○○씨가 남자친구와의 관계와 고용주와의 관계에 대해 말했던 것으로 뒷받침돼요. 내가 옳다면, ○○씨가 여기서 경험하고 있는 힘겨루기에 대해 논의하는 것이 매우 중요해요. 그것에 대한 대안은 치료를 그만두는 것이고, 그러면 잠시 승리감을 느끼면서 떠나겠지만 ○○씨가 필요한 도움을 받지 못하고 떠나게 되는 거예요.

　초기에 깊은 해석을 하는 것은 어느 정도 위험이 따른다. 한 가지 위험은 치료자가 최소한의 자료에 근거하여 개입했을 수 있기 때문에, 내담자는 치료자의 관찰이 정확한 것에 대해 내담자의 원시적 믿음을 지지하는 것으로 느낄 수 있는데, 이 원시적 믿음은 다른 사람이 마술을 행할 수 있고 또 내담자가 치료에서 어떠한 노력 없이도 마술적으로 치유될 수 있다는 것이다. 그러므로 내담자는 모든 것을 다 아는 대상에 대한 원시적 믿음이 현실적인 기대라는 증거로서 해석을 받아들일 수 있다.

〈사례〉

내담자가 과거에 극심하게 부당한 대우를 받았던 것에 대한 복수로 치료자에게 살인적인 분노를 느꼈던 것이라고 치료자가 해석한 후, 내담자는 치료자가 이전의 누구보다도 자신을 아주 특별한 방법으로 이해하는구나 하고 느꼈다고 했다. 치료자는 다음과 같이 말할 수 있다. "내가 보기에 ○○씨는 나에 대한 분노나 왜 그런 감정이 있는지 이해하려고 하기보다는 내가 특별한 능력을 가지고 있다는 믿음에 초점을 두는 것 같아요. 내가 무엇인가 말만 하면 내가 무슨 대단한 선물이나 하는 것인 양 반응해요. 그런데 ○○씨 반응을 보면 내가 뭘 말하고자 하는지에 대해서는 전혀 관심이 없는 것 같아요. 중요한 것은 내가 ○○씨에게 무언가 준다는 사실, 그건가 봐요. 그렇지만 내가 주는 것은 금방 없어져 버려요. ○○씨가 '나를 날려 버리고' 싶다고 하고 그 이유에 대해서 내가 말했는데 사실은 이 모든 것이 ○○씨가 지금까지 나에게 얘기한 것에 근거한 추측일 뿐이에요. 나는 ○○씨의 마음을 읽을 수가 없어요. 오직 ○○씨만이 내가 말하는 것이 진실인지를 확인하거나 거부할 수 있는 거죠. 우리가 여기에서 논의하고 있는 주제 밑에는 마술처럼 '모든 것을 이해하고 모두 더 좋아지게 하는' 사람을 찾는 또 다른 수준의 매우 강렬한 소망이 있을 수 있어요."

초기에 깊은 해석을 하는 데는 다른 위험이 있다. 해석은 거부될 수 있는데, 내담자가 그것을 맞닥뜨리기에는 아직 너무 심하게 방어하고 있기 때문이다. 아니면 그 해석은 주지화되어 진정한 정서적 이해에 저항하는 데 사용될 수 있다. 일반적으로 내담자가 해석에 대해 어떻게 반응하는지를 관찰함으로써 앞의 사례와 같은 잠정적인 실패를 교정할 수 있는 가능성이 생긴다.

내담자 마음에 대한 해석이 더 깊이 들어갈 때마다, 내담자의 방어 동기도 해석에 포함시켜야 한다. 내담자에게 왜 그런 입장을 고수해야 하는지 설명을 좀 해 준다면 내담자가 해석을 잘 듣고 그에 대해서 생각을 해 볼 가능성은 커질 것이다. 그러므로 해석은 내담자가 견딜 수 없고 위험하며 금지된 것일 수도 있는 자신의 충동이나 생각, 감정에서 자신을 보호하기 위하여 방어한다는 것을 전해야만 한다.

2) 갈등 기술하기

해석은 내담자가 갈등을 겪고 있다는 것을 분명히 해야 한다. 분열은 행동으로 드러나는 심리내적 갈등을 회피하려는 시도이기 때문에, 치료자의 개입은 내담자가 방어하고 있는 갈등에 주목하게 해야 한다. 치료자는 방어하고 있는 내용을 해석하기 전에, 일반적으로 그 방어를 해석한다. 표면적으로 나타나는 것은 일반적으로 좀 더 자아동조적이다. 그러나 방어하고 있는 것은 내담자가 받아들이기 더 어려운 것이므로 좀 더 많은 불안을 일으킨다. 다음의 개입은 이 두 가지 원칙을 잘 보여 준다.

> 치료자는 내담자가 침묵하며 주먹을 꽉 쥐고 그에 걸맞은 표정을 짓고 있는 것을 보면서 내담자가 치료자에 대한 분노를 방어하는 것은 아닌지 생각한다. 치료자는 다음과 같이 말한다. "○○씨가 주먹을 꽉 쥔 채 앉아서 침묵하니까 혹시 ○○씨가 말을 하게 되면 분노가 터져 나와 우리 중 누군가를 다치게 할까 봐 겁이 나나 하는 생각이 드네요." 우선, 치료자는 내담자 자신이 지금 뭘 하고 있는지에 주목할 수 있게 한다. 이런 경우에 치료자는 내담자의 행동을 기술한다. 즉, 내담자가 주먹을 꽉 쥐고 말없이 앉아 있다고 기술한다. 둘째, 치료자는 내담자가 말하지 않는 이유에 대한 가설을 세운다. 즉, 내담자가 자기 자신의 공격성(과 아마도 치료자의 보복)을 두려워할 것이라는 것이다.

갈등을 기술하는 이러한 과정은 명료화, 직면 및 해석의 사용에 따라 달라지고, 종종 상이한 소통 경로 간의 불일치에서 다루어진다.

3) 내담자가 해석을 어떻게 받아들이는지 점검하기

치료 초기에 경계선 내담자는 치료자의 행동을 강력하고 구체적인 보상과 처벌로 체험하는 경향이 있다. 보통 치료자의 가장 강력한 개입은 해석하는 것에 있기 때문에(직면도 마찬가지로 강력한 개입이 될 수 있지만), 내담자는 해석을 마술이나 비난의 표현으로 체험할 수 있다. 해석을 놀라운 선물로 경험하는 것은 이상화의 표현이며, 이에 반하여 가치 없게 보는 것은 평가절하를 의미한다. 두 가지 경우 다 내담자는 치료자의 개입에 대해 내용에 주의하기보다는 자신의 성격 구조와 내적 표상세계에 부합되게 반응한다. 이것은 치료 초기에 이례적인 것이 아니기 때문에, 치료자는 초기에 내용보다는 그 과정에서 무엇이 일어나는지에 더 집중해야 한다(Reich, 1972).

　다음의 대화는 해석이 선물로 경험되는 한 예이다. 치료자는 내담자가 회기 도중에 종이에 자주 적는 것을 관찰했다.

　치료자: 내가 말할 때마다 ○○씨는 뭔가를 적네요.

　내담자: 네, 선생님이 몇 번이나 말씀하시는지 세고 있어요.

　치료자: 왜 그렇게 해요?

　내담자: 그렇게 하면 선생님이 저에게 얼마나 관심이 있는지 알게 돼요. 선생님이 말씀하신 횟수를 세고, 집에 가서 그전 시간의 것과 비교해요. 그것으로 선생님이 얼마나 많이 저에게 관심을 주시는지 알 수 있어요.

　치료자: 내가 뭘 말하는지도 중요해요?

　내담자: 별로요. 정말 중요한 것은 내 행동 뒤에 뭐가 숨어 있는지 선생님의 생각을 얼마나 여러 번 말씀하시느냐예요. 그러면 선생님이 진짜 내 말을 잘 들어 주시고 나에게 관심이 있다는 것을 알게 돼요.

　치료자: 내가 얼마나 ○○씨에게 관심을 갖느냐가 매우 중요하군요. 그래서 ○○씨가 이 질문의 답을 얻기 위해 나름의 도식을 만들어 냈군요. 하지만 ○○씨는 내가 실제로 말하는 것을 무시하는 것처럼 보여요. 역설적으로, 내가 ○○씨를 걱정하고 있다고는 것을 스스로에게 확신시키려는 ○○씨의 노력은 오히려 제가 무시하게 되네요. 내가 ○○씨에게 관심이 있다고 생각하기 어려운 것에 대해 더 명확하게 생각하는 것이 도움이 될 것 같아요.

　치료자의 앞선 언급은 적어도 세 가지 목적에 기여한다. 첫째, 상호작용 경험이 소통의 내용보다 내담자에게 더 중요하다는 사실을 다룬다. 내담자와 치료자 모두 이것에 대해 자각해야만 한다. 왜냐하면 이런 경우가 자주 나타나기 때문이며 그리고 내용에만 초점을 두게 되면 대개 치료 초기에 가장 중요한 주제를 서로 회피하는 결과를 초래하기 때문이다. (독자는 이 사례가 내담자의 말이 아닌 행동을 언급하는 치료자로부터 시작되었다는 점에 주목해야 한다.) 둘째, 이 언급은 기저에 있는 편집적 전이, 즉 치료자가 내담자에게 관심이 없다는 내담자의 믿음에 초점을 맞춘다. 마지막으로, 내담자가 치료자의 말을 무시하고 있다는 것을 지적하면서 치료자는 편집적 이자관계에 기저한 역전을 언급한다. 이는 치료자에 대한 내담자의 기저의 평가절하로, 비록 이 시점에 의식적으로 존재하는 것은 아니지만 앞으로의 탐색에서 다루어질 것이다.

해석에 대한 또 다른 가능한 반응은 내담자가 해석을 통제 시도로 대할 수 있다는 것인데, 다음 대화에서 볼 수 있다.

내담자: 오늘 일부러 섹시하게 보이려고 짧은 치마를 입고 왔어요. 그게 선생님을 자극하잖아요?

치료자: 그래서요?

내담자: 그러면 선생님이 일에 집중할 수 없겠지요.

치료자: 이렇게 '섹시'하게 해서 우리가 지난 시간에 얘기했던 것에 대해 화를 표현하고 내 일을 방해하려는 것 아니에요?

내담자: 선생님이 그렇게 말씀하실 줄 알았어요. 선생님은 그냥 내가 섹스에 관심만 안 가지면 되죠? 선생님은 저에게 선생님의 가치관을 강요하고 선생님이 원하시는 대로 저를 만들고 싶어 하잖아요.

치료자: 내가 ○○씨를 통제한다고 생각하고, 오늘은 그렇게 섹시하게 입고 어깃장 놓는 거예요? 내 목표가 그렇다고 생각하시는군요. 내 말을 알아듣기가 왜 그렇게 어려운지 이제 알겠어요. 우리의 관계가 그냥 누가 누구를 통제하느냐에 대해 투쟁하는 거라면 도대체 우리가 함께 작업해서 뭐 좋은 게 나올 수 있을까요? 하지만 이제 그것이 우리의 주제라고 생각해요.

4) 표면상 순응을 평가하기

경계선 내담자는 치료 초기에 자주 치료자가 내담자를 통제하고 비난하며 거부하거나, 들추어낼 것이라고 상상하며 두려워한다. 이런 내담자들은 치료자에 대한 의심이 많고, 표면상 순응하는 것처럼 보이면서 치료자의 노력을 내치려고 한다. 이런 이유에서도 치료자는 내담자가 해석을 어떻게 받아들이는지를 평가하는 것이 중요하다. 생산적인 해석은 내담자를 자극하여 자발적으로 더욱 작업을 해 나가게 한다. 이런 경우가 아닐 때, 즉 내담자가 건성으로 해석에 수긍하는 것처럼 보였지만 곧 침묵하거나 주제를 바꿔 버릴 때, 치료자는 다음과 같이 말할 수 있다. "○○씨가 그렇다고 말은 하는데, 지금 우리가 얘기한 것에 대해서는 더 이상 얘기하고 싶지 않은 것 같아요."

4. 치료자의 적극적 역할

전이초점 심리치료는 정신분석적 이론과 기법에 근거한 것이지만, 전이초점 심리치료에서 치료자가 능동적으로 활동하기 때문에 정신분석적으로 훈련받은 상당수의 치료자를 놀라게 한다. 그래서 여기에서는 치료자의 적극적 역할에 대해 살펴보고자 한다.

1) 명료화와 직면에 대한 적극적 태도

내담자가 무슨 말을 하는지 잘 모를 때 치료자는 그것을 명료화하는 데 주저해서는 안 된다. "지금 한 말이 이해가 잘 안 되는데 예를 하나 들어 보실래요?" 명료화할 것을 요청함으로써 이해를 증진시키는 것 외에도, 치료자는 자신이 모든 것을 다 알고 있지 않다는 것을 드러내고(이로써 내담자가 이미 자주 나타나는 대상표상에 직면하도록 한다), 내담자가 자신에 대한 자료를 제공해야 할 책임이 있다는 것을 재삼 확인하며, 탐색하고 질문하는 분위기를 지속시키는 데 도움이 된다.

　직면에 대한 우리의 이해는 때때로 대부분의 정신분석적 심리치료에서 핵심이 되는 규칙에 거스르는 것처럼 보인다. 이것은 내담자의 연상이 이끄는 어디로든 따라가는 것이다. 자유연상 원칙은 경계선 내담자 치료에 관한 우리의 모델에 적용되지만 다음의 사항을 고려한다.

1. 내담자의 연상은 다른 표상과 분열된 자기 혹은 대상표상의 표현일 수 있다. 이런 경우에는 이렇게 분열된 부분을 어느 정도까지 발달하게 두는 것은 의미가 있을 수 있다. 그렇지만 치료자는 과정을 진전시키고 파편화된 내적 표상이 서로 분리되어 있는 상황이 지속되는 것을 피하기 위해 현재의 연상에 있지 않은 다른 분열된 부분들을 표상하는 자료에 내담자를 직면시키는 것이 필요할 수 있다.
2. 내담자의 자유연상은 방어적인 목적으로 사용될 수 있고 저항으로 쓰일 수 있다(7장의 '기략, 주제의 우선순위, 그리고 사소화에 관한 논의' 참조). 이런 상황이 발생하면, 치료자는 저항에 직면시키기 위해 다음과 같이 말할 수 있다.

　이틀 전에는 병원에 가야 할지도 몰라서 오늘 못 올 것 같다고 메시지를 남겼는데, 오늘은 ○○씨의 자매에게 짜증난 것을 길게 아무런 감정 변화도 없이 얘기하네요. 그게 뭘까요? 아마도 여기서 말하기 어려운 어떤 감정이 있는 것 같아요. 거기에 대해서 제대로 아는 게 중요한 것 같은데, ○○씨가 여기에서 그것에 대해 이야기하지 않고 집에 돌아가면, 뭣 때문에 그러는지 이해할 수 있는 기회를 놓친 상태에서 저번처럼 그렇게 느낄 수도 있어요.

2) 해석 과정에서의 융통성

경계선 내담자들은 분열기제를 사용하기 때문에, 다른 사람들도 자신들처럼 경직되게 모든 것을 흑백으로 지각한다고 여길 수 있다. 이러한 경직성에 관한 가정은 내담자가 자기의 감각과 치료자의 감각을 분리하는 것에서의 어려움을 반영한다. 이 문제는 마음 이론으로 생각해 볼 수 있다. 그들은 상대방의 마음이 자신의 마음과 동일한 방식으로 기능할 것이라고 생각한다. 그러므로 융통성은 치료자와 내담자를 구별하는 데 도움이 되고, 대안적 방식으로 지각하고 사고하는 모델을 제공하는 데 기여한다. 치료자는 한 사람 혹은 한 사건에 관해 다른 관점이 있을 수 있다는 것을 보여 주면서 내담자에게 모호함을 견디고 복합성을 관용하는 모델을 제공할 수 있다. 예를 들면, 치료자가 내담자의 행동에 대해서 두 가지 다른 설명을 할 수 있다고 생각할 때, 치료자는 내담자에게 두 가지 가능성을 다 전할 수 있고 어느 것이 더 타당한 해석인지 잘 모르겠다는 것도 인정할 수 있다. "오늘 오기가 힘들었던 이유는 아마도 내가 ○○씨에게 화가 나지 않았나 겁이 나서였지 않았을까요? 그렇지만 다른 한편 저번 시간에 우리가 얘기했던 것에 대해서 그 이상 다루고 싶지 않아서일 수도 있다는 생각이 들어요. 어느 것이 더 맞는지 지금은 모르겠네요. 아마 우리가 함께 찾아낼 수 있지 않을까요?"

신중한 표현은 결국 치료자의 어떤 가정이 맞는지 결정하는 것은 내담자의 책임이라는 사실을 강조하는 데 중요하다. 치료자는 내담자의 이후 반응에 따라 얼마든지 해석을 바꿀 수 있다는 것을 보여 준다. "○○씨 말을 들으니까 내 원래 생각이 그렇게 맞지는 않은 것 같은데요. ○○씨가 지금 얘기한 것을 감안하면, 그건 아마도⋯."

3) 특정 개입 기법의 순서

경계선 치료에서 우선적으로 다루어야 할 특정 주제가 있듯이, 거기에 걸맞은 특정한 개입 기법에도 우선시되는 순서가 있다. 일반적으로 전이초점 심리치료에서 변화를 가져오는 가장 핵심적인 기법은 해석이다. 최종적으로 제시되는 해석을 준비하기 위해 명료화와 직면이 먼저 도입된다. 그렇지만 이 장의 앞에서 이미 논의했듯이('3. 1) 치료 초기에서 전이에 대한 깊은 수준의 해석' 참조) 내담자의 행동이 치료의 진전을 위협할 때 치료자는 더 빨리 깊은 수준의 해석으로 들어가야 한다. 이러한 개입이 행동화를 미연에 방지하지 못하거나 순서대로 진행할 시간이 없다면, 치료자는 한계를 설정해야 한다. 그러나 여기서 내담자의 행동화를 다잡는 한도 내에서 최소한의 제한적인 개입을 하는 것이 기본이다.

5. 전이초점 심리치료에서 활용되지 않는 기법

전이초점 심리치료(TFP)에서는 활용되지 않는 거의 유사한 치료기법(경계선 내담자에 대한 심리역동적으로 지향된 지지치료와 같은)을 기술함으로써 전이초점 심리치료를 특징지을 수 있다. 지지치료와 다르게 전이초점 심리치료[5]는 심리구조를 변화시키고자 하므로 내담자 마음의 더 깊은 수준에 접근하는 데 초점을 두고, 안심시키거나 제안과 충고를 하거나 삶의 문제에 대해 내담자를 교육하거나 혹은 환경적인 개입(Rockland, 1992)을 하는 것과 같은 명백한 지지적 기법을 활용하지 않는다.

전이초점 심리치료에서 직접적인 지지적 기법(인지적 지지, 정동적 지지, 재교육적 방법, 내담자의 환경에 직접 개입)을 활용하지 않는 이유는 여러 가지이다. 지지적 기법을 사용함으로써 기법적 중립성에서 벗어나는 것과 긍정적 전이를 강화하는 것 외에도 지지가 강요되는 클린치[6]에 휩쓸리게 되고, 그러고 나서는 그것이 깨어질 수밖에 없게 되는 위험이 있기 때문이다. 그러므로 이 모든 이유로 인해 지지적 기법은 전이에 대한 해석을 더 어렵게 만든다.

기법의 명칭(즉, 탐색적 혹은 지지적)을 그 기법의 결과 혹은 효과와 구분하는 것이 중요하다. 구체적으로 '탐색적' 혹은 '표현적'[7] 심리역동치료는 '지지적' 기법을 사용

---

5) [역주] 원문에서 'exploratory psychodynamic treatment'는 앞의 문장과 혼동이 되므로 번역서에서는 '전이초점 심리치료'로 한다.
6) [역주] 권투에서 상대편의 공격을 피하기 위하여 껴안는 일
7) [역주] 현재 Luborsky 이후에 경험연구 방식으로 정신분석 치료를 연구하면서 미국에서 지지치료와 표현치료를 구별하여 사용한다(Luborsky, L., Principles of Psychoanalytic Psychotherapy: A Manual for Supportive-Expressive Treatment, 1984). 표현치료는 억압된 관념과 정서를 의식적으로 인식하고 언어화하는 것을 촉진하고자 한다[Moore, B. E. & Fine, B. D. Ed., 1990, 정신분석 용어사전(Psychoanalytic Terms and Concepts), 이재훈 외 역, 2002]. 적어도 독일에서는 후자를 '심층심리학적 심리치료'라고 칭한다.

하지 않음에도 불구하고, 탐색적 혹은 표현적 기법(즉, 명료화, 직면, 해석)을 통해 내담자는 종종 더 나은 이해를 하고, 정동을 조절하며, 더 만족스러운 관계를 하고, 삶에서 더 큰 자율성을 얻으려는 노력이 지지받는다고 느낀다. 표현적 심리역동치료가 비지지적이라는 비판도 있다. 우리는 이것이 직접적인 **지지적 기법**을 쓰지 않으면 개입의 **지지적 효과**가 나지 않는다고 혼동하는 데서 오는 오해라고 생각한다. 우리가 지지적 기법을 피하는 것은 내담자를 지지하고 싶지 않아서가 아니다. 그보다는 지지적 기법을 사용하는 것이 전이-역전이 패러다임 내에서 작업하는 것을 방해하고 자주 역전이를 행동화하도록 이끈다고 생각하기 때문이다.

심리역동치료가 기법상 비지지적일 뿐만 아니라 직면과 같은 기법의 사용에서 가혹하다고 잘못 생각하는 극단적인 입장도 있다. 그러나 앞서 언급된 직면에 관한 논의에서 정의된 것처럼, 직면은 내담자를 공격하는 것이 아니다. 그보다는 내담자의 행동과 표현에서 모순되는 측면을 내담자에게 신중하게 말로 제시하는 것이며 이에 대한 성찰로 초대하는 것이다. 표현적 기법의 하나인 직면의 효과가 실제로 생겨나면 내담자는 자기의 다른 측면을 지각하고 통합하기 시작한다. 그래서 내담자는 심리역동 치료자가 자신을 깊이 이해하고 지지한다고 느끼게 된다.

경계선 내담자와 해석하면서 작업하는 것은 위험한 일로 간주된다. 왜냐하면 내담자가 자신의 이해 역량을 넘어서는 행동에 대한 설명으로 폭격당한다고 잘못 생각하기 때문이다. 전이초점 심리치료에서 우리는 표면으로부터, 즉 내담자와 치료자가 지금 당면한 현실에서 생각이 일치하는 그 지점으로부터 시작한다. 그런 다음, 내담자가 자신의 마음의 더 깊은 측면에서 무엇이 움직이고 있는지, 그리고 왜 자신의 심리적 삶의 더 깊은 측면이 두렵거나 받아들일 수 없는 것처럼 보이는지에 대한 호기심을 가지도록 돕는다. 그러므로 해석은 항상 내담자가 무엇을 체험하는지, 또 내담자가 치료자를 어떻게 체험하는지, 그리고 내담자가 이에 기여하는 요인들을 이해하도록 치료자가 어떻게 돕는지에 대해 치료자와 내담자가 하나의 공유된 관점을 갖는 출발점을 의미한다.

해석, 전이 분석, 기법적 중립성 및 역전이 활용에 관한 논의를 마치면서, 우리는 치료자의 마음속에서 이 기법들과 치료 틀과의 관계가 끊임없이 상호작용하고 있다는 것을 강조한다. 명료화, 직면 및 해석은 작업의 핵심이지만, 이 기법들이 전이분석, 기법적 중립성 및 역전이 활용과 결합되지 않는다면 상대적으로 무익하게 사용될 수 있다. 치료자는 내적 대상관계를 이해할 수 있고, 박해하거나 유기한 대상에 대한 두려움, 발견할 수 없을 때 분노와 실망을 주는 이상화된 대상에 대한 갈망 등과 같은 문제를 논의해 나갈 수 있다. 그러나 개입은 내담자가 '상담실'에서 느끼는 정동과 연결되지 않는다면 지적으로 작업한 것으로 남는다. 기법들의 상호작용은 치료자가 내담자의 자료를 경청하고 내적으로 반응(역전이)하는 것으로 이루어진다. 내적 반응은 체험되고 평가되어야 한다. 이 반응은 현실적인 것일까, 아니면 어떤 대상을 상연하기 위해 내담자의 내적 세계로부터 '이끌려 나온' 것일까? 치료자는 내담자에 대한 반응에서 중립을 유지하고 있는가, 아니면 중립적 입장에서 벗어나 있는가? 이탈이 있다면 어떤 정보를 주는가? 해답은 명확하지 않을 수 있으며, 종종 치료자는 자기 자신을 기반으로 한 치료 틀이 제공하는 객관적 현실의 표식을 참조할 뿐이다. 이러한 기법들의 상호작용은 치료를 진전시키는 데 아주 중요하다.

6. 기법의 예를 보여 주는 비디오에 관한 논평

1) 비디오 1: 기법적 중립성과 감각 있는 직면

이 시점에 우리는 독자들에게 Kernberg 박사가 Albert라는 인물과 함께 수행한 치료 회기를 담은 비디오 1-2와 1-3을 볼 것을 제안한다. 이 책에 실린 모든 사례들과 마찬가지로, 'Albert'도 세부 사항 정보를 위장한 실제 사례의 요소에 근거해 만든 합성 사례이다. 우리는 다음에 제시한 비디오의 선택된 부분에 대해 논평한다.

▶ 비디오 1-2: 기법적 중립성과 감각 있는 직면 I부(9:15)_[부록 p. 486]

Albert는 여자친구 Saskia가 그를 떠난 후 우울한 상태로 치료를 받으러 왔다. 그들은 5개월 전에 Saskia가 강력하게 권해서 치료센터에 왔었고, Albert에 따르면 그 곳에 있는 두 명의 치료자가 그녀를 설득해서 갑자기 그를 떠나게 했다. 회기 초반 에 Kernberg 박사는 이를 수용하지만, Albert가 이 상황을 어떻게 이해하는지를 최 대한 명확하게 밝히려고 노력한다. Albert는 두 치료자가 자신에게 부당한 편견을 가지고 있다는 생각과 두 번의 이전 관계도 끝났기 때문에 자신이 분명 무언가 잘못 하고 있다는 모호한 생각이 왔다 갔다 하면서 이 상황이 당혹스러운 것 같았다.

명료화로 드러난 것은, 관계가 끝나갈 무렵 Saskia가 Albert에게 간섭하고 통제한 다는 불평을 했다는 것이다. Kernberg 박사는 그들이 상담을 받아야 한다고 Saskia 가 주장하게 한 사건들을 더 명료하게 밝힌다. 면담 중 이 시점에서 Albert는 그 문 제가 Saskia와 관련되고 자신과는 거의 무관한 것으로 인식하는 것이 분명해 보였 다. Saskia가 왜 그렇게 행동했는지를 더 명료화하는 과정에서, Albert는 Saskia가 '그녀의 손가락을 부러뜨렸던' 사건에 대해 마지못해 이야기한다. Kernberg 박사가 재치 있게 명료화하면서, Albert가 Saskia의 손가락을 부러뜨렸다는 사실이 드러난 다. Kernberg 박사는 Albert가 부인하고 있지만 행동화할 가능성이 있는 공격적인 면에 대해 그의 관점에서 더 큰 그림을 그리기 시작한다.

Albert는 자신을 아주 다정한 사람으로 묘사하면서 회기 과정에서 드러난 분노 폭발에 관해서는 한마디도 언급하지 않았다. Kernberg 박사는 직면을 통해 Albert 가 이에 관심을 가지도록 해서, 그가 어떻게 다정하면서도 동시에 다른 한편 때로 화가 날 수 있는지에 대해 성찰해 보도록 하였다. Albert의 반응은 그의 분열된 내적 구조를 그대로 보여 준다. 그는 혼합된 감정이나 다양한 정서를 말하기보다는, 자신 에 대한 분열된 관점의 반대편에 선다. "아마 나는 그렇게 다정한 사람이 아닐지도 모르겠네요."(내담자2)

이 시점에서 Kernberg 박사는 Albert의 이야기 중 또 다른 혼란스러운 부분으로 방향을 돌린다. 그것은 Saskia가 만났던 두 치료자의 조언을 듣고서 오로지 그것 때 문에 그를 떠났다는 생각이다. Albert는 그 치료자들, 특히 둘 중에 여성 치료자가 자신에 대해 편견을 가지고 있는 것으로 느꼈다고 설명했다. 그 회기 동안에 얻어진 정보에 근거해서 Kernberg 박사는 대안적인 이야기, 즉 Saskia가 Albert에게 분개했을 수 있지만, 그가 이 가능성을 생각하는 것이 고통스러울 수 있다고 설명한다. Kernberg 박사는 어느 편에 서지 않고 이런 대안적인 설명을 제시한다.

이런 방식으로 Kernberg 박사는 뒤이어 일련의 명료화를 하였는데, 사건에 대한 Albert의 인식에서 불일치를 지적하는 직면의 형식으로 성찰하도록 이끄는 것이었다. 이러한 순서 다음에는 시험적 해석, 즉 Albert가 일관성 없는 이야기에 매달리는 것이 대안을 고려했을 때 생길 수 있는 고통 때문인 것 같다는 해석이 이어진다. 이 해석은 왜 Albert가 다정하기만 한 자기지각을 자신의 분노로부터 강하게 분열시켜야만 했는지에 대한 가설이다. 또한 왜 Albert가 자신에게 돌아오기를 열망한다고 하면서, 자기 안에 있는 부정적인 어떤 것 때문에 Saskia가 그에게서 도망치고 싶어 했을 것이라는 가능성으로부터 그녀의 모습을 보호해야만 했는지에 대한 가설이다.

Albert의 반응은 분열된 내적 세계에 부합하고, 복합적인 정서 상태를 개념화할 수 없는 것에도 부합한다. 그는 Saskia가 자진해서 그를 떠나는 것을 상상할 수 없었는데, 그 이유는 "미워하는 사람에게만 그렇게 하기" 때문이다(내담자8). 그리고 Kernberg 박사는 회기 내에서 전이 반응의 가능성을 제기한다.

> 치료자12: 이와 관련해서 내 말에서 내가 실제로 두 치료자 편이고 ○○씨는 ○○씨에게 편견이 있을 수 있는 치료자와 있다는 것이 두려운 것일까요?
>
> 내담자12: [침묵 7초] 그렇게 말하면 … 선생님이 저를 비난하는 것같이 느껴져요. 전부 내가 잘못했고 다 내 잘못이고 Saskia가 저를 떠날 수밖에 없다고 하는 것 같아요.
>
> 치료자13: 그래서 ○○씨 생각에 내가 정말 ○○씨가 잘못해서 Saskia가 떠날 수밖에 없었다는 결론에 도달했다는 거네요?
>
> 내담자13: 그렇게 들려요.
>
> 치료자14: 내가 그렇게 말했다고요?

▶ 비디오 I-3: 기법적 중립성과 감각 있는 직면 2부(10:08)_[부록 p. 488]

이 시점에서 Kernberg 박사가 면담 내내 중립적인 입장을 유지한 것이 임상적 이득을 가져온다. 그가 어느 쪽 편도 들지 않고 두 가지 가능성을 제시했기 때문에, Albert에 대한 치료자의 태도와 그의 상황에 대한 Albert의 지각을 이제 가능한 한 충분히 검토할 수 있는 입장에 있다. Kernberg 박사는 Albert가 다른 사람의 마음에서 오는 것과 자신의 마음에 있을 수 있는 것에 대해 좀 더 신중하게 성찰하도록 도울 수 있다. Kernberg 박사가 사건에 대한 대안적인 설명을 제시한 것은 사실이지만 두 가지 가능성을 열어 두었다. 그의 가정은 Albert가 Saskia와의 관계에서 부정적인 감정이 생겨났을 가능성을 고려할 만큼 충분히 머리가 좋지만, 내적 분열 때문에 이 가능성을 의식적으로 자각하지 못한다는 것이다. Albert의 시스템에서는 부정적인 정서가 존재한다면 단지 부정적인 정서만 존재한다. 구체적으로, 부정적인 정서가 자기 안에 존재한다면, 나쁘기만 한 것이 된다.

이 시점에서 Kernberg 박사의 작업은 전이초점 심리치료에서 가장 도전적이고 미묘한 측면을 나타낸다. 즉, 내담자가 분열시키고 투사한 내적 세계의 부분에 대한 자각을 얻도록 돕는 것이다. 이러한 자각은 매우 고통스러울 수 있지만, 내담자가 온전한 전체가 되기 위해서는 필수적이다. Kernberg 박사는 Albert의 상황을 요약하면서, 그의 내적 갈등에 공감으로 반영한다.

치료자14: 거기에서부터 ○○씨가 나를 의심하게 됐군요. 이제 ○○씨는 실제로 딜레마에 빠졌는데, 두 가지 가능성이 있기 때문이에요.

내담자15: 예.

치료자15: 한 가지 가능성은 이 모든 게 끔찍한 오해에서 시작된 거라는 거죠. 실제로 그녀가 떠난 것은 ○○씨 때문이 아니라, 그녀가 ○○씨에게 대항하도록 선동하는 치료자들 때문이에요. 실제로 문제는 ○○씨를 지배하려 한 두 치료자와 Saskia예요. 여기 있어야 하는 사람은 ○○씨가 아니고, 그녀라는 거죠. 다른 가능성은 ○○씨 스스로도 자기가 그러는지 모른 채, 함께 살았던 여자들을 통제하고, 의심하고, 때로 폭력적으로 대하고, 겁에 질리게 만드는 문제를 갖고 있다는 거예요. ○○씨가 받아들일 수 없고 감당할 수 없는 자신의 이런 폭력성 때문에 그 여자들이 ○○씨를 갑자기 떠나게 되는데, 그게 바로 ○○씨에게 도움이 필요한 부분이에요. 그리고 만일 그게 사실이라면, ○○씨는 나를 의심하면서 자기 속에서 벗어나려 애썼던 그 적개심을 나에게서 본다는 거예요. 그게 한 가지 가능성이에요. 그리고 다른 가능성은 치료자들과 내가 공모를 해서 ○○씨는 희생자이고, 그건 절대 ○○씨의 문제가 아니라는 거예요. ○○씨를 떠난 것은 Saskia의 문제지요. 나는 이 두 가지 대안을 생각해 볼 수 있어요. 내 말이 이해되나요? (예.) 이건 복잡한 일이라는 걸 알아요. 혹시 내 얘기가 이해되지 않으면 자유롭게 물어보세요.

내담자16: 그래요. 선생님 얘기를 이해해요. [침묵 10초] Saskia가 떠났다고 생각하면, 그녀가 떠날 이유가 있어서 스스로 나를 떠났다고 생각하면, [침묵 9초] 마음이 정말… [괴로운 듯 손을 내저으며] 내가 그걸 한 가지 가능성이라고 생각하면 기분이 정말 이상해져요. [침묵 18초] 내가 그걸 그렇게 생각하려고 하면, 다음 순간 더 생각할 수가 없어요.

이 시점에서 Albert의 성찰 과정은 한계에 도달하지만, 적어도 그는 성찰하기 시작했다. 작은 발걸음이기는 하지만, 이것이 시작이다. Albert는 그가 삶을 경험하는 분열된 방식에 대해 그에게 익숙하지 않은 정리된 설명(formulation)을 들었고, 그것을 전적으로 거부하지는 않았다. 그는 그것에 대해 생각하면서 생겨난 정서적 고통이 그를 멈추게 만들었던 시점에 이를 때까지 그것에 대해 생각했다. 이 고통에 대한 Kernberg 박사의 공감은 Albert가 앞으로의 작업에서 이러한 성찰의 길을 계속 가도록 도울 것이다.

Kernberg 박사의 공감은 다음과 같은 간단한 표현으로 확고해진다. "내가 ○○씨에게 편견을 가졌다고 보는 게 더 안심이 되겠죠. 그래야 세상의 질서가 제대로 되니까."(치료자16) 이 말은 다음의 두 가지를 보여 준다.

1. 부정적 전이의 가능성을 명명하는 것은('내가 Albert 씨에게 편견을 가진 것으로
   보는 것') 그것을 관찰할 수 있고 성찰할 수 있는 열린 공간으로 이끈다. 치료자
   가 이러한 가능성을 인정하는 것은 편집적 내담자를 안심시킬 수 있고 내담자
   의 내적 경험에 대한 치료자의 이해를 소통할 수 있다.
2. 치료자는 내담자에게 자신의 분열된 구조에 의문을 갖도록 권유하기 시작하
   면서, 내담자의 분열된 구조가 그의 세상 경험에 부가한 단순한 질서에 공감할
   수 있다.

2) 비디오 2: 휴가 전 회기

독자는 다음으로 비디오 2를 볼 수 있는데, 이 비디오는 6개월간 치료를 받은 후
에 진행된 회기 중 첫 15분을 보여 준다. 이 회기는 치료자인 Em 박사가 일주일 동
안 자리를 비우기 하루 전에 진행되었다. 내담자 Betty는 그녀의 상사인 Bob을 언
급하면서 시작한다. 운명의 장난처럼, 그녀와 Bob은 서로의 우울한 상태에 대해 얘
기하면서 우정을 쌓아 갔다.

▶ 비디오 2-1: 휴가 전 회기 I부(9:24)_[부록 p. 491]

이 회기는 이 장에서 논의한 전이초점 심리치료의 요소들, 즉 전이, 역전이, 치료
틀, 비언어적 소통 및 해석의 밀접한 관련성을 보여 준다. 첫 번째 치료 방략에 따라
Em 박사의 첫 시도는 Betty가 가져오는 자료에서 어떤 이자관계가 상연되고 있는
지를 이해하는 것이다. 그는 자살에 대해 Betty가 처음 언급한 내용과 그것이 불러
일으키는 태도 사이의 불일치에 내적으로 주목하는데, 여기에서 이 언급은 그에게
영향을 미치려고 했거나 그의 반응이 어떨지 보기 위한 것일 수도 있음을 시사한다.
Betty가 집단치료를 권유하는 Bob에 대해 말할 때, Em 박사는 이것이 그녀와 하
고 있는 자신의 작업을 평가절하하는 것은 아닌지 궁금해한다. "지금 여기에서 치
료를 받고 있으면서 왜 다른 치료에 가려는 생각을 하나요?"(치료자1) "이 치료는 도

움이 안 되니까요."라는 그녀의 반응은 그의 가설을 확인시켜 준다. Betty가 치료에 대해 부정적인 감정을 가지고 있다는 그의 인상에 좀 더 자료를 추가하기 위해, 그는 대기실에서의 비언어적 소통에 대해 언급한다. "무슨 말인가 하면 당신이 대기실에 앉아 있었을 때 ○○씨는 자고 있는 것처럼 보였어요."(치료자2)

30알의 약을 먹은 것에 대한 Betty의 태연한 반응은(내담자3) Em 박사에게 불안한 반응을 불러일으킨다. 그의 첫 반응은 우선성의 위계를 따르는 것으로, Betty가 그녀의 생명과 치료에 대한 가능한 위협으로 약을 먹은 것에 초점을 맞춘다. 이런 방식으로 그는 치료의 틀을 따르고 있다. 그는 치료 틀(안전 조건)을 그대로 유지할지—이 경우에 그는 탐색작업을 계속할 수 있다—아니면 조치를 취하기 위해 중립성을 이탈해야 하는지(Betty를 응급실로 데려가기)를 점검한다. Em 박사가 좀 더 실제적인 대화로 전환하는 이 시점에서도, 역동적 주제가 두 사람 사이에서 계속 전개되고 있다는 점에 주목하는 것이 중요하다. Betty는 Em 박사의 혼란과 불안에서 어떤 즐거움을 얻고 있는 것처럼 보이는데, 이는 가학피학성 역동을 시사한다. 역설적인 것은, 그리고 외부 현실에 대한 내적 세계의 힘을 보여 주는 증거는 건강(과 어쩌면 목숨)이 위태로운 사람은 그녀이지만 염려하고 불안한 사람은 그라는 것이다. Em 박사는 그가 고통을 받고 있다는 이러한 역전이 자료를 받아들여서, 내담자에 대한 이해를 증진시키고 앞으로의 개입에 활용한다.

Betty가 의학적인 위험에 처해 있지 않다는 것을 확인한 후에 Em 박사는 중립적인 탐색의 역할로 돌아간다. Em 박사가 경험한 심하게 불안한 역전이에 부분적으로 근거해서, Em 박사는 내담자−치료자 관계와 Betty의 정동, 사고 및 행동 사이의 연관성을 다룬다. "제 생각에는 오늘 ○○씨가 말한 모든 것이 ○○씨와 저 사이의 관계 때문 아닌가요?"(치료자11) Betty가 "그런데 어쩌면 자살을 시도하면 이렇게 느낄지 모르겠네요. 과다복용한 다음에 아무것도 느끼지 않는 상태 말이에요. 그저 기분이 좋죠."라고 말할 때, Em 박사는 Betty가 언어적 소통에서 유익한 주제가 될 수 있는 것을 추구하기보다는 그와 함께 경험하고 있는 관계에 중점을 두기로 선택한다. 자각하는 것보다 진정제와 자살이 Betty에게 더 나은 것처럼 보이는 그렇게 고통스러운 것이 무엇인지를 아는 것이 도움이 될 수 있지만, Em 박사는 그 순간에 그녀의 경험과 행동에 동기를 부여하는 기저의 대상관계를 탐색함으로써 가장 중요한 이해가 얻어질 것이라고 생각한다.

Em 박사가 그들의 관계에 주목하는 것에 대한 Betty의 반응은 다른 사람과의 관계에서 불안한(불안정하고 집착하는) 사람에게서 보이는 전형적인 반응이다. 그녀는 지금 여기로부터 멀어지고, Em 박사는 집단치료의 문제로 되돌아가서 그들의 주의를 환기시켰다(치료자12). Em 박사는 Betty의 대화에서 갑작스러운 변화가 있는 것으로 보이는 것을 내적으로 이해하려고 하였고, 그가 그들 사이의 관계에 주목한 것이 그녀에게 불안을 유발하였으며, 그 결과 관계 요소를 함께 살펴보고 생각하는 것을 방어적으로 회피한다는 가설을 세운다. 그의 언급이 그녀의 애착 체계를 활성화해서, 그녀를 불안하게 만들었다고 말할 수 있다. 우리는 이 개념화를 받아들였고, 애착 체계가 활성화되면 치료자가 내담자의 내적 애착 경험을 성찰하도록 관여시킬 수 있다고 생각한다.

Betty가 좀 더 폭넓은 맥락에서 지금의 경험을 이해하는 것을 돕기 위해, Em 박사는 그녀가 다른 시기에 그와 관계했던 방식과 달라진 점을 언급한다. 치료자는 두 사람의 '역사가'로 활동해야만 하는데, 해리적 방어 때문에 내담자의 전체 현실 감각이 그 순간 자신이 느끼는 감정에 의해 결정되기 때문이다. Betty가 좀 더 긍정적인 방식으로 그와 관계했던 이전의 회기들에 대해 생각하면서, Em 박사는 "지난 두 치료시간에 저를 밀어내는 느낌을 받았어요."(치료자16)라고 말한다. 그런 다음 그 행동의 내적 동기에 대한 호기심을 표현한다. "최근 두 치료시간에 걸쳐 그런 생각이 왜 더 심해졌는지 알고 싶어요."(치료자17)

Betty의 반응은 부인(denial)의 전형적인 예이다. "선생님이 떠나는 것과 상관없는 일이에요."(내담자18) 이 반응은 애착/리비도 주제에 대한 그녀의 불편감과 이를 거부하려는 시도를 보여 준다. Betty의 평가절하하는 거부에 동기를 부여한 것이 무엇인지를 해석하려는 Em 박사의 첫 시도는 그녀의 정동에 대한 다소 주지화된 해석이다. "그건 저를 향한 분노와 ○○씨 기대만큼 완벽하게 돌봐 주지 않는다고 생각해서 그런 것 같아요. 게다가 제가 떠난다는 사실이 ○○씨를 더 예민하게 하는 것 같아요."(치료자19) 이 해석은 그녀의 내적 세계가 편집 분열적 수준에서 조직화된 것이라는 대상관계 이론의 관점에 근거하고 있는데, 그녀는 완벽한 돌봄을 제공하는 '이상적인 대상'에 대한 믿음과 소망을 가졌다는 것이다. 그러나 이 해석은 다소 주지화되었고 그 순간의 경험보다는 이론에 더 가깝다. 이러한 초기 해석(표면상 부정적 이자관계의 동기에 대한 해석)이 저항에 부딪히는 것을 보면서, Em 박사는 더 단순하면서도 방어하고 있다고 느끼는 정동과 더 관련되는 해석을 한다. "제 생각에 지금 이 상황은, ○○씨가 누군가에게 애착을 느낄 때 보이는, 아주 극적인 행동의 한 예라고 생각해요."(치료자25) 이것은 부정적 전이에 방어적으로 머무르면서 긍정적인 기저의 이자관계를 회피하게 만드는 동기에 대해 좀 더 정동에 근거한 해석을 한 것이다. 이 간결한 언급은 좀 더 깊은 해석이다. Em 박사는 표면에 드러난 자료를 취하고 Betty의 비언어적 행동과 자신의 역전이에서 나온 정보에 근거해서 그것을 조금 넘어서는데, 그의 역전이는 비록 방어하고 있지만 긍정적인 정동 요소가 존재한다는 것을 전달한다. 이 해석은 이 시점에서 설명을 제공하려고 하는 것이 아니고, 그보다는 그녀의 자각을 넘어선 내담자의 심리적 경험 부분(그녀의 내적 분열에서 리비도적 측면)을 자각하게 해서 관찰하고 성찰할 수 있도록 하려는 것이다. Betty가 자신의 긍정적인 정동에 왜 이런 식으로 반응하는지에 대한 가설은 이후에 Em 박사가 그녀의 편집적 전이 이면에 있는 내적 표상을 탐색하면서 나온다.

Betty는 이 해석을 바로 받아들이지 않는다. 실제로 그녀의 반응은 그녀의 편집적 전이에 근거하고 있다. "제가 왜 선생님 말을 다 받아들여야 하죠?"(내담자26) 그리고 "모든 내담자에게 같은 말을 할 텐데."(내담자27) Em 박사는 Betty가 전하는 경험이 지닌 슬픔에 마주치는데, 그녀가 6개월 동안 매주 두 번 만났던 사람은 그녀를 한 개인으로 대할 만큼 충분히 돌보지도 관심을 가지지도 않았다는 것이다. Em 박사는 그녀의 내적 상태에 대한 공감을 표현하는 은유로 이에 반응한다. "자신이 마치 공장 조립 라인의 일부라고 생각하기 때문인 것 같아요."(치료자27) Betty의 내적 상태를 이해해 주는 것은 그녀가 잠시나마 편집적 전이를 넘어서게 도와주는 것 같다. 그녀의 반응은 매우 다른 상태로 전환된다. "나는 여기 있을 이유가 없는 것 같아요."(내담자28) 이것은 아마도 그녀가 공격했던 사람으로부터 공감받은 경험에 따른 일말의 죄책감을 반영한다.

Em 박사는 다시 그녀의 비언어적 소통으로 돌아간다. "지금 제 얼굴을 보는 게 어려운가요?"(치료자28) Betty가 단지 그가 자신을 보는 것을 원치 않는다고 대답할 때, 그는 리비도적 이자관계를 방어하려는 동기를 계속 해석한다. "제 생각에는 ○○씨가 지금 느끼는 간절함 때문에 저에게 얼굴을 보여 주길 꺼리는 것 같아요. ○○씨는 제가 ○○씨를 보고, ○○씨가 분노하고 거부하는 것을 보여 주는 건 괜찮지만, 제가 ○○씨를 거절하고, 등을 돌려서 망신을 줄 거라는 두려움 때문에 간절함을 숨겨야만 한다고 느끼는 것 같아요"(치료자29). [비디오 2-1 끝]

▶ 비디오 2-2: 휴가 전 회기 2부(6:12)_[부록 p. 495]

비디오 2-2에서, 회기가 진행되면서 Betty는 다소 덜 방어적인 것처럼 보이지만 다시 Em 박사와 거리를 둔다. "애착을 갖기 시작한다"는 그의 언급에 반응하기보다는, 그녀는 즉각적인 상호작용에서 자신을 제거하고, 자기 관리에 관해 말한다. 이것은 편집적 전이와 집착하는 애착유형을 가진 사람이 보이는 전형적인 방어 움직임이다. Em 박사는 Betty의 저항에 인내하면서, 외부 세계에서 자신과 타인에 대한 관계의 전이 바깥의 이자관계 탐색을 일시적으로 따라간다. 그는 전능 통제의 한 형태를 해석한다. "그런 식으로 거부당하는 것을 통제할 수 있다고 느끼는 것 그 이상이에요[예를 들어, 형편없이 옷입기]…. ○○씨가 상황을 주도하고 있는 것처럼 느끼면서 조금 덜 받게 되겠죠."(치료자3) 앞서 말한 것처럼, 이것은 전이 분석에서 일시적으로 벗어난 움직임이지만 잠시 동안 전이 바깥의 Betty의 역동에 관한 어떤 것을 이해할 수 있는 기회이다.

그다음은 Betty가 Em 박사에 대한 간절함 및 관계에서 긍정적 정동을 인식하는 것과 씨름하는 것처럼 보이는 시기이며(내담자4), 동시에 Betty는 통제된 독백 스타일로 말하는 것으로 되돌아가면서 방어적인 거리를 취한다. 이러한 추동과 방어의 혼합은 내담자의 방어 방략에 의문을 제기하면서 진전이 일어날 때 전형적으로 나타난다. Betty는 오랫동안 유지된 방어 구조를 완전히 포기하지 않고도 문제를 제기하고 성찰을 시작할 수 있다. 이것이 치료 중기가 길어질 수 있는 한 이유이다. 이 단계에서 치료자가 명심해야 할 한 질문은 긍정적 정동이 분석되어야 하는 이상화된 내적 표상과 함수 관계인 정도인데, 이것은 치료자와 좀 더 통합되고 현실적인 긍정적 동맹과 관련되는 것과는 대조적이다. 대부분의 경우에 이상화된 표상은 여전히 지배적이고 분석되어야만 한다.

Em 박사는 다시 비언어적인 것에 주의를 돌리며, Betty가 자신을 관찰할 수 있는 역량에 호기심을 표현한다. "○○씨가 말하는 전반적인 톤이 몇 분 전부터 바뀌었어요. 알았어요?"(치료자4) Betty는 어조의 변화를 인정하고 환상을 묘사하기 시작한다. 환상은 부정적인 전이로의 회귀를 의미하지만["글쎄요, 대기실에서 한 환상은 선생님에게 창피를 주는 것이었어요."(내담자7)], 그 정동은 이제 행동화되기보다는 논의되고 있다. 회기가 시작될 때 Betty는 명백한 자각이나 성찰 없이 행동화했지만, 이제 단순히 부정적 전이를 상연하기보다는 그것을 성찰할 수 있다. 그녀는 그것을 환상으로 논의할 수 있기에, 좀 더 생각하고 이해하는 것이 가능해졌다.

이 회기에 대한 대단히 중요한 논평으로, 우리가 주장하고 싶은 것은 상호작용에 대한 Em 박사의 관심과, Betty가 이전에 막 시작한 정동 상태에 대한 말을 발견하고 받아들이도록 돕는 그의 능력이 그녀가 상연에서부터 성찰로 나아가도록 도왔다는 것이다. 독자는 우리가 논의하지 않았던 이 회기의 다른 요소들을 분명히 알아챘을 것이다. 이해할 것이 항상 더 많이 있다는 것은 정신분석적 접근이 가진 풍부함이자 때때로 느끼는 좌절이다.

핵심적 임상 개념

- 전이초점 심리치료의 네 가지 기본 기법은 해석 과정, 전이 분석, 기법적 중립성의 활용 및 역전이의 활용이다.
- 경계선 내담자의 경우 관찰하는 역량이 부족하기 때문에, 해석 과정은 상징적 표상 없이 구체적으로 경험되는 강력한 정동을 컨테인하고, 그 정동(들)과 관련이 있는 것처럼 보이는 자기와 타인의 경험을 명명하는 것으로 시작한다.
- 초기의 컨테인(containment)에 뒤이어, 해석 과정은 명료화를 넘어 직면으로 나아갈 수 있고, 지금 여기에서 해석을 준비할 수 있다.
- 전이 분석은 치료계약 단계에서 설명되었던 것처럼 '실제' 치료자-내담자 관계의 왜곡을 검토하고 분석하는 것이다. 그것은 내담자가 자신의 내적 세계의 구성에 근거하여 창출한 관계를 관찰하고 이해하는 것이다.
- 전이초점 심리치료 치료자는 내담자의 내적 갈등에 대한 인식을 촉진하고 내담자가 갈등을 다루는 데 자기 관찰과 성찰을 활용하도록 중립성(즉, 내담자의 갈등과 관련된 어떤 힘의 편에도 서지 않는)을 유지한다.
- 기법적 중립성과 역전이는 밀접한 관계가 있다. 의도하지 않은 중립성으로부터의 이탈 대부분은 치료자가 인식하지 못하고 이해하지 못한 역전이 반응에서 비롯된다. 다시 말해, 의도하지 않은 중립성으로부터의 이탈은 역전이의 상연이다.
- 치료자는 해석과 이해로 효과적으로 다룰 수 없는 안전에 대한 위협이 있을 경우에 의도적으로 기법적 중립성으로부터 이탈할 수 있다.

추천 도서

Caligor E, Diamond D, Yeomans FE, et al: The interpretive process in the psychoanalytic psychotherapy of borderline personality pathology. J Am Psychoanal Assoc 57: 271-301, 2009.

Hersoug A, Ulberg R, Høglend P: When is transference work useful in psychodynamic psychotherapy? Main results of the first experimental study of transference work (FEST). Contemporary Psychoanalysis 50:56–174, 2014.

Høglend P, Bogwald KJ, Amlo S, et al: Transference interpretations in dynamic psychotherapy: Do they really yield sustained effects? Am J Psychiatry 165:763–771, 2008 [Transference interpretation as a treatment technique seems to be especially important for patients with long-standing, more severe interpersonal problems.].

Joseph B: Transference: the total situation, in Melanie Klein Today: Developments in Theory and Practice, Vol 2: Mainly Practice. Edited by Spillius EB. London, Routledge, 1988, pp 61–72.

Racker H: The meanings and uses of countertransference. Psychoanal Q 26:303–357, 1957

Reich W: Character Analysis. New York, Farrar, Straus, and Giroux, 1972 [See Chapters 1–6.].

Winnicott DW: Hate in the counter-transference. Int J Psychoanal 30:69–74, 1949.

7장

치료의 기략과 임상적 도전

전이초점 심리치료에서 기략은 회기 내에서 기법을 위한 단계를 설정하고(6장 참조) 기법을 적절히 적용하기 위해 치료자가 사용하는 전술이다.

기략(〈표 7-1〉)은 치료자의 활동으로 치료 틀을 만드는 것에서부터(계약과 한계설정), 치료자가 다른 어떤 자료 선택을 안내하기(우선순위 위계 결정), 내담자와 자료에 적절한 태도 유지까지를 포함한다. 이 장에서는 5장에서 논의된 계약 맺기를 넘어선 기략을 개관한다. 또한 치료할 때 발생하는 주요 도전도 논의한다.

치료자의 기본적 태도는 치료자와 내담자 사이에 무엇이 일어나는지, 특히 무엇이 정상적인 인간 상호작용에서 벗어나는지에 대해 기민한 것이다. 여기서 '정상적'이라는 것은 내담자와 치료자 간에 문화적으로 수용되는 언어적 소통의 일상적 형태로 정의되며, 특히 이들이 함께 작업을 시작할 때 치료계약에서 정의된 것이다. 치료자는 내담자가 자신의 주관적인 경험을 소통하기를 기대한다. 내담자가 그렇게 하지 않는다면, 상호작용에서 공상적이고 원시적이며 비합리적인 요소가 활성화되어 문제가 된 것인지 치료자는 의문을 가질 것이다. 이러한 비현실적인 면에 대한 치료자의 자각과 주의는 치료 틀로 정해진 경계와 심리치료 상황의 경계에서의

표 7-1	치료 기략

1. 치료계약을 설정한다.
2. 치료 틀을 유지한다.
3. 내담자가 내놓는 자료 중에 우선적으로 다룰 주제를 선택하고 실행한다. (이것은 소통의 세 가지 경로를 살펴보고, 개입의 세 가지 원칙을 따르며, 회기에서 나오는 자료의 유형에 우선순위 위계를 지키는 것이다.)
4. 해석을 위한 준비로서 내담자와 치료자 사이의 현실에 대한 상반된 견해를 확대하는 것과 공유된 현실의 공통 요소를 확립하는 것 간의 적절한 균형을 유지한다.
5. 정동적 관여의 강도를 조절한다.

어떠한 이탈에도 주의를 두면 용이하게 된다.

치료적 태도는 전이 감정의 행동화 가능성, 때로 치료자가 역전이를 행동화하고 싶은 유혹에 의해 언제나 위협받을 수 있다. 역설적으로 내담자가 더 병리적이고 심리치료 관계에서 전체 대인관계의 상호작용이 더 왜곡될수록, 전이에서 더 쉽게 원시적 대상관계를 진단할 수 있다. 반대로 더 건강하거나 경계선 조직에서의 수준이 더 높으면 상호작용에서 더 미묘한 왜곡을 보인다. 따라서 치료자는 종종 낮은 수준의 경계선 내담자보다 높은 수준의 경계선 내담자의 역동을 파악하는 것이 더 어렵다.

1. 기략 **1** 치료계약의 설정

치료의 목표와 방법, 치료 틀에 대한 상호 간 이해를 설정하는 것은 치료 자체를 본격적으로 시작하기 전에 치료계약에 대한 논의와 함께 시작된다. 이 과정은 5장에 상세히 기술되어 있다.

2. 기략 2 치료 틀의 유지

치료 경계의 유지는 일반적으로 계약에서 설정된 치료조건의 유지에 대한 문제이며 해석과 한계 설정을 함께 하면서 수행된다.

1) 회기에서 행동화 저지하기

탐색작업을 너무 방해하는 어떤 행동은 의미가 있다고 해도 중지되어야만 치료가 진행될 수 있다. 따라서 치료자가 내담자의 행동을 제한해야 되는 경우가 있다. 이때 첫 단계는 행동에 주목하고 치료자는 내담자가 그 행동을 자각하는지와 그 행동의 동기에 대해 무슨 생각을 하는지 질문하는 것이다. 내담자가 행동의 동기를 이해하면 행동은 억제되고 적응적 표현이 나타날 것이다. 해석으로 파괴적 행동이 끝나지 않으면 치료자는 행동을 저지하기 위해 한계를 설정할 수 있다. 그렇게 한 다음에 치료자는 중립적 입장을 재설정하기 위해 해석을 한다.

〈사례〉

회기 중간쯤 내담자는 자신의 귀를 막고 치료자에게 외설스럽게 소리치기 시작했다. 치료자는 행동을 해석하려고 했지만 내담자는 계속 고함쳐서 대화가 불가능하였다. 이때 치료자는 다음과 같이 개입했다. "우리가 계속할 수 있으려면 ○○씨가 소리치는 것을 멈추어야 해요. 귀를 막고 소리치면 ○○씨가 들을 수 없고 내가 ○○씨를 도울 수가 없어요." 내담자가 일단 이 행동을 멈추면, 치료자는 그것을 해석한다. "○○씨는 내게 매우 화가 나 있고 동시에 ○○씨의 분노가 타당한지 의심할 수 있어요. 그래서 ○○씨는 내가 하는 말을 들을 수 없게 만들 수 있어요. 여기서 내가 하는 말을 듣지 않는다면 그게 오히려 ○○씨의 의심을 더 크게 만들 수 있기 때문에 ○○씨의 분노에 대해 더 생각해 볼 필요가 있다는 거죠."

한 내담자가, 치료자가 내담자에게 가장 강렬한 감정을 표현하게 유도한다고 말하면서 치료자의 해석에 반대했다. 치료자는 생각과 감정의 표현이 치료과정에 핵심적이지만 표현이 과정에 방해가 되면 한계가 설정되어야 한다고 설명한다. 치료자는 또한 실제적인 현실을 언급할 수 있다. "○○씨의 역할이 생각과 감정을 모두 표현하는 것이라고 나는 말했지만, ○○씨가 고함치면 옆방에서 일하는 동료의 작업을 방해합니다. 우리는 여기서 작업하고 있다는 현실을 존중해야 해요."

치료 틀에 대한 내담자의 도전을 해석하는 것은 종종 치료라는 건강을 추구하는 과정을 공격하는 내담자의 공격적인 부분을 다루거나, 내담자의 원시적 방어가 실패하기 시작하고 익숙한 '흑 아니면 백' 구조에 맞지 않는 복잡한 감정에 직면할 때 내담자에게 일어나는 불안을 피하기 위한 시도를 이해하는 것이다. 한계 설정을 요하는 행동화의 형태는 치료의 경계, 즉 물리적, 시간적, 혹은 공간적 경계에 대한 도전을 포함한다. 자신, 치료자, 혹은 대상에 대한 신체적 파괴, 회기가 끝나고도 치료실을 떠나길 거부하는 것, 치료자에게 성적인 노출이나 성적인 제스처, 그리고 대화를 할 수 없게 소리치는 것이 그러한 예들이다.

때로 행동화의 저지는 회기 밖에서의 행동에도 적용되어야 할 때가 있다. 내담자가 치료계약에 동의하기만 하면 모든 행동화 행동이 멈출 것이라는 전제도 너무 비현실적이겠지만, 어떤 행동은 너무 위험하고 파괴적이어서 그 행동이 멈출 때까지 치료작업을 계속할 수 없을 때도 있다. 특정 행동에 대한 한계 설정은 내담자가 행동에 대한 통제를 충분히 할 수 없으면 보조 치료자를 활용할 필요가 있다. 그러나 치료자는 대체로 내담자의 통제 능력을 과소평가하는 잘못을 범하는 경향이 있다. 따라서 먼저 내담자가 책임을 지고 따르고 확실히 행동을 통제할 수 없을 경우에만 보조 치료자를 개입시키는 변형기법을 설정하는 과정을 추천한다.

〈사례〉

식욕부진증의 개인력이 있는 한 내담자는 처음에 건강한 체중을 유지하겠다고 치료자와 약속했다. 그러나 그녀는 회기에 오면서 점점 더 야위어 갔다. 해석으로 이를 다루려는 치료자의 시도는 변화를 이끌어 내지 못했고, 내담자가 너무 야위어서 내담자의 상태에 대한 불안 때문에 치료자는 편안한 마음으로 그 주제를 탐색할 수 없었다. 그 지점에서 치료자는 내담자의 식욕부진 상태가 직접 다루어지지 않으면 치료가 제대로 진행될 수 없다고 설명했다. 치료자는 그와 함께 치료를 계속하려면 내담자가 식이장애 전문가에게 가서 체중 증가를 위한 계획을 세우고, 정규적으로 체중을 재고 정해진 최소한의 체중 이상을 유지해야 한다고 말했다.

2) 이차 이득을 제거하기

이차 이득의 개념은 정신분석에서 개인이 증상에서 경험하는 일차 이득의 개념을 규명한 후에 발달되었다. 증상이 어느 정도 서로 만족시키면서 충동과 충동금지 간의 타협을 나타낸다는 생각에 근거하면, 일차 이득은 증상을 경험하기는 하지만 이러한 타협으로 얻어진 불안의 감소이다. 예를 들면, 내담자의 긋기는 공격 충동(혹은 공격과 성적 충동의 혼합)과 그 충동을 느끼는 것에 대한 처벌 간의 무의식적인 타협일 수 있다. 긋기 증상의 일차 이득은 불안 감소의 경험인데, 그것은 충동과 충동 금지 모두 동시에 어느 정도 만족되기 때문이다. 이러한 일차 이득과 달리 내담자는 이차 이득을 경험할 수 있는데, 예를 들면 손목 긋기가 주의, 관심, 타인의 개입을 끌어내는 것과 같은 것이다. 따라서 이차 이득은 증상에서 생기고 내담자에게 그 가치가 더해지는 외적인 이득이다.

이차 이득의 외적인 이득은 내담자의 상태가 호전되면 상실되므로 치료에 위협이 될 수 있다. 경계선 내담자에게 일반적으로 나타나는 이차 이득의 가장 심각한 형태는 1) 자기파괴적 혹은 자살 행동으로 타인을 통제(예, 치료자가 내담자 전화를 갑자기 끊어 버렸다고 느껴서 자살한다고 말하는 내담자)하고 2) 만성적 장애 질병이라는 생각에 근거해서 사회적 서비스(예, 장애연금, 가족으로부터 경제적 지원 및 치료 자체일 수도 있는)를 과도하게 이용하면서 수동 의존적인 내담자 역할에 안주하는 것이다. 후자의 이차 이득의 형태는 변화하거나 자율성을 발달시키려고 치료에 오는 것이 아니라 삶에서 능동적이고 독립적인 생활과 관계를 대체하려고 치료에 오는 것이다. 우리는 비활동성이 질병의 한 원인이 되고 능동적 생활에 관여하는 쪽으로 이동하는 것이 치료과정의 일부라고 본다.

이런 위험이 있기 때문에 치료자는 치료 틀이 이차 이득을 제공하는지 확인해야한다. 따라서 계약과정에서 치료자는 1) 자신이 내담자의 자기파괴적 행동의 순환고리에 있지 않다는 것을 확실히 한다. 즉, 이 행동은 응급, 위기 서비스 영역 내에 있으며, 치료자는 내담자의 행동화에 대한 반응으로 내담자에게 더 관여하지는 않을 것이다. 그리고 2) 치료 상황 밖에서 생산적인 활동에 어쨌든 참여한다는 생각을 거부하는 내담자는 치료에 받아들이지 않는다. 치료계약에서 이 조건이 설정된후에 내담자가 이 조건에 도전하면 그것은 치료과정에 나타날 것이다. 많은 사례에서 우리가 관찰한 한 가지 위험은 치료자가 부지불식간에 내담자의 병리와 행동에 대한 내성을 발달시키는 경향이 있다는 것이다. 이는 병리가 비활동 같은 수동적인증상으로 표현될 때 특히 그러한 것 같다. 치료자는 일반적인 용어로 내담자에게이차 이득을 기술하고 그것이 치료의 목표와 양립할 수 없다고 설명하는 것이 적절할 것이다.

> ○○씨는 치료를 시작할 때의 패턴을 반복하고 있어 보여요. 몇 주 동안 ○○씨는 치료 외에 어떤 의미 있는 활동에도 참여하려는 노력을 하지 않고 있어요. ○○씨도 알겠지만 나는 ○○씨가 치료에 오는 것이 꼭 필요하다고 생각해요. 그러나 하나 걱정되는 것은 치료가 ○○씨가 참여하는 유일한 것이라는 점이에요. 내 경험으로는 사람들이 치료에 오는 것은 두 가지 주요 이유가 있어요. 하나는 변하고 좋아지는 것이죠. 다른 것은 치료에 오는 것이 기분 좋고 누군가의 관심을 받고 등등입니다. 많은 경우에 한 사람이 치료에 오는 동기는 두 이유가 혼합되어 있죠. ○○씨에 대한 나의 걱정은 지금 ○○씨는 두 번째 이유에 해당한다는 것이죠. 나는 ○○씨가 4년 동안 치료 받았는데도 변하지 않은 과거에도 그런 것 같다고 생각합니다. 우리는 이 문제를 보고 논의해야 합니다. 왜냐하면 이 치료는 ○○씨를 도우려는 것이지 다른 생활에 참여하는 것을 대체하려는 것은 아니기 때문입니다.

이차 이득 문제는 경계선 병리에 대한 기본적 이해와 사회가 그것에 어떻게 반응할지와 관련된다. 경계선 내담자를 만성적이고 장애가 있는 질병이라고 본다면, 장기간의 장애 보조금을 주는 것으로 반응하는 것이 정당하다. 그러나 우리는 경계선 인성장애를 1) 대부분의 내담자가 치료를 받는 상태에서도 어느 수준의 목표지향적 기능(처음에는 낮 프로그램 혹은 자원봉사일이라도)을 할 수 있으며, 2) 대부분의 내담자는 실제로 호전되고 자율적이며 생산적으로 될 수 있다고 본다. 그러므로 사회체계가 무한으로 지지해 주는 것은 내담자에게 해롭다고 우리는 생각한다. 우리 경험에 의하면 장애 보조금을 받으면서 치료를 시작하는 것은 예후가 부정적이다. '장애 보조금'이 가족에게서 오는 사례에서, 치료자는 계약 단계에서 가족을 개입하게 하여 치료적 목적으로 지원을 조정하도록 할 수 있다.

3. 기략 3 주요 주제를 선택하고 작업하기

심리치료에서 특히 경계선 내담자와의 작업에서 치료자가 당면하는 가장 흔한 문제는 동시에 제시되는 모든 자료 가운데 어떤 이슈를 다룰지 결정하는 것이다. 회기들은 종종 혼란스러워 보인다. 수많은 전혀 별개의 부분 자기표상과 부분 대상표상이 활성화되어 회기 내에서 다중의 주제가 나타나게 된다. 때로 치료자는 너무 많은 것이 동시에 진행되는 듯해 정보의 홍수에 갇힌 것처럼 느끼거나 회기에서 내담자는 거의 분명한 관심이 없는 것 같아 보이므로 치료자는 길을 잃은 것 같기도 하다. 결과적으로 치료자는 종종 어떻게 진행해야 할지 불확실하다고 느낀다. 회기에서 무엇을 다룰지를 결정할 우선순위에 대한 분명한 감각이 이 난국에 있는 치료자에게 도움이 될 것이다. 우선순위가 되는 주제를 선택하는 것은 1) 소통의 세 가지 경로를 살펴보고, 2) 개입의 경제적, 역동적, 구조적 원칙을 따르며, 3) 내담자가 가져오는 자료 유형에서 우선순위를 지킨다.

1) 소통의 세 가지 경로

소통 경로는 1) 내담자가 말하는 언어적 내용, 2) 내담자의 비언어적 소통, 즉 무엇을 어떻게 말하는가(목소리 톤, 목소리 크기 등), 신체 언어로서의 비언어적 소통(자세, 제스처, 눈맞춤 등), 그리고 치료실에서의 분위기, 3) 치료자의 역전이이다. 물론 경계선 내담자를 치료하는 치료자는 언제나 세 가지 통로를 염두에 두어야 한다. 그러나 일반적으로 병리가 더 원시적일수록 두 번째와 세 번째 통로인 비언어적 소통과 역전이가 더 중요하다. 왜냐하면 경계선 내담자가 가진 내적 세계의 분열적 특성 때문이다. 일반적으로 내담자는 그 순간에 자신이 말하는 것을 이미 자각하고 있지만 내적 모순이나 분열되어 나간 부분은 자각하지 못하고 있고 이러한 부분은 의식으로 올라오지 못하고 행동이나 신체화를 통해서만 표현된다(Green, 1993). 세 가지 통로 모두를 자각하는 것은 특히 중요한데, 내담자의 연상을 주의 깊게 경청하도록 훈련받은 치료자가 내담자의 치료자와의 상호작용과 역전이를 예민하게 관찰하지 못하면, 내담자는 치료에서 어떤 진전도 보이지 않으면서 오랫동안 시간만 보낼 수 있다.

2) 경제적, 역동적, 구조적 원칙

경제적, 역동적, 구조적 원칙은 마음속에서 작용하는 역동적 힘에 대한 정신분석적 개념, 즉 추동, 정동, 내적 금지 및 외부 현실과의 상호작용에 근거를 두고 있다. 경제적 원칙은 내담자의 정동이 어떤 자료에 우세하게 점유되는지에 따라 치료자는 어떤 자료에 초점을 둘지를 결정하게 되는 원칙이다. 이 원칙의 이론적 근거는 강렬한 정동이 전이에서 우세한 대상관계를 가리키는 신호와 같다는 것이다. 정동적으로 우세한 것으로 간주될 수 있는 주제는 의미 있는 정동이 내용에 동반되거나 또는 내용에 걸맞는 정동이 두드러지게 없는 경우인데, 후자는 정동이 억제, 억압, 전치, 혹은 분열된 것을 나타낸다. 무엇이 정동적으로 우세한가 하는 것은 때로 자명할 수 있는데, 가령 어머니가 암 진단을 받은 것에 대해 내담자가 강렬한 정동으로 말할 때이다. 그러나 내담자가 어머니가 암 진단을 받았다고 말은 하지만 그 시간에 그날 직장에 늦은 것을 더 큰 정동으로 이야기할 수 있다. 치료자는 우선 그 정동을 묻고 탐색해야 한다.

　내담자의 정동이 치료자가 기대한 바와 일치하지 않으면 치료자는 질문을 해서 명료화해야 한다. 예를 들어, 치료자는 "○○씨는 계속 살아야만 하는지 말하고 있지만, 정작 자신이 하고 있는 이야기에는 관심이 없는 것처럼 보여요."라고 말할 수 있다. 이 질문으로 우세한 주제를 발견하게 될 수 있다. 내담자의 행동과 말이 불일치하고 우세한 정동이 분명치 않을 때, 행동이 언어적 내용보다 더 중요할 수 있으므로 먼저 탐색되어야 한다. 내담자의 정동을 따르는 것은 상식이지만 다음과 같은 상황에서는 매우 유용한 지침이 될 수 있다. 예컨대, 논리적으로 우선순위 주제가 될 수 있는 것(예, 배우자의 질병)과 가장 많은 정동을 수반하는 것으로 보이는 것(예, 치료자의 태도에 대한 내담자의 지각)이 불일치할 때이다.

　만일 정동적으로 우세한 영역을 결정하기 어렵다면, 치료자는 내담자가 언급한 내용이나 행동에서 전이의 지표를(전이는 이후에 역동적 원칙과 관련된 부분에서 더 논의될 것이다), 다음에는 역전이를 살펴야 한다. 그래도 의미 있는 주제가 드러나지 않는다면 치료자는 나오는 자료를 계속 평가하면서 정동적으로 우세한 주제가 나타나기를 기다린다. 정동적으로 우세한 주제가 없다는 것은 내담자가 중요한 자료를 의식적으로 억제한다는 것을 시사할 수도 있다. 그렇다면 응급상황 우선순위를 위한 지침에 따라 특히 소통의 사소화에 대한 것에(다음에 나오는 '3) 주제의 우선순위 지키기' 참조) 치료자가 초점을 맞출 수 있게 된다. 중요한 정동적인 주제가 없다는 것은 특히 거부적 애착 양상을 가진 자기애적 내담자의 특성일 수도 있다.

　어떤 자료가 가장 정동으로 점유되었는지 결정한 후, 치료자는 역동적 원칙에 따라 생각한다. 이 원칙은 마음속에서 충돌하고 있는 힘들과 관련되며 고조된 정동이 있다는 것은 방어된 충동을 포함하는 무의식적인 갈등이 있다는 것으로 가정된다. 충동과 그에 대한 방어는 각각 이자적 대상관계에서 심리내적으로 표상된다. 내담자의 내재화된 이자관계는 전이에서 가장 분명히 관찰될 수 있으므로, 역동적 원칙은 전이에 대한 치료적 초점과 밀접하게 연결된다. 역동적 원칙에 따라 치료자는 표면에서 관찰할 수 있는 방어에서부터 자각할 수 없는 더 깊은 수준의 충동으로 작업한다.

초기 회기에서 치료자가 가장 흔히 관찰할 수 있는 것은 전이가 더 깊은 자료에 접근하는 것에 대한 저항의 역할을 하는 것이다. 저항은 방어 작용의 임상적 표현이다. 조작적 정의에 의하면 치료계약에 동의해서 치료에 참여하는 내담자가 보이는 어떠한 어려움도 더 깊은 자료에 접근하는 것에 대한 저항에 기여할 수 있다. 한 사람의 내적 세계를 충분히 검토하는 과제는 특히 내적 세계가 강렬하고 통합되지 않는 부분들로 특징지어지는 내담자의 경우에 겁이 나는 것은 불가피한 일이다. 그리고 이러한 과제의 어려움에 대해 내담자에게 공감하는 것은 적절하지만, 치료자는 저항과 공모할 위험성을 항상 경계해야 한다. 대상관계적 관점에서 보면, 저항과의 공모는 상연되는 이자관계를 검토하지 않고, 치료자가 내담자의 내적 대상표상 중 하나의 역할을 상연하고 다른 내적 이자관계를 자각하는 데 대한 방어의 역할을 하는 것이다. 이러한 예는 내담자가 보이는 의심과 걱정에 대한 미묘한 암시를 탐색하지 않고 치료자가 긍정적인 전이, 즉 자비로운 조력자의 역할을 받아들이는 것이다.

저항은 제거되어야 하는 벽 같은 것이 아니고 정보적 가치를 인식해야 하는 심리구조의 일부다. 저항은 이자관계를 방어적으로 사용하므로 해석되어야 한다. 즉, 저항하는 이유는 저항이 방어하는 것이 무엇인지와 관련해서 이해되어야 한다. 이러한 해석의 간단한 예는 다음과 같다. "○○씨는 나를 가혹한 판단자이고 협박하는 비판자로 경험하고 있는데[방어], 내가 ○○씨를 보살피고 돌보아 주기를 바라는 소망[방어되고 있는 리비도적 추동]을 경험하는 것이 너무 두렵기 때문인 것 같습니다." 표면에서 심층으로의 해석은 6장에서 더 자세히 논의된다. 여기서 개관하는 것은 역동적 원칙이 어디에서 개입해야 하는지를 아는 데 도움이 될 것이다.

치료자는 해석할 자료를 다루는 순서를 결정하는 데 역동적 원칙을 사용한다. 실제로 치료자는 이렇게 자문할 수 있다. "무엇이 무엇을 방어하고 있는가?" 그리고 일반적으로 방어 수준을 다루는 개입을 먼저 선택해야 한다. 다른 예는 다음과 같다. "○○씨는 나를 차갑고 거부적이라고 강하게 주장하네요. 심지어 ○○씨가 월요일에 올 수 없다고 해서 다른 시간을 주었는데도 편한 시간을 내줬을 뿐이라고 내게 가혹하게 반발했어요. 내가 보기에 ○○씨는 지난 몇 주 동안 점점 더 나를 차갑고 거부적이라고 하는 것 같아요. ○○씨가 나를 이렇게 본다는 것에 동의할 수 있나요?" 이러한 개입은 방어 기능을 하고 있는 이자관계를 기술하는 것이다. 내담자가 동의한다면 치료자는 계속 다음과 같이 말할 수 있다. "나를 점점 더 이렇게 보는 것은 ○○씨가 자신을 불편하고 불안하게 만드는 다른 감정을 덮어 버릴 수 있을 것 같아요. 가끔 ○○씨 눈에서 보이는 것은 미묘하지만, 나를 다르게 경험하는 것 같아요. 이런 미묘한 단서로 보면 ○○씨는 내게 좀 긍정적으로 느끼는 것 같아 보여요. 그러나 어떤 이유로 이게 ○○씨를 불안하게 만들어 나에 대해 ○○씨 비판이 더 커지게 하고 있어요. 그건 마치 ○○씨와 나 사이에 좋은 건 아무것도 없다고 자신을 확신시키려 하는 것 같아요." 치료자는 내담자가 방어하고 있는 정동과 추동을 다루기 시작한다. 이 과정의 마지막 단계는 이러한 감정에 대해 방어해야 할 필요를 이해하는 것이 될 것이다(6장의 '해석의 세 수준' 참조).

대체로 정동적 우세는 전이적 우세와 동시에 일어난다. 그러나 정동적 우세가 전이를 중심으로 일어나지 않은 경우도 있다. 그러나 이러한 상황에서도 전이적 시사는 대개 분명하다. 예를 들면, 회기를 시작하고 처음 10분간 치료자에게 주의를 주지 않고 아무 감정 없이 여러 주제에 대해 계속 이야기한다면 우선 초점이 되는 것은 내담자가 치료자를 어떻게 느끼고 어떻게 대하는지를 탐색하는 것이다. "오늘 내가 여기 없는 것처럼 말하는군요." 전이의 이러한 측면이 그다음 탐색의 초점이 된다.

정동과 전이가 다르다면, 즉 지배적인 전이 패러다임이 있는 것 같지만 다른 이슈에 더 정동적으로 무게가 실리면 후자를 초점으로 선택해야 한다. 대개 전이와의 관련성은 나중에 드러날 것이다. 치료자에 대해 직접 언급한 것이든 또는 다른 중요한 사람에 대해 간접적으로 얘기한 것이든, 미묘한 전이를 작업하도록 하는 것이 항상 말을 통해 소통되는 것은 아니다. 종종 전이는 미묘한 행동 제스처나 전반적인 태도를 통해 소통된다. 예를 들면, 내담자가 언급한 내용이 아니라 가볍게 모순적인 미소를 지으면서 얘기했다는 사실에 초점을 맞추는 것이 치료자에게 더 중요할 수 있다. 치료자는 먼저 내담자의 눈에 나타난 불신에 초점을 맞추고 다음에 이것이 내담자가 말하고 있는 내용과 어떻게 연결되는지 의문을 갖는 것이 중요하다.

구조적 원칙은 또한 치료자의 개입을 위한 지침으로 유용하다. 이 원칙을 통해 치료자는 내담자의 특정한 갈등 구조를 점점 더 이해하게 되는데, 이는 치료자가 한 걸음 물러나 전이에서 활성화된 특정한 이자관계가 더 큰 패턴 속에 서로 잘 들어 맞는지 조망하면서 얻어진다. 신경증 내담자의 구조분석에서는 원초아, 초자아, 자아와 외부 현실과의 갈등을 다루거나, 안정된 정체성에서라면 일관되지 않은 요소를 다룬다. 자아와 초자아가 통합되어 있지 않은 경계선 내담자에게 갈등은 가장 우세한 내적 이자관계들과 이들 간 관계를 둘러싸고 구조화된다. 비록 가능한 이자관계의 수는 무수하지만, 임상 실제에서 우리가 발견한 것은 각 개인 내담자는 제한된 수의 상당히 점유된 이자관계를 보이며 이 관계가 자주 전이에서 반복된다는 것이다. 따라서 각 치료에는 제한된 수의 전이 주제가 있다. 특정 내담자에게 어떠한 전이 주제가 우세하고 이들 간의 관계에 대한 가설 설정은 치료자의 개입을 안내하는 데 도움이 된다. 구조적 원칙은 어떤 이자적 대상관계가 다른 이자 대상관계에 대해 방어적인 기능을 하는지 그리고 어느 정도까지 내담자가 '배제된 타인'의 관점에서 갈등을 함께 볼 수 있는지를 결정하는 것을 포함한다. 배제된 타인의 관점은 삼자적 원칙으로 치료자의 분석적 기능의 일시적인 동일시로 나타나는 내담자 자아의 관찰하는 부분을 사용하는 것이다. 전이초점 심리치료에서는 심리구조의 발달과정에 주목하기 때문에, 구조적 원칙에 따른다는 것은 또한 내담자의 현재 변화 과정과 앞으로의 변화를 치료자가 염두에 두고 있다는 것이다.

　경계선 내담자에 대한 이러한 공식화에 도달하는 가장 효과적인 방법은 매 순간 관찰되는 변화하는 전이의 기저에 있는 만성적인 기본 전이를 파악하는 것이다. 이러한 기본 전이는 그 치료기에 있는 주된 갈등을 나타낸다. 항상 그런 것은 아니지만 대부분 경계선 내담자는 만성적인 편집적 전이로 치료를 시작한다. 즉, 약하고 상처받기 쉬운 자기표상이 있어서 친밀한 어떤 감정이 발달하는 것도 경계하는데, 대상이 결국 자신을 거부하고 버리고 침해하며 상처를 주거나 이용할 것이라는 믿음 때문이다(전형적 전이의 전개에 대한 자세한 논의는 9장 참조).

　요약하면 이러한 세 가지 원칙에서 치료자가 명심할 것은 다음과 같다. 1) 내담자의 정동을 따라간다. 정동은 특정 순간 지배적 이자적 대상관계가 무엇인지에 대한 지표가 된다. 2) 방어적 목적에 기여하는 것으로 보이는 자료부터 찾아 다룬다. 3) 표면의 어떤 이자관계가 기저의 어떤 이자관계를 방어하는지로 전반적인 이자관계

조직화를 탐색한다.

3) 주제의 우선순위 지키기

앞에서 논의한 원칙 이외에 내담자에 대한 어떤 주제를 선택해서 다룰 것인지 결정하기 위한 지침이 있다. 치료자는 먼저 매 회기마다 어떤 **응급상황의 우선순위**에 따를 것인지 아니면 치료의 일반적인 우선순위를 적용할 상황인지를 결정해야 한다. 치료자는 내담자나 치료자 또는 치료의 안전을 위협하는 내담자 행동에 우선순위를 가장 높게 두어야 한다. 우선순위의 위계(〈표 7-2〉)는 응급상황 혹은 치료에 대한 위협인지와 일상적인 업무인지를 결정하는 데 도움을 준다. 응급상황 주제(예, 자살이나 자해 위협, 치료를 중단하겠다는 위협, 정보를 주지 않는 것)는 효과적으로 다루어진다면 치료 후 첫 6개월이 지나면 줄어드는 경향이 있다. 그러면 이 주제는 치료를 위협하지 않기 때문에 〈표 7-2〉에서 우선순위가 낮지만, 실제로 내담자의 내적 세계를 이해하는 심리치료의 본질을 구성한다.

각 주제는 적절한 기법, 즉 명료화, 직면, 해석, 한계 설정 또는 기법적 중립성 복원 등을 사용하여 다룬다. 시간이 가면서 치료에 대한 응급상황의 위협이 줄어들고 치료 시간에 전이 주제와 기저의 역동을 탐색하는 데 점차 더 초점을 두게 된다. 치료자는 우선순위의 위계를 지침으로 하여 행동적 저항이 일어나는 관계의 장을 점차적으로 정리하여 전이 발달을 충분히 탐색할 수 있는 길을 열어 가게 된다. 관련된 주제를 다루는 데 대한 내담자의 저항은 치료 지속을 위협하는 행동으로 나타날 수 있다. 즉, 치료를 바로 그만두겠다는 위협, 그만 살겠다는 위협, 또는 치료에 계속 오면서도 탐색 과정을 약화시키는 행동으로 나타난다. 회기에서 언어로 직접 소통하는 경로를 방해하는 행동은 소통과 치료 자체에 대한 위협이 되는 응급성의 순서로 다루어져야 한다. 〈표 7-2〉에서 첫 번째 우선순위로 전이 탐색의 장애를 제시하였으며, 가장 직접적인 것에서부터 미묘한 것으로 나열하였다. 이러한 주제가 없거나 적절하게 다루어졌다면 치료자는 두 번째, 세 번째 우선순위, 즉 전이 관련 자료와 정동이 실린 자료에 초점을 둔다.

표 7-2 주제 우선순위의 위계

---

1. 전이 탐색의 장애물[a]
   - 자살이나 살해 위험
   - 치료 지속에 대한 공공연한 위험(예, 경제적 어려움, 이사 계획, 치료 빈도를 낮추어 달라
     는 요청 등)
   - 부정직 또는 치료 시간에 의도적으로 정보를 주지 않는 것(예, 치료자에게 거짓말, 어떤
     주제 논의를 거부, 시간의 대부분을 침묵)
   - 부정기적으로 결석 혹은 치료 시간에 달라진 심리상태
   - 계약 위반(예, 보조 치료자를 만난다는 합의를 지키지 않음, 처방된 약물 복용을 하지 않음)
   - 치료시간 내 행동화(예, 사무실 집기를 남용, 치료시간이 끝나도 가지 않음, 고함치기)
   - 치료시간과 시간 사이에 행동화
   - 정동이 없거나 사소한 주제
2. 드러난 전이 표현
   - 치료자를 언급
   - '치료시간 내 행동화(acting in)'[1] (예, 노골적으로 유혹적인 신체 자세를 취하는 경우)
   - 치료자가 추론한 것(예, 다른 치료자를 언급하는 것)
3. 전이적이지 않으면서 정동이 실린 자료

---

[a] 겉으로 드러난 전이 표현을 훈습하는 데 장애가 되는 것은 저항의 형태로 나타난 전이적 의미와 그 자체로 섞
여 있다.

(1) 내담자의 외부 현실 정보

경계선 내담자는 치료에서 탐색을 요하는 주제를 일상생활에서 종종 행동화한
다. 치료자는 나타날 수 있는 그러한 행동화의 단서에 민감해야 한다. 종종 그런 정
보는 내담자의 지나가는 말 속에서 혹은 제삼자가 제공한 정보에서 볼 수 있다. 치
료자는 또한 회기 밖에서 일어나는 생활에 대해 내담자가 정보를 주지 않는 것에 대
해서도 주의를 기울여야 한다. 대학이나 관계에서 어려움이 있는 내담자가 상당한
시간 동안 삶의 그 영역에 대해 언급하지 않으면 치료자는 적극적으로 질문해야 한

---

1) [역주] 저자들은 전이 작업을 방해하는 행동화와 전이가 표현되는 행동화를 구분하면서 후자를 'acting-in'
이라고 칭한다.

다. 내담자의 외부 현실과 관련해서 나타나는 어떠한 주제든 이것이 전이 패러다임
으로 이미 일어났거나 곧 일어날 가능성에 대해 치료자는 예의주시해야 한다.

〈사례〉

한 내담자는 남편이 폭군이어서 우울하고 자살하고 싶다고 하면서 치료를 시작
하였다. 치료가 진행되면서 치료자는 어느 순간 내담자가 한 달 동안 남편에 대해
말하지 않았다는 것을 알아차렸다. 치료자는 내담자에게 남편과의 관계에 대해
물었다. 그녀는 "의논할 게 아무것도 없어요. 나는 그를 떠날 결심을 했어요."라고
대답했다. 내담자는 이 계획을 남편과도 치료자와도 의논하지 않았다. 치료자가
이를 탐색해 보니 내담자는 남편을 떠난 후에 혼자 어떻게 지낼지에 대한 현실적
인 계획도 없었고, 남편을 떠나면서 치료도 그만둘 계획임을 알게 되었다. 탐색에
서 나온 것은 논의되지 않은 이러한 계획이 암암리에 내담자 자신에게 해를 입히

표 7-3 치료에 특정한 위협이 되는 예

- 자살 및 자기파괴적 행동
- 살인 충동 또는 행동, 치료자를 위협하는 것
- 거짓말을 하거나 정보를 주지 않는 것
- 치료 회기에 잘 오지 않는 것
- 물질남용
- 변경된 의식 상태에서 치료에 오는 것
- 통제되지 않는 섭식장애
- 과도하게 전화를 거는 것 또는 그 외 치료자의 생활을 침해하는 것
- 치료비를 내지 않는 것 또는 치료비를 낼 수 없는 상황을 만드는 것(예, 일을 그만둠, 보험을
  중단)
- 한 사람 이상의 치료자를 동시에 만나는 것
- 회기에서 시간을 낭비하기, 사소하게 만들기
- 회기 밖에서 생긴 문제로 치료의 진행이 방해받는 것
- 만성적으로 수동적인 생활양식. 이것이 즉각적으로 위협적인 것은 아니나, 장애의 이차적
  이득을 계속 추구하기 때문에 변화를 위한 어떠한 치료적 노력도 실패하게 만들 수 있다.

는 것이었다는 점이다. 더 탐색해 보니 내담자는 실제로 남편과도 치료자와도 어느 면에서 더 가깝게 느끼고 있었고 파괴적인 계획은 기저의 리비도적 발달과 관련된 불안과 죄책감에 기인한 것이었다.

요약하면 주제의 우선순위 선택과 관련하여 치료자는 그 순간에 가장 중요한 주제를 결정하는 데 있어 도움을 받을 것이다. 그것은 내담자가 말하는 것과 뭘 느끼는지에 대한 소통, 내담자가 하는 것에 대한 치료자의 관찰, 그리고 역전이의 분석을 통해서 이루어진다. 이는 Bion(1962)의 '선택된 사실(selected fact)' 개념에 해당된다.

4) 전이 탐색에 대한 방해의 유형 논의

(1) 자살과 살해 위협
자살이나 살해의 위협은 5장의 치료계약 맺기와 치료 틀 확립하기에서 논의한 변형기법에 따라 다루어져야 한다. 명심해야 할 것은 자살이나 살해생각에 대한 어떠한 언급이라도 6장의 비디오 2 '휴가 전 회기'의 시작에서 보여 준 바와 같이 중요한 역동적, 상호작용적 의미를 갖는다.

(2) 치료 중단의 위협
내담자에 의해 치료가 조기 중단될 위협은 명백하든 미묘하든, 내담자나 다른 사람의 삶과 안전에 대한 위협을 제외하고 다른 모든 주제에 앞서 우선적으로 다루어져야 한다. 내담자로 하여금 치료 중단을 생각하게 자극할 수 있는 동기에는 불안을 유발하는 의존 욕구의 출현, 부정적 전이의 발달(이것은 기저의 긍정적 전이에 대한 방어로 생기는 불안일 수 있다), 치료자를 시기하는 자기애적 주제, 경조증적 상태나 건강으로 도피, 치료자를 공격적인 정동에서 보호하거나 치료자의 노력을 패배하게 해서 굴욕감을 주려는 것 등이 포함된다. 이러한 상황에서 치료자에게 핵심되는 태도는 적극성인데, 예를 들어 내담자가 치료자에게 아무 말 없이 치료에 오지 않았을 때 전화해서 관심을 표현하고 이러한 행동이 무엇을 말하는지 궁금해 하는 것이다.

그다음으로 치료에 가장 심각한 위협은 치료과정에 드러내 놓고 혹은 은근히 참여하지 않는 양상이다. 이러한 참여 부족은 정직하지 않음, 자료를 주지 않음, 행동화의 형태를 취하며 이는 탐색되어야 한다.

(3) 정직하지 않음

치료과정은 정직하지 않은 것에 특히 취약한데, 치료자가 이것을 알아차리기 전에 오랜 기간 이 문제가 지속될 수 있기 때문이다. 이전 치료 경험을 포함해서, 첫 면접에서 개인력을 주의 깊게 듣는 것이 치료자가 이 문제를 지각하는 데 도움이 될 수 있다. 치료자가 치료과정 중에 내담자가 정직하지 않다는 것을 알게 되었다면, 치료자는 1) 내담자에게 부정직한 소통 패턴이 치료를 효과적이지 못하게 한다는 것과 이게 해결되지 않는다면 치료를 그만두어야 한다는 것을 설명하고, 2) 정직하지 않은 소통에 기저하는 동기를 내담자와 탐색해야 한다.

거짓말은 내담자가 자기 자신, 다른 사람, 그리고 치료를 어떻게 경험하는지에 대한 표현이다. 내담자는 다음의 이유 중 하나로 거짓말을 할 수 있다. 1) 자기 행동에 책임져야 하는 결과를 가져올 직면을 피하기 위해, 2) 치료자가 인정하지 않거나 보복할 것이라고 상상해서 이를 피하기 위해, 3) 치료자를 통제하기 위해, 4) 치료자를 속여서 치료자보다 우월하다는 것을 표현하기 위해, 4) 진실한 관계로 발전하지 않기 위해, 5) 치료자를 이용하기 위해서이다. 더 깊은 의미에서 계속 거짓말하는 것은 모든 인간관계가 착취적이거나 박해적이라는 신념을 나타내며, 따라서 만성적인 전이 입장을 반영한다. 치료 과제의 성공 혹은 실패는 정직한 소통에 의존하므로 거짓말은 다른 자기파괴적 행동만큼 심각하게 다루어져야 한다. 치료자는 정보의 와전이나 정보를 주지 않는 것을 충분히 일관되게 해석해야 하며, 동시에 내담자가 그렇게 하려고 하면 치료자는 내담자가 정직하지 않게 소통하는 것을 막을 힘이 없다는 것을 인정해야 한다.

거짓말 또는 정보를 주지 않는 것에 초점을 둔 해석적 노력은 몇 주 또는 몇 달이 걸릴 수 있으며, 반사회적 특징을 보이는 사례에서 특히 그렇다. 그러나 아무리 오래 걸리더라도, 내담자의 거짓말이 시사하는 바를 충분히 해결하는 것이 모든 다른 자료에 선행해서 다루어져야 한다. 그러나 삶을 위협하는 행동화나 치료를 즉시 중단할 위험은 여기서 제외된다. 만일 습관적으로 거짓말을 하는 내담자가 생명을 위협하거나 치료를 위협하는 행동화의 증거를 또한 보인다면, 치료는 내담자를 보호하고 내담자에게서 얻을 수 없는 정확한 정보를 병원직원에게 얻기 위하여 병원에서 시작되어야 한다. 습관적으로 거짓말을 하고 심각한 초자아 결함을 보이는 내담자는 자신의 도덕적 가치 결핍을 심리치료자에게 투사해서 치료자를 정직하지 못하고 부도덕하다고 생각한다. 그러므로 이러한 전이에 대한 해석은 내담자가 자신의 정직하지 못함을 치료자에게 투사하는 것에 초점을 두어 접근한다. "○○씨가 치료비를 내지 않아야 된다고 믿는 치료시간에 대해 내가 치료비를 청구한다고 느껴도 나는 놀랍지 않아요. 오늘 만나는 내내 ○○씨는 실제 일어난 일을 말하지 않고 이야기를 만들어 내기 때문이죠. 그건 마치 ○○씨는 거짓말하고 이용하는 것이 소통의 공용 통화가 아닌 세계는 상상할 수조차 없다는 거지요."

　모든 해석 작업에서처럼, 거짓말의 전이적 의미를 충분히 탐색하는 것은 표면에서부터 심층으로 진행한다(이 원칙에 대해 더 충분한 설명은 6장 참조). 전이 해석은 우선 종종 거짓말이 치료자뿐 아니라 내담자 자신을 향한 공격성의 표현이라는 점에 초점을 둔다. 내담자의 절망에 대한 더 깊은 해석은 오직 공격적이고 편집적인 요소가 해석된 뒤에만 가능하다. 다음은 부정직이 다른 기능을 하는 상황에서 직면 또는 해석의 예이다.

- 거짓말이 자신을 향한 공격성의 표현일 때: "무슨 일이 있었는지에 대해서 ○○씨는 계속 이야기를 바꾸는군요. 이렇게 하면 나는 ○○씨를 도울 수 없게 되고 결국 ○○씨는 실패하게 됩니다. 그건 마치 ○○씨의 어떤 부분은 ○○씨가 절박하게 필요로 했던 도움을 얻지 못하기를 원하는 것 같습니다."
- 거짓말이 치료자에 대한 공격일 때: "○○씨는 이것이 지어 낸 이야기라는 것에 동의한 후에도 같은 이야기를 계속하네요. 그러니까 ○○씨는 내가 존경받을 가치가 없고 나의 노력을 무력화하고 싶어 하는 것처럼 나를 대하는군요."
- 거짓말이 보복에 대한 두려움의 표현일 때: "○○씨는 대기실에서 잡지를 가져

간 것을 내게 말하기 두려워하는 것 같군요. 내게 말한다면 내가 화를 내고 ○○
씨를 보지 않을 것이라고 생각하기 때문인 것 같아요."
- 거짓말이 환멸의 표현일 때: "○○씨는 위기를 면하는 단 하나의 길이 ○○씨
에게 일어난 일에 대해 소설을 쓰는 것이군요. 내가 ○○씨를 진짜 알게 된다
면 좋은 일이 일어날 거라고 믿지 않는 것 같아 보여요."

내담자가 정직하지 않다는 것을 모호하게 알면서도 그러한 인상의 근거를 정확
하게 지적할 수 없는 상황이 일어날 수 있다. 이러한 경우, 내담자에게 다음과 같이
말하는 것이 적절할 것이다. "○○씨가 나에게 솔직하지 않다는 느낌이 있습니다.
이것이 나의 문제인지 ○○씨의 문제인지 탐색해 봅시다."

(4) 정보를 주지 않음

부정직의 한 변형인, 정보를 주지 않는 것은 치료에 직접적인 위협으로 다루어야
한다. 역동적인 관점에서 보면, 부정직과 정보를 주지 않음은 둘 다 치료과정에 저
항하는 자기파괴적인 내적 부분에 의해 동기화될 수 있다. 이는 이러한 내적 자기를
탐색하지 못하게 하고 내담자의 경험을 조직화하는 분열을 유지하기 위해서다. 정
보를 얘기하지 않는다는 증거는 내담자가 보고한 것과 다른 데서 얻은 정보가 불일
치하는 것에서 볼 수 있다. 예를 들면, 치료의 개인력 탐색 단계에서 드러난 이런 경
우다. "○○씨가 밤중에 Smith 박사에게 전화하는 것이 그 선생님과의 치료에서 주
제가 되었다는 것을 나에게 말하지 않았어요. 그런데 내가 그 선생님과 이야기했을
때, 그 선생님이 ○○씨를 다른 사람에게 치료를 받도록 권한 주된 이유가 ○○씨
의 전화 빈도가 더 잦아진다는 것이었다고 했어요."

정직하고 충분한 소통에서의 과실이나 실패를 다룰 때 치료자는 가끔 있는 억제
인지 지속되는 억제인지를 구분해야 한다. **가끔의 억제**(occasional suppression)는 한
정된 영역에 대해 의식적으로 정보를 주지 않는 것이다. 내담자는 일반적으로 가장
갈등되는 것을 억제하고 싶어 할 것이지만, 긍정적인 동기가 있으면 이러한 유혹을
극복할 것이다. **지속되는 억제**(ongoing suppression)는 상당한 기간 동안 자료를 체계

적이고 의식적으로 내놓지 않거나, 대부분의 치료시간에 또는 여러 시간에 걸쳐 오랫동안 말하는 것을 거부하는 것이다. 지속되는 억제는 치료(또는 치료자)를 통제하려는 것, 치료자와의 적극적 경쟁, 심한 편집적 두려움(만연된 정신병질적 또는 편집적 전이에서 볼 수 있는), 또는 어떤 행동에 대한 죄책감을 반영할 수 있다.

내담자가 말하기 어려운 게 있다는 것을 인식하면 치료자는 명료화해서, 말하지 않으려는 특정한 내용을 다루기 전에 비밀을 드러내고 나서의 결과에 대한 내담자의 가정을 탐색해야 한다. 이것은 내용(무엇을 말하지 않는가) 이전에 방어(즉, 말하지 않는 이유)를 탐색할 필요에 대한 예이다. 내담자의 환상을 탐색하면서 또한 치료자는 내담자가 솔직한 소통을 해야 한다는 기본 규칙에 동의한 것과 그리고 나서 어떤 것을 말하지 않거나 거짓말하는 것 간의 갈등을 직면하고 탐색해야 한다. 치료자를 향한 행동의 의미는 내담자가 치료자에 대해 가지고 있는 가정의 다른 수준을 이해할 수 있게 한다(예, 내담자는 치료자가 화가 나서 비판적으로 반응할 것이라고 가정하는데 정보를 주지 않음으로써 내담자는 화와 비판을 불러일으키는 행동을 하는 것이다). 정보를 주지 않은 것 뒤에 있는 경쟁심, 두려움, 죄책감은 종종 매우 오랜 시간에 걸쳐서만 훈습될 수 있다.

(5) 치료에 규칙적으로 오기 어려움

두 사람이 모두 있어야 치료가 가능하기에 문제는 자명할 수 있지만, 치료자가 이를 다루는 것은 그리 쉽지 않다. 내담자는 종종 규칙적으로 오는 것이 불가능하다는 근거를 내세워 호소할 수 있다. "제가 하는 일은 상사가 급한 일을 언제 갑자기 맡길지 알 수 없거든요." "저는 베이비시터에게 의지할 수밖에 없는데, 그녀가 언제 올지 알 수 없어요." "남편이 여기까지 태워다 주는데요. 남편은 정시에 와야 하는 중요성을 이해하지 못해요." "장염(또는 편두통, 월경전증후군 등)이 심해서 나갈 수가 없어요." 치료자는 그냥 치료시간에 오라고 하는 것이 가혹하고, 경직되며, 가학적이기조차 한 요구로 느끼기 시작할 수 있다. 그러나 치료자가 치료에 오는 것과 같은 치료의 기본적인 요건을 요구로 생각하기 시작한다면, 이것은 전이와 역전이에서 무엇이 발달하고 있는지 숙고해야 한다는 신호이다. 가장 현실적인 수준에서, 치료에 오기 위해서 상당한 노력이 필요하다고 하더라도, 자신의 장애 때문에 삶이 위협받을 수 있는 내담자에게 치료가 중요하다는 점을 치료자는 잊지 않아야 한다.

이 시점에서 내담자가 오지 않으면 치료가 가능하지 않다는 간단한 사실을 알려야 한다. 이러한 자명한 현실을 치료에 빠지는 내담자에게 말해야 한다. 전능 통제라는 원시적인 방어의 한 변형으로, 내담자는 누군가가 내담자를 돌볼 수 있다고 상상하는데, 심지어 그 사람에게 사실상 현실적으로 행동할 방법이 없다고 해도 그러하다는 것이다. 만일 규칙적으로 오던 내담자가 늦거나 빠지기 시작하면, 치료자는 내담자의 행동이 치료를 할 수 없게 하고 효과적으로 치료를 종결할 수 없게 하는 행동화의 유형이라는 것을 먼저 분명히 해야 한다. 다음에 치료자는 이 행동이 갖는 의미의 탐색을 계속할 수 있다.

수련 중인 치료자는 종종 "내담자가 치료에 얼마나 빠지면 치료를 그만두어야 하나요?"라고 묻는다. 이렇게 질문하는 것은 두 가지 주요 개념을 아직 이해하지 못했다는 것을 의미한다. 첫 번째는, 치료를 끝내는 것은 치료자가 아니다. 치료를 끝내는 것은 내담자이며, 내담자가 치료를 위태롭게 하는 행동을 통해 치료를 불가능하게 하고 그래서 끝나는 것이다. 치료자의 책임은 이러한 일이 발생했을 때 그것을 문제 삼는 것이다. 두 번째는, 치료시간에 빠진 절대적인 횟수가 치료의 효과가 없어지는 시점을 결정한다는 생각은 치료자가 치료과정에서 모든 내담자에게 적용되는 객관적인 규칙을 자신의 임상적인 판단보다 우선시한다는 것을 시사한다. 비록 그러한 규칙이 치료자에게 좀 더 편하더라도, 치료에 빠진 시간 때문에 치료 지속이 의미 없게 되는 지점을 결정하는 것은 치료자의 책임이다. 사전에 빠진 시간의 횟수를 미리 선정하는 것은 내담자가 치료자를 자신이 복종해야 하는 규칙을 부여하는 경직되고 처벌적인 사람이라고 하면서 투사한 것에 휘둘릴 수 있게 만든다. 이러한 방략은 또한 '치킨 게임'으로 되어, 대개 분명한 위기의 시기에 내담자는 마치 치료자에게 치료를 끝내겠다는 '위협'을 실행해 보라고 도전하는 것처럼, 마술적인 회기 수에 점차 접근해 간다.

(6) 치료시간에 내담자의 심리적 가용성

치료에 오는 것에 필수적인 것은 내담자가 치료시간에 심리적으로 가용해야 한다는 것이다. 만일 내담자가 술이나 약을 먹고 치료시간에 온다면, 치료자는 이것때문에 효과적인 작업도 할 수 없으며 그 시간을 끝낼 수밖에 없고 만일 이것이 패턴이 된다면 치료를 끝내야 한다고 설명해 주어야 한다. 일반적으로 약물남용 주제는 계약 단계에서 다루어야 한다. 그러나 약물남용의 문제는 치료과정에서 일어날수도 있다. 내담자는 초기에 동의한 것을 지키지 않고 약물남용을 계속하거나 약물남용으로 되돌아갈 수 있다. 이때 치료자의 역할은 내담자가 집으로 돌아가는 것이안전한지, 아니면 병원에 입원시킬 필요가 있는지 결정하기 위한 충분한 평가를 해야 한다. 치료자는 다음번에 언제 만날지를 분명히 하고, 내담자의 계약 위반의 의미를 탐색하고 약물남용과 관련된 변형기법을 검토하게 된다.

(7) 계약 위반

이 절의 앞에 다룬 여러 가지 주요 사항은 계약에서 논의된 치료의 일반적인 조건을 위반하는 것을 다룬 것이다. 내담자는 또한 특정 문제에 대한 특정 협약을 위반할 수도 있다. 다음은 계약 위반의 예이다.

〈사례〉

내담자의 치료계약에는 내담자가 자해를 하면 다음 회기에 오기 전에 상처를 봉합할 필요가 있는지 감염 위험은 없는지를 확실히 하기 위해 의사의 진료를 받아야 한다는 것이 포함되었다. 회기를 시작하면서 내담자는 자신이 화가 나서 자해를 하였다고 언급하며, 무엇이 자신을 거슬리게 했는지에 대해 말했다. 치료자는 잠깐 중단하고 그녀가 의사를 만나 검진을 받았는지 물었다. 내담자는 그렇게 하지 않았다. 치료자는 더 높은 우선순위(예, 자살 위험, 그만두겠다는 위협)가 없다는 것을 확인한 후에, 내담자에게 자해에 대한 계약을 상기시키고, 내담자가 동의한 대로 치료를 계속할 수가 없다고 말했다. 치료자는 내담자가 자신의 책임을 이행한 뒤에 치료작업으로 되돌아갈 수 있고, 먼저 해야 할 일은 자해를 한 점과 계약을 위반하였다는 점에서 무엇이 일어났는지 그 의미를 탐색하는 것이 될 거라고 말했다. [주지해야 할 것은 모든 치료자가 자해에 대해 이런 방법을 쓰지는 않는다는 것이다. 치료자의 구체적 방법은 그 문제를 다루는 데 있어 치료자가 편안하고 명확하게 생각할 수 있는 수준에 의해 결정된다. 어떤 치료자는 내담자가 일반의에게 가지 않고도 피상적 자해 사건을 기꺼이 논의할 것이다.]

(8) 치료자의 생활에 침투하는 것

치료자의 생활에 침투하는 것이라는 주제는 치료자에 대한 물리적 위협의 주제와 유사하지만, 위협을 주는 해로움이 신체적인 것이 아니고 심리적이며 표면적으로는 덜 공격적으로 보일 수 있는 행동이라는 점에서 다르다. 침투에 포함되는 것은 집으로 계속 전화하는 것, 인터넷에서 개인적 정보를 찾아보는 것, 치료자와 가족에 대해 염탐하는 것, 치료자를 만나기 위해 공공장소에 나타나는 것이다. 염탐과 같이 더 공격적인 형태의 침투는 허용되지 말아야 하며, 전화 통화를 둘러싼 구조화는 더 융통성이 많다. 염탐은 종종 만연하는 편집적이고 적대적인 신념의 행동적 표현을 나타내며, 결코 정당화될 수 없고, 전이 감정을 치료 틀 내에서 컨테인하는 것이 매우 불가능함을 시사하기 때문에, 치료자는 어떠한 경우라도 치료 가능성을 즉각적으로 검토할 것임을 분명하게 말해야 한다.

(9) 치료시간 외에 발생한 문제가 치료를 위협하는 것

내담자는 간접적인 행동으로 치료의 가능성을 위협할 수 있다. 이러한 전형적인 예에 포함되는 것은 내담자가 치료비를 내지 못할 상황을 만드는 것(예, 직장을 그만두는 것, 보험료를 제때 내지 않는 것, 치료비를 내주는 부모와 소원해지는 것 등)이나, 정기적으로 치료시간에 오는 것이 불가능한 상황을 만드는 것(예, 예측할 수 없는 스케줄의 직업을 얻는 것)이다. 치료자는 내담자가 보고하는 이러한 행동의 시사점에 민감해야 하는데, 내담자가 이러한 소식을 치료와 관련된 시사점과 연결시키지 않고 가져오기 때문이다. 내담자는 또한 자신의 삶에서 제삼자로부터 치료에 대한 강한 부정적인 반응을 불러일으키는 행동을 할 수도 있다. 예를 들어, 내담자는 배우자에게 강한 질투를 자극할 수도 있고, 그렇게 함으로써 배우자가 치료에 반대하는 행동을 취하게 만들 수 있다.

(10) 행동화

생명과 치료를 위협하는 행동과 부정직 혹은 다른 계약 위반을 다룬 후에, 해석적 개입을 위한 다음의 우선순위는 대체로 행동화가 된다. 행동화는 무의식적 갈등이 정서적 경험, 기억하기, 그리고 언어적 소통으로 표현되지 않고 행동으로 표현되는 것이다. 행동화는 내담자의 갈등에 대한 기본적인 정보를 제공할 수 있지만, 동시에 그 방어적 기능으로 인해 통찰과 인성변화를 할 수 없게 한다. 행동화는 갈등을 둘러싼 내적 긴장을 줄이는 데 기여하며 따라서 매우 만족스러울 수 있으므로 자동적으로 되풀이되는 경향이 있다. 행동화는 체계적으로 탐색되어야 하며 이상적으로는 해석을 통해 해결되어야 한다.

행동화의 유형은 여러 가지이다. 내담자는 회기 간이나 회기 내에도 행동화할 수 있다. 치료실 밖의 충동적, 자기파괴적 행동에 포함되는 것은 자해, 다른 사람에게 공격성을 유발하는 것, 혼란스러운 '애정' 사건에 아무 생각 없이 충동적으로 자기 자신을 내던지는 것이다. 치료시간 중의 행동화에 포함되는 것은 자신을 말로 표현하지 않고 고함치기, 집어던지기, 늦게 오기, 일찍 나가기 등이다. 행동화는 또한 치료시간 중에 때로 1분이나 그보다 짧게, 치료자가 방심하고 마비되는 느낌을 갖게 만드는 아주 순간적인 행동 형태를 취할 수도 있다. 내담자는 전체 상황을 완전히 바꾸는 어떤 말을 갑자기 할 수 있다. 예를 들어, 내담자는 "아, 선생님께 말하는 걸 잊었는데 저 임신 3개월이에요."라고 말하고 나서 다른 것을 계속 말할 수 있다. 이 예에는 두 가지 유형의 행동화가 들어 있다. 그것은 치료실 밖에서 장기간 어떤 일이 계속되었다는 것을 숨긴 것이고, 치료에 큰 영향을 줄 수 있는 말을 갑작스럽게 한 것이다.

해석은 가끔 내담자의 내적 세계의 만족을 위해서 외적 현실에 대한 관심이 어떻게 무시되었는지에 초점을 두어야 한다. 예를 들면, 치료자는 다음과 같이 말할 수 있다. "우리가 갖게 된 생각은 ○○씨가 침묵하면서 앉아 있는 것은 나보다 ○○씨가 더 강하며 통제하고 있다고 느끼게 하는 것이라는 점이죠. 여기서 질문은 내적 만족을 위해서 ○○씨가 실제 세상에서 치르는 대가에 대한 것입니다. 치료 시간에 ○○씨가 말을 하는 것은 우리가 작업을 해 나갈 수 있게 하기 때문에, 힘이 있다는 느낌은 앞으로 나아가지 못하게 하는 대가를 치르는 것이죠."

상대적으로 진단과 치료가 쉬운 일상적인 행동화와 달리, 더 미묘한 형태의 행동화가 있다. 한 형태는 대개 치료 시간 밖에서 표현되고 치료 시작 전부터 있었던 만성적으로 분열된 행동 양상에서 나타난다. 이 형태는 행동화 양상이라기보다는 만성적인 병적 비만으로 '살고 있는 것'으로 보인다. 치료자는 이러한 형태의 행동화를 진단하기 위해서는 내담자의 외적인 생활에서 무슨 일이 일어나고 있는지 주의 깊게 살펴야 한다. 그 이유는 그것이 미묘하게 일어나고 시간에 걸쳐 점차적으로 증가하기 때문에 파악하기 어렵기 때문이다.

〈사례〉

3년째 치료 중인 한 내담자는 더 이상 치료를 받을 수 없다고 갑자기 통보하였는데, 학점을 따지 못해 장학금을 받지 못했고, 이러한 이유로 치료비를 계속 내는 것이 불가능하기 때문이라는 것이다. 그러고 나서야 치료자는 이 내담자가 지난 몇 달간 때로 제때 과제를 제출하지 못하거나 읽어야 할 것을 하지 못했다고 보고한 것을 깨달았다. 이러한 내담자의 사례에서 종종 그렇듯이 그는 계속해서 이러한 행동이 방이 시끄러워 혹은 교수가 너무 요구가 많아서와 같은 다른 압력에 기인한 것이라고 설명해 버리려고 했다. 돌이켜 생각해 보고 나서야 치료자는 내담자의 생활 전반에 걸친 수동 파괴적인 방식의 행동화 양상이 이렇게 치료를 위협하는 형태로 다시 나타나고 있다는 것을 인식하게 된다.

(11) 사소한 주제

초보 전이초점 심리치료자에게 가장 미묘한 도전 중의 하나는 내담자가 제시하는 자료가 중요한 자료를 사소한 것으로 만들거나 회피하게 되는 시점을 결정하는 것이다. 이러한 도전은 일반적으로 치료 초기에서 중기로 이행하는 시기에 나타난다. 내담자의 행동화 수준이 감소하고 내담자의 역동이 치료 틀에 집중되면서 내담자는 치료에서 사소하게 만드는 일반적인 상태에 들어감으로써, 정동적으로 가장 무게가 실리고 갈등적인 자기병리 영역을 피하기 시작할 수 있다. 치료자는 한동안 이를 알아차리지 못할 수 있는데, 그것은 처음에 내담자가 자유연상의 기본 규칙을 준수하는 것으로 보일 수 있기 때문이다. 그러나 사소화를 나타내는 특정 관련 행동이 있다. 한 가지 가능성은 내담자가 치료시간에 적절하게 작업하는 것으로 (치료자는 종종 이에 상응하는 '잠잠한' 상태로) 보이지만, 치료시간에는 보이지 않았던 강렬하고 설명할 수 없는 강한 불안과 불쾌감이 치료시간 사이에 있었다고 호소하면서 고통을 전한다.

사소화를 볼 수 있는 또 다른 경우는 내담자가 치료자와의 관계에 매우 만족하면서 안주하고, 그것이 내담자의 생활에서 외부 현실을 대체하기 시작—소위 '전이 치유'—한다고 보일 때이다. 이것은 건강으로의 도피로 볼 수 있는데, 내담자가 더 나아진 것으로 보이지만, 행동화 수준이 감소하는 것 외에 치료실 밖의 삶에 아무런 변화가 없다. 즉, 대인관계의 문제 해결, 기능 수준, 정체성 혼미에 아무 변화가 없다. 이 상태에서 치료는 근본적으로 자기애적 만족의 원천이 될 수 있으며, 치료자는 관심을 가진 동반자로 경험될 수 있다. 치료 시간의 내용은 내담자의 일상생활에 대한 피상적인 수준에서의 보고로 이루어지고, 내담자가 치료에 가져온 문제의 심각성에 대한 자기성찰이나 문제의식의 진행에 대한 어떤 증거도 없다. 치료자는 내담자 문제의 심각성을 망각하는 상태에 들어갈 수 있으며, 내담자가 직업, 사회, 그리고 애정 생활에서 만족스럽지 않은 상태임을 치료자 스스로 상기하는 노력이 필요하다. 치료는 외부 세계에서 경험되는 자존감에 대한 도전에서 도피처가 된다. 자료가 사소화를 나타내는 시점을 결정하는 치료자의 과제는 자유연상이라는 규칙에 역행하는 것이 아니라 오히려 저항력에 대한 적절한 평가를 함으로써 자유연상을 보완한다. 즉, 내담자 연상의 적합성은 깊은 탐색에 대한 저항을 나타내는 것일 수 있다. 이때 치료자는 별로 핵심적이지 않은 자료로 후퇴한 것을 지적한다. 내담자의 과거사에서 치료에서 사소한 자료에 주목하느라 여러 해를 소비하면서 내담자의 삶은 계속 악화되었던 사례인 경우에 특히 필요하다.

4. 기략 4 양립할 수 없는 관점을 탐색하기

전이초점 심리치료는 내담자가 자신의 세계관과, 특히 치료자와 내담자–치료자 상호작용에 대한 관점을 정교화하도록 하는 것이다. 상호작용에 초점을 맞추는 이유는 그것이 내담자가 경험한다고 말하는 것과 경험 자체 간의 괴리를 치료자가 정확하게 평가할 수 있는 유일한 세팅이기 때문이다. 예를 들어, 한 내담자가 계속해서 아내가 자신을 냉담하게 무시한다고 말하는데, 치료자에게는 이러한 주장이 정확한지 혹은 왜곡이 있는지 알 수 있는 자료가 대개는 부족하다. 그러나 치료자가 단지 자기 역할에 충실할 뿐인데도, 내담자는 치료자가 자기를 냉담하게 대한다고 심하게 비난할 수 있다. 그러면 치료자는 내담자가 외부 실제 대상을 내적 대상표상의 왜곡된 렌즈를 통해 지각하는 경향이 있다는 더 확실한 관점을 가지게 된다. 따라서 전이초점 심리치료자는 즉시 이들의 왜곡된 이미지를 수정해 주려는 인간적인 유혹을 경계해야 한다. 왜냐하면 이렇게 왜곡된 이미지를 정확히 탐색하면 치료에 핵심적인 중요한 자료가 드러나기 때문이다.

양립 불가능한 관점을 탐색하는 이러한 기략은 치료자의 균형감각을 요한다. 한편, 치료는 내담자의 왜곡을 관찰하면서 진전된다. 다른 한편, 결국 무엇이 상황의 '현실'인지에 대해 내담자가 치료자와 동의하지 않는 한, 무의식적 자료는 해석될 수가 없다. 해석될 수 있는 유일한 현실 왜곡은 그런 식으로 인식되고 그리고 자아이질적으로 인식되는 것이다. 따라서 목표는 내담자의 주관적 경험이나 신념을 정교화하고, 그런 다음 내담자가 자신의 신념이 일반적으로 공유된 현실에서 벗어나 있는 정도를 자각하는, 또는 자각하도록 만들 수 있는 것이다. 내담자의 내적 대상세계에 근거한 왜곡을 정교화하고 의문시하는 것 간의 균형은 어느 정도 John Steiner(1993)의 권고에 따른다. 그것은 치료 초기에 치료자는 치료자에 대한 내담자의 이미지를 거부하지도 받아들이지도 말고 검토해야 한다는 것이다. 치료자에게 투사된 내적 대상표상은 우선은 내담자의 마음으로 되돌려 연결시키려는 어떤 시도도 하지 않은 상태로 탐색된다. 치료적 기대는 투사된 표상이 '상담실'에서 경험됨에 따라 그것이 점차 드러나게 되고 견뎌 내면, 종국에는 자신의 내적인 세계에서 그러한 표상의 역할에 대한 내담자의 인식이 촉진될 것이라는 것이다. 치료에 대한 관여와 내담자에 대한 관심에서 치료자가 일관된 입장을 취하면 내담자는 자신이 치료자에게 투사한 이미지에 의문을 가지게 된다. 그러나 내담자의 왜곡된 관점이 치료의 진전이나 지속에 위협이 될 때, 치료자는 이러한 왜곡에 도전하고 공유된 현실의 공통된 요소를 확립하고자 하는 노력에서 더 적극적인 역할을 해야 한다(다음에 나오는 '양립할 수 없는 현실에 대한 탐색 사례' 참조).

명료화, 직면, 그리고 해석은 치료자가 내담자의 현실검증 능력을 평가하는 데 사용하는 탐구적 도구이다. 이 과정은 다음 예에서 보는 것처럼, 여러 단계를 거칠 수 있다.

한 내담자는 치료자가 자신과 성관계를 갖고 싶어 한다고 믿는다고 했다. 치료자는 먼저 내담자가 정서적 경험을 표현하는지, 머리로 하는 추측인지, 환상인지, 또는 망상적인 신념을 표현하는 것인지를 명료화해야 한다. "이게 ○○씨 생각에 내가 생각할 수도 있다고 보는 그런 것인가요? 아니면 내가 정말 ○○씨와 성관계에 관심이 있다고 보는 건가요?" 내담자가 후자를 시사한다고 하면, 치료자의 그다음 개입은 내담자의 사고에 대한 근거를 명료화하는 것이다. "내가 한 말이나 행동에서, 어떤 점이 내가 성관계를 하고 싶어 한다고 보았나요?" 다음 과제는 내담자에게 전체 치료 경험의 맥락에서 이런 신념을 돌아보도록 요구하는 것이다. "이제까지 우리가 만나면서 그렇지 않을 수도 있겠다고 볼 수 있는 것은 없었나요?"

그리고 치료자는 내담자가 이 관점을 고수하는 확신의 정도를 평가해야 한다. 기억해야 할 중요한 점은 내담자의 왜곡된 신념에 대한 확신의 정도가 다양하다는 것이다. 예를 들면, 치료자는 이렇게 말할 수 있다. "내가 ○○씨와 성관계를 할 생각이 없다고 확신할 수 있는 어떠한 말이나 행동도 없다고 하는 건가요?"

다음 단계로 치료자는 대체로 현실검증이 향상될 것인지를 보기 위해 방어적인 측면을 해석할 것이다. "○○씨가 나를 그렇게 보는 것은 아닐까요? 왜냐하면 그것은 남자는 믿을 수 없고 오직 ○○씨를 이용하는 데만 관심이 있다고 깊게 믿고 있다는 것을 나타내는 것이니까요. 남자에 대해 반대의 관점이 생기면 다른 대안에 눈뜨게 되어 ○○씨가 현재 남자와 친밀한 관계를 회피하는 것을 어렵게 할 것이고 자기 자신이 친밀감을 포기했다는 사실에 직면하게 될 테니까요." 이러한 해석은 내담자의 관점이 자아이질적이라는 분명한 증거가 없더라도 할 수 있다. 이 해석은 이전의 노력이 실패한 듯해도, 내담자의 지각이 자아이질적으로 될 수 있는 성찰적 공간을 만들려는 추가적 노력이다.

앞서 기술한 이 모든 접근이 실패하더라도, 치료자는 내담자의 신념이 자아이질적일 수 있는 지점을 찾도록 계속 노력해야 한다. 이렇게 하기 위해 치료자는 내담자의 신념과 내적으로 일관된 질문을 하는 것이 중요하다. 내담자의 신념체계에 대해 치료자가 내담자보다 더 논리적이 되면서, 치료자는 그 신념체계가 더 이상 버틸 수 없는 지점을 확인하도록 내담자에게 압력을 넣을 수 있을 것이다. 따라서 이 예에서 치료자는 내담자 신념의 논리 안에 머물면서 다음과 같이 말할 수 있을 것이다. "○○씨는 내가 ○○씨와 성관계를 해서 전문가로서 내 명성을 위태롭게 만들 거라고 믿으세요?" 또는 "○○씨가 그걸 100% 믿는다면 왜 계속 오는 거죠?" 따라서 치료자는 표면에서 심층으로 진행하면서, 우선 현실에 대한 내담자의 이해의 한계를 검증하고 다음에 현실을 정확하게 지각하지 않으려는 추정된 방어를 해석한다.

이러한 모든 단계를 거치고도 내담자가 망상적인 신념(즉, 아주 독특하고 동기화되어 있고 일반적인 추론 방식에 반응하지 않는 잘못된 신념)을 가진 것이 분명하다면, 전이에서 정신병적 퇴행을 다루는 기법을 적용해야 한다.

〈사례〉

치료자는 예정된 시간보다 5분 늦게 시작했고, 내담자의 첫마디는 이러했다. "점점 더 분명해지는 것은 선생님이 나를 좋아하지 않고 나를 만나고 싶어 하지 않는다는 거예요. 매일 그런 게 보였죠. 나를 이렇게 기다리게 하는 것이 바로 선생님이 내가 가 버리기를 바란다는 것을 보여 주는 거죠. 나는 거의 가 버릴 뻔 했어요. 만일 1분만 더 기다리게 했다면 나는 여기를 나가 버렸을 것이고 선생님은 다시는 나를 볼 수 없었을 거예요." 대개 치료자들은 문제의 근원을 다루지 않고 변화에 대한 내담자의 노력을 지지하려는 의도로 안심시키려 하면서 동시에 방어적으로 반응할 것이다. 그런 치료자는 다음과 같이 말할 것이다. "여기서 ○○씨가 보이는 반응을 살펴봅시다. ○○씨는 자신과 남에게 너무 경직되고 요구적이라 달리 볼 여유가 없는 것 같군요. 5분 늦는 것이 실제로 그렇게 드문 일은 아니죠."

전이초점 심리치료의 치료자는 오히려 다음과 같이 반응할 것이다. "지금 이 순간 ○○씨가 나를 어떻게 보는지 더 이야기해 보세요. 내 방의 문이 5분 늦게 열린 것이 내가 ○○씨를 좋아하지 않는 증거라는 거죠. 내가 ○○씨를 어떻게 느낀다고 생각하는지, 그리고 내가 ○○씨를 좋아하지 않는다고 ○○씨가 생각하는 그 이유를 더 얘기해 보시겠어요?" 치료자는 이후에 다음과 같은 언급을 하면서 개입할 수 있다. "내가 ○○씨를 좋아하지 않는다고 확신한다면, 내가 왜 ○○씨를 만나고 있다고 생각하세요?" 많은 경우 이렇게 상세하게 다루면서 내담자는 스스로 어느 정도의 통찰을 얻을 수 있다. 내담자는 자신을 향한 치료자의 태도에 대한 묘사가 너무 극단적이어서 비현실적인 만화 같은 인물로 보이면서 자신의 기술이 '제 풀에 꺾이기' 시작하는 것을 볼 수 있다. 내담자는 자신의 보고에서 모순에 직면할 수 있다. 자신이 한 치료자에 대한 극단적인 부정적 묘사는 다른 가능한 정보, 예를 들면 치료자가 치료시간을 다시 잡기 위해 때로 특별히 애를 썼던 것과 같은 가용한 다른 정보와 맞지 않는다는 것을 깨달을 수도 있다. 긍정적인 연상과 부정적인 연상을 함께 내놓을 수 있는 이런 능력은 통합의 시작을 나타낸다.

그럼에도 불구하고 내담자는 투사를 단단히 구축하고 자신에 대한 어떤 통찰도 얻지 못할 때도 있다. 이때 치료자는 더 적극적인 역할을 해야 한다. 극단적인 경우에, 내담자는 객관적인 사실을 왜곡하여 지각하기도 한다. 앞의 예에서 내담자는 다음과 같이 말할 수 있다. "선생님은 치료시간의 반을 나를 기다리도록 했어요. 그건 바로 선생님이 제게 오지 말라고 하는 것이죠." 이와 같은 사례에서 먼저 해야 할 일은 이 사실이 내담자에게 가지는 의미를 탐색하기 전에 내담자와 치료자가 그 사실에 대해 공동의 관점을 어느 정도 공유할 수 있는지를 평가하는 것이다. 치료자는 이렇게 말할 수 있다. "내가 ○○씨를 치료 시간의 절반을 기다리게 했다고 했는데, 정말 그렇다는 거예요? 아니면 말이 그렇다는 거예요?" 만일 내담자가 좀 과장했다

고 인정하면, 치료자는 치료자에 대한 내담자의 관점과 5분 지각의 의미를 탐색해
나갈 수 있다.

〈양립할 수 없는 현실에 대한 탐색 사례〉

5분 기다린 내담자가 "선생님은 나를 20분 기다리게 했어요. 선생님이 만약 이 점
을 인정하지 않는다면 선생님은 거짓말쟁이고, 나는 당장 여기서 나가겠어요."라
고 말했다면, 치료자는 진행하기 전에 현실을 보는 관점의 차이를 내담자에게 직
면시켜야 한다. 예를 들면, 이렇게 말할 수 있다.

> 치료자: ○○씨는 내가 문을 20분 늦게 열었다고 하고, 나는 5분 늦게 문을 열
> 었다고 말하고 있어요. 우리 둘 다 맞을 수는 없어요. 우리는 여기서 다른
> 가능성을 살펴보아야 해요. 우리 둘 중 하나는 틀렸고 자기 입장을 재고
> 하지 못하고 있어요. 이 방에 마치 정상인과 현실과 접촉하지 않는 사람
> 이 있는 셈인데, 그런데 우린 누가 누군지 알 수가 없어요. 여기에 좀 미
> 친 면이 있다는 데 동의한다면 그게 어디서 왔는지 알아볼 것을 제안합니
> 다. 유일하게 선택 가능한 것은 우리 중 한 사람이 거짓말을 하고 있다는
> 것이죠. 내가 거짓말을 하고 있다고 생각하면 말해 주세요. 그러면 그 의
> 미를 탐색해 볼 수 있을 거예요.

양립할 수 없는 현실을 탐색하는 이러한 방법은 전이를 탐색하는 일반적인 전이
초점 심리치료 원칙에 따른다. 이때 핵심 쟁점은 당장에 치료자와 내담자 간에 현실
에서 공동의 기반이 없다는 것이다. 그러면 우선되는 쟁점은 비정상성에 개입된 환
상의 본질을 명료화하는 것이다. 내담자가 이 양립할 수 없는 현실을 어떻게 이해
하는가? 치료자가 악하거나, 무지하거나, 어리석거나, 또는 미쳤는가? 치료자가 그
렇게 부주의하거나 시간 관리를 할 수 없을 만큼 무관심한가? 내담자에게 거짓말을
할 정도로 치료자가 내담자를 무시하는가? 만일 치료자가 거짓말을 한다고 내담자
가 생각한다면, 왜 치료자는 거짓말을 하는가? 치료자가 거짓말을 할 수 있다고 믿

으면서 내담자는 왜 치료자를 만나러 오는가?

양립할 수 없는 현실을 탐색하면 대개 치료자에게 투사된 내담자의 내적 세계의 부분이 드러나게 된다. 앞의 사례에서 내담자는 치료자에게 매우 비판적인 내적 대상을 귀인했고 내담자가 종종 자신을 '혐오스럽게' 느끼는 것에 대해 치료자에게 책임을 지웠다. 다른 사람이 자신을 거부할 것이라는 생각에 초점을 맞추었을 때 자신을 혐오스럽게 지각하는 것이 감소했다. 이것으로 내담자에게 문제가 없어진 것은 아니지만, 치료자에게 혐오의 근원을 돌리면서 내담자는 자기혐오와 거리를 둘 수 있었고, 판단적이라고 하면서 화가 나서 인정하지 않는 것이 자기 자신으로 향하지 않고 치료자를 향하게 할 수 있었다.

극단적인 경우에, 내담자는 현실검증의 일시적인 상실을 드러내는 관점을 고집스럽게 잡고 있을 수 있다. 이런 경우 치료자는 정신병의 급성적 삽화인지, 전이 정신병인지를 진단적으로 감별해야 한다. 전자는 경계선 내담자의 치료과정에서 때로 일어날 수 있으며, 후자에서는 현실검증의 상실이 치료자와의 관계에서만 일어나고 치료 밖의 내담자 생활에는 영향을 미치지 않는다.

왜곡된 관점을 정교화하는 것과 공동의 현실 요소를 수립하는 것 간의 균형에 대해 마지막으로 언급할 것은 대부분의 경우에 경계선 내담자의 지각이 외부 현실의 **촉발** 사건에 근거한다는 것이다. 따라서 치료자는 균형감을 유지하는 것이 특히 중요하며 정기적으로 자신에게 아주 중요한 질문을 해야 한다. "정상 범위의 사고와 행동에서 기대할 수 있는 반응과 비교해서 내담자의 반응은 어떠한가?" 이 질문은 전이의 실제적이고 조작적인 정의에 근거한다. 즉, 전이는 정상적으로 기대할 수 있는 반응에서 벗어나 있는 치료자에 대한 내담자의 반응이다. 예를 들어, 치료자가 치료시간을 5분 늦게 시작한 경우, 내담자를 기다리게 한 것은 사실이지만, 일반적으로 기대할 수 있는 반응은 그것을 치료자가 자신을 거부하는 증거로 보지 않고 그런 일이 때로 일어나는 것으로 이해할 것이라는 것 또한 사실이다. 그러나 치료자는 다음과 같이 생각할 수도 있다. "내담자를 기다리게 하는 것은 매우 둔하고 잔인하기조차 하다. 내담자의 약함을 생각했어야 했는데" 이렇게 생각하는 것은 내담자의 내적인 현실을 외적인 현실과 혼돈하게 하는데, 이는 치료자가 역전이 반응을 돌아볼 필요가 있음을 시사한다. 치료자가 자신을 잔인하다고 보는 것은 내담자가 내적인 대상을 투사한 것을 받아들이는 것이다. 이것이 투사적 동일시의 예이다.

치료자 경험의 어떤 부분이 내담자의 내적 세계로 들어간 것인지 혹은 외적 현실에 발을 딛고 있는 것인지를 나타내는가에 대한 의문이 언제나 관련된다. 왜냐하면 5분 늦게 시작한 치료시간 사례에서 의문시되는 정동으로 보면, 사실 치료자는 무감각하거나 잔인할 수도 있기 때문에, 무엇이 현실이고 무엇이 내담자로부터 온 것인지를 결정하기 위한 성찰이 필요하다. 이때 치료자는 치료 틀 내에서 입장을 찾는다. 계약에 의해 형성된 틀은 치료적 관계의 현실을 설정한다. 예를 들면, 내담자가 늦게 온 시간에 치료자가 치료 시간을 연장하지 않는다는 이유로 치료자를 잔인하다고 비난할 때 치료자는 치료시간에 대해 초기의 상호계약에 따라 행동하고 있다는 것을 스스로 상기할 필요가 있다. 이렇게 하면 치료자는 그 순간에 어떻게 되는 것이 아니라 '잔인한 이기주의자'라는 하나의 페르소나로서 자신을 내담자의 내적인 세계에 위치시킬 수 있도록 한다.

내담자가 유약해 보이는 것에 대한 치료자의 관심은 내담자의 방어체계에 도전한 것에 대한 관심을 나타낸다. 내담자는 잔인한 대상을 타인에게 투사하면서 평화로운 대인관계를 희생하지만 어떤 내적인 안정을 발견한다. 치료자가 내담자의 투사를 문제시할 때 내담자가 경험할 수 있는 고통에 치료자는 관심을 가질 수 있다. 치료자가 명심해야 하는 것은 깊은 변화를 희망하면서 이렇게 진행할 것인지 아니면 그 순간에는 덜 고통스럽지만 동시에 깊게 변화할 기회는 적게 하면서 내담자의 방어체계를 존중하는 더 '지지적' 치료를 할 것인지 선택할 필요가 있다는 것이다.

요약하면, 치료의 모든 상호작용에서 기억해야 할 중요한 것은 내담자의 반응을 치료자가 정상적으로 기대할 만한 것과 비교해야 한다는 것이다. 왜냐하면 내담자가 보이는 강렬한 정동의 힘 때문에 가끔 진실에 대한 그들의 이해가 정확하며, 분석될 필요가 있는 내적 세계의 측면과 무관한 것으로 설득될 수 있기 때문이다. 내담자의 지각 방식을 설득시키는 이러한 힘은 부정적 전이에서도 그렇듯이 이상화된 긍정적 전이 상황에서도 중요하다. 예를 들면, 한 내담자가 다음과 같이 말했다. "이건 내 상상이 아니에요. 나는 알아요…. 선생님은 나를 사랑하시잖아요. 그렇지 않다면 그렇게 나를 보지 않았겠죠…. 그리고 남편과 헤어질 생각을 했다고 말했을 때 선생님이 미소 짓는 것을 보았어요. 내가 여기서 좋아졌다고 선생님도 인정하셨을 때, 우리가 이 일을 곧 끝내고 나면 우리 모두 원하는 것을 자유롭게 할 수 있다는 것을 그런 식으로 말씀하시는 것이라고 나는 생각했어요." 경험이 많은 치료자는 호의적인 표정에 대해 죄책감을 느끼거나 사과하지 않을 것이다. 그는 가장 강렬한 정동조차도 치료 틀이 공동의 관찰을 세심하게 할 수 있게 한다는 확신을 가지고, 내담자의 내적 세계에서 강력하면서도 동시에 섬세하게 활성화된 대상표상을 탐색하게 될 것이다.

내담자의 내적 세계와 외적 현실 간을 구분하고자 하는 요구는 지속되는 도전이다. 내담자는 다음과 같이 말하면서 회기를 휘둘렀다. "선생님은 잔인해요. 선생님 사무실 밖에서 오늘 건설공사가 있을 것이라고 제게 말했어야죠. 내가 소음에 얼마나 예민한지 선생님은 아시잖아요." 치료자는 작업이 있을 것이라는 사전 공지가 없었다는 것을 스스로 상기하기 전까지 그가 정말로 잔인하다고 느끼고 있었다.

내적, 외적 현실 간의 구분의 어려움과, 자신의 내적 세계가 객관적 현실이라고 다른 사람을 확신하게 만드는 어떤 내담자들의 능력은 경계선 내담자의 치료에서 실제적이고 심각한 문제를 야기할 수 있으며, 여기에는 치료자가 잘못 치료했거나 부적절한 행동을 했다고 하는 것 등이 있다.

5. 기략 **5** 정동 관여의 정도를 조절하기

치료자가 개입할 때 내담자의 정동 강도를 관찰하고 적절하게 반응하는 것이 중요하다. 경계선 인성조직 내담자는 자기만의 정동에 몰입해서 내담자가 정동 폭주와 강렬한 폭발을 하는 동안 극단적으로 침착하고 비교적 조용한 치료자에게 주의하지 않거나 들으려고 하지 않을 것이다(임상 예는 비디오 3, '정동 폭주' 참조). 실제로 내담자는 치료자의 침착하고 조용한 톤을 거부로 경험할 수 있다. 치료자의 차분하고 감정을 드러내지 않는 반응은 내담자에게 귀 기울이지 않거나 이해받지 못한다

는 감정을 들게 할 수 있다. 치료자는 내담자의 주의를 환기시키도록 단호한 톤을
사용하고 내담자와는 관점이 다르다는 것을 강조할 필요가 있다.

▶ 비디오 3-1: 정동 폭주 1부(9:28)_[부록 p. 497]
▶ 비디오 3-2: 정동 폭주 2부(9: 26)_[부록 p. 501]
▶ 비디오 3-3: 정동 폭주 3부(10:10)_[부록 p. 506]

내담자가 생명의 위협 혹은 치료에 위협이 되는 행동에 관해 정동이 보이지 않으
면(예, 자해에 대해 이야기하면서 아무렇지도 않게 웃는 경우) 치료자는 정동이 없는 행
동에 대한 논의와 해석에 관심을 나타내는 정동을 넣어야 한다. 내담자의 정동 강도
에 치료자가 맞추고 내담자의 정동 강도의 부재를 보완하는 것은 기법적 중립성에
대한 위반이 아니다.

6. 기략 사용에 있어 치료자의 융통성

전이 주제가 치료의 초점이기는 하지만, 이것이 항상 최고의 우선순위는 아니다.
강렬한 정동이 실린 경험이 직접적인 전이 장면 밖에서 발생하는 때가 있다. 이 상
황에서 치료자는 그렇게 정동이 실린 다른 자료에 초점을 둘 수 있고 마땅히 그렇게
해야 한다.

7. 치료에서의 일반적 도전

기저하는 갈등의 행동화가 치료를 압도하고 치료과정을 이탈하거나 중단할 위협
이 발생하면 치료에 도전이 된다. 치료에서 이런 순간은 치료자를 불안하게 해서 탐
색 치료를 어렵게 만들 수도 있지만, 또한 치료작업을 진전시킬 수 있는 중요한 기

회가 되기도 한다. 도전을 다룰 때 치료자는, 실제적 수준에서 내담자 집으로 전화를 하거나 가족과 소통하는 등 더 주도적이 되거나, 기법적 수준에서 해석의 속도를 증가시키고 해석의 깊이를 더하게 된다. 위기관리는 치료 틀의 고수를 강화하거나 일시적으로 기법적 중립성에서 이탈하는 것을 포함한다.

치료 초기에 내담자의 참여, 즉 대인 간 갈등, 자기파괴적 행동, 우울과 같은 문제 영역에 대한 논의는 대체로 내담자가 이미 자각하고 있는 생각들이다. 성격병리, 특히 내적인 분열은 기본적으로 내담자가 자각하지 못하는 세계에서 내담자의 경험의 기저를 이루고 경험을 결정한다. 병리적 구조는 내담자의 주관적 현실의 구조이다. 이러한 더 깊은 수준의 장애, 심리구조의 장애는 일차적으로 내담자의 행동에서 가장 명백하게 드러나므로 행동과 치료적 상호작용에 특별히 주의할 필요가 있다. 내담자의 행동으로 인해 치료가 어긋나거나 중단될 위협이 있을 때, 더 깊이 이해할 기회와 동시에 위협도 발생한다. 왜냐하면 그것은 강렬한 정동이 치료에서 활성화되었다는 신호인데, 대개는 내담자의 내적인 분열이 혼란된 자기표상 혹은 타인표상을 의식하지 못하게 하는 효과가 덜해진 시점이라는 것이다. 대부분 그것을 치료 위기로 다루면 내담자의 내적인 세계가 관찰되고 탐색될 수 있게 될 것이다.

특히 치료 초기에 위기는 치료 틀에 대한 도전인데 이는 치료자가 치료계약에서 설정된 변형기법을 고수하는지 혹은 포기하는지를 떠보는 것이다. 치료자가 변형기법을 고수하면 일반적으로 어떤 수준에서는 컨테인의 필요를 자각하고 있는 내담자를 안심시킨다. 위기는 또한 내담자가 치료 틀에 안착한 후에도 일어날 수 있다. 또 위기가 발생할 수 있는 순간은 치료가 원시적 방어기제의 위태로운 균형을 깨뜨리거나, 내담자 생활의 혼란이 진정되어 내담자를 공허하고 세상에서 혼란스럽게 느끼게 했던 정체성 혼미를 의식적으로 경험할 때이다. 내담자는 세상에서 자기감이나 방향감이 분명치 않다는 자각을 할 때보다는 위기폭주 상태일 때 덜 불안하게 느낀다.

위기는 종종 전이에서 일어나는 감정의 상연을 나타내므로 위기가 발생하면 치료자가 고려할 첫 번째 질문은 다음과 같다. "치료 중단을 위협하는 무엇이 나와 치료에 대한 내담자의 경험에서(계약 불이행, 정신증적 퇴행 등) 지금 일어나고 있는가?"

그것은 고통스러운 자기자각을 회피하기 위해 내담자가 원하지 않는 내적표상을 너무 강하게 투사해서 치료자에 대한 내담자의 경험은 투사된 부정적 정동에 압도된 것일 것이다.

치료에서 이런 도전은 치료자에게 강한 반응(예, 불안, 좌절, 절망, 미움)을 유발하는 경향이 있기 때문에, 이런 삽화에 대한 탐색은 내담자와의 어떤 병리적 상호 상연으로 말려들어 탐색 노력이나 치료 모두를 다 포기하지 않도록 주의 깊은 관리를 요한다. 역전이에서 치료자의 행동화는 일반적으로 두 형태 중 하나를 취한다. 첫 번째는 내담자 요구에 대해 피상적으로 지지적인 반응을 하는 것인데, 그것은 치료를 보호하는 것 같아 보이지만, 상연되고 있는 이자적 대상관계를 깊이 이해할 기회를 잃게 한다. 두 번째는 피상적으로 중립적으로 구조화되었지만, 본질적으로는 내담자에게 경직되고 거부적인 반응으로 내담자의 정동에 수용적이지 않고, 치료자 편에서 무의식적으로 치료 중단을 촉발하려는 것과 관련된다. 탐색적 치료에서는 위기가 치료 틀을 압도해서 치료를 왜곡시키지 않고 틀에 대한 도전의 역동적 의미

표 7-4 치료에서 일반적 위기의 예

- 자살 및 자기파괴적 행동
- 위협이 되는 공격성과 사생활침해
- 치료 중단의 위협
- 보조적 치료에 따르지 않음
- 성적 학대 개인력과 관련된 쟁점
- 정신증 삽화
- 해리 반응
- 우울 삽화
- 응급실 방문
- 입원
- 내담자의 전화
- 치료자의 부재와 위임 관리
- 내담자의 침묵
- 신체화

를 이해하려는 노력을 지속할 필요가 있다.

치료에서 가장 흔한 위기(〈표 7-4〉)가 앞서 기략 **3**에서 논의한 주제의 우선순위 위계와 대체로 유사한 것은 당연한데, 그것은 치료의 위기가 다른 자료보다 우선하기 때문이다. 또한 가장 흔한 위기들이 치료계약 시 논의되는 영역이라는 점 역시 당연하다. 왜냐하면 계약은 개별 내담자의 특성이 나중에 치료에 위협이 될 수 있는 방식을 예측하고, 이들 잠재적 위협을 다룰 수 있는 연관성을 확립하기 위한 것이기 때문이다. 실제로 치료에 대한 구체적 위협의 가능성이 계약할 때 논의되었다면, 위기를 다루는 첫 번째 단계는 이 시점에서 내담자가 왜 계약에서 예측했던 상황을 만들고 있는지, 다시 말해 계약을 지키지 않는 것의 의미가 무엇인지를 묻는 것이다.

1) 치료 중의 자살 위협과 자살 시도 다루기

자기파괴적 행동과 자살 행동의 위협은 경계선 내담자의 치료에서 가장 중요한 문제이며, 탐색적 심리치료에서 치료자가 자기 역할을 하는 것을 가장 자주 어렵게 만드는 주제이다. 자살 사고의 의미는 다양하지만, 일반적으로 몇 가지를 생각해 볼 수 있다. 만일 자료가 치료 시작 직후에 나온 것이라면, 그것은 치료자가 계약에서 규정된 자기 역할을 고수하는지를 내담자가 시험해 보는 것일 수 있다. 많은 경계선 내담자는 탐색적 작업이라는 생각을 지적으로는 이해하고 받아들인다고 해도, 그들은 친밀함, 융합, 돌봄에 대한 강렬한 일차적 갈망에 기초해서 기능하며, 이런 갈망은 이들 욕구에 대한 두려움이나 격렬한 분노로 뒤바뀌어 나타날 수도 있다. 이 점에서 내담자는 치료자가 규정된 역할에서 벗어나 공공연히 내담자를 보살피는 역할을 떠맡는지 보기 위해, 탐색 과정에서 자신이 인정한 약조에서 벗어난 행동을 할 수 있다.

자살 사고는 또한 격노의 표현, 통제하려는 시도, 고문의 수단 혹은 고통의 신호를 나타내는 것일 수 있다. 자살 사고는 많은 의미를 가지므로 자살 사고에 대한 논의는 탐색 과정의 중요한 부분이다. 내담자가 자살에 대해 언급할 때, 치료자는 제일 먼저 자살 사고가 투약이나 입원 같은 다른 개입을 필요로 하는 주요 우울 삽화에서 나온 것인지를 밝혀야 한다. 일단 주요 우울 삽화가 없다는 것이 확실해지면, 중요한 것은 자살을 심리내적 주제이면서 동시에 대인 간 문제로 다루고 자살 시나리오에서 공격자와 희생자 역할을 이해하려고 해야 한다. 치료자는 다음 질문을 염두에 두어야 한다. 내담자의 내적 세계 혹은 외부 현실에서 누가 공격성의 표적인가? 이 시점과 이 대인관계 맥락에서, 어떤 기능이 자살 사고의 출현에 기여하는가? 마지막으로, 자살이 다면적 현상이라는 것을 알고 있지만, 어떤 경우에 자살은 비장의 무기로 대인관계 상호작용에서 특별한 역할을 한다.

경계선 내담자의 행동을 예측할 수 없다는 것은 종종 자살 위협이 예상치 못하게 나타났다가 사라질 수도 있다는 것을 의미한다. 특히 자살 위협이 만성적이어서 내담자의 생활방식의 일부가 되었을 때, 치료자는 치료 시작 전에 내담자에게 그리고 필요하다면 가족에게도 내담자에게 만성적인 자살 위험이 있으며, 이는 내담자가 사망 위험을 가진 심각한 심리라는 점을 분명히 해야 한다. 치료자는 관련된 사람들에게 이 장애를 극복하도록 내담자를 돕는 치료 노력에 기꺼이 참여하겠다는 의향을 표현해야 하지만, 자살을 막겠다는 보장을 해서는 안 된다. 치료의 한계에 대해 현실적으로 논의하는 것이 치료자에게 죄책감과/혹은 제삼자에 대한 편집적 두려움의 특징을 지닌 역전이를 유발함으로써 내담자가 치료를 통제할 가능성으로부터 치료관계를 보호하는 가장 효과적인 방법일 수 있다.

내담자가 배워야 할 중요한 것은 자살 위협을 해서 치료자를 좌지우지할 수 없다는 것이다. 즉, 이차적 이득을 제거하는 것이 중요하다. 치료자는 내담자가 죽는다면 슬픔을 느끼기는 하겠지만 책임을 질 수는 없으며, 그의 생활이 그 일로 인해 중대한 변화를 겪지는 않을 것이라는 점을 명확히 해야 한다. 내담자 치료가 실패할 수 있는 가능성을 치료자가 수용하는 것은 자살 가능성이 심각한 내담자 치료에서 중대한 요소이다. 치료자가 내담자의 죽음을 건더 낼 수 없으며 그러므로 내담자가 치료자를 통제할 수 있고, 혹은 치료자가 내담자를 살릴 수 있는 마술적 힘이 있다는 내담자의 무의식적, 의식적 환상은 탐색되고 해결되어야 한다.

모든 자살 시도나 자살은 내담자 내면에서 뿐만 아니라 주위의 대인관계 영역에서도 강렬한 공격성을 활성화한다. 자살 내담자에게 슬픔과 관심으로만 반응하는 치료자는 자신의 역공격성(counteraggression)이나 일어날 수 있는 다른 반응을 부인하고 있는 것이다. 치료자는 역전이 감정에 솔직해짐으로써, 내담자의 자살 유혹, 절망, 평화에 대한 갈망, 자기를 향한 공격성의 촉발, 중요한 타인에게 복수하는 기쁨, 죄책감에서 벗어나고 싶은 소망 그리고 자살 충동에 내재되어 있는 힘을 가졌다는 느낌으로 들뜨는 것을 공감할 수 있을 것이다. 오직 치료자의 이런 공감을 통해서만이 내담자는 치료에서 이들 문제를 드러내고 탐색하게 할 수 있게 된다.

(1) 자살 문제와 관련된 결정 과정을 위한 지침

내담자는 종종 계약조건을 완전히 준수하지 못하기 때문에, 치료자는 자살 위협을 하고 자살을 시도했던 내담자와 직면할 수밖에 없기도 하다. 자살 위협과 자살 행동을 평가하고 관리할 때 결정 과정에 대한 전반적 지침이 있다.

첫 번째 과제는 자살 사고가 무망감과 삶의 포기를 동반하는 주요 우울 삽화의 발현인지 아니면 초조성 우울증으로 불안해서 죽으려는 충동의 발현인지를 분명히 하는 것이다. 주요 우울 삽화가 있으면, 치료자는 우울증의 심각도를 평가해야 한다. 심각도는 행동과 사고가 느려지는 (그래서 집중력이 저하되는) 정도, 슬픔이 주관적 이인감과 함께 공허하고 얼어붙는 기분으로 대체되는 정도에 의해 측정될 수 있다. 더구나 (섭식과 수면 패턴, 체중, 소화 기능, 우울 정동의 일일 리듬, 월경 패턴, 성적 욕구 및 근육상태에 반영되는) 우울증의 생물학적 증상 유무는 우울증의 심각도에 관한 중대한 정보를 제공한다. 일반적으로 자살 사고와 자살 의도를 동반하는 임상적 우울증이 심할수록 더 급성적 위험이 된다. 투약과/혹은 입원이 필요할 수 있다. 심한 우울 상태에 있는 내담자들은 자살 충동대로 행동하려는 욕구를 조절하는 능력에서 각기 다르다. 이 질문에 대한 치료자의 판단은 내담자와의 관계 특성과 충동적, 반사회적, 부정직한, 편집적, 분열적-냉담한 혹은 정신증적 측면 때문에 내담자의 언어적 약속을 신뢰하기 어려운지의 여부에 기초를 두고 있다. 더욱이 내담자의 알코올 및 약물 관련 과거력은 그 약속을 믿을 수 있는지 판단하는 데에 매우 중요할 것이다.

치료자와의 라포를 상실하고, 너무 우울해서 소통할 수 없거나 자살할 준비를 시작한 내담자는 보호되어야 한다. 주요 우울증의 경우, 치료자는 성격적인 자살 충동 내담자에 대한 자세와는 다른 주도적인 자세를 취해야 한다. 치료자는 내담자에게 입원을 권하고 내담자 상태를 모니터링하는 데에 가족이 개입하도록 권고할 수 있다. 내담자는 자신의 단서들에 치료자가 주의 깊은 태도를 보이면 안도할 수 있다. 이로 인해 내담자가 치료자를 처벌적, 대립적이지 않고 오히려 도움을 주는 존재로 경험하는 능력이 증가되면서 자살 충동의 위험이 줄어들 수 있다.

만일 자살 사고가 주요 정동장애 삽화의 한 기능이 아니라면, 치료자의 다음 과제는 자살 의도의 유무를 확인하는 것이다. 만약 자살 사고가 자살 의도와 연결된 것으로 보인다면, 치료자는 내담자에게 응급상황일 때 도움이 필요하다는 것을 받아들일 책임이 있음을 상기시킨다(119에 전화하거나 가족 구성원의 동원, 응급실 방문 등). 만일 자살 사고에 현재의 의도가 포함되지 않았으면, 치료자는 자료를 계속 탐색해야 한다. 여기에는 자살 관련 자료에 대한 내담자의 연상을 경청하는 것과, 특히 전이에서 바로 이 순간에 무엇이 일어나고 있는지를 성찰함으로써 자살 사고의 출현을 이해하는 데에 도움을 얻을 수 있고, 그리고 이 시점에서 자살 사고를 어떻게 이해해야 하는지, 즉 그런 사고가 간접적으로 전달하고 있는 것은 무엇인지 혹은 방어하고 있는 것은 무엇인지 성찰하는 것이 포함된다. 탐색을 해 보면 자살 제스처가 타인에게 불안과 죄책감을 유발해서 환경에 대한 통제력을 확립 혹은 재확립하려는 시도라는 것이 흔히 드러난다. 치료가 진행되면서 치료자는 이 역동에 관여되게 마련이다. 따라서 임상적 우울이 없을 때 자살에 대한 언급이나 위협이 있으면 종종 전이 문제에 주의를 돌리게 된다. 치료 구조를 강화하려는 적극적인 조처는 치료자가 더 편안하게 느낄 수 있고 그래서 자살 내담자에 의해 유발된 강한 감정에 더 잘 대처할 수 있도록 한다. 이상화하는 내담자가 전능한 역전이 반응을 유발할 때처럼, 합당한 한계를 넘도록 압력을 받은 치료자는 결국 자기 방어로서 정서적으로 철수한다. 예를 들면, 사례를 의뢰할 생각을 하기 시작한다. 이 행동은 치료자의 자원이 고갈되기 전에 구조를 단호하게 설정하는 것보다 훨씬 더 치료에 해가 되는 행위이다.

5장에서 논의한 바와 같이 자살 충동을 통제하지 못하는 내담자는 응급실에 갈 의무가 있다. 응급실 의사가 입원을 권유했는데 내담자가 그 권유를 따르지 않으려 한다면, 치료자는 내담자와 그 가족에게 자신이 내담자를 더 책임질 수 없다는 것을 분명히 해야 한다. 왜냐하면 그렇게 하는 것은 현재 상황에 적절하지 않은 치료 수준으로 내담자가 되돌아가는 것을 받아들인다는 의미가 될 것이기 때문이다. 이 점은 응급실 의사에게도 또한 분명히 해야 하는데, 이는 내담자를 치료하지 않은 채 두지 않고, 필요하다고 생각된다면 강제로 입원시키거나 또는 적절한 병원이나 치료자에게 의뢰하기 위해서이다. 내담자가 치료의 변형기법 안에서 작업하기를 거부하자 바로 내담자를 치료자에게 의뢰하는 것이 비논리적인 듯하다. 그러나 많은 내담자에게 치료의 변형기법을 고수하는 치료자에 대한 경험은, 치료를 중단하는 경우에서조차도 자신의 전능 통제에 대한 강력한 직면이 된다. 치료자가 이렇게 행동하면, 그것은 처음으로 누군가가 내담자에게 굴복하지 않았으며 치료자가 의미하는 것은 깊은 수준에서는 안심할 수 있는 말이라는 사실에 내담자는 눈뜨게 된다. 이런 경험을 하고 나면, 내담자는 치료의 변형기법 안에서 보다 기꺼이 치료작업에 진지하게 참여할 것이다.

2) 타인에 대한 위협

다른 사람에 대한 내담자의 위협은 그렇게 흔히 일어나는 것은 아니다. 그러한 위협이 치료자나 치료 외부의 사람에게 향하면 위험에 처한 제삼자에게 알릴 것인지에 대해 치료자는 결정해야 할 때가 있다. 잠재적 위협의 문제가 평가와 계약 시기에 나타나면 치료자는 먼저 법적인 의미를 설명하고 치료자의 판단에 따라 위험해질 수 있는 외부인에게 이를 고지한다. 그런 다음 치료자는 만일의 사태가 치료와 내담자의 다른 생활에 해가 될지에 대해 내담자와 논의한다. 즉, 위협이 생기면 이해하기 위해서 치료자와 내담자가 서로 노력하는 것에 집중할 수 없게 될 것이기 때문이다. 치료자의 안전이 의문시되면 치료자는 중립적 관찰의 자세를 유지할 수 없는 것이 자명하다. 위협은 신체, 명성, 가족, 재산에 대한 위협을 포함하고 또한 타인에 의해서나 혹은 타인을 통해서 소통되는 위협도 포함된다. 치료자가 자기 자신에 대해 근심과 관심을 표현하는 것은 대체로 자존감 문제가 있고, 치료자와의 동일시가 치료적 과정의 일부인 내담자에게 좋은 역할 모델링이 되어 줄 수 있을 것이다. 중요한 것은 치료자에 대한 환상을 자세하게 설명하면서 치료를 완벽하게 잘 사용하는 내담자와 살해에 대한 생각을 직접 표현하는 내담자를 구별하는 것이다.

3) 위협적 공격성과 침투

경계선 내담자는 타인보다는 자신에게 더 자주 직접적이고 명백한 공격성을 보이지만, 치료자는 빈번히 중간 범위의 경계선 내담자의 다소 감추어진 공격성의 표적이 되거나, 악성 나르시시즘에서부터 반사회성에 이르는 범위에 속한 내담자들의 직접적인 위협의 표적이 된다. 우선, 내담자가 자신에 대한 공격성이 또한 치료자에 대한 공격성이라는 것을 알고 있는 정도는 다양하다. 이것은 내담자에 대한 치료자의 인간적 관심 때문이고, 치료결과에 대한 치료자의 관여 때문이며, 잘못된 치료에 대한 소송의 두려움 때문이다. 이 장의 앞에서 자기에 대한 위협을 포함한 치료 위기의 관리에 대해 논의하였다. 우리는 자기에 대한 이런 위협에 함축된 치료자에 대한 암묵적 위협과 관련한 몇 가지 생각을 덧붙이겠다.

심한 자기파괴적 행동의 과거력이 있는 내담자의 치료를 시작할 때, 내담자가 치료자도 공격하는 식으로 자해나 자살을 할 수 있다는 것을 치료자는 직접 언급해야 한다. 치료자는 이 가능성을 매우 심각하게 여기며 내담자가 삶에서 이 입장을 넘어서는 데 도움이 되는 치료를 제안하고 있고 또한 내담자가 자해하거나 자살하면 치료자는 유감스럽겠지만, 치료자의 삶은 전처럼 계속될 것이라는 점을 분명히 해야 한다. 치료자가 내담자의 죽음이라는 만일의 사태에 대처할 수 없다고 느낀다면, 슈퍼비전을 받거나 치료자 자신이 치료나 분석을 받는 것이 극히 중요하다. 계속해서 내담자가 죽을 가능성을 받아들일 수 없다고 치료자가 느낀다면 심한 경계선 내담자를 치료하지 말아야 한다. 이런 가능성을 받아들일 수 없는 치료자가 그런 내담자를 치료하기 시작하면, 내담자는 치료자의 두려움을 감지하고 분열되어 나간 공격적인 부분의 통합에 맞서 방어하면서 치료를 통제할 수 있다. 또한 자살에 관심을 가지는 치료자를 괴롭히면서 자신의 공격성을 행동화하거나 탐닉할 수도 있다. 중요하게 강조되어야 할 것은 내담자가 자살할 수 있다는 것을 받아들이면 치료자는 더 효과적으로 작업할 수 있게 되고 그러면 자살 가능성도 줄어들 것이라는 점이다.

생명을 위협하는 병리가 있는 사례에서 내담자의 자살 가능성에 대한 치료자의 불안을 감소시킬 수 있는 한 가지 방법은 계약의 일부로 내담자 및 그의 가족과의 만남을 마련하는 것이다. 가족 만남은 계약과정의 연장이며 치료와 치료자에 대한 가족의 이해와 기대를 다룬다. 내담자가 어리거나 부모에게 지속적으로 의존적인 경우(예, 재정적으로 혹은 정서적으로 연결된 주된 대상으로서) 내담자 부모와 만나고, 필요하다면 내담자의 배우자나 파트너를 포함시킨다. 때로 가족 구성원은 내담자가 치료에 참가하기만 하면 자동적으로 '치유'되거나 적어도 위험에서 벗어날 것이라고 가정한다. 치료에 대한 이러한 이상화는 내담자 병리의 심각성에 대한 부인을 나타낼 수 있고, 만일 마술적인 기대가 충족되지 않으면 치료자에 대한 분노에 찬 공격으로 금새 바뀔 수 있다. 치료자가 가족들에게 내담자 병리가 매우 심각하다는 것과, 치료로 실제 변화 가능성이 있지만 좋은 성과를 보장하거나 자살 가능성을 완벽히 없앨 수는 없다는 것을 설명하는 것이 중요하다. 만일 가족들이 이러한 현실을 받아들일 수 있으면, 치료자에게 내담자의 자기파괴성을 통한 공격의 위험이 감소될 것이다. 그리고 내담자는 자살하게 하는 동기가 약화되어 더 안전해진다. 만일 가족이 이러한 입장을 받아들일 수 없다면, 그들이 찾는 보장을 제공해 줄 수 있다고 느끼는 누군가에게 치료받는 것이 대개는 더 나을 것이다.

치료자를 공격하는 또 다른 방법은 공동체에서 치료자의 명성을 손상시키는 것이다. 그런 행동을 자각하게 된 치료자는 그 행동을 하게 된 동기를 다루어야 하는데, 그것은 대개 내담자의 시기심이 발현된 것이다. 이것에 대한 임상적 예는 Kernberg(1984) 연구의 사례사에 제시된다. 이 행동은 대개 치료자의 안녕을 위협하는 데까지 가지는 않기 때문에, 치료 중단을 고려하지 않고 치료 맥락 속에서 정상적으로 다루어진다. 또한 내담자는 간접적 수단을 통해 치료자의 안녕이 위험하게 되는 상황을 만들 수도 있다. 내담자는 중요한 타인(예, 남자친구)에게 치료자에

대한 부정적 반응을 유발해 그 사람이 치료자에게 위협이 되게 할 수 있다는 것은
알려져 있는 바이다. 치료자는 그런 상황에서 내담자를 치료할 수 없다는 점과 치료
를 지속하기 위해서는 위협이 중단되어야 한다는 점을 분명히 해야 한다.

4) 치료 중단의 위협

치료의 조기 중단 비율은 전통적으로 경계선 집단에서 매우 높다(Yeomans et al.,
1994). 경계선 인성장애 내담자를 위해 특정하게 설계된 치료 사용의 증가가 중단율

표 7-5 내담자의 치료 중단 충동에 기여할 수 있는 요인

부정적 전이
- 내담자는 미워하는 내적 표상을 치료자에게 '맡겨 놓고', 자신은 치료를 그만둠으로써 이 표
  상으로부터 분리하려고 한다.
- 내담자는 자신이 열망하는 이상적인 보살핌을 치료자가 제공하지 않는다고 하면서 치료자
  를 무신경하고 박해적이기조차 하다고 지각하고 치료자에 대한 항의로 치료를 그만두겠다
  고 위협한다.

자기애적 문제
- 내담자는 치료자와의 관계에서 경쟁심과 시기심을 경험하고, 그를 돕는 치료자의 역량 때
  문에 우월하다고 느끼는 치료자에게 굴욕감을 경험하며, 그래서 이런 감정으로부터 도망치
  고 치료자를 '패배'시키기 위해 치료를 그만둔다.
- 내담자는 치료자의 다른 내담자들과 다른 관심사에 대해 질투를 경험한다.

애착과 의존 주제
- 내담자는 보이지 않을 수도 있는 긍정적인 전이에서 생긴 애착 감정 때문에 불안해지고 의
  존과 관련된 불안을 피하기 위해 치료를 그만둔다.

치료자에게 상처 주는 것에 대한 두려움/치료자를 보호하려는 소망
- 내담자는 자신의 강렬한 공격적이거나 애정적인 정동을 치료자나 다른 사람이 견디기에는
  너무 크다고 느껴서, 이것이 나타나기 전에 떠나기로 결정한다. 내담자는 또한 가학적이거
  나 리비도적인 감정에 대해 좀 더 경미한 형태의 죄책감이나 수치심을 경험할 수 있다.

**내담자의 변화가 가족 체계의 평형상태를 위협하는 것으로 지각될 때 치료를 그만두라는 가족의 압력을
느낌**

감소에 도움이 되었지만, 치료 중단은 탐색에 대한 저항을 포함해서 다양한 이유로 계속 쟁점이 되고 있다. 이 현상은 치료 초기에 가장 흔하지만, 중단 위협은 중기에서도 일어난다. 중단하겠다는 말과 행동은 전이초점 심리치료자에게 위기를 유발할 수 있다. 이때 치료자는 더 즉각적인 만족을 주는 치료를 하면 내담자가 치료에 계속 오게 할 수 있을지 모른다고 생각한다. 서로 다른 요인들이 중단 위협에 기여할 수 있지만(〈표 7-5〉 참조), 그리고 그 요인들을 가능한 최대한 탐색해야 하겠지만, 여기에서는 이런 유형의 위기를 다루는 것에 논의의 초점을 두었다.

중단 위협은 치료자의 적극성을 요구하는데, 이것은 분석적으로 훈련받은 많은 치료자에게 놀랍게 느껴진다. 예를 들어, 분석적으로 훈련받은 치료자라면, 내담자가 한 회기를 빠졌을 때 다음 회기에 오는지 기다리는 것으로 개입했을 것이다. 전이초점 심리치료자는 치료가 위기에 처했을 때, 실제적인 개입에서 그리고 해석의 시기와 깊이에서 더욱 적극적인 역할을 한다. 때로 치료자는 관찰하는 자아로 기능해야 하는데, 왜냐하면 내담자가 어느 기간 동안은 이러한 역량을 완전히 잃어버릴 수 있기 때문이다. 이 상황에서 치료자는 중립적 입장을 일시적으로 포기할 필요가 있다. 치료자가 더 능동적인 역할을 할 때, 치료자의 개입은 투사로 인해 치료자를 잘 봐야 무관심하거나 냉담하고 가장 나쁘게는 착취하거나 악의적이라고 보는 내담자의 확신에 따른 실행을 직면시킬 수 있다.

〈사례〉

한 내담자가 강한 편집적 전이를 보이면서 치료를 시작하였다. 그것은 치료자가 자신에 대해 진정한 관심이 없으며 치료자 개인의 이득을 위해 그녀를 이용하는 데에만 관심이 있다는 것이다. 다음해 초에 치료자는 상담료를 10달러 인상했다. 그는 내담자에게 이 인상을 알렸고, 자신의 모든 내담자들에게 그랬듯이 만일 내담자가 그 비용을 지불할 여유가 없다면 적용하지 않겠다는 말을 덧붙였다. 내담자는 격노하였는데, 그녀는 분노하면서 이겼다는 듯이 이것이 바로 내담자에 대한 치료자의 유일한 관심이 내담자를 이용하는 것이라는 자신의 확신에 대한 증거라고 주장하였다. 내담자는 상담료를 올리는 것이 내담자의 지불능력에 달려 있다고 하는 것은 의미 없다고 일축해 버렸다.

　치료자는 다른 사람에 대한 내담자의 의심을 탐색하려는 계속적인 노력으로 내담자 반응을 논의하고자 하였다. 내담자는 치료자가 그녀의 반응을 예상할 수 있었을 것이기 때문에 만일 그녀를 걱정했다면 그녀를 예외로 했어야 했다며 화를 내면서 소리를 질렀다. 치료자는 이 지점에 이의를 제기하면서, 치료자가 그녀를 예외로 하지 않은 것은 바로 그녀를 예외로 하지 않으려는 마음을 썼기 때문이라고 설명하였다. 내담자를 예외로 해 주는 것은 그녀의 병리에 굴복하는 것이 될 것이다. 치료에서 그렇게 해 줄 수는 있지만, 타인에 대한 그녀의 뿌리 깊은 의심 때문에 세상 전체가 그녀를 다른 사람과는 다르게 대할 것이라고 기대하는 것은 현실적이지 않았다. 치료자는 자신의 일이 내담자가 더 잘 기능할 수 있고 생활에서 더 많은 만족을 얻을 수 있도록 도우려는 노력이라고 보았다. 그리고 치료자는 자신이 내담자와 공모해서 그녀의 병리를 직면시키지 않고 그것을 다루지 않는다면 어떻게 이 일을 해낼 수 있을지 알 수가 없었다.

　내담자는 치료자가 돌이킬 수 없는 잘못을 저질렀기 때문에 그들이 함께 작업하는 것이 불가능해졌다고 말하면서, 그 회기가 끝나기 5분 전에 방을 뛰쳐나갔다. 다음 날 내담자는 치료자에게 독설에 찬 전화 메시지를 남겼는데, 만일 치료자가 아직 이해하지 못했다면 그녀는 치료를 그만둘 것이고 결코 다시 돌아오지 않을 것이라는 내용이었다. 치료자는 내담자 집으로 전화를 했다. 그녀는 치료자의 전화에 매우 놀라워했다. 치료자는 자신이 전화한 이유가 상황이 매우 심각하다고 보았기 때문이라고 설명했다. 그리고 오직 그녀만이 어떻게 할지를 결정할 수 있지만 당장 치료를 그만두는 것이 비극적인 실수가 될 거라고 치료자는 생각한다고 설명하였다. 왜냐하면 내담자는 자신의 가장 심각한 주제들 중 하나인, 즉 세상은 단지 자기를 이용하기만 한다는 믿음의 한가운데에 있기 때문이라고 하였다. 이 주제는 지금 바로 그들 앞에 있고, 선택은 이 확신을 의심 없이 계속 그대로 둘 것인지 아니면 그것에 대해 작업할 것인지 둘 중의 하나였다. 내담자는 고통스러워하고 혼란스러워하였다. 내담자는 치료자가 '다른 모든 사람과 마찬가지라고' 생각했지만, 치료자가 왜 전화를 걸었는지 그리고 자기를 걱정하는 것처럼 보이는지 이해할 수가 없었다. 그녀는 다음 회기에 오겠다고 하였다. 다음 시간에 내담자는 치료자가 전화를 하지 않았다면 결코 치료에 돌아오지 않았을 것이라고 했다. 치료자의 전화가 내담자의 확신에 의문을 갖게 한 것이다. 더 기법적으로 보면, 치료자의 전화는 내담자가 치료자에게 타인을 이용한다고 투사한 것을 직면시키는 외적 현실 요소를 제공하였다(물론 내담자는 이용하는 역할을 재연할 수 있었다). 치료자가 전화를 하지 않았다면 그 투사는 그대로 남아 있었을 것이고, 내담자는 부패한 치료에서 도망친다고 확신하면서 편안해하였을 것이다.

내담자가 중단 위협을 할 때, 많은 치료자가 잊기 쉬운 요인은 표면에서 활성화된 부정적인 이자적 대상관계는 일반적으로 사랑과 양육에 대한 소망에 기초한 더 깊은 이자적 대상관계를 방어하고 있다는 점이다. 이것이 강하고 격렬한 부정적 전이라는 동전의 반대편이라는 것을 기억한다면, 치료자는 위기 동안에도 내담자를 안심시켜 줄 수 있는 방식으로 차분하고, 일관되며, 가용한 상태를 유지할 수 있게 된다.

5) 보조적 치료에 따르지 않음

치료 틀은 12단계 모임에 참가하는 것이나 영양사의 감독을 받는 것과 같은 보조적 치료 형태를 포함할 수 있다. 이런 치료에 응하지 않는 내담자는 종종 불응이 치료자에게 즉각 보고되지 않기 때문에 발생하는 소통의 정직성에 대한 문제를 보인다. 이때 치료자는 내담자의 소통의 질, 그리고 불응의 의미와 결과를 함께 탐색해야 한다. 불응은 많은 문제를 나타낼 수 있다. 그것은 치료자와 내담자가 설정한 변형 기법에 치료자가 충분히 주의를 기울이고 관심을 가지고 있는지 시험하는 것일 수 있다. 그것은 내담자가 치료자를 통제할 수 있는지를 보려고 도전하는 것일 수도 있는데, 이것은 표면적으로는 내담자가 원하는 것이지만 더 깊은 수준에서는 종종 고통의 근원이다. 또한 탐색 과정이 내담자 안에 있는 불안을 휘저어 놓기 때문에 저항이 일어나서 치료를 공격하는 것일 수 있다.

6) 경계선 인성조직과 성적 학대 개인력이 있는 내담자의 치료

경계선 인성조직, 좀 더 좁게는 경계선 인성장애의 병인론은 여러 측면을 포함하며, 성인기 상태에 이르기까지 많은 발달 경로가 있다. 어린 시절의 성적, 신체적 학대가 성인 인성병리에 이르는 발달 경로에서 정확히 어떤 역할을 하는지는 분명치 않다. 그러나 최근 연구에서 나타난 분명한 사실은 경계선 내담자의 하위집단에서 그런 학대가 있었다는 것이다. 신체적, 성적 학대를 경험한 경계선 인성장애 내담자의 비율은 표집에 따라 26~71%(Perry & Herman, 1993)에서 심지어 91%까지(Zanarini et al., 1997) 상당한 차이를 보였다. 그러나 학대 경험이 있는 개인의 15~20%만이 정신의학적 장애(Paris, 1994)를 보인다고 보고되기도 한다. 경계선 인성장애의 병인론에 있어 학대의 역할에 대한 논쟁에서 이 결과를 고려하는 것이 중요하다. 성적, 신체적 학대는 학대의 가해자, 학대 기간, 성과 공격성의 결합 등이 개별 사례마다 모두 특수하기 때문에 다양한 경험을 포함한다. Paris(1994)의 자료에 의하면, 비록 경계선 인성장애 내담자에게서 아동기 성적 학대의 전체 비율이 많은 연구에서 대략 70% 정도지만, 이들 연구의 대부분은 학대의 심각성 수준을 주의 깊게 고려하지 않았다. 그의 연구에서 심각성 차원을 탐색한 결과, 학대받은 경계선 피험자의 30%가 삽입을 동반한 심한 아동기 성적 학대를 경험한 것으로 나타났다(Paris, 1994).

사례마다 객관적 사건이 다를 뿐 아니라, 각 개인은 이런 어린 시절의 경험을 자신의 인지와 정동으로 내재화한다. 아동기의 외상 경험은 인성병리의 전조이자 원인이므로, 그것은 내담자의 현재 인성조직이라는 렌즈를 통해 해석된다. 그러므로 치료과정에서 이 경험의 통합도 내담자의 인성조직 수준을 통해서 일어날 것이다. 경계선 인성조직 내담자와 신경증적 인성조직 내담자는 치료 동안 어린 시절의 외상을 여러 가지 방식으로 경험하고 재현할 것이다. 경계선 인성조직 내담자는 양극화된 방식으로 희생자와 가해자의 역할을 나타내기 쉽다.

과거의 성적, 신체적 학대는 지금 여기의 전이에서 여러 가지 방식으로 나타난다. 학대의 과거력이 있는 경계선 인성장애 내담자의 치료에서 중요한 것은 어린 시절의 경험이 다른 중요한 어린 시절 경험처럼 기억되고 성인의 인성구조로 통합되는 방식이다. Fonagy와 동료들(1996)은 성인애착면접에서 경계선 인성이 상실이나 외상 해결의 부재와 관련되어 있음을 발견하였다. 해결되지 않은 어린 시절의 경험은 전이로 들어와 내담자가 자신을 치료자의 손아귀에 있는 희생자로 체험하거나 아니면 반대로 치료자를 공격하여 희생시키는 상황으로 나타날 수 있다.

여기서 논의되어야 할 문제는 경계선 인성조직 내담자의 치료에 초점이 맞추어져 있는데, 이들 중 일부는 과거에 학대를 받았다는 것이 분명하고 일부는 그랬으리라고 암시된다. 초기의 성적, 신체적 학대 때문에 성성(sexuality)이 위축되거나 심지어 아예 상실되어 버린 내담자와, 초기에 공격적인 성학대를 체험하여 성인기 성에서 종종 두드러진 가학피학적 양상과 함께 문란함이 나타나는 내담자로 구분될 수 있다.

성적 학대로 인해 병리적으로 된 경계선 인성조직 내담자의 경우, 다음과 같은 치료적 함의와 지침이 적용된다.

1. 학대는 전이에서 활성화될 것이다. 이전에 가학피학적 관계[2]를 했던 내담자의 경우, 내담자는 희생자와 가해자 모두를 동일시하며 이 체험은 전이에서 교대로 나타날 것이다. 어느 특정 시기에 내담자는 자신을 희생자로 느끼고 치료자를 공격자로 느낄 것이다. 번갈아 가며, 내담자는 치료자를 이상화하고 다른 사람을 공격자로 여기며 치료자를 구원자로 본다. 그러나 다른 때에 내담자는 공격자로 행동하며 종종 치료자를 포함하여 다른 사람을 희생자로 만들 것이다.

2. 치료자의 과제는 내담자가 희생자와 가해자 모두를 동일시한다는 것을 드러내게 하는 것이다. 내담자 자신이 점차 희생자와 가해자 모두 동일시한다는 것을 견뎌 낼 수 있게 되면, 내담자는 분열되어서 의식화되지 않았을 때 자신을 압도했던 공격적 충동에 대한 지배력을 얻게 될 것이다. 이러한 발달은 성

---

2) 여기에서 가학피학적 관계라는 것은 넓은 의미에서 만족에 심리적 또는 정서적 고통이 결합되어 있는 것을 포함하고, 신체적 고통과 관련해서 쾌를 느끼는 데에 한정되지 않는다.

과 가학피학적 공격성으로 얽힌 것의 해결을 촉진할 것이며, 이로 인해 내담자는 성적으로 만족할 수 있게 되고 성학대 경험을 깊이 있게 탐색할 수 있게 된다(예, 난폭한 파괴의 느낌, 이상화된 부모의 파괴, 부모의 성적 대상이 되는 승리감의 가능성, 이런 감정에 대한 죄책감). 결국 공포, 혐오, 흥분, 승리감이라는 전 범위에 걸친 감정이 성인의 성에 통합될 수 있다.

만일 내담자가 회기 중에 해리 상태로 들어가는 것처럼 보인다면, 치료자는 기본적인 기초 기법(basic grounding technique)을 사용하여 내담자가 대화에 다시 참여하도록 할 수 있다. 학대의 희생자 편에서 과거를 받아들이는 것에는 불안, 고통, 공포뿐 아니라 신체 경계에 대한 고통스러운 신체적 또는 성적 침범에서 비롯된 분노와 미움을 인식하는 것도 포함된다. 더 깊은 수준에는 부모 인물의 가학적이고 부정직한 행동에 의해 초기의 초자아 구조가 타락하는 위협적인 영향이 있다. 과거를 받아들이게 된다는 것은 또한 과거 외상 경험이 시간이 가도 반복된다는 것을 인식하는 것뿐 아니라 그 외상 경험의 일부일 수도 있는 성적, 가학적 만족도 인식하는 것이다. 과거 외상 경험에 고착되는 것은 치료에서 나타나는 반복강박(Freud, 1920/1958)처럼 많은 기능을 하며, 다음과 같은 기능은 체계적으로 탐색될 필요가 있다. 피학적 경향의 경우 박해 대상 뒤에 있는 이상적 대상을 끝없이 추구하는가? 폭력적으로 파괴해서 미움의 대상에게 복수하고 싶은 욕구가 있는가? 외상적이고 고통스러운 경험을 성적으로 흥분되는 경험으로 변형시키고자 하는가? 그리고 복수를 위해 성적 만족을 이용하는가? 전능하고, 원시적이고, 끝없이 사랑과 만족을 주는 사람으로 치료자와 융합하고 싶은 충동이 있는가?

7) 정신증 삽화

전이와 관련된 정신증적 경험을 논의하기 전에, 경계선 인성조직 내담자는 투약 없이 치료될 수 있지만, 정신증적 왜곡의 경향이 있는 내담자는 더 나은 현실과의 접촉을 유지하기 위해 저용량의 신경안정제가 도움이 될 것이라는 점을 강조하고 싶다.

(1) 전이에서의 급성 정신증적 경험

전이 정신증은 정신증이 전이관계를 넘어 외부로 확장되고 이차적 망상과 환각을 포함한다는 점에서 전이에서의 단순한 편집적 퇴행과는 다르다. 이 현상은 전이에서 시작하지만 다음에는 내담자 생활의 다른 면으로 확장되어 영향을 미친다. 이 현상은 전이 문제가 회기에서 논의되지 않으면 더 발생하기 싶다. 양극성 장애와 같은 공존병리가 없는 경계선 내담자의 경우 치료과정에 일어나는 정신증 삽화는 일반적으로 전이와 관련된다.

〈사례〉

낮은 수준의 경계선 인성장애 내담자가 치료자와의 관계에서 초기의 긴 공포와 불신의 시기를 거친 후에 치료자에 대한 리비도적 동경을 경험하기 시작했다. 그 시점에서 내담자는 치료자가 믿지 않을 것이라는 것을 알지만 그게 사실이라고 느낀다고 말하면서 회기를 시작했다. 그녀는 어젯밤에 악마가 그녀의 방에 나타났는데 꿈이나 환상에서가 아니라 실제 악마였다고 말했다. 치료자는 내담자가 정신증 삽화에 들어가고 있다고 여겨져서 관심을 가졌다. 치료자가 내담자의 경험을 탐색하자 내담자는 경험의 일부를 빠뜨렸다고 말했다. 그것은 악마가 치료자였다는 것이다. 그 경험은 전이 탐색과 치료자에 대한 편집적 공포로의 강렬한 퇴행에 대한 논의로 연결되었다. 친밀감의 출현은 애착에 대한 그의 불안을 활성화했고, 그가 그녀를 속여서 그와 함께 있으면 편안하게 느끼게 만들어서 그가 그녀를 더 심하게 상처 줄 수 있게 한다는 생각을 불러일으켰다. 이 경험과 관련된 내적인 대상에 대한 논의는 정신증적 '현실'로 보이는 것에서 탐색 가능한 환상 자료로 이동하는 데 도움이 되었다.

전이 정신증은 더 일반적인 정신증적 경험과 구별되어야 한다. 상황을 검토해서 전이를 작업하고 해결하면서 전이 안에 그것을 둘 가능성을 판단해야 한다. 그렇지 않으면, 치료자는 자문을 구하고 약을 처방하거나 입원 권유를 고려해야 한다.

(2) 약물로 인한 정신증

신체적 지각, 심리적 상태 혹은 외부 자극에 대한 예민성에 영향을 주는 다양한 물질은 일부 경계선 내담자에게 정신증적 경험을 유발할 수 있다. 약물로 유도된 정신증적 경험에는 이인화와 현실감 상실의 느낌, 환시나 환청 그리고 편집적 망상이 포함된다. 약물로 인한 정신증의 관리는 내담자의 현재 약물 사용에 관한 정확한 자료를 수집하는 것부터 시작한다. 남용 물질과 처방 약물 외에, 처방전 없는 (특히 항콜린성 약물 효과를 내는) 조제 약물도 고려해야 한다. 물질남용이 외래치료에서 통제될 수 없으면 단기 입원이 필요할 수 있다.

8) 해리 반응

이상화된 관계와 박해하는 관계의 심각한 분열을 나타내는 표현이 해리 반응을 보이는 내담자에게서 관찰될 수 있다. 해리 반응은 내적으로 철수하는 것처럼 보이고, 치료자를 포함하는 외부 자극에 더 이상 반응하지 않는 것처럼 보이는 형태로 나타난다. 그런 경우에 치료자는 기본적인 기초 기법을 사용할 수 있으며, 내담자 속에서 어느 정도의 관찰 자아가 여전히 활동하고 있다는 가정을 내담자에게 계속 전달해야 한다. 해리 반응은 또한 논쟁이 되고 있는 다중인격 증후군(DSM-5의 해리성 정체성 장애)의 형태로 나타날 수도 있다(American Psychiatric Association, 2013). 이런 문제가 있는 사례에 대한 관리는 9장에 제시되어 있다. 해리 상태에서 활성화된 대상관계 특성에 대한 치료자의 해석과 그러한 대상관계가 전이에서 대안적 대상관계로부터 분열되어 방어적 기능을 한다는 해석은 대상관계의 점진적인 정교화와 단순화를 촉진한다. 이때 주요 위험은 이러한 사건에 처음으로 대면했을 때 치료자가 느끼는 불안과 혼란이며, 전이에서 분열된 대상관계 대신 '다른 사람'을 대하게 되는 해리 상태에 의해 도발된 유혹이다.

9) 우울 삽화

우울을 호소하는 내담자에 대한 평가는 '7. 1) 치료 중의 자살 위협과 자살 시도 다루기'에서 논의되었다.

10) 응급실 방문

내담자가 자기파괴적 충동에 대한 자신의 통제 능력을 확신할 수 없을 때에 응급실에 가는 것이 적절할 수 있다. 응급실에서 한 평가는 상황을 명료화하는 데에 도움이 될 수 있다. 충동대로 행동화하지 않고 도움을 청했다는 사실은 그 자체로 긍정적 변화의 신호일 수 있다. 우리는 경험을 통해 많은 내담자가 치료 시작 후에 자기파괴적 충동대로 행동할 것에 대한 걱정 때문에 응급실에 갔다가 한두 번의 단기 입원을 하는 어떤 단계를 거치는 것을 보았다. 이것은 자기파괴적으로 행동화한 다음에 입원하는 초기의 패턴과는 다르다. 대부분의 경우에 응급실 방문과 입원이라는 두 현상은 이런 행동이 치료자가 자신의 생활에 더 관여하게 되는 이차적 이득을 얻게 해 주지 못할 것이라는 것을 내담자가 충분히 깨달은 후에 멈추었다.

그럼에도 불구하고, 응급실 방문은 치료자에게 딜레마이다. 이것은 종종 응급실 근무자들이 외래 치료자가 그 내담자에 대해 전적인 책임이 있다고 생각하기 때문이다. 이런 일이 일어나면, 치료자는 응급실 근무자에게 자신이 응급상황에서 책임을 맡는 것은 내담자에게 이차적 이득을 제공하는 것이 될 수 있고 따라서 역효과를 낼 수 있음을 설명할 수 있다. 치료자는 내담자에 대해 깊이 알고 있지만 내담자가 당면한 상황에 관한 정보를 가지고 있는 사람은 응급실 의사이다. 따라서 치료자가 응급실 의사에게 정보를 주지만, 내담자가 입원해야 되는지는 응급실 의사가 결정한다. 치료자가 응급실 의사에게 제공하는 가장 타당한 정보는 내담자가 치료에 관여하고 개입하는 능력의 수준, 급성 스트레스인의 존재 여부, 물질남용 위험, 반사회적 양상 여부이다. 응급실 방문은 대개 이렇게 대처하면 차차 줄어든다.

11) 입원

입원 자체가 반드시 치료의 위기를 나타내는 것은 아니다. 자기파괴적 행동의 위험에서 그것을 행동에 옮기기 전에 병원의 보호를 요청하는 내담자는 적절한 판단과 자기 상태의 호전을 보여 주는 것일 수 있다. 그런 경우 치료자의 역할은 무엇이 급성의 위기감을 유발하였는지 이해하기 위해 내담자와 작업하는 것이다. 입원은 또한 주요 우울증 삽화나 정신증적 퇴행(비록 이것은 종종 치료 맥락에서 다루어질 수 있지만)에 대한 적절한 개입일 수 있다.

상황에 따라 치료자는 병동에서 내담자와 한 번 혹은 필요하다면 그 이상의 회기를 가질 수 있다. 이때 치료자는 내담자가 강하게 방어하는 주제(8장 '치료 초기'에 논의된 사례에서 공격적인 부분을 자각하지 않으려는 Amy의 방어와 같은)를 다루면서 호전될 수 있다. 그러나 이 단기입원 기간 동안 어떤 경우에는 치료자와 내담자 사이의 유일한 접촉이 전화를 통해서만 가능할 수 있다. 내담자와 얘기하는 치료자의 주요 목표는 외래치료 구조가 내담자가 치료에 돌아오도록 하는 데에 적절할 것인지 입증하는 것과, 내담자에게 치료를 재개할 동기가 있는지 결정하는 것이다. 이것은 특히 입원을 둘러싼 사건들 속에 내담자가 치료 틀을 깼던 사례(예, 다시 약물을 남용하거나 중요한 정보를 치료자에게 말하지 않는 것)에서 그렇다.

치료자가 치료의 재개에 관해 내담자와 소통하는 것 외에도, 병원에서 내담자의 치료를 맡고 있는 사람과 소통하는 것은 필수적이다. 최선의 환경이라면, 의사, 심리학자 혹은 사회복지사가 심리역동치료를 어느 정도 이해할 것이고, 내담자를 외래치료 구조로 다시 의뢰할 것인지 그리고 어떻게 의뢰할 것인지의 문제를 해결하는 데에 도움을 줄 것이다. 그러나 간혹 병원 치료자가 내담자 역동의 상연에 말려들 수 있다. 가장 전형적인 각본은 병원 근무자가 내담자를 자신의 치료와 생활을 책임질 수 없는 사람으로 보는 상황에서 나타난다. 내담자는 때로 자신의 외래치료를 얘기할 때 치료자를 비합리적이고 요구가 많으며 독재적이라고 묘사한다. 이런 상황에서 내담자는 더 만성적인 지지치료를 수동적으로 받아들이는 사람으로 남아 있는 것에 만족하는 것으로 보이지만, 의존성 대 자율성을 둘러싼 자신의 갈등을 외재화하고 있고, 더욱 독립적인 기능에 관심 있는 자기의 일부를 치료자에게 투사하고 있는 것으로 치료자는 해석해야 한다. 치료자는 내담자가 어떤 길을 갈지 자유롭게 선택할 수 있다는 점을 상기시켜 줘야 하지만, 또한 잠시 동안 내담자가 갈등의 한 면을 선택해서 편안해 보이더라도 갈등은 계속될 것이라는 점을 내담자에게 미리 알려 줘야 한다. 더욱 만성적인 내담자 역할의 선택이 병원 근무자에 의해 타당화되는 것처럼 보이고 잠시 문제를 일으키지 않고 지내 온 것으로 보일 수 있지만, 앞으로 다가올 여러 해 동안 더 높은 기능을 할 수 있는 잠재력을 포기하는 것은 비극적일 수 있다는 점을 치료자가 지적해 주는 것 또한 도움이 된다.

내담자의 입원은 때로 치료계약을 재검토하고 수정할 필요성을 제기한다. 예를 들면, 이전에 알코올 사용을 감추었던 어떤 내담자는 억제가 풀리고 취해서 충동적으로 한 움큼의 약을 먹은 후에 입원하였다. 이로 인해 치료자는 다음의 두 가지, 즉 1) 내담자가 치료에서 솔직하게 소통하는 데 책임이 있다는 것과, 2) 내담자가 치료에 돌아오기 전에 단주모임에 참석할 것을 요구하는 치료적 변형기법을 사용할 필요성을 논의하는 데에 주의를 돌리게 되었다.

입원은 다른 많은 것을 나타낼 수 있다. 특히 치료 초기에 입원은 어떤 항의이고 내담자가 계약에서 정한 치료조건을 따르기 어렵다고 생각한다는 메시지를 치료자에게 보내는 것일 수 있다. 치료자는 내담자에게 이런 해석을 하고, 내담자가 이런 유형의 치료를 받기를 원하는지 여부를 개방적으로 검토한다. 어떤 경우 입원한다는 것은 치료 틀 안에서 컨테인되지 못한 분열된 경계선 역동의 상연의 일부라는 해석으로 다루어질 수 있다.

〈사례〉

Edie는 자기애적 양상이 강하고 매우 심각한 자살 시도의 과거력이 있는 내담자로 2년 동안 치료를 꽤 잘 받고 있었다. 그녀는 자살 시도를 그만 두었고 일을 계속하였으며 남자친구와 안정된 관계를 맺고 있었다. 그러나 계속적으로 자신에 대해서 매우 비판적이었고 자신의 치료자도 심하게 평가절하하였다. 그녀는 슈퍼바이저로부터 매우 좋은 피드백을 받았음에도 불구하고 자신은 무능하다고 주장하였다. 일에서의 '무능력'에 대한 불안으로 인해 집에 많이 머무르게 되면서 결국 일자리를 잃게 되었다. 빨리 다른 일자리를 찾긴 했지만 이 일 이후 하향 악순환이 시작되었다.

Edie는 어느 날 Todd 박사에게 전날은 일하러 가지 않고 뛰어내려 죽으려고 근처 댐에 갔었다고 보고했다. Todd 박사는 그 행동을 탐색하였고 치료계약을 지키겠다는 내담자의 약속을 다루었다. 치료계약에는 내담자가 자신의 자살 충동을 통제할 수 없다고 느끼면 병원에 가기로 되어 있었다. Edie는 순간순간 자살 충동을 통제할 수 있을지 확신할 수 없다며 그 충동에 굴복할 것 같으면 병원에 갈 것이라는 약속을 할 수 없다고 했다. Todd 박사는 그때 Edie가 약속을 할 수 있는지 평가한 후에, 어떤 이유로든 내담자에게 심각한 자기파괴적 행동의 위험이 급박하다는 것에 동의하였다. 치료자와 내담자는 선택권, 즉 Edie가 집으로 돌아가 가족들의 보살핌을 받을 것인지 아니면 입원할 것인지에 대해 검토했다. 처음에는 약간 저항을 했으나 내담자는 곧 병원이 더 나은 선택이라는 것에 Todd 박사와 동의하였다.

병원에서 의료진들은 Edie가 자살 생각에 사로잡혀 있는 것을 볼 수 있었다. 병원 치료는 내담자에게 기분을 안정시키는 약물치료로 시작하여 대처기술을 작업하였다. Edie는 2주 후에 퇴원하면서, 파트타임으로 일을 하고 주 5일간 낮병원의 오후 프로그램에 참가하면서, 주 2회의 치료를 다시 받기로 했다. Todd 박사는 치료계약, 특히 자살 사고 관리에 대한 Edie의 책임을 다시 강조하였다. 퇴원 2주 후 Edie는 치료시간 중간에 자신이 사실을 숨기고 있다고 고백했다. 전날 일하러 가지도 않았고 낮 프로그램도 참여하지 않았으며 뛰어내리러 댐에 다시 갔었다는 것이다. 자살 위험에 대해 이야기한 후에, 내담자는 다시 입원하였다. 병원에서 10일 있는 동안 치료에서는 일에 대한 내담자의 불안에 초점을 맞추었고 대처 기술을 익혀서 자신의 작업 환경을 견뎌 낼 수 있도록 내담자를 돕고자 하였다.

퇴원한 주에, Edie는 예약된 아침 치료시간이 시작될 즈음에 Todd 박사에게 전화를 해서 자명종이 울리지 않아 그날 치료에 올 수 없다고 했다. 그리고 덧붙이기를 그녀는 잘 지내고 있으며 다음 치료시간에 오겠다고 했다. Todd 박사는 내담자에 대해 알고 있는 것을 근거로 이 얘기가 사실인지에 대한 의심을 Edie에게 직면시켰다. 병원에서 퇴원한 그 주에 그렇게 무심하게 치료시간을 잊을 수 있다는 것이 사실로 들리지 않는다고 치료자는 말했다. Edie는 그날 상담이나 직장에 가지 않고 댐에 가서 자살할 계획이었다는 것을 인정했다. Todd 박사는 이 상황에서 가능한 세 가지 결과의 개요를 설명하였다. 첫째는 내담자가 병원에 재입원하는 것이고, 둘째는 아침에 늦게라도 치료자의 사무실에 치료받으러 오는 것이고, 셋째는 자살 계획을 진행하는 것이었다. 이에 덧붙여 치료자는 내담자가 세 번째를 택한다면 경찰에 알려 댐에서 그녀를 찾도록 하겠지만 그것이 내담자가 자살하지 않으리라는 것을 보장하지는 못할 것이라는 점을 분명히 하였다.

Edie는 치료시간에 오겠다고 했다. 치료를 시작하기 전에 Todd 박사는 동료에게 전화를 해서 자문을 구했다. 치료자는 첫 입원 이후로 이 사례에 대한 균형감을 잃었고 심리역동적 관점을 상실한 채 오직 Edie를 살리는 목표를 위한 역할을 주로 하고 있다고 느꼈다. 동료는 Todd 박사가 그 관점을 다시 찾도록 도와주었고, 그날 아침 치료자가 Edie를 보았을 때 그가 정직한 선택을 했다는 것을 치료자와 함께 재검토하였다. 치료자는 치료시간에 해석 수준에서 내담자와 작업하기로 결정했고, 그게 안전하지 않다고 느끼면 다시 입원을 권유할 수 있었다. Todd 박사는 해석적으로 작업할 가능성을 탐색하기로 결정했으며, Edie 반응을 평가한 후에 이 접근을 계속할지 아니면 입원이라는 선택을 지지할지 결정할 것이다.

Edie가 치료시간에 왔을 때 Todd 박사는 최근 사건에 대해 다음과 같이 해석하였다. "Edie 씨는 살고 싶은지 죽고 싶은지에 대해 갈등이 없는 것처럼 행동하고 있어요. Edie 씨 말로는 Edie 씨가 원하는 것은 죽음이며 Edie 씨를 죽지 못하게 하는 것은 다른 사람들일 뿐이라고 해요. 얼핏 보아서는 계속해서 댐에 가는 행동이 이런 생각을 지지하는 것 같아요. 그러나 내가 믿고 있는 것은 Edie 씨가 Edie 씨 안에 자리 잡고 있는 극적인 갈등에서 벗어날 방법을 찾고 있다는 겁니다. 즉, 우리가 아직 충분히 이해하지 못한 이유로 죽음을 찾게 하는 파괴적인 부분이 Edie 씨에게 있고, 또한 이걸 원치 않는 Edie 씨의 부분이 있는데 이 부분은 살고 싶어 하고 타인과의 연결을 찾고 있어요. Edie 씨는 후자의 부분을 부인하고 다른 사람만이 그렇게 느끼는 것처럼 행동하면서 이 갈등을 해결하려는 것 같아요. 이렇게 부인하면 파괴적인 부분에 의해 행동하게 되어 광기에 차서 죽음으로 내던져질 수 있어요. 그러나 Edie 씨 행동이 보여 주듯이 Edie 씨는 쉽게 이 갈등에서 나올 수 없어요. 첫째, Edie 씨는 살아 있어요. 만일 Edie 씨가 원한 것이 죽음뿐이었다면 Edie 씨는 지금쯤 죽었을 겁니다. 둘째, Edie 씨는 치료받으러 왔고 그건 Edie 씨도 알다시피 Edie 씨가 삶의 편에 서 있다는 것이죠. 셋째, 반복해서 댐에 갔지만 지금까지 Edie 씨는 뛰어내리지 않았고 거기까지 가서는 그만두곤 했어요. 나는 Edie 씨가 이 갈등을 해결하도록 돕고 싶어요. 그렇지만 요즘 행동에 대해, 그리고 입원해야 하는 명백한 욕구에 대해 너무 초점이 가 있어서 그게 어렵습니다. 오늘 다시 입원할 필요가 있을지도 모르지만, 내가 생각해 본 바에 의하면 정말 Edie 씨가 죽기를 원했다면 지금쯤은 이미 죽었을 것이라는 거죠. 그래서 내 생각에 좀 다른 문제가 있는 것 같아요. 그걸 알게 되는 길은 Edie 씨가 병원으로 돌아가지 않고 치료를 계속하는 거예요. 그러나 Edie 씨가 살아 있어야만 그걸 할 수 있어요. Edie 씨 생각은 어떻습니까?"

Edie는 치료자 말에 관심을 보이며 조금 놀라면서 대답했다. "선생님 생각이 맞을지 모르겠어요. 나는 그렇게 생각해 보지 않았지만 말이죠. 그럴 때마다 내가 느꼈던 것은 자살 충동이에요. 그렇지만 선생님이 맞아요. 나는 자살하지 않아요. 댐에 가서는 거기 그냥 앉아서 거기 앉아서 거기 앉아서… 몇 시간이고 있어요. 그러나 뛰어내리지는 않죠. 무엇이 나를 멈추게 하는지 모르겠어요, 그렇지만 그게 선생님이 얘기하는 것인지 모르겠어요."

Todd 박사는 대답했다. "그 당시에 Edie 씨 마음에 무엇이 있는지 탐색해 보는 게 도움이 될 겁니다. 어떤 생각을 하는지, 어떤 이미지인지, 어떤 환상인지, 그리고 우리가 그것을 할 수 있을 만큼 편안하다면 여기서 그렇게 할 수 있어요. 그러나 상황의 다른 면에 대해 언급하고 싶어요. 나에게는 정확할 수도 있고 그렇지 않을 수도 있는 가설이 있어요. Edie 씨가 댐에 갔다고 내게 말할 때 내가 안절부절못하는 것을 Edie 씨는 즐기는 것처럼 보여요. 가학적 즐거움 말이죠. Edie 씨가 이렇게 느끼는지 나는 확실히는 잘 모르겠어요. 그러나 돌아보면 직장을 잃은 후부터 Edie 씨의 이런 면이 더 커지고 있는 것 같아요. 나는 그게 모욕감과 그리고 그것에 연결된 시기심과 관련 있는지 궁금해요. 우리는 Edie 씨가 얼마나 어려운지 알아요. 일자리를 잃은 것도 Edie 씨가 가치 없다는 느낌을 확인해 주는 것처럼 보일 수 있어요. 그렇지만 Edie 씨가 다른 사람보다 우월하다고 느끼는 면과 누군가가 Edie 씨보다 더 낫다는 느낌을 견딜 수 없는 면이 Edie 씨에게 있는 것 같아요. 직장을 잃은 이후 Edie 씨가 본능적으로 자신에 대해 좋게 느낄 수 있는 유일한 길은 나를 괴롭혀서 나보다 우월하다고 느끼는 거죠. 물론 Edie 씨의 한 부분이 나를 공격할 수 있는 만큼 Edie 씨 자신을 공격하게 되는 것이죠. 이게 Edie 씨가 아직 살아 있는 한 이유일지도 모르겠어요. 내가 안절부절못하는 것을 보는 즐거움 말이죠. 그렇지만 더 긍정적인 관계를 바라는 면도 있다고 믿어요. 내가 말한 것이 사실이라면 우리는 그걸 살펴보아야 합니다. 시기하는 감정, 공격적인 감정 혹은 심지어 가학적인 감정을 갖는 것이 Edie 씨가 죽을 만한 이유가 될 수는 없어요. 많은 사람이 그런 감정을 가져요. 그러나 Edie 씨가 그걸 부인하거나 그것에 대해 자신을 비난해서 우리가 그걸 탐색할 수 없게 된다면, 그 감정은 Edie 씨의 통제를 받지 않고 오히려 Edie 씨를 통제할 거예요."

Edie는 Todd 박사가 가학적 즐거움의 가능성에 대해 말했을 때 인정한다는 듯 미소를 지었다. 그녀는 말했다. "내가 선생님이 안절부절못하는 모습에 즐거움을 느꼈다는 것은 인정해요…. 선생님이 그걸 보았는지는 몰랐어요."

Todd 박사와 Edie는 치료계획에 대한 논의를 계속하였다. Edie는 Todd 박사의 개입이 자신이 댐에 가고 싶은 유혹에 저항할 수 있게 하도록 지금 무엇이 진행되고 있는지를 명료화하였다고 느꼈다. 치료자의 개입은 또한 내담자가 부분적으로만 알아차리고 있었고 인정하기를 주저했던 어떤 감정을 자유롭게 의논할 수 있도록 도왔다. 두 사람은 다시 입원하지는 않고 진행하기로 했다. 그 시점 이후로 치료는 역동적인 주제들을 더 깊이 탐색하고 입원을 더 이상 고려하지 않으면서 진전을 보였다.

비록 앞의 글이 이 치료의 많은 측면을 보여 주고 있지만, 이 장에서 강조하는 것은 내담자의 입원이 기저의 역동과 들어맞는 방식과, 반복되는 입원이라는 위기에 치료자가 어떻게 개입했는지에 있다. 사는 것 대 죽는 것, 그리고 그것들의 연결 대 연결의 파괴를 둘러싼 갈등을 외재화하려는 내담자의 시도는 그 역동의 전반적 상연의 일부인 입원으로 귀결된다. 입원 치료자를 포함해서 입원에 관여된 것들은 분열되어 나온 내담자의 보다 건강한 면을 나타낸다. 두 번째 주제는 내담자의 시기심을 포함하며, 치료자가 당혹해하도록 만들고 반복되는 입원을 통해 그의 치료가 좋지 않았다는 것을 보여 주고 싶은 그녀의 소망이 들어 있다. 이런 주제가 해석될 때까지, 주기적 입원은 계속되기 쉽다.

12) 내담자의 전화

내담자가 치료자에게 전화 걸기, 이메일 보내기, 혹은 문자 보내기 문제가 이전 치료에서 있었는지 주의 깊게 살펴보아야 한다. 만일 그랬다면 계약을 할 때 치료자는 그런 경우를 다룰 수 있는 구조를 제시해야 하는데, 이것은 행동을 컨테인하고 치료자에 대한 내담자의 소통을 회기의 구조 속으로 들어오게 해서 작업할 수 있도록 하는 것이다.

13) 치료자의 부재와 위임 관리

치료자가 일상적으로 휴가, 전문가 모임, 기타의 이유로 사무실을 비울 때 경계선 내담자에게는 숙련된 관리가 필요하다. 모든 경우 치료자는 자신의 부재 기간 동안 동료가 대신할 수 있도록 조정해야 한다. 치료자의 부재는 치료 첫해 동안 위기를 유발할 수 있다. 이 기간 동안 치료자는 필요하다면 내담자가 위임된 치료자와 치료 시간을 잡을 수 있도록 조정할 수 있다. 일반적으로 첫해 동안 치료자는 자신의 부재에 의해 촉진된 심리역동적 주제를 작업해서 그러한 일들이 위기로 경험되지 않도록 할 수 있다.

치료자는 내담자가 치료자에 대한 내적인 이미지를 유지하는 데 있어서의 어려움을 탐색해야 한다. '버리는 대상'으로 지각되어 생기는 내담자의 분노가 '보살펴주는 대상'의 내적 이미지를 파괴하고 부재 동안 내담자는 치료자와 연결되어 있다는 감각을 갖지 못하게 된다. 이런 일이 일어나기 쉽거나 혹은 이전에 일어난 적이 있다는 해석은 내담자로 하여금 이러한 내적 이미지의 파괴를 피하도록 도울 수 있다. 한 내담자가 불안해하면서 "선생님이 안 계실 때마다 나는 선생님을 결코 다시 보지 못할 것이라는 생각이 들어요. 선생님이 탄 비행기가 이륙하자마자 폭발해 버리는 상상이 들어요."라고 말하면서 치료자와의 내적인 연결을 공격하고 있는 내담자의 분노에 대한 증거를 치료자에게 제공했다.

내담자는 '버림받은' 느낌에 대해 자주 얘기한다. 내담자가 치료를 쉬는 것을 왜 이렇게 경험하는지 탐색하는 것이 도움이 된다. 내담자는 치료를 못 하는 기간이 내담자가 처음부터 '알았던' 것에 대한 증거, 예를 들면 치료자가 내담자에게 전혀 관심이 없다는 것이나 치료자는 내담자를 싫어해서 내담자로부터 도망가고 싶었다는 것에 대한 증거라고 느낀다는 것이 종종 드러난다. 다시 말해 치료를 쉬는 것은 부정적인 내적 표상을 강화한다. 치료자는 자신의 부재가 무관심의 증거가 되는 것인지 질문해야 하며, 내담자는 비록 화나고 실망하긴 했다 하더라도 치료자가 돌보지 않았다는 '증거'를 갖게 되어 안도하는 것처럼 보인다는 점을 지적해야 한다. 이러한 안도는 분열이라는 방어가 무너지기 시작하고 내담자가 좋은 관계의 가능성을 경험할 때 얼마나 많은 불안이 유발되는지와 일치한다. 치료자의 부재가 분열을 강화한다는 사실은 다음과 같이 해석될 수 있다. "그게 ○○씨가 원하는 전부는 아닐지 몰라도, ○○씨는 내가 ○○씨에게 진실한 관심이 있을 수 있다고 생각하기 시작했어요. ○○씨는 내 휴가 소식을 현재 상황을 재설정할 수 있는 기회로 받아들이는 것 같아요. 그것은 슬픈 상황인데, 왜냐하면 휴가 동안에는 나도 어떤 다른 사람도 ○○씨를 보살피지 않기 때문이에요. 그러나 ○○씨가 상황을 알고 있다고 느끼는 한 안심되죠. 그러면 취약해지지 않을 테니까요."

14) 내담자의 침묵

마음에 뭐가 있는지에 대한 질문에 침묵하는 내담자의 비언어적 반응을 관찰하고 그런 상황에서 치료자 자신의 역전이를 살펴봄으로써 침묵 뒤에 있는 자기와 타인에 대한 경험의 이해를 촉진한다. 내담자의 침묵은 공포, 죄책감, 수치심, 거만함, 도발 혹은 다른 정동을 나타낼 수 있다. 내담자가 침묵해도 치료자는 관찰한 바에 따라 활성화된 대상관계를 해석적으로 작업할 수 있게 된다. 내담자가 얘기할 수 있도록 자극하는 기법 다음에는, 내담자의 비언어적 반응의 특성과 그에 대한 치료자의 역전이를 분석하게 되고, 다음에는 이 분석의 관점에서 현재의 대상관계를 잠정적으로 해석하고, 내담자를 새롭게 관찰해서 내담자가 한 번 더 얘기하도록 자극하는데, 이러한 것은 비위협적인 전이 분석과 해석의 주기를 이루게 되며, 보통 이것은 오래 끈 침묵까지도 해결해 준다. 치료자의 최선의 해석 노력에도 불구하고 내담자가 여전히 침묵하는 극단적인 경우, 생각과 감정을 보고하도록 요구하는 치료의 변형기법을 지속적으로 지키지 못한다면, 치료자는 치료가 계속될 수 있는지의 문제를 다루어야 할 수 있다. 이에 대한 상세한 예는 Yeomans 등(1992년, 7장, 사례연구 #2)에서 제시되었다.

15) 신체화

행동화와 같이 신체화는 자료를 의식적으로 자각하지 못하도록 정동과 내적인 갈등을 관리하는 형식이다. 신체화는 내담자가 신체적 문제에 심리적인 것이 기여한 바가 있다는 생각을 거부하기 때문에 탐색적 치료에 특별한 도전이다. 실제로 치료자는 신체적 호소의 생물학적 원인을 충분한 의학적 검사를 통해 가능한 정도까지 배제하는 것을 확실하게 해야 한다. 신체화하는 내담자와 작업할 때 치료자는 내담자가 피하려고 하고 있는 정서적 문제를 경청하고 내담자가 말하는 내용에는 부재하는 정동적 자료를 시사하는 역전이 발달에 주목해야 한다. 전이초점 심리치료에서는 신체화를 정동의 전상징적 표현으로 본다. 치료적 접근은 신체적 문제와 관런된 이자관계로 기저의 정동을 기술하려고 한다.

〈사례〉

미혼의 중년 남성이 우울과 불안을 호소하면서 치료에 왔다. 구조적 면접 결과, 경직된 자기애적 양상을 가진 높은 수준의 경계선 인성조직으로 진단되었다. 내담자는 위장관 증상으로 수년간 고생했다. 많은 이차적 견해를 포함한 광범위한 위장관 검사 과정에서, 치료자는 언제나 유심히 조사받는다는 역전이 감정이 생겼고 의뢰된 모든 전문가에게 매몰차게 결점을 발견하는 내담자의 패턴을 지적했다. 치료자는 내담자 마음에 타인으로부터, 그리고 아마도 다른 수준에서 자기 자신에게서 꼼꼼한 완벽주의를 요구하는 '폭군'이 있다고 내담자에게 제안했다. 내담자가 이 가능성에 대해 돌아보면서 자신의 기준을 충족시키지 못했던 양육자에 의해 무시된 느낌과 관련되어 그에게 있는 분노를 더 자각하게 되었다. 자신의 분노를 더 논의하면서 그는 위장관 증상의 감소를 경험하기 시작했다. 비꼬는 유머감각이 증가되고(더 높은 수준에서 공격성 정동의 소화하기) 데이트하는 것에 더 개방적이 되면서 기분이 호전되었다. 이 간단한 예가 신체화하는 내담자와 작업하는 것이 어떤 것인지에 대한 감을 주지만, 독자들이 자각해야 할 것은 이러한 유형의 내담자를 치료하는 것은 매우 힘들고 기저의 정동에 접근하는 것에 매우 심한 저항이 있을 것이라는 점이다.

8. 비디오 3 해설: 정동 폭주 회기

전이초점 심리치료의 예로 제시된 사례들은 실제 사례를 기초로 하여 일부를 변경하여 조합된 사례들이다. 비디오 3에서 회기는 강한 정동 상태에 기저하는 이자관계를 작업하는 것을 나타내고 있고 편집적 전이가 지배적인 전형적인 내담자이다. 이 부분은 치료 후 1년에 있었던 회기에 근거한다. 내담자 Carolyn은 회기 녹화에 대해 "이것 때문에 기분이 좀 이상해져요."라고 하면서 치료자인 Hamilton 박사에게 카메라를 꺼달라고 요구하면서 시작하였다. 녹화는 치료 시작 시 동의되었던 것이었고 치료 틀의 일부였다. Carolyn은 녹화가 교육 목적으로 슈퍼비전 집단과 동료의 사례 수집에 사용된다는 것을 이해했다. Hamilton의 첫 번째 개입은 Carolyn의 입장이 초기의 동의에서 계약으로 변화하는 그 순간에 그녀가 무엇을 경험하는지에 대해 명료화하려는 것이다. 그는 그녀의 '편집증'에 대해 더 말해 볼 것을 요구한다.

▶ 비디오 3-I: 정동 폭주 I부(9:28)_[부록 p. 497]

이 회기에서 예시된 주제는 내적 현실과 외적 현실 간 경계를 설정하려는 시도이다. 카메라가 객관적으로 적대적 침투라는 입장을 취할 수도 있다. 그러나 Hamilton 박사가 관심 가진 것은 Carolyn이 이 순간에 카메라와 그에게 투사하고 있는 것이다. 카메라는 새로운 것이 아니다. 그러나 카메라에 대한 Carolyn의 반응이 새롭다. Hamilton 박사는 치료에 위협이 되는 것이 활성화된 Carolyn의 내적인 세계의 부분이 아닌지 의문을 가졌다. 그는 정동에 기저하는 대상관계를 이해한다는 기본적 방략을 따르고 있다.

초기에 Carolyn의 약간의 언급은 분노하고 있을 때 지각되기 어려운 리비도적인 요소를 시사한다. "이것은 저와 선생님의 관계잖아요. 맞죠? 선생님과 만나는 것만도 충분히 힘든데 지금 이것까지 해야 하나요?" 이것은 편집증이 내담자에게서 방어되어 나온 정동일 수 있는데, Hamilton 박사가 비디오의 끝 즈음에 지적한 바대로 이 내담자는 관계가 긍정적일 때보다 적대적일 때 더 편안해하는 것 같은 사람이다.

전이초점 심리치료의 첫 번째 방략에 따라 Hamilton 박사는 그 순간의 정동에 기저하는 대상관계에 초점을 두려고 한다. "지금 무엇 때문에 특히 불편한지 생각해 보는 게 좋을 것 같아요."(치료자8). 그는 또한 작용하는 이자관계를 정의하려고 한다. "제가 책에 따라 치료한다고 하셨죠."(치료자9) 그리고 "경청할 줄 모르는 차가운 로봇으로요."(치료자13) Carolyn은 동의했다. 그러나 그 순간에 부정적인 전이를 상세화하면서 이건 단지 현실이라고 확신에 차서 동의했다. "선생님은 뉴욕 정신분석 심리치료사인데 한 가지 유형의 치료만 하시는 거죠."(내담자15)

Hamilton 박사는 Carolyn이 느끼고 있는 것에 대한 묘사가 그것을 관찰하고 돌아볼 시간을 가질 수 있을 것이라는 희망을 가지고 계속해서 이자관계를 상세화했다. "그러니까 ○○씨는 저의 치료가 극도로 고통스럽다고 생각하시는 것 같은데…." (치료자16) Carolyn은 Hamilton 박사의 코멘트를 돌아보지 않고 부정적 전이를 고집했다. 그를 묘사하고 있는 것을 구체화하는 듯한 그녀의 태도에 나타난 경직성에 그는 주목했고 다음과 같이 제안했다. "그러니까 ○○씨가 나에게 반응할 수 있는 방법은 이렇게 저를 따라하는 것이에요. … 제가 뭐라고 하든지 그 즉시 마음을 닫고."(치료자22) 그는 Carolyn이 행동하지만 자각하지 못하고 있는 이자관계의 반전이 있는 동요를 묘사하고 있다. 그녀는 자신이 두려워하는 경직되고 인색한 타인을 상연하고 있고 자신이 그에게서 그걸 만난다고 느끼고 있다. Hamilton 박사는 상호작용에 이름을 붙여 나가고, 양립 불가능한 현실을 언급하는 방식으로 그들의 다른 견해를 묘사한다. "제 생각에 지금은 서로의 말에 주의하지 않고 다른 사람의 입장을 받아들이지 않는다고 할 수 있는데, ○○씨는 그렇게 하는 사람이 저라고 확신하는 것 같아요."(치료자22)

잠시 동안 Carolyn은 조용해지고 자신이 어떻게 느끼고 있는지에 대한 관심을 묘사하면서 '정상적인' 치료 회기의 특징을 더 보이면서 이야기한다. 그러나 Hamilton 박사가 말하지 않고 듣고 있자, 몇 초 걸리지 않아 부정적 이자관계와 투사가 재활성화되었다. Carolyn은 자신이 어떻게 느끼는지에 대한 이야기를 중단하고 갑자기 끼어든다. "가만 있으시네요? 아주 좋아요."(내담자24) [비디오 3-1 끝]

▶ **비디오 3-2: 정동 폭주 2부(9:26)_[부록 p. 50l]**

비디오 3-2에서 Hamilton 박사는 다시 이자관계의 이름 짓기 방략에 따른다. "그러니까 Carolyn 씨는 나의 침묵을 무관심과 거절로 느끼시네요." 그는 반대되는 것을 다시 지적한다. "지금 무슨 일이 일어나고 있죠? ○○씨가 제게 똑같이 하면서 제가 ○○씨가 하는 말에 관심이 없다고 느끼기 때문에."(치료자3) 그는 그녀의 내적인 상태에 공감을 표현한다. "○○씨가 말을 했는데 내가 경청하지 않거나 아니면 ○○씨를 공격한다고 느낀다면 매우 괴로울 거예요. 그래서 정말 그런지 안 그런지 확인할 가치가 있어요."(치료자8)

이는 Carolyn의 분열된 내적인 세계의 부분을 특징짓는 가혹한 요구성에 대한 논의로 이어졌다. 먼저 그녀는 이러한 경직된 사고의 특징을 Hamilton 박사에게서 본다고 기술한다. "선생님이 제게 해 주어야 했던 것과 말씀 모두에 감사하길 바라시겠지만."(내담자10) Hamilton 박사는 그것이 나온 것에 관한 문제를 열어둔 채로 이 대상을 기술한다. "○○씨 안에 있든지 내 안에 있다고 보든지 결국 완전히 완벽하거나 아니면 완전히 평가절하하는 쪽으로 ○○씨 마음이 자꾸 그렇게 끌고 가는 것 같아요."(치료자11)

Carolyn은 공식화에는 동의하지만 처음에는 비꼬고 조롱하는 투로 그렇게 말할 수 있다. Hamilton 박사는 톤의 방어성에 주목한다. "빈정거리는 말투네요. 그런데 사실은 내가 한 얘기 중 어떤 부분은 인정하는 것 같은데 그걸 좀 숨기는 것 아닌가?"(치료자12) 그는 문제가 있다는 것에 대한 모욕감과 관계에서 긍정적 정동의 가능성 모두에 대한 불안을 지적하고 있다. 이 불안은 애착이 잘 작용할 수 있으리라고 상상할 수 없는 편집적 전이의 맥락에서 나타나는 전형적인 불안이다.

Carolyn은 Hamilton 박사의 말이 일리가 있다는 것을 인정한다. "인정해요."(내담자13) 그녀는 빈정대는 것으로도 보일 수 있는 미소를 띠며 말한다. (비디오에서의 여배우는 실제 내담자의 모호한 정동을 그렇게 잘 소통하지 못하고 있다는 점도 언급되어야 한다.) Hamilton 박사는 이것을 Carolyn이 다시 냉소적이 된다고 잘못 해석한다. 그는 그녀의 내적인 상태가 냉소에서 진지함으로 변했다는 것을 깨닫지 못한다. 그녀는 이 이해의 부족에 격노해서 일어나서 손에 든 신문을 바닥에 던져 버렸다. "에이씨, 빌어먹을!"(내담자15)

정동 폭주와 작업할 때의 열쇠는 기저의 자기-타인 이자관계를 정확하게 확인하는 방략을 주의 깊게 추적해 가는 것이다. Hamilton 박사는 자신의 실수를 빨리 인식하고 그걸 인정한다. "○○씨 말이 전적으로 맞아요. 내가 뭔가 놓쳤어요."(치료자21) 그가 한 내적인 상태에서 다른 상태로 이동하는 Carolyn을 따라잡지 못한 것은 불행한 일이지만, 경계선 경험을 특징짓는 갑작스러운 상태 변화를 따라가기는 언제나 쉬운 것은 아니다. 그는 이 경험을 완벽의 요구와 연결한다. "이게 바로 우리가 얘기하던 부분이에요. 내가 단지 몇 초를 놓쳐서 … 그래서 ○○씨가 삐딱해진다고 말했더니 몹시 격분했어요."(치료자22, 23)

Hamilton 박사는 Carolyn의 경험에 대해 자신이 이해한 바를 말로 한다. "나한테 실망하셨겠죠."(치료자24) 이것은 내담자의 가장 큰 두려움이다. 즉, 그녀의 경계와 방어가 느슨해져 그녀가 방어하고 있는 일부 내적 세계(애착에 대한 갈망/소망)가 드러나면, 거부되고/비판받는다고 느끼는 것이다.

Hamilton 박사가 상호작용에 대해 되돌아보면서(그리고 정동 폭주의 매우 압축된 경험에서 일어나는 모든 것을 '풀어내는' 것은 한참 걸릴 수 있다), Carolyn의 통찰을 인정한다(치료자26). 그녀가 긍정적으로 기여했다는 것을 인식하면서 그는 그녀의 계속되는 고통, 아마도 증가하고 있는 고통에 주목한다. 이러한 관찰의 결과로 그는 내적인 분열과 관계에서의 어떤 긍정적 경험도 불편해진다고 생각하게 된다. 그는 관찰한다. "내가 ○○씨 태도를 놓친 걸 인정하는데도 화를 내는 이유가 뭐죠? 게다가 ○○씨가 삐딱한 태도를 보여야만 했던 이유를 놓쳤다는 사실을 인정했어요. … 그건 긍정적인 경험일 수 있을 것 같은데, 무슨 이유에서인지 ○○씨는 고통스러워해요. 내 생각에 나를 괜찮은 사람이라고 느껴서 괴로워하는 것 같아요. ○○씨 마음속에 나를 괜찮은 사람으로 인정하지 못하게 하는 부분이 있어요."(치료자29) [비디오 3-2의 끝]

▶ 비디오 3-3: 정동 폭주 3부(10:10)_[부록 p. 506]

비디오 3-3의 시작에서 Carolyn은 이자관계를 인식하고 그것을 자신 안에서 본다. "저 자신을 괜찮은 사람이라고 인정하기 힘들어요."(내담자1) 그녀는 이 지점에서 차분해졌고 좀 더 생각해 보는 것 같다. 그러나 그녀는 부정적 전이로 되돌아간다. "이런 식으로 쳐다보는 사람 앞에서 굴욕당하면서 앉아 있는 것이 얼마나 힘든 일인 줄 아세요?" (그녀는 돌 같은 얼굴의 형상을 한다.) (내담자3). Hamilton 박사가 대답한다. "○○씨가 나를 어떻게 보는지에서 우리는 많은 것을 배울 수 있을 것 같은데요." 그는 그녀가 그를 무표정하다고 지각한다는 것을 인식하였지만, 그가 이 지점에서 느끼기에 더 깊은 자료로 되돌아가기로 결정했다. 즉, 정동이 긍정적일 때 그녀가 그를 불편해하는 것이다. "하지만 내가 내 잘못을 인정해도 ○○씨는 또 다른 이유로 힘들어할 거예요."(치료자4) 그는 좀 뒤에 이런 식의 성찰을 이어 가면서 언급한다. "우리 사이에 긍정적인 관계와 소통이 잘 이루어지는 때 화를 내서 상황을 망쳐 버렸어요. … 잠시라도 생겼던 긍정적인 부분은 왜 그렇게 쉽게 깨질까요?"(치료자12)

Carolyn은 그의 몰이해를 지적한다. "선생님이 망쳤어요."

Hamilton 박사는 긍정적 연결에 대한 그녀의 불편감의 주제로 되돌아간다. "내가 뭘 놓쳤어요. 하지만 아주 잠깐이라도 나와 관계가 좋은 것 같으면, 무슨 이유에서인지 ○○씨는 더욱 불안하고 편안할 수가 없는 것 같아요."(치료자13) Carolyn은 이 주제에 머물기를 어려워한다. "더는 못하겠어요." 다음에 Hamilton 박사는 지적한다. "슬픈 일이지만, ○○씨는 평온하게 얘기할 때보다 싸울 때 더 편하게 느끼는 것 같아요."

Hamilton 박사는 정동에 기저하는 당면한 대상관계에 관해 더 구체적이려고 한다. "지금 이 치료 시간의 어떤 점을 견딜 수 없죠? [회기 시작 시] 관계맺는 게 힘들다고 했는데, 내 생각에는 그게 문제인 것 같아요. … ○○씨가 마음을 열었고, 내가 놓쳤더니 난리가 났죠." 그는 계속한다. "지금 우리는 또 같은 문제에 부딪혔어요. 그래도 이번에는 좀 더 많은 이야기를 나누고 있네요."(치료자15, 19)

Carolyn은 (화나기보다는 더 슬퍼 보이면서) 말한다. "여러 번 노력했는데 한 번도 다르지 않아요. … 간절하게 바라보는 강아지를 매번 내쳐 버리는 것 같아요."(내담자22) Hamilton 박사는 은유를 들어서 성난 황소로 될 때 간절하게 바라보는 강아지를 떠올리기는 어렵다고 말하면서(치료자22) 분노의 방어적 특성을 지적한다. Carolyn은 방어를 인식하고, 상처받기보다는 혼자인 게 더 낫다고 말한다(내담자25). Hamilton 박사는 동의한다. "[하지만 단지] 둘 중 하나만 선택해야 된다면 그럴 수도 있겠네요." Carolyn은 Hamilton 박사가 편집적이지 않은 다른 견해를 보인다고 한다. "선생님은 좋은 사람이 있다고 믿죠. 선생님이 맞는지 모르겠어요. … 선생님이 순진한 거죠."(내담자26, 27) 회기를 마치면서 Hamilton 박사는 중립성을 고수하고 탐색을 위한 질문을 한다. "그 두 가능성을 살펴보는 것도 좋을 것 같아요."

핵심적 임상 개념

- 전이초점 심리치료의 기략은 치료기법의 사용을 위한 단계를 만든다.
- 계약은 치료 내내 염두에 두어야 할 많은 목적에 필요하다(5장 참조).
- 언제나 세 가지 소통 경로를 경청하는 것이 긴요하다. 1) 내담자의 이야기의 내용, 2) 비언어적 행동과 태도, 3) 치료자의 역전이. 치료자는 종종 다른 소통 경로보다 내담자의 언어적 내용에 더 주의를 둔다. 이는 치료를 더 깊은 정동적 주제의 이해를 희생하고 인지적인 것에 초점을 더 두도록 할 수 있다.
- 전이초점 심리치료는 자료의 우선순위 선정에 대한 분명한 지침을 제공함으로써 치료자가 다룰 자료를 안내한다.
- 내담자의 정동을 따르는 것이 기본적 규칙이다. 이 접근은 일반적으로 더 깊은 자료에 접근할 수 있도록 하고 정동을 컨테인하고 성찰하는 능력에 대한 모델을 제공하며, 치료자가 강한 정동에 대한 내담자의 방어와의 공모를 피할 수 있도록 돕는다.
- 내담자의 정동에 주의한 다음에, 치료자는 내용에 있어 우선순위의 위계를 따른다. 이러한 위계는 우선 탐색에 대한 저항으로 작용하는 내담자의 행동과 태도를 다룬다.

추천 도서

Clarkin JF, Yeomans FE. Managing negative reactions to clients with borderline personality disorder in transference-focused psychotherapy, in Transforming Negative Reactions to Clients. Edited by Wolf A, Goldfried M, Muran JC. Washington, DC: American Psychological Association, 2012, pp 175–188.

Koenigsberg H, Kernberg OF, Stone M, et al. Borderline Personality Disorder: Stretching the Limits of Treatability. New York, Basic Books, 2000

Yeomans FE, Selzer MA, Clarkin JF. Treating the Borderline Patient: A Contract-Based Approach. New York, Basic Books, 1992.

8장

치료 초기:
치료 틀의 안착, 충동 컨테인하기, 이자관계의 확인

이 장과 다음 두 장에서는 전이초점 심리치료의 각 단계에서 일어나는 주요 문제와 내담자에게 일어나는 점진적 변화를 살펴보겠다. 치료의 초기, 중기, 후기 단계에서 일어나는 주요 문제를 일반화할 수는 있지만 경계선 인성조직의 범위가 넓기 때문에 각 내담자는 치료가 진행됨에 따라 개인차가 있을 수 있다. 전이초점 심리치료의 원칙을 각 사례에 연결시키기 위해, 두 개의 대표적인 사례를 치료 단계에 걸쳐 살펴봄으로써 원칙과 개별 내담자의 상호작용을 예시하였다(〈표 8-1〉). 사례는 비밀보장을 위해 세부 사항을 바꾸어 합성하였다. 이 두 사례로 내담자에게 나타나는 모든 주요 변화를 포착할 수 없기 때문에 다른 특수한 임상 상황도 세 장에서 예로 제시하였다. 두 사례 모두 경계선 인성장애 진단기준에 해당한다. Amy는 치료를 시작할 때 전형적으로 낮은 수준의 경계선 인성조직 내담자였다. 이에 비해 Betty는 4장('진단 평가 단계')에서 소개되는데, 전형적으로 높은 수준의 경계선 인성조직 내담자로 뚜렷한 정체성 혼미와 소외를 보였지만 Amy보다 공격성이 적었다. 인성조직 수준에서 이러한 차이는 치료의 초기 단계에서 치료과정에 영향을 끼치지만 치료 목표가 달성되면서 이러한 차이는 사라지기 시작한다.

표 8-1 치료 단계에 따른 두 가지 지속 사례

	Amy	Betty
내담자 특징	낮은 수준의 경계선 인성조직. 23세 기혼 여성. 무직. 불안, 우울, 자기파괴적 행동 문제로 7년째 치료 중. 여러 번 입원함.	높은 수준의 경계선 인성조직. 33세 미혼 여성. 무직. 친구가 없음. 우울과 얕은 손목 자해로 16세부터 치료 중.
치료 초기 (8장)	양 손목을 그어 응급실에 왔다가 입원함. 이를 탐색하면서 내담자가 공격적인 행동에서 쾌를 느끼는 것을 초기에 해석함.	초기 회기에 내담자는 전능 통제를 함. 리비도적 갈망을 방어하는 것이 분명해짐.
치료 중기 (9장)	자기에 대한 공격을 멈춤. 편집증적 경향이 감소하였으나 미묘한 방식으로 지속되는 것이 분명함. 대학 과정을 다시 시작하였고 아이를 갖기로 함. 환경이 넓어지면서 사람들에 대한 불신이 변화하는 것을 느낌.	자원봉사직을 하기 시작하고 대학에 진학하였으나 주변 사람들에게 불신을 느낌. 자신의 성취에 양가감정을 느끼고, 급우 및 치료자에게 경쟁적 욕구를 나타냄.
치료 후기 (10장)	치료자가 잘난 척한다고 느끼는 것을 내담자와 치료자가 탐색함. 내담자는 그러한 태도가 자기에게 있음을 인정하기 시작함. 이상화된 성애적 전이 단계에 있음. 치료자를 호의적, 협조적으로 지각하는 것이 생겨남.	친구를 새로 사귀기 시작하였으나 여전히 거부에 민감함. 자신의 비판적, 판단적 측면을 점점 더 자각함. 즉각적인 정서적 반응을 점점 더 맥락에 맞게 표현할 수 있고, 더 넓은 현실을 자각하면서 균형을 맞춤. 친한 관계가 생겨나고 결혼함.

　치료 초기의 목표 그리고 관련된 과제는(〈표 8-2〉) 경계선 병리의 특성을 반영하고 또한 심리역동치료가 치료자와 내담자의 상호작용을 형성해 가기 시작하는 방식을 반영한다. 치료자는 치료 방략을 실시하기 시작한다(3장 참조). 그러나 내담자가 행동화로 그 상황을 지나치게 파괴시키지 않아야만 내적 대상관계 표상을 확인하기 시작한다는 목표를 이룰 수 있다. 따라서 이 단계에서는 치료계약을 고수하고 또한 거기에서 벗어나는 것을 주의 깊게 살펴보는 것이 특히 중요하다. 이 단계에서 일어나는 행동화는 종종 계약 맺기 단계에서 정한 치료 틀에 도전하거나 이를 시험

하는 식으로 나타난다. 또 흔히 초기에 나타나는 행동화 유형은 내담자가 충동적으로 치료를 그만하는 것이다. 이는 내담자의 강한 정동과 내적 세계에 주목하는 것이 불안을 야기하기 때문이다.

치료 초기가 성공적이면 내담자는 점점 더 강한 정동을 체험할 수 있으면서도 충동적, 자기파괴적 행동을 좀 더 통제하기 시작한다. 이러한 진전은 치료계약 때 정

표 8-2 치료 초기의 초점과 변화영역

- 정동 상태가 강하게 요동치는 가운데에도 치료자와 관계를 유지하는 능력이 증가하고, 치료에서 조기 중단될 위험이 감소한다. 내담자 정동의 폭과 강도에 치료자가 열려 있고 이를 컨테인할 수 있으면 내담자가 이를 행동화하지 않고 '받아들이면서' 이를 돌아보고 관련된 갈등을 탐색해 볼 가능성이 증가한다.
- 치료 틀을 유지하면서 회기 밖에서의 자살 시도, 자기파괴적 행동과 그 밖의 혼란된 행동이 감소하고 이차적 이득이 줄어들며 치료관계에서 행동이 지배적 대상관계에 대한 관찰로 변환된다.
- 강한 정동과 정동 폭주가 치료 상황으로 집중되고 불안, 분노, 공허, 혹은 우울 기분 등의 증상이 치료자 및 다른 사람과의 관계 변화와 연결되고 그 정동에 기저하는 이자적 대상관계로 이해된다. 이러한 작업은 많은 경우 내담자의 정동이 기저의 대상관계의 반영이라는 임상적 관찰을 반영한다. 대상관계는 다른 사람과의 관계에서 내적인 자기의식으로서, 내담자가 느끼기는 하지만 의식적으로 자각하지 못하는 것으로 이에 대하여 그는 관찰적 거리를 유지하지 못한다. 그의 경험은 되돌아볼 수 있는 경험이 아니라 실제 상황이다. 관찰적 거리를 갖기 위해 명료화, 직면, 해석 기법을 사용하기 시작한다.
- 내담자는 일상생활에서 일하거나 공부하는 역할을 받아들이기 시작한다. 이는 계약 단계에서 얘기한 것에 따른다. 치료 밖 세상에서 내담자가 느낀 것을 이야기하는 것은 전이 분석을 보완하는 데 중요한 정보를 준다.
- 내담자가 기본적으로 안정된 자기 및 타인 개념이 결여된 것은 아직 변화하지 않는다. 삶의 과제에 좀 더 관여하는 것은 이 시점에서는 치료 틀 덕분이지 정체성 통합에서의 변화 때문이 아니다. 내담자는 내적 표상에 문제가 많고 원시적 방어기제를 사용하기 때문에 인생 경험에서 이전의 문제를 반복할 가능성이 많다. 그러나 내담자가 그러한 문제를 이해하기 위하여 치료라는 안전한 피난처를 다른 사람과의 관계에서 오해와 갈등을 감소시키고 여러 활동과 다른 사람에게 좀 더 관여하게 될 수 있는 식으로 사용하도록 격려한다.

하였듯이 행동화에서 이차적 이득이 제거되면서 나타나는 반응이기도 하다. 내담 자가 충동통제를 잘할 수 있으면 치료실 밖에서의 혼란스럽고 사회적으로 부적절 한 행동이 반드시 없어지지는 않지만 줄어들게 된다. 한계를 설정하면 기저의 이자 대상관계가 전이에서 활성화되어 정동 경험이 치료관계 안으로 들어오는 경향이 있다. 한계를 설정하고 행동화가 줄어들면 치료자는 전이초점치료의 분석적 기법 을 쓰기 시작할 수 있다.

강한 정동이 치료 상황에 집중되기 시작한다. 치료 상황은 모든 정동이 견디어질 수 있는 공간으로 정의된다. 치료자는 행동하려는 내담자의 충동과 불안, 분노, 공 허, 혹은 우울한 기분 등의 증상을 치료자와의 관계 변동과 연결할 수 있게 된다. 치 료자와의 관계는 내담자의 내적 생활에 있는 기저의 지배적인 대상관계가 전이에 서 활성화된 것을 나타낸다. 내담자가 치료실에서 강한 정동을 표현할 수 있는 것 에 좀 더 안심하게 되면서 때로 치료관계가 뒤집힐 수는 있어도 치료 동맹은 더 커 진다. 치료자와 관련해 강한 정동을 내담자가 느끼고 표현할 수 있고 그러면서 다음 시간에 온다는 것은 강한 동맹이 있음을 나타낸다. 그래도 치료를 중단하고 싶은 충 동이 향후 여러 가지로 있을 수 있는 발전에 대한 반응으로 나타날 수 있다. 1) 내담 자의 내적 세계에서 불편한 부분을 돌아보는 데 있어서의 불안, 2) 치료자에게 애착 이 증가하는데 애착 자체에 대한 불안 및 이와 관련되어 버림받는 공포로 애착이 위 협받을 수 있음, 3) 해리되거나 투사된 공격성을 처음으로 희미하게 자각하면서 역 설적으로 전이에서 편집적 반응이 증가함.

1. 치료자와 관계를 유지할 수 있는 역량

1) 치료 동맹

치료 초기에 다른 내담자에 비해 경계선 내담자의 중단율이 상대적으로 높다는 것은 심각한 고려사항이다. 경계선 인성장애 내담자의 치료 완수에 대한 개관은

(Barnicot et al., 2011) 다음 사항이 중단에서 중요한 요인임을 지적하였다. 즉, 높은 충동성, 분노, 불안, 치료에 관여하지 않음, 변화에 대한 낮은 동기, 높은 경험적 회피 및 낮은 치료 동맹이다. 변증법적 행동 치료와 일반 정신과적 관리를 비교하는 대규모 연구결과 중단에 대한 가장 높은 예언변인은 낮은 치료 동맹이었다(Wnuk et al., 2013). 모든 심리치료 연구에서 가장 확실한 결과 중 하나는 초기의 치료 동맹이 치료과정 및 결과와의 관계에서 중요하다는 것이다(Crits-Christoph et al., 2013). 이 논문에서는 내담자를 진단 및 인성조직 수준(예, 신경증 대 경계선)에서 거의 구분하지 않는다. 우리가 알기에 경계선 내담자는 애착 문제가 있기 때문에 이들과 치료 동맹을 형성하는 것은 신경증 내담자보다 더 복잡하고 어렵다. 더구나 초기 동맹의 중요성을 강조한 대부분의 문헌은 단기 치료를 다루고 있다.

전이초점 심리치료는 정의대로 내담자와 치료자 간의 관계에 초점을 둔다. 관계는 어떤 수준에서는 실제이고 또 다른 수준에서는 내담자가 만든 것이기도 하다는 점에서 복합적이다. 그 관계는 자기와 타인에 대한 내담자의 내적 표상이 치료자에 대한 지각을 결정하는 것에 기반하여 내담자가 만들어 낸 것이다. 이러한 치료자에 대한 지각을 탐색하는 것이 궁극적으로 내담자로 하여금 더 안정된 심리구조를 갖도록 돕는다. 치료자와의 관계에서 좀 더 현실에 기초한 측면이 치료 동맹을 구성한다(Gill, 1982). 즉, 양측 모두 내담자를 도우려 함께 참여한다는 것을 자각하는 것이다. 치료가 성공적이면 이 관계는 내담자 삶에서 매우 중요한 부분이 되고 그것을 유지하고자 하는 내담자의 소망이 치료 틀 내에서 작업하고자 하는 동기 중 하나가 된다.

치료 동맹에 대한 다음과 같은 질문이 즉각적으로 올라온다. 경계선 내담자를 장기 치료할 때 과정과 결과 면에서 초기 치료 동맹의 중요성은 무엇인가? 지지치료나 인지행동치료와 비교했을 때 전이초점치료에서 치료 동맹의 본질이나 특성은 무엇인가? 동맹을 위협하는 것을 전이초점 심리치료에서 어떻게 다루나? 정신분석 문헌에서 작업관계 혹은 치료 동맹은 치료자와 내담자의 관찰 자아 간의 관계로 기술된다. 따라서 작업동맹은 치료자와 내담자의 건강한 부분 간의 협동이다. 즉, 관찰하고 성찰하는 면에서 치료자와 함께할 수 있는 부분이다. 치료를 시작할 때 내담자의 심리적 구조에서 이러한 부분은 내담자가 경험하는 정동 홍수에 비해 작고 약할 수 있다. 따라서 해석은 내담자와 치료자가 공유하는 경험을 주목하는 것부터 시작하며 접근한다. 이러한 상호과정을 활용하는 것은 과도한 이상화를 하지 않고도 타인을 신뢰할 수 있는 내담자의 능력에 달려 있으므로 경계선 내담자에게 특별한 도전이다. 작업동맹은 내담자가 치료자를 마술적 치유자로 보게 하는 이상화나 긍정적 전이의 초기 표현인 이상화 파생물과 구별되어야 한다. 치료가 진행될수록 동맹은 점점 더 긍정적 전이와 겹쳐진다.

어떤 인성 특성은 내담자가 효과적인 작업 치료 동맹을 형성하는 것을 어렵게 한다. 첫째, 작업동맹은 반사회적 그리고 심한 자기애적 인성구조에서는 한계가 있다. 반사회적 내담자는 타인을 이용하고 착취하는 대상으로 경험하고, 심한 자기애성 인성장애 내담자는 타인에게 매우 심한 시기심으로 반응해서 협동하기보다는 시기하는 대상을 공격하는 경향이 있다. 둘째, 더 긍정적인 것인데, 치료 동맹은 전이에서 내담자의 공격성이라는 스트레스하에서도, 그리고 종종 후기 단계에서는 이상화된 사랑하에서도 치료자와 내담자가 관계를 유지할 수 있는 능력에 의해 촉진된다. 마지막으로, 내담자의 공격성과 있을 수 있는 불일치에도 불구하고 치료자가 내담자에게 진술한 관심을 줄 수 있는 역량이 치료과정에 핵심적이다. 성공적인 치료자는 많은 부분 앞으로 더 나아진 내담자를 상상할 수 있기 때문이기는 하지만 내담자에게서 좋아할 수 있는 점을 발견해야 한다. 그럼에도 불구하고 종종 이 내담자들과 치료 동맹을 수립하고 군건히 하는 것은 명백하거나 잠재적인 부정적 전이를 분석하는 데 달려 있다. 의심, 공포 혹은 시기심 등 타인에 대한 부정적 억측은 경계선 내담자가 경험하는 관계의 특징이므로 이들과의 가장 진술한 관계는 이러한 감정을 수용하고 포용하는 것이다.

특정 사례에서 치료 동맹의 특성은 다음의 일곱 가지로 알 수 있거나 표현된다.

1. **내담자 문제에 대한 내담자와 치료자의 이해의 본질.** 평가 단계 후 내담자 문제의 본질이 어떤지에 대해 치료자가 받은 인상을 논의하게 된다. 경계선 인성장애는 복잡한 현상으로 나타나고 종종 다른 공존병리 때문에 치료받으러 온다는 사

실을 고려해 볼 때 심리적 탐색에 초점을 두어야 좋아질 수 있다는 것을 치료
자와 내담자는 합의할 필요가 있다. 최소한 치료받으러 온 이유와 목적에 대
해 공동의 합의가 있어야 한다.

2. **치료조건에 대하여 상대적 합의에 도달함.** 계약 과정에서 치료자는 내담자에 대한
주의와 관심을 보여 준다. 이 과정은 내담자에게 문제 영역을 어떻게 다룰지
함께 성찰해 보도록 권하는 것이기도 하다. 적절한 합의에 도달하는 것이 동
맹을 수립하는 한 걸음이 된다.

3. **치료에 대한 내담자와 치료자의 기대의 본질.** 치료결과가 어떨지 그리고 치료 과
정이 어떨지에 대한 기대가 여기에 들어간다. 생각해 보아야 할 질문은 다음
과 같다. 내담자는 치료에서 충고나 안내, 혹은 약복용이 가장 중심이라고 기
대하는가? 아니면 치료자와의 관계를 통해 자신에 대해 배우는 것이 초점이
될 거라고 두 사람이 합의하는가? 치료자는 이 내담자가 자기 및 타인과의 경
험이 더 나아지고 생활에서 더 잘 기능하고 더 만족한 수준으로 호전되는 것을
상상할 수 있는가?

4. **치료자가 내담자에게 정동적으로 관여함.** 치료자가 내담자에게 정동적으로 관여
할 수 있는 능력은 내담자가 처음에는 건강한 부분이 적지만 점차 내적 갈등
과 혼돈이 성공적으로 통합되는 쪽으로 변화하려 함께 노력할 수 있으리라는
마음이 치료자 안에 생길 수 있느냐에 달려 있다. 정동적으로 관여되는 것은
상당부분 치료자의 현실적 희망 속에서 내담자가 발달할 수 있는 것에 달려
있다.

5. **강한 정동에 대해 치료자와 내담자가 감내하기.** 공격성 정동이 종종 치료 초기 단계
에 더 두드러진다. 치료관계는 두 사람이 미묘하거나 명백하게 이로부터 후퇴
하거나 행동화하지 않고 이러한 정동을 받아들이고 작업할 수 있어야 한다.

6. **대화에 의미 있게 참여할 수 있는 내담자와 치료자의 능력.** 이것은 치료자의 개입을
생각해 보고, 의지하는 내담자의 능력에서 볼 수 있다. 치료 초기에 내담자가
참여하는 것은 현재의 상호작용과 이에 연결된 정동을 묘사하는 치료자의 방
식을 내담자가 얼마나 생각해 보는지의 문제일 수 있다. 후기 단계에는 치료

자의 해석을 생각해 보는 것이다. 이와 함께 가면서 치료자는 내담자를 효과 적으로 경청하고 회기의 정동에 몰입하고 또 이러한 경험을 일관되게 설명할 수 있는 능력을 나타낸다.

7. **겉으로 드러나는 부정적 전이를 일찍부터 진단하고 해소함.** 전이에서 부정적 정동반응을 명료화하고 감내하는 것은 더 신뢰하는 관계를 형성할 수 있는 내담자의 어떠한 잠재력이든 나타나게끔 하는 가장 주요한 길이 될 수 있다.

심층적 탐색 치료는 그 본질상 치료 동맹에 도전을 한다. 왜냐하면 그러한 치료는 심리적 구조, 즉 자기가 세상과 관계하는 방식을 더 적응적이고 만족스러운 것으로 변화하도록 돕는 과정에서 현재의 방어 기능에 문제를 제기하기 때문이다. 이러한 도전은 내담자의 원래의 방어구조, 즉 정서, 내적 규칙, 외부 현실의 압력이 서로 각축을 벌이며 교차하는 데에 균형을 잡으려는 방식이 그가 아는 유일한 것이라는 사실에서 유래한다. 이러한 구조는 결국에는 부적응적이지만 단기간에는 불안에서 어느 정도 벗어나게 해 준다. 예를 들어, 분열은 정말로 개인의 경험에 질서를 제공하지만, 세상의 복잡함에는 잘 맞지 않는다. 개인의 경험을 새롭게 처리하는 방식이 더 적응적일 수 있지만 처음에는 익숙지 않으므로 불안하고 의심스러울 수 있다. 탐색적 치료의 이러한 일반적 진실에 경계선 내담자가 전이에 가져오는 정동 강도가 합쳐질 때 치료 동맹을 유지하려면 일찍부터 적극적인 해석적 개입이 필요할 수 있다.

2) 치료와 치료적 틀의 시험

내담자는 항상 그렇지는 않지만 흔히 치료계약에 의해 설정된 치료적 틀을 시험하면서 치료를 시작하는데, 이는 어떤 전형적인 역동을 반영한다. 어떤 면에서 이 행동은 경계선 내담자가 다른 사람을 믿기 어려운 것 때문에 생긴다. 그들은 타인이 자신을 위해 있다는 것을 믿을 수 없으므로 버림받고 상처받는 것을 피하기 위해 타인을 통제해야, 즉 주도권을 잡아야 한다고 느낀다. 더 자기애적이고 반사회적인 내담자는 타인을 통제하고 주도권을 잡아야 한다고 느끼는 것이 힘을 좋아하는 것과 결합될 수 있다. 계약의 시험은 내담자가 치료자를 통제할 수 있는지를 보는 것이 될 수 있다. 이러한 양상의 또 다른 형태는 모든 관계가 한 사람이 다른 사람을 통제한다는 것에 근거한다고 믿는 내담자가 '내가 그를 통제하지 않으면 그가 나를 통제한다.'고 보는 것이다.

다른 면에서 치료 틀을 시험하는 것은 치료자가 충분히 강해서 내담자의 도전을 직면하고 견디어 주기를, 즉 충분히 보살피면서도 단호하길 바라는 깊이 숨어 있는 소망의 표현이다. 이러한 소망의 가장 극단적 형태는 상상하던 전능한 대상을 발견하고픈 원시적 열망이 나타나는 것이다. 따라서 중요한 것은 치료자가 치료를 지속하기 위해 가능한 것을 할 수는 있지만 전능하지는 않으며 내담자가 제기할 수 있는 모든 도전을 성공적으로 막을 수 없을지도 모른다는 것을 분명히 하는 것이다. 치료 틀을 시험하는 예로, 낮은 수준의 경계선 인성조직 내담자인 Amy 사례를 각 치료 단계에 따라 죽 살펴보겠다(8~10장).

3) 임상 예: Amy

Amy는 우울, 불안, 자기파괴적 행동과 자살 행동으로 전에 7년간 치료를 받은 뒤 23세에 전이초점치료를 시작했다. 그녀는 조울증, 반복적 주요 우울증, 경계선 인성장애 진단을 받았다. 의뢰 당시에는 경계선 인성장애가 주요 진단이었다. 전에는 지지적 심리치료, 약물치료(항우울제, 기분 조절제, 항불안제, 낮은 용량의 신경이완제)를 받았고 여러 번 입원하였다.

Amy는 결혼을 했고 치료 시작 당시 무직이었다. 그녀는 다른 사람이 자기를 비판하고 거부할까 봐 두려워 일이나 학업을 수행하지 않았다. 이전 치료자는 Amy가 방임적인 부모의 희생양이라고 여기면서 그녀의 외로움과 공허감을 달래 주기 위하여 회기 외에도 추가적 접촉을 해 주었다. 그러나 Amy의 증상은 계속되었고 또 한 번의 자살 시도 후에 입원하였기 때문에 이러한 전략은 소용이 없었다. 그녀는 병원에서 퇴원하여 Jones 박사에게 전이초점 심리치료를 받으러 왔다. 당시 그녀는 SSRI 계열의 항우울제와 벤조다이아제핀, 수면 문제 때문에 디펜히드라민을 먹고 있었는데, 모두 권고치 이상의 높은 용량을 복용하고 있었다. 치료 시작한 달 사이 약복용량은 감소하였다.

치료계약을 의논하면서 Amy는 자살 충동을 통제할 수 없으면 응급실에 가겠다는 조건에 좀 주저하였지만 동의하였다. 거기서 정신과에 입원하라고 하면 그것도 받아들이기로 하였다. Jones 박사는 그녀가 양가적이라는 것을 알았지만 이 정도 동의하면 치료를 시작할 수 있다고 판단하였다. Jones 박사는 Amy가 자살 위험이 높다고 보아서 계약 회기 시간 중 한 번은 그녀의 남편을 참여시켜 그에게도 치료조건과 현실적 기대를 분명히 하였다.

치료 시작 2주 후 Amy는 약물 과다복용을 하였고 남편이 그녀를 근처 병원에 입원시켜 의학적 관찰을 받았다. 다음 날 의학적 이상이 없다는 것을 확인하고 병원의 자문 정신과의사가 정신과 병동으로 전과하라고 권했다. Amy는 이를 거절하고 퇴원하겠다고 했다. 병원 정신과의사는 Jones 박사에게 전화해서 내담자가 의학적 권고를 거부하고 퇴원하려 한다고 알려 주었다. Jones 박사는 그녀가 더 높은 수준의 보호를 요한다고 병원 정신과의사가 평가했기 때문에 이런 상황에서는 그녀를 다시 치료에 받아들일 수 없다는 것을 분명하게 밝혔다. 그는 치료 동의 안에 입원이 권유되면 받아들이는 게 그녀의 책임이라는 것을 Amy도 알고 있다고 설명했다.

병원 정신과의사는 Jones 박사의 말을 Amy에게 전하면서 새로운 의사와 외래치료를 잡아야 될 것이라고 했다. 그러자 Amy의 남편이 Jones 박사에게 전화하여 그가 전문가답지 않게 행동하며 필요한 순간에 Amy를 버린다고 비난했다. 치료자는 Amy의 남편에게 계약에 대한 이해를 상기시켰고 이렇게 하는 게 치료적 원칙에 근거하였으며 아내에게 가장 필요한 조치라고 다시 말했다. 병실에서 전화를 하고 있던 남편은 아내에게 전화를 바꿔주었다.

그녀는 Jones 박사에게 간청과 비난을 섞어 가며 이야기를 계속했다. "선생님이 이해하셔야 해요. 저는 지금 아주 괜찮아요. 거기서 빠져나왔다고요. 정신병동에 있는 게 어떤 건지 선생님은 모르세요. 끔찍해요! 거기 있으면 자살하고 싶어져요…. 선생님이 나한테 이럴 줄 알았어요. 선생님은 환자를 괴롭히는 것을 즐기

시네요. 막 선생님을 믿기 시작했는데 나를 늑대에게 던져 버린다고요!"

이야기를 나누자 Jones 박사는 불안해졌다. 자신이 올바른 치료적 입장을 취하고 있다고 믿었지만 정신병동에 입원하지 않고 자신에게 다시 치료받겠다는 간청을 거절하는 것이 가혹하고 비합리적이며 가학적이기까지 하다는 느낌이 들기 시작했다. 그러나 자신의 입장을 잠시 되돌아보면서, 즉 역전이를 검토한 뒤 자신이 치료를 거부하고 있지 않다는 것을 생각해 냈다. 오히려 자신은 적절한 치료를 제시하였다. 그는 내담자가 자신에게 가혹하고 거부적이라는 감정을 유발하고 있다고 생각했다. 그는 이것이 Amy의 마음에 있는 대상표상에 해당된다고 생각했고, 치료를 다시 시작하게 되면 이를 탐색하고 해석하는 것이 중요하겠다고 생각했다. 그러나 지금은 치료 틀에 초점을 맞추었다.

Jones 박사는 자신의 입장을 반복했다. Amy는 간청과 비난을 거듭했다. 대화가 더 이상 진척되지 않자 Jones 박사는 둘 모두의 입장이 분명해졌으니 어떻게 할지는 Amy가 결정하는 데 달려 있다고, 결정되면 알려 달라고 했다. 내적으로 그는 그녀가 치료를 그만 둘 가능성도 있다는 것을 받아들였다. 그날 늦게 Jones 박사는 그녀가 정신과 병동으로 전과되는 것에 동의했고 퇴원하면 다시 치료받으러 오겠다는 메시지를 받았다.

Amy가 치료 틀에 도전한 것은 이번이 마지막이 아니었다. 그러나 치료자는 치료 틀을 유지할 수 있었다. 그런 일 다음에는 항상 이것에서 무엇을 배울 수 있는지 보기 위해 도전의 의미를 다루는 것이 중요하다. 이 사례의 경우 Jones 박사와 Amy는 '자기 마음대로 하려는' 그녀의 강한 욕구를 탐색하게 되었다. 시간이 지나면서 관련된 자료를 관찰한 뒤 그들은 이러한 욕구가 생기는 것은 한편으로는 그녀가 다른 사람을 통제하지 못하면 다른 사람이 그녀에게 상처를 줄까 봐 두려워서이고, 다른 한편으로는 그녀의 건강하지 못한 요구에 지지 않을 만큼, 그래서 그녀를 방임하지 않을 만큼 충분히 강하고 그녀에게 관심이 있는 사람을 찾고자 하는 숨은 소망 때문임을 이해하게 되었다.

이 예는 내담자가 새로 설정된 치료 틀을 시험하는 여러 가지 방식 중 하나이다. 이렇게 하는 다른 전형적인 방식은 자주 회기에 빠지거나 일이나 연구에 참여하겠다고 하고는 지키지 않는 것, 12단계 모임에 참여하지 않는 것 등이다.

4) 치료 초기에 회기를 빠짐

어떤 내담자는 치료계약에 동의하지만 곧 회기에 규칙적으로 오지 않기 시작한다. 이런 행동은 치료자로 하여금 적극적이 되게 한다. 일반적으로 치료자는 내담자에게 전화하여 왜 회기에 오지 않았는지 묻고 치료가 잘 되려면 규칙적으로 와야 함을 상기시킨다. 내담자가 치료에 오는 것을 주저하거나 양가적인 것 같으면, 약간의 심리교육을 하면서 정동표현을 격려하는 식으로, 결정은 분명 내담자에게 달렸지만 내담자가 회기에 오기가 어려울 때 종종 그 회기가 가장 생산적인 시간이 된다는 것을 알려 준다.

2. 충동성과 자기파괴성의 조절

1) 자살 위협과 자기파괴적 행동

치료계약에서는 자살 충동에 대한 내담자와 치료자의 책임을 명시한다. 치료자 책임의 한계, 내담자 책임의 정도, 그리고 가족도 관련이 있다면 자살 위험에 대한 내담자 가족의 역할이 계약을 설정하는 기간 동안 논의되어야 한다. 자살 사고 혹은 행동이 치료 동안 주제로 떠오르면 치료자는 이를 최우선으로 다루어야 한다(7장 '3. 3) 주제의 우선순위 지키기' 참조). 이것은 당연한 것 같아 보이지만 내담자가 자살 충동을 별것 아닌 것처럼 얘기하기 때문에 분명히 해야 한다. 치료자는 자기파괴성의 주제를 반드시 다루어야 하는데, 첫째는 계약에서 합의한 대로 다루고 있다는 것을 내담자가 확실히 알도록 하기 위해서이고, 둘째는 이 주제가 이 시점에서 출현하는 의미를 탐색하기 위해서이다.

　우선순위 위계를 고수하면서도 치료자는 언제나 개별 상황에서 최선의 임상적 판단을 해야 한다. 자살 혹은 자기파괴적 자료를 언제나 먼저 다룬다는 원칙에는 한 가지 예외가 있다. 그것은 치료자가 볼 때 그런 자료를 가져오면 다루기 더 어려운 문제에 치료자가 집중할 수 없다는 것을 내담자가 아는 경우이다. 이런 경우 치료자는 다음과 같이 할 수 있다. "내 생각에 ○○씨는 신체적 굴욕감이란 주제가 나올 때마다 즉각적으로 자살 생각을 얘기하는 것으로 가요. 내가 항상 자살에 대한 자료를 먼저 탐색한다는 것을 아니까 ○○씨에게 더 괴로운 주제를 다루는 것을 의식적, 무의식적으로 피하기 위해서 이 주제를 꺼내게 되는 것일까요?"

2) 치료과정과 법의학적 관점에서 새로운 보조기법의 도입

　치료과정에서 자살 사고와 충동, 또는 어느 것이든지 중요한 문제가 새로운 주제로 떠오르면 치료자는 이런 문제를 어떻게 다룰지에 대한 합의사항을 치료계약에 덧붙이는 시간을 가져야 한다. 자살 문제가 있는 내담자를 다루는 복잡한 문제에는 임상적 고려와 함께 법의학적 관점도 들어가야 한다. 가령 내담자가 자해나 자살을 했다면 내담자나 내담자의 가족이 소송을 제기할 수 있다. 치료자는 주저하지 말고 이런 문제를 직접적으로 다루어야 한다. 왜냐하면 이는 실제 치료적 맥락에서 일어나는 일이고, 치료자가 선명하게 사고하기 위해서는 안전감이 유지되는 환경에서 일해야 한다는 중심 원칙에 저촉되기 때문이다. 치료자는 법적 행동의 위험에 대해 관심을 가질 권리가 있을 뿐만 아니라 치료자가 자신의 역할을 하는 데 있어 제약받거나 협박당한다고 느끼지 않도록 치료에서 이러한 위협을 다루어야 한다. 이것이 다루어지지 않으면 법적으로 행동할 가능성에 대한 불안 때문에 치료자는 부정적 전이를 회피하거나 탐색 과제를 포기하게 될 수 있다. 일단 주제가 다루어지기 시작하면 치료자는 자신이 느낀 위협감의 전이적 의미를 탐색할 수 있게 된다.

　자살 충동에 대해 여기서 논의한 입장은 치료의 책임이라는 문제에 대해 의학적 모델의 접근과 다르다. 의학적 모델에서는 치료하겠다고 내담자를 받아들인 전문가가 그 사람을 구하기 위해 책임을 지고 내담자는 수동적으로 치료를 받는다.[1] 전이초점 심리치료는 두 가지 점에서 이러한 의학적 모델과 다르다.

1. 의학적 모델은 경계선 인성장애 내담자가 시간이나 정서적 관여라는 면에서 치료 틀을 넘어 자신들의 삶에 더 관여하도록 치료자를 자극하기 위하여 자신을 위험으로 몰아갈 수 있다는 사실을 고려하지 못한다(이차적 이득 문제). 경계선 내담자를 심리역동적으로 치료할 때 치료자의 책임에 대한 보다 포괄적인 관점에서 보면 치료자는 자신의 역할을 행동보다는 성찰로 정의할 필요가 있고, 또한 행동화에 대한 치료자의 반응이 내담자에게 만족을 주어서 행동화가 지속되거나 증가되는 악순환으로 들어가지 않도록 할 필요가 있다.

2. 의학적 모델은 내담자가 치료자에게 지속적으로 의존하게 한다(버팀목으로서의 치료). 반면, 전이초점 심리치료는 내담자의 자율성 발달을 촉진한다.

전이초점 심리치료자는 계약을 지킨다면서 자신의 법적, 윤리적 책임을 기피하지 않을 것이다. 그러나 치료에는 다음과 같은 안전장치가 마련되어 있다. 1) 치료자와 내담자 모두 내담자의 자살 충동에 어떻게 반응할지에 대해 사전 계획을 가지고 있고, 2) 내담자와 치료자 간 소통의 질이 중시되고, 3) 자살 가능성이 문제가 될 때는 이를 우선적으로 다룬다.

3) 치명적이지 않은 자기파괴성

경계선 인성장애 내담자는 종종 살짝 베이거나 '약간의' 약물 과다복용 같은 치명적이지 않은 자기파괴적 유사 자살 행동을 한다. 치료자는 종종 이러한 행동을 어

---

[1] 여기에서 기술한 것 같은 이러한 의학적 모델이라 하더라도, 내담자가 무의식적이라거나 마취 상태일 때를 제외하고는 대부분의 의학적 상황에서 실제로 적용되지 않는다. 대부분의 치료 상황에서 내담자가 치료적 권유에 적극적으로 협조하는 것이 중요하기 때문이다.

떻게 봐야 할지 불확실할 때가 있다. 역동적 관점에서 이것은 자살 행동과 같은 것인가? 실제적 관점에서 이런 행동을 확실히 치명적일 가능성이 있는 행동으로 간주하면서 치료 상황을 유지해야 하는가? 적절한 한계 설정을 두고 고심하는 치료자의 전형적 반응은 다음과 같다. "내담자가 자살 위험이 있으면 응급실을 가야겠지만 살짝 긋고 싶은 충동이 있을 때에도 그럴 필요가 있을까?"

　한계 설정의 원칙은 내담자가 자신의 정동을 행동화를 통해 방출하도록 하지 말고 치료 시간에 다루는 것임을 명심해야 한다. 따라서 치료자는 다음과 같이 질문해야 한다. "치명적이지 않은 자기파괴적 행동이 치료작업에 미칠 영향은 무엇인가?" 탐색적 치료의 원칙은 내담자가 자기 이야기를 하고, 발견하고, 검토하고, 치료자의 도움으로 이해를 방해하는 방어적 장벽을 넘어서게끔 하는 것이다. 치료는 계속적으로 새로운 이해를 가능하게 하고 자기 이야기는 좀 더 일관적이 된다. 그러나 이러한 과정이 내담자의 현재 심리적 평형을 위협할 수 있다. 그 평형이 아무리 부적응적이라 하더라도 그렇다. 그러므로 내담자는 이해하도록 서로 노력하는 데서 주의를 돌리는 방식으로 행동할 수 있다. 즉, 탐색에 대한 일종의 저항으로 행동화를 한다. 어떤 내담자가 할 수 있는 모든 가능한 저항을 치료자가 미리 알아차릴 수 있다고 기대하는 것은 합당치 않다. 또한 치료과정에서 내담자가 탐색에 대한 저항으로서 새로운 행동을 나타낼 수도 있다. 따라서 치료자는 그런 일이 생기는지 계속적으로 주시해야 하며 필요하다면 치료의 어느 시점에서 새로운 보조기법을 도입할 준비를 해야 한다. 자해와 관련해서 몸을 긋는 것이 환자가 분노에 대처하는 학습된 행동인지, 외상과 관련된 내재화된 대상관계의 상연으로서 가해자와 피해자 모두에 대한 동일시를 포함하는지, 치료자에게 영향을 끼치거나 치료자를 주저하게 하려는 시도인지, 아니면 이 모든 것의 조합인지에 대해 치료자가 알게 되기까지 시간이 걸릴 수 있다.

　일반적으로 치명적이지 않은 자기파괴적 행동과 관련하여 가장 중요하게 고려할 점은 이러한 행동이 탐색적 치료를 어느 정도까지 침해하는가이다. 다음과 같은 일부 사례에서는 상당히 직접적이다.

〈사례〉

한 젊은 여성이 이전에 3년간 치료를 받았는데 반복적으로 손목을 긋고 화상을 입혀 그 당시 치료자의 역할은 대부분 그러한 행동의 정도를 모니터하고 그녀의 상태를 평가해서 의학적 치료를 받을 필요가 있는지 혹은 병원에 입원할 필요가 있는지를 결정하는 데 국한될 정도였던 것이 그 치료의 특징이었다. 이 사례에서 새 치료자가 그녀의 태도를 요약하였다.

치료자: ○○씨가 손목을 긋고 살을 태우고 해서 이전의 치료는 효과가 없었어요. 왜냐하면 그게 작업의 초점이 되어 버려 ○○씨의 감정과 갈등을 탐색하여 나아지도록 상담을 할 수 없었기 때문이에요. ○○씨는 치료자로 하여금 ○○씨의 자기파괴적인 행동을 끊임없이 쫓아다니게 만들었어요. ○○씨가 그렇게 하니까 치료자는 적극적으로 탐색작업을 할 수 없었을 거예요. 치료자가 말을 잘못하면 ○○씨가 자해를 할까 봐 무서웠다는 것처럼 들리거든요. ○○씨 치료자로서 나는 ○○씨의 행동과 증상에 관심이 있지만, 그것은 그러는 게 ○○씨에 대해 더 잘 이해할 수 있게 되고 그걸 극복할 수 있도록 하는 한에서라는 것을 강조하고 싶어요. ○○씨가 치료를 받으면서 자기파괴적인 행동을 계속하면 이런 유형의 탐색에 관심이 없다는, 그래서 사실상 치료를 끝내는 ○○씨 나름의 방식이 아닌가 생각합니다. 만약 그렇다면 ○○씨에게는 사례관리가 더 적절할 것입니다. 그러한 유형의 치료는 증상과 행동 자체에 초점을 두기 때문이에요. 그게 제일 좋을 것 같으면 그렇게 조치해 드리겠습니다. 그래도 ○○씨가 여기서 평가를 받고 있는 것을 보면 어떤 면에서는 자신의 행동을 탐색하고 그걸 극복하는 데 관심이 있는 것 같아요. 그런 걸 생각해 보고 탐색하려면 우리는 전에 그랬던 것처럼 ○○씨가 신체를 해치고 그래서 여기서 탐색 작업을 할 수 없다는 걱정은 하지 않을 수 있어야 합니다. 그러니까 여기에 서명하기 전에 ○○씨가 관심있는 치료의 종류에 대해 더 생각해 보시길 바랍니다."

　　치료자는 이러한 대화를 통해 내담자가 자기파괴적 행동을 하는 것에서부터 그 뒤에 뭐가 있는지 이해하는 것으로 변화하도록 호소한다. 많은 내담자는 자기파괴적 행동을 통제할 수 없다고 주장하면서 항의한다. 그러나 많은 임상 경험에 의하면 대부분의 내담자는 격려를 받으면 어느 정도 그러한 충동을 통제할 수 있다.

　　일부 사례에서는 이렇게 대화하고 내담자가 노력하면 충분히 자기파괴적 행동을 끝낼 수 있다. 그러나 많은 경우 내담자는 치료 초기에 어느 시점에서 다시 행동화한다. 어떤 경우든 내담자의 정동, 자기와의 관계, 치료자 및 다른 사람과의 관계 속에서 이를 탐색한다. 만약 그 빈도와 강도가 점점 더 감소하는 양상이라면 행동화 자체가 막다른 궁지나 실패를 의미하지는 않는다. 그러나 치료를 시작하고 3~6개월이 지나도 줄어들지 않는다면 치료자는 그 시점에서 좀 더 행동지향적 혹은 약물지향적 치료가 낫겠는지 내담자와 의논해야 한다. 아니면 내담자가 계속 탐색적 치료를 받고 싶다고 하면 어떤 보조기법을 더 사용해야 내담자가 치료를 더 잘 받을 수 있겠는지 의논하도록 한다.

　　일부 극단적인 경우에 내담자가 계속 행동화하여 치료자가 치료 가능성을 의문시하면 한동안 통제를 하다가도 다시 행동화하는 식으로 상황을 극단으로 몰고 가는 내담자도 있다. 심한 공격성이 있는 내담자의 경우 이는 가학피학적 관계의 만성적 상연을 나타낼 수 있는데 이는 해석될 수 있다. 어떤 내담자들은 치료자가 최후통첩을 하고 싶도록 몰고 간다(예, "한 번만 더 화상을 입히면 치료를 끝내겠습니다"). 이러한 경우 치료자는 시간에 걸친 양상에 입각해 사고한다는 것과 내담자가 최후통첩을 도발하는 것이 아마도 내담자 자신과 치료자에 대한 공격성일 텐데 이것이 통제감을 갖기 위한 노력과 합쳐진 것이라는 점을 내담자에게 분명히 하는 것이 중요하다. 이러한 통제감은 편집적 혹은 반사회적 전이에 상응할 것이다.

　　어떤 종류의 작은 자해 행동은 내담자가 손목을 긋거나 상처를 낼 때마다 치료를 다시 받기 전에 상처 치료를 할 필요가 있는지 내과의사나 일반의로부터 진료를 받아야 한다고 계약에 명시하는 보조기법을 설정하면 통제될 수 있다. 그렇게 하는 것은 자해 행동이 전이초점 심리치료 영역 밖이라는 점을 분명히 하고, 내담자의 안전을 보장하며, 그 행동의 의미와 보조기법을 설정해야 하는 것의 전이적 의미를 해석하는 데 시간을 할애하기 위해서이다. 이러한 입장을 취할지의 문제는 치료자가 사고하고 성찰할 수 있는 조건을 수립해야 한다는 원칙에 주로 달려 있다. 손목을 조금 긋거나 여타 치명적이지 않은 형태의 행동화 때문에도 방해를 많이 받는 치료자는 이러한 보조기법을 취하기를 원할 수 있다.

3. 정동 폭주와 이를 지배적 대상관계로 전환하기

1) 명백한 정동 폭주

정동 폭주는 강한 정동을 폭발시키는 것이다. 경계선 인성조직 내담자 치료에서는 정동 폭주가 두 가지 유형으로 나타난다(Kernberg, 2004). 첫 번째 유형은 비디오 3에서 볼 수 있듯이 치료시간 내에 대놓고 소란스럽게 정동을 폭발하는 것이다. 이러한 정동 폭주는 대체로 매우 공격적이고 요구적이나 치료자에 대한 성적인 성질을 담고 있을 수도 있다. 내담자는 성찰하기가 어려운 강렬한 정동 경험의 힘에 떠밀려 행동하는 것같이 보인다. 실제로 이런 폭주 상태에 있을 때는 내적 상태에 대한 자기성찰과 소통 능력이 거의 없어지는 것 같다.

▶ 비디오 3-1: 정동 폭주 1부(9:28)_[부록 p. 497]
▶ 비디오 3-2: 정동 폭주 2부(9:26)_[부록 p. 501]
▶ 비디오 3-3: 정동 폭주 3부(10:10)_[부록 p. 506]

2) 무언의 정동 폭주

두 번째 유형의 정동 폭주는 내담자가 숨막힐 만큼 단조롭고 변화 없는 정동적 색조로 경직되고 반복적인 행동을 보이는 것이다. 마치 내담자는 부분적으로만 살아 있는 것 같고, 치료자는 지루하고 무관심해지거나 심지어 아무것도 일어나지 않는 상황 때문에 화가 나기도 한다. 내담자가 나타내는 단조로운 정동적 색조와 지루한 내용이 사실은 어떤 지배적인 관계 주제를 표현하는 것임을 인식하게 되면 치료자는 상황을 해석할 수 있고 내담자가 단조로운 통제로 방어하고 은폐하고 있던 강한 정동으로 반응하는 것을 볼 수 있다.

3) 정동 폭주를 치료적으로 다루기

정동 폭주 시 내담자는 치료자로부터 어떤 해석도 받아들일 수 없고 그런 개입을 공격으로 지각해서 상황에 불을 붙인다. 여기서 필요한 것은 제일 먼저 치료자가 정동을 감당할 수 있는 것이다. 그것을 피하지 않고 대화하는 것이다. 그리고 Steiner(1993)가 대상 중심적 해석이라 한 것이 필요하다. 이것은 치료자에 대한 내담자의 지각을 받아들이거나 거부하지도 않고 그것을 상세하게 묘사하는 것이다(예, "완전히 공감 능력이 결여된 것 같은 사람을 자꾸자꾸 만나야 한다면 정말 좌절스럽겠네요." "그렇다면 지금 내가 ○○씨를 몹시 비난하고 있는 거군요?"). 내담자가 치료자에 대해 느끼는 것을 이렇게 세심하게 묘사하면서 지금 얘기되는 것이 내담자의 내적 세계의 한 요소라고 굳이 말하지 않아도 투사된 것의 성질을 명료화하고 궁극적으로 이를 내담자와 연결시키고 투사하는 이유를 해석하면, 내담자는 점차로 투사된 것을 견디고 이를 생각해 보고 받아들이게 된다.

내담자가 정동적으로 매우 흥분하고 폭발하는 동안에는 치료자가 하는 말의 내용만이 아니라 치료자의 정동 상태 또한 개입의 중요한 부분이다. 딱딱하고 평이하고 비반응적인 어조로 하는 개입은 대체로 현재 진행되고 있는 정동 폭주에 불을 붙인다. 치료자의 그러한 정동적 태도는 치료자가 내담자를 이해하지 못하거나, 거리를 두며 내담자의 정동 통제 상실을 경멸하거나, 내담자의 감정과 행동에 압도되어 마비되었다는 것을 전할 뿐이다. 7장에서 기술한 대로, 치료자는 내담자의 정동 수준에 맞추어 만나야 하는데, 그 상황에서 내담자와 정동적으로 소통하면서도 동시에 내담자의 정동을 담아낼 수 있어야 한다.

정동적으로 적절하게 반응하면서 치료자는 점차로 지배적인 대상관계를 표층에서 심층으로 해석할 수 있는데, 내담자 경험의 의식적 측면에서 시작해서 무의식적, 해리된, 억압된, 투사된 측면과 이것을 방어하게 되는 동기의 해석으로 나아간다. 정동적으로 만나면서 점차 해석하는 이러한 과정을 통해 강렬한 정동이 넘쳐 나는 정동 폭주는 성찰적 경험으로 변환되는데, 내담자의 정동과 인지가 그러한 폭주 밑에 깔려 있는 이자적 대상관계를 명료화한 것과 연결이 된다.

4. 치료 시간 밖에서 내담자의 생활

많은 내담자는 만성적인 증상 때문에 고통스러워하며 일상생활에서 공부나 일에 어떤 조직적인 참여도 하지 않은 상태로 치료에 온다. 임상적 경험에서 보면 어떠한 의미 있는 활동에 참가하지 않으면서 치료를 받으면 일반적으로 성과가 잘 없다. 치료자는 일상생활에서 점차 공부나 일을 하는 것이 치료에서 핵심적 한 부분임을 내담자에게 설명해야 한다(5장 참조). 어떤 내담자는 오랫동안 일을 하지 않았고, 했다 해도 전문적이거나 직업적인 훈련은 거의 받지 않았다. 반면, 심도 깊은 전문적 훈련을 받았지만 증상과 대인관계 문제로 일을 하지 못한 내담자도 있다. 따라서 조직적인 활동에 참여하는 수준은 중증 환자용 낮 병동에 참여하는 사람부터 더 숙련된 유급직을 시작한 사람까지 다양하다. 치료 초기 단계에서는 직업 환경에서 일어나는 불안과 문제를 논의하면서 이와 함께 전이 주제를 탐색하는 것이 중요한데, 이 두 가지는 종종 겹친다. 만약 내담자가 그러한 자료를 가져오지 않으면 치료자는 치료 밖에서 내담자의 활동 상태에 대해 주기적으로 탐색해야 한다. 어떤 사례에서는 내담자가 치료시간에는 순응적이지만 그의 병리적 측면을 일터에서 행동화할 수 있다. 예를 들어, 경계선 인성장애와 자기애성 인성장애가 결합된 한 내담자가 치료시간에는 문제에 대해 성찰하는 것 같아도 일할 때는 여전히 오만하고 거만한 태도로 행동할 수 있었다. 내담자가 직장을 잃고 나서야 치료자가 그런 문제를 알게 되었다. 그리고 나서 치료자는 자신이 세심하게, 심지어 경탄하면서 내담자를 경청하도록 속았음을, 그러면서 내담자 자기애의 어떤 측면을 만족시켰음을 깨달았다. 그

러는 동안 내담자는 자신의 경력에 파괴적인 방식으로 자기애적 역동을 계속 행동
화하였다.

5. 치료 초기에서 한 회기의 진행

전이초점 심리치료는 원칙 주도의 치료인데, 내담자의 지배적인 내적 대상관계
가 적절하게 정의된 치료 세팅에서 펼쳐질 것이라는 개념에 기반을 둔다. 각 회기에
서 치료자의 역할을 기술한 치료와 달리 전이초점 심리치료에서 치료자는 회기를
시작할 때 침묵하고 지금 무엇이 떠오르는지 내담자가 시작하도록 기다린다. 초기
치료계약에서 내담자에게 현재 문제와 관심사에 대해 이야기하라고 하고, 아무것
도 억누르지 말고 떠오르는 것은 무엇이든 말하라고 지시한다. 치료적 관계의 실제
를 정의하는 이러한 지시를 하고 나면, 치료자는 내담자가 그것을 할 수 있는 정도
를 평가한다. 내담자에 따라 지시를 따르는 정도는 다양하다. 이러한 치료의 기본
규칙에서 벗어나는 어떤 것도 전이 분석의 견지에서 탐색할 수 있다. 치료자와의 관
계에서 자신이 어떻게 느껴지는지, 그렇게 치료의 기본 규칙에서 벗어나도록 만드
는 것이 무엇인지를 이해하는 것이다(예, 내담자가 무엇을 말하든 치료자가 매섭게 비
판할 것이라고 예상하거나 치료자가 마술을 부리길 기다리는 것).

다음 예는 초기 치료의 한 회기인데 정동에서 기저의 대상관계가 나타난다는 원
칙을 보여 주는 예이다.

〈사례〉

35세의 Greg은 자살 시도를 한 뒤 높은 수준의 경계선 인성장애 진단을 받고 치료
를 시작하였다. 그는 꾸준히 직업이 있었고 친구도 여러 명 있었다. 그러나 그는
만성적으로 우울해하였고 연인 관계를 만들 수 없었다. 평가와 계약 회기 후 Greg
은 첫 치료 시간에 거의 침묵하였다. 오랜 침묵 후 그는 "내 인생은 비참해요."라
는 말만 반복하였다. 치료자인 Ot 선생은 "무엇 때문에 Greg 씨 인생이 비참해졌

나요?"와 같이 물으면서 명료화하는 과정에 들어갔다. 몇 분 뒤 Greg은 "성취를 못해서요."라고 대답하고는 다시 말이 없어졌다. 이러한 말이 사소해 보이지만 대화에 대한 내적인 갈등을 암시해 준다. Greg이 먼저 한 말("내 인생은 비참해요.")은 상태를 나타낸다. 성취를 못했다는 말에는 두 가지 부분이 있다. 무엇을 성취해야 한다는 판단자와 그 판단을 받는 사람이다. Ot 선생은 Greg이 무엇을 성취해야 된다고 느끼는지 탐색하며 명료화 과정을 계속하였다. 그는 자신이 그림을 좋아했는데 미술에는 실패자라고 하였다. 더 탐색한 결과, Ot 선생은 Greg이 특정한 유형의 그림, 즉 19세기 전통 화풍에 매우 관심이 있다는 것을 알게 되었다. 이러한 유형의 그림은 기법 훈련을 받아야 한다. 그러나 Greg은 그러한 화풍으로 그리려 시도하는 15년 동안 아무런 기법 훈련 과정을 밟지 않았다. Ot 선생은 이것이 모순이라고 보았고 이것이 자신과 관계하는 방식을 나타내는가 의문을 가졌다. 즉, 그는 자신의 소망을 돌보지 않거나 심지어 좌절시키기도 하는데, 자신과 이러한 관계는 우울한 정동으로 이끌기 십상이다. Ot 선생은 이를 직면시키며 이러한 생각을 그에게 말하였다. 관심이 있으면서도 시도하지 않는다는 명백한 모순에 대해 생각해 보도록 한 것이다. 그리고 해석의 초기 단계로, 그녀가 생각하기에 그러한 모순이 내포하고 있는 자기와의 관계에 대하여 이야기하였다.

치료 회기 그 지점에서 Greg은 눈에 띄게 불안해졌다. 그는 말하길 어려워했지만 더듬거리며 숨쉬기가 어렵다고 간신히 말하였다. Ot 선생은 이런 일이 자주 있는지 물었다. Greg은 아니라고 고개를 저으며 매우 불안하다고 말하였다. Ot 선생은 불안은 일반적으로 공포와 관련된다고 지적하면서 지금 이 순간 무언가 두려운 게 있냐고 물었다. Greg은 다시 고개를 저으며 아니라고 하였다. 그러자 Ot 선생은 두 사람의 관계에 대하여 가설을 수립하고 해석 과정을 시작하였다. "여기서 얘기하면서 기분이 그렇게 되었는지도 모르겠네요. 지금까지 제가 여러 가지를 물었는데 그게 비난으로 들렸을 수도 있겠네요." Greg은 "아뇨."라고 하였지만 덜 불안해하기 시작했다. Ot 선생은 그가 아니라고 하지만 상태가 좋아지는 것 같다고 지적하였다. 그리고 첫 번째 방략에 해당하는 전이 해석을 하면서 두 번째 방략으로 나아갔다.[2] "제 질문을 들으면 비난받는다고 느낄 수 있어요. 게다가

Greg 씨가 자신에게 나쁘게 한다고 제가 말했죠. 그러니까 Greg 씨가 불안해진 것은 내게 비난받는 느낌 때문만이 아니라 자신에게 나쁘게 하는 가혹한 부분이 있다는 걸 자각하는 것 때문일 수도 있어요. 그걸 자각하는 것은 매우 불편할 수 있죠. 내가 그럴 가능성을 얘기해 보자고 하니까 불안이 가시는 게 흥미롭네요."
Greg은 이 가설을 생각해 보기 시작했다.

이 예는 내적 상태의 명료화를 일찍 강조하는 것을, 그리고 그렇게 하면서 첫 번째 치료 방략으로 가는 것을 보여 준다. 비록 치료 출발은 좋았지만 이 사례는 몇 년간 지속되었다. 치료 2년째에는 이자관계 내 중요한 반전이 특징이었다. Greg은 Ot 선생에 대하여 무엇이든지 신랄하게 비판적이었다. 그 단계 동안 Ot 선생은 Greg의 만성적 우울 정동 뒤에 있는 거대한 자기애적 구조를 볼 수 있었다. 그는 자신을 힐난하는 가혹한 원초적 초자아 요소를 품고 있었는데 이것이 밖으로 돌려지면 그는 우월한 위치에서 세계를 평가절하하며 위로를 받았다.

어떤 의미에서는 내담자가 의제를 정한다. 그러나 회기 시작과 회기 내용을 내담자가 가져오지만, 그다음에 저항이 있으면 치료자는 저항을 다루고 정동적으로 지배적인 것으로 떠오르는 가장 중심적 주제(들)에 초점을 맞추기 시작한다. 치료자가 선택한 주제(들)는 내담자가 직접 말한 것일 수도 있고 아닐 수도 있는데, 왜냐하면 종종 가장 중요한 정보가 특히 치료 초기에는 비언어적 통로로 전해지기 때문이다. 예를 들어, 어떤 내담자가 일 문제를 자세히 이야기할 수 있지만 내담자가 말하는 내용에 대해 언급하기보다 치료자는 다음과 같이 말할 수 있다. "○○씨 얘기를 들어 보면 일 문제를 별다른 감정 없이 이야기하는 것 같아요. 그런데 나를 볼 때는 많은 감정이 실려 있는 것 같아요. 마치 ○○씨가 얘기하는 거에 내가 어떻게 반응할지 어떤 기색을 살피는 것처럼요. 이걸 생각해 보는 게 좋을 것 같은데요."

비록 일반적 규칙은 치료자가 첫 주제를 시작하지 말아야 한다는 것이지만, 치료

---

2) 이 예는 두 번째 방략(이자관계 내 역할 반전을 관찰하고 해석함)은 보여 주지 않지만 이자관계의 양극단에 내담자가 동일시하는 것은 보여 준다.

자도 회기 과정에서 정동적 지배성과 긴급 우선순위(7장 참조)에 따라 논의되어야 할 것들을 생각할 수 있다. 예를 들어, 만약 내담자가 회기 사이에 자신이 통제가 안 돼서 응급실에 가야 한다고 메시지를 남겼거나, 혹은 내담자가 전 회기에서 어떤 것에 대해 이야기를 다 못하고 끝냈는데 이것을 검토하지 못하면 치료를 지속하는 데 위협이 될 수 있는 경우이다. 이런 상황일 때도 치료자는 내담자가 회기 시작에 무슨 자료를 가져올지 기다린다. 내담자가 회기를 시작하면서 전에 제시했지만 해결되지 않은 채 남아 있는 중요한 자료를 언급하지 않으면 치료자는 내담자 행동의 의미를 명료화하고 직면시켜야 한다. "지난 시간에 거의 끝나갈 때, 일자리를 잃어서 치료비를 어떻게 계속 낼 수 있을지 모르겠다고 했어요. 그런데 지금 ○○씨는 그 문제에 대해 아무 말도 하지 않네요. 그러면 우리가 계속 상담을 할 수 있을지 영향이 큰 것 같은데 그 문제는 어떻게 되나요? 그런데 ○○씨가 이 문제를 꺼내 놓고는 계속 아무 일도 없었다는 듯이 하고 있는데 그게 무슨 의미인지도 궁금하네요."

치료자가 어떤 자료를 얘기할 의도가 있을 때에도 내담자가 먼저 말하도록 하는 것은 내담자가 더 긴급한 문제를 꺼낼 수도 있기 때문이다. 우리는 심리역동치료의 관례에 따라 내담자가 먼저 이야기해야 한다고 강조하지만, 많은 심리역동치료자는 1) 전이초점 심리치료자가 회기에서 얼마나 빨리 개입을 시작하는지, 2) 전이초점 심리치료자가 얼마나 많이 대화에 참여하는지를 알면 놀라게 된다. 경계선 인성장애가 아닌 내담자를 치료하는 일반적인 심리역동치료자보다 더 적극적으로 하는 이유는 경계선 내담자의 치료 초기에 가장 중요한 자료는 그들이 말하는 내용이 아니라 소통 경로 간 괴리라는 점 때문이다. 즉, 내담자의 인성이 여러 면에서 서로 분열되어 있다. 치료자는 언어적으로 소통되는 것과 다른 경로를 통해 소통되는 인성 부분을 연결하려고 노력한다. 또한 내담자는 종종 상대적으로 사소한 자료를 얘기하는 경향이 있는데, 더 중요한 자료는 매우 괴로울 수 있기 때문이다. 치료 초기와 중기에 치료자의 중요 과제는 가장 중요한 문제를 논의하는 데 다시 초점을 두는 것이다. "누이와의 갈등이 정말 중요한 것 같아요. 그렇지만 바로 지난주에 ○○씨는 자살 충동이 다시 강하게 일어나는 경험을 했고 우리는 아직 그 밑에 무엇이 있는지 이해하지 못했어요. 누이 얘기가 그 문제와 관련이 있을 수도 있지만 ○○씨가 갑자기 다시 자살 충동에 사로잡히기 전까지는 그것을 생각하지 않고 싶은 것 같다는 인상을 받기 때문에 제가 다시 자살 충동 문제를 꺼내게 되네요."

6. 회기 끝내기

일반적으로 회기 끝에 새로운 자료를 꺼내거나 해석하지 않는 것이 좋다. 그 이유는 치료자가 그것에 대한 내담자의 반응, 그것의 정확성과 적합한 깊이의 수준을 탐색할 시간이 없기 때문이다. 그리고 내담자는 회기가 끝날 때에 앞서 다룬 것을 통합할 시간이 필요하다. 회기를 끝내는 것은 종종 치료자를 떠나는 것에 대한, 그리고 더 넓게는 분리와 상실 문제를 다루는 내담자의 태도에 대해 중요한 단서를 제공한다.

가능한 한 치료자는 합의된 시간에 회기를 끝내야 한다. 그러나 경계선 인성장애 내담자는 상실에 대해 유별나게 예민해서 새로운 자료를 꺼내거나 무작정 나가지 않는 행동 등으로 시간을 연장하려 한다. 예를 들면, 어떤 내담자는 회기 끝까지 기다렸다가 치료 지속을 위협할 수 있는 특별히 중요한 문제를 이야기한다. 그러면 그 순간에 치료자는 그 주제를 다룰 수밖에 없다고 느낄 수 있다.

〈사례〉
한 내담자가 같이 마약을 했던 전 남자친구와 3주간 여행을 가기로 했다고 회기가 끝날 때 통고했다. 치료자는 이것이 내담자의 안정과 치료에 위협이 된다고 느꼈기 때문에 다음과 같이 말하였다. "○○씨가 시간이 다 될 때까지 기다렸다가 말하였기 때문에 상담시간에 논의할 수가 없었네요. 미리 의논도 하지 않고 그 사람과 함께 3주간 떠나 있으면 마약 끊기도 위태롭고 우리가 함께하는 작업도 위태로워집니다. 이 문제를 충분히 이해하기 위해 상담을 좀 더 하지요. 이 시간 끝날 때 추가 상담 약속을 어떻게 할지 의논하도록 해요."

그리고 나서 치료자는 1) 이것이 위험한 계획이라는 것을 자각하면 의논하지 않을 수 없으므로 이를 자각하지 않으려고 내담자가 회기 끝까지 기다렸던 것인 지, 2) 치료자가 어떻게 반응할지 보려고 끝까지 기다린 것인지, 특히 치료자가 무 관심하게 정해진 시간에 회기를 끝낼지 아니면 그녀의 말에 반응하여 어떤 행동 을 취할지 보려고 기다린 것인지를 탐색하였다.

이 예는 치료의 복합성을 보여 준다. 내담자가 회기 끝에 한 말로 인해 치료자는 역전이 반응("그건 파괴적이야. 그렇게 하면 안 돼."), 우선순위 위계에 주목하기(자기 및 치료에 대한 위협), 회기 시간을 늘림으로써 치료 틀에서 벗어나기로 결정하기, 중 립성에서 벗어나서 내담자의 계획에 대한 입장을 말할지 아닐지를 결정하기(이야기 가 어떻게 되느냐에 따른다) 등을 모두 고려하여 반응한다.

7. 초기 한 회기의 예

다음은 다시 낮은 수준의 경계선 인성조직 내담자인 Amy 사례로, Amy는 이 장 앞부분에 제시되었다('1. 2) 치료와 치료적 틀의 시험' 참조).

〈사례: Amy〉

그녀의 새 치료자에 대한 Amy의 첫 반응/전이는 그가 차갑고 둔감한 로봇 같다 는 것이었다. 그런 느낌을 촉발한 것은 치료자가 Amy의 이전 치료에서보다 치료 틀을 더 강조하면서 치료를 시작했기 때문이었다. 이러한 틀의 한 가지는 회기와 회기 사이에 전화는 실제적 문제나 진짜로 응급한 경우(Amy의 만성적 스트레스 나 혼돈, 즉각적이지만 무용한 지지를 바라는 것과 달리 흔치 않은 스트레스 상황 을 가리킴)에만 할 수 있다는 것이었다. Jones 박사는 Amy가 치료 틀을 부정적으 로 느끼고 반응하는 것이 자신을 항상 상대방의 부주의한 방치의 대상으로 느끼 는 경향에 대해 귀중한 사실을 알려 줄 수도 있다는 것을 깨닫도록 작업하려 하였 다. 그리고 그녀가 자동적으로 부정적으로 지각한다는 것을 관찰함으로써 그녀가 다른 사람과의 만남을 좀 더 정확하게 평가하도록 하였다. 여기에는 그녀가 상대방에게서 자신의 해리된 측면을 지각할 가능성을 생각해 보는 것도 포함되어 있었다. 그러나 그럴 수밖에 없듯이, 논의 중인 생각을 이해하고 생각해 보고 적용할 수 있는 능력보다 내담자의 정동적 경험이 늘 앞섰다. 또한 흔히 그렇듯이 내담자의 내적 세계에서 오는 부정적 이미지가 치료 상황에 넘쳐 났다. 내담자의 투사가 그녀의 현실이 되었다. 이것을 작업하는 데 필요한 첫 번째 단계는 유발된 정동을 치료자가 조용히 컨테인하는 것이다. 회기에서 Amy는 위험한 행동화에 대한 생각을 보고하기 시작했다. 이러한 말을 들으면서 Jones 박사는 불안하고 불편해지는 것을 느끼는 반면, Amy는 거의 무관심하다 할 만큼 조용한 어조를 유지했다.

Jones 박사는 그들 관계에서 이러한 부분이 방치된-방치하는 이자관계 외에 또 다른 종류의 자기와 타인에 대한 내적 표상이 활성화되었음을 나타내는 것일지도 모른다고 가정하였다. 내담자의 내적 세계에는 박해자-희생자 이자관계가 많이 있는 것 같았고, 치료자는 Amy가 냉정하지만 무섭게 이야기하는 데에 자신이 희생자라고 느꼈다. 겉으로는 무심한 듯한 자해 충동이 Jones 박사에게 미치는 영향은 무엇이 있을 수 있는지 Amy에게 생각해 보도록 하였다. Amy는 자해를 하면 내적으로 안심된다고 하였는데, Jones 박사는 그 외에도 여기에는 1) 그가 좀 더 적극적으로 관여하게 하려고, 2) 그녀가 그보다 더 강하다는 것을 보여 주려고, 3) 그녀가 파괴적이면 Jones 박사가 불편해지므로 여기에서 오는 만족을 얻으려고, 4) 이 세 가지의 조합 등과 같이 대인관계적 요소가 있는 것은 아닌지 의문시하였다.

그러나 그녀의 자해 충동은 점점 더 증가해 어느 날 밤 응급실에 갈 정도까지 이르렀다. 응급실 의료진은 그녀가 충분히 자기파괴적 행동을 할 수 있음을 잘 알고 있었기 때문에 안전요원이 있는 '일대일 관찰'을 받게 하였다. 그 상황에서 그녀는 숨겨 놓은 면도날로 양 손목을 그었는데 안전요원이 이를 즉시 알아차리지 못하였다. 그래서 그녀는 입원하게 되었다.

Jones 박사는 병원에서 Amy와 회기를 가졌다. 그 회기에서 그는 그녀의 행동을 바로 바꾸려 하기보다 Amy의 경험을 이해하는 데 초점을 두었다. 입원하게 된 사건을 이야기하면서 Amy는 안전요원 앞에서 손목을 그을 수 있었다는 대목에서 눈에 띄게 즐거워하였다. 마치 그를 속이고 무능하고 바보 같아 보이게 할 수 있다는 사실을 즐기는 것 같았다. Jones 박사는 그 지점에서 Amy의 이야기를 중지시키고 그녀의 정동이 무엇이라고 생각하는지 탐색하였다. 그녀는 당황하는 것 같았고 그게 무슨 뜻이냐고 물었다. 그는 그녀가 그 이야기를 하면서 상당히 즐거워하는데 정말 그런지 물었다. 그녀는 분개하면서 자신을 사디스트 취급한다고, 그런 것을 생각해 보라 하다니 잔인하다며 화내고 비난하였다. Jones 박사는 Amy가 **사디스트**라는 말을 불편해하는 것을 관찰하였다. 그것은 그녀가 한 말이었다. 또한 Amy는 공격적 충동을 어느 정도 즐길 수도 있다는 것을 생각해 보는 것이 어려운 것 같았다. 그는 그녀가 사디스트라는 용어를 썼음을 지적하였다. 이 명사가 그녀를 규정할 것이다. 그리고 이렇게 흑백논리 식의 사고를 하면 많은 사람이 그렇듯이 그녀도 좀 더 복합적인 자기 안에 어느 정도 가학적인 감정을 가질 수 있음을 생각해 보는 것이 어려울 수 있다고 하였다. 자기의 경험을 이런 식으로 묘사하는 것은 경계선 인성장애 내담자가 그 순간에 활성화된 자기의 일부분을 자기 전체로 체험하는 경향을 말해 준다. 자신의 어느 한 요소를 넓은 자기의식 맥락 안에 놓지 못하는 것은 해리적 방어체계 때문이다. Jones 박사의 말은 더 넓은 전체를 자각시키려는 것이었다.

Amy는 화가 나서 치료를 계속하고 싶은지 잘 모르겠다고 하였다. Jones 박사는 그 문제를 잘 생각해 보라고 하였다. 다음 회기에 Amy는 치료를 계속하기로 했다고 하였다. 감정 분출 후 치료 회기에서 그녀의 공격적 측면과의 관계를 탐색하는 데 초점이 계속 맞춰졌다. 이는 종종 치료 시 변화 과정에서 핵심적인 부분이다. 그녀는 그러한 공격적 감정이 그녀의 일부를 구성하는데 이것을 인정하기가 항상 매우 불편했음을 이해하게 되었다. 그녀는 전형적으로 둘 중 한 가지 방식으로 이것을 처리하였다. 대부분 그녀는 관계에서 공격적 정동의 원천을 혼동하였고 그것이 자기보다는 상대방에게 있다고 느꼈다. 그녀가 공격적인 데서 만족을 얻을 수도 있다는 것을 얘기했다고 Jones 박사를 잔인하다고 비난한 것처럼 말이다. 그녀가 자동적으로 공격적이라고 보는 경향이 있는 사람과 일하기, 공부하기, 혹은 상호작용하기와 관련된 그녀의 불안 뒤에는 이러한 류의 공격적 정동의 투사가 있었다. Amy가 공격적 정동을 다루는 두 번째 방식은 공격성이 있음을 의식적으로 자각하지 않고 이를 행동화하는 것이다. 예를 들어, 그녀는 다른 사람에게서는 어떤 공격성 표출에도 매우 예민하고 반대하면서(예, 공원에서 '야단법석하는' 소년들), 손목을 긋거나 여타 자해에 그녀 자신이나 혹은 그녀와 상관있는 사람에 대한 어떠한 공격성도 없다고 생각하였다.

Amy가 자신의 공격적 정동을 어떻게 처리하는지에 대한 이러한 논의는 그녀가 전형적으로 자기의 일부라기보다 관계의 일부로 느꼈던 이러한 부분을 인식하고 통합시키기 시작하도록 돕는 것 같았다. 즉, 그녀의 자기 체험의 한 측면은 항상 다른 사람의 판단, 비판과 공격의 희생자라는 것이었다. 자신과 타인에 대한 이러한 견해가 그녀 안에 존재하여 세상에서 상대방과의 관계에서 그녀에 대한 지각을 유도하였고 또한 상대방과의 관계에서 그녀의 행동을 유도하였다. 그녀는 부정적 반응을 예상하면서 조심하였고 회피적이었다. 그러면서도 그녀는 또한 희생자−박해자 관계의 이자관계에서 박해자 측면에도 동일시하여 1) 판단, 비판, 때로는 자해 행동을 통해 자기와의 관계에서, 2) 응급실 예에서나 자기를 공격함으로써 상대방에게 고통을 유발하는 경향성에서 볼 수 있듯이 상대방과의 관계에서 박해자를 상연하였다.

Jones 박사의 개입은 Amy로 하여금 자신의 공격적 정동을 알고 상징화하며 성찰하기 시작하도록 하였다. 그리고 그녀가 몇 년간 가장 극적인 두 가지 증상이었던 손목 긋기와 약물 과다복용을 그만하였으므로 자해적 행동화를 감소시키는 데 긍정적 영향을 주었다. 그러나 그러한 극적인 문제가 없어도 그녀는 특히 다른 사람과의 관계에서 불안이라는 형태로 그녀의 생활에서 어려움을 계속 느꼈다. 치료계약에 따라 Amy는 학사 학위를 마치기 위해 대학 과정을 이수하기 시작하였다. 이 단계에서 가장 일반적인 회기 주제는 다른 학생들이 그녀를 싫어하고 인정하지 않는다는 그녀의 확신이었다. 그녀는 또한 불안 증상과 우울 정동을 연관 지었다. Amy는 공격성 수준 때문에 낮은 수준의 경계선 인성조직으로 진단받았다. 이 예는 9장 '치료 중기'에서도 계속된다.

다음 사례는 4장에서 개인력이 소개된 높은 수준의 경계선 인성조직 내담자인 Betty의 초기 회기이다. (수정된 회기가 비디오 2에 나온다.)

▶ 비디오 2-1: 휴가 전 회기 1부(9:24)_[부록 p. 491]
▶ 비디오 2-2: 휴가 전 회기 2부(6:12)_[부록 p. 495]

〈사례: Betty〉

Betty는 극적인 양상으로 치료를 시작하였다. 그녀는 첫 상담시간에 걸어 들어와서 앉기도 전에 혹은 Em 박사가 자신을 소개하기도 전에 지하철에서 만난 한 여자에 대해 큰 소리로 불평하였다. "그 여자가 나를 똑바로 보았어요. 나를 싫어하는 게 분명했죠. 그래서 나도 똑바로 쳐다보고 나도 너를 싫어한다는 걸 보여 주었어요."

Em 박사는 Betty에게 오늘은 컨설팅 시간이라 특정 문제는 다룰 수 없다고, 왜 냐하면 그녀가 정확히 어떤 상태인지 얘기를 안 해 봤고 또는 어떤 치료를 할지 합 의를 하지 않았기 때문에 그렇다고 주지시켜야 했다. Betty의 힘찬 어조, Em 박사 와 의미 있는 접촉이 없는 것 등을 보면서 Em 박사는 왜 Betty가 몇 년 동안 양극 성장애로 진단받았는지 이해할 수 있었다. 그녀는 33세였고 16세부터 치료를 받 았다. 양극성장애 외에도 주요우울장애로 치료받았다. 그동안 약물 과다복용으 로 두 번 입원하였다. 입원했을 때 한번은 전기충격요법도 받았다. 그녀의 치료자 는 기본적으로 지지적이었다. 약물치료와 함께 대인관계 어려움과 인생에서 결정 해야 하는 것을 도왔다. 약은 알프라졸람, 서트랄린, 클로나제팜, 리스페리돈, 파 록세틴, 그리고 리튬이었다. 전이초점 심리치료를 시작할 때는 기분조절제를 먹 고 있었다. 전이초점 심리치료를 시작하고 첫해 말이 되자 그녀는 필요 용량인 리 스페리돈 0.25mg(매일 2회)만 먹게 되었다. 그것은 그녀가 편집증적 공포 때문에 초조해질 때 도움이 되었다.

그러나 몇 년간의 치료에도 불구하고 Betty의 상태와 생활은 점점 더 나빠졌다. 그녀는 기술 분야에서 훈련을 받았지만 몇 년 동안 여러 직장에서 해고당한 뒤 여 태까지 취직을 하지 못했다. 그녀는 자신에 대한 편견 때문에 해고당했다고 비난하였다. 그녀보다 항상 더 잘 대우받는다고 느꼈던 '활발한 금발미인'만큼 그녀가 예쁘지 않기 때문이다.

Em 박사는 Betty의 의사소통 방식 때문에 보통의 심리구조 면접을 실시하기가 어려웠다. 그의 질문을 무시하고 강요된 듯한 독백으로 들어갔기 때문에 그의 노력은 심하게 가로막혔다. 그가 할 수 있는 한 최선의 평가를 마친 뒤 Em 박사는 그녀의 주문제는 자기애적 특성을 띤 경계선 인성조직인 것 같다고 하였다(내담자와 진단을 논의하는 것을 보려면 5장 참조). 계약에는 자살 위험, 자기파괴적 행동과 관련된 보조기법과 조직화된 활동의 필요성이 포함되었다. 두 번째 문제에 대하여 처음에는 반대를 하다가 Betty는 다음 주에 와서는 사회적 서비스센터에서 반나절간 자원봉사하는 자리를 찾았다고 하였다. 치료가 본격적으로 시작되자 Betty는 처음에 그랬던 것처럼 억수 같은 말을 Em 박사에게 계속 쏟아부었다. 그녀의 주요 주제는 금발미인들이 모든 관심을 독차지하기 때문에 그녀가 계속 방치되고 잘못 대우받는다는 것이었다. 그녀는 한 예를 들고 나면 또 다른 예를 들면서 다른 사람이 그녀에게 악의를 가졌기 때문에 그녀는 결코 성공할 수가 없다는 점을 계속 주장하였다. 치료 시작 후 첫 두 달은 이런 것이 계속되었다.

Em 박사는 Betty에게 그들의 모든 상호작용을 통제하려는 경향이 있음을 주목하였다. "기본 규칙"은 자유연상이지만 Em 박사가 상호작용 자체의 양상을 다루지 않으면(소통 경로 2), 그리고 그 뒤에 있다고 여겨지는 자기 및 타인 표상을 다루지 않으면, 또한 역전이에서 오는 정보(소통 경로 3)를 포함시키지 않으면 Betty가 통제적 대화(소통 경로 1; 7장 참조)를 무한정 계속할 위험이 있었다. 그의 생각은 세 가지 문제에 집중되었다. 1) 그녀는 그에게 자료의 홍수를 퍼붓는다. 이것은 그가 그녀를 고정시키거나 돌보라는 암묵적 요청 혹은 요구인가? 2) 그러나 그가 말을 할 때마다 그녀는 이를 무시하고 자기가 말을 한다. 이것은 적어도 그 순간에는 자기가 통제할 필요성이 의존 문제보다 더 지배적이라는 것인가? 3) 다른 사람이 자기를 그렇게 취급한다는 Betty의 불만처럼, Em 박사는 자신이 잘못된 대우를 받고 함부로 취급당하며 배려받지 못한다고 느끼게 되었다.

첫 번째 전이초점 심리치료 방략에 따라(3장 참조) Em 박사는 상호작용하는 연기자의 이름을 짓기 시작하였다. 그는 그녀가 그를 깎아내리고 배려심 없이 대한다는 것을 알고 있는지 의문을 제기하였다. 그러나 그녀는 그가 한 말을 한 번도 생각해 보지 않았다. 그녀의 전형적인 반응은 사람들이 어떻게 그녀를 잘못 대했는지 예를 더 들고, 그가 그녀를 경청하지 않으므로 그도 다른 사람과 똑같다고 하는 것이었다. 그녀가 계속 말을 해 대자 Em 박사는 Betty가 하는 말의 내용을 다룰 게 아니라 상호작용 방식(소통 경로 2)과 그것이 나타내는 방어에 초점을 맞추어야 한다고 더 확신하게 되었다.

> Em 박사: 제가 대화에 참여할 수 없도록 말씀하고 계신데 어떻게 생각하세요?
>
> Betty: 마음에 떠오르는 것은 무엇이든 말하라고 하셨잖아요. 선생님 말씀이 지금 안 맞지 않아요?
>
> Em 박사: 맞습니다. 그렇게 말했죠. 그렇지만 치료에서 저도 제 생각을 말할 수 있다고 했는데 그렇게 하기가 어렵네요.
>
> Betty: 무슨 말씀을 하고 싶으신데요?
>
> Em 박사: 가끔 가장 중요하게 생각해 봐야 하는 것은 그 사람이 어떻게 소통하고 있는지입니다. 어떻게 말을 하고, 어떻게 상호작용하는지 말이에요. Betty 씨가 쉬지 않고 말씀하시는 것은 저하고의 관계에서 Betty 씨가 어떻게 느끼는지에 대해 중요한 것을 나타낼 수도 있어요.
>
> Betty: 무엇 말이요?
>
> Em 박사: 제게 말할 틈을 주지 않으면 저를 '묶어 둘' 수 있겠죠. Betty 씨가 통제할 수 있는 특정한 위치에요.
>
> Betty: (급격한 정동 변화를 보이며 울음을 터뜨림) 제가 선생님을 통제하지 않으면 선생님도 저를 떠나실 거잖아요. 다른 사람들처럼 말이에요.

이러한 대화는 Betty가 전능 통제를 하고 있음을 비춰 주기 시작했다. 이 방어는 편집 분열 포지션의 기저에 있는 분열의 논리적 확장이다. 자신의 내적 세계에서 부정적이고 공격적인 부분을 무의식적으로 분열시키고 투사하면, 다른 사람이 그러한 정동을 지니는 위험한 존재가 되기 마련이다. 그러므로 안전하다고 느끼려면 상대방이 통제되어야 한다. 통제 시도는 다양한 형태를 띨 수 있다. Betty의 방식은 끊임없는 말을 통해 통제하려는 것이었다.

Em 박사는 Betty가 상호작용하는 방식은 그녀가 가진 기존의 확신 외에 아무 것도 알게 해 주지 않는다는 것을 지적했다. 그녀의 전제가 경험을 결정하는 것이다. Em 박사를 묶어 두기 위해 상호작용을 통제하려 하면서 Betty는 Em 박사가 원하는 것은 자신을 떠나는 것이라고 계속 확신하였다. (Em 박사는 그녀가 통제하기 때문에 사람들이 그녀에게서 멀어진다는 사실에 대한 논의는 잠시 미루었다.) 이것은 치료 시간에 부당한 대우에 대한 Betty의 반복된 이야기에서 벗어나는 첫 번째 시간이었다. 처음으로 그녀는 Em 박사의 말에 관심을 보였다. 그는 그녀의 생각대로 그를 여기면서 관계하기 때문에 독립적이고 분리된 사람으로서 그에게는 관심이 없다고 계속하여 지적하였다. 그녀의 독점적인 상호작용은 그로 하여금 그녀가 생각하는 사람 외에 어떤 여지도 허락하지 않았다. 거기서 그는 그녀가 통제하는 이차원적 마분지 조각 같은 존재였다. 그는 자신을 이렇게 대하는 태도가 관계 수립을 저해하는 것은 아닌지 의문이 들었다. 그녀 주변의 다른 사람들도 얼마든지 이렇게 대할 수 있었다. 그 지점, 그 공간에서 대화가 되는 것 같았다. Betty는 조용해지면서 그 사람 자신의 의지를 허락하면 그가 멀어질까 봐 무서워서 그가 그 공간에 존재하는 걸 허락하지 않게 하는 그녀의 습관에 대하여 생각해 볼 수 있었다. 대화를 계속하자 이러한 방식이 그녀를 외롭게 만들었는데, 그러한 상태에 대해 그녀는 다른 사람을 비난하였다는 것이 분명해졌다.

이러한 생산적 회기 후에 Betty는 처음부터 보였던 상호작용 방식과 상당히 똑같은 모습으로 치료에 왔다. Em 박사는 전능 통제와 그것이 나타내는 공포를 반복적으로 해석해야 했다. 이러한 해석을 여러 번 한 다음, 치료적 관계 맥락에서 Betty가 그녀에 대한 Em 박사의 관심을 느낄 수 있게 된 뒤에야, 다음에 살펴보겠지만 이 느낌은 그녀 안에 불안을 일으키는데, Betty의 행동이 바뀌기 시작했다. 'Em 박사가 존재하도록' 하고 그를 경청할 수 있는 역량이 증가하였다. 9장에서 이 사례를 다시 살펴보겠다.

핵심적 임상 개념

- 장기 치료에서 경계선 내담자와 치료자 사이에 치료적 동맹을 맺으려면 긍정적, 부정적 전이 속에서 작업하는 관계를 발전시켜야 하고, 내담자가 치료자와의 관계에서 생겨나는 강한 정동에도 불구하고 관계를 유지시킬 수 있는 능력이 있어야 한다.

- 치료자가 강한 정동을 감당할 수 있는 역량, 즉 내담자를 정서적으로 멀리하거나 재행동화하거나 방어적으로 복수하지 않고 이를 숙고할 수 있는 역량은 치료가 시작된 뒤 치료에서 첫 번째 핵심 단계이다.

- 치료 초기 단계의 목표는 치료를 끝내려는 충동을 위시하여 충동적, 자기파괴적 행동을 통제하는 것이다. 치료계약 시 수립된 보조기법이 행동화의 이차적 이득을 최소화하고 행동화 대신 말로 하기를 격려한다.

- 정동 폭주, 즉 정동 폭발과 딱딱하게 통제된 정동 모두 그 정동 밑에 있는 내담자의 자기 및 타인 경험을 상세히 함으로써 소화되지 않은 정동을 언어로 전환시킬 수 있게끔 격려하는 방식으로 다루어져야 한다.

- 치료 초기에는 자주 치료계약에 도전한다. 이 경우 치료자가 그것을 다루면 내담자의 역동을 통찰할 수 있고 치료를 생산적 방향으로 만들 수 있다. 그렇지 않으면 반복적으로 치료 틀을 깨는 상황이 될 수 있다.

추천 도서

LaFarge L: Interpretation and containment. Int J Psychoanal 81:67–84, 2000.

9장

치료 중기:
퇴행 삽화와 함께 통합으로의 움직임

내담자가 어느 정도 평형상태가 이루어질 때 치료의 중기 단계로 들어가는데, 치료 틀을 더 수용하게 되면서, 이에 따라 내담자의 삶에서 혼란이 감소하고 회기 내에서 정동이 강해지는 것이 특징이다. 초기 단계의 특징인 갈등과 혼란의 외현적인 행동적 발현들은 대부분 컨테인된다. 긍정적이고 부정적인 정동 모두 그러나 대개는 극단적인 정동은 회기 내에서 더욱 강렬해진다. 치료 중단이나 행동화의 위험이 감소되면서 (비록 이것은 퇴행했을 때에 다시 나타날 수 있지만) 전이 주제를 더 깊이 탐색하는 작업이 진전될 수 있다. 회기 시간에서는 치료자와의 관계에서 강한 갈등을 재경험하는 것과 이런 갈등을 함께 탐색하는 것이 번갈아 나타나는데, 여기에서 목표는 내담자가 자신의 내적 경험과 회기 밖에서 다른 사람과의 관계에서 그러한 경험이 미치는 영향을 성찰하는 역량을 증가시키는 것이다.

회기 내에서 정동이 강하게 나타나는 것이 일어나지 않을 수 있는데, 내담자가 부정적인 정동을 지속적으로 분열시키고 '나쁜' 대상이나 치료 세팅 밖의 대상들에게 만성적으로 투사하면서, 이상화된 전이, 결국은 피상적인 전이를 유지하는 경우이다. 이러한 문제는 부정적 전이에 편안하지 않은 초보 치료자에게 좀 더 빈번히 일어나는데, 치료자가 평화를 유지하고 '착한 사람'으로 남으려고 시도하는 식으로 이에 대한 역전이 불안을 상연할 수 있다. 그러나 또한 부정적 전이가 지배적일 수 있고, 내담자는 전이에서 부정적 정동에 대해 방어적일 수 있다. 대부분의 경계선 인성장애(BPD) 내담자는 긍정적, 리비도적 정동을 불안해하기 때문에 실제로 이러한 상황은 더 흔한데, 이 진단을 받은 거의 모든 내담자를 특징짓는 불안정한 내적 애착 모델에 이 정동은 부합하지 않는다. 그러나 치료 초기의 부정적 전이는 피상적인 질의 이상화 전이를 종종 보이지 않는다. 이에 더하여 치료가 중기로 들어갈 때 일어날 수 있는 또 다른 안정적이지만 정적인 시나리오는 낮은 수준의 행동화가 만성적인 기반으로 지속될 수 있는데, 내담자는 치료를 받는 데서 오는 이차적 이득(즉, 만족감)을 경험하고 변화를 향해 작업하기보다는 그것을 영속화하려는 상황을 창출한다.

1. 치료 중기의 주요 과제

치료 중기의 주요 과제는(〈표 9–1〉) 지배적인 전이 주제 속에서 명명된 분열된 자기표상과 타인표상의 이해를 심화시키는 것으로 시작한다. 치료자는 자각을 획득하는 데 있어 두 수준을 구분해야 한다. 첫 번째 수준은 특정 이자관계 안에서 자기와 타인 역할의 교체(즉, 3장에 기술하였던 이자관계 안에서의 변동)와 관련된다. 치료자는 내담자가 보기 어려워하는 자신의 요소들을 관찰하고 성찰하도록 돕는다. 자각을 획득하는 두 번째 수준은 전적으로 부정적이고 공격적인 정동으로 채색된 이자관계와 이상화된 리비도적 정동으로 채색된 이자관계 간 근본적인 분열과 관련된다. 내담자의 내적 경험에서 이러한 두 극단적 부분의 궁극적인 통합은, 지속적인 갈등을 만드는 극단적이고 비연속적인 자기 부분들이 서로 진정되고 좀 더 복합적인 전체로 조정됨으로써 정동조절을 증가시키도록 돕는다.

> **표 9-1** 치료 중기의 주요 과제
>
> - 내담자는 지배적인 전이 주제 속에 존재하는 자기표상과 타인표상의 자각과 이해가 심화되는 경험을 하는데, 치료자와의 상호작용에서 이 이자관계의 활성화가 더 짧게 반복되면서 이루어진다. 지배적인 전이 주제에 대한 반복적인 훈습이 요구된다.
> - 내담자는 자기의 극단적이고 비연속적인 (이상화되고 박해적인) 부분들이 점진적이고 일시적으로 통합되기 시작한다. 내담자는 경험의 분열되고 모순되는 특징을 자각하게 되고, 이상화된 경험과 박해적인 경험 간을 교대로 오가는 것을 자각하게 된다. 치료는 다른 이자관계에 대해 만성적으로 방어하는 하나의 이자관계에 특별한 주의를 둔다. 발전하는 통합된 구조로부터 좀 더 분열된 구조로의 주기적인 퇴행이 있다.
> - 내담자는 자신의 심리적 경험을 더 잘 관찰할 수 있다. 삼자구도에서 사고하는 역량과 사고의 상징적 특징을 인식할 수 있는 역량이 증가하는 순간이 있다. 이것은 정동을 더 컨테인할 수 있게 해 주고 정동 경험의 압도적인 특징을 감소시킨다.
> - 치료에서 상연된 내적 대상관계의 표상과 정동의 특성이 더욱 통합되면서, 공격성을 책임지는 역량이 증가하고, 더 강하게 점유되어 남아 있는 대상관계를 억압하는 역량이 증가하며, 정체성 혼미의 점진적인 해결과 함께 자기표상과 대상표상이 공고화되고, 우울적 불안이 부분적으로 훈습된다.
> - 자기와 타인을 개념화하는 새로운 방식과 다른 관계에서 행동하는 새로운 방식이 전이를 넘어서 적용되기 시작한다.

1) 주요 전이 패턴에 대한 심화된 이해

3장에(〈표 3-2〉) 치료자와 내담자 사이에서 상연되는 전형적인 전이 역할 쌍들을 기술하였다. 여기에서는 치료 중기에서 이러한 전이 주제들이 어떻게 나타나고, 이해되고, 해석되는지에 대한 개관에 치료자가 도달하는 방식을 기술하였다. 주제들이 명확하고 어떤 관찰자에게도 분명하게 나타날 때가 있다(예, 내담자는 부정적인 전이를 크고 분명하게 알릴 수 있는데, "나는 선생님이 최선을 다한다고 생각하지 않아요. 사실 선생님은 고의로 천천히 해서 내가 계속 와서 돈을 내게 해요."). 그러나 다른 경우에는 전이 주제—내담자가 무의식적으로 창출하려고 시도할 수 있는 치료자나 관계에 대한 내담자의 현재 경험—가 훨씬 더 미묘하고 지각하기 어려울 수 있다. 내담자가 가져오는 많은 주제 속에서 현재의 전이 주제를 지각하고, 회기 내에서 강한 정동을 지각하는 치료자의 능력은 전이초점 심리치료(TFP)의 치료 실제에서 결정적이다. 좀 더 미묘하게 전이가 나타나는 한 예는 내담자가 자유롭게 말하고 치료자가 언급할 때마다 주의 깊게 경청하는 것처럼 보이지만, 치료자의 언급을 고려했다는 증거를 보이지 않고 자신의 연상으로 되돌아가는 경우이다. 이것은 평가절하하는 전이이거나 무시하는 전이일 수 있으며, 거대성의 반영일 수 있고, 내담자에게 있는 의존성을 피하는 것일 수 있다. 또 다른 예는 치료자와 특정한 관계를 만들려고 시도하는 내담자인데, 자신의 삶에서 긴급한 문제를 반복해서 말하고는 침묵해 버리는 경우이다. 이것은 아이 주변을 계속 맴도는 부모처럼 되도록 치료자를 유발하려는 시도일 수 있는데, 이러한 부모는 의존적인 아이의 모든 문제를 해결하려고 덤벼든다.

경계선 인성조직(BPO) 내담자의 치료에는 네 가지 기본적이고 만성적인 전이 패러다임이 있는데, 자기애적, 반사회적, 편집적, 그리고 우울적 전이이다. 이런 기본적 전이 패러다임 중 어떤 것도 만연한 자기애적 방어의 영향을 받을 수 있으며, 이로 인해 기저의 전이는 자기애적 특성을 갖게 된다.

자기애적 전이는 치료자에게 의존할 수 없는 것, 치료자를 무의식적으로 묵살하는 것, 그리고 치료자가 두렵거나 시기하는 중요한 대상일 수 있기 때문에 치료자를 제거하려는 노력으로 다소 공공연하게 평가절하하는 것이 특징이다. 자기애적 전이는 일반적으로 기저의 편집적 전이나 우울적 전이로 심해지는 것에 대한 방어이다. 극단적인 자기애적 전이는 치료자를 강력하게 평가절하하거나, 덜 빈번하게는 치료자를 피상적으로 이상화하는 형태로 일어날 수 있다. 전자의 경우 내담자는 만연한 평가절하와 무관심으로 치료자를 대해서 표면적으로는 전이가 없는 것처럼 보일 수 있다. 즉, 내담자가 신경 써야 할 만큼 치료자가 중요하지는 않다는 것이다. 그러나 이러한 평가절하는, 예를 들면 편집적 전이에 기저하는 두려움과 불안을 감추는 것일 수 있는데, 이것은 내담자가 의존성에 대한 감정이나 소망을 인식하면 나타날 수 있다. 이런 경우 자기애적 방어는 기저의 전이가 드러나도록 해석될 수 있다. 어떤 경우에는 자기애적 방어가 수개월에 걸쳐 지속될 수 있다. 이것은 더 높은 수준에서부터 반사회적인 수준까지 기능에서 다양할 수 있는 진성(proper) 자기애성 인성장애에서 나타난다. 이 경우 우선적인 문제는 자기애적 방어를 지속적으로 분석하는 것이다. 자기애성 인성장애를 위한 전이초점 심리치료는 다른 곳에서 상세히 기술되었다(Diamond et al., 2011; Stern et al., 2013).

반사회적 전이는 가장 낮은 수준의 인성병리가 특징이고, 투사를 통해 치료자가 불성실하고 내담자를 착취하는 데에만 관심이 있다는 기대와 결합된 내담자에서 노골적인 불성실로 나타난다. 반사회적 전이는 일반적으로 반사회성 인성장애(ASPD)의 내담자에게 지배적이다. 구조적 진단 체계는 다른 사람을 이용하고 착취하는 것 이외에는 관심이 없는 내담자들에게 반사회성 인성장애의 진단을 유보한다. 이 내담자들은 정신병질적이다. 이들은 내적인 분열이나 갈등이 없는 것처럼 보이는데, 병리적 거대자기—자기애성 인성장애에 흔한 기저 구조—가 내재화된 리비도적 관계의 심각하거나 전반적인 감퇴 혹은 부재와 결합되기 때문이다. 반사회성 인성장애 내담자들은 그들의 가족이나 법 체계에 의해 강요되지 않고서는 치료를 받으러 오는 경우가 드물다. 다른 심각한 인성장애 내담자들은 반사회적 전이가 없는 반사회적 특성(traits)을 띨 수 있는데, 다른 사람들과의 관계를 열망하는, 그리하여 내적 갈등을 경험하는 사람들에게 능동적(폭행, 절도)이거나 수동적인(타인 혹은 체계를 이용) 반사회적 행동이 존재할 수 있기 때문이다. 반사회성 인성장애는 대개 치료가 불가능하다. 그러나 몇몇 경우 반사회적이거나 정신병질적인 전이와 작업할 수 있는 가능성이 있는데, 반사회적 전이로 방어할 수 있는 전이 유형인 편집적 전이로 변형을 시도함으로써 이루어진다(Jacobson, 1971).

〈사례: 반사회적 전이〉

22세 남자 내담자의 부모님이 그를 치료에 보냈는데, 그렇게 하지 않으면 약물남용, 도박, 부도 수표 발행으로 형사 고발이 될 것 같았기 때문이다. 내담자는 자주 회기를 빠졌고, 이러한 행동을 탐색하려는 치료자의 시도에 대해 "선생님이 무슨 상관이에요? 어쨌든 아버지가 상담비를 내고, 선생님은 신문을 읽으면서 시간을 보낼 수 있잖아요."라고 하였다. 내담자의 반사회적 전이는 치료자가 자기 못

지않게 타락했다고 가정하였다. 치료자는 "그러면 두 가지 가능성이 있네요. 내가 ○○씨 못지않게 정직하지 못하고, ○○씨에게 관심이 없으면서 수입에만 관심이 있습니다. 내가 그것을 감추려고 하지만요. 두 번째 가능성은 내가 ○○씨에게 관심이 있기 때문에 ○○씨가 빠진 회기를 다루려고 하는 것이죠. 이 가능성은 ○○씨가 생각하지 않은 것 같네요." 이러한 토론은 내담자로 하여금 일상적으로 평온하고 괴로워하지 않는 상태에서 불편한 감정으로 이끌었다. 그의 생각에 세상은 단지 두 집단의 사람으로만 구성되었다. 즉, 다른 사람을 '속이러' 나온 사람과, 그들에게 잘 속아 넘어가는 희생자이다. 다른 사람에 대한 진정한 관심은 그의 체계에 맞지 않았다. 그것은 모르는 것이었고 그에게 이질적이었으며, 그러므로 위협적이었다. 내담자는 편집적 전이를 경험하기 시작하였는데, 치료자의 동기가 자신의 것과 같지 않다면 어떤 가능성이 있는지를 해결하려고 노력하면서 불편해졌다.

편집적 전이는 치료자로부터 피해를 당할까 봐 두려워하는 직접적인 편집적 특징으로 나타나거나, 아니면 만성적으로 피학적이거나 가학피학적인 전이로 나타날 수 있다. 경계선 인성조직 내담자들 대다수는 주로 편집적 전이를 보이면서 치료를 시작하고, 이와 함께 치료자에게 거부되거나 상처 입을 것이라는 기대를 한다. 편집적 전이는 분열된 내적 세계의 다른 측면을 나타내는 이상화된 리비도적 전이에 대한 방어이면서 또한 우울적 전이에 대한 방어인데, 이 우울적 전이는 분열된 내적 구조를 통합하는 과정을 통해 내담자가 (공격성을 투사하는) 편집-분열 포지션에서 우울 포지션으로 진행하면서 나타나기를 치료자들이 기대하는 그런 것이다. 여기에서 내담자는 이전에는 투사되었던 공격적 충동의 내적 기원을 인식할 수 있고, 대상을 향한 양가적인 반응을 감내할 수 있으며, 죄책감, 관심, 그리고 이전에 손상된 관계를 회복하려는 충동을 경험할 수 있게 된다. 대부분의 경우 전이초점 심리치료의 작업은 지배적인 편집적 전이에서 우울적 전이로 내담자가 진전할 수 있도록 돕고, 그 전이를 해결하는 것을 포함한다.

우울적 전이는 더 이상 투사되지 않은 공격적 충동에 대한 강렬한 죄책감이 특징이고, 죄책감 및 자신이 너무 요구가 많고 도움을 받을 가치가 없다는 느낌에 근거한 부정적 치료 반응의 가능성을 포함한다.

편집적 전이에서 우울적 전이로의 진전이 전이초점 심리치료의 주된 변화이다. 이것은 경계선 인성조직의 구조적 특성, 즉 정체성 혼미와 원시적 방어를 지배적으로 사용하는 것의 해결이 동반된다. 이러한 진전은 전반적으로 두 단계를 포함한다. 이자관계 안에서 역할 반전이 관찰되고 논의되면서 일어나는 변형의 첫 단계는, 내담자가 자기 안의 박해받는 대상뿐만 아니라 박해하는 대상과의 동일시를 점진적으로 받아들이는 것인데, 이에 상응하는 미워하고 동경하는 충동과 함께이다. 두 번째 단계는 반대되는 이자관계 간 교대가 훈습되면서, 박해적이고 이상적인 경험의 분열된 내적 표상들에서 좀 더 복합적인 전체로 통합해 가는 점진적인 변화이다.

2) 부정적 정동을 통합하는 단계

전이에서 화, 경멸, 분노, 미움과 같은 부정적 정동의 치료에는 내담자가 우선 정동 경험을 자각하고 견디는 것을 포함한다. 자신의 내적 세계의 부분으로 부정적 정동을 견디는 것은 이러한 정동이 다양한 인간 정서의 부분이고, 부정적으로 취급되는 반응으로 경험될 뿐만 아니라 선천적으로 존재하고 그들에게 (특히 낮은 수준의 경계선 인성조직에서) 만족의 원천이 될 수 있다는 것을 내담자가 받아들이는 것을 포함한다. 내담자가 부정적 정동을 견디고 그것을 투사했던 동기를 이해하는 것은 이러한 정동과 일련의 이상화된 내적 자기표상과 대상표상의 통합을 촉진한다. 무엇을 투사했는지를 인식하는 것은 치료과정에서 가장 어려운 한 단계일 수 있다. 어떤 내담자들에게는 이러한 정동이 자기 자신의 한 부분이었다는 것을 보는 것이 거의 감당하기 어려울 수 있다. 이러한 통합이 일어날 때 내담자는 우울 포지션으로 옮겨 가는데, 이전에는 모두 나쁘기만 한 것으로 지각되었지만, 이제는 좋고 나쁜 질적 특성의 현실적 혼합체로 보게 된 대상을 향한 공격적 감정과 관련하여 관심과 죄책감을 보이는 것이 특징이다.

심한 경계선 내담자를 치료한 경험이 부족한 치료자는 다음과 같은 사실을 종종 받아들이기가 힘든데, 화를 내고, 앙심을 품으며, 공격적이고, 심지어는 혐오스럽게 행동하는 내담자가 증오 정동을 의식적으로 경험하기보다는, 치료자 행동을 포함하여 현재나 과거의 상처에 대한 자연스러운 반응으로 자신의 행동을 경험할 수 있다는 것이다. 예를 들어, 남편에게 커피 메이커를 던졌던 한 내담자는 남편이 그들의 기념일을 잊어버린 이후에 그녀가 정상적으로 반응한 것일 뿐이라고 태연스럽게 이야기하였다. 지독히 나쁘다고 지각된 외부의 박해 대상에 대한 증오와 공격성 감정을 연상하게 되면 그러한 정서를 '인정하는 것'이 아주 불쾌하기 때문에, 어떤 내담자는 박해 대상과 유사하게 보이는 자신의 그런 부분을 인정하기보다는 차라리 자기파괴적인 행동을 통해 그야말로 죽으려고 할 수도 있다. 예를 들어, 그녀의 자기파괴적인 행동에서 증오를 보기 시작한 이후에 내담자는 "나를 학대한 아버지와 마찬가지인 어떤 것을 내가 가졌다고 생각하기보다는 차라리 죽는 게 나아요."라고 하였다. 치료자가 대답하기를, "○○씨는 문제를 아주 잘 이야기했어요. 하지만 ○○씨에게 어느 정도 공격성이 있다는 것이 ○○씨가 아버지만큼 극단적으로 폭력적이고 학대적이라는 것은 아닐 것입니다."라고 하였다. 이런 내담자와 작업하려면 내담자가 분노와 증오를 자각해 감에 따라 치료자의 편에서 이러한 정서들을 수용하는 태도가 필요하다.

증오의 의식적인 자각은 종종 분열되기 때문에, 치료 초기 단계의 전형적 패턴은 다음과 같다. 즉, 내담자가 증오의 상연을 말하거나 회기 내에서 증오를 상연할 때, 치료자는 자기표상과 대상표상을 설명하는 마음으로 내담자의 증오 부분을 고심해야 하고, 이해되어야 하며 통합되어야 하는 자기의 한 부분으로 확인한다. 치료자는 자기의 이 부분이 가진 포악하거나 박해적인 질적 특성을 기술할 수 있다. 내담자는 종종 자각하는 순간이 있지만, 치료자의 언급을 자신이 증오하는 부분에 유리하게 이용하는데, "보세요, 선생님은 제가 나쁘고, 살 가치가 없다고 말하고 있잖아요. 그게 제가 선생님에게 말하려고 했던 거예요. 나는 죽어야 해요."라고 반응한다. 다른 말로 하면, 내담자는 치료자의 언급을 자기에 대한 증오에 찬 공격으로 (그리고 도움이 되기보다는 해가 되었다며 치료자를 암묵적으로 공격하는 데에) 이용한다.

치료자는 분석을 계속해 나가고 그것을 심화하면서, 내담자의 증오에 찬 부분이 바로 그 순간에 작용하고 있다는 점을 지적한다. 이 미워하는 부분은 치료자의 언급을 왜곡하고, 그것을 총체적인 비난으로 바꾸며, 내담자가 하나의 이자관계 안에서 가해자일 뿐만 아니라 동시에 희생자라는 사실을 배제하는데, 이 이자관계는 내담자 마음 안에 전체로서 존재하고 내담자가 타인뿐 아니라 자신과 관계하는 방식을 정의한다. 내담자는 치료자뿐만 아니라 자신이 이자관계의 양극단 둘 다와 동일시한다는 것, 그리고 내담자를 박해자로 이야기하는 것이 동시에 그가 희생자가 아니라는 것을 의미하지는 않는다는 것을 명심하기 어렵다. 증오에 대한 다음과 같이 가능한 해석을 치료자가 제시하면서 분석이 심화되는데, 증오가 다른 사람이 가진 것이 결핍되었다고 느끼는 내담자의 강렬한 시기심에 대한 반응일 수 있고, 기저에 있는 이상적 보살핌에 대한 갈망을 자각하는 것에 대한 방어일 수 있다는 것이다. 이러한 갈망은 내담자를 취약하다고 느끼게 하고 따라서 좌절에서 기인하는 분노와 증오 아래에 숨어야 하는 것이다.

　증오에 찬 행동을 감당하지 못하는 것에 대한 논의는 그것을 감당하는 것을 촉진하는 첫 단계이며, 내담자가 박해적인 내적 대상의 가학적 측면을 즐긴다는 것을 결국 용기 있게 인정하는 첫 단계이다. 내담자가 공격적 정동을 즐긴다는 것을 자각하도록 돕는 것은 내담자가 그것을 감당하는 데 있어 중요한 단계인데, 이것은 치료자를 향한 행동에서도 나타날 수 있다. 마찬가지로 외상을 경험한 내담자의 경우, 학대자의 특성을 치료자에게 어떻게 귀인하는지를 보기 시작하는 것은 자기 안에 박해받은 희생자와 함께 '공격자'를 가지고 있음을 인식하는 중요한 첫 단계이다.

　가학적 감정과 같은 주제들을 다루는 것은 모든 사람이 리비도적 정동뿐만 아니라 무의식적으로 강력한 공격적 정동을 공유한다는 가정에 근거해야만 한다. 경계선 인성장애 내담자들은 일반적으로 다른 사람들보다 더욱 강하게 정동을 느끼며, 치료자들은 이 내담자들이 피질 통제를 좀 더 발달시키도록 돕는 데 노력을 집중해야 한다. 가학적 감정과 같은 주제의 논의는 경계선 내담자가 근본적으로 다르거나 결점이 있다는 것을 의미하기보다는, 이러한 정서들이 치료자를 포함하여 누구에게나 연속선상에 존재한다는 마음으로 수행되어야 한다.

　상호작용에서 가학적으로 즐긴 가능성을 인정함으로써 내담자는 희생자와 가해자로서의 이원적 동일시를 감수할 수 있게 되는데, 특히 내담자를 도우려고 애써 왔던 치료자에 대한 공격을 자각하게 될 때 그렇게 된다. 이러한 자각으로 인해 지배적인 편집적 전이는 우울적 전이로 점진적으로 변화하게 되는데, 우울적 전이의 특징은 죄책감과 관심, 복구 경향, 양가감정의 감내, 그리고 감사와 승화 기능 역량의 강화이다.

3) 잠재된 공격성, 분열된 이상상 그리고 성숙한 사랑의 목표

이 장에서 공격성과 미움에 초점을 두면 독자들은 미움이 치료 중기에 항상 분명하게 나타난다고 생각할 수 있지만, 늘 그런 것은 아니다. 우리는 이 장에서 공격성의 변천을 강조하였는데, 이것은 경계선 병리의 역동에서 공격성이 중심적 역할을 하기 때문이다. 그러나 두 가지를 기억해야 한다. 첫째로, 내담자가 회기에서 항상 자신의 가장 원시적 수준의 내적 세계를 소통하지는 않는다는 것이다. 사소화, 즉 상대적으로 중요하지 않고, 정동적으로 김빠진 자료를 보고하는 것이 흔히 나타난다. 일단 치료 틀 안에서 작업하면, 일부 내담자는 일정 기간 동안 자신의 원시적 정동을 분열시키고, 일정 수준의 관찰하는 자아로 삶의 문제들을 다루는 수준에서 치료자와 관계한다. 내담자는 좀 더 높은 수준에서 기능하기 시작하는 것을 나타내는 치료방식으로, 아니면 기저의 원시적 심리 조직화에서 이런 문제를 해리시켜서 좀 더 원시적 주제들을 방어하는 다소 편안한 평형을 수립하는 방어적인 방식으로 이렇게 할 수 있다. 치료자는 내담자가 주제들을 성찰적인 방식으로 다루고 있는지 아니면 방어적으로 사소화하는지를 항상 결정해야 한다(사소화는 7장에서 더 상세하게 논의되었다).

둘째로, 공격성은 기본적인 심리내적 분열의 한 측면을 나타내고, 분열의 다른 측면에는 리비도적 갈망이 있는데, 리비도적 갈망은 이상화된 대상관계 이미지에 기초한 강렬하게 긍정적인 전이의 형태로 나타날 수 있다. 이렇게 상상된 관계, 즉 공격성이 실린 관계처럼 원시적이고 외부 현실에 적용되지 않은 관계는 대개 치료 초기 단계에서 방어된다. 치료 초기에 대부분의 내담자에게서 발견되는 편집적 전이에는 리비도적 갈망의 직접적 표현을 위험한 제안으로 만들 수 있는 불신과 의심이 있다. 이상화된 대상관계에 뿌리를 둔 이런 갈망은 일반적으로 내담자가 치료에 참여하는 것을 통해서만 어느 정도 간접적으로 표현된다. 이러한 이상화된 긍정적 전이[1]의 극단적 특징은 극단적인 부정적 전이와 마찬가지로 내담자 병리의 일부인데, 그것이 세상의 좀 더 복합적인 현실에는 해당되지 않는 어떤 '순수한' 표상을 포함하는 한에서 그렇다. 심리적 건강과 성숙하게 사랑할 수 있는 역량을 성취하기 위해서는 두 가지가 좀 더 복합적인 전체로 통합되어야 한다. 내담자들도 우리와 같이 사랑하고 사랑받고 싶은 욕구를 가지고 있다. 인성병리가 없는 사람들은 열병으로 경험되는 사랑에 빠지는 단계에서 이상화 상태로 일시적으로 퇴행할 수 있다는 것에 주목해야 한다. 건강한 사랑관계의 열쇠는 이제 사랑하는 대상의 불완전성을 받아들이고 통합하는 것이다. 전이초점 심리치료는 이 목적을 향해 작업한다. 치료가 진전됨에 따라, 전이에서 긍정적 정동이 일반적으로 증가하고, 내담자 내적 세계에서 극단적으로 긍정적이고 부정적인 축의 통합을 향한 작업은 내담자가 이상화와 평가절하 사이의 갑작스러운 흔들림으로 혼란스러워하지 않는 성숙한 방식으로 자유롭게 사랑을 경험할 수 있도록 한다.

치료에서 종종 먼저 나타나는 이자관계인 공격적으로 점유된 대상관계는 일반적으로 기저의 리비도적으로 점유된 이자관계를 방어한다. 그 반대도 사실일 수 있다. 리비도적인 '이상적' 이자관계는 박해적이고 공격적인 것에 대해 방어할 수 있다. 분열된 내적 구조가 있는 내담자를 치료할 때 시험대 중의 하나는 분열된 한 극단적 면이 다른 면을 방어한다는 것이다. 즉, 견고한 기반이 없다고 하기보다는, 분열된 한 면에서 다른 면으로의 빠른 반전의 끊임없는 가능성이 있다. 임상 실제에서 편집적 전이와 애착에 관한 불안은 일반적으로 치료 초기에 지배적이다. 그렇기는 하지만 일부 사례는 편집적 두려움과 공격성에 대해 방어하는 이상화 전이로 시작한

---

1) 독자는 긍정적 전이와 부정적 전이의 이러한 구분이 '좋은' 전이와 '나쁜' 전이의 구분과는 다르다는 것을 유념해야 한다. 긍정적 전이는 그것이 리비도적 추구, 즉 사랑의 추구를 나타내기 때문에 그렇게 불리는 것이다. 그러나 분열된 마음에서의 그 극단적 형태에서, 이것은 극단적인 부정적 전이만큼 병리적인데, 실제 세계에는 존재하지 않는 어떤 이상적이고 좋기만 한 대상을 나타내기 때문이다.

다. 좀 더 전형적인 편집적 전이의 경우에, 리비도적 소망의 증거가 일찍부터 비언어적인 소통이나 역전이에 있을 수 있지만(이 예는 비디오 2, '휴가 전 회기'에서 볼 수 있다), 이 소망은 일반적으로 편집적 전이가 어느 정도 훈습이 된 이후에 나타나기 시작한다. 치료자는 드러나는 모든 긍정적 요소의 증거에 주목해야 하고, 내담자의 의심과 불신에도 불구하고 내담자가 여전히 그곳에 있다는 점을 명심해야 한다("○○씨에게는 이 관계를 살아 있는 상태로 유지하고 싶은 마음이 있어요."). 또한 공격적 정동을 논의할 때 치료자는 자신을 향한 내담자의 적개심을 강조하기보다는("○○씨가 나를 공격하고 있어요."), 내적 박해자와 희생자를 포함하는 이자관계를 강조해야 한다("이 관계는 지금 공격을 하고 있는 사람과 그 희생자인 사람이 특징인 것처럼 보이네요."). 다른 사람을 미워하는 것처럼 보이는 내담자 부분은 또한 자기 자신을 미워하며, 자신과 좋고 수용적인 관계를 하는 내담자의 역량을 손상시킨다. 일반적인 표현으로, 긍정적이고 부정적인 전이 둘 다 내담자가 자신을 나쁘기만 하다고 묵살하는 것을 피하기 위해 해석될 필요가 있다.

▶ 비디오 2-1: 휴가 전 회기 1부(9:24)_[부록 p. 491]
▶ 비디오 2-2: 휴가 전 회기 2부(6:12)_[부록 p. 495]

2. 경계선 인성조직 내담자의 성적 관계 범위

사랑과 성은 완전히 겹쳐지는 않는다. 성은 리비도적 요소와 공격적 요소를 결합하며, 어느 정도까지는 이 둘 간의 교차로이다. 성숙하고 친밀한 성생활 발달이 전이초점 심리치료의 목표인데, 특히 내담자의 성생활이 저해되었거나 공격성이 압도적으로 스며든 경우에 그렇다. 우리는 내담자 성의 역사와 적응 그리고 치료에서 생겨나는 성의 측면과 관련된 주제를 검토한다.

인간의 성은 핵심 성 정체성, 성역할 정체성, 대상 선택 그리고 성적 열망의 강도를 포함한다(Kernberg, 1995). 그중 두 구성개념, 대상 선택과 성적 열망의 강도는 경계선 인성조직 내담자의 논의에서 가장 관련이 깊다. 경계선 인성조직 내담자의 대상 선택은 정체성 혼미의 결과로, 대상 선택에서의 혼동과 행동 수준에서 혼란스러운 양성애를 포함한다. 열망의 강도는 폭넓게 변화할 수 있는데, 일부 심한 경계선 인성조직 내담자의 경우 열망이 거의 없다.

경계선 인성조직 내담자는 일반적으로 성적 적응에서 한정된 병리 범위 내에서 치료를 시작하지만, 그 범위 내에 상당한 변산이 있다(〈표 9-2〉). 치료를 시작할 때 내담자의 성적 역량과 적응수준은 가능한 개선 영역을 규정할 것이다. 좀 더 심각한 경계선 인성조직 내담자들은 정상적 성에서 중심이 되는 쾌감 역량이 결여되어 있을 수 있다. 이 내담자들은 자위를 포함한 모든 성적 방출구에서 쾌감을 느끼지 못할 수 있으며, 어떤 사람에 대해서도 성적 열망이 없을 수 있다. 심한 외상 경험과 신체적 혹은 성적 학대 그리고 사랑하는 부모 대상에게 어떤 애착도 없었다는 점이 종종 그들 개인력의 특징이다. 이러한 내담자들 경우 성적 영역에서 치료 목표가 제한적일 수 있다. 치료는 우선 내담자가 타인을 이상화하는 역량에 접하도록 돕고, 이상적 관계에 대한 갈망을 표현하도록 도울 수 있다. 뒤따른 치료를 통해 이상화된 이미지와 박해하는 이미지를 통합하게 되면서, 내담자는 애정이 있는 관여된 애착을 형성할 수도 있지만, 이 유형의 내담자는 열정적인 사랑 역량을 보이지 않을 수 있다.

표 9-2 경계선 인성조직 내담자의 성적 적응 범위

	적응
높은 수준의 경계선 인성조직	성적 흥분과 열망 역량. 부분대상과 깨지기 쉬운 이상화하는 관계.
자기애적 인성의 경계선 인성조직	성적 흥분과 오르가슴 역량. 유아적 경향의 광범위한 스펙트럼. 사랑 대상에 대한 깊은 관여 역량이 없음.
공격성이 있는 경계선 인성조직	위험한 성적 행동. 다형도착적 성.
낮은 수준의 경계선 인성조직	관능적 쾌감의 부재. 자위에서 쾌감이 없음. 대상과 관련된 성적 열망이 없음. 성적 흥분 역량이 없음.

자기애적 인성구조를 가진 경계선 인성조직 내담자는 친밀한 파트너에게 깊이 관여하는 역량 없이 성적으로 흥분하는 역량을 보이는 경향이 있다. 이들 중 많은 사람은 사랑에 빠져 본 적이 없다. 이 사람들의 두드러진 성적 문란함은 다른 사람들이 매력적이거나 소중하게 여기는 어떤 사람에 대해 성적 열망과 흥분을 보이는 것과 종종 연결된다. 이 유형의 애착에서는 성적인 충족이 정복 욕구를 만족시킬 수 있지만 또한 우월함을 느끼고 타인을 평가절하해야만 하는 무의식적 과정을 촉발할 수 있으며, 결국 타인에 대한 성적인 흥분과 관심 둘 다 사라질 수 있다.

좀 더 높은 경계선 인성조직에 있는 내담자들은 성적인 흥분과 성애적 열망의 역량을 가지고 치료를 시작할 수 있다. 이 내담자들은 서로에 대한 열정적 관여와 연결된 충분한 성기적 흥분과 오르가슴 역량을 가질 수 있다. 그들은 공격성을 사랑 및 성과 통합할 수 있으며, 사랑 대상의 이상화가 특징인 원시적으로 사랑에 빠질 수 있는 역량이 있다. 실제로 이상화된 친밀한 타인과의 강렬한 성 경험과 강렬한 연애는 양가감정을 견디지 못하는 기저의 무능력을 감출 수 있다. 그러나 경계선 인성조직의 분열기제로 인해, 그들의 대인관계에서 친밀한 관계는 깨지기 쉬우며, 이상화된 관계를 박해적인 것으로 변화시킬 수 있는 분열되고, 나쁘기만 한 측면으로 오염될 위험에 늘 처해 있다.

1) 성적 행동의 공격적 침투

일부 경계선 인성조직 내담자의 성적 행동은 자기파괴적이거나 다른 사람에게 파괴적일 수 있다. 이러한 주제는 치료 중기에 훈습되어야만 한다. 다음에서 우리는 성적 감정이 공격적 동기로 장악된, 해리된 성적 감정을 보이는 내담자 사례(성애화된 전이)를 논의한다(Blum, 1973). 그리고 성적 감정이 이상화된 전이 맥락에서 나타나는 내담자 예를 제시한다.

(1) 자해, 해리 그리고 성

다음 사례는 내담자의 원시적 방어기제(특히 분열)와 내담자의 행동(특히 자해), 그

리고 성적 억제와 그에 따른 해결 간에 특히 분명한 관계를 보여 준다. 분열의 발현
이 이 사례처럼 항상 극적이지는 않은데, 이것은 연극성 특징을 지닌 내담자에게 있
어서 좀 더 전형적이다.

〈사례〉

Susan은 전이초점 심리치료를 시작할 때 26세였고, 되풀이된 자해로 여러 번 병
원에 입원하였다. 병원 치료자는 그녀가 이야기하는 자해가 그에게는 비합리적으
로 보이는 기괴한 특성을 띠었기 때문에 기저에 정신병이 있지 않을까 의심했지
만, 그녀는 경계선 인성장애로 진단받았다. Susan은 전신을 계획적으로 여러 군
데 자해하여 피로 온몸을 목욕하는 환상을 이야기하였다. 이런 환상을 이야기할
때 그녀의 정동은 황홀에 가까운 열광과 흥분을 보였다. 실제로 그녀의 자해 행동
은 외과적 봉합을 필요로 할 만큼 깊지는 않았는데, 보통 팔과 다리를 자해하였고
특별히 가슴과 질을 자해하는 데 관심이 있었다.

  병원에서 퇴원한 뒤에 Susan은 Wy 박사와 치료를 시작하였다. 치료를 시작할
때 Susan은 동정이었다. 그녀는 고등학교 때 두 남학생과 데이트를 했지만 편하
게 느끼지 못했다. 그들과의 신체적 접촉은 키스에 그쳤고 그것도 그녀는 즐기지
못했다. 그 후로는 데이트를 하지 않았다. Susan은 대학을 졸업했지만 반복되는
입원 때문에 일을 하지 못했는데, 이것은 어떠한 목표 지향적 계획도 방해하였다.

  최근에 병원에서 퇴원한 뒤, Susan은 일을 시작했고 꽤 적절한 직업을 유지할
수 있었다. 치료에서 그녀는 깊은 심리적 수준에서 작업하는 데 상당히 저항적이
었다. 그녀는 자해하고 싶은 충동을 계속 느꼈지만, 몇 번의 입원을 통하여 그녀
가 자해를 하면 다른 사람을 너무 불안하게 해서 만약 계속 자해를 하면 평화롭게
함께 살 수 없다는 것을 배웠기 때문에 자해를 하지 않는다고 말하였다. 그녀는
자해가 즐거운 활동이고 전혀 괴롭지 않다고 주장하였다. 그녀는 그 행동에서 의
미를 찾으려는 어떠한 노력도 무시하였다. 그녀는 또한 Wy 박사의 '냉정함'에 대
해 불평하였고 이전 치료자에게 돌아가고 싶다고 거듭 말하였는데, 그녀는 그 사
람이 더 '따뜻하고 자상하다'고 하였다. Wy 박사가 지적하기를, 그녀가 그를 냉정

하다고 생각하는 것이 만약 그녀가 자해를 하더라도 그가 더 관여하지 않겠다고 한 치료계약의 합의와 관련되는 것 같다고 하였다. Wy 박사는 Susan이 자해를 논하지 않고는 그와 어떻게 관계할지 모르는 것처럼 보인다고 덧붙였다.

그녀의 삶에서 몇 안 되는 관심 중 하나인, 특정한 인권 조직에 대해서 이야기할 때, 그녀의 행동을 이해하기 시작할 수 있게 되었다. Wy 박사가 이 조직의 상징이 가시 철조망에 둘러싸인 양초임을 지적했을 때, Susan은 환상 속에서 자신이 그 양초이기를 바란다고 온순하게 인정하였다. 이 상징은 이자관계를 표상하였다. 양초는 빛과 따뜻함의 근원이고, 철조망은 박해자이다. Susan을 한층 더 이해할 수 있는 열쇠는 그녀가 이자관계 양쪽 다에 동일시한다는 것을 이해시키는 것이다. 이야기가 더 지속되면서 Susan이 여태까지 부인하였던 고통과 즐거움 간 연결이 드러났는데, 이것은 그녀가 가슴과 질을 자해하는 습관에서 암시되기는 하였다. 그러나 이러한 연결이 이루어졌어도, 치료는 막다른 궁지에 몰린 것처럼 보였다. Susan은 직업에서 기능은 하였지만 사회적 관계로부터 철수하였고, 주말 내내 혼자 자기 방에서 지냈다. 그녀는 책을 읽고, 바느질을 하며, 한동안 조그마한 방에 멍한 상태로 앉아 있었다.

치료가 대체로 이렇게 무미건조한 느낌으로 진행되던 중에, 한 회기에서 Susan은 집으로 가는 중에 차 사고가 나서 죽을까 봐 두려웠다고 말했다. 상담에 오려고 운전하던 중, 그녀는 앞의 차들 미등에서 피가 뚝뚝 떨어지고 있는 걸 보았다면서 걱정하였다. 그녀는 이것 때문에 거의 넋이 나갔고, 이렇게 피가 흐르는 것을 보면 정신이 없어져 핸들을 통제하지 못할 것이라고 두려워하였다. Wy 박사는 상당한 불편감을 경험하였고, 피를 보고 치명적 사고를 예상하는 것이 다른 무엇을 나타낸다고 할지라도, 이것이 내담자가 지금 그를 괴롭히고 있는 가학피학적 역동의 일부라는 것을 자각하게 되었다. 그는 가학적 느낌이 그녀 생각보다 더 흔한 인간 정서일 수도 있다고 덧붙이면서, 자해를 통해 이전 치료자와 그랬던 것처럼 접촉이 공격성을 띠지 않는다면 그녀는 치료자와 어떻게 관계를 맺을지 모르는 것처럼 보인다는 이전 관찰을 생각나게 한다면서 이것을 지적하였다. Wy 박사는 Susan이 공격성으로 방어하고 있지만 그에게 어떤 다른 감정이 있는지 모르겠고, 그 순간에 공격성이 그들 관계에서 무미건조함에 대한 유일한 대안인가 하는 의문을 가졌다. 양초 이미지에서 나타나듯이 그녀의 감정은 친밀과 가까움에 대한 소망이 있을 수 있지만, 그것들이 그녀가 부인하려고 하는 공격성과 너무나 얽혀 있어서 그러한 감정을 어떻게 해야 할지를 모르는 것 같다고 그는 제시하였다.

Susan은 당시 Wy 박사와 치료 2년째였는데, 이러한 개입 직후에 어느 날 회기에 오더니 다음과 같이 말하였다. "Susan은 오늘 여기에 오지 않았어요. 대신에 Renee가 왔어요." Wy 박사는 놀라서 어떤 태도를 취할지 잠시 멈추어야만 했다. 그는 Renee에게 그녀 자신에 대해 이야기해 달라고 하였다. 내담자는 그녀, 즉 Renee가 야한 옷을 입고, 술집으로 남자들을 끌고 가서, 그들을 아프게 하면서 성관계하는 꿈을 꾸었다고 설명하였다. 그러나 Renee는 이 "다른 애"인 Susan이 그녀를 통제하였고, 그런 일을 하지 못하게 했다고 하였다. Renee는 Susan이 고상한 척하는 것에 대해 분개했다.

다음 회기에 Susan은 평소와 같았다. 치료자가 Renee에 대해 물어보자, 내담자는 약간 혼란스러워 하면서 이 다른 여자가 최근에 그녀의 삶에 끼어들려고 하는 것을 느낀다고만 말할 수 있었다. 그녀는 가끔씩 그녀 때문에 성가셨지만 오랫동안 그녀에 대해 생각하지 않고 지낼 수 있었다. 다음 몇 주 동안 Renee는 회기마다 거의 나타났다. 다른 자료가 지배적이었던 회기들에서는 전혀 나타나지 않았다. 몇몇 회기에서 Susan은 이 "다른 애"라고 부른 Renee 때문에 괴롭다고 불평하였는데, 이 "다른 애"가 못되었고, 그녀를 비난하고 이름을 부르면서 그녀를 불편하게 만든다고 하였다. 몇몇 회기에서 내담자는 Renee가 되어 Susan이 그녀를 속박하는 내숭녀라고 경멸하였다.

Wy 박사는 이 상황을 분열된 자기표상이 연극적 양식으로 나타나는 것으로 이해하였다. 이러한 해리성 정체성 장애(이전에는 다중 인성장애로 알려진)의 명백한 현시는 기법에서 어떠한 변화도 필요하지 않은데, 이러한 내담자의 해리성 정체성 장애는 전이에서 자기표상의 극단적인 내적 분열이 표현된 것으로 이해될 수 있기 때문이며, 자기표상의 각 파편은 각각 이름이 다른 사람으로 경험된다.

치료적 도전은 내담자가 표상들을 분리시키려는 욕구를 이해하고, 내담자가 이것을 극복하고 통합된 정체성을 획득하도록 돕는 것이다. Wy 박사는 내담자의 공격성과 섞여 있는 다른 감정에 대해 치료자가 개입한 것이 Renee의 출현을 자극하지 않았는가 하는 가설을 세웠는데, Renee는 분열되어 떨어져 나간 자료의 출현을 나타내는 것처럼 보였다.

Wy 박사는 Susan의 삶에서 Renee의 역할에 대해 그녀와 함께 의문을 가지기 시작하였다. 그는 의도적으로 모호하게 Renee가 "또 다른 애"인지 아니면 Susan 안에 있는 한 부분인지에 대해 말하였다. Susan은 Renee가 어디에서 왔는지 모르겠지만 그녀가 가 버리길 바란다고 하였다. Wy 박사가 보기에 Renee가 장면에 나타나는 것이 Susan의 자해 충동의 감소와 Susan이 친밀과 가까움에 대한 소망이 있을 수 있다고 한 그의 언급과 대략 일치하는 것 같다고 하였다. 그녀는 어떠한 연결도 알 수 없었다. 그는 Renee가 성에 관심이 아주 많은 것 같다고 지적하였다. Susan이 말하기를, 그녀는 성에 관심이 전혀 없기 때문에 이것이 그녀를 괴롭힌다고 하였다. Wy 박사는 이렇게 관심이 없다고 한 것을 의문시하면서, Susan의 자해 행동이 가슴과 질에 특별한 초점이 있음을 지적하였다. 이러한 관찰은 그녀를 불편하게 하였다. 그녀는 "그냥 그런 거예요."라고 반응하였지만, 이것이 그렇게 확실한 설명이 되지 않는다는 것을 어느 정도 자각하고 있었다. 그녀는 "성에 대해 이야기하거나 생각하는 걸 좋아하지 않을 뿐"이라고 불평하였다. Wy 박사가 보기에, 이것이 물론 그렇기도 하지만, 이 주제가 전에는 그녀의 행동에서 위장된 형태로 그리고 이제는 Renee라는 원치 않는 동반자의 형태로 계속 나타나기 때문에, 그것에 대해 이야기하거나 생각하지 않으려는 노력이 성공적이지 않은 것 같다고 하였다. 그는 그녀의 자해 행동이 공격성을 띤 성적 충동과 이에 대한 금지 사이에 타협으로 작용한다는 해석을 제시하였다. 이 행동은 성적이고 공격적인 충동과 처벌에 대한 욕구를 동시에 만족시켰다. 이것은 성과 공격성의 융합을 시사하였는데, Susan은 공격성의 희생자와 그리고 덜 의식되는 공격자 역할 둘 다를 수행하였다.

Susan은 이 해석이 불편하였는데, 그녀의 리비도 추동은 그녀 자신에 대한 의

식적 견해로부터 너무 동떨어져 있기 때문이었다. 그러나 이 해석 이후에 Renee
는 희미해져 버렸다. Susan은 그녀가 사라졌다고 선언하지는 않았지만, 몇 주 동
안 그녀에 대해 아무것도 듣지 못하자 Wy 박사는 Renee에 대해 물어보았다. 내
담자는 다음과 같이 대답하였다. "이상해요. 그녀 생각을 전혀 안 했어요. 그녀는
이제 없어요." 한편, Susan은 어떤 남자와 데이트하기 시작했다고 하였는데, 나중
에 알고 보니 그는 Wy 박사와 나이와 이름이 같았다. 그녀의 공격적 환상이 리비
도적 자료를 어떻게 방어하고 있는지 명료화한 이후에, 처음으로 Susan은 리비도
가 공격성을 지배할 수 있다고 시사하는 방식으로 행동하기 시작했다.

이 사례에서 전이의 발달을 다음과 같이 요약할 수 있다.

1. Susan의 초기 모습은 가차 없이 자해를 하는 사람으로 이는 전이에서 여러 가
   지 방식으로 기능하였다. 그것은 그녀가 가망 없이 아픈 것 같기 때문에 치료
   자에게 그녀를 돌봐 달라고 하는 호소이고, 그녀의 자해는 다른 사람들을 매우
   불편하게 하였기 때문에 미묘하게 치료자를 괴롭히는 (그리하여 그와 가학피학
   적으로 연결되는) 방식이었다. 그리고 그녀의 가슴과 질에 주목하게 하는 행동
   화의 한 형태였다.
2. 내담자가 피를 본 장면과 회기를 마치고 집에 가는 길에 사고가 날까 봐 두려
   운 것은 공격성을 통해 치료자와 관계를 맺는 두 번째 방식이었다. 이것이 치
   료자에 대한 가학적 충동의 상연이고 리비도적 감정에 대한 방어일 가능성이
   있다고 해석한 뒤, Susan은 그녀 안에 성애적이고 공격적인 감정이 섞여 있음
   을 좀 더 자각하기 시작하였다.
3. Susan이 Wy 박사와 분명히 비슷한 남자와 데이트하는 것은 좀 더 탐색하고 이
   해할 필요가 있는데, 특히 내담자의 새 남자친구가 대체로 안정된 사람이었지
   만, 가벼운 물질남용 문제가 있었기 때문에 그녀 아버지가 알코올 중독이었다
   는 것을 생각나게 한다.

요약하면 이 사례는 성적으로 억제된 상황을 나타내는데, 공격적으로 오염된 분열된 리비도적 충동이 처음에는 자기파괴적이고 도발적인 행동으로, 다음에는 이렇게 분열된 주된 자기 측면이 내담자의 의식에 들어오면서 해리성 정체성 국면으로 표현되었다. 각 단계에서 치료자의 해석은 자각과 궁극적으로는 통합 과정이 일어나도록 도왔다.

(2) 성애화 전이의 이해와 다루기: 전이에서 성과 공격성

성에 공격성이 스며들어 있을 수 있고 공격성으로 리비도를 방어하는 경계선 내담자를 해결하는 열쇠는 전이에서 이 두 가지가 섞여 있는 것에 초점을 맞추는 것이다. 성애화 전이(erotized transference)라는 용어는 좀 더 포괄적인 용어인 성애적 전이(erotic transference)보다 특정적인 것이다. 후자는 애정 감정이 있는 반면에 전자는 다른 정동을 숨기는 애정 감정처럼 **보이는 것**(appearance)이 있다. 「전이 사랑에 대한 관찰」이라는 논문에서 Freud(1915/1958)는 성애적 전이를 논하면서, 내담자가 치료자에게 애정을 경험하는 것이 불가피하고 이를 받아들이고 작업할 필요가 있다고 하였다. 전이 사랑의 작업을 피하는 것은, Freud 표현으로 하면, "교묘한 주문으로 지하세계에서 영혼을 불러낸 뒤 아무것도 묻지 않고 다시 돌아가게 하는 것과 같다."(p. 164) 그러나 전이 사랑의 불가피성과 이를 작업할 필요를 논의한 다음에 Freud는 한 예외를 지적하였다.

분석적 작업을 위하여 성애적 전이를 만족시키지 않고 이를 유지하려는 시도가 성공하지 못할 일군의 여성들이 있다. 이 여성들은 엄청난 열정이 있어 어떠한 대용물도 견디지 못한다. 그들은 본성이 아이 같아서 물질적인 것 대신에 심리적인 것을 받아들이기를 거부한다. … 이런 사람들에게는 그들의 사랑에 응할 것인가, 아니면 무시당한 여성에게서 완전한 적대감을 초래할 것인가 중에 선택을 해야 한다. 어느 경우든 치료의 관심사를 보호할 수 없다. 치료자는 성공하지 못한 채, 철수해야만 한다(p. 166).

Freud가 심한 인성장애 내담자에 대해 언급한 것이라고 가정할 수 있다. 우리가 경계선 조직과 이것을 다루는 방식에 대해 더 이해하게 됨에 따라, 이러한 성애화 전이를 작업하는 전망에서 덜 비관적이 되었다. Blum(1973)은 성애화 전이를 성애적 전이의 극단에 놓았고, 이것은 "분석가에 대한 강렬하고 생생하며 비합리적인 성애적 집착으로, 사랑과 성적 만족에 대해 공공연하고 자아 동질적인 요구가 특징이다."(p. 63)라고 하였다. 주로 리비도 정동을 표현하는 성애적 전이와는 달리, 성애화 전이는 겉보기에는 리비도 정동이 공격 정동을 위해 사용되는 것이다.

다양한 형태의 성애적 전이와 성애화 전이를 다 설명하기보다, 우리는 여기에서 가장 다루기 힘든 변형들에 초점을 맞추겠다. Kernberg(1995)는 강렬한 성애적 전이가 어떻게 내담자가 "분석가와 꾸준히 긍정적 관계를 맺을 수 있는 가능성을 방해하거나 파괴하려고 하는 무의식적 시도"(p. 118)의 일부일 수 있는지를 기술하였다. 흥미롭게도 반대되는 것—사랑과 미움, 리비도와 공격성—이 성애화 전이에 녹아들 수 있는 것처럼 보이지만, 그것은 진정한 통합이 아니다. 그것은 오히려 분열된 내적 세계의 한 부분이 다른 부분을 위해 도용당하는 상황이라고 할 수 있다. 좀 더 발달되고 통합된 마음에는 양가감정 역량이 있고 리비도와 공격성이 통합되어 있다. 그러나 경계선 내담자들이 때때로 퇴행된 형태의 가성통합을 나타내는데, 마음의 공격적 부분이 리비도적 부분 측면에 들러붙어 이를 파괴적 목적에 동원한다. 사랑과 성적 흥분은 성도착이라는 증후군으로 공격성을 위해 사용될 수 있다.

3장에서 소개되었던 Gabby 사례로 이제 돌아가 보자.

〈사례〉
전이초점 심리치료 첫해의 끝이 가까워지자, 치료에 관여하였다가 다음에는 벗어나는 것처럼 보이는 순환을 여러 번 한 다음, Gabby는 그녀가 사랑관계에 대한 갈망을 방어하고 있다는 Tam 박사의 해석을 받아들이기 시작했다. 그녀는 "선생님이 맞는 것 같아요. 선생님이 편해지면 언제나 제가 밀어내는 것 같아요."라고 하였다.

이러한 통찰 덕분에 내담자가 치료자에 대한 이상적이고 박해적인 표상을 통합하기 시작했고, 편집 포지션을 넘어서기 시작했다고 생각하여, Tam 박사는 치료에서 약간 안심하였다. 그러나 치료 2년째의 한 회기 중반에 Gabby는 의자에서 일어나 Tam 박사에게 뚜벅뚜벅 걸어와 그의 무릎에 앉으려 했다. 그는 그를 껴안으려는 그녀를 막기 위해 팔을 뻗어 그녀를 붙들어야 했다. 그럼에도 불구하고 그녀는 블라우스 단추를 풀기 시작했다. Tam 박사는, 이런 행동은 치료에서 용납되지 않기 때문에 그녀 의자로 되돌아가야 한다고 단호하게 말하였다. Gabby는 블라우스 단추를 푸는 것을 멈추었지만, 그의 무릎 위에 계속 앉아 있었으며, 결국 그가 그녀로 하여금 다른 사람을 믿을 수 있다는 것을 보도록 도와주었다고 강하게 주장하였다. 그녀는 극적으로 말하기를, 이러한 신뢰를 보이는 것은 중요한 성취이고, 그가 그녀의 사랑을 거절하는 것은 아무도 믿을 수 없었다는 그녀의 이전 신념이 옳다는 것을 증명하는 것이 될 것이라고 하였다. 실제로 그가 그녀를 거절하면, 그것은 사람들 간에 긍정적 감정이 있을 수 있다는 그의 말이 거짓이라는 증거가 될 것이다. 즉, 그녀가 항상 알고 있었던 것처럼, 그것은 그녀가 혐오스럽고 그가 그녀를 꺼리고 거부하리라는 증거가 될 것이다. 그가 그녀를 거절하면, 그것은 세상이 다를 수 있다는 그녀의 모든 희망을 내동댕이치고, 자살만이 유일한 합리적 선택이라는 그녀의 믿음을 확인시켜 줄 것이다.

이 사례는 리비도적 감정이 공격적 감정에 강탈당한 것을 보여 준다. 그러나 내담자는 자신의 반응에서 공격성을 전혀 자각하지 못했다. 그녀는 그것을 치료자에게 투사하였다. 그녀 시각에서 보면 그녀를 거절한 것은 그였고, 거짓된 친절로 그녀를 기만한 것도 그였으며, 그녀를 속여서 그를 좋아하게 만들었다. 그는 그녀를 기운 나게 하였지만, 상처 주려고 그렇게 하였다. 그녀는 그를 믿지 않는 게 낫다는 것을 알았어야 했다는 것이다. 편집적인 면에서, 그녀는 모든 면에서 옳았다. 이 예는 고전적이지만 극단적인 행동화와 투사를 보여 준다. 내담자가 말하는 사랑은 치료자와 치료에 대한 공격으로 이루어졌지만, 즉 인식되지 않은 공격적 동일시의 행동화였는데, 내담자는 치료자가 그녀에게 반응하지 않아서 그가 그녀를 공격하였다는 확신을 가졌다. 이 사례가 표면적으로는 긍정적 전이가 극단에 이른 것처럼 보이지만, 더 깊은 주제는 경계 및 치료에 대한 파괴와 공격이다. 이 사건에 기초하여,

Tam 박사는 Gabby 씨가 그가 이전에 생각했던 것보다 더 낮은 수준의 경계선 인성 조직에 자리하고 있다는 것을 알았다. 처음에 그는 그녀의 부정적인 초기 표현이 리비도적 추구에 대한 방어로 이해하였다. 그가 이러한 공식화를 전부 포기하지는 않았지만, 이 회기에서 그녀의 행동은 그녀의 공격적인 면의 힘을 더욱 충분히 인식하게 만들었다.

경계선 내담자와의 복잡한 상호작용에 대한 사고를 조직화하기 위해서, 관련된 자기 및 대상관계로 이를 도식화하는 것이 도움이 된다. [그림 9-1]에 제시된 도식은 지배적으로 편집적 전이를 보이는 경계선 내담자에서 초기에서 중기의 가장 전형적인 치료 상황을 나타낸다. 그들은 상처받을 것이라고 확신한다. 치료자가 착취자/학대자라는 예상된 역할을 수행하지 않으면, 내담자는 자신에 대한 치료자의 관심을 이해하기가 어렵다. Gabby 사례는, 공격자와의 동일시가 인식되지 않은 채, 친밀의 위험에 대한 내담자의 방어가 사랑이라는 이름으로 위장된 복잡한 상황을 나타낸다. Gabby의 노골적인 유혹 시도는 착취자와 희생자라는 익숙한 영역으로 상황을 되돌리면서, 의식적으로 자각하지는 못하지만 내담자를 착취자의 역할에 놓는다. 이것은 역할이 뒤바뀐 외상의 반복이다. 이 상황은 강력하고, 잠재적으로 혼란스러운데, 치료자가 한계를 설정하고 내담자 행동을 해석하려고 하면, 내담자 자신은 대체로 희생자의 역할을 경험하면서, 그녀의 제안을 치료자가 거부하는 것은 그녀에 대한 거부이며 그녀가 무가치함을 증명하는 것이라고 항의한다. 이것은 치료자에게 '승산이 없는' 상황같이 된다. 만약 그가 유혹을 받아들이면, 그는 모든 윤리적 기준을 저버리고 학대자가 되는 것이다. 만약 그가 그렇게 하지 않으면, 내담자는 그가 그녀를 냉정하게 거부하는 것으로 경험한다.

이런 상황에서 첫 번째 규칙은 치료 틀에 주목하는 것인데, 다음을 보자.

Tam 박사(그야말로 팔을 뻗어 Gabby를 붙들고는): 이런 상황에서는 분석을 할 수 없습니다. 블라우스 단추를 잠그고 다시 자리에 앉으세요. 그렇지 않으면 이 시간을 끝내겠습니다.

Gabby: 선생님은 이해하지 못하세요. 이게 저를 돕는 길이에요. 선생님은 제가 믿길 바라시죠. 지금 그렇게 하고 있어요. 선생님이 저를 거부하시면 모든 게 사라져 버릴 거예요.

Tam 박사: 거부가 문제라고 말씀하시는데 그런 것 같네요. 그런데 누가 누구를 왜 거부하는지 살펴보아야 합니다. 그리고 Gabby 씨가 도로 자리에 앉아야만 그렇게 할 수 있습니다. [Gabby 씨가 앉는다.] 무언가가 여기에서 일어났고, 여기에서 우리가 노력한 것이 파괴되기 이전에 우리는 그것을 이해하려고 해야 합니다. 우리는 1년 반 동안 함께 작업했어요. 이제 막 좀 뭔가 이해하기 시작했죠. 그런데 Gabby 씨가 내게 이렇게 다가오네요. 이래야 좋아진다고 말하지요. 그러나 이러면 우리가 여기에서 해 온 것을 망친다는 걸 Gabby 씨도 알고 있어요. 그래서 Gabby 씨가 왜 이러는지 지금 당장 알아야만 합니다. 제가 보기에 Gabby 씨는 제게 좋은 감정을 가지고 있는 것 같아요. 그러나 무엇보다 그게 겁이 나는 것 같아요. 그것 때문에 자신이 상처받기 쉽다고 느끼죠. 그래서 다시 안전함을 느낄 수 있는 유일한 방법은 장악을 하는 겁니다. Gabby 씨가 이해할 수 있는 유일한 것은, 내가 Gabby 씨에게 관심이 있다면 Gabby 씨를 착취할 것이라는 거지요. 그래서 Gabby 씨는 다시 익숙한 곳으로 돌아가기 위해, 나를 행동화하도록 부추기면서 파괴적이고 착취적인 역할을 떠맡기려는 것처럼 보이네요.

전체적으로 다시 보자면, 치료가 진행되면서 이 상황이 그렇게 구체적으로 다시는 발생하지 않는데, 이 상황은 한계를 설정하고 그다음에 해석하는 순서로 다루었다. 예를 들어, 한 시점에서 Gabby는 그녀가 내담자여서 Tam 박사가 그녀와 성관계를 할 수 없다는 것을 이해한다고 말하였다. 그리고 그녀는 치료를 끝내자는 제안을 했는데, 그리하면 그들이 배우자를 떠나 함께 이상적인 삶을 시작하는 데 자유로울 수 있다는 것이었다. 이런 생각에는 역동이 더 많이 담겨 있고, 분열된 내적 세계의 이상화된 부분 요소를 포함한다. 이것은 분열된 마음의 이상화된 부분이 현실의 복합성에 적합하지 않는 한 박해적인 것만큼이나 병리적이라는 것을 상기시킨다. Gabby가 Tam 박사에게 유혹적으로 접근한 것을 기본적으로 해석하면, 부적절

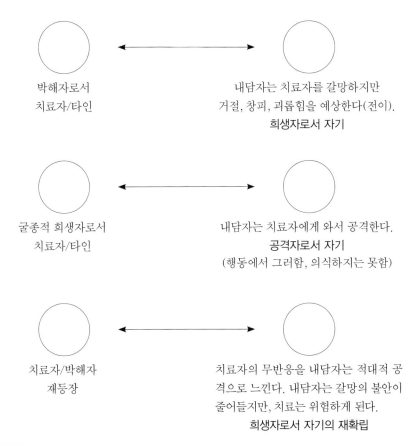

그림 9-1 Gabby 사례에서 보듯이, 지배적으로 편집적 전이를 보이는 경계선 내담자의 중기 치료에서 박해적 이자관계에서의 변화

한 신뢰와 배신에 대한 두려움이 그녀로 하여금 우위와 통제를 얻으려고 시도한 역할 반전으로 이끌었고, 그리하여 안정되고 사랑하는 상호관계의 모든 가능성을 파괴하였다는 것이다. 이 시점에서 그녀의 세계에는 관계에서의 안전에 대한 유일한 희망이 통제를 통해 이루어진다. 그러나 그녀가 통제를 강요하는 방식은 그녀가 가장 두려워하는 인물에 대한 무의식적 동일시를 나타낸다. 그런 경우 치료 중기는 일반적으로 리비도적 추구와 공격적 충동 간 갈등을 나타낸다. 낮은 수준의 경계선 인성장애 내담자는 힘과 통제에서 만족을 경험할 수 있기 때문에 포기하는 데 저항할 수 있다. Gabby 사례에서 치료 후기 단계에, 그녀는 관계에서 보였던 공격적 요소

를 인식할 수 있었고, 다른 사람과 긍정적으로 관계하고 싶은 열망에 더욱 솔직하였다. 그리고 그녀는 이러한 공격성을 통합하는 과정, 즉 이상화된 전이가 더 많이 존재하게 되었을 때 좀 더 충분히 탐색되었던 리비도적 추구와 공격성을 연결시키는 과정을 시작하였다. 이것은 승화의 여러 형태 중에서, 유혹할 수 있으면서도 동시에 그것을 '차 버리는' 식의 매우 재기발랄하면서 풍자적인 유머 감각을 발달시켰다.

후기 단계에서도 좀 더 진전된 형태의 성애적 전이가 있었다. 내담자는 사랑하는 감정과 성적인 열망을 결부시켜서 치료자에게 좀 더 진솔한 리비도적 갈망을 표현하기 시작하였고, 이러한 갈망을 만족시킬 수 있는 가능성이 없다는 데 유감을 나타냈다. 이는 치료자에게 흔히 있으면서도 도전적인 상황이다. Daniel Hill(1994)은 "비전문가의 선택이 거절할 것인가 말 것인가라고 한다면, 정신분석은 전이의 분석과 역설의 수용에 달려 있다. 이 경우 사랑은 진짜이면서도 진짜가 아니다."(p. 485)라고 하였다.

2) 통합이 시작되고, 사랑과 성적 감정이 더욱 안정될 때의 도전

이 절의 앞에서 개관하였듯이, 강렬한 성애적 전이에서 내담자는 치료자로부터 이러한 성애적 소망을 만족시키기 위해 단정적인 요구를 하거나, 치료자가 내담자에게 성적으로 반응하지 않았기 때문에 이런 행동에 대해 치료자를 비난하면서, 보호받지 못하는 성적 문란함과 같은 자기파괴적인 성 행동이라는 새로운 행동화를 할 수도 있다. 이러한 상황에서 치료자는 역전이를 충분히 훈습하여 성애적 역전이 감정을 지나치게 억제하거나 상연하지 않으면서 내담자의 성적 감정, 소망, 두려움들을 철저히 다룰 수 있는 것이 중요하다. 내담자에 대한 역전이 정서와 환상을 내담자에게 전하지 않으면서 충분히 감내하는 것, 그리고 이를 전이에서 지배적인 대상관계를 심층적으로 분석하는 데 활용하는 것은, 다른 치료 단계의 역전이에서 강렬한 미움을 감내하는 것만큼이나 이 단계에서 중요하다. 실제로 공개적인 성적 요구의 공격적이고 가학적인 요소는 역전이에서 내담자의 성애적 감정의 복합적 특징을 명료화하는 데 도움이 될 것이다.

　내담자가 자신의 성애적 감정을 성적인 유혹이나 부끄러움으로 느끼지 않고 전이에서 충분히 표현할 수 있는 것이 중요하고, 결국 치료자는 그들 관계에서 치료자가 일관된 경계를 유지하기 때문에 거절당하는 데 대한 내담자 환상의 여러 측면을 분석할 준비가 되어 있어야 한다. 전이에서 성적 요구와 환상을 충분히 탐색하는 것은 내담자의 성적 생활을 공격적 충동의 오염으로부터 해방시키고, 성적 생활을 외부 현실에서의 성숙한 애정 관계에 통합하도록 촉진하는 중요한 전제조건이다.

　Gabby 사례에서 역전이와 관련하여, 치료자는 내담자의 유혹에 대해 내적으로 어떠한 성적 반응도 느끼지 못했다. 이것은 공격성이 주된 주제가 된다는 지표이다. 사례가 진행되면서 Gabby의 공격성이 더욱 통합되어 공격성으로 통제되지 않은 성애적 감정을 경험하는 것이 가능해지자, 치료자에게 도전이 된 것은 그가 역전이에서 매력을 느껴도 그러한 감정 자체가 경계를 깨뜨릴까 봐 불안하지 않으면서 편안하게 느낄 수 있는 것이었다. 이러한 순간들이 치료에서 가장 도전적인 순간이 될 수 있다. 내담자가 치료자에게 관심을 표현하는 것은 직설적일 수도 있고("어떻게 말해야 될지 모르겠지만, 나는 선생님에게 완전히 반했어요."), 농담을 하거나 반어적일 수도 있으며("선생님과 함께 가고 싶지만, 선생님이 저 같은 사람과 함께 사람들 앞에 절대로 나가지 않으리라는 것을 알아요."), 또는 간접적이고 비언어적일 수 있다. 기법의 가장 중요한 측면은 그 자료를 피하지 않는 것이다. 치료자는 자신의 감정이 내담자와 똑같은 강도가 아닐 때 끌림이라는 주제를 논의하는 데 어려움을 느낀다. 그러나 가장 거부적인 행동은 이러한 감정들이 금기라는 메시지를 전하는 것이다. 치료자는 명료해질 때까지 계속해야 한다. 내담자는 끌림에 대하여 좀 더 말할 수 있나? 그의 환상은 무엇인가? 만약 내담자가 계속할 수 없다고, 너무 수치스럽다고 말한다면, 치료자는 내담자의 가정에 대해 물어보아야만 한다. 수치스러운 치료를 계속하는 것은 무엇 때문인가? 왜 내담자는 치료자가 자기를 좋아하지 않는다고 확신하는가? 왜 내담자는 그들이 다른 상황에서 만났다면, 서로 좋아하지 않거나 관계를 하지 않았을 거라고 생각하지 못하는가? 이러한 주제를 탐색하다 보면 내담자가 이상적 대상을 추구하고 자신을 과소평가한다는 것, 그리고 이 둘 다가 삶에서 적절한 짝을 찾는 내담자의 능력을 좌절시킨다는 것에 중요한 시사점을 준다. 요약하면,

성애적 전이는 치료에 대한 위협이자 훈습되어야 할 치료의 중요한 부분으로 간주될 수 있다.

3. 분열과정에 대한 이해의 심화와 통합의 노력

내담자의 내적 세계에서 분열의 증거는 즉각적으로 분명해지거나 시간이 걸려 나타날 수도 있다. 통합을 향한 움직임 또한 가변적이지는 않지만, 대체로 아무리 빨라도 치료 시작 후 몇 개월까지는 일어나지 않는다. 이것이 일어날 때, 치료자는 부분적인 통합과 이전 분열 상태로의 일시적 퇴행이 교대로 나타나면서 경험할 수 있는 좌절에 대비해야 한다. 그러나 통합 과정의 시작은 내담자가 자신의 내적 세계를 성찰하고 변화시킬 수 있는 역량이 있다는 것을 시사한다. 훈습의 적절한 순환은—방어적 심리 조직화의 변화로 생겨난 불안을 성찰하면서—더욱 충분하고 더욱 안정적인 통합으로 이끌 수 있다.

1) 분열의 증거

7장에서 논의하였듯이, 치료자는 진행 중인 긍정적 전이나 부정적 전이에 머물러 있으려는 일부 내담자의 경향에 대해 다루어야만 한다. 치료자에 대한 초기 반응에서 자신의 분열된 내적 세계를 나타내는 내담자에서는 이것이 문제되지 않는다. 예를 들어, 치료자 사무실에 대한 내담자의 첫 반응이 "와아! 사무실이 참 크고 인상적이네요. 선생님은 좋은 치료자임에 틀림없어요. 모든 사람이 그렇게 얘기해요. 선생님은 정말 명석하시고 내담자와 어떻게 관계하는지를 아시는 게 분명해요." 두 회기 후에 내담자는 말했다. "이 사무실은 너무 춥고 비인간적이에요. 마치 선생님이 벽을 쌓아 올리면서 그 뒤에 선생님 학위와 명성을 숨기는 것 같아요. 사람들과 관계하는 것을 좋아하지 않는다면, 선생님은 치료자가 되지 말았어야 했어요." 이런 내담자 반응은 서로 다른 내적 이자관계에 상응하는 상반된 내적 표상들을 나타낸다. 이 경우 치료자는 내담자에게 모순되는 이 반응을 직면시켜야 하고, 무엇 때문에 이렇게 상이한 견해가 교대로 나타나게 되는지를 성찰하게 해야 한다. (이런 경우에 교대가 일어나는 것은 자기애적 역동에서 기인할 수 있다. 내담자는 '최고의' 치료자를 원하지만, 치료자에 대한 이런 견해를 감당할 수 없는데, 이것이 내담자에게 자신을 평가 절하하게 만드는 자기애적 시기심을 유발하기 때문이다.)

그러나 일부 내담자는 상당히 일관되게 유지되는 부정적 전이나 긍정적 전이로 치료를 시작한다. 이것은 하나의 이자관계가 또 다른 이자관계를 상당히 일관적으로 방어하는 심리 구조에 상응한다. 전이 변화에서의 리듬은 사례에 따라 달라진다. 경계선에 더하여 유아적─연극적이며 분열적 특성이 있는 내담자는 전이 성향에서 주기가 빠른 경향이 있고, 반면에 편집적, 자기애적이며 우울적 특징이 있는 내담자는 주기가 더 느리다.

3장의 Gabby의 치료 첫해에 대한 논의에서 분열을 작업하는 예를 제시하였다. Gabby는 Tam 박사가 떠날 것이라고 두 번째 말했을 때 기저에 있는 갈망이 갑자기 튀어나올 때까지 몇 개월 동안 표면적으로는 일관적으로 부정적인 전이를 유지하였다.

2) 통합과 퇴행을 교대로 오가기

〈사례: 분열된 긍정적 정동의 첫 번째 증거〉

Tam 박사가 떠나기 전의 회기들에서 Gabby는 그를 편집적으로 의심하고 거부하는 것으로 퇴행하는 것(예를 들어, "선생님이 떠난다고 당황하는 것은 어리석은 것 같아요…. 제가 무슨 생각을 하고 있는지 저도 모르겠어요. 어쨌든 선생님은 저를 위해 그곳에 계시지는 않잖아요.")과 그에 대한 기저의 애착과 관련된 고통을 경험하는 것(예를 들어, "선생님이 가신다면 저는 자살할 거예요. 그것은 선생님 탓이 될 거고요.") 사이를 왔다 갔다 하였다. 이 자살 위협에 대한 반응으로, Tam 박사는 우선 치료 틀을 언급하였다. 그는 Gabby에게 치료가 그녀의 자살을 막아 준다는 보장을 할 수 없다는 것과, 필요할 때 응급조치의 도움을 요청할 책임이 그녀에게 있다는 것을 상기시켰다. 그는 또한 자신의 공격적인 부분을 그에게 돌리려는 그녀의 시도("그리고 그것은 선생님 탓이 될 거고요.")에 대해 도전하고 탐색하였다. 마지막으로 그는 Gabby가 자신의 고통을 이해할 수 있도록 도우려 하였다. 그렇게 하는 가운데, 그는 좋은 양육자를 갈망했지만 실망만 경험한 딱한 아이 같은 이자적 관계를 정교화하였다. 그는 또한 내담자가 유기하는 대상과의 동일시를 보도록 도우려고 애썼는데, 그녀는 그에 대한 내적 이미지를 제거하려고 애썼지만('그녀 마음에서 그를 죽이기') 결국 공허감과 혼자라는 느낌을 경험하였다.

Tam 박사가 여행에서 돌아왔을 때, 그는 Gabby가 편집 포지션으로 다시 퇴행하였음을 알았다. 그녀가 그에 대한 관심을 저항하며 거부하는 것과 그녀가 그와 연결되어 있는 느낌을 경험한 순간을 그가 대비시키자, Gabby는 적개심을 가지고 "지금 무슨 얘기하시는 거예요?"라고 물었다. 그는 자신이 떠날 거라고 얘기했을 때 그녀가 보인 극적인 반응을 환기시켰다. 그녀는 흥분해서 "저는 결코 그렇게 말한 적이 없어요."라고 했다. 이것은 통합을 향한 움직임으로부터 퇴행과 분열되고 해리된 상태로의 회귀를 보여 주는 분명한 예였다. Tam 박사는 이 내담자가 통합을 이루는 데에는 아직 시간이 더 필요하다고 이해하였다. 5개월 후, 앞에 기술한 역동의 주기가 여러 번 반복된 후에, Gabby는 다음과 같이 말하면서 회기를 시작하였다. "선생님의 말씀을 계속 생각해 보았어요…. 저는 선생님과 비슷하게 느끼기 위해 애쓰고 있어요. 제가 선생님께 상처받을까 봐 걱정되기 때문이에요. 제 생각에는 그게 맞는 것 같아요." 이것은 통합을 향한 진전의 증거였다. 설혹 그렇더라도, Gabby가 편집 포지션으로 퇴행하는 것이 빈번하지는 않더라도 일정 기간 동안 지각된 위협이나 스트레스원에 대한 반응으로 지속되었다. 5년째 해에 Gabby의 치료가 끝날 무렵에 그녀는 자신이 경험한 변화들을 돌아보면서, 다음과 같이 말하였다. "선생님은 제게 많은 것을 주셨어요. 그러나 선생님은 또한 제게서 어떤 것을 빼앗아 갔어요…. 저는 완전한 사랑을 믿었어요. 제 삶이 실제로는 아무리 안 좋았다고 해도 저는 그것을 끝까지 믿었어요. 이제 저는 제 남편과 훨씬 더 가까워졌지만, 열정적이지는 않아요. 완전한 사랑이 없다는 것을 알아요…. 그리고 저는 정말 그런 생각이 그리워요." Tam 박사는 우울 포지션으로의 진전에 대한 보통 사람의 이런 기술을 환영하였다. 이 포지션으로 그녀가 변화한 증거가 더 생기면서 Gabby가 말하기를, "저는 남편에게, 그리고 가끔은 선생님에게 했던 끔찍한 것들을 믿을 수 없네요. 그들이 전적으로 옳았다고 생각해요. 지금 저는 그것이 매우 유감스러워요."라고 하였다.

4. 투사와 통합: 통합과 현실검증에서의 호전

내담자의 내적 세계가 더욱 통합되어 감에 따라, 경직된 내적 이자관계를 통해 세상을 경험할 때 생기는 왜곡된 지각은 감소한다. 이전에 위협이 되었던 사람과 상황들은 좀 더 친절한 것이 된다. 복합적인 과정 속에서 공격적 감정과 리비도적 감정이 더 통합되고 더 구분할 수 있게 되는데, 내담자가 상징적이고 언어적으로 그것들을 더 잘 파악할 수 있고 내적 환상과 현실을 더 잘 구분할 수 있게 되면서 그렇게 된다. 실제적으로 얘기하면, 내담자는 사랑하는 관계 맥락 속에서 부정적 감정을 견뎌낼 수 있게 되고, 어떤 부정적 정서가 전체를 망쳐 버렸다고 느껴서 실패할 수도 있었던 관계가 오히려 깊어질 수 있게 된다. 더욱이 이전에 자각되지 않은 채 이상화된 '사랑하는' 관계 속에 스며들어 가학피학적으로 얽히게 했던 무의식적인 공격적 감정이 내담자의 내적 세계의 일부로 받아들여지고, 적절한 설정으로 승화되며 좀 더 의식적으로 유보될 수 있다.

통합이 일어남에 따라, 내담자는 종종 타인과의 상호작용을 정확하게 지각할 수 있는 역량이 증가하는 것을 보여 준다. 그러나 스트레스를 받거나 모호한 상황에서 내담자는 일시적으로 분열 방어로 되돌아갈 수 있다. 인성조직 수준은 지배적으로 사용하는 원시적 방어기제로 부분적으로 규정된다. 모든 개인의 방어기제 사용은 환경에 따라 어느 정도 변화한다. 따라서 경계선 내담자가 성숙한 방어를 더 습관적으로 사용하는 높은 수준의 인성조직으로 변화할 때조차도, 대개 고조된 스트레스 상황에서 내담자는 좀 더 원시적인 방어로 되돌아갈 수 있다. 그러나 새로운 통합이 아직은 손상되기 쉬운 상태에 있는 내담자의 경우, 단지 모호하거나 명확하지 않기만 해도 퇴행이 일어날 수 있다. 다음의 예에서 우리는 8장에서 소개되었던 Amy 사례로 되돌아간다.

〈임상 사례〉

Amy의 심한 자기파괴적 행동은 그녀가 투사를 철회하고 이전에 분열되었던 공격적이고 가학적인 부분을 자각하고 받아들이게 되면서 많은 진전을 보였다. 이것을 자각하기 전에는, 이러한 내적 세계 부분은 자기파괴적인 행동화로 표현되거나, 투사에 의해 다른 사람을 위협적이고 해롭다고 경험하는 것으로 나타났다. 자신의 공격적 감정에 대한 자각이 증가함에 따라, Amy는 적절한 분노를 경험할 수 있게 되었고, 자신을 해치는 것을 멈추었으며, 이 세상에서 더 잘 기능하기 시작하였다. 치료 이전에 그녀는 질병으로 규정된 제한된 영역 속에 존재하였다. 그녀의 세계는 남편과 함께 살면서 치료와 관련된 사람들을 제외하면 바깥세상과 접촉이 거의 없는 그런 환자의 세계였다.

Amy의 상황은 전이초점 심리치료와 함께 변하였다. 첫째, 치료계약은 그녀 삶에서 더 높은 수준의 활동을 요구하였다. 둘째, 그녀의 내적 세계가 통합되기 시작하면서, 그녀는 다른 사람과 더 편안하게 관계할 수 있게 되었다. 그녀의 편집적 전이, 즉 치료자에게 공격성을 투사한 것과 그를 향한 공격적 행동을 이해함으로써 시작된 진전은 점차 치료 바깥의 상황으로 옮겨 갔다(3장에 기술된 방략 원칙 **4**). 이러한 변화는 그녀가 좀 더 적극적이 되기 위한 관여의 일부로 시작했던 대학 과정에서 처음으로 나타났다. 그녀의 초기 반응은 동료 학생들이 그녀를 좋아하지 않는다고 생각한 것이었다. 시간이 지남에 따라 그녀는 이런 신념의 일부가 **자신이** 타인("이 녀석이 수업 중에 말한 것을 믿지 마세요!")과 자신을 다 가혹하게 평가하기 때문이라는 것을 알았다. 이것을 자각하기 전까지 그녀는 타인을 향한 어떤 가혹함도 대체로 부인하였지만 그런 생각은 때로 냉소적인 언급으로 나타났으며, 자신에 대한 가혹함이 타인에게서 온다고 경험하였지만 심지어는 그것에 어떤 의미를 부여하지 않은 채 자해 행동을 하기도 했다. 이러한 이해는 치료자인 Jones 박사에 대한 그녀의 경험에 필적하였다.

　1년 이상의 치료 후에 Amy가 진전을 보인 하나의 결실은 그녀가 아이를 갖기로 결정한 것이었다. 그녀는 임신기간 내내 정서적으로 안정되었고, 사랑스럽고 보살피는 어머니였다. 대체로 그녀는 더 높은 수준에서 기능하고 있었다. 그녀에게 불안이 없지는 않았지만, 그것은 많은 젊은 어머니의 불안과 유사하였다. 그러나 그녀의 심리적 통합은 여전히 취약했고, 추가적인 치료와 공고화를 통해 도움을 받을 수 있었다.

5. 더욱 컨테인되고 제한된 투사와 함께 증가된 통합의 주기

　내담자가 진전을 보임에 따라, 치료자는 내담자의 통합된 심리 상태가 안정적인지 아니면 취약한지에 대한 감을 가지고 있는 것이 중요하다. 이러한 판단은 언제 치료 종결을 계획할 것인지를 결정할 때 영향을 미친다. 아직은 이해가 필요한 이유들로 인해, 다른 사람에 비해 일부 내담자들은 통합이 더 취약하고, 투사로 퇴행하기 쉽다. Amy의 사례가 그렇다.

〈임상 사례〉

Amy는 일반적으로 잘 기능하고 있었지만, 그녀의 내적 통합이 취약한 것은 1) 그녀 자신의 일에 대한 반응과, 2) 특정 상황에서 그녀 아이의 안전에 대한 걱정에서 나타났다. 주목할 필요가 있는 것은 그녀의 걱정이 현실적 걱정과 더욱 겹치기 시작했지만, 아직 충분히 통합되지 않은 내적 표상에 기초한 과장과 왜곡의 요소를 포함할 수 있다는 것이다.

　초기에 나타난 Amy의 진전은 작곡에 대한 오래된 관심으로 되돌아간 것이었다. 8장에 기술했듯이, 그녀의 초기 치료는 자기파괴적 행동화의 기저에 있는 내적 세계의 분열된 공격적 부분에 초점을 두었다. 이러한 공격적 부분은 무언가 해보려는 그녀의 노력을 공격하는 (물론 다른 사람도 공격할 수 있는) 거칠고 비판적인 목소리로 나타났다. 내적 세계에서 이렇게 통합되지 못한 부분은 노래를 작곡하기 시작할 때마다 그녀를 무력하게 만들었다. (생활에서 그녀의 모든 노력과 관련되어 있고, 무력하게 만드는) 이 역동은 우울한 상태의 기저에 있는 요인들 중 하나였다. 그녀의 치료는 우선 이러한 공격적인 내적 부분("비판적 판단자")을 인정하는 것과, 다음으로 그녀가 자각을 통해 통제력을 갖게 되면서 그것을 완화시킬 수 있는 것이 포함되었다. 자신의 이런 부분의 수용과 통합을 향한 움직임은 Amy가 정체성 혼미로부터 정체성 공고화로 나아가는 데에 도움이 되었다. 내적 '비판적 판단자'의 조절은 그녀의 관심사나 그 실행이 무가치하다고 거부하고 무시하면서 이전에 중단했던 관심사를 계속할 수 있게 하였다. 그녀는 창의적 과정에 이전보다 더 많이 관여할 수 있게 되었다. 그러나 그녀는 이것을 Jones 박사에게 말하지 않은 채 비밀리에 하였다. 그리고 나서 Amy는 이런 활동에 대한 침묵을 깨고 그녀가 작곡했던 노래에 대해 그에게 말하는 패턴을 드러냈다. 결국 그녀는 그다음 회기에 와서 노래에 대해 이야기하고 보니 자기가 작곡한 노래가 매우 형편없었고 자신의 노력을 포기해야 한다는 것을 알게 되었다고 하였다.

이러한 패턴의 탐색을 통해, Amy는 그녀의 창의적 활동을 다른 사람에게 드러낼 때까지 가혹하고 비판적인 부분을 가까스로 피해 왔다는 것이 드러났다. 그 시점에서 그녀는 자신의 작업에 대해 경험했던 가혹한 판단이 실제로 과도하게 비판적인 내적 부분에 근거한 것인지, 아니면 외적 현실, 즉 타인으로부터의 부정적 의견에서 비롯된 것인지를 확신할 수 없었던 것이다. 어떤 사고의 내적 원천과 외적 원천을 이렇게 구분하는 것은 까다로울 수 있는데, 현실에서는 타인의 가혹한 판단에 맞닥뜨릴 수 있기 때문이다. 전이에서 그러한 주제들을 탐색하는 것은 이 문제를 명료화하는 것을 도울 수 있다. Amy 사례에서, Jones 박사는 그와 작품을 논의한 이후에 Amy가 그녀 작품을 거부하는 패턴에 주의를 두었다. 그녀는 그와 작품을 논의함으로써, 자신이 작곡을 잘할 수 있다는 착각에서 벗어나고 재능 부족이라는 '현실'로 돌아왔다고 말하였다. 추가적 탐색에서, Amy는 Jones 박사가 그녀 작품에 대한 부정적 견해를 나타내는 어떤 말이나 행동도 하지 않았다는 것을 인정하였지만, 그가 그것을 좋아하지 않았다는 것을 단지 '알았다'는 것이다.

결국 그녀는 Jones 박사가 그녀의 작품을 좋아하지 않았다고 가정하는 것이 그녀에게 가장 안전한 입장인 것 같았다는 것을 이해하게 되었다. 그녀는 다른 어떤 사람도 관여되어 있지 않을 때에는 그녀 자신에 대한 공격적 반응을 제압할 수 있는 지점이 있었다. 그러나 다른 사람이 관여되면 공격성이 상대방에게서 비롯되었을 가능성이 제기되었고, 투사를 통해 그녀는 이것이 사실이라고 가정하였다. 그녀에 대한 타인의 반응이 온화하거나 심지어 긍정적일 가능성에 대해 더 탐색한 후에야, 그녀는 이런 투사 과정을 통제할 수 있었고, 공격적 부분의 통합을 더 진전시키고, 그녀의 기능을 증진시킬 수 있었다.

이 예는 기법적 중립성의 중요성을 제시한다. Jones 박사는 작곡에 대한 Amy의 견해에 관심을 표현하였지만, 그녀의 노력이 잘못되었다는 그녀의 걱정에 반응해서 즉각적으로 안심시키지는 않았다. 아마도 그녀는 그런 안심시키기를 그녀를 불쌍히 여겨 내어놓은 생색 반응으로 경험하거나, 아니면 이를 통해 그 당시 그녀를 안심시켰다 하더라도 그것이 거의 틀림없이 곧 사라졌을 것이다. 오직 치료자 반응에 대한 그녀의 가정을 탐색함으로써, Amy는 그녀의 의심이 자신의 내적 세계의 일부를 투사한 것에 근거했다는 것과, Jones 박사가 그녀의 작품에 대해 진정한 긍정적 반응을 할 수도 있다는 것을 이해할 수 있게 되었다.

이 사례의 임상적 운용은 Amy가 노래 작곡가로서 재능이 있다는 것에 기초하고 있다. 치료자는 외견상 유사해 보이기는 하지만 내담자가 성공할 기회가 거의 없는 어떤 활동에 참여하고 있는 그런 상황을 만날 수 있다. 그런 경우 치료자의 접근은 자신의 능력을 정확하게 판단하는 내담자 역량을 탐색하는 것이고, 내담자의 실제 재능과 야망 수준 간 차이가 자기애적 거대성을 나타내는지 아니면 자기패배적 역동의 행동화인지를 결정하려는 시도인 것이다. 유사한 행동이 기저의 서로 다른 역동에 의해 결정될 수 있는 이와 같은 상황 때문에, 치료자가 매 순간 정확히 무엇을 해야 하는지를 알려 주는 매뉴얼을 쓰는 것이 어렵다.

6. 중기에서 치료 초점의 확장

치료 중기에, 치료자는 전이의 초점을 확장하여 다음과 같은 주제들을 더 많이 토론해야 할 필요가 있을 수 있다. 1) 내담자의 현재 외적 현실, 2) 시간에 따른 내담자의 대인관계 상호작용 양상, 3) 내담자의 개인사 및 치료가 진전될수록 나오는 이야기, 4) 내담자의 현실 경험과 더욱 구분되는 내담자의 환상. 치료 초기에는 그 강조점이 내담자의 내적 세계에서 주된 이자관계를 확인하는 데 있다. 내담자가 강렬한 정동과 함께 회기에 다른 영역을 가져오면, 치료자가 다른 영역 또한 탐색할 수 있겠지만, 이것은 주로 전이에 주의를 두면서 이루어진다. 치료 중기로 가면서 치료자는 내담자의 내적 역동에서 무엇 때문에 이러한 이자관계가 주가 되는지, 그리고 무엇 때문에 그것이 좀 더 복합적인 내적 세계에 통합되지 못하는지를 내담자가 탐색하도록 돕는다. 이러한 주제가 명료화되면서, 치료작업은 회기 내에서 얻어진 이해를 내담자의 외부 생활로 옮기는 것을 점점 더 다루고, 내담자에 대해 좀 더 정확하게 이해하게 되며, 내담자가 일과 사랑, 사회 생활 및 창의적 활동에서 정상적인 만족을 얻도록 돕는다. 내담자가 통합으로 가는 과정에서 굴곡이 많은 것은 자신의 사회적 관계 및 일 관계에서 볼 수 있다. 내담자는 종종 치료를 시작할 때 사회적 관계가 거의 없는데, 이는 특유의 불안정한 대인관계 양상 때문이거나 다른 사람에 대한 편집적인 가정 때문이다. 치료과정 중에 활동 수준이 증가하고 다른 사람에게 좀 더 조절된 반응을 가능하게 하는 내적 세계가 통합되면 대인관계 교류가 점점 더 늘어난다. 통합이 잠정적인 것은 이 대인관계 영역에서 자주 볼 수 있는데, 내담자가 믿었던 편집 포지션으로부터 멀어지면서 불안을 경험할 때이다.

일반적인 원칙은, 치료가 진행되면서 치료자가 내담자의 일, 여가 그리고 사랑 생활에 대해 더 깊고 넓게 알게 된다는 것이다. 치료자는 전이를 계속해서 탐색하면서, 내담자 삶의 이러한 영역에서 미묘한 측면들을 좀 더 깊이 탐색한다. 내담자는 좀 더 충분히 자기 및 타인에 대한 감각을 발달시키고, 치료자는 내담자에 대하여 좀 더 전체적인 감각을 발달시킨다. 그렇게 하면서 치료자는 충분히 통합되지 않은 내적 표상의 미묘한 투사가 내담자의 명백한 행동화가 끝난 후에도 어떻게 지속되는지를 이해한다. 경계선 증상은 없지만 여전히 억제된 삶에서 충분히 만족스러운 관계를 하는 삶으로 나아가도록 도우려면 치료자가 이러한 투사에 주목해야 하는 것은 필수적이다. 이러한 의미에서 전이초점 심리치료는 경계선 인성장애의 증상을 해소하는 데에만 초점을 맞추는 치료를 넘어선다.

〈임상 사례〉

Amy의 아들이 어린이집에 다니기 시작했을 때, 그녀는 매우 불안해졌다. 그녀는 다른 젊은 어머니들을 많이 만나는 새로운 상황을 접하게 된 것이다. 그녀는 즉시 다른 어머니들이 그녀를 무식하고 열등하다고 생각한다고 반응하였다. 이 경험을 탐색하자 그녀의 비판적인 박해적 자기의 흔적이 드러났고, 다른 어머니들이 그녀를 그렇게 본다는 증거가 없을 뿐만 아니라 Amy가 다른 어머니들을 은근히 깎아내리며 본다는 것이 드러났는데, 그녀가 자기 아들에게 했던 것보다 그들이 더 헌신적으로 돌보지 않는다는 것이다. 이것은 Amy가 치료 초기에 대학 과정으로 되돌아갔을 때 그녀의 경험과 유사하였다. 역동적 수준에서, 다른 어머니들에 대한 그녀의 반응을 이렇게 논의하는 것은, 기저의 거대성을 뒷받침하기 위해 동원된 가혹한 내적 표상을 통합하려는 Amy의 노력에 도움이 되었다. 좀 더 실제적 수준에서, 논의를 통해 Amy는 다른 어머니들과 만족스러운 관계를 맺지 못하게 했던 부정적 정동을 넘어설 수 있게 되었다. 이러한 방향으로 치료가 진전되면서, 즉 외현적인 증상이 사라지고 내담자의 외부 생활의 발전에 대한 관심이 증가되면서, 치료 틀에 신중하게 주목할 필요가 감소하였다.

7. 전이와 내담자 외부 생활에 대한 주의의 균형

핵심적인 전이 주제가 발달하는 데에는 종종 시간이 걸린다. 이것이 발달하면 치료자는 내담자가 회기에 가져오는 자료들을 경청한다. 어떤 내담자들은 치료자에 대한 그들의 반응과 느낌을 치료 시작부터 직접적이고 자발적으로 이야기한다. 다른 내담자들은 치료자에 대해 거의 아무것도 이야기하지 않고, 대부분 오로지 다른 주제들에 대해서만 이야기한다. 후자의 경우 치료자는 그들의 관계에 대한 내담자 경험을 물어보거나 내담자의 비언어적 행동으로 표현된 감정을 이야기할 필요가 있을 수 있다.

이렇게 전이에 초점을 맞추면서도, 치료자의 역할 중 하나는 회기 밖에서 내담자의 생활 상태를 점검하는 것이다. 이렇게 내담자의 외부 생활을 적극적으로 탐색하는 것은 전이초점 심리치료(Kernberg, 2016)의 한 측면인데, 이로 인해 더 전통적인 심리역동적 심리치료와, 특히 Klein 학파 정신분석과 구분된다(Joseph, 1985). 이러한 탐색은 내담자가 회기에서 충분히 협조적인 것처럼 보이는 동안에, 중요한 역동들을 자신의 생활에 어떻게 상연할 수 있는지에 관한 중요한 정보를 줄 수 있다. 예를 들어, 어떤 내담자는 회기에서 자유롭게 연상을 하지만, 봉사 일자리를 얻는다거나 12단계 모임에 참석하는 것과 같은 계약 의무를 이행하지 않을 수 있다. 이러한 것들을 다루는 것은 치료에 대한 도전을 다루는 7장에서 논의되었다. 회기 밖의 내담자 생활에 대해 탐색하지 않은 치료자는 행동화를 알아차리지 못할 것이다. 바깥에서의 관여에 관한 의무를 완수한 내담자는 새로운 세팅에서 병리적 상호작용의 반복과 관련된 중요한 정보를 가져올 수 있다. 일반적으로 이러한 상호작용에서 통찰을 얻는 가장 효과적인 방법은 갈등을 전이와 연결 짓는 것인데, 여기에서는 탐색할 자료가 즉시 존재한다. 다음 예에서 우리는 Betty 사례로 되돌아가는데, 4장의 '진단 평가 단계'에서 소개되었던 높은 수준의 경계선 인성조직 내담자이다.

〈임상 사례〉

Betty는 자원봉사 일을 하게 되었고, 반복적으로 그랬듯이 직장에 있는 모든 사람이 그녀를 경멸하고, 미워하며, 거부한다고 생각하기 시작했다. 전에 그랬던 것처럼 그녀는 동료들에게 적대적으로 대했는데, 그녀는 이것을 그들 탓으로 돌렸다. 이것이 탐색해야 할 결정적인 영역이었는데, (다른 사람의 적대감에 대해 자기를 방어하는 것으로 그녀가 이해했던) 적대감이 지속되었기 때문에, 직장에서 실패할 가능성이 높아지고 이에 따라 의심, 자기 혐오, 우울, 그리고 자살 가능성의 악순환이 재개되었다. 종종 있는 경우이지만, Betty에게 동료들을 왜 그렇게 지각하는지 묻는 것은 의미 있는 통찰이나 변화로 이끌지 못할 가능성이 높다("선생님이 거기 없어서 그래요! 제가 상황을 오해한다고 하시는 거예요? 저는 알아요. 비서가 저한테 '안녕하세요'라고 인사하지 않는 것은 그가 저를 싫어한다는 뜻이에요!"). 그러한 지각의 반복적인 패턴에 대해 치료자가 지적하는 것이 도움이 될 수 있지만("이번 일은 지난번 일자리에서 겪었다는 경험과 똑같은 것 같네요."), 가장 생산적인 탐색 영역은 전이에 있다. 이러한 자료를 경청하는 치료자는 동일한 이자관계의 예를 내담자와 경험했는지를 재검토해야 한다('가학적으로 괴롭히는 사람'을 두려워하고 분개하는 '박해받는 희생자'). 대개 그런 다음에 치료자는 내담자와 치료자 간 상호작용에 대한 논의로 이야기를 돌릴 수 있다.

Em 박사: Betty 씨가 일하면서 느끼는 감정과 우리가 계약에 대해 이야기한 다음 Betty 씨가 여기에서 느꼈던 감정이 서로 관련이 있는 것은 아닐까요? Betty 씨는 계약이 저를 보호할 뿐이라고 하셨죠. Betty 씨는 제가 금세 Betty 씨를 싫어한다고 느꼈고 Betty 씨와 저 사이에 어떠한 접촉도 하지 못하도록 방어벽을 쳤다고 느꼈어요. Betty 씨는 제가 Betty 씨를 찍었고 다른 내담자에게는 그렇게 엄격한 경계를 설정하지 않는다고 느꼈어요. 그리고 이 모든 것은 제가 Betty 씨를 열등하고 주목할 가치가 없다고 보았다는 생각과 연결되네요.

Betty: 그런데 지금은 그렇게 생각하지 않아요. 경계선 내담자 치료에 대한 책을 찾아보았는데, 거기서 한계를 정하는 것이 치료의 일부라고 하더라고요.

Em 박사: 그렇다면 외적인 증거가 없는데 여전히 제가 Betty 씨를 싫어한다고 생각하세요?

Betty: 선생님이 저를 좋아한다고 말하지 않을 뿐이에요. 선생님은 제가 돈을 내기 때문에 저를 만날 뿐이죠.

Em 박사: 그것이 제가 Betty 씨에게 가지는 유일한 관심이라는 거네요?

Betty: 선생님은 여기에 와서 돈만 내면 누구나 다 만나는 것 아니에요. 선생님
은 섹스만 안 하지 매춘부와 같은 종류의 사람이에요. 아! 웃기네. 매춘부
라면 적어도 섹스라도 할 수 있지.

Em 박사: Betty 씨가 느끼기에 제가 Betty 씨를 착취하는 것처럼 들리네요.
Betty 씨에게 돈을 받고 관심이 있는 척하면서.

Betty: 더 이상 말하고 싶지 않아요. 여기에 오는 게 이제 막 익숙해졌는데, 지금
다시 모든 게 의심스러워졌어요.

초점을 내담자의 외부 현실에서 전이로 바꾸는 것뿐만 아니라, 이 예는 긍정적 전
이는 물론이고 부정적 전이를 다루는 기략을 보여 준다. 이 치료는 피상적으로 긍정
적 전이에 빠져 있었는데, 이로 인해 치료자에 대한 내담자의 기본적인 생각을 치료
자가 질문할 때까지 부정적인 부분을 간과하고 있었다.

Em 박사: 그래서 제가 이런 이야기를 하는 것이 중요하다고 생각합니다. Betty 씨
가 제가 편하다고 느꼈던 것은 그렇게 깊은 것 같지 않아요. 표면 아래로 의심
이 내려갔던 것 같은데, 여전히 아주 확실하게 있는 것 같네요. 제가 매춘부
같다고 하셨죠. 그 말은 제가 아주 거짓되고, Betty 씨에 대한 어떠한 관심이
든 그게 사실이 아니라고 생각한다는 거죠? 이것이 실제로 Betty 씨가 일하는
곳에서의 상황보다 더 나은가요?

Betty: 아마 내가 그 사람들에게 돈을 냈다면, 제게 잘해 주었을 거예요. 모두 다 똑
같아요. 선생님은 아마 제가 여기를 나가자마자 저를 비웃을 거예요…. 지금
이 순간에도 마음속에서 저를 비웃을지도 모르죠. 그 '진지한' 표정 뒤에서 말
이에요. 그게 아마 선생님이 치료 학교에서 배운 거겠죠. 누군가를 멍청하다
고 생각하면서, 진지하게 바라보기.

Em 박사: (중립성을 유지하고 내담자 안의 갈등을 떠나는 한 예에서) 제가 Betty 씨
를 멍청하다고 생각하지 않는다는 것을 지금은 도저히 설득할 수 없는 것 같네
요. 제가 보기에 그런 느낌이 상당히 깊은 것 같아요. 그러나 지금 당장 Betty

씨가 빠진 심각한 딜레마는 살펴볼 수 있을 것 같아요. 지금의 일에서도 그렇고 Betty 씨는 자꾸 딜레마에 빠지는 것 같아요. 제가 Betty 씨를 멍청하다고 생각하는지, 아니면 사람들이 Betty 씨를 멍청하다고 생각하는지 사실은 잘 모르죠. 그래서 가장 안전하기로는 사람들이 그렇게 생각한다고 가정하는 거지요. 사람들에게 잘해 주었는데 이후에 Betty 씨를 비웃고 거부한다는 그런 식으로 Betty 씨는 상처를 받지 않을 것입니다. 그래서 Betty 씨가 똑같이 반응하는 거예요. 문제는 Betty 씨가 '똑같다'고 전적으로 확신하지 못하는 것이고, 또 만약 Betty 씨가 틀렸다면, 공격을 계속하는 것은 좋은 관계가 될 수도 있었던 것을 아주 망가뜨릴 수 있다는 거예요. 예를 들어, 제가 매춘부 같다고 하셨죠. 치료에서는 그 말에 따르는 감정과 환상을 탐색할 수 있어요. 그러나 여기서와 똑같이 동료들을 공격하면, 우선 Betty 씨가 예상하는 바로 그런 종류의 반응을 바로 유발한다는 것을 알게 될 거예요.

Betty 사례를 더 분석해 보면, 내담자가 어떻게 자신과 다른 사람에 대한 부정적이고 거부적인 사고의 원천이 되는지를 살펴볼 수 있다. 우선, 그녀 자신의 평가로 인한 고통 때문에, 이러한 자신에 대한 판단을 다른 사람에게 투사하고 그것이 외부에서 온다고 본다. 두 번째, 그녀는 자신의 엄격하고 판단적인 부분을 다른 사람에게 향하게 할 수 있다. 이로 인해 다른 사람을 엄격하게 판단하게 되는데, 비록 상황에 대한 의식적인 경험은, 공격이 다른 사람에게서 온다고 지각하기 때문에 단지 그들에게 부정적으로 반응할 뿐이라는 것이다. 다시 말해, 그녀는 일터에서, 그리고 전이에서, 그녀 안에 다 존재하는 창피당한 타인과 연결된 조롱하는 비판자라는 이자관계를 상연하고 있다. 그리고 그녀는 이자관계의 양 측면을 다 동일시하지만, 의식적으로 그녀는 자신을 창피당한 타인이라고만 경험한다.

8. 내적 표상, 발달적 동일시, 그리고 투사를 관련짓기

3장에서 논의되었듯이, 전이초점 심리치료의 세 번째 방략은 서로 방어하는 이자적 대상관계 간 연결을 관찰하고 해석하는 것이다. 이와 관련하여 중기에 작업할 부분은 통합되지 않았거나 부분적으로 통합된 표상들이 다른 상황에 투사되어 있을 때 이를 추적하는 것이다. 여기에는 이러한 투사에 기초한 지각이 치료자와의 관계에서 어떻게 나타나는지, 그러한 지각에 따라 행동하면 어떻게 두려워하는 상황이 실제로 되어 버리는 위험이 있는지 등에 대한 논의를 포함한다. 중반기 후반에 표상들을 분석하는 것은 내적 대상표상에 기여했던 내담자의 초기 발달과정에서 외부 대상과의 **동일시(들)**를 고려하는 것과 연결된다. 이러한 자료에 접근하는 데 있어서, 치료자는 각각의 부분 동일시가 내담자의 삶에서 어떤 사람의 **한** 측면과의 동일시이고, 대개 실제 인물에 비해 어느 정도 왜곡되어 있다는 것을 명심해야 한다. 치료자는 이러한 동일시와 연결된 인지와 정동을 (이것은 내담자의 자기표상과 대상표상 둘 다에서 나타날 수 있다) 전이에 투사된 표상(들), 내담자의 외부 생활, 내담자의 과거, 그리고 환상 자료와 연결시킨다. 나중의 해석적 작업은 공격적 정동을 투사한 내담자가 과거 혹은 현재, 공격자와의 동일시를 감당하는 데 어려움이 있을 가능성과 같은 발생적 자료를 포함할 수 있다. 이러한 개입 노력은 새로운 어떤 사람에 대한 반응이 어느 정도 내적 대상의 유발에 근거할 수 있다는 것을 인식하도록 돕는다. 이러한 퇴행은 투사로 규정된 안전한 심리적 장소로의 퇴각으로 간주될 수 있다. 새로운 상황은 불확실하고 모호하기 때문에, 방어적 입장이 새로운 경험에 개방적인 입장보다 더 안전한 것 같다.

정신분석에 기초한 모든 치료처럼 전이초점 심리치료는 내담자의 자각을 증진시키고 금지된 사고와 감정을 수용하는 목표를 가진다. 앞의 예에서 볼 수 있듯이, 이러한 것들을 발견하는 것은 종종 모든 그 배열에서 투사를 따라가는 과정을 통해서이다. 중간 단계에서 내담자가 분열된 내적 부분을 통합해 나가면서 투사를 인식하는 작업은 더욱 미묘해질 수 있다. 내담자의 내적 세계가 덜 단순해지면서 (좋기만

한 것과 나쁘기만 한 것이 덜해지면서) 투사를 포함할 수도 있는 내담자의 상황 묘사가 별다른 왜곡의 증거 없이 더 미묘한 차이를 보일 수 있다. 내적 표상과 외적 현실이 더 잘 맞지만, 여전히 차이가 있을 수 있는데 특히 스트레스를 받을 때이다. 따라서 중반기가 한참 진행되어, 내담자가 왜곡 또는 투사를 하는지 아니면 정말로 문제가 있는 상황을 묘사하는지가 분명하지 않을 때에는 치료에서의 탐색이 시간을 두고 진행될 수 있다. 달리 말하자면 내담자의 현실검증이 향상되었지만, 여전히 이 영역에서 더 미묘한 어려움의 증거가 있을 수 있다는 것이다. 전이초점 심리치료가 내담자로 하여금 이러한 내적 갈등 영역을 해소하게 돕는 것은 이러한 미묘한 어려움을 작업해 나가면서인데, 이러한 갈등은 처음에는 외적인 행동화에 가려져 있을 수 있으나, 자기와 다른 사람을 온전히 인정하고 사랑, 여가, 그리고 일에서 최적으로 기능하기 위해서는 해결되어야 할 필요가 있다.

〈임상 사례〉

Amy의 아들이 3세 6개월이었을 때, 그녀는 고용한 보모에 대한 걱정을 얘기하기 시작했다. 그녀는 때로 보모가 그녀 아들을 보는 방식이 불편하였다. 보모가 아이와 함께 빵을 구웠을 때 아이 보고 숟가락을 핥게 하는 것을 보고 음란한 면도 있는 것 같다고 하였다. 또 보모가 아이에게 책을 읽어 줄 때 너무 가깝게 앉는다고 하였다. Amy는 보모가 자기 아들에게 성적인 의도를 갖고 있는지 걱정에 사로잡혀 그녀를 해고해야 할지 고민하기 시작했다. 이 상황은 Amy가 치료 초기에 이야기했던 경험보다 더 모호하였다. Jones 박사는 Amy가 이 상황을 정확하게 지각하였는지, 아니면 투사로 인한 영향을 받았는지 구분하기 어려웠다.

　　Amy의 걱정이 내적인 주제와 일치하는지를 알아보기 위해, Jones 박사는 제시된 탐색 영역과 함께 질문하는 식으로 몹시 궁금해하였다. "Amy 씨가 염려하는 그런 것들을 생각하는 것이 혼란스럽고 귀찮을 수 있겠네요. 분명 세상에는 아이를 추행하는 성도착자들이 있지요. 그런데 제가 궁금한 한 가지는 Amy 씨가 Billy에 대한 Jennifer의 감정에 점점 더 집착할수록, Amy 씨에 대해서 점점 더 들을 수 없네요. 물론 그 아이가 태어났을 때부터 Amy 씨 삶에서 기쁨이었죠. 그러나 그

아이는 다른 아이들처럼 빠르게 성장하고 있어요. 자신의 마음도, 성격도, 자기 관심사도 점점 더 성장하고 있어요. 아이가 자기 자신이 되어 갈수록, 아이에 대한 감정이 생겨날 것이고 분명 복잡할 거예요. 그게 정상이에요. Amy 씨는 아이가 점점 더 독립적이 되는 것이 아쉬울 수도 있고 심지어 화가 날 수도 있어요. 아니면 아이의 커 가는 몸에 감탄할 수도 있어요. 이런 일은 생각하기 어렵고, 옳지 않게 느껴질 수 있지만요. 그러나 우리가 여기에서 작업해야 할 부분은 Amy 씨 감정을 밝혀내는 것이에요. 이것이 관련이 있다면 Amy 씨가 그 감정들을 더 잘 알고 관리할 수 있도록 말이에요."

그러자 Amy는 아이에 대한 그녀의 정서적 반응을 좀 더 충분히 성찰할 수 있었다. 앞서 그녀의 리비도적 정동과 공격적 정동을 통합하는 작업 덕분에, 그녀는 그가 독립적으로 커 가는 데 대해 화가 나는 것을 경험하기도 하고, 성적으로 감탄하는 경험을 할 수 있었으며, 이러한 경험은 그녀가 그에게 느끼는 유대감을 위협하지 않고도 그에 대한 그녀의 주된 사랑과 헌신에 섞여 들어갈 수 있었다. 이러한 주제에 대해 내담자가 성찰할 수 있었던 것은, 어머니가 그녀에게 그랬던 것처럼 분노 폭발을 하거나 부적절하게 손을 대지 않고도 아들에 대해 이러한 감정들을 느낄 수 있다고 자신을 안심시킬 수 있었던 덕분이다.

요약하면 중기에 치료작업의 원칙은 내담자의 분열된 표상이 전이에서, 치료 바깥에서의 관계와 세팅에서, 그리고 환상에서 나타날 때 이러한 투사를 따라가 보는 것이고, 내담자가 좀 더 미묘하고 조심스럽게 역동을 반복하는 순환으로 나타날 수 있다고 가정하는 것이다.

9. 치료 호전과 반응

치료의 구조를 통해 많은 경계선 내담자에게서 일과 친밀관계가 향상된다. 이러한 영역에서의 진전은 내담자에게 놀라울 수 있고, 심지어 이러한 진전을 허물어 버리고 싶은 유혹으로 저항할 수 있다. 진전 자체와 이에 대한 내담자의 반응이 치료의 주제가 될 수 있다. 치료자는 진전을 관찰하고 이를 무효화하려는 내담자 측의 충동을 경계해야 한다. 이 주제는 Betty 사례의 전개에서 예시된다.

〈임상 사례〉

Betty가 치료를 시작한 두 번째 해에, 그녀는 자원봉사 일을 그만두고 문맹자를 위해 독서를 가르치는 유급 일을 하였다. 6개월 후에 그녀는 몇 년 전에 중단해 버렸던 대학 과정을 끝마친다면 좀 더 성공할 수 있으리라고 결정하였다. 그녀는 시간제 과정에 등록하였다. 그녀는 첫 학기를 A학점으로 통과하였다. 그러나 두 번째 학기 때 그녀는 기말 보고서 작성과 관련하여 무능해졌고, 그녀가 거둔 성과가 위협받았다. 문제를 탐색한 결과, 그녀가 자각하지 못했던 세 가지 주요 주제가 드러났다. 첫째, 그녀는 첫 학기에 성공하였기 때문에 동급생들이 시기하여 패거리를 지어 그녀를 괴롭힐까 봐 두려워하였다. 이것으로 그녀의 내적 세계에서 시기심의 역할을 좀 더 탐색할 수 있게 되었다. 전형적으로 그녀는 이러한 감정을 강하게 느끼면서도 투사에 의해 그녀가 시기의 대상이 된다고 느끼고 있었다.

둘째, Betty는 잘하는 것이 그녀의 치료자를 잃는 것과 연결되었다는 것을 점점 더 자각하게 되었다. 그녀는 자신에 대한 치료자의 관심이 '지위가 낮고' 장애가 있는 내담자를 도와주는 역할에 한정되어 있다고 생각하였다. 그녀의 내적 세계에서는 그녀가 건강하고 동등한 사람으로 발전해 가는 데 관심이 있는 권위자에 대한 패러다임이 없었다.

세 번째 주제는 Betty의 첫 학기 성공이 그녀의 동급생과 치료자 모두에 대한 경쟁심을 불러일으켰다는 것이 탐색 결과 드러났다. Betty는 우월한 사람과 관련하여 주로 열등한 사람이 포함된 내적 이자관계인데, 경쟁이 결국 다른 편에 대한 한 편의 가학적 정복을 포함한다고 생각하였다. 그녀가 학업과 다른 세팅에서 다른 사람들과 좀 더 조절된 관계로 공격성을 승화시키는 능력을 발달시키기 이전에 이러한 극단적인 환상을 탐색해야만 했다.

진전을 이루는 것은 불가피하게 치료자와의 관계가 끝나는 것에 대한 걱정을 불러일으키지만, 가장 병리적인 수준의 불안이 탐색되고, 내담자가 장애가 있고 의존적으로 있기보다는 성장하고 움직이는 것이 자신의 관심이라는 것을 볼 수 있을 때, 이러한 걱정을 다루는 것이 내담자에게 좀 더 용이해진다. 물론 이것은 우울 포지션과 관련된 애도의 주제를 다루는 것을 포함하는데, 이것은 10장 '치료 후기 및 종결'에서 논의된다.

핵심적 임상 개념

- 치료 중기는 행동화가 감소하면서 내담자−치료자 상호작용에 대한 초점이 증가하는 것이 특징이다.
- 대개는 반사회적, 자기애적, 혹은 편집적 전이에서 우울적 전이로 지배적인 전이 주제에서 발전이 있다.
- 내담자는 자신의 부정적인 정동을 더 수용하게 되고 감당하게 되지만, 대개는 투사로 주기적으로 퇴행한다.
- 대개는 내담자의 리비도적 갈망이 나타나는데, 탐색할 필요가 있는 성과 낭만적 사랑의 경험과 표현에서의 왜곡과 함께이다.
- 치료가 진행되면서, 회기의 초점은 점차 확장되어 다음과 같은 내담자 관심의 조합을 포함한다. 즉, 내담자의 1) 내적 표상, 2) 현재의 외부 현실, 3) 특히 정체성과 관련된 과거력과 발전하는 인생 내러티브, 그리고 4) 환상 자료이다.
- 치료작업은 내담자의 사랑, 일, 여가 생활에서의 문제 영역을 좀 더 미묘하게 이해하고 분석하는 것을 허용한다.

추천 도서

Kernberg OF: The psychodynamics and psychotherapeutic management of psychopathic, narcissistic, and paranoid transferences, in Aggressivity, Narcissism, and Self-Destructiveness in the Psychotherapeutic Relationship. Edited by Kernberg OF. New Haven, CT, Yale University Press, 2004, pp 130-153.

Ogden TH: Between the paranoid-schizoid and the depressive positions, in Matrix of the Mind: Object Relations and the Psychoanalytic Dialogue. Northvale, NJ, Jason Aronson, 1993, pp 101-129.

10장

치료 후기 및 종결

전이초점 심리치료(TFP)의 후기는 서로 분열된 박해적이고 이상화된 전이 발달을 충분히 훈습하는 시기이다. 치료의 이 시점에서 내담자는 충분한 범위의 정동을 경험하는 것을 감내할 수 있고, 정동이 생겨날 때 이것을 더 잘 극복할 수 있다. 이 자관계 안에서 치료자와 역할을 서로 교대한 것에 대한 내담자의 자각은 내담자 자신이 인습적으로 투사한 자기의 부분들로 되돌아가는 것을 도운다. 치료 후기에 내적 분열의 감소는 인지적 자각을 증가시키고 더 나은 정동적 조절이 생겨나게 하며, 이것은 다시 내담자에게 해석 과정을 성찰하고 활용하는 증가된 역량을 넘겨주는데(9장 '치료 중기'의 Amy 사례에서 볼 수 있듯이), 이러한 순환 과정에서 내담자의 내적 경험에서 서로 분열된 이상화되고 박해적인 부분의 해석적 통합은 중심적 초점이 된다. 후기는 분명한 전환은 아니지만, 내담자가 자신의 정체성이 이전에 무의식적으로 거부하려고 시도했던 부분들을 포함한다는 자각을 수용하기 시작할 때 나타난다. 9장에서 기술되었듯이, 심지어 치료 후기가 시작한 이후에도, 내담자의 생활에서 도전적이고 스트레스를 주는 경험의 썰물과 밀물에 따라 내담자의 원시적 방어기제가 감소되거나 다시 영향을 미치면서, 진전과 퇴행이 일어난다.

표 10-1 치료 후기에서의 변화

- 이전에 내담자를 압도했고 행동화와 투사로 이끌었던 정동을 경험하고 성찰하는 능력
- 사건을 유발하는 원래의 내적 반응과 외부 사람과 상황의 복합성을 구분하는 능력
- 외부 현실과 구분되는 것으로 내적 환상과 작업하는 능력
- 치료 바깥에서 자기패배적인 패턴을 포기하는 능력과, 대인관계와 일에서 좀 더 일관적이고 생산적으로 관여하는 능력
- 치료자와 그들 관계에 대해 좀 더 개방적이고 자유롭게 이야기하는 능력
- 관계에서 치료자와 자기(내담자)에 대해 변화하는 개념의 증거
- 치료자로부터 해석을 받아들이고 자기와 타인과 관련해서 이를 확장하는 능력
- 불안과 우울 정동이 치료자의 해석적 개입으로 회기에서 종종 해소될 수 있다는 증거
- 자기의 공격적인 부분의 투사에 대한 자각이 증가하면서, 편집적 전이 대신에 처음에는 취약하지만 점점 더 의존적인 전이의 증거
- 치료자와 타인과의 관계에서 좀 더 분명한 자기 개념과 성찰의 증거
- 자기애성 인성장애가 있는 경계선 인성조직 내담자의 경우, 더욱 의미 있는 탐색을 위해 기저의 파편화된 정체성에 대한 접근이 가능해지면서, 병리적인 거대자기 구조가 해체되는 증거

치료 후기로 들어가는 데 걸리는 시간은 사례마다 다양하다. 어떤 내담자는 치료 시작 이후에 1년이 지나면서 빨리 올 수도 있지만, 다른 내담자는 그렇게 진전하는 데 수년이 걸릴 수도 있다(〈표 10-1〉). 반사회적이고, 편집적이거나 자기애적인 성향이 덜한 내담자들이 일반적으로 좀 더 빨리 후기에 도달한다.

〈사례〉

8장('치료 초기')에서 기술했던 Greg은 자기비판과 편집적 두려움, 즉 치료자와 다른 사람들이 그를 싫어했고 그를 제거하려고 시도했다는 것이 동전의 한쪽 면이었다는 것을 이해하게 되었다. 치료과정에서 그는 치료자인 Ot 선생과 다른 사람에 대해 점점 더 비판을 많이 하였는데 이것은 대개 밖에서 오는 것으로 경험하였던 가혹한 비판에 대한 동일시와 일치하였다. 당시에 그는 자신이 지적으로 우월하다고 보았고, Ot 선생의 '반복되는' 언급이 지루하다고 느꼈으며, 치료자를 바꾸는

것에 대해 오만하게 이야기하였다. 그와 Ot 선생이 이러한 그의 두 측면을 탐색하면서, Greg은 다른 사람들로부터 경험한 것과 똑같이 가혹한 말로 자신을 판단하고, 비판하며, '자신을 깎아내렸는지'에 대해 이해하게 되었다. 그리하여 그는 이러한 이자관계에서의 변동을 자각하게 되었고, 이자관계가 전부 자기 안에 존재한다는 것을 인식하였다. 게다가 그는 거부적이고 거만한 대상과 평가절하된 자기 사이에서 표면적으로 경험된 관계는 공격성이 스며들었고, 만족스럽고 자애로운 양육자로서 다른 사람뿐만 아니라 치료자와 의존적 관계를 수립하려는 소망과는 완전히 분열되었다는 것을 알게 되었다. 그의 내적 세계의 이러한 리비도적 측면은 다음과 같은 환상에서 명백해졌는데, 그가 일할 때 Ot 선생은 스트레스를 받는 모임 동안에 실수를 하지 않게 하면서 보살피는 수호천사와 같았다. 그러나 그가 느끼기에 그녀가 경청하지 않거나 제대로 이해하지 않으면, 그녀를 향한 가혹한 비판의 순간으로 되돌아왔다. 이런 순간에 그가 그녀를 몰아세우는 것은 누군가 그 기준에 부합하지 않을 때 이상화된 내적 표상이 할 수 있는 손상의 한 예였다. 이러한 반응들은 Ot 선생과의 의존적인 관계 가능성을 손상시켰는데, 진정한 의존은 내담자가 편집-분열 포지션에서 (통합된) 우울 포지션으로 진전될 때에만 경험될 수 있기 때문이다. 그럼에도 불구하고 회기에서 이러한 자료들이 충분히 나타난 것은 관찰될 필요가 있고 결국에는 통합될 필요가 있는 자료들이었다.

치료 후기에서 Greg은 이상화된 (의존적인) 부분의 경험과 박해적인 (거만하고 평가절하하는) 부분의 경험 둘 다와 접촉하였으며, 분열된 방식으로 이것들을 재상연하는 것을 지속하지 않았다. 그리하여 Ot 선생은 내담자의 두려움에 대해 해석할 수 있었는데, 내담자가 공격성과 관련된 심각한 갈등을 가지고 있지만 사랑스러운 핵심이 있을 뿐만 아니라, 치료자가 자애롭지만 잠재적으로 좌절을 줄 수도 있다는 좀 더 통합된 견해가 1) 완벽한 양육자를 바라는 내담자의 소망 때문에 견디기 어렵거나, 2) 그의 화나고 공격적인 반응 때문에 그로 하여금 만족스럽거나 의존적인 관계를 할 자격이 없다고 느끼게 한다는 것이다. 단순히 하면, Greg은 치료자를 자애롭지만 제한된 양육자이고 동시에 판단과 비판을 할 수 있는 권위적인 인물로 그를 향한 양가적인 관계를 감내하기 시작하였고, 자기 자신이 Ot 선생에게 사랑스러운 감정 및 좌절감과 공격적인 감정을 다 가졌다고 보기 시작하였다. 이전에 이러한 요소는 융합되기 어려웠는데, 가혹하고 비판적인 요소가 자기 자신보다는 그녀에게만 존재한다는 초기의 확신 때문이었다. 이것은 Ot 선생에게 가정된 무시하는 우월성에 대한 분개로 이끌었고, 그가 간절히 기다리던 완벽한 환상을 위하여 제한적이지만 유익한 인물로서 그녀를 거부하는 반복된 상연으로 이끌었다. 사랑과 공격성의 통합, 그리고 사랑의 지배하에 미움을 통합하는 것은 Greg 사례에서 처음에는 잠깐 동안 그리고는 더욱 일관적으로, 치료 후기의 시작을 표시하였다.

통합 과정은 선형적으로 일어나지는 않는다. 가장 초기의 치료 회기들을 반복하는 것처럼 보일 수 있는 퇴행이 여전히 일어날 수 있는데, 분열, 투사 기제, 전능 통제, 그리고 일시적으로 전이를 지배하는 경험 이외의 것을 부인하는 것과 함께 일어난다. 그러나 이러한 퇴행 삽화는 며칠이나 몇 주 동안 지속되면서 다시 훈습될 수 있거나, 분열되고 반대되는 부분과 접촉하게 된다. 이제 이것은 몇몇 회기에서 훈습될 수 있고, 결국에는 한 회기 동안에, 내담자는 전이에서나 외부 현실과 관련하여 원시적이고 분열된 부분 대상관계의 활성화 상태로부터 좀 더 조절된 정동을 보이는 복합적으로 통합된 대상관계로 변화한다. 결국 치료자는 몇몇 회기나 단일 회기로 그 진전이 응축될 수 있는데, 1) 지배적인 대상관계의 인식으로부터, 2) 자기표상과 대상표상이 서로 번갈아 일어나는 것을 자각하는 것으로, 3) 서로 분열된 정동적으로 반대되는 이자관계가 통합되어 이에 상응하지만 복합적인 질적 특성이 있는 자기표상과 대상표상이 출현하는 것으로 진전한다. 이러한 과정은 치료 후기를 통해 퇴행 경향이 점차로 감소되면서 반복적으로 지속된다. 치료가 성공적으로 진행되면, 원시적인, 특히 편집적인 전이로부터 진전되거나 우울적인 전이로 변화가 일어나는데, 이것은 신경증 인성조직 내담자의 전이 발달과 유사하게 되고 정체성 혼미의 해소를 신호한다.

1. 후기의 임상적 특징

1) 반사회적/정신병질적 전이와 편집적 전이의 해결

성공적인 치료를 통해, 지배적으로 편집적인 전이와 덜 빈번하지만 더욱 심각한 정신병질적 전이로부터 우울적 전이 패턴으로 변화가 일어난다(9장 참조). 내담자가 치료자와의 관계에서 의식적으로 기만하는 행동을 하고, 치료자의 유일한 목적이 그를 착취하는 것이라고 이에 상응하는 기대를 하는 정신병질적 전이는 치료자와 정직한 소통을 가능하게 하기 위해 충분히 해결되어야 한다.

정직한 소통은 내담자가 자유롭게 말하는 것과 관련된 불안을 가질 수 없거나, 치료자에게 숨겨야만 한다고 느끼는 비밀을 때로 가질 수 없으며, 또는 수치심이나 죄책감으로 중요한 자료를 일시적으로 억제하지 말라는 의미가 아니다. 이것은 심리치료 작업 과정에서 이러한 일시적인 소통의 실패를 해소하려면 일반적으로 치료자가 내담자의 정직한 소통에 의존할 수 있다는 것을 의미한다. 정신병질적 전이가 충분히 해소되기 전에는 치료 후기에 대해서 말할 수 없다. 독자들이 기억해야 할 것은 이러한 전이가 치료에 대한 가장 큰 도전이고, 반사회적 내담자들이 치료에 대한 동기가 적고 대개는 외부 압력으로 오기 때문에 종종 치료가 잘 안 된다는 것이다. 이러한 전이는 치료자가 전적으로 착취적이고 공감할 수 없다는 전제와, 누가 다른 사람을 착취할 수 있는가에만 모든 관계가 기초한다는 전제에 대해 내담자가 의문을 가질 수 있을 때 해소된다.

편집적 전이가 치료 후기에 여전히 존재할 수 있지만, 이제는 몇 주에 걸친 심리치료 작업이라기보다는 회기 내에서 혹은 며칠 내로 해소될 수 있고, 이러한 전이에 대한 작업은 치료의 지속에 대한 위협 없이 편집적 퇴행을 감당하기 위해 충분히 강한 치료적 동맹(즉, 제 역할을 하고 있는 치료자와 내담자의 관찰하는 자아 간 충분히 강한 관계)으로부터 이득을 얻을 수 있다. 이것은 여전히 존재하지만 더 이상 압도적이지 않은 편집적 전이의 맥락에서인데, 치료자는 내담자가 자신의 공격성에 대해 죄책감을 감당하는 증거와, 전이에서 양가감정을 인식하고 복구하려는 노력을 볼 수 있으며, 이것은 통합을 향한 움직임을 시사한다.

2) 회기 밖에서 행동화의 호전

치료가 효과적으로 진행될 때, 심지어 치료 초기 단계(치료 시작 후 3~6개월) 동안에도 치료 회기 밖에서의 심각한 행동화는 더 잘 통제되어야 하고, 후기 동안에 회기 밖에서의 내담자 생활은 이미 상당한 정도로 정상화될 수 있다. 대조적으로 점점 더 심한 전이 발달이 회기 내에서 정서적으로 강렬하게 그리고 가능한 정동 폭주로 반영된다. 치료 후기에서, 내담자는 자신의 퇴행적 행동을 이해하기 위해 치료자가 이것을 회기 동안에 감당한다는 것과, 바깥에서의 행동을 통제하고 회기 밖에서 행동화하기보다는 이를 탐색하고자 외부 사건에 대한 강렬한 반응을 치료에 가져오는 것 간 차이를 자각하게 된다. 그러므로 이전 단계 개입에서 가장 높은 우선권, 즉 1) 내담자나 다른 사람의 안녕에 대한 위협, 2) 치료의 지속에 대한 위협, 그리고 3) 회기 밖에서 심각하게 파괴적이거나 자기파괴적인 행동화의 위협은 치료자가 점점 더 전이 자체에 초점을 충분히 두는 것을 허용하기 위해 유의미하게 감소되어야 한다. 많은 내담자는 치료 초기에 회기로부터 외부 현실을 분열시키는 경향이 있지만, 후기에 치료자는 내담자의 외부 생활에 대해 적극적으로 질문을 계속하지 않고서도 회기 밖에서의 경험에 대한 내담자의 소통에 의존할 수 있어야 한다. 다음의 예에서 높은 수준의 경계선 인성장애 내담자인 Betty에게로 되돌아가자.

〈임상 사례〉
버스에서 자신을 노려보았던 여자에 대한 이야기로 치료를 시작했던 Betty는 치료 2년째에 다소 우호적인 지인들을 만나기 시작하였다. 그녀는 두 명의 새로운 친구와 함께 공원에 간 것을 말하였다. 그녀는 오후에 친구들이 '그녀에게 충분히 주목하지 않는 것'에 대해 화가 났다. 그들이 신경을 쓰지 않았을 때, 그녀는 인사도 없이 공원을 떠나 버렸다. 비록 이것이 그녀 생각에 그녀를 무시했던 사람들에게 소리를 지른 초기의 행동보다는 덜 강한 행동화였지만, Em 박사는 그녀가 아직 인식하지 못한 공격성을 행동화한 표현으로 그녀와 함께 이것에 대해 논의하였다(그녀에게 일어난 일에 매우 걱정을 한 친구들을 떠난 것).

다음 해에 Betty는 그녀 안에 있는 이러한 종류의 반응들을 인식하고, 컨테인하며, 질문할 수 있었다. "나는 현지의 식당에 몇몇 친구가 내 생일을 축하하러 오도록 약속을 정했어요. 나는 제시간에 거기에 갔지만, 아무도 거기에 없었어요. 이전이면 나는 당장 떠나 집으로 가서 아마 자해를 했을 거예요. 하지만 나는 생각하기 시작했지요, '비가 오고 있어…. 아마 여기 오는 게 힘들 거야. 내가 떠나고 그들이 온다면, 그들을 바람맞힌 게 되겠지.' 내 일부는 그들이 늦은 것을 벌하기 위해 그렇게 하기를 원했어요. 하지만 그때 더 악화되지 않는다는 생각을 하기 시작했는데. 단지 그들이 늦었기 때문이고, 나에게 관심이 없는 것은 아니라고 생각했기 때문이에요. 그것은 쉽지 않았어요. 혹시 일어난 것이 그것인지 의문을 가졌지요. 아무튼 그들이 왔고, 우리는 좋은 시간을 가졌어요. 내가 떠나지 않기를 잘했는데, 그랬으면 나쁜 감정의 오래된 순환들 중 하나가 시작되었을 거니까요."

때로 회기 내에서의 혼란 때문에, 치료자는 내담자가 회기 밖에서 개선된 것을 자각하기 어려울 수 있다. 성공적인 치료에서의 발전은 내담자가 깨닫기에 회기 밖의 사람들에게 가장 잘 숨겨진 부정적인 반응에 대해 충분히 개방적일 만큼 치료자를 믿게 되는 것이다. 이것은 편집적 전이가 충분히 해소되지 않고, 내담자가 자신의 오래된 불신의 본능에 머무를 것인지 아니면 걱정되지만 자신의 관계에 대한 소망이 보답될 수 있는 가능성을 개방할지 불확실할 때 특히 그렇다.

Betty는 식당에서 친구들을 기다릴 수 있었지만, 여전히 그녀는 2주간 떠나 있을 것이라고 한 Em 박사의 말에, "제가 이제 막 선생님을 믿기 시작했는데, 선생님은 이전과 똑같이 하네요! 선생님도 아시다시피 제 시험이 다가왔고, 합격하지 못하면 저는 학기를 또 다녀야 해요. 그러고 싶지 않아요!"라고 반응하였다. Betty는 다른 관계에서 자신의 이런 반응을 유지할 수 있었지만, 치료에서 이것들을 탐색하는 것을 지속할 수 있었다. 실망하는 것은 다른 사람에게 전적으로 거절당한 것과 같다는 그녀의 반응 이외에 그녀가 충분히 행동을 취하기 이전에 그녀가 원할 때마다 있어야만 하는 어떤 이상적인 타인에 대한 소망을 더 탐색할 필요가 있었다.

어떤 경우 전이가 부정적일 때, 회기 밖에서의 개선이 회기 내에서의 자료와 해리될 수 있어서, 의미 있는 관계 영역에서 내담자의 변화를 치료자가 자각하지 못할 수 있고 고려하지 못할 수도 있다. 다음 예시는 Betty 치료 4년째에 일어난 것이다. 그녀는 진전을 보였지만, 여전히 부정적 전이 시기로 퇴행할 수 있었다. 이 예는 다른 사람과 갈등 관계로 오랫동안 실직된 후에 치료를 시작한 여성의 일과 관계적인 삶에서의 진전을 보여 준다.

Betty는 의기소침한 어조로 한 회기를 시작하였다. "남자친구와 또 싸웠어요. 차라리 죽는 게 낫겠어요." Em 박사는 걱정이 되었는데, 이것이 몇 개월 동안에 처음으로 Betty가 자살에 대한 언급을 한 것이었고, 아마도 그의 얼굴 표정에 이러한 걱정이 나타났을 것이다. Betty는 Em 박사의 불안과 걱정을 알아차린 듯했고 계속 말하기를, "하지만 또 한편으로, 저는 처음으로 친구들과 잘 지내 왔고요, 아마도 자살하지 않을 거예요."라고 했다. Em 박사는 얼마 동안 유지된 것처럼 보이는 이러한 긍정적인 발달을 자각하지 못하였다. 이것은 후기에서 주고받는 것이 얼마나 복잡할 수 있는지의 한 예이다. Betty는 자신에게 실망하면서 회기를 시작하였지만('남자친구와 또 싸움'), 치료자를 공격함으로서 자기지향적 분노로부터 자신이 벗어나려고 시도하였다('죽는 게 낫겠어요.' = '선생님은 일을 하지 않았고 저를 돕지 않았어요.'). 하지만 그녀가 Em 박사의 불안에 주목했을 때, 그녀의 통합 수준은 그녀로 하여금 지금 소중한 관계를 염려하게 하였고, 실망, 분노, 시기심으로 그를 더 밀어젖히기보다는 그를 공격한 것에 대해 걱정을 하게 하였다. 친구들과의 관계가 처음으로 좋다고 한 그녀의 언급은, 공격성이 지금의 소중한 관계를 위협할 때 그것을 제한할 수 있다는 것을 보여 주었다. 이것은 그녀의 공격으로 인한 손상을 복구하려는 시도였으며, Em 박사로 하여금 지금까지 그를 가로 막았던 그녀 삶의 급증하는 긍정적 영역을 통찰하게 해 주었다. Em 박사와 Betty 는 이제 그녀 삶에서 이러한 긍정적인 발달을 탐색할 뿐만 아니라 그때까지 그녀 자신이 혼자 간직했던 의미를 탐색하는 쪽으로 옮겨 갈 수 있었다.

3) 투사가 감소되면서 치료자와의 관계가 심화됨

치료자를 내재화하는 내담자 역량의 증거는 자신의 정동, 지각, 동기, 그리고 행동에서 개선된 성찰의 형태로 이루어진다. 게다가 내담자 생활에서 다른 관계들이 회기 내에서 기술되면서 좀 더 선명하고, 현실적이며, 살아 있는 질적 특성을 획득할 것이다. 내담자 행동에서 좀 더 미묘한 모순들이 나타날 수 있는데, 이전에 내담자와 치료자가 무시했던 것들이다. 이전에 치료자에게 말하지 않았던 비밀과 같은 새로운 정보가 밝혀질 수 있다. 치료자와의 관계가 심화된다. 즉, 내담자는 치료자가 치료에 기여한 것을 좀 더 적절하게 인식하고, 한계가 있지만 호의를 가진 한 사람으로서 치료자를 좀 더 공감적이고, 현실적으로 본다. 내담자는 치료자와 공유된 관계사를 회상하는 역량이 증가한다. 서로 모순되는 전이 성향이 섞이는 경향이 있는데, 결국 동일한 회기에서 해결되고, 새로운 정서적 깊이와 복합성을 획득한다. 내담자는 회기 내에서 좀 더 자율적으로 작업할 수 있다. 치료자의 역할은 주로 명료화하고, 직면시키며, 해석하는 것으로부터 내담자 자신의 주제에 대한 증가된 성찰 역량의 목격자로 진전되며, 단지 스트레스를 받아 퇴행할 때 가끔 병리적 패턴을 상기시켜 주는 사람이 된다.

Betty가 일에 점점 더 관여함에 따라, 그녀는 다음과 같이 말하면서 한 회기를 시작하였다. "저는 정말 바빠요. 너무 무리하는지도 모르겠어요. 때로 저는 사람들에게 전화할 시간도 없어요. 그래도 약속된 시간에 다시 연락하지 않는 사람들이 여전히 걱정돼요." Em 박사는 "익숙한 주제이긴 하지만, 이제는 덜 심해 보이네요."라고 반응하였다. Betty는 "맞아요. 여전히 사람들을 믿기는 어렵지만, 누군가 즉시 반응을 보이지 않으면, 저는 이제 내담자가 되어서 그것을 생각해 보려고 해요."라고 대답하였다.

치료 후기에서 해석적 접근과 다른 기법들에서의 변화와 관련하여, 치료자는 현재의 전이 발달을 무의식적인 과거의 병인론적 대상관계와 더 연결 지을 수도 있다. 달리 말하자면, 치료자는 초기와 중기 치료 단계에서 우세했던 지금 여기에서의 해석과 더불어 내담자의 과거를 포함하는 병인론적인 해석을 점점 더 포함할 수 있다. 이것은 내담자가 자신을 연결할 때 가장 효과적이다. 자유연상과 꿈 해석을 활용하는 내담자의 역량이 증가할 수 있고, 이제 치료자는 전이 및 다른 해석의 공식화에서 내담자의 관찰하는 자아 부분에 좀 더 의존할 수 있다. 회기와 내담자 외부 생활 간 관계는 좀 더 부드럽고 자연스럽게 되는데, 이것은 내담자 경험에서 이 두 영역 간 초기의 해리와는 대조적이다.

예를 들어, Gabby는 Tam 박사에게, "저는 남편에게, 그리고 때론 선생님에게 했던 폭력적인 것들을 믿기 힘들어요(예, 그녀는 Tam 박사의 서류가방을 사무실에서 던진 적이 있다). 그것들이 전적으로 정당하다고 생각하면서였어요. 이제 저는 제가 다른 사람들에게 얼마나 많이 상처 줄 수 있는지 알아요. 저는 제가 상처를 받는 유일한 사람이라고 생각했어요." 이렇게 그녀의 남편과 Tam 박사에 대한 Gabby의 반응을 연결 짓는 것은 그녀가 편집-분열 조직에서 우울 조직으로 어떻게 옮겨 가는지를 보여 주는데, 이것은 관계를 통해 그녀의 경험에 영향을 미친 공격성의 인식을 수반하는 회한이 특징이다. 이 시점에서 Tam 박사는 Gabby가 그녀의 공격적 정동을 통합하고, 그것을 어떻게 표현하고 지향하게 하는지에 대한 통제력을 얻도록 더 잘 도울 수 있었다.

대부분의 경우 내담자가 우울 조직으로 들어가면서, 이상적 대상에 대한 애도가 내담자 자신의 공격성에 대한 회한보다 선행한다. 종결에 다가감에 따라, 내담자 갈등 내용의 분석에서 내담자의 욕구, 열망, 그리고 공격적 정동의 자각에 대한 주제와 함께, 우울 포지션의 특징인 좀 더 진전된 애도 반응에 초점을 둘 수 있다. 부모, 형제, 그리도 다른 가족 성원과 관계에서 내담자의 변화는 내담자 과거의 심리 재조직화 맥락에서 일어날 수 있고, 내담자는 과거의 외상적 상황을 수용하는 것을 배울 수 있다.

　내담자가 치료 후기로 옮겨감에 따라, 개별 회기의 분위기는 초기에 전이를 왜곡했던 지배적인 원시적 방어기제가 점차 감소한다. 내담자와 치료자의 관계는 신경증적 갈등을 다루는 좀 더 통합된 내담자의 심리치료 회기 관계에 더욱 가까워진다. 내담자는 회기를 시작할 때 자유롭게 좀 더 쉽게 말하는데, 심리치료적 관계의 경계에 대해 계속해서 도전하지 않거나, 모욕, 거부, 그리고 유기에 대해 편집적으로 두려워하지 않는다. 내담자의 환상에 대한 접근이 더 커지고, 자신의 심리사회적 현실에 대한 자각이 더 예리해지면서, 이전에 비언어적 소통이 우세하였고, 내담자의 해리된 요소로 인해 강렬한 역전이 반응이 유발되었던 것과는 대조적으로, 의미 있는 주관적 경험이 언어적으로 소통되는 내러티브가 더 길게 확장되도록 촉진된다. 내담자 자신의 행동과 그를 둘러싼 중요한 사람들에 대한 내담자의 관찰은 좀 더 균형잡히고, 덜 혼란스러우며, 덜 왜곡되고, 덜 경직되게 제한된 질적 특성을 가진다.

　치료자와의 관계에서 내담자는 치료자의 코멘트를 예상할 수 있는데, 이와 같이 내담자는 자신을 향한 치료자 태도의 여러 측면을 내재화하고, 자신을 관찰하는 (성찰적인) 역량이 커졌다는 것을 나타낸다. 내담자의 관찰하는 자아가 강화된 것은 전이에서 퇴행의 순간에 대한 반응에서 혹은 현실에서 비현실적으로 이상화되거나 박해적인 견해로 되돌아가도록 유발하는 외부 사건과 관련해서 분명하다. 예를 들어, Betty는 "선생님 말은 저를 속상하게 해요. 그 말을 들으면 선생님은 제가 역겹고, 저를 쫓아내고 싶어한다는 생각이 들어요. 그것이 사실이 아니라는 것은 알기는 하지만요."라고 말할 수 있었다. 이러한 언급은 직감적 반응이 되돌아온 것을 보여 주지만, 이 반응은 이제 Betty의 성찰적인 작업과 해석으로 완화되었다. Betty는 다음과 같이 말하면서 인지적 노력으로 완화된 유사한 정동조절의 증거를 보여 주었다. "상사가 저에게 몇 가지 제안을 했어요. 제가 그것을 생각하기 전에는 그것은 모두 비난이었어요. 이제 저는 그게 흥미로운 아이디어였다는 것을 알아요. 저는 여전히 부정적인 반응이 있기는 하지만, 이제 그것에 대해 생각을 해요. 저는 제가 보았던 모든 공격이 옳았다고 생각했어요. 저는 치료를 그만두기를 원했어요. 선생님이 그것들을 의문시할 때 저에게서 진실을 빼앗아 갔다고 생각했기 때문이에요. 이제 진실은 다른 것처럼 보이지만, 그래도 이 [긍정적인 견해]가 더 나은 게 현실적이에요! 절대적인 진실을 아는 방법은 없다고 생각해요." 이 마지막 언급은 깊은 심리적 변화의 증거인데, Betty는 정확한 인식이 이루어질 수 있기 이전에 모든 경험은 성찰이 요구된다고 깨달을 정도로 그녀의 관찰하는 자아를 발달시켰다는 것을 보여 준다.

이러한 변화는 기법에서의 수정을 허용한다. 치료자는 내담자에게 직접적으로 개입하는 데에서 좀 더 편안함을 느낄 수 있는데, 내담자에게 고통스러울 수 있는 어려움에 대해 좀 더 직접적인 성찰을 제시하는 것 같은 것이다. 내담자는 해석이나 어려운 현실에 대한 단순한 진술에 대해 공격으로 경험하거나 평가절하로 경험하지 않는다. 치료자는 또한 해석을 공식화하는 데 있어 덜 조심스럽거나 덜 시험적이라는 의미에서 좀 더 직접적이고 개방적이 될 수 있는데, 이것은 이제 치료에서 문제들을 탐색하는 역사의 맥락에서 내담자가 좀 더 독립적으로 해석에 대해 성찰할 수 있게 되었다는 확신과 함께 이루어진다. 마지막으로 치료자는 단순히 좀 덜 해야 하는데, 왜곡을 교정하는 작업을 하도록 허용하는 내담자의 증가된 성찰 역량 때문이다. 이런 시점에서 치료자는 내담자 자신의 관찰을 타당화하거나 확증하는 역할을 할 수 있다.

Betty: 제 남자친구에게 말하는 것은 중대한 일이었어요. 이제 우리는 항상 스트레스 없이 커플처럼 지내요. 저는 제 미래가 그에게 달려 있다고 생각했었지요. 이제는 그렇게 부담을 느끼지 않아요.

Em 박사: 과거에 Betty 씨가 부담에서 빠져나오는 방법은 자살 생각과 자살 행동이었던 것 같아요. 제 생각에 Betty 씨는 다른 방법이 있다는 것을 아네요. 게다가 이제 부담은 주로 당신 머리에 있었던 것처럼 보이네요. 그런가요?

Betty: 맞아요. 일할 때는 스트레스가 그리 없어요. 하지만 제 머리에 있는 요구가 문제예요. 저는 이제 친구들과 잘 지내요. 저는 자신에게 말하곤 하지요 "기다려, 그들은 다시 너에게 연락할 거야."

Em 박사: Betty 씨는 건드릴 수 없는 사람이라고 생각했었지요.

Betty: 예(웃음), 이제 저는 사람들이 바쁠 수 있다는 것을 알아요. 저도 바빠요! 유일하게 변한 것은, 이제 제가 좀 사람들에게 여유를 줘요…. 그리고 저 자신도 좀 여유를 갖지요!

치료과정을 통해, 내담자가 원시적 방어를 유지하기 위해 치료자를 통제하려는 무의식적 노력에 굴복하지 않고, 치료자가 일관적으로 내담자 갈등의 증거를 반영하면(직면 기법), 그리고 내담자가 이전에 받아들일 수 없거나 참기 어려웠던 성격 측면을 성찰하도록 격려한 것이 공격당하거나 평가절하된 것이 아니라는 사실을 알게 되면, 내담자는 이제 훨씬 더 경청할 수 있고, 자신의 부정적 전이를 덜 두려워하며, 이전에 자각에서 분열되어 피질의 통제를 받지 않았던 것을 더 잘 관찰하고 조절할 수 있게 된다. 일반적으로 원시적 기제의 감소는 내담자 편에서 내적 모순과 갈등에 대한 더 큰 자각과 내성을 의미하고, 충동 조절, 불안 내성, 그리고 내적 모순을 성찰하는 역량과 관련하여 내담자의 자아를 강화시키는 것을 의미한다. 특정적이지 않은 자아 약화의 현시는 높은 수준의 방어 조작이 지배적이 되기 시작하면서 감소한다. 몇몇 갈등 영역에서 내담자에 의한 독립적인 작업이 나타나기 시작하고, 치료자는 회기에서 내담자의 자율적 작업에 수용적이고, 내담자가 그것을 강화하도록 도울 수 있는 경청하는 입장을 더욱 취할 수 있다.

〈임상 사례〉

Betty는 흥분했던 일자리에 대해 소식을 기다렸지만, 몇 주 동안 어떤 회신도 받지 못했을 때, 냉소적이고 낙심하게 되었다.

Betty: 학교에서 취업이 되었다고 들었어요. 저는 이제 친구들처럼 그렇게 모든 것을 받아들이기로 결심했어요. 일단 그들을 믿기로요. 제가 능동적일 필요가 있고 접촉하려면 기다리기만 해서는 안 된다는 것을 알아요. 그래도 여전히 약간 상실감을 느껴요….

Em 박사: 놀랄 일은 아니에요. Betty 씨는 어른으로서 정체감을 세워 가고 있는 거지요.

Betty: 그리고 제 사고방식을 변화시키려고 하고 있어요. 사람들은 그들 삶에서 진행되는 어떤 것 때문에 저에게 특정한 방식으로 반응할 수도 있다는 것을 알아요.

Em 박사: (웃음을 지으며) 그러니까 Betty 씨가 전부가 아닌가 봐요?

Betty: 예, 모순이죠. 제가 나르시시즘의 반대되는 것을 가졌던 것 같아요. 제가 전부예요, 반대로.

Em 박사: Betty 씨가 학교에서 소식을 듣지 못했을 때, Betty 씨가 더욱 화를 내는 반응을 상상할 수 있었어요.

Betty: 저도요.

Em 박사: 그것은 지금 Betty 씨가 가진 기회를 파괴했을 거예요. 그리고 Betty 씨가 망연자실한 채로 있었겠지요.

Betty: 제 친구와 공원에 간 것을 생각해요. 그 당시 저는 뭘 말해야 할지 생각하지 못했고, 그래서 화를 내고 가 버렸지요. 제가 무엇을 원하는지, 무엇이 필요한지를 말할 수 없었어요. 저는 저를 좋아하지 않는 사람들이 무서웠어요. 그들이 저를 좋아하지 않게 만드는 어떤 것을 제가 하고 있었다는 것을 알지 못했어요.

Em 박사: 사람들이 Betty 씨를 좋아하지 않는다는 두려움은 그들 안에 있는 것보다는 Betty 씨 안에 있는 자신의 이미지와 더 일치하는 것 같네요.

2. 구조적인 심리내적 변화의 지표

내담자에게 나타나는 수많은 구조적 변화의 지표들이 있는데, 이것은 전이초점 심리치료 후기의 지표로 사용될 수 있다.

1) 자기 관찰을 향한 내담자의 진전 증거

내담자의 진술은, 앞에 제시한 Betty의 사례에서처럼 대안적이고 현실적으로 더욱 미묘한 차이가 있는 조망을 배제하면서 내담자의 사고를 지배했던 직감적 반응을 관찰하고 성찰하는 역량을 보여 준다.

2) 치료자 언급의 탐색

내담자의 진술은 이제 치료자의 언급을 확장하거나 심화된 탐색을 보여 준다. 여기에서의 주제는 내담자가 해석에 동의하거나 제시된 탐색 주제를 받아들이는지의 여부가 아니라, 치료자의 언급을 즉각적이고 자동적으로 거절하고, 부인하며, 회피하고, 혹은 반박하기보다는, 내담자가 자기 스스로에게 치료자의 말을 성찰하는 기회를 주는 정도이다. 또한 강조될 필요가 있는 것은 전이가 긍정적이거나 부정적인 것이 문제가 아니라 무엇이 진행되고 있는지를 명료화하는 데 어느 정도 협조적인지인데, 이것은 탐색에 대한 단정적인 거부나 아무 생각이 없는 수용, 복종, 혹은 치료자의 제안에 입에 발린 말을 하는 것과는 대조적이다. 포괄적인 반영으로부터 치료자 언급에 대한 탐색으로 이동하는 이러한 능력은 심한 자기애성 인성 내담자의 치료에서 특히 중요하다.

3) 공격성과 사랑에 대한 자각을 컨테인하고 감내하기(tolerance)

경계선 인성조직이 (공격적 정동의 강도가 유전적이고, 체질적이며, 기질적인 요인에서 기인한 것인지, 혹은 방임, 외상 혹은 학대의 목격에 따른 이차적인 것인지와는 무관하게) 원시적 공격성과 관련되는 한, 그렇게 심한 공격성과 연결된 지배적인 무의식적 정동은 증오이다. 내담자의 마음은, 고통을 가하고, 고통에 시달리게 하며, 혹은 고통을 통제하는 것으로 보이는 대상을 파괴하려는 기본적인 동기와 함께, 외상화된 자기와 가학적으로 지각된 대상 간에 성격적으로 구성된 증오 관계가 특징이다. 게다가 투사로 인해 자기를 향한 대상의 증오에 상응하는 두려움이 있다. 리비도적이고, 친화적이며, 사랑하는 정동 경험과의 혼선이 분명히 있다. 내적 분열을 극복하고 공격성과 증오 정동을 통합된 자기로 가져오는 과정에는 이러한 정동이 인간 경험의 일부라는 것, 그리고 통합되고 숙달되기만 한다면 내담자는 자신을 괜찮은 인간 존재로 경험할 수 있고 만족스러운 관계를 경험할 수 있는 어떠한 가능성도 파괴하지 않는다는 것을 자각하게 되는 것을 포함한다. 공격적이고 부정적인 정동에 대한 자각을 컨테인하고 감내하는 것은, 행동화하고, 신체화하며, 혹은 치료자와의 소통을 파괴함으로써 이것들을 표현하는 것과는 대조적으로, 치료 후기의 한 지표이다.

공격성 현시의 감소는 회기에서 그것을 직접적으로 표현하는 것이 변화되고, 치료자가 제시하는 것을 다 공격적으로 묵살하는 것이 감소되며, 가학피학적 전이가 감소되는 것에서 볼 수 있다. 게다가 치료자에 대한 무의식적 시기심의 표현과 같은 부정적 치료 반응(즉, 치료자의 노력을 패배시키려는 욕구)이 해소되고, 성격적인 뿌리가 있는 자기 지향적 증오가 나타나는 데에서도 그렇다. 여기에는 자살, 자살극, 자해 행동이 있고, 약물중독, 섭식장애, 심각하게 자기파괴적인 성적 행동, 끈질긴 자기 혐오 등이 있다.

이 치료 단계에서는 내담자의 성적 행동에서 가장 파괴적인 측면이 통제되어야 하고, 혹은 성 억제가 특징인 사례들에서 이제 성적 감정이 표현될 수 있다. 초기 치료 단계에서 심하게 공격적이고 자기 공격적인 경향이 내담자의 성적 행동에서 우세한 것은 모든 친밀한 애정 관계를 방해한다. 여기에는 문란하고 위험한 성, 가학피학적인 성, 혹은 좀 더 미묘하게는 연이은 불륜이 있는데, 이것은 이상적 대상을 추구하는 데 근거하면서 어떠한 깊은 관계의 가능성도 파괴한다. 그렇지 않으면 어떤 경우 이 내담자들은 모든 성적 관여에서 부재를 보인다.

내담자가 회기에서 애정 생활과 성적 상호작용에 대한 관심을 보이는 것이 일반적으로 증가하는 것은 성이 더 이상 공격성으로 지배되지 않고, 리비도적 열망이 더 이상 편집적 두려움으로 무색하게 되지 않는다는 의미에서 내담자 기능에서의 개선을 나타낸다.

하지만 치료 후기에서 있을 수 있는 하나의 문제는, 성적 반응이 일차적으로 심하게 억제된 경우, 내담자의 일반적 기능이 개선되고 억압 기제가 원시적인 해리나 분열기제를 대체하면서, 이러한 억제가 증가될 수 있다는 것이다. 이것은 성 치료를 조합하는 것과 같이 심리치료적 접근의 수정이 요구될 수 있는 복잡한 문제인데, 일단 내담자의 성적 열망에서의 심한 억제가 충분히 감소되면, 이러한 일차적인 성적 억제의 무의식적 역동이 명료화되고, 심리역동적 심리치료와 성 치료의 통합이 충분히 가능하게 된다.

4) 환상의 감내

환상을 감내하고, 상징적 자각이 증가하며, 이전에 해리되거나 행동화된 정동 상태를 컨테인하는 것은 내담자로 하여금 이전에 자각을 허용하기에는 너무 위협적으로 경험되었거나 치료자로부터 숨겨야만 한다고 느꼈던 정서를 경험하고 놀이할 수 있게 한다. 이것은 특히 자기애성 인성을 가진 경계선 내담자의 치료와 관련되는데, 문제는 내담자가 충분히 자각하기 이전에 치료자가 내담자 마음에서 무엇이 일어나는지에 대한 이해를 할 수도 있다는 위험을 암묵적으로 느끼면서도, 내담자가 자신의 통제하에 있지 않은 자유연상을 개방적으로 드러낼 수 있는 정도이다. 전능통제를 하려는 욕구는 자유연상을 억제하고, 환상 자료의 가용성을 감소시키는 경향이 있다.

5) 방어기제의 해석을 활용하는 역량

초기 치료 단계 동안에 해석은 내담자 편에서 분명히 묵살되거나 때 이르게 수용되기도 하지만, 견고한 입장을 의문시하는 데 종종 효과적이다. 치료 후기에서 해석의 효과는, 해석으로 인해 자기자각과 자기탐색에 대한 내담자의 역량이 증가하는 것을 포함한다. 투사되었던 것을 회수하는 증가된 역량은 전이초점 심리치료 후기에서 정확히 기대될 수 있는 것이다.

〈임상 사례〉

내담자가 때로는 그녀의 치료자를 우호적인 사람으로 보고, 다른 경우에는 치료자를 가학적 계모의 내적 이미지의 투사를 통해 보는 한 회기에서, 치료자는 다음과 같은 코멘트를 하였다. "이것은 내가 실제로 다른 두 사람인지 하는 의문을 가지거나, ○○씨 안에서 싸우고 있는 무언가를 내 안에서 보고 있는 것은 아닌지 의문을 가지게 합니다. 이 사람의 한 부분은 우호적이고, 친절하며, 믿음직합니다. 다른 부분은 도발하는 것을 즐기는 적대적이고, 가학적인 사람이지만, 천진하게 행동하고, 아직 이런 측면의 인성에 대해 모릅니다." 내담자는 역설적으로, "우리가 아는 누군가인 것처럼 들려요?"라고 언급하였다. 누구를 염두에 두고 있는지를 물었을 때, 내담자는 자신이거나 계모가 아닐까 하는 의문을 가졌고, 치료자가 반응하기를, 내담자는 이전에 그녀가 자각한 적이 없었던 계모의 어떤 측면을 나타내는 것이라고 자각하는 것처럼 보였고, 그녀의 자각이 통제가 안 되고 피해를 주는 식으로 나타나는 경향이 있었던 그녀 자신의 이런 측면들을 다루는 것을 도울 수 있을 것이라고 하였다. 내담자는 나중에 이 해석으로 되돌아왔고, 그녀는 이제 좀 더 자각하고 있었던 공격적이고 통제하는 경향에 대한 지배력을 획득하는 것을 돕는 데 이것을 활용하였다.

다음은 Amy의 사례에서 한 예이다.

〈임상 사례〉

(8장에 기술되었듯이) Amy의 공격적 정동의 공공연한 행동화가 끝난 이후에, Jones 박사와 상호작용에서 그녀의 통상적 특징은 무시하고 평가절하하는 태도였는데, 종종 노려보는 눈초리와 매우 불쾌한 냄새가 나는 것처럼 코를 찡그리는 것이 수반되었다. 한동안 이 행동을 관찰한 이후에 Jones 박사는 그것에 대해 언급하였다.

　　Jones 박사: 우리가 논의한 부분은 아니었지만, ○○씨의 시선과 몸짓으로 전하고 있는 감정에 대해 생각해 보는 게 적절할 것 같네요. 나를 바라보는 시선, 코를 찡그리는 것, 그리고 나에 대해 거부적이고 거들먹거리는 느낌을 시사하는 목소리 톤에 무언가가 있네요.

Amy: 그래요? 선생님이 항상 거만하게 거들먹거리면서 저를 보았어요. 항상 그런 것이 있었기 때문에, 그것을 말할 정도로 신경을 쓰고 싶지는 않아요. 저는 단지 그것이 당신 것이라고 생각해요

Jones 박사: (치료자 중심 접근으로 해석을 진행하기로 결정한) 그게 무슨 소리인지 모르겠어요. 그것에 대해 더 이야기해 주시겠어요?

두 사람은 이후 회기에서 주기적으로 Jones 박사의 '거들먹거림' 주제를 계속해서 논의하였다. 어느 날 Amy가 말하기를, "우리는 공통되는 어떤 것을 가지고 있네요. 제 생각에 두 사람 다 매우 비판적이에요."라고 했다. Jones 박사는 한 사람의 매우 비판적인 부분의 성찰에 익숙해지는 데 Amy에게 얼마 동안 시간이 필요한 것으로 이것을 이해하였다. 자기 안에서 수용하거나 거부하지 않고, 이에 대해 생각할 수 있는 Jones 박사의 능력은 전적으로 이것에 압도되지 않고 자기 특징을 성찰할 수 있다는 것을 Amy에게 나타낼 수 있었다. 그녀는 결국 자신의 이런 부분을 고려할 수 있었다.

6) 지배적 전이 패러다임의 변화

하나의 지배적 전이 패턴에서 다른 패턴으로 옮겨 가는 것은 선형적이지 않으며, 진전과 초기 경향으로의 일시적인 퇴행이 번갈아 나타나는 것이 특징인데, 좀 더 새롭고 긍정적인 각각의 조망은 내담자에게 비교적 낯설고 어느 정도 의심과 불안을 유발하기 때문이다. 이러한 구조적 변화의 지표는 치료를 통한 내담자 진전의 가장 기본적인 지표로 간주될 수 있다. 9장에서 강조했듯이, 반사회적이거나 정신병질적 전이는 성공적인 치료에서 존재하기 마련이며, 편집적 전이로 진전해야 한다. 반사회적 전이에서 가정된 착취와는 다른 치료자의 동기에 대한 가능성을 인식하면서

도, 편집적 전이는 여전히 기본적으로 부정적인데, 이것이 부정적 정동과 동기의 투사에 기초하기 때문이다. 성공적인 사례에서 편집적 전이의 탐색은, 이전에 투사된 공격적 충동의 심리내적 기원에 대한 인식에 더하여, 분열된 내적 세계의 이상화된 부분에 더 접근하는 것을 허용한다. 이런 자료가 나타나면서, 내담자 마음의 이러한 측면의 근본적 분리에 관한 의문들이 좀 더 유익하게 다루어질 수 있다.

[이상 대상의 상실을 애도하고, 공격적 정동의 자각이 증가하면서 자책(remorse)을 경험하는 것이 특징인] 우울적 전이는, 분열기제의 극복과 좀 더 통합되고 정상적인 자아정체성의 발달과 관련하여 나타난다. 실제로 이러한 변화는 새롭고 더욱 복잡하며 분화된 자기 및 대상 측면이 나타나고, 반복되어 온 초기의 경직된 패턴을 넘어서는 새로운 관계가 출현하는 것으로 예시된다.

〈임상 사례〉

처음에 Jones 박사를 무심한 로봇처럼 경험한 Amy는, 그를 강력하게 가학적인 사람으로 경험하는 것과, 평화와 조화의 약속을 제공하는 자애로운 아버지 같은 사람으로 경험하는 것을 교대로 오가는 단계로 들어갔다. 시간이 지나면서 그녀는 그를 우호적이지만 강하고 성적으로 유혹적인 아버지 같은 사람으로 경험하기 시작했는데, 분열된 원시적 전이가 좀 더 복잡한 전체로 통합되기 시작하면서 나타난 새로운 모습이었다. 이런 맥락에서 아버지상과의 진전된 내적 관계에서 새로운 측면이 나타났는데, 이상화되어 따뜻하고 너그러우며 아직은 '건전해 보이는' 아버지의 이미지에서 모든 성을 부인하는 전오이디푸스기적인 것과는 대조적으로, 이것은 뚜렷하게 오이디푸스기적인 질적 특성을 가졌다.

다음 사례는 또한 한 내담자가 우울적 유형의 전이로 분명히 변화한 것을 예시한다.

〈사례〉

한 내담자는 심한 반사회적 특성이 있었고, 오랫동안 그녀의 치료자를 박해적이고 가학적인 도덕주의자로 지각하였는데, 그녀는 이런 치료자에 대해 비밀과 조종을 섞어서 자신을 보호해야만 했다. 그녀는 점점 정직하지 않은 것에 대해 인식하고 죄책감을 느끼기 시작하였고 또한 치료자를 부당하게 대우한 것에 죄책감을 느꼈는데, 이제 그에 대한 간접적인 공격에도 불구하고 그가 그들의 관계를 든든하게 유지하는 것으로 지각하였다. 이제 그녀는 그를 엄격하지만 관심이 있는 아버지상으로 지각하기 시작하였는데, 이것은 그녀가 이제 아마도 실제로 과거에 농간을 부리고 부정직한 아버지라고 자각하게 되었던 것과 매우 다르다. 그녀는 우울해졌는데, 치료자에게 사랑받고 보호받을 자격이 없다는 깊은 확신과, 또한 못되게 굴었지만 이제는 우정을 회복하려고 했던 이전 친구와의 관계를 복구하려는 노력에 상응하는 조용한 절망이 함께 있었다. 이 내담자의 경우, 통합되기는 했지만 여전히 가혹한 초자아의 발달과 이와 관련하여 치료자를 향한 죄책감의 표현은 전적으로 새로운 전이를 구성하는 그런 죄책감을 복구하는 데에서의 무능력과 일치하였으며, 용서가 불가능하다는 의미의 원천에 대한 탐색이 요구되었다.

치료 후기에서 전이 성향의 가장 극적인 변화는 아마도 자기애성 인성장애 내담자의 전이에서, 그리고 특히 악성 자기애 증후군 내담자에서 병리적 거대자기가 붕괴되고 훈습이 일어나는 경우이다(Diamond et al., 2001; Stern et al., 2013). 병리적 거대자기가 제공하는 공격성과 공허감이 섞이는 것에 대한 방어는 방어되고 있었던 내적 파편화를 경험하고 탐색하는 역량으로 대체된다. 이러한 발달은 내담자가 냉담하고 무시하는 전이로부터 좀 더 관여하고 불안하며 집착하는 전이로 옮겨 가면서, 더욱 고전적으로 경계선적으로 보이는 내담자로 이끌 수 있다. 치료에서의 초기 태도가 치료자를 고용된 도움("이것은 관계가 아니에요. 단지 선생님을 고용한 거죠.")으로 취급했던 한 자기애적 내담자는 그와의 관계에서 강렬한 정동의 파편화된 경험으로 옮겨갔다. 이러한 상태는 궁핍과 거부에서부터 위로와 감사까지 포함하였으며, 무시하는 거대자기에 의해 가려졌던 내담자의 내적 세계의 파편화와 작업하는 것을 가능하게 하였다.

하지만 병리적 거대자기의 해체에서 보이는 극적이고 긍정적인 발달은 모든 자기애적 내담자에게서 일어나지는 않는다. 몇몇 내담자, 특히 악성 자기애 증후군 내담자는 언급된 모든 다양한 지표의 맥락에서 자아 강도가 발달하는 정도까지 개선되지만, 좀 더 높고 적응적인 수준에서 병리적 거대자기가 동시에 공고화되고, 치료에서 더 이상의 변화에 대한 방어로 이렇게 더 잘 기능하는 병리적 거대자기를 이용하는 것이 함께 있다. 후자의 경우, 유의미한 증상의 변화가 회기 밖에서 일어나고, 회기 안에서의 심한 혼란도 감소된다. 그러나 더 이상의 변화에 대한 미묘하지만 완고한 저항 또한 존재하는데, 종종 내담자의 전체 기능에서 인상적인 개선과 연결될 때, 치료자로 하여금 내담자가 치료에서 도달할 수 있는 곳이 여기까지라는 결론을 내리게 할 수 있다. 그런 경우 치료자는 종결로 옮겨 갈 수 있는데, 남아 있는 자기애성 인성구조가 친밀한 관계를 유지하는 데 심한 어려움을 야기한다면, 나중에 추가적인 치료, 가능하다면 심지어 정신분석을 받으라는 잠재적인 권고를 함께 한다.

3. 치료 후기로의 이행 방해와 복잡한 문제

치료 후기에서 복잡한 문제는 개선 그 자체, 즉 편집적 전이에서 우울적 전이로 옮겨 가는 것과 관련될 수 있는데, 특히 공격성에 대한 자책을 경험할 때("상담받기에는 제가 너무 나빠요.") 도움 받은 것에 대한 무의식적 죄책감이 발달할 수 있고, 지금까지 얻은 개선에 대한 지불 대가로 더 이상의 개선을 회피하는 무의식적 경향이 함께 있을 수 있다.

〈사례〉

자해 경향이 있었고, 학업이나 일을 전혀 할 수 없었으며, 극단적인 성적 억제가 있었던 한 내담자는, 만성적으로 집에서 지내거나 정신병원에 입원하여 수년간 치료를 받은 후에, 자신의 학업을 다시 시작할 수 있었고, 성공적으로 전문적인 경력을 쌓았으며, 결혼을 했고 아이를 가졌다. 그럼에도 불구하고 그녀는 심한 성적 억제가 지속되면서 이제 더 이상 탐색하고 싶은 열망이 없다고 느꼈는데, 이것

은 그녀가 다른 자매들보다 훨씬 더 잘했기 때문에 자매들을 이긴 것에 대해 무의
식적 죄책감에 근거한 자기 처벌을 반영하는 것이었다.

무의식적 죄책감에서 오는 이러한 유형의 부정적 치료 반응은 치료자에 대한 무
의식적 시기심에서 나오는 부정적 치료 반응과 구분될 필요가 있는데, 이것은 자기
애적 병리가 있는 내담자에게 전형적이다. 후자는 대개 심리치료 초기 단계에 나타
나고, 내담자를 돕는 치료자의 능력이 치료자의 우월성을 드러낸다는 내담자 지각
을 해석하는 것을 통해 해소될 수 있다. 이런 경우 내담자가 악화되고 있는 상태는
치료자에게 있다고 여겨지는 우월성을 인정하거나 이에 복종하는 굴욕을 회피하려
는 반응일 수 있다.

또 다른 복잡한 문제는 9장에서 논의되었듯이 강한 성애적 전이이다.

4. 치료 후기 동안의 기법적 접근

지배적 전이의 발달을 체계적으로 분석하는 것이 (분열된 전이를 통합된 것으로 점
진적으로 해석적 통합을 한다는 의미에서) 후기 동안에 주된 기법적 방략으로 지속된
다. 서로 분열된 이상화된 전이와 편집적 전이가 통합될 수 있는 모든 기회에 주의
를 두는 것이 이 치료 단계에서 주된 관심사이다. 이러한 접근의 효율성은 우울적
전이가 강화되는 것으로 나타날 것이며, 내담자와 치료자 간 정동적 관계의 관련된
심화, 정동적 반응의 통합과 성숙, 그리고 관계에서 연속성의 발달과 함께 이루어진
다. 심화 혹은 새로운 영역의 관심 그리고 정체성 혼미 증후군 때문에 이전에는 불
가능했던 관여가 이제 충분히 탐색될 수 있다. 다음과 같은 것이 회기에서의 관심을
흡수하기 시작할 수 있는데, 내담자의 더욱 넓어진 사회적이고 문화적인 배경과의
관계, 내담자와 직업적, 문화적, 종교적, 예술적, 지적 흥미와 추구와의 연결, 특히
내담자의 친밀한 파트너와의 좀 더 복합적인 관계 등이다. 그러나 이러한 발달은 여
전히 전개되고 있는 내담자 내적 세계의 투사된 부정적 요소의 통합에 의해 지속적

으로 영향을 받을 수 있다.

〈임상 사례〉

Betty는 치료과정에서 예술치료사가 되는 것에 관심이 생겼고, 이에 상응하는 학업을 수행하였으며, 정신의학 치료센터에서 일을 시작하였다. 하지만 이러한 흥미는 부분적으로 그녀가 Em 박사에게 느꼈던 긍정적인 질적 특성을 동일시한 것에 기초하였고, 내담자가 이상화되고 박해적인 내적 표상을 충분히 통합하기 이전에 일어났다. 무의식적으로 이러한 관심은 또한 그녀 생각에 정신건강 전문가들이 내담자들에게 가지고 있는 '가짜' 관심이라고 여긴 것을 모방하는 부정적 의미를 가졌는데, 이것은 남아 있는 편집적 전이 및 유일한 진정한 관여로서 '신성한' 헌신을 보인 기저의 이상화된 전이 요소에 기초하였다. 그녀는 일에 전념하지 않아서 일자리를 잃었는데, 환자들과의 상호작용에서 경솔함 때문이었다. 치료를 통해 남아 있는 편집적 전이와 이상화된 전이의 탐색이 가능하였다. 환자들을 향한 경솔한 태도를 논의할 때, Betty는 "저는 그들에게 충분히 줄 수 없다는 느낌을 가졌어요. 그들 중 몇몇은 평가와 비판을 위해 저와 함께 프로젝트를 집으로 가져가기를 원했어요. 선생님이라면 이 일을 어떻게 할지 궁금했어요. 선생님이 관심이 있는 척할 것이라 생각했지요. 아니면 선생님은 어떻게 극복할 수 있죠?"

이상적인 양육자로 기능하려는 시도를 포기하면서, Betty는 치료자의 신함뿐만 아니라 자신의 진정성을 의문시하는 입장으로 후퇴하였다. Em 박사는 이 상황에서 비현실적인 것은 다른 사람을 도우려는 그녀의 진정한 소망이 아니라 그녀가 무한하다는(무궁무진하다는) 환자들의 기대라는 것을 보도록 도왔다. 약간의 유머와 함께 Betty는 "그래서 제가 그런 비현실적인 곳에 살 수 있는 유일한 사람이 아닌가요?"라고 말하였다. 그녀는 환자들 요구에 반응하여 '패배를 인정하기'보다는, 이제는 관계에서 현실적으로 기대될 수 있는 것에 대한 그녀의 증가된 감각에 의존할 수 있다는 것을 알았는데, 이것은 Em 박사가 그의 삶에서 다른 관여를 하면서도 그녀에게 진정한 관여를 한다는 것을 받아들이게 되었기 때문이다. 예술치료에 대한 Betty의 흥미는 진정한 관심 영역에 대한 관여로 발전하였다. 이상화된 기대와 편집적 투사로 반응하는 것으로부터 일반적으로 새로운 영역의 관심과 전문적인 지식으로 옮겨 간 것은 그녀의 정체성이 확장되고, 치료 후기 동안에 회기의 중요한 부분을 차지했던 이러한 새로운 영역의 활동에 적응한 것을 나타낸다.

1) 내담자의 제한된 견해를 만성적 역전이로 받아들이는 위험

치료자는 특정 내담자와 일상적으로 진행되는 접촉이 내담자의 전체 갈등, 생활 상황, 가능성과 관련하여 조망을 협소하게 이끄는 것은 아닌지 마음속에서 지속적으로 재검토하는 것이 중요하다. 달리 말하면, 치료자는 내담자가 지금 보이는 모습을 그냥 받아들이고, 결국 치료 목표 및 삶을 충분히 경험하는 가능성을 미묘하게 제약하는 것에 대해 저항하는 것이 중요하다. 대신에 치료자는 내담자의 현재와 가능한 미래의 기능에 대해 지속적으로 재탐색해야 한다. 이와 관련하여 회기 내에서 배운 것과 이 배운 것을 회기 밖에서 활용하는 것 간의 연계는 매우 중요하게 된다. 장기적으로 주된 문제를 훈습할 때 수반되는 커다란 인내와 더불어, 치료자가 매 시간 취하게 되는 더 이상 봐줄 수 없음[impatience: 관대함(complacency)의 반대]의 일반적인 태도가 중요해진다. 매 회기에서 더 이상 봐줄 수 없음의 태도는 내담자가 회기에서 평형을 어떻게 유지하는지를 미묘하게 배우는 것과는 대조적으로 작업 순간을 유지하도록 이끌고, 작업이 잘 되어 가는 것같이 보일 때 치료자가 마음을 놓게 되는 자연스러운 경향에 대한 보호에 기여한다.

2) 기법의 진전

치료가 진전되면서 더 직접적이고 덜 조심스러운 해석적 진술을 할 가능성이 있다. 다른 내담자, 동료 혹은 치료자의 삶에서 내담자가 상상한 사람들과 관련된 경쟁을 포함하는 전형적인 오이디푸스기적 두려움과 환상 같은 더욱 복잡하고 진전된 신경증적 전이가 특정 지점에서 나타날 수 있는데, 이것은 좀 더 조직화된 심리구조를 반영한다. 치료자는 다음의 사실에 유의할 필요가 있는데, 이제 생겨나는 좀 더 정교한 전이에 우선하여 일어나는 원시적 전이로의 퇴행에 주목하기 위해서 이와 같은 진전된 신경증적 전이에 대한 주의를 일시적으로 제쳐 놓을 필요가 있다는 것이다. 우울적 전이 이전에 편집적 전이가 다루어질 필요가 있다는 일반적 원칙은 이 치료 후기에서 특히 유효하다.

　게다가 내담자 자료의 새로운 측면이 상대적으로 더욱 중요하게 될 수 있다. 발생기원적 해석은 무의식적 현재와 무의식적 과거를 연결 지을 수 있고, 현재와 과거 경험에 관한 자기성찰 역량이 증가한 상황에서 내담자의 생활사를 통합하는 데 기여한다. 치료는 내담자로 하여금 일관된 생활 내러티브를 수립하도록 돕는다는 치료에 대한 대단히 중요한 견해는 여전히 진실이다. 내담자가 과거를 논의하는 방식은 방어적인 질적 특성을 상실하는데, 더욱 진실한 호기심을 가지고 이전에 방어되었던 진짜 고통스러운 정동에 대해 접근하면서이다. 내담자의 증가된 성찰 역량은 다른 사람에 대한 깊이 있는 평가가 증가하는 데에서 분명해지는데, 특히 성적 파트너, 친한 친구, 그리고 가족 성원과의 관계에서 그렇다.

〈임상 사례〉

치료 초기에 Betty는 요구가 많고 종종 못마땅한 아버지가 '스탈린보다 더 나쁘다.'고 반복해서 기술하였다. 종결 단계에서 그녀는 좀 더 균형 잡힌 견해로 묘사할 수 있었다. "제 생각에 아버지는 최선을 다했지만, 매우 한계가 있었어요. 그는 자신의 감정을 처리할 수가 없었고, 그래서 일에 치중하고, 우리들에게 치중했지요[그녀 자신과 오빠들을 언급]." 흥미롭게도 또한 Betty는 종결 단계에서 다소 소심하게 이야기하였는데, 그녀가 스탈린에 대해 읽은 적이 있고 "제 생각에 제가 스탈린과 조금 공통되는 게 있어요. 사람들이 기분 나쁘게 저를 바라보면 제가 사람들을 '제거하는' 방식에서 그래요." 진술이 극적이기는 하지만 이것은 이전에 분열되었고, 투사되어서 행동화되었던 공격성을 인식하고 통합하는 Betty의 능력을 보여 준다.

종결 단계에서 꿈 분석은 이제 좀 더 고전적인 형태를 띨 수 있는데, 내담자로 하여금 외현적 꿈 내용 요소와 관련하여 자유연상을 하도록 권유하고, 이러한 연상을 꿈을 전하는 내담자의 스타일과 그 시점에서 지배적인 전이와 연결시킨다. 이렇게 충분하게 발달된 꿈의 분석은, 전이 해석과 통합되어야 하는 요소로 외현적 꿈의 부분적 측면을 초기에 선택하는 것(즉, '왜 이 시점에서 내담자가 이 자료를 말하는 이유'에 주목)과는 대조된다(Koenigsberg et al., 2000c).

주말에, 휴가 동안에, 그리고 질병을 앓거나 치료를 예기치 않게 쉬게 될 때 치료자와의 분리에 대한 내담자의 반응은 매우 조심스럽게 탐색될 필요가 있는데, 이것은 또한 우울적 전이 반응이 지배적인 쪽으로 진전되는 것을 예시할 것이기 때문이다. 이전의 치료 단계에서 분리에 대한 반응은 심한 분리 불안, 공황, 분노, 그리고 편집적 특징의 퇴행 행동 형태를 보일 수 있거나, 자기애적 병리의 경우에 무관심을 표현하는 경향과 함께 치료자에 대한 의존성을 완벽하게 부인할 수 있다. 내적 통합을 향한 움직임을 보인 내담자의 경우, 버려지고 부당한 대우를 받은 것에 대한 공황보다는 애도 과정과 슬픔과 상실감과 함께 좀 더 우울하게 채색된 분리 반응 경향이 있을 것이다. 연관되는 자기 이미지와 타인 이미지로 이러한 분리 반응을 체계적으로 분석하면, 결국 내담자의 진전된 내적 표상을 더욱 탐색하도록 돕고, 단순하게 부정적으로 채색된 것으로부터 좀 더 복합적이고 통합된 것으로 옮겨 가도록 도울 것이다.

〈임상 사례〉

치료 초기에 Amy는 "저는 선생님이 어디를 갈 때마다 끔찍했어요. 선생님이 탄 비행기가 이륙하자마자 폭파되는 것을 상상했어요." Jones 박사는 Amy가 그녀의 상실 경험과 연루된 공격성과, 이것이 내적 연계감을 유지하는 그녀의 무능력과 어떻게 연결되는지를 이해하도록 도왔다. 그가 제안하기를, 영원히 가용하지 않은 것에 대한 그를 향한 분노가 그녀 마음에 가지고 있던 그의 이미지를 공격하고 파괴하였다는 것이다. 종결 단계에서 분리에 대한 그녀의 반응은 좀 더 순해졌지만, 탐색되었던 우울적 불안과 섞여 있었다. "선생님도 때로 다른 사람처럼 휴식이 필요하다는 것을 알아요. 하지만 아마도 선생님은 특히 저로부터 휴식이 필요 했을 거예요."

5. 종결

전이초점 심리치료의 종결 주제는 내담자의 전체 심리치료와 연결되는데, 내담 자가 종결을 받아들일 수 있는 방식이 내담자가 달성한 일반적 수준의 심리구조에 대한 기본 지표이기 때문이다. 종결이 분리 역동과 관련이 있는 한에서, 우리는 치 료를 시작하는 바로 그때부터 치료를 쉬게 될 때마다 내담자의 반응을 논의하면서 종결 심리를 작업한다. 내담자 반응의 특징은 장애의 심각성 면에서 내담자가 위치 하고 있는 곳의 지표를 항상 제공한다. 일반적으로 분리에 대한 정상적이고 병리적 인 수준의 반응을 기술할 수 있는데, 이것은 내담자의 내적 세계가 분열되거나 통합 된 정도를 반영한다.

1) 이론적 맥락: 정상적이고 병리적인 분리

한 사람이 의미 있는 관계로부터 분리한다면 정상적인 반응은 상실을 느끼는 것 이고, 분리가 더 결정적일수록 상실 경험은 더 심각할 것이다. 정상적인 반응은 애 도 반응이다. 그 원형은 사랑했던 누군가에 대한 애도이다. 애도에서 의식적으로 무의식적으로 일어나는 것은 정신분석 이론에서 탐색되어 왔다. 『애도와 멜랑콜리 아』에서 Freud(1917/1958)는 정상적 애도와 병리적 애도 간 차이를 기술하였는데, 정상적 애도는 대상 상실과 관련된 죄책감 없이 일정 기간의 슬픔과 정상적 우울이 있다고 결론지었다. 만약 누군가가 죽으면, 우리는 슬프고, 그리하여 우리는 상실한 대상의 내사 과정, 우리 자신의 마음 안에 있는 사람의 재구성을 경험한다. 이러한 재구성은 우리가 잃어버린 사랑했던 모든 것에 대해 일어나고, 그리고 미묘하게 어 느 정도 상실한 사람이 되거나 상실한 사람의 특성을 넘겨받는다. 이러한 과정은 동시에, 상실한 사람과는 대조적으로 살아 있다는, '여기에' 존재한다는 건강한 자기애적 만족과 함께 진행된다. 대상 상실에 대한 내사와 자신이 살아 있다는 자기애적 만족의 결합은 점차 애도 과정의 훈습을 허용하고, 일반적으로 6개월에서 1년이 지나면 끝이 난다.

대조적으로 병리적 애도에서는 우울이 매우 심하고, 더 오래 지속되며, 죄책감이 수반된다. 이러한 죄책감은 상실한 사람을 향한 무의식적 죄책감과 양가감정과 관련된 것으로 여겨진다. 이것은 상실 이전에 (아마도 무의식적으로) 이미 경험했던 대상을 향한 공격성과 관련된다. 이제 상실한 대상과 동일시하고 내재화하려는 과정의 일부로, 이전에 대상을 향했던 공격성이 자기 내부로 향한다. 이것은 상실한 사람과의 정상적 애도와 건강한 동일시를 방해한다. 이제 자기의 일부인 내재화된 대상에 대한 공격은 살아 있다는 정상적인 자기애적 만족을 방해하고 끝없는 고통인 지속적인 우울을 야기한다.

Klein(1948)은 경계선 내담자의 치료, 분리 불안의 이해, 그리고 치료 종결 시에 정상적이고 병리적인 애도 반응과 관련된 점에서 Freud의 이론을 수정하였다. Klein은 정상적 애도에서 대상에 대한 원래의 이상화된 관계와 박해적인 관계의 분열을 넘어설 수 있는 매우 초기 발달 단계의 반복이 있다고 주장하였는데, 이것은 대상에 대해 좋기만 하고 나쁘기만 한 표상의 통합과 자기에 대해 좋기만 하고 나쁘기만 한 표상의 통합과 함께 이루어진다. 물론 이것은 우리가 치료에서 보기를 희망하는 궤도이다. 분열이라는 원시적 방어기제와 이와 관련된 기제들은 통합으로 극복되는데, 이것은 한 사람이 좋기만 하거나 나쁘기만 한 것이 아니라 좋고 나쁜 경험과 특성이 섞여 있다는 인식을 초래한다. 이렇게 자기에 대한 복잡한 특성의 인식은 의미 있는 대상(예, 양육자)이 유사하게 복합적이라는 자각을 가져온다. 이러한 자각과 함께, 다른 사람이 공격한다고 느꼈기 때문에 때때로 표출했던 공격성이 항상 나쁘기만 한 대상이 아니라 좋은 것과 나쁜 것이 섞인 대상으로 향했다는 것을 인식한다. 충분히 정당한 것처럼 보였지만 이제는 의문시되는 공격성에 죄책감이 뒤따른다. 투사적 기제가 이 시점에서 감소하는데, 모든 공격성을 바깥으로 투사하지 않고 자신의 몫을 인식한다. 이 시점에서 죄책감 역량이 정상적인 정동으로 발달하는데, 이것은 이상화되고 '순수한' 자기와 이상화된 대상의 상실을 포함하는 좋은 것과 나쁜 것이 통합된 결과이다. 자신의 공격성에 대한 관계가 투사에서 수용과 인식으로 변할 때, 요구와 금지를 향한 태도에서 변화가 있다. 이전에 대상에게만 속한 것으로 그리고 바깥에서의 공격으로 경험했던 것이 이제 충족되어야 할 자기 안에서의 내재화된 요구로 경험된다. 이런 식으로 초자아의 첫 원시적인 층(내재화된 요구와 금지)이 수립되고, 원시적인 초자아의 형태로 대상의 요구적 측면을 내재화하는 것은 이러한 죄책감의 원천이다(Jacobson, 1964). Klein에 의하면, Freud가 말했듯이 죄책감이 내재화된 대상을 향하지 않고 다시 자기를 향하는데, 이것은 자기가 대상에 대해 공격적이었다고 인식되기 때문이다. 이 대상은 때로 나쁘기만 하다고 지각되었는데, 실제로는 섞여 있었고, 박해적이기보다는 좀 더 호의적이었을 가능성이 있다.

이와 동시에 좋기만 하거나 나쁘기만 하지는 않고, 통합되었고 양가적이지만 현실적으로 사랑하는 내적 대상의 공고화(consolidation)가 있다. 이것은 일반적으로 사랑이 분노나 공격성보다 더 강하다는 양가감정과 함께, 충분히 좋고 좀 더 현실적인 타인의 안정된 내재화에 상응한다. 그러므로 이러한 대상은 두려움, 거부, 혹은 공격 없이 내적으로 수용되고 통합될 수 있다. 이렇게 안정된 내적 대상으로 외부 대상을 수용하는 것은 안정감을 제공하는 내적 대상표상 세계를 수립하고, 자기에게 내적인 안전감과 안정감을 수립한다. 이와 동시에 상상했던 이상적 대상을 포기하고 양가적이고 공격적인 정동을 수용하는 이러한 우울 포지션에서, 대상은 여전히 존재하고, 바깥에 살아 있으며, 상실되지 않고, 다른 방식으로 지각된다.

양가감정을 수반하는 죄책감은 타인과의 관계를 복구하려는 소망과 좋은 일을 하려는 소망으로 이끈다. 이것은 Klein(1948)이 복구(reparation)라고 부른 것으로, 그녀는 이것을 일반적인 승화 경향의 원천으로 보았다. 감사의 느낌이 이 시점에서 우세해진다. 내담자는 외부 대상과 좋은 관계를 수립하기를 간절히 바란다.

Klein(1948)에 의하면, 병리적 애도는 실제 상실에 대한 병리적 반응 특성일 뿐만 아니라 우울증 형태의 역동을 구성한다. 상실한 대상에 대한 공격성이 너무 강하기 때문에 초자아 표상으로 상실한 대상을 내재화하는 것은 가학적인 질적 특성을 가지며, 자신에 대한 가학적 공격으로 이끌 수 있다. 달리 말하자면, 병리적 죄책감은 환상적이고 특별한 특징을 획득한다. 병리적 애도 과정으로 고통받는 개인은 그가 세상에서 가장 나쁜 죄인이라고 느끼고, 어쩌면 망상적인 극단에 이를 수도 있다. 초자아의 잔인함, 완벽에 대한 요구, 그리고 개인의 자연적 충동에 대한 증오가 있다. 공격은 좋은 양육 대상을 파괴하였다는 느낌을 수반하고, 그리하여 파괴된 것은 자기에 대한 좋은 느낌일 뿐만 아니라 좋은 내적 대상에 대한 감각이다. 이것은 마치 모든 것을 잃어버린 것처럼 보인다. 좋은 대상이 외적, 내적으로 상실되었고, 자신의 공격성에 대한 희생물이 되었다. Amy가 치료자에게 "저는 선생님이 어디를 갈 때마다 끔찍했어요. 선생님이 탄 비행기가 이륙하자마자 폭파되는 것을 상상했어요."라고 언급했을 때 그녀는 공허감을 느꼈는데, 외부 대상뿐만 아니라 내부 대상이 환상에서 파괴되었다. 분리가 내재화보다는 공허와 연합되었다는 점에서 이것은 강렬한 분리 불안을 포함한다.

병리적 애도에서 내적 공허감과 상실감은 죄책감을 강화하며, 외부 대상의 상실에 더하여 내부 대상의 파괴 때문에 죄책감의 악순환이 있고, 결과적으로 자기에 대한 공격이 더욱 일어난다. 절망감, 죄책감, 공허감, 적막함에 대한 이차적 방어로 분열, 투사적 동일시, 전능 통제의 원시적 방어기제와 자기의 전반적인 와해가 우세한 편집-분열 포지션으로 퇴행할 수 있다. 이러한 상태에서 죄책감에 대한 경조증적 방어가 생길 수 있는데, 과장된 질적 특성의 승리감, 경멸, 이상화된 상실 대상에 대한 방어적 동일시, 전능감, 그리고 어떠한 애도나 욕구도 부인하는 것과 함께이다. 많은 관계에 대해 일종의 강박적 관여가 생기는데, 다른 사람과 진정한 관여가 없는 현실과의 경조증적 관계이다. 그러므로 Klein(1948)에 의하면 우울증과 경조증은 병리적 애도의 극단적 현시이다.

2) 치료 종결: 정상, 신경증 그리고 경계선 인성조직

장기 치료가 만족스럽게 끝날 때, 보통 사람들은 슬픔, 상실감, 애도를 경험하지만, 동시에 자유로움과 안녕감을 경험할 수 있다. 이 행동 양식은 Freud(1917/1958)

가 정상적 애도에 대해 기술한 것과 매우 유사하다. 개인은 과도하지 않은 슬픔을 느끼고, 이제 치료자 없이 계속 갈 수 있다는 느낌뿐만 아니라 치료자로부터 받은 것에 대해 감사함을 느낀다.

과도한 초자아 압력과 과도한 죄책감이 있는 신경증 인성조직 내담자 사례에서, 애도는 더 강렬하다. 이들은 강렬한 슬픔과 치료자의 이상화, 모든 사랑과 받았던 모든 것이 가치가 없다는 느낌, 놓을 수 없는 관계에 매달리는 경향을 경험한다. 이 사람들은 Klein(1948)이 기술한 병리적 애도 반응의 경미한 형태를 보인다.

경계선 인성조직 내담자의 경우, 심지어 (치료자가 질병, 휴가 혹은 휴일에 부재한 것을 포함하는) 잠깐의 분리도 일반적으로 심한 분리 불안을 일으킨다. 슬픔 대신에, 강렬한 불안과 유기에 대한 두려움이 경험된다. 이 내담자들은 편집–분열 포지션으로 퇴행한다. 정상적인 양가감정을 감내하지 못하기 때문에, 이들은 양질의 내적 이미지를 유지하는 데 문제가 있다. 슬픔이 두드러지지 않은데, 이 내담자들은 실망스러운 대상의 긍정적 이미지를 유지하게 해 주는 우울 포지션으로의 통합을 이루지 못했기 때문이다. 분리 불안은 내담자에 의해 즉각적으로 치료자로부터 좌절한 결과로 해석되는데, 이것은 가 버린 대상으로부터의 공격을 나타내고, 대상은 가 버림으로써 박해적인 대상이 된다. 공격자–희생자 이자관계가 변할 수 있지만, 떠나간 것에 대해 내담자가 치료자를 맹렬히 공격하는 경우에 의식적이거나 무의식적인 경험은 치료자에 의해 공격당하는 것이며, 공격은 나쁜 대상을 향한 반응적인 격노를 일으킨다. 이러한 격노는 외부 대상뿐만 아니라 그것의 내적 표상을 향해 있다. 치료자의 좋은 이미지는 복수심으로 파괴되고, 내담자에게는 유지할 아무것도 남지 않는데, 이것은 치료 초기에 분리에 수반하는 절박한 상실감과 공허감을 설명한다. 내담자는 공격받았다고 느끼고, 격노하며, 또한 치료자를 완전히 상실한 것처럼 내적으로 공허함을 느낀다. 공허감은 치료자가 복수하는 것에 대한 두려움을 수반하는데, 이것은 치료자에 대한 격노 때문이다. 이러한 두려움은 또한 상실감을 증가시킨다. 내담자는 부당한 대우를 받는 환상, 부당한 대우를 받은 것에 대해 격노하는 두려움을 느끼고, 좀 더 극단적인 상태에서 정서적 경험의 파편화가 생겨날 수 있으며, 일종의 분열적 공허감과 무관심으로 이어질 수 있다.

더욱 심각한 것은 치료자의 부재에 대한 자기애성 인성 내담자의 반응이다. 이런 내담자의 경우, 병리적 거대자기와 의존에 대한 방어는 치료자에 대한 즉각적이고 자기 보호적인 평가절하로 나타난다. 이것은 이전에 언급한 상실에 대한 경조증적 반응의 성격적 파생물과 유사하다. 치료자에 대한 즉각적인 평가절하는 내담자가 완벽하게 괜찮다고 느끼거나, 아무 느낌도 없거나, 어쨌든 치료자가 전혀 필요하지 않다는 느낌으로 나타날 수 있다. 이런 경우 내담자는 치료자가 부재하는 동안에 치료자를 광에 가두어 둔 것처럼 나온다. 치료가 다시 시작할 때 내담자는 광을 열고 치료자를 나오게 한다. 한 달 동안 치료자가 없었던 것에 대한 반응을 보이지 않았던 한 내담자는 다시 치료를 시작하는 첫날에, "지난 회기에서 제가 말했던 것을 계속하는 것…."이라고 말하였다. 다른 자기애적 내담자는, "저는 제 친구들이 그들의 치료자를 그리워했다고 들었습니다. 저는 선생님이 전혀 그립지 않았습니다. 선생님은 멋진 사람이지만, 선생님이 내일 죽더라도, 저는 이 모든 시간을 잃어버린 것에 대해 그리고 새로운 치료자를 찾아야 한다는 것에 대해 화가 나겠지만, 특별히 다른 것을 느끼지는 않을 것입니다."라고 말하였다.

3) 기법적 함의

(1) 치료 동안의 분리의 분석

한 내담자가 분리에 대해 병리적 반응들을 보일 때, 치료자는 그것들을 탐색하고 분석할 필요가 있다. 치료 전체에 걸쳐 그렇게 하는 것은 내담자가 치료의 종결을 준비하도록 돕는다. 치료자는 내담자의 우울, 불안, 격노, 혹은 무관심의 감정에 기저하는 무의식적 대상관계의 측면에서, 주로 분리에 대해 내담자가 보이는 모든 반응을 분석할 필요가 있다. 경계선 내담자의 경우에 분리 불안을 분석해 보면, 종종 내담자의 환상에서는 분리가 실제로 치료자로부터의 공격이고 치료자 편에서의 무관심과 무책임의 표시라는 것을 드러낸다. 분노를 치료자에게 투사하는 것은 내담자가 버려졌다는 느낌, 치료자는 자신의 욕구를 계속 만족시키는 반면에 무기력한 내담자는 뒤에 남겨두고 자신의 안녕에만 관심이 있다는 느낌과 필적한다. 내담자는 치료자에게 은밀한 미움을 느낄 수 있고, 치료자의 휴가를 망치고 싶은 무의식적 소망을 가질 수 있으며, 내담자를 혼자 남겨 둔 것에 대해 온갖 수단으로 치료자가 죄책감을 느끼기를 원할 수 있다. 어떠한 분리도 그것이 공격으로 경험되기 때문에 무의식적 분노가 생기고, (깊은 내적 공허감으로 이어지는) 좋은 치료자의 이미지에 대한 무의식적 파괴가 일어나는데, 이것은 치료과정에서 탐색되고 훈습될 필요가 있다. 이 작업은 치료자의 나쁜 의도에 대한 내담자의 의심, 치료자의 좋은 삶에 대한 분개와 시기심 및 그것을 파괴하려는 소망, 그리고 치료자 안의 좋은 이미지가 내담자 자신의 미움 반응으로 파괴되었다는 느낌에 대해 탐색하는 것을 포함한다.

분리에 대한 신경증적 우울 반응(전이초점 심리치료의 종결 즈음에, 이상적으로 내담자는 이 수준이거나 더 높은 수준일 것이다.)의 경우에, 치료자가 떠나가는 것에 대한 슬픔은 분리로 인한 상실에 기여하는 내담자의 무의식적 죄책감의 측면에서 탐색될 필요가 있다. 치료자는 더 이상 무관심하고 거부적이라고 보이지는 않고, 관심이 있고 돕는 것에 전념하는 것으로 보인다. 내담자의 죄책감은 자신의 욕구와 요구 강도가 치료자의 도움 역량을 압도하였고 치료자를 소진시켰다는 생각에 뿌리를 둘 수 있다. 내담자는 자신의 욕구가 치료자의 도움을 받을 만한 가치가 없게 만들었다고 느낄 수 있다. 어떠한 분리의 맥락에서도 치료자는 우울적 불안을 분석해야 하는데, 이것은 치료를 종결할 때 더 집중적으로 일반적으로 보이는 것과 매우 유사할 수 있다. 우울 뒤의 환상은 내담자가 너무 요구적이고 좋은 치료자에게 치료받을 가치가 없다는 것이다. 때로 이렇게 우울 포지션의 현시와 치료자의 이상화와 자기의 평가절하의 형태로 이상화와 평가절하를 하는 편집－분열 포지션으로의 부분적인 퇴행 간 이동이 있다. 치료를 종결할 때, 죄책감은 내담자로 하여금 자신이 자율성과 건강을 누릴 만한 가치가 없다고 느끼게 할 수 있다. 이것은 내담자의 요구가 치료자를 소진시켰기 때문에 치료자가 치료를 그만두려고 했을 것이라는 환상과 연결된다. 내담자의 마음 안에서, 치료자는 그렇게 많이 빼앗아 가는 내담자로부터 마땅히 휴식을 취할 만하다. 극단적인 형태로, 치료를 종결할 때 성장한다는 것(독립적이 되는 것)은 내담자가 치료자를 고갈시키는 한에서 치료자의 죽음을 의미한다고 느낄 수 있다.

(2) 치료를 종결할 때 분리의 분석

많은 내담자는 편집적 불안과 우울적 불안이 섞여 있고, 일반적인 규칙은 치료자가 우울적 반응 이전에 편집적 반응을 해석해야 한다는 것이다. 우울적 불안을 먼저 해석하면, 편집적 반응이 지하에 숨어 버린다. 대조적으로 치료자가 우선 편집적 반응을 체계적으로 분석하면, 우울적 반응이 강화되고(상실한 대상이 좀 더 현실적으로 보이게 되고 그리하여 더욱 소중해지면서), 더욱 명백해지면서 탐색될 수 있다. 그러므로 모든 분리에서 치료자는, 내담자의 궁핍, 나쁨, 혹은 공격성을 치료자가 감당할 수 없기 때문에 내담자에 의해 소진되었거나 손상되어서 치료자가 분리되었다는 환상을 다루기 이전에, 무관심, 탐욕, 냉담함, 혹은 내담자의 은밀한 경시 때문에 치료자가 떠나간다는 내담자의 환상을 분석하는 것이 매우 중요하다.

4) 종결의 현실

치료자는 모든 사례에서 내담자에게 치료자에 대한 양가감정을 감내하도록 돕고, 이러한 양가감정의 감내를 경계선 내담자의 전형적인 서로 분열된 대상관계의 분석과 연결하는 것이 중요하다. 애도 과정을 감내하고, 그것을 없애거나 회피하려고 하기보다는 그 발달을 허용하는 것이 중요하다. 이것을 피할 수 없고 필수적이라는 것을 깨닫는 것이 중요하다. 내담자가 분리에 익숙해지게 하려고 치료 시간의 빈도를 점차 줄이는 것은 바람직한 기법이 아니다. 대신에 이상적인 기법은, 종결할 때까지 동일한 치료 강도를 유지하는 것이고, 치료가 끝난 후에 내담자는 일정 기간의 애도를 거쳐야 할 것이라는 이해와 함께, 치료가 끝날 때까지 가능한 한 분리 불안과 애도를 훈습하는 것이다. 치료가 끝나기 전에 치료자가 분리 불안과 애도 반응을 더욱 강하게 분석할수록, 치료가 끝난 후에 내담자는 이런 반응들을 혼자 계속해서 훈습하는 것을 더 잘할 수 있을 것이다. 애도 반응이 성장 경험이라는 것을 기억하는 것이 중요하다. 그들은 성장하고, 집을 떠나며, 대학에 가는 경험을 되풀이하고, 모든 사람이 이러한 경험을 할 가능성이 있다. 종결의 현실을 인식하는 것은 중요하지만, 종종 내담자는 어떤 시점에 되돌아올 가능성에 대해서 질문한다. 이런 질문을 받을 때, 우리는 이후에도 상담이 가용하고, 상황이 요구한다면 치료과정을 재개하는 게 가능하다고 대답한다.

5) 치료자 역전이

치료자의 역전이는 종종 종결 동안에 내담자 전이의 지배적 특성을 알 수 있는 좋은 지표이다. 분리나 종결에 대한 편집적 반응이 지배적이면, 역전이는 내담자에 대한 편집적 반응일 수 있다. 치료를 끝내는 것이 내담자가 치료에서 도망가고, 치료를 평가절하거나, 얼마나 문제가 심각한지를 부인하는 것을 의미하는 것으로 치료자가 느낄 수 있고, 치료를 끝냄으로써 내담자가 치료자를 공격한다고 느낄 수 있다. 전이에서 우울이 지배적일 때에는 역전이 또한 우울이 지배적일 수 있고, 치료자는 내담자에게 도움이 되지 않았다고 느낄 수 있으며, 내담자가 치료자로부터 받은 것보다 더 나은 것을 받을 만한 가치가 있고, 치료자가 사실은 내담자를 포기하고 있으며, 치료자가 내담자를 좀 더 사랑했어야만 했고, 좀 더 일찍 더 잘 이해했어야만 했으며, 아니면 내담자가 실망할 권리가 있다고 느낄 수 있다.

내담자 입장에서 치료에 대한 자기애적 평가절하가 있는 경우에, 치료자는 자신의 역전이에서 내담자를 희망이 없거나 불가능하다고 간주하면서 자기애적 방어를 경험할 수 있다. 간단히 말하면 내담자에 대한 내적 평가절하가 발달하는데, 내담자의 내적 세계에 대한 치료자의 이해가 거론되어야 한다.

6) 치료 종결의 시점

한 가지 중요한 고려는 언제 종결을 하는가이다. 이상적으로 종결은 만족스러운 증상 해소뿐만 아니라 이전에 투사된 자기 부분을 통합하는 형태로 구조적인 심리적 변화가 일어날 때 하는데, 이것은 일, 사랑, 여가와 창의적인 추구 측면에서 달성된 치료 목표와 삶의 목표와 함께 의미 있는 인성변화에 반영된다. 실제적으로 치료자는 적절한 치료 목표가 달성되었는지에 대해 지속적으로 평가해야 한다.

교착 상태일 가능성이 있는 경우, 내담자가 최대한의 이득에 도달했는지 혹은 해결되어야 할 교착 상태인지를 치료자가 결정할 수 없을 때, 전이와 역전이의 조심스러운 평가로 대답을 얻을 수 있을 것이다. 오랜 교착 상태는 치료를 끝내는 것에 관한 즉각적인 결정을 내리기보다 자문을 받는 이유가 된다. 일반적으로 이차적 이득이 충분히 분석되지 않은 경우에, 혹은 치료가 생활을 대체하는 경향이 있는 경우에, 치료를 끝내는 것에 대한 상당한 저항이 내담자에 의해 생겨날 수 있다. 이러한 경우들에서 이차적 이득에 대한 분석이나 삶을 대체하는 치료에 대한 분석은 치료 작업의 중심이 되고, 치료를 적절하게 끝내는 것을 준비하는 부분이 된다.

실제적인 목적에서 치료 종결에 앞서 준비를 하고, 예측 가능하게 하며, 내담자에게 치료에서 어디쯤 위치해 있는지에 대한 정보를 제공하는 것은 항상 중요하다. 어떠한 장기 심리치료에서도 종결의 결정은 종결 전 적어도 3개월에 이루어져야 하고, 이상적으로는 내담자와 치료자가 함께 결정을 한다. 또한 심리치료 관계에서 (예, 훈련 프로그램 세팅에서) 1년이나 그 이상 치료자를 만난 이후에 내담자가 의뢰되는 경우에도 동일한 시간이 요구된다. 수년간 지속된 치료에서는, 6개월의 종결 기간이 바람직하다. 언제 치료를 끝낼 것인지를 결정하는 것에 대한 내담자의 반응을 관찰하는 것은 치료자에게 중요하다.

핵심적 임상 개념

- 통합은 선형적 과정이 아니라, 통합을 향한 움직임이 있는 단계적 과정인데, 이것은 좀 더 익숙한 분열과 투사의 포지션으로 일시적인 후퇴를 보이는 주기적 퇴행으로 방해받는다.
- 종결 주제는 치료과정에서 분리 경험으로 미리 나타난다.
- 종결 단계는 편집적 주제나 우울적 주제의 혼합이 특징일 수 있다. 우울적 주제를 다루기 이전에 편집적 주제를 다루는 것이 중요하다.
- 종결로 달성된 심리적 통합은 내담자에게 내적 반응을 평가하고 그것을 넓은 맥락에 포함시키는 것을 허용한다.

추천 도서

Freud S: Mourning and melancholia (1915/1917), in The Standard Edition of the Complete Psychological Works of Sigmund Freud, Vol 14. Translated and edited by Strachey J. London, Hogarth Press, 1957, pp 237–258.

Klein M: Mourning and its relation to manic-depressive states, in Contributions to Psychoanalysis. London, Hogarth Press, 1948, pp 311–338.

11장

전이초점 심리치료에서 변화의 궤도

　인성 기능의 긍정적 변화는 시간이 지나면서 일어나는 과정이다. 관계에서 실질적 어려움과 함께, 심한 인성장애가 있는 사람은 치료자에 대한 신뢰를 점진적으로 키워 갈 시간과, 자신의 상호작용 패턴을 살펴보는 과정과 자신의 일상생활에서 정동 조절과 맥락화(contextualization)를 사용하는 과정을 시작할 시간이 필요하다. 단기 치료는 이런 과제에 적합하지 않다. Linehan(1993)과 경계선 인성장애(BPD)의 치료에 대한 그녀의 획기적인 연구 덕분에, 오늘날에는 경계선 인성장애 내담자에게는 장기 치료가 필요하다는 것이 받아들여지고 있다.

　우리는 시간 흐름에 따라 그리고 여러 가지 역기능 영역과의 관계에서 이런 변화 과정이 진행되면서 나타나는 임상적 패턴과 경험적 패턴 모두를 확인하였다. 이런 변화 패턴은 전이초점 심리치료를 사용하는 치료자에게 중요한데, 그것은 이런 패턴이 치료자에게 개별 내담자의 진전 혹은 진전의 부족을 알려 주기 때문이다. 일반적으로 자기파괴적 행동에 대한 통제는 강화되어야 하는데, 그것은 내담자가 자신의 정서적 반응과 대인관계 행동을 이끄는 지배적 자기표상과 타인표상을 성찰할 수 있는 맥락을 제공하기 위해서이다. 전이초점 심리치료자와 내담자 사이의 상호작용은 이런 강력한 정동중심(affect-driven)의 내재화된 표상을 살펴볼 기회를 제공하는데, 이것은 그 발달에 시간이 필요한 치유과정이다. 이런 발달과정에서, 긍정적 및 부정적 정동 상태의 점진적 통합은, 해당하는 이자적 대상관계 맥락에서, 이런 치유과정의 기초가 된다.

8~10장에서, 우리는 전이초점 심리치료의 초기, 중기, 후기에서 나타나는 전형적 이슈들을 기술하였다. 시간의 흐름에 따른 인성변화라는 목표와, 경계선 내담자들이 서로 다른 발달 수준에서 치료를 시작한다는 사실을 함께 고려하면, 치료에서 변화된 영역과 비율은 개별 내담자에 따라 매우 달라진다는 점이 명확해진다.

우리가 동료들과 함께하고 있는 연구와 임상작업에서 한 가지 주요 주제는 경계선 내담자의 다양성(Lenzenweger, 2010)과, 개별 내담자의 적응에 포함된 심리적 및 신경생물학적 과정의 다양성이다. 이 책 전체를 통해, 우리는 경계선 인성조직(BPO)이란 개념을 사용하는데, 이 개념은 대상관계 이론에 기초하고 있다. 경계선 인성장애의 정의는 DSM-III(American Psychiatric Association, 1987)에서 처음 제시되었고, DSM의 후속판에서 더 정교화되었다. 경계선 인성조직으로 진단받은 내담자와 경계선 인성장애(BPD)로 진단받은 내담자는 어떤 측면에서는 유사하지만, 다른 측면에서는 매우 다를 수 있다. 내담자 간의 이런 다양성은 각 내담자의 변화궤도가 독특할 것이라는 점을 확실하게 해 준다.

수많은 요인이 전이초점 심리치료에서 내담자 변화의 다양성에 기여한다. 1) 경계선 내담자의 경험적으로 확인된 하위집단들, 2) 서로 다른 발달지점과 적응수준에서 치료를 시작하는 내담자들(이것은 높은 그리고 낮은 경계선 조직 수준이라는 우리의 개념에서 부분적으로 포착된다), 3) 전이초점 심리치료 과정에서 나타나는 전이패턴의 진전, 4) 내담자 애착유형과, 자기 및 치료자와의 관계에서 이런 유형의 진전, 5) 시간이 흐르면서 개별 내담자와 관계하는 치료자를 포함하는 변화 패턴. 이들 다섯 가지 요인은 각각 고려할 가치가 있지만, 서로 완전히 독립적이지는 않다. 사실 중복 영역은 특히 중요할 수 있다. 뒷부분의 '5. 경험적으로 도출된 변화의 궤도'에서 기술되었듯이, 치료에서 변화에 대한 경험적으로 도출된 예측요인의 하나는 정체성 혼미 수준, 즉 경계선 인성조직의 높은 수준과 낮은 수준을 확인하는 데에 중심이 되는 구성개념이다.

1. 경험적으로 도출된 경계선 내담자의 하위유형

경계선 인성장애 진단기준의 요인분석을 통해 개인들 간에 두드러진 차원을 확인할 수는 있지만, 그것이 이런 내담자들의 임상적으로 적절한 하위집단을 확인하는 가장 효과적인 통계적 접근은 아니다. 동료들(Lenzenweger et al., 2008)과 함께, 우리는 **한정 혼합 모델링**(finite mixture modeling)이라는 진전된 통계방법과 결합된 모델 기반 분류체계(2장 '전이초점 심리치료의 개발을 위한 경험적 임상연구 과정'에 기술됨)를 사용하여 경계선 인성장애 내담자들의 다양성을 연구하였다. 우리는 인성병리의 대상관계 모델에 명시되어 있는 공격성, 편집증, 반사회적 특성의 차원을 사용하였다. 이 모델에서는 높은 수준과 낮은 수준의 경계선 인성조직을 정의하여 내담자들의 하위집단을 통계적으로 산출한다. 전체 경계선 인성장애 범주 속에서는 경계선 내담자들이 세 가지 표현형(phenotypical) 집단으로 구분되는 것이 확인되었다. 집단 1은 비교적 낮은 수준의 편집적, 반사회적, 공격적 특징을 보이는 사람들을 포함하였다. 집단 2는 더 높은 수준의 편집적 특징과 비교적 낮은 수준의 반사회적 및 공격적 특징을 가진 사람들로 구성되었다. 이들은 집단 3의 개인들처럼 공격성을 직접적으로 표현하는 대신, 공격성을 투사한다. 마지막으로 집단 3의 개인들은 더 높은 수준의 반사회적 및 공격적 특징과 비교적 낮은 편집증을 보인다. 이들 세 집단은 심각성에서뿐만 아니라, 편집적, 반사회적, 공격적 특징과의 관계에서도 차이가 있다는 점을 주목하는 것이 중요하다. 이런 결과는 대상관계 모델과 매우 일치하며, 공격성이 방어되고 표현되는 방식(예, 내적으로 경험되거나 외적으로 표현되는)을 반영하는 것으로 해석할 수 있다.

우리는 또한 세 집단에서 가설로 세웠던 구성원들의 관련 특징들을 살펴보았으며, 가설을 지지하는 증거를 발견하였다. (공격성, 반사회적 측면, 편집증에서 비교적 낮은) 집단 1의 사람들은 부정적 정서와 아동기 신체적 학대가 더 적었으며, 사회적 및 직업적 기능은 더 나은 점이 특징이었다. 편집적 집단인 집단 2는 사회적 친밀감을 덜 경험하였고, 아동기 성적 학대의 보고비율이 더 높았다. 상대적으로 공격성과 반사회성이 높은 집단 3은 외적 공격성, 높은 충동성, 높은 정체성 혼미와 함께, 행동제약의 붕괴를 보였다. 이런 결과는 반복해서 검증되었는데(Hallquist & Pilkonis, 2012; Yun et al., 2013), 이것은 이들 하위유형이 기저의 중간표현형(endophenotype)과 유전자형(genotype)을 이해하기 위한 추가적 노력을 이끄는 데에 중요할 수 있음을 시사한다.

1) 치료적 함의

경계선 내담자들 사이의 중요한 차이에 대한 이런 결과의 즉각적인 함의는 개입하기 전에 내담자를 신중하고 상세하게 평가할 필요성인데, 그것은 변화 과정과 치료 예후에서 가능한 차이에 주의를 기울이기 위한 것이다. 집단 1은 처음에는 더 우울하게 나타날 수 있다. 집단 2는 치료관계에서 발달하는 애착 맥락에서 더 많은 불안을 보일 수 있으며, 이런 불안으로 인해 치료에서 더 쉽게 공격적으로 반응하거나 중단될 수 있다. 치료자는 이런 유형의 불안이 나타날 가능성과 그것을 감각 있게 다루고 해석할 필요성에 주의를 기울여야 한다. 집단 3은 여러 가지 혼란스러운 행동, 공격성, 타인에 대한 불신 등으로 가장 장애가 심한 집단이다. 이들은 낮은 수준의 경계선 인성조직의 기준에 부합되는 내담자들이다. 따라서 계약단계에서 더 많은 주의가 필요하다.

2. 치료 시작 시 내담자의 적응

경계선 조직 수준에서 내담자들의 다양성은 대상관계의 장애분류와 4장 '진단 평가 단계'에서 기술되었다. 첫 임상적 평가는 치료자에게 치료 시작 시 내담자가 어떤 적응 범위에 있는지에 관한 정보를 제공한다.

1) 높은 수준과 낮은 수준의 경계선 인성조직

우리는 몇 가지 내담자 다양성을 명료화하기 위해 높은 수준과 낮은 수준의 경계선 조직이라는 개념을 사용한다. 높은 수준의 경계선 인성조직 내담자는 어떤 내적인 도덕적 안내 체계를 갖고서, 그리고 관계들에서 갈등은 있지만 자신을 압도하는 공격성과 공격성의 투사 없이 치료를 시작한다. 이들은 갈등적일지라도 타인들과의 관계에 관여하며, 어떤 일에 관여하는 경향이 있다. 8~10장에서, 우리는 전형적인 높은 수준의 경계선 내담자가 전이초점 심리치료에서 보이는 변화의 궤도를 보여 주기 위해 Betty의 사례를 제시하였다. 치료를 시작할 무렵 Betty는 자신의 대가족 구성원들에게 화나 있고 이들과 갈등관계에 있었다. 그녀는 몇 개월 동안 일을 하지 않고 놀고 있었지만, 치료계약에서 일의 주제를 논의하고 난 다음 주에 중요한 반나절 자원봉사 일을 시작하였다. 치료과정에서 비교적 빠르게 리비도적 갈망이 드러났는데, 그것은 바로 그녀의 표면적인 화와 편집적 표현의 바로 밑에 있었다. 회기들에서 종종 강렬한 정동이 나타나긴 했지만, 그녀는 결코 중단 위협을 보이지는 않았다. 수년에 걸쳐 그녀는 대학원 교육을 마쳤으며, 안정된 관계 속에 정착하였으며, 친구와 문화적 관심의 범위를 확장하였다.

그에 반해서, 낮은 수준의 경계선 조직의 내담자는 도덕적 기능에서 결함이 있고, 타인과의 관계와 타인의 공격성 지각에서 더 높은 수준의 공격성을 보인다. 8~10장에서 우리는 전형적인 낮은 수준의 경계선 내담자를 보여 주기 위해 Amy 사례를 제시하였다. Amy의 심각한 자기파괴적 행동으로 나타난 처음의 공격성 수준은 초기 개입의 집중적 초점이었다(8장 '치료 초기'). 그녀가 자신의 공격성을 알아차리고, 인정하고, 더 적절히 감내할 수 있게 됨에 따라, 그녀는 더 높은 수준의(즉, 더 이상 경계선 수준의 조직이 아닌) 적응으로 이동하고, 아이를 갖고, 대학에 들어갔다(9장 '치료 중기').

2) 치료 전 증상과 기능적 결함의 정도

4장에서 기술하였듯이, 경계선 내담자들은 치료 시작 전에 서로 다른 적응 및 발달 수준을 갖고 있는데, 이것은 높은 수준과 낮은 수준의 경계선 조직의 범주 내에서 그 특징과 정도가 다양할 수 있다. 이러한 다양성은 후속되는 치료의 초점과 과정에 강력한 영향을 준다. 후속 치료에 대한 가장 분명한 영향은 내담자가 현재 보이고 있는 자기파괴적 행동이 상대적으로 두드러지는 정도이다. 이런 행동이 첫 번째 초점이 되는데, 그 범위에는 치명적 자살 시도로부터 상대적으로 치명적이지 않은 긋기까지 포함된다. 다른 행동에는 물질남용과 타인에 대한 신체적 공격이 포함되는데, 종종 친밀관계에서 나타난다. 최근에 자살 시도와 자기파괴적 행동이 없는 내담자들은 행동을 더 잘 통제하고 더 쉽게 자기성찰적 치료에 참여할 수 있다. 그럼에도 불구하고 병리적 거대자기를 중심으로 구조화된 자기애성 인성장애를 갖고 치료를 시작한 내담자는 행동화가 심한 내담자만큼 성찰 역량을 발달시키는 데에 어려움을 겪을 수 있다.

3) 치료적 함의

내담자가 어떤 상태에서 전이초점 심리치료를 시작하는가에 따라 치료적 함의가 달라질 수 있다. 자살 행동, 물질남용, 충동성, 신체적 공격 등 행동 통제가 안 되는 내담자들에게는 적극적인 전이초점 심리치료자에 의한 행동화의 치료적 관리가 필요할 것인데, 치료자는 계약맺기와 한계 설정을 강조하고, 다음에는 행동화를 해석하게 된다. 오직 이런 행동화에 대한 통제를 통해서만 치료는 행동과 기저의 심리구조와의 관련성에 대한 이해로 나아갈 수 있는데, 이 구조는 내담자와 타인 사이의 관계에서 드러난다. 이때 타인에는 치료자도 포함된다.

3. 전이초점 심리치료에서 지배적 전이 주제

9장에서 우리는 전이초점 심리치료의 중기 동안, 경계선 내담자가 보이는 전이 패턴이 편집적 전이 패턴으로부터 우울적 패턴으로 진전될 것으로 기대된다는 것을 강조하였다. 가장 심한 사례들에서는 반사회적 전이가 편집적 전이보다 먼저 나타난다. 자기애성 인성장애의 사례들에서 병리적 거대자기의 내적 구조에 기초한 자기애적 전이가 작업대상이 되어야 하는데, 이것은 경계선 인성장애에서 더 혼란스럽지만 접근 가능한 전형적인 편집적 전이로 나아가기 위해서이다. (자기애적 인성장애의 치료에 대한 더 상세한 설명을 위해서는 D. Diamond, F. E. Yeomans와 B. L. Stern의 『A Clinical Guide for Treating Narcissistic Pathology: A Transference Focused Psychotherapy』[1], 준비 중 참조.)

1) 치료적 함의

우리는 이 치료 매뉴얼을 통해 전이초점 심리치료자는 치료에서 활성화된 지배적 전이 주제를 항상 알아차리고 있다는 점을 분명히 하였다. 치료기법은 내담자가 치료를 시작할 때 반사회적, 자기애적, 편집적 전이가 두드러지게 나타났는지, 그리고 첫째, 더 많은 구조가 있는지, 둘째, 치료자 중심 해석이 많은지, 셋째, 표준 전이초점 심리치료인지의 여부에 따라 어느 정도 달라질 것이다.

4. 애착

대상관계이론과 애착이론은 주목할 만한 유사점을 갖고 있는데(Calabrese et al.,

---

1) [역주] 자기애적 병리의 치료를 위한 임상적 지침: 전이초점 심리치료

2005), 그것은 첫 번째 애착이론가인 Bowlby(1988)가 분명하게 애착이론을 대상관계이론의 한 변형으로 보았기 때문에 놀랄 일이 아니다. 두 입장은 사람이 자신과 타인의 관련성을 상징화하는 방식에 초점을 두었고, 두 이론은 자기, 타인, 관계에 대한 지각이 사람들의 가장 중요하고 영향력 있는 태도라고 가정한다. 두 입장 사이에는 치료적 함의를 가진 중요한 차이들이 있지만(Kernberg et al., 2008), 여기에서 우리는 두 입장이 우리의 이론적 평가와 개념화에 영향을 준 방식에 초점을 둔다.

애착이론의 주요 공헌은 애착의 본질을 신뢰할 수 있게 측정한 것과 우리가 확인할 수 있는 서로 다른 불안정 애착패턴들이 있음을 증명한 것이다. 우리의 임상적 전이초점 심리치료 경험에 의하면, 애착유형이나 마음상태에서의 차이는 치료적 함의를 갖는다. 우리는 2장에서 경계선 인성장애 내담자가 강렬한 부정적 및 긍정적 정동 상태의 결합을 경험하고, 타인에 대해 악의적으로 지각하고, 타인을 믿지 못하고, 고통스러운 거부의 지각에 취약하다는 점에 주목하였다. 그러나 이러한 결합은 단지 한 가지 결과만 유도하지 않으며, 그보다는 의도적 통제 수준, 발달과정에서 양육자와의 개인적이고 독특한 경험과 같은 요인들에 따라 서로 다른 표현적 특징을 보일 수 있다.

경계선 인성장애 내담자는 불안정 애착조직을 갖고 있으며(Fonagy et al., 1996; Levy et al., 2006; Patrick et al., 1994), 성찰기능(reflective functioning) 혹은 자기와 타인의 마음 상태에 대해 생각할 수 있는 능력에서 결함을 보인다(Levy et al., 2006). 이런 특징은 이들 내담자의 치료와 관련되어 있는데, 내담자가 가진 타인에 대한 애착의 내적 작동모델이 치료과정의 많은 중요한 측면에 영향을 주기 때문이다. 이런 측면에는 1) 증상을 보고하는 정도, 2) 치료관계에 참여하고 활용할 수 있는 역량, 3) 치료 동맹의 질, 4) 치료성과가 포함된다.

간단히 말해서, 집착하는 마음 상태인 내담자는 자율적이거나 거부적인 마음상태에 비해 더 높은 수준의 증상을 보고한다. 이러한 보고 스타일은 치료기간에 걸쳐 증상 상태에 대한 내담자의 자기보고에 영향을 줄 수 있을 것이다. 안정된 유형은 미해결된 유형과 거부적 유형에 비해 치료에 더 관여한다(Korfmacher et al., 1997). 경계선 인성장애 내담자는 그들의 애착 상태에서 본래 불안정하며, 이것은 치료에 대한 첫 도전 중의 하나가 된다.

　치료과정은 내담자의 심리적 애착상태에 의해서뿐만 아니라 특정 내담자를 향한 치료자 자신의 심리적 애착상태에 의해서도 영향을 받는다. Dozier 등(1993)은 더 안정된 심리상태의 치료자가 내담자의 관계 방략에 더 적절하게 도전할 수 있음을 발견하였다.

　우리 동료들과 함께, 우리는 애착유형에서 경계선 내담자의 다양성을 연구하였다. 한 가지 방법은 부모 대상과의 관계에 대한 피험자의 내적 표상에 초점을 둔 성인애착면접(AAI; Hesse, 2010; C. George, N. Kaplan, M. Main, '버클리 성인애착면접,' 미발표논문, 캘리포니아대학, Berkeley, 1996)이었고, 다른 방법은 친밀관계에서 또래와의 상호작용을 평가하는 자기보고형 질문지를 활용하였다(Levy et al., 2006). 경계선 내담자들은 예상할 수 있듯이 그들의 애착유형에서 (안정적인 것과는 반대로) 불안정하지만, 불안정 애착을 보이는 개인들 사이에서도 중요한 차이가 있다. **거부형**(dismissing)으로 분류된 사람은 애착관계의 중요성과 영향을 평가절하한다. 관계를 모호하고 비일관적으로 기술하기 때문에 마음의 일관성에서 낮은 수준이다. **집착형**(preoccupied)으로 분류된 사람은 관계 그리고 그와 관련된 감정을 상세하게 기술하지만, 초기 관계를 과도하게 몰두했거나 죄책감을 유발하는 것으로 기술한다. 이들의 기술은 비일관적인 경향이 있으며, 종종 장황하고 혼란스럽다. **미해결/혼란형**(unresolved/disorganized)으로 분류된 내담자는 상실과 학대 경험을 논의할 때 추론이나 이야기에 대한 모니터링에서 착각을 보인다. 내담자의 이야기가 모순적 혹은 양립할 수 없는 애착패턴을 함께 갖고 있거나 애착과 관련해서 어떤 하나의 심리상태가 우세하지 않을 때는 **미분류형**(cannot classify)으로 지정되었다.

　심리적 애착상태, 애착유형, 그리고 이와 관련된 성찰기능 개념을 평가하기 위해 개발된 도구들로 인해, 치료자는 경계선 병리와 전이초점 심리치료에 관련된 많은 질문을 할 수 있다. 이들 도구에 덧붙여, 우리와 동료들은 내담자와 치료자 사이에서 발달하는 애착에 관심을 갖고, 이 주제를 측정하기 위해 내담자-치료자 성인애착면접(Patient-Therapist Adult Attachment Interview: PT-AAI; Diamond, 1999)을 개발하였다. 고려해야 할 중요한 질문들을 다음과 같이 논의하였다.

- 경계선 내담자의 지배적 애착패턴은 무엇인가?
- 경계선 내담자의 심리적 애착상태는 치료의 과정과 성과에 이해를 더해 주는 가? 예를 들면, 집착형과 거부형의 심리적 애착상태는 과정과 성과에서 차이를 보이는가?
- 초기 양육자에 대한 내담자의 심리적 애착상태는 전이초점 심리치료에서 지배적 전이 주제와 관련되어 있는가?
- 초기 양육자에 대한 내담자의 심리적 애착상태는 치료자에 대한 내담자의 심리적 애착상태와 관련되어 있는가?
- 전이초점 심리치료자들은 서로 다른 경계선 인성장애 내담자들에 대해 다양한 심리적 애착상태를 나타내는가?

1) 전이초점 심리치료에서 애착조직과 성찰기능의 변화

전이초점 심리치료, 변증법적 행동치료, 심리역동적 지지치료의 무선화된 임상적 시험 비교에서(Clarkin et al., 2007), 우리와 우리 동료들은(Levy et al., 2006) 추정되는 변화기제로서 애착조직과 성찰기능에서의 변화를 사용하였다. 경계선 인성장애 내담자 56명을 대상으로 세 가지 치료법 중의 하나를 받게 하고 치료 전과 1년간 치료받은 후의 성인애착면접(AAI) 자료를 갖고, 우리는 경계선 인성장애 내담자들의 큰 집단을 대상으로 치료 전 애착상태를 연구할 수 있었고, 1년 치료 후의 애착상태 변화를 살펴볼 수 있었다.

치료 전에 성인애착면접에 기초한 세 가지 유형의 분류도식(안정형, 집착형, 거부형)을 사용하여, 우리는 집착형(50%)과 거부형(45%)에서 거의 동일한 수의 내담자를 발견하였다. 1년간의 심리치료 과정 동안 애착패턴과 성찰기능 모두에서 의미 있는 변화가 있었다. 전이초점 심리치료가 끝날 무렵 안정애착으로 분류된 내담자의 비율은 의미있게 증가하였지만, 다른 두 치료조건의 내담자들에서는 어떤 의미 있는 변화도 나타나지 않았다. 더욱이 전이초점 심리치료 내담자들은 치료 말미에 이야기의 일관성에서 유의미한 증가를 보였다(치료 시작 시 일관성을 통제하였을 때).

이러한 효과는 다른 두 치료조건에서는 보이지 않았다.

마지막으로 우리는 세 가지 치료법이 성인애착면접 자료로 평정한 성찰기능에 미치는 영향을 살펴보았다. 성찰기능은 사고, 감정, 신념과 같은 의도적 심리상태의 측면에서 자신과 타인의 행동을 해석하고 이해할 수 있는 역량이다. 내적 자기표상과 타인표상에 대한 전이초점 심리치료에 초점을 두고, 우리는 전이초점 심리치료가 다른 두 치료법과 비교해서, 성찰기능에서 의미 있는 변화를 초래할 것이라고 가정하였다. 가정한 바와 같이 전이초점 심리치료 내담자들은 1년간의 치료 동안 성찰기능에서 유의미한 증가를 보였다. 다른 두 치료조건의 내담자들에서는 이런 변화가 나타나지 않았다.

2) 치료자에 대한 내담자 애착과 내담자에 대한 치료자 애착의 상호작용

방금 기술한 경계선 장애 내담자 56명의 자료를 배경에 두고(Levy et al., 2006), 두 대표적 사례를 임상적으로 상세하게 살펴보는 것이 도움이 된다. 내담자 애착상태와 전이초점 심리치료 과정에 대한 이해를 심화시키기 위해, 우리와 우리 동료들은 (Diamond et al., 2003) 전이초점 심리치료를 시작할 때와 1년간 치료한 후에 5명의 경계선 내담자들과 그들의 애착상태를 상세하게 살펴보았다. 성인애착면접(AAI)은 내담자들의 심리적 애착상태를 평가하기 위해 사용되었다. 더욱이 우리는 내담자-치료자 성인애착면접(PT-AAI)을 사용하여 치료자에 대한 내담자의 심리적 애착상태와 내담자에 대한 치료자의 심리적 애착상태를 살펴보았다. 우리는 특정한 내담자-치료자 이자관계에서 발달하는 관계가 그 과정과 성과에서 다소 독특하고 중요할 것이라고 가정하였다. 초기 양육자에 대한 내담자의 심리적 애착상태(AAI)와 전이초점 심리치료에서 치료자에 대해 발달하는 심리적 애착상태(PT-AAI)라는 두 가지 초점을 가지고, 우리는 치료관계에서 일어나는 초기 양육자와 전이초점 심리치료자 둘 모두에 대한 내담자의 결합된 내적 작동모델을 관찰할 수 있다.

애착과 치료과정에 대한 깊이 있는 기술을 위해, 여기에서 우리는 처음에 미해결된 불안정한 심리상태(집착형)였다가 1년간의 치료 후에 안정된 심리상태로 변화한 내담자 A와, 미해결된 불안정한 심리상태(거부형)였다가 치료 후에 **미분류형** 혹은 **혼합형**으로 변화한 내담자 B를 비교하겠다. 두 내담자는 동일한 치료자를 만났다.

〈사례: 내담자 A〉

내담자 A는 그 특징의 일부가 8~10장에 나오는 복합적 사례인 Amy의 경우와 비슷한데, 전이초점 심리치료에 의뢰될 때 23세였다. 치료를 시작할 때, 그녀는 기혼이고, 무직이고, 심각한 행동화를 보였고, 사회적 관계와 친밀관계에서 주된 어려움이 있었다.

치료 4개월 되었을 때, 내담자 A의 성인애착면접 결과, 1차 애착 분류는 미해결형으로, 2차 분류는 집착형으로 나왔으며, 1) 그녀가 기억하지 못하는 외상적 사건들을 무서워하며 사로잡혀 있고, 2) 화나고/갈등을 겪는 하위유형이었다. 그녀는 성인애착면접에서 담론의 와해 방략을 보였고, 내용에서는 아버지의 폭력행동에 대한 기억이 드러났다. 초기 애착 인물을 기술하기 위해 선택한 형용사들에서는 타인에 대한 긍정적 평가와 부정적 평가 사이를 급격하게 오가는 모습을 보였는데, 이로 인해 이런 극단적인 긍정적 및 부정적 평가가 전이초점 심리치료에서 전이에 영향을 줄 것이라고 가정하게 되었다.

전이초점 심리치료를 시작한 지 1년 되었을 때, 내담자의 성인애착면접은 안정적이고 자율적인 유형으로 분류되었고, 이차적으로는 미해결형으로 분류되었다. 그녀는 안정형 범주 안에서 집착형 쪽의 끝에 있었으며, 애착인물에 대해 보통의 화와 분노를 나타냈다. 그러나 이 시점에서 그녀의 담론은 일관되고, 차분하고, 때로 유머러스하였다.

성인애착면접에서 나타난 내담자 A의 점수와 수행을 통해 초기 양육자에 대한 그녀의 심리적 애착상태를 알고 난 후에, 그녀의 치료자에 대한 심리적 애착상태를 살펴보는 것은 흥미로운 일이다. 그녀는 1년간의 전이초점 심리치료 후에 치료자에 대해 안정된 심리상태를 보였다. 그러나 그녀는 자신의 치료에 대해 약간의 분노와 갈등을 보였다. 그녀는 자신의 치료자에 대해 믿을 수 있고, 위엄 있고, 중요하고, 약간의 좌절을 주고, 혼란스럽게 한다고 기술하였다. 그녀는 치료자와의 관계를 기술하는 각각의 형용사들에서 일관된 예를 제시할 수 있었다. 그녀는 치료자에게 거부당하고 좌절되는 감정을 인정하였지만, 치료자를 원망하지 않고 이들 감정이 자기 것임을 인정하였다. 그녀는 자신에게 관계의 부정적 측면이었던 것들을 의논할 수 있었지만(예, 그녀는 치료자가 차갑고 엄하다고 느꼈다), 시간이 지남에 따라 치료자를 신뢰하고 연결되어 있는 느낌을 갖기 시작하였다.

전이초점 심리치료 1년 후에, 치료자의 입장에서는 내담자 A를 열심히 하고, 안정되고, 창의적이고, 흥미롭고, 유쾌한 사람으로 경험하였다. 그녀와의 긍정적 인관계 측면의 다음에는 협박받는 느낌이 수반되었는데, 이 느낌은 전이초점 심리치료의 초기 단계에 있었던 자기파괴적인 행동의 극적인 삽화에 의한 것이다. 내담자–치료자 성인애착면접(PT-AAI)상에서 치료자는 내담자에 대해 안정형/자율형으로 분류되었다. 사실 1년간의 전이초점 심리치료를 마칠 무렵, 내담자와 치료자 모두 안정형/자율형으로 평정되었다. 이것은 두 사람 모두 그들 관계 속의 어려움을 명확하게 알고 있었지만, 그들의 상호작용을 합리적이고, 수용적이고, 심지어 때로는 유머러스한 시각에서 보았음을 시사한다.

〈사례: 내담자 B〉

29세 미혼 여성인 내담자 B는 내담자 A와는 뚜렷하게 대조되는 심리적 애착상태에 있었다. 내담자 B가 전혀 예측하지 못했고 '갑작스러웠던' 거의 치명적인 자살 시도를 한 후에 이전 치료자가 치료를 종결하고 전이초점 심리치료에 의뢰하였다.

첫 번째 성인애착면접에서 내담자 B는 1차 분류에서 애착을 평가절하하는 하위유형을 가진 거부형 애착으로 분류되었다. 그녀는 아동기 기억을 거의 회상할 수 없었으며, 자신의 부모에 대해 무심하고 비판적이라고 기술하였다. 그녀는 자신의 어머니에 대해 차갑고, 때로 따뜻하고, 그렇게 모성적이지는 않고, 조용하고, 자주 보기 어려웠다고 기술하였다. 1년간의 전이초점 심리치료를 마친 후에 내담자 B는 반복된 성인애착면접에서 안정된 심리상태를 가진 것으로 분류되었지만, 안정형에서 거부형 쪽의 끝에 머물러 있었다. 자료를 보면 그녀는 초기의 실망스러운 애착관계를 의식적으로 버리고 새로운 관계에 주의를 돌렸다는 것을 알 수 있다.

내담자-치료자 성인애착면접 상에서 내담자 B가 1년간의 전이초점 심리치료 후에 그녀의 치료자에 대해 기술한 것을 보면 전문적이고, 자제력 있고, 이해해 주고, 관심을 주고, '그렇게 사적이지 않다고' 되어 있다. 이런 형용사들을 설명하기 위해 그녀가 회상해 낸 기억들은 매우 모호하고 전적으로 확실한 것은 아니었다. 그녀는 치료자에 대해 거부적 심리상태로 분류되었으며, 이것은 치료 전 성인 애착면접상에 나타난 그녀의 심리상태와 매우 비슷하였다. 그녀는 치료자와 떨어져 있는 동안 어떤 상실감도 최소화하였다. 마찬가지로 내담자-치료자 관계가 그녀의 기능에 미치는 영향을 최소화하였으며, 치료 중에 치료자가 왜 특정 방식으로 행동했는지에 대해 명확히 알지 못했다. 그녀는 치료 중에 자신의 감정을 치료자에게 얘기하지 않으려고 애를 쓰기도 했지만, 그래도 치료의 도움으로 자신에 대해 더 많이 알게 되었다고 하였다.

치료자는 내담자 B와의 관계에서 안정된 심리상태로 분류되었다. 치료자는 1년간의 전이초점 심리치료 동안 그들의 관계가 거리가 있고, 경직되고, 형식적이고, 차갑고, 피상적이었다고 기술하였다. 치료자는 내담자 B의 내적 생활에서 배제되었다고 느끼면서 좌절하였다. 그는 치료시간 외에는 그 내담자에 대해 거의 생각하지 않았다.

3) 치료적 함의

임상적으로 경계선 인성장애의 진단을 받았지만, 초기 양육자에 대해 서로 대조되는 심리적 애착상태를 보인 두 내담자에 대해, 우리는 각 내담자의 심리적 애착상태와 전이초점 심리치료에서 치료자에 대한 심리적 애착상태의 발달에 대한 축소판으로 살펴볼 수 있다. 내담자 A는 증상의 변화와 친밀관계 및 직업생활의 극적인 변화를 보였는데, 이러한 최종의 긍정적 변화에는 어려움이 없지 않았다. 그녀의 전이초점 심리치료 과정에서 초기에 나타난 특징은 첫 3개월 동안에 보여 준 행동화 삽화였다. 치료관계에서 발달하기 시작한 지배적 대상관계는 여러 가지였는데,

다음과 같은 것들이 포함되었다. 1) 차갑고 무관심한 부모와 관계하는 방치된 아이, 2) 자신의 피해자와 관계하는 가학적 피해유발자, 3) 걱정해 주는 부모와 관계하는 보살핌 받는 아이, 4) 자신의 욕구 대상과 관계하는 교묘하게 유혹적인 여성.

　자살 시도로 나타나는 내담자 A의 공격적인 자기파괴적 행동은 치료 시작 후 첫 6개월 동안에 없어졌다. 그녀는 자신의 삶의 경험을 확장하여 아이를 갖고 키웠으며, 대학 공부도 추진하였다. 시간이 가면서 그녀가 자신의 공격적 충동을 더 알아차리고 감내할 수 있게 되고, 타인과 관련된 자신의 불안에서 투사된 공격성의 역할을 이해하게 됨에 따라, 주위의 타인들에 대한 불신은 감소되었다. 치료자와의 관계는 못 믿고 거리를 두는 관계에서 치료방법을 수용하고 관계가 제공하는 안정성에 감사하는 관계로 발전되었다.

　내담자 B의 특징은 초기 부모상과 자신의 치료자 둘 다에 대한 거부형 애착상태이다. 1년간의 전이초점 심리치료 동안 그녀의 임상적 과정은 비교적 평온하고 별 사건이 없었다. 자살 행동이 없었고, 일에서는 조용하게 기능하였고, 그리고 새로운 남자친구를 사귀게 되었다. 그녀의 증상이 줄었고 기능도 꾸준하게 유지되었다. 그녀의 내적 자기표상과 타인표상의 중요한 변화라고 할 만한 것은 없었고, 그것은 모호하고 빈약한 채로 남아 있었으며, 이는 그녀의 낮은 성찰기능 점수에서 입증되었다.

　두 내담자에 대한 치료자의 태도를 비교해 보는 것은 매우 유익한 정보를 준다. 내담자 A에 대해, 치료자는 알고 싶어 하고, 매우 관여되어 있고, 그녀의 심각한 병리에도 불구하고 많은 자질에 대해 매우 긍정적인 태도를 갖고 있다. 치료자는 자기 마음속에서 집착형 내담자와 깊이 관여된다. 이와 대조적으로 동일한 치료자가 거부형 내담자 B에 대해서는 거리감을 느낀다. 임상적 가설은 내담자 행동과 내적 자기표상 및 타인표상에 대한 치료자의 초점뿐만 아니라, 치료 틀과 일관성이 두 내담자 모두의 증상과 행동변화에 도움을 주었다는 것이다. 그러나 내담자 A의 경우 어떤 그 이상의 것이 일어났다. 화내고 공격적인 행동화의 해결이 감소되고, 치료관계의 안전성을 더 신뢰하기 시작하고, 점진적으로 자신의 일상생활에서 만나는 사람들과 더 신뢰할 수 있는 관계를 해 나간다. 후자는 내담자 A의 성찰기능 역량이 증진된 것에서 반영된다. 1년간의 전이초점 심리치료 과정을 통해, 성찰기능은 자신과 타인의 심리상태를 이해하거나 설명하는 역량이 억지스럽거나 손상된 상태로부터, 내적 심리상태의 면에서 생각할 수 있는 역량이 더 충분히 개발되고 명확하게 표현할 수 있는 수준으로 발달하였다.

5. 경험적으로 도출된 변화의 궤도

앞에서 기술했던, 56명의 경계선 내담자들을 세 가지 치료(전이초점 심리치료, 변증법적 행동치료, 지지치료) 중 하나에 할당한 무선화되고 통제된 연구에서, 우리와 우리 동료들은 1년간의 치료기간에 걸쳐 변화된 기능 영역들을 살펴보았다(Lenzenweger et al., 2012a). 세 가지 치료에 걸쳐 행동과 증상의 변화에서 별 차이가 없었기 때문에, 우리는 이 분석을 위해 이들 치료를 받는 내담자들을 하나로 합하였다.

시간의 흐름에 따라서든 치료적 개입에 의해서든 변화를 살펴보는 한 가지 접근은 종결 시/추수 성과에 초점을 두는 것이다. 이러한 이원변량(bivariate) 연합으로는 역동적 과정을 포착하지 못하는데, 그것은 이 방법이 대개 기저선과 종결 시점에 이루어지는 횡단적 평가에서 비롯된 것이기 때문이다. 우리 연구(Lenzenweger et al., 2012a)에서, 우리는 넓은 기능 영역들에 걸쳐서 변화의 비율(즉, 1년간의 치료과정 동안 각 내담자에게 여러 번 측정한 변인들에서 나타난 변화)과 관련된 기저선의 심리적 예측변인들을 살펴보았는데, 예를 들면 자살, 공격성, 충동성, 우울, 사회적 적응이다.

우리는 심한 인성병리의 두 모델에 기초해서 변화의 잠재적 **예측변인**(predictor)을 선정하였다. 두 모델은 신경행동학적 모델[예를 들면, 주도적(agentic) 외향성, 친애(affiliation), 부정적 정서, 공포, 비정동적 구속](Depue & Lenzenweger, 2005)과, 대상관계 모델(예, 정체성 혼미, 방어, 가변적 현실검증)(Kernberg & Caligor, 2005)이다.

변화영역의 11가지 서로 다른 차원 측정치에서 변화비율을 주성분 분석(PCA)으로 분석한 결과, 세 가지 변화요인이 나왔는데, 그것은 공격적 통제장애의 변화, 심리사회적 적응(전반적 기능과 사회적 적응)의 변화, 갈등 감내력의 변화(불안/우울과 충동성)이다. 이러한 결과는 기능과 증상의 서로 다른 영역들이 서로 다른 비율로 변화하며, 어떤 변인들의 세트는 동일한 비율로, 즉 하나의 영역으로 변화한다는 것을 가리킨다.

이런 세 가지 변화영역을 확인한 것 외에도, 우리는 기저선 특징(예측변인)과 세 변화영역 각각의 점수 사이의 관계를 살펴보았다. 기저선의 부정적 정동성과 공격성은 공격적 통제장애 영역의 변화를 예측하였다. 치료 전 부정적 정동 및 공격성의 낮은 수준은 이 영역의 더 신속한 호전과 관련성을 보였다. 기저선의 정체성 혼미는 전반적 사회적 적응/자기수용 영역의 변화를 예측하였다. 치료 전 더 심한 정체성 혼미는 전반적 기능 영역의 더 빠른 임상적 호전과 관련되어 있었다. 기저선의 사회적 능력(설득력 있는, 타인에게 영향 미치는 것을 좋아하는, 단호한, 책임을 지는, 주목받는 것을 좋아하는)은 갈등 감내력 영역의 변화를 예측하였다. 사회적 능력의 낮은 수준은 불안/우울과 충동성의 빠른 호전과 관련성이 있었다.

1) 치료적 함의

Lenzenweger 등(2012a)의 연구에서 나온 자료를 보면 경계선 인성장애 내담자의 치료에서는 변화에서 차이를 보이는 영역들이 있음을 알 수 있다. 더욱이 이 영역들 중 각 영역의 변화는 상대적으로 독특한 기저선 인성과 심리적 변인들에 의해 예측된다. 이러한 예측변인들, 즉 부정적 정동과 공격성, 정체성 혼미, 사회적 능력은 경계선 내담자의 치료에서 변화기제의 이론적 초점을 시사하며, 임상적 개입의 초점을 시사한다.

6. 변화의 임상적 지표

조심성 있고 민감한 전이초점 심리치료자라면 내담자−치료자 상호작용에서 나타나고 치료 회기에서 보고된 증상, 구조변화, 행동변화를 지속적으로 추적관찰할

| 표 11-1 | 구조적 변화의 임상적 지표 |

- 반사회적, 자기애적 전이로부터 편집적, 궁극적으로 우울적 전이로의 변화
- 행동화와 신체화의 감소, 내적 갈등을 감내하고 성찰할 수 있는 능력의 증가
- 분열된 긍정적 및 부정적 경험들의 통합을 향한 변화. 자신의 양가감정과 복합적인 정동들 (예, 공격성, 따뜻한 애착)을 알아차릴 수 있는 역량의 증가
- 원시적 방어로부터 더 진전된 방어로의 변화. 방어의 해석을 활용하고 이해를 통합할 수 있 는 역량(내담자 인용문의 임상 사례를 보려면 10장, '치료의 후기 및 종결' 참조).
- 자기애적 특징을 가진 내담자의 경우, 갈등의 해결에는 시기심과 함께 고마워하고 즐길 수 있는 역량의 증가가 포함된다.
- 삼자관계 역량이 증가한다(즉, 내담자에게 타인과 관련하여 자신을 객관적으로 관찰할 수 있는 역량이 증가한다). 이전에 우세했던 이자관계적 전오이디푸스적 주제들과 대조적으 로, 오이디푸스적이고 성적인 주제들이 더 우세해진다.
- 일과 직업에서, 친밀한 사랑관계에서, 주요 증상이 해결되고, 생산적 관여가 증가한다.

것이다. 이 치료과정에서 주의의 초점은 내담자와 치료자의 관계과정, 그리고 환경 에 대한 내담자의 현재 진행 중인 적응 둘 다이다. 구조변화의 임상적 지표는 〈표 11-1〉에 제시되어 있다. 변화에서 나타난 향상도 〈표 11-1〉에 상세하게 제시되 었다. 예를 들면, 행동화 감소는 치료관계에서 두드러지게 되는 강렬한 기저의 갈 등적인 자기-타인표상을 이해하는 것으로 변화하려는 주요 노력에 필요하다. 4장 과 8~10장의 Amy와 Betty 사례에서 기술하였듯이, 자기와 타인에 대한 지각이 변 화함에 따라 각 내담자의 공격적 정동에 대한 인식과 이들 정동의 통합이 증가되며, 대인관계 상호작용에서 투사의 방해가 감소됨에 따라 관계와 일에 대한 투여를 확 장하려는 시도가 증가한다. 내적 자기표상과 타인표상, 그리고 관계와 일에서 현재 의 기능이라는 전이초점 심리치료의 두 가지 초점은 두 영역에서의 변화를 위해 필 요하다. 우리가 임상에서 보는 통상적인 변화의 진행은 문제행동의 감소, 특히 치료 관계의 전이에서 나타나는 자기표상과 타인표상의 수정, 현재 일과 관계에서의 기 능에 대한 생산적 투여의 증가이다. 친밀관계 역량은 종종 마지막 변화영역이다.

7. 요약

경계선 내담자의 성공적인 치료는 연구문헌에서 제안하는 것보다 훨씬 더 복잡하다. 경계선 진단을 받은 내담자들의 집단은 매우 이질적인 집단이며, 심리사회적 적응의 심각성에서, 치료관계에 영향을 주는 애착유형에서, 증상의 심각도에서 차이를 보인다. 치료는 오랜 기간에 걸쳐 이루어지는데, 그 속에서 내담자와 치료자의 관계는 독특한 상호작용과 함께 그 자체의 생명력을 가진다. 치료성과는 성공인지 실패인지의 단순한 문제가 아니며, 많은 기능 영역을 포함한다. 한 영역에서는 성공적인 변화가 나타났지만 다른 영역에서는 최소한의 변화만 보일 수도 있다. 중요한 것은 행동변화가 영향력 있는 기저의 정체성 조직과 도덕적 가치의 변화와 함께 혹은 그런 변화 없이도 일어날 수 있다는 것이다. 우리는 행동변화뿐만 아니라 기저의 정체성 조직과 도덕적 가치의 변화를 극대화할 수 있도록 전이초점 심리치료를 구성하였다.

우리는 경계선 내담자의 치료에 대한 상세한 연구를 제시하였는데, 이것은 이들 복잡한 내담자에 대한 치료자의 복합적인 접근과 앞으로의 연구를 위한 가설을 세우는 데에 도움이 될 수 있다. 우리의 임상작업에서, 우리는 이들 내담자의 인성구조에서 근본적 변화를 이루기 위해 전이초점 심리치료를 사용한다는 기본 목표와 함께, 우리의 기법적 접근에서 새로운 발달을 계속 탐색할 것이다. 우리의 목표는 이들 내담자의 증상을 호전시키는 것뿐만 아니라 이들의 기능에 영향을 주는 것인데, 이러한 목표는 내담자가 자신의 일과 직업에서 효율성과 만족감을 증가시킬 수 있고, 성애, 부드러움, 관심이 통합된 성숙한 사랑관계를 발달시킬 수 있고, 그리고 우정과 창의성으로 풍부한 사회적 삶을 즐길 수 있도록 우리가 그들을 도움으로써 이루어진다.

핵심적 임상 개념

• 경계선 인성장애 진단기준을 충족하는 내담자들의 이질성은 심리치료 과정에서 변화 궤도의 이질성으로 나타난다.

• 경계선 내담자들은 서로 매우 다른 적응수준에서 치료를 시작한다.

• 내담자와 치료자 사이의 심리적 애착상태는 치료과정의 어떤 개별성을 보여 준다.

• 치료자는 경계선 내담자의 개별성을 고려해야 하는데, 왜냐하면 경계선 내담자들의 이질성이 두드러지기 때문이다.

• 여러 가지 내담자 요인(예, 높은 혹은 낮은 수준의 경계선 상태, 애착유형)은 치료관계의 특징과 결합하여 서로 다른 변화 경로로 이끈다.

추천 도서

Lenzenweger MF, Clarkin JF, Levy KN, et al: Predicting domains and rates of change in borderline personality disorder. Personal Disord 3:185–195, 2012.

▶ 비디오 1-1: 자기 묘사 및 타인 묘사—APA 출판

치료자1: 좀 개인적인 질문을 할게요. 다른 사람과 다른 ○○씨의 독특한 점이 무엇인지 얘기해 줄 수 있어요? ○○씨의 삶에 대해서 묘사해 보시겠어요?

내담자1: 무슨 질문인지 이해가 잘 안 가요.

치료자2: 네. 내가 ○○씨의 성격에 대해 감을 좀 갖고 싶거든요. ○○씨를 한 사람으로 다른 사람과 다르게 만드는 것은 무엇이고, ○○씨가 자신을 어떻게 보는지에 대해 전반적인 그림을 좀 가지려고 해요.

내담자2: 네, 네. [한숨 쉰 후 11초 침묵] 제일 먼저 생각나는 것은 관계에서… Saskia와 사귈 때 저는 매우 다정한 사람이죠. 그리고 저는 제가 사랑하는 사람에게는 많이 줄 준비가 되어 있어요. 그게 저의 독특한 점인지는 모르지만요.

치료자3: Saskia가 어떤 사람인지 설명해 주시겠어요? 성격이라든가 어떤 사람인지 궁금합니다.

내담자3: 네, Saskia는 매우… 여전히 언젠가 함께 할 줄 알았는데… 말했는데… Saskia는 불안정한 사람이에요. 잘 웃고요. 짙은 갈색 눈, 긴 갈색 머리고, 그리고… 언제나 아름답게 차려입어요. 그녀는… 내게 완벽한 사람이었어요. 정말 있는 그대로 완벽했어요.

치료자4: Saskia라는 사람을 묘사해 달라고 나는 요청했어요. 다른 사람과 구분되는 그녀의 고유한 특징은 무엇입니까? 내게 말한 것이 그것에 관련된 대답이라고 느끼세요? ○○씨가 말한 것이 그녀가 어떤 사람인지 내가 알 수 있게 할 것이라 보세요?

내담자4: 아니요, 아닌 것 같네요. Saskia는 매우 친절하고 이해심이 깊어요…. Saskia는….

▶ 비디오 I−2: 기법적 중립성과 감각 있는 직면 I부

치료자1: 자, 자신을 매우 다정한 사람이라고 묘사하고 있군요. ○○씨는 매우 헌신적이고 매우 다정하다고 하면서 3명의 여자가 ○○씨를 두려워해서 떠났다고도 말했어요. 그렇게 말한 건가요?

내담자1: 네… 나를 두려워해서, 아마 내가 그들을 너무 많이 사랑해서 두려워한 거….

치료자2: 그렇지만 두려워한 거잖아요. 그리고 화가 나면 폭력적이 된다고 하셨죠. Saskia의 손가락을 부러뜨렸다고도 말했어요. 사람들을 두렵게 만들고 화가 나면 때리면서 동시에 자신을 다정한 사람이라고 하는데 이게 어떻게 되나요?

내담자2: 그게 맞을지도 몰라요. 저도 매우 좌절할 수 있는데 사람들이 그걸 받아주지 않아요. 나의 사랑을 받아주지 않아요. 내가… 하는 방식을 두려워하면서… [침묵 32초]. 아마 나는 그렇게 다정한 사람이 아닐지도 모르겠네요. 지금 보니 아닌 것 같네요. 그렇지 않으면 지금 혼자가 아니겠죠.

치료자3: 그러니까 ○○씨가 잘 모르는 부분도 있는 거네요.

내담자3: 그럴 겁니다. 내가 못 보는 부분이 있다고 사람들이 항상 말했어요.

치료자4: 그러니 생각나는데 저번에 말한 한 여성 치료자가 ○○씨에게 편견이 있다고 한거요. 그 치료자가 ○○씨에게 왜 편견을 가졌을까요?

내담자4: [침묵 6초] 그 치료자와 처음 만났을 때 느꼈어요. 어떤 행동을 한 건 아니지만 저를 보는 눈빛이요… [침묵 7초]. 말없이 저를 보는 것이 이미 나를 비난하고 있다고 생각했어요. 그건 그냥 느낌이었어요.

치료자5: 다른 치료자에게도 같은 느낌을 받았어요?

내담자5: 전 남자 선생님을 더 신뢰했어요.

치료자6: 그래도 결국은 두 치료자의 의견이 일치했던 것 같은데요.

내담자6: 네.

치료자7: 그런데 남자 치료자도 실제 믿을 수 없었다고 했죠? 그 말인가요?

내담자7: 네.

치료자8: 이제 보면 Saskia는 결국 두 치료자가 ○○씨에게 가진 편견의 무고한 희생자로 보이는 군요. Saskia가 ○○씨가 느끼는 것보다 훨씬 더 원망스러워한다는 것을 인정하기 힘들어서, 치료자가 Saskia를 ○○씨에게서 떼놓은 나쁜 사람이라고 하려는 건 아닐까요? ○○씨가 강압적으로 굴고 안 좋은 영향을 주고 사회생활을 제한했기에 Saskia가 실제로 오랫동안 분노를 품고 있던 건 아닐까요? ○○씨가 말한 것처럼 Saskia는 충분한 공간이 없어서 두렵다고 했어요. Saskia는 ○○씨의 통제적인 태도 때문에 매우 원망했고 그래서 정말 ○○씨를 떠나고 싶지 않았을까요? ○○씨는 이 사실을 견딜 수 없어서 Saskia가 두 치료자의, 말하자면 음모의 희생자라고 믿는 건 아닐까요?

내담자8: [침묵 28초] 아마 그럴 수 있겠죠. 그래도 저는 그렇게 믿고 싶어요…. Saskia 가 4년이 지난 후 내게 왜 그렇게 했는지 이해가 안 돼요.

치료자9: 이해 안 된다고요?

내담자9: [침묵 11초] 미워하는 사람에게만 그렇게 하는 거잖아요. 그런 생각이 들어요. 나는 Saskia가 나를 미워했다고 상상할 수 없어요. 나는 그렇게 믿지 않아요.

치료자10: 네. Saskia는 어쨌든 ○○씨를 떠났어요. 그런 다음 점점 더 분노하고 원망하 고 더 두려워하게 될 수 있었을 테죠.

내담자10: 그러나 전 이제 돌이킬 기회가 없어요. 그녀와… 새로 시작하든가 아니면 Saskia가 내게 기회를 주어 내가… 변할 수 있다는 것을 보여 줄 그런 거요.

치료자11: 지금 제가 하는 말을 잘 따라오지 못하는 것 같군요. 어쩌면 Saskia가 ○○씨 에게 질려서 떠나고 싶었고 두 치료자의 영향을 받지 않았을 가능성이 있어요. 하 지만 ○○씨를 사랑하는 Saskia의 이미지만을 지키고 싶어서 Saskia가 매우 화가 나고 실망하고 두려워했다는 걸 무시하고 단지 ○○씨를 싫어한다고 생각하는 두 치료자의 희생자로만 보고 있을 수 있다는 거죠.

내담자11: [침묵 10초] 무슨 말인지 이해해요.

치료자12: 그럴 수 있다고 생각해요?

내담자12: 저는 그럴 가능성, 실제로 그럴 거라고 믿기 어려워요.

치료자13: 이와 관련해서 내 말에서 내가 실제로 두 치료자 편이고 ○○씨는 ○○씨에 게 편견이 있을 수 있는 치료자와 있다는 것이 두려운 것일까요?

내담자13: [침묵 7초] 그렇게 말하면 … 선생님이 저를 비난하는 것같이 느껴져요. 전부 내가 잘못했고 다 내 잘못이고 Saskia가 저를 떠날 수밖에 없다고 하는 것 같아요.

치료자14: 그래서 ○○씨 생각에 내가 정말 ○○씨가 잘못해서 Saskia가 떠날 수밖에 없었다는 결론에 도달했다는 거네요?

내담자14: 그렇게 들려요.

치료자15: 내가 그렇게 말했다고요?

▶ 비디오 I-3: 기법적 중립성과 감각 있는 직면 2부

내담자1: 그렇게 얘기하지는 않았죠.

치료자1: 내가 그렇게 말하지 않았더라도, 내가 그렇게 생각한다고 생각하시는 거지요. 내가 ○○씨에게 실제로 진실하지 않았다고 생각하나요? Saskia가 ○○씨를 사랑했지만 또한 무서워했고 이유가 무엇이든 당신을 떠난다는 결론을 내렸다고 제가 여태까지 말해 왔지만, 사실은 당신이 곁에 머물 가치가 없는 사람이어서 떠났다는 것이 진짜 제 의견이라는 거죠. 그렇게 생각하세요?

내담자2: 제가 느끼는 게 그거예요. 그렇게 들렸어요.

치료자2: 그래서 나 또한 여기서 ○○씨에게 편견이 있는 거네요. 그렇죠?

내담자3: 제 생각에 선생님은 저에 관한 글을 읽었고, 제가 그녀의 손가락을 부러뜨렸고, 학대했기 때문이죠. 그런데 그것은 저희 관계에서 아주 사소한 부분일 뿐이에요.

치료자3: 그래서 나는 ○○씨가 Saskia를 학대했기 때문에 그녀와 어울릴 자격이 없다고 생각한다는 거지요.

내담자4: 아마 선생님은 그렇게 말하지는 않은 것 같아요. 그러나 많은 사람이 그렇게 생각한다는 것을 알아요.

치료자4: 그렇지만 나도 역시 그렇게 생각할 거라고 믿을 수 있겠지요?

내담자5: 맞아요. [가볍게 웃으며] 정말 그렇게 생각하나요?

치료자5: 난 ○○씨가 내가 그렇게 생각한다고 믿는지 묻고 싶어요. 난 분명히 그렇게 얘기한 적이 없기 때문이죠.

내담자6: 없지요.

치료자6: 그럼 문제는 내가 ○○씨에게 정직하다고 믿을 수 있는가 하는 건데요.

내담자7: 믿고 싶긴 하지요.

치료자7: 한편으로 나를 믿고 싶어 할 테죠. 그런데 나를 모르는데 정말 그렇게 하고 싶은 건가요?

내담자8: 아니요.

치료자8: 그러니까 나 또한 ○○씨에게 편견을 갖고 있고, 모든 치료자가 ○○씨에게 등을 돌리고, ○○씨가 이 얘기를 하면 치료자들이 학대받은 여성의 편에 서게 되고, ○○씨는 불리한 상황에 놓일 수 있다는 거지요?

내담자9: 예. 지금 생각나는데, 이번 시간 시작할 때 선생님이 팀 사람들에게 얘기하는 것을 보았어요.

치료자9: 맞아요.

내담자10: 그리고 난 선생님이 팀 사람들에게 무슨 얘기를 하려고 했는지 궁금해요.

치료자10: 그렇군요.

내담자11: 그전까지는 선생님을 믿었어요. 나는….

치료자11: 언제요?

내담자12: 한 30분간은 선생님을 믿어도 좋다고 생각했어요.

치료자12: 그런데 어떻게 마음이 바뀌었죠?

내담자13: 음… 걱정되기 시작했어요.

치료자13: 내 생각에 ○○씨 마음이 바뀐 것은 (예.) ○○씨가 Saskia는 ○○씨에게 편견을 가진 치료자들의 죄 없는 희생자라고 (예.) 생각했을 때, 내가 그녀는 실제로 ○○씨를 떠나고 싶었지만 ○○씨는 그걸 몰랐던 것 아니냐고 질문했을 때가 아닌지 궁금해요.

내담자14: 맞아요. 그건….

치료자14: 거기에서부터 ○○씨가 나를 의심하게 됐군요. 이제 ○○씨는 실제로 딜레마에 빠졌는데, 두 가지 가능성이 있기 때문이에요.

내담자15: 예.

치료자15: 한 가지 가능성은 이 모든 게 끔찍한 오해에서 시작된 거라는 거죠. 실제로 그녀가 떠난 것은 ○○씨 때문이 아니라, 그녀가 ○○씨에게 대항하도록 선동하는 치료자들 때문이에요. 실제로 문제는 ○○씨를 지배하려 한 두 치료자와 Saskia예요. 여기 있어야 하는 사람은 ○○씨가 아니고, 그녀라는 거죠. 다른 가능성은 ○○씨 스스로도 자기가 그러는지 모른 채, 함께 살았던 여자들을 통제하고, 의심하고, 때로 폭력적으로 대하고, 겁에 질리게 만드는 문제를 갖고 있다는 거예요. ○○씨가 받아들일 수 없고 감당할 수 없는 자신의 이런 폭력성 때문에 그 여자들이 ○○씨를 갑자기 떠나게 되는데, 그게 바로 ○○씨에게 도움이 필요한 부분이에요. 그리고 만일 그게 사실이라면, ○○씨는 나를 의심하면서 자기 속에서 벗어나려 애썼던 그 적개심을 나에게서 본다는 거예요. 그게 한 가지 가능성이에요. 그리고 다른 가능성은 치료자들과 내가 공모를 해서 ○○씨는 희생자이고, 그건 절대 ○○씨의 문제가 아니라는 거예요. ○○씨를 떠난 것은 Saskia의 문제지요. 나는 이 두 가지 대안을 생각해 볼 수 있어요. 내 말이 이해되나요? (예.) 이건 복잡한 일이라는 걸 알아요. 혹시 내 얘기가 이해되지 않으면 자유롭게 물어보세요.

내담자16: 그래요. 선생님 얘기를 이해해요. [침묵 10초] Saskia가 떠났다고 생각하면, 그녀가 떠날 이유가 있어서 스스로 나를 떠났다고 생각하면, [침묵 9초] 마음이 정말… [괴로운 듯 손을 내저으며] 내가 그걸 한 가지 가능성이라고 생각하면 기분이 정말 이상해져요. [침묵 18초] 내가 그걸 그렇게 생각하려고 하면, 다음 순간 더 생각할 수가 없어요.

치료자16: 혼란스럽고 불안할 거예요. 내가 ○○씨에게 편견을 가졌다고 보는 게 더 안심이 되겠죠. 그래야 세상의 질서가 제대로 되니까.

내담자17: [침묵 10초] 그러네요.

치료자17: ○○씨에게 딜레마가 있어요, 그렇죠? 이제 곧 우리는 이번 시간을 끝내야 해요. 실제로 여기에는 두 가지 가능성이 있어요. 하나는 ○○씨가 나를 의심한 것이 옳았다는 거예요. 내가 ○○씨에게 편견을 갖고 있고, 여기에 온 것은 실수지요. 그건 모두 Saskia의 문제예요. 이것이 하나의 가능성이에요. 다른 가능성은 내가 내 생각을 ○○씨에게 솔직하게 얘기했고, 다른 치료자들과 동맹을 맺지도 않았고, ○○씨를 비난하지도 않았고, ○○씨가 Saskia와 함께 지내지 말았어야 한다고 생각하지도 않았다는 거예요. 단지 ○○씨 속에 그런 상황을 겪게 만들고 거기에 기여하는 어떤 것이 있을지 모른다는 점을 지적하려는 것이에요. ○○씨가 그걸 보기를 두려워하지만, 그건 더 찾아보고 치료할 필요가 있어요. ○○씨는 이런 대안들을 생각해 봐야 해요. 대안에 따라 결과도 달라지기 때문이죠.

▶ 비디오 2-1: 휴가 전 회기 I부

내담자1: 직장 동료 Bob에게 말했어요. 자살 충동을 느낀다고 말하지는 않았지만 그래도 넌지시 말했어요. 그는 이곳에 지지집단이 있다고 했어요. 그는 '워킹 투게더'라고 하는 직장 내 지지집단에 가라고 권유했어요. 그는 제 감정을 이해하지 못해요. 모든 조언을 맡아 해주시는 여자 선생님이 계시고, 많은 젊은 여성이 그곳에 가는 것 같아요. 애초에 그들과 함께 하고 싶은 생각이 없어요. 제게 도움이 안 될 거예요. 그렇다는 걸 알아요. 선생님 생각엔 제가 가는 게 좋을까요? 그곳은 인성장애를 다루는 곳이 아닌 것 같아요. Bob은 내가 그저 우울하다고만 생각해요. 그가 말하는 걸 보면 그가 생각하는 것을 알 수 있죠. 내가 우울한 것 같다고 하길래, 나는 우울하지 않다고 대답했어요. 내가 생각하는 방식이 그렇다고 말했지요. 그러니까 그는 그게 우울한 사람들의 방식이라고, 그들이 말하는 방식이 그렇다고 하더군요. 나는 기분장애라고 생각하지 않는다고 말했죠. 내 생각에 그건 단지 내가 생각하는 방식이라고 말했어요. 그리고 선생님이 오진한 것이 아니라고 생각했어요. 물론 우리는 다른 사람이지만, 저와 그 사이에 그렇게 큰 차이를 못 느끼겠거든요. 제가 뭐가 그렇게 다른지 모르겠어요. 많은 다른 사람과 이야기해 봤지만, 그렇게 다르다는 것을 모르겠어요.

치료자1: 먼저 궁금한 게 있는데, 지금 여기에서 치료를 받고 있으면서 왜 다른 치료에 가려는 생각을 하나요?

내담자2: 글쎄요. 이 치료는 도움이 안 되니까요.

치료자2: 지난 치료 시간 두 번에 걸쳐서 그 점을 강조하네요. 무슨 말인가 하면 당신이 대기실에 앉아 있었을 때 ○○씨는 자고 있는 것처럼 보였어요.

내담자3: 그런 게 아니에요. 허리가 아파서 나프로신 30알 정도를 먹었거든요. 각 250밀리그램짜리였어요.

치료자3: 몇 알이라고요?

내담자4: 30알요.

치료자4: 30알요?

내담자5: 제가 결정하는 거니까요. 선생님이 개입할 문제가 아니죠.

치료자5: 저는 물론 ○○씨가 하는 어떤 일도 통제할 권리가 없어요. 하지만 ○○씨의 자기파괴적인 충동을 어떻게 다룰지에 대해 우리가 합의한 게 있지 않나요?

내담자6: 자기파괴적인 게 아니었어요. 허리가 아파서 30알을 복용한 거예요. 그게 다예요.

치료자6: 정확히 언제 복용했나요?

내담자7: 어제 복용했어요.

치료자7: 처방전은 얼마죠?

내담자8: 2알이었던 것 같아요.

치료자8: 그렇다면 과다복용이네요

내담자9: 아니요, 과다복용하지 않았어요. 그럴 의도는 없었고, 그냥 먹은 거예요. 주말 동안 15알 정도 먹었어요. 제 허리가 아팠어요. 그냥 단지 제 허리 신경을 다루려고 한 거예요. 여러 알을 복용하면 통증이 없어질 거로 생각했어요. 자살하려는 게 아니었어요. 그런 시도는 하지 않았어요. 그냥 복용한 거예요. 결과에 대해서는 생각하지 않았어요.

치료자9: 이제는 15알 복용했다고 말하네요. 어떤 상황이었는지 좀 더 명확하게 말해 주겠어요?

내담자10: 실제로 15알이 맞을지도 모르겠어요. 병을 확인해 볼게요. 많이 남아 있네요. 토요일에 8알, 일요일에 8알을 먹었으니까, 주말 동안 16알 복용했네요.

치료자10: 처음에는 30알이었다고 한 점이 흥미롭군요.

내담자11: 잠을 제대로 못 잤거든요. 어젯밤은 정말 잘 잤어요. 이런 상태, 멍한 상태로 있으니 기분이 좋았어요. 아무것도 느끼지 못했죠. 진정된 상태를 느끼는 게 좋아요. 과다복용하지 않았고, 자살을 시도한 것도 아니에요. 그런데 어쩌면 자살을 시도하면 이렇게 느낄지 모르겠네요. 과다복용한 다음에 아무것도 느끼지 않는 상태 말이에요. 그저 기분이 좋죠. 그게 제 말의 요점이에요. 주변 세상이나 압박 등 아무 것에도 신경 쓸 필요가 없죠.

치료자11: 제 생각에는 오늘 ○○씨가 말한 모든 것이 ○○씨와 저 사이의 관계 때문 아닌가요?

내담자12: 그래요? 이해가 안 돼요.

치료자12: 그래도 잠시 멈추어서 좀 생각해 보는 게 도움이 될 것 같은데요.

내담자13: 사실 말하고 싶은 게 있어요. 선생님이 말씀하시기를, 제게 이미 치료자가 있는데 왜 다른 치료자를 찾느냐고 하셨죠? 저를 지지하는 집단 같은 것 말이에요. 저는 정말 원하지 않아요. 제가 무엇을 하면 되나요? 그냥 거기에 가서 금발 머리들이 싫다고 말할까요? 그렇게 말하지는 않겠죠. 단지 사람들이 모여서 이야기하는 집단치료는 믿지 않아요. 제가 집단치료를 믿지 않는다는 것을 아시잖아요. 지지집단 같은 것은 믿지 않아요.

치료자13: 알겠어요. 그 주제는….

내담자14: 선생님은 믿으실지도 모르겠네요. Bob은 제가 그저 우울하다고 생각해요. 제가 인성장애가 있다는 것을 그에게 말하고 싶지 않아요.

치료자14: 그래요. 제 생각에 그 주제는 미뤄 두고, 여기에서 다른 것을 짚어보지요.

내담자15: 제가 우울하지만은 않다는 것을 선생님은 어떻게 아시죠?

치료자15: ○○씨가 제 말을 들을지 모르겠지만, 지금 여기에서 무엇이 일어나고 있는지 알아보는 것이 중요하다고 생각해요.

내담자16: 선생님은 어떻게 아시죠? 제 말은….

치료자16: ○○씨는 제가 ○○씨가 원하는 것을 주지 않았다고 생각해서, 저를 밀어내는 것 같아요. 지난 두 치료시간에 저를 밀어내는 느낌을 받았어요.

내담자17: 선생님이 도움이 안 되잖아요.

치료자17: 바로 그거예요. ○○씨는 제가 도움이 안 된다고 생각하고, 제 말을 안 들어요. 최근 두 치료시간에 걸쳐 그런 생각이 왜 더 심해졌는지 알고 싶어요.

내담자18: 선생님이 떠나는 것과 상관없는 일이에요. 저는 조금도 신경 쓰지 않아요. 어제는 그림을 그렸는데, 총과 머리를 그리게 됐어요. 지금 제 기분이 꼭 그래요.

치료자18: ○○씨는 지금 ○○씨 상태가 악화되었고, 나는 도움이 안 되고, 치료 시간이
도움 안 되고, 내가 쓸모없는 사람이라고 하면서 여러 방식으로 말하는 것 같아요.

내담자19: 실제로 그렇잖아요.

치료자19: 그리고 ○○씨는 제가 말할 때마다 말을 끊어요. 그건 저를 향한 분노와 ○○
씨 기대만큼 완벽하게 돌봐 주지 않는다고 생각해서 그런 것 같아요. 게다가 제가
떠난다는 사실이 ○○씨를 더 예민하게 하는 것 같아요.

내담자20: 저는 선생님이 떠난다는 사실을 알기 전에도, 자살 충동을 느꼈어요. 사촌
생일 파티에 갔을 때도 죽고 싶었거든요.

치료자20: 예. ○○씨는 제 얘기를 생각도 안 해보고 계속 거부만 하네요.

내담자21: 제 모든 문제를 선생님이 떠나는 것과 연결 짓지 마세요. 선생님이 여기 있어
도 자살 충동은 느끼고 있어요.

치료자21: 하지만 지난 치료 시간과 오늘을 비교해서 그래프로 그리면 이렇게 많이 올
라갔어요.

내담자22: 뭐라고요?

치료자22: 계속 자살 얘기를 하고 있어요.

내담자23: 하지만 선생님이 떠나는 것을 알기 전에도 얘기했어요. 내 사촌 때문에 마음
이 상했을 때도 죽고 싶었다고 말했잖아요.

치료자23: ○○씨가 그 생각을 바꾸지 않고, 계속 나를 밀어낸다고 해도, 이 점은 새겨
들어야 해요.

내담자24: 선생님이 하는 얘기 다 듣고 있어요. 하지만 제게는 도움이 안 돼요.

치료자24: 오늘은 특히 더 빠르게 제 말을 거부하는 것 같아요.

내담자25: 선생님 말을 거부하는 게 아니에요.

치료자25: 제 생각에 지금 이 상황은, ○○씨가 누군가에게 애착을 느낄 때 보이는, 아
주 극적인 행동의 한 예라고 생각해요.

내담자26: 제가 왜 선생님 말을 다 받아들여야 하죠?

치료자26: 어떻게 받아들일지는 ○○씨 마음에 달렸지만, 한번 깊이 생각해 봤으면 해요.

내담자27: 저를 잘 모르는 선생님이 이렇게 바보 같은 이론만 내놓으면, 나는 그저 받아

들어야 하죠. 선생님은 나를 잘 모르는데, 내가 왜 받아들여야 하죠? 날 모르잖아

요. 모든 내담자에게 같은 말을 할 텐데, 난 그들과 달라요.

치료자27: 방금 ○○씨가 한 말에 따르면 자신이 감정이 상했고, 관심을 받지 못하고,

기대만큼 돌봄을 받지 못한다고 느끼는 것 같아요. 궁극적으로 ○○씨가 그들 중

한 명이라고 느끼는 것은, 자신이 마치 공장 조립 라인의 일부라고 생각하기 때문

인 것 같아요.

내담자28: [침묵 3초] 나는 여기 있을 이유가 없는 것 같아요. 모르겠어요. [침묵 3초]

(울먹이며) 다른 사람들 사이에서 걸어 다니는 것조차 불편해요.

치료자28: 방금 ○○씨가 한 말이 아주 중요한 얘기 같은데요. 그런데 지금 제 얼굴을

보는 게 어려운가요?

내담자29: 뭘 해야 할지 모르겠어요. 그냥 저를 쳐다보지 마세요.

치료자29: 제 생각에는 ○○씨가 지금 느끼는 간절함 때문에 저에게 얼굴을 보여 주길

꺼리는 것 같아요. ○○씨는 제가 ○○씨를 보고, ○○씨가 분노하고 거부하는 것

을 보여 주는 건 괜찮지만, 제가 ○○씨를 거절하고, 등을 돌려서 망신을 줄 거라

는 두려움 때문에 간절함을 숨겨야만 한다고 느끼는 것 같아요.

▶ 비디오 2-2: 휴가 전 회기 2부

내담자1: 그렇다면 제가 자신을 돌보지 않는 것을 어떻게 이해하죠? 저는 목욕도 안 했

어요. 그렇게 돈을 많이 들인 이도 안 닦았고요. 이것을 어떻게 봐야 되죠?

치료자1: 당신이 어떻게 당신 자신을 방치하는지를 봐야 되죠.

내담자2: 선생님이 저를 쳐다보는 게 싫어요. 그게 제 자아상에 영향을 주고, 쳐다보면

제가 혐오스럽게 느껴지거든요. 그걸 어떻게 봐야되죠?

치료자2: ○○씨는 거부당하는 것을 피할 수 없다고 느끼기 때문에, 오히려 그것을 통

제하려는 것 같아요. ○○씨는 자신이 혐오스럽다는 인상을 주려고 하고, ○○씨

가 항상 혐오스럽다고 말하는데, 내 생각에는 그런 인상을 주는 데 제대로 성공하

지 못하는 것 같아요. 하지만 자신이 그렇다고 주장하는 것 같아요.

내담자3: 선생님 말은 제가 거부당하는 것을 피할 수 없다고 생각해서, 이런 식으로 분

장해서 그걸 확인하려고 한다는 거지요?

치료자3: 내 생각에는 그런 식으로 거부당하는 것을 통제할 수 있다고 느끼는 것 그 이상이에요. 자기 자신을 혐오스럽게 만들어서 누군가가 ○○씨를 떠나거나 등을 돌리면, ○○씨가 상황을 주도하는 것이기 때문에 아마도 ○○씨가 느끼는 것보다 상처를 덜 받게 되겠죠.

내담자4: 맞아요. [침묵 3초] 이 모든 것을 비극으로 만드는 것은 저를 도와줄 사람이 있다는 건데요, Bob 같은 사람은 진짜 저를 신경 써 줘요. 하지만 그는 어떤 것도 이해하지 못해요. Bob은 치료가 모든 것을 너무 분석한다고, 모든 것이 너무 많이 분석된다고 말해요. 아시다시피 어느 정도 동의하는 건 아니지만 제가 느끼는 것도 바로 그런 거예요. 내가 지금 말하려고 하는 것은, 잘 모르겠어요. 어쩌면 분석적인 것일 수 있어요. 하지만 이 치료는 다른 치료와는 달라요. 통찰지향적이지만은 않아요. 선생님은 진정으로 저와 함께 작업하는 게 느껴지고, 제가 실제로 일어났다고 말한 분명하고 구체적인 것을 다뤄요. 선생님과 함께하는 이 치료는 뭔가 다르고, 제가 누구인가에 더 맞추어져 있어요. 그리고 저를 다음 상태로 능동적으로 움직이게 해요. 선생님은 통찰을 하고 그것으로 무언가를 하려고, 스스로 무언가를 하려고 해요. Bob은 단지 제가 우울하다고 생각해요. 그는 틀렸어요. 이건 우울한 것과 관련이 없어요. Bob은 제가 학교에서 웃고 농담하면, 제가 다른 사람들과 이야기를 나눈다고 말하지만 그건 단지 외적인 모습이에요. 실제로는 내가 말을 건넨 사람들이 저를 미워한다고 생각해요.

치료자4: ○○씨가 말하는 전반적인 톤이 몇 분 전부터 바뀌었어요. 알았어요?

내담자5: 네.

치료자5: 어떻게 이해하세요?

내담자6: 우리가 좀 더 많은 대화를 하고 있다는 건가요?

치료자6: 네, 화가 좀 풀린 것 같군요.

내담자7: 사실 대기실에서 저에게 환상이 있었는데요, 선생님 내담자로 가득 찬 대기실에 선생님이 나와서는 '안녕' 하고 인사를 해요. 그런데 제가 선생님 인사를 무시하고, 선생님이 저에게 '안녕'이라고 말하는 것을 듣지 못했느냐고 하면, 저는 들었다고 말하고, 진짜 차갑게 반응하죠. 모두가 저에게 화난 듯이 저를 쳐다보면, 저는 바로 상관없다는 눈빛으로 그들을 쳐다봐요. 그리고 한 사람이 나서서 선생님에게 그렇게 하는 게 적절한 행동이 아니라고 하면, 저는 그들에게 말해요, 입 닥치라고.

치료자7: 그랬어요. ○○씨 환상은…….

내담자8: 선생님에게 창피를 주는 거죠.

치료자8: 내게 창피를 준다고요?

내담자9: 그 환상이 이루어졌으면 좋겠어요.

치료자9: 제게 창피를 주고 싶어요?

내담자10: 그러면 안 되나요? 저는 창피당한다고 느꼈어요. 제가 선생님에게 창피를 주면 안 되나요? 저는 매일 같이 겪는 일이에요. 대부분 그래요.

치료자10: 내 생각에 이제는, 우리가 좀 더 핵심에 더 가까운 어떤 것을 봐야겠어요. 이 시점에서 ○○씨가 창피당한다고 경험하는 것은 내가 떠나는 것 때문인 것 같아요.

내담자11: 아니에요. 그러니까 어떤 면에서는 간절함이 있는 것 같아요. 여기에 오는 게 싫었는데 오늘 제시간에 왔거든요. 어떤 면에서는 여기에 오고 싶은 게 간절했던 거 같아요. 어떤 면에서는 간절해요. 선생님과 Smith 박사님은 달라요. 저는 선생님에게 더 애착을 느껴요. 저는 잘 모르겠지만 같지는 않아요. 선생님이에요, 저는 선생님을 더 좋아해요. 캠프에 한 남자가 있었어요. 그를 지켜봤지요. 금발 머리들은 다 아름답고 인기가 많아요. 그는 저를 쳐다본 것 같아요. 아무도 저를 쳐다보지 않았어요. 누군가 그랬다면, 그건 제가 이상하다고 생각해서 그런 걸 거예요. 아무도 저에게 말을 걸지 않았어요. 누군가 그러면 저도 받아쳤죠. 그런데 어느 날 그가 제 옆에 와서 앉았어요.

▶ 비디오 3-1: 정동 폭주 1부

내담자1: [카메라와 치료자를 번갈아 보다가] 이것 때문에 신경 쓰이는데요.

치료자1: 어떻게요?

내담자2: 글쎄요. 좀 피해의식이 생기네요.

치료자2: 그래요? 정확히 무슨 뜻이죠? 피해의식에 대해 좀 더 말해 주겠어요?

내담자3: 사람들이 보고 있잖아요.

치료자3: 네. 우리 팀 사람들인데요.

내담자4: 몰라요. 이것은 저와 선생님의 관계잖아요. 맞죠? 선생님과 만나는 것만도 충분히 힘든데 지금 이것까지 해야 하나요?

치료자4: 그래요. 지금 이렇게 하는 게 더 힘들 거라는 건 이해해요. 내 행동과 말이 ○○ 씨를 거부하고 밀어내는 느낌이라고 우리가 얘기 나눴으니까요.

내담자5: 네. 그것도 저를 화나게 하는 부분이죠. 선생님은 저를 정말 힘들게 하세요. 제가 이런 상황에 놓이지 않도록 어떻게 해 줄 수는 없으세요?

치료자5: 이런 상황을 내가 만들어 방해가 된다고 하는 걸 살펴봐야겠네요. 그런데 좀 전에 저와 잘 지내고 싶은데 관계하는 것이 힘들다고 했어요. 그 부분을 먼저 살펴보는 것이 어떨까요?

내담자6: [머리를 흔들며] 글쎄요. 못 해요. 못 해요.

치료자6: 음… 무슨 말씀이죠?

내담자7: 카메라를 꺼 주세요.

치료자7: 치료 전에 이렇게 하는 데 합의했고, 지금까지 해 오던 건데 무엇 때문에 지금 이 순간에는 참을 수가 없는 거죠?

내담자8: [짜증내며] 여기 있는 것도 힘들어요. 솔직하게 말하는 것도 싫어요. 불편해요!

치료자8: 네. 그래도 지금 무엇 때문에 특히 불편한지 생각해 보는 게 좋을 것 같아요. 전에도 이렇게 했는데 지금 무언가가 다르게 느껴지는 것 같네요. 내가 ○○씨를 거부하는 것 같다고 느끼는 그 주제 때문에 ○○씨가 뭔가 당한다고 느끼는 건 아닌지요?

내담자9: 이보세요.

치료자9: 제가 책에 따라 치료한다고 하셨죠.

내담자10: 그러시잖아요.

치료자10: 제가 ○○씨한테 관심도 없고, 도움도 안 되고, 그렇다고 느끼는 거예요?

내담자11: 네, 네, 네. 그런데요?

치료자11: 그걸 생각해 보는 게 중요한 것 같은데요.

내담자12: 네, 중요해요. 선생님이 나를 얼마나 신경 쓰는지 관심없어요. 저는 한 인간으로서 이렇게 견딜 수 없이 불쾌한 심리 수술을 받지 않을 권리가 있어요. 권리가 있다고요. 이런 것을 당할 수는 없어요.

치료자12: 맞는 말이에요. 여기 오는 건 전적으로 ○○씨에게 달렸어요. 그래도 우리가 함께한 작업이 ○○씨 문제가 얼마나 어려운지 설명해 주는 것 같아요. 감정이 최고조로 치달을 때 바로….

내담자13: 그게 무슨 뜻이에요?

치료자13: 내 말은, ○○씨 문제를 극복하도록 돕기 위한 어떤 치료에서도, 우리도 여기서 그걸 살펴보려고 하고 있는데, 우리가 지금 얘기하고 있는 같은 문제에 부딪칠 것 같아요. 녹화가 아니더라도, 다른 게 문제가 될 겁니다. 이건 최근 회기에 우리가 얘기한 것과 관련이 있는 것 같아요. 제가 ○○씨를 경청하지 않는다는 생각이요. 제가 ○○씨에게 신경 쓰지 않고 심지어 경멸하면서 대한다고요. 경청할 줄 모르는 차가운 로봇으로요.

내담자14: 입 다물어요.

치료자14: ○○씨에게 내가 관심이 없다고 생각하는 거예요?

내담자15: 아뇨. 선생님은 뉴욕 정신분석 심리치료사인데 한 가지 유형의 치료만 하시는 거죠. 선생님은 경직되어 있어요. 선생님의 평판은 선생님이 잔인하다는 거예요. 저는 선생님 치료 프로그램을 3개월간 받았어요. 이것이 누구나 받는 치료법이 아니라는 것을 아시죠? 선생님은 받아 본 적 없지만 저는 받았어요. 선생님 병원에 석 달 동안 왔다고요. 뭐가 진행되는지 저는 봤어요. 못 견뎌 하는 환자를 치료팀이 어떻게 대하는지도 봤어요. 임상이 그런 거죠. 내담자를 존중해서 그러는 건 아니죠.

치료자15: 음… 임상적이라는 게 사무적이고 비인간적이라는 의미이네요?

내담자16: 사람들은 각자 다른 유형의 치료를 받고 싶어 해요. 선생님 치료팀이 그걸 못 견뎌 하는 사람들을 어떻게 대하는지 저는 봤어요. 그게 저에게 어떤 영향을 줬는지도 알고요. 6개월 전의 저와 어떻게 비교되는지도 알아요.

치료자16: 그러니까 ○○씨는 저의 치료가 극도로 고통스럽다고 생각하시는 것 같은
데… 바로 여기에서 무슨 일이 일어나고 있는지 좀 잠시 멈춰 볼 수 있으면….

내담자17: 됐어요!

치료자17: 그래도 제 생각에는….

내담자18: 됐다니까요!

치료자18: 저를 뉴욕 정신분석 심리치료사라고 표현하는데 내가 뭐… 아니라는 거죠?

내담자19: 뉴욕 정신분석 심리치료사라고 한 것은 선생님이 이해를 못한다는 거예요.

치료자19: 그러니까 ○○씨 생각에 내가 무관심하고 잔인하기까지 하다는 건가요?

내담자20: 아뇨, 아니요. 그 의미의 50%는 선생님이 저와 제가 자라온 문화를 이해하
지 못한다는 거예요. 선생님은 한 가지 문화만 이해하는데, 그것은 바로 이 문화,
미국 그리고 국제 정신분석적 정신역동 심리치료예요. 선생님이 살아온 주류계급
문화 말이에요. 그게 선생님이 속해 있고, 선생님이 관심 있고, 선생님이 이해하는
것이에요. 선생님은 아무것도 이해 못하고 내가 뭐 중요한 걸 전하고 싶어도 다 놓
쳐버리셨어요. 계속, 계속해서 선생님은 제 말을 오해하고, 제 말을 곡해하세요.
그리고 내가 원하는 것을 오해하는 것 같아요. 그렇지만 선생님은 하나에만 초점
을 맞추는데 그게 선생님이 할 수 있다고 아는 바로 그거죠. 그런데 저보고 선생님
을 믿으라고요? 아뇨, 아뇨, 아니요. 다른 사람에게 갈 거예요. 이것은 내 시간이
지 선생님 시간이 아니에요. 선생님이 해야 하는 말을 들을 필요는 없어요.

치료자20: 듣고 싶지 않으세요?

내담자21: 네. 전혀 안 듣고 싶어요. 내가 얘기하고 싶어요. 하지 마세요. 하지 말라고
요. 절대로!

치료자21: 네, 듣고 있어요. [한숨]

내담자22: 좀 쉽게 해줘요. 아니면, 저 망할 것을 걷어차 버릴 거예요. 비용을 청구하세
요. 조금도 상관없어요. 그렇지만 내가 매번 걷어차면 선생님은 나를 내쫓겠죠.
그러니까 이 치료는 불가능해요. 누군가 말할 사람이 필요해서 저 스스로 여기에
왔는데 오자마자 이렇게 됐어요. 이건 아마 주제와 관계없는 말로 제 주의를 돌리
는 선생님의 악명 높은 수법 중 하나 같은데 저는 선생님을 포기하겠어요. 절대로,

절대로 이 시간이 선생님 시간이라고 생각하지 마세요. 지금은 선생님 얘기만 하고 있어요, 제 어머니나 아버지나 다른 누구 얘기가 아니라요.

치료자22: 제가 꼭 아버지 같다고 하신 만큼 ○○씨가 지금 여기에서 그렇게 느끼는 것이죠. 그런데 제가 보기에 지금 여기에 뭔가 다른 것도 있는 것 같아요. 제가 너무 경직되어 있다고 느끼기 때문에, 그러니까 제가 한 가지 치료법밖에 모르고, 한 가지 문화만 알고, 한 가지 방식만 고수하고, 경청할 줄 정말 모르고, 제가 미리 정해진 치료법이 있어서 그 한 가지 방법, 제가 ○○씨에게 반응할 수 있는 유일한 방법만 가지고 있다고 느끼기 때문에 그러니까 ○○씨가 나에게 반응할 수 있는 방법은 이렇게 저를 따라 하는 것이에요. 제 말을 듣지 않고, 제게 말할 기회를 주지 않고, 제가 뭐라고 하든지 그 즉시 마음을 닫고 저를 어떤 틀에 넣으세요. 그러니까 제가 무슨 말을 해도 저를 로봇 같다고 느낄 위험이 있는 것 같아요. ○○씨가 생각한 것에 맞지 않으면 무시하니까요. ○○씨가 제 선입견에 맞지 않으면 무엇이든지 제가 무시한다고 느끼는 것과 똑같이요. 자, 제 생각에 지금은 서로의 말에 주의하지 않고 다른 사람의 입장을 받아들이지 않는다고 할 수 있는데, ○○씨는 그렇게 하는 사람이 저라고 확신하는 것 같아요.

내담자23: [치료자 말을 듣지 않고 거칠게 책장을 넘기며 책을 보고 있다가] 아까 감정이 계속 신경 쓰여요. 오늘 저는 화가 많이 났어요. A 집단에 갔다 오는데 차들이 많이 도로를 막고 있어요. 후원자하고 화와 불안에서 벗어나는 것에 대해 얘기했어요. 제 말 안들리세요?

치료자23: 아뇨, 듣고 있어요. 듣고 있어요.

내담자24: 제가 직업을 갖는 것을 방해하고, 직업을 생각하는 것 혹은 그리고 싶다고 느끼거나 인정하는 데에도 방해가 되는 화와 불안에서 벗어나는 것 말이에요. [치료자를 바라보며 조소하듯이] 가만 있으시네요? 아주 좋아요.

▶ 비디오 3-2: 정동 폭주 2부

치료자1: 제가 잠시 아무 말도 안 하니 제가 가만 있다고 하시네요? 그러니까 ○○씨는 저의 침묵을 무관심과 거절로 느끼시네요.

내담자1: 네. 제가 하는 말을 이해한다고 조금도 느낄 수 없어요. [화난 듯이] 조금도요.

치료자2: 아, 그게….

내담자2: 정말 아무 말도 하지 말아요!

치료자3: 지금 무슨 일이 일어나고 있죠? ○○씨가 제게 똑같이 하면서 제가 ○○씨가 하는 말에 관심이 없다고 느끼기 때문에, ○○씨 속마음을 저한테서 보는 것 아닌가요?

내담자3: 네, 나도 알아요. 그게 문제죠. 그래서 제가 엉망인 거예요. 네, 저도 알아요.

치료자4: 엉망이라는 말을 덧붙이네요. 꼭 제가 ○○씨를 비난하는 것처럼.

내담자4: 아니요, 선생님이 그런다는 게 아니라 제가 그런다고요.

치료자5: 흠. ○○씨가 그러기 때문에, 자신에 대해 제가 똑같은 태도를 가지고 있다고 생각하는 것 같아요.

내담자5: 네, 나도 알아요.

치료자6: 그렇군요…. 사실 ○○씨가 취업 걱정이 아주 많은 것 같다고 말하려는데 말을 끊으셨어요.

내담자6: 선생님이 뭘 얘기하든 상관없어요.

치료자7: 누가 관심이 없는지 그 질문으로 돌아왔네요.

내담자7: 선생님이 무슨 말을 하든 중요하지 않아요. 지금 단계에서 항상 더 중요한 건 나에 대해서 말하는 거예요. 선생님이 듣든지 말든지요. 선생님이 그 뻔한 대답을 하든지 말든지요.

치료자8: ○○씨가 말을 했는데 제가 경청하지 않거나 아니면 ○○씨를 공격한다고 느낀다면 매우 괴로울 거예요. 그래서 정말 그런지 안 그런지 확인할 가치가 있어요. 말하자면 제가 침묵하거나 아니면 ○○씨를 직접 공격한다는 건데 둘 다 공격이죠. 제가 침묵하면 전혀 상관을 안 하는 것이고, 말을 하면 ○○씨를 공격하는 것이고요.

내담자8: 선생님은 정말 도움이 안 돼요. 내가 겪는 어려움을 얘기해도 안 도와주시잖아요.

치료자9: 그러니까 이제는 내가 엉망이 된 것 같네….

내담자9: 아니요.

치료자10: 조금 전에 ○○씨가 자신을 그렇게 표현했는데….

내담자10: 선생님이 제게 해 주어야 했던 것과 말씀 모두에 감사하길 바라시겠지만 그
럴 수가 없어요. [치료자를 노려보며] 그러지 않을 거예요. 선생님의 모든 말, 모든
생각에 감사하지 않으면 Carolyn이 잘못된 거죠. Hamilton 박사님이 아니라요.
Hamilton 박사님은 완벽하죠. 때때로 놓친다는 걸 인정해도요. Carolyn이 수없이
말해 주고 나서만요. [언성을 높이며] 선생님이 놓치기 때문에 어떻게 나를 도울
수 있는지 내 시간의 15분씩 설명해야 해요. 우리는 항상 Carolyn을 분석해야 하
니까요. 여기서는 정상적인 소통이 안되요.

치료자11: [부드럽게 달래듯이] 재밌네요. 내가 가끔 뭘 놓치면 좋은 게 하나도 없는 사
람이 되어 버리네요. 이런 식으로 나를 깎아내리는 게, 내가 ○○씨를 이런 식으
로 깎아내린다는 거죠? 내가 문제를 지적하면 언제나 내가 ○○씨를 엉망이라고
하고, ○○씨를 전적으로 잘라 버린다고 느끼는 것처럼요. ○○씨 안에 있든지 내
안에 있다고 보든지 결국 완전히 완벽하거나 아니면 완전히 평가절하하는 쪽으로
○○씨 마음이 자꾸 그렇게 끌고 가는 것 같아요.

내담자11: [정색하고] 네, 정말 흥미롭네요. Edward Hamilton 박사님. 정말 정확해요.
바로 그거예요. 아주 훌륭한 분석이에요. 나는 완벽주의 가정에서 자랐어요. 아버
지는 완벽주의자라서 돌아가셨어요. 완벽주의는 나에게 익숙해요. 완벽주의 때
문에 아주 힘든 날들을 보냈어요. 정말 슬퍼요. 흠… 조금 더 공손하게 대답해 볼
게요. 고마워요, Hamilton 선생님. 선생님이 맞아요. 그런 식으로 선생님을 보고
있어요. 선생님이 한번 일을 망치면 계속 망친다고 생각하는 거죠. 흠… 선생님께
사과하고 용서를 구할 수 있을까요? 내가 그런 점을 갖고 태어나고 자라와서 그렇
다고요. 그걸 고칠 수 있나요? Hamilton 선생님? 나를 바꿀 수 있으세요?

치료자12: 빈정거리는 말투네요. 그런데 사실은 내가 한 얘기 중 어떤 부분은 인정하는
것 같은데 그걸 좀 숨기는 것 아닌가?

내담자12: 그렇지만 선생님 얘기를 인정했잖아요.

치료자13: 그건 그렇지만 먼저 조롱으로 시작했어요. 내 말이 일리가 있다는 걸 직접 말

하기 어려웠으니까요.

내담자13: 인정해요.

치료자14: 바로 그게 변화죠.

내담자14: 너무 굴욕적이에요.

치료자15: 또 삐딱해지네요.

내담자15: 에이 씨, 빌어먹을! [소리 지르고 책을 던지며 자리에서 일어나 돌아다니다 한 번 더 책을 던짐]

치료자16: 내가 뭘 놓쳤나요?

내담자16: 정말 재수 없어요! 모르겠어요? 빌어먹을! 정말 모르는군요. 젠장 내가 왜 여기 있어야 하지? 아무것도 모르잖아!

치료자17: 알았어요. 무슨 말인지 알겠어요. 그런데 말하자면….

내담자17: 빌어먹을! 모르잖아!

치료자18: 잠깐만요.

내담자18: 싫어요.

치료자19: 잠깐만요. 내가 초반에 무언가 놓쳤어요. 나는 ○○씨가 다시 삐딱해진다고 생각했어요.

내담자19: 왜죠? 선생님도 나처럼 한번 망치면 계속 망치는 건가요?

치료자20: 그런 걸 잘 생각해 봐야 될 것 같아요. 그게….

내담자20: [얼굴을 감싸고 소리 지르며] 안 할 거예요. 안 해요.

치료자21: ○○씨 말이 전적으로 맞아요. 내가 뭔가 놓쳤어요. 그래도 같이 얘기해 보면….

내담자21: [단호하게] 상관없어요. 내가 왜 그걸 따라야 돼요?

치료자22: 그렇지만 흥미롭게도 이게 바로 우리가 얘기하던 부분이에요. 내가 단지 몇 초를 놓쳐서 일어난 상황이, 바로 우리가 얘기하던 부분이에요.

내담자22: [치료자를 노려보며 소리 지름] 단지 몇 초라고요? 6개월이 아니고요? 선생님은 많은 걸 놓쳐요.

치료자23: [설득하듯이] 내가 얘기하던 것으로 돌아가면, ○○씨 태도를 몇 초간 놓쳤어요. 진지하게 이야기하는 것을 알아차리지 못했거든요. 그래서 ○○씨가 삐딱해 진다고 말했더니 몹시 격분했어요.

내담자23: [진정된 모습으로] 네. 왜 그런지 아세요?

치료자24: 음⋯ 나한테 실망하셨겠죠.

내담자24: 맞아요.

치료자25: 네, 알겠어요.

내담자25: [울먹이며] 그건 배신이었어요. 마음이 완전 아팠다고요. 내가 굴욕적이라고 말했더니 세상에, 삐딱해진다고요? 빌어먹을! 선생님은 선생님이 맞는 말을 하면 내가 굴욕적으로 느낀다고 6개월 동안 내게 말한 사람이에요. [약간 가라앉음] 그래서 선생님이 맞다는 사실을 용기 내서 인정했는데 어떻게 하셨어요? 나를 비난 했어요!

치료자26: ○○씨 말이 다 맞아요.

내담자26: [다시 소리 지르며] 선생님과 더 이상 이런 상황을 겪기 싫어요.

치료자27: 한번 살펴보죠. ○○씨 이야기를 들어 보니 내가 또 다른 걸 놓친 것 같아요. 두 가지를 놓쳤어요. ○○씨가 진지하게 얘기한다는 것을 놓쳤고, 내가 맞다는 사실을 인정하는 것이 굴욕적이라 삐딱해질 수밖에 없다는 걸 ○○씨가 알고 있다는 걸 놓쳤어요. 그건 생각하지 못했는데 ○○씨 말이 정말 맞아요.

내담자27: [잠시 가만히 있다가 울먹이며] 저는 선생님이 상상할 수 있는 것보다 제 자신을 훨씬 잘 알아요. 선생님이 제 상황을 이해하려면 하늘에 있는 신의 도움을 받아야만 할 거예요. 제가 어떤 상태인지 모르시잖아요.

치료자28: 이제 우리는 좀 더 이해할 수.

내담자28: 더는 못 하겠어요.

치료자29: 이제 우리는 좀 더 이해할 수 있는 것 같은데요.

내담자29: 못 하겠어요. 못해요.

치료자30: [설명하듯이] 잠시만요. 내가 ○○씨 태도를 놓친 걸 인정하는데도 화를 내는 이유가 뭐죠? 게다가 ○○씨가 삐딱한 태도를 보여야만 했던 이유를 놓쳤다는 사실을 인정했어요. 그게 아주 중요하죠. 그래도 ○○씨는 무언가를 배웠고, 나는

○○씨를 인정한다고 했어요. 그건 긍정적인 경험일 수 있을 것 같은데, 무슨 이유에서인지 ○○씨는 고통스러워해요. 내 생각에 나를 괜찮은 사람이라고 느껴서 괴로워하는 것 같아요. ○○씨 마음속에 나를 괜찮은 사람으로 인정하지 못하게 하는 부분이 있어요.

▶ 비디오 3-3: 정동 폭주 3부

내담자1: [울먹이며] 저 자신을 괜찮은 사람이라고 인정하기 힘들어요. 그게 먼저잖아요. 저 자신을 인정하지 못하는데 어떻게 다른 사람을 인정하겠어요? (음) 하고 싶은 말이 있어요.

치료자1: 네, 말씀하세요. 저도 할 말이 있지만 먼저 들을게요.

내담자2: [목소리를 높이며] 제가 말해야 하는 거를 들을 수 있나요? 아니면 선생님은 제가 그렇다고 그러는데 선생님 생각 때문에 제 말을 막을 건 아닌가요?

치료자2: 아니요. 들을게요…. 잠시 이해하기 어려웠지만, ○○씨 얘기를 들을게요….

내담자3: 선생님이 제 성격에 대해 정확하게 지적하면 저는 굴욕감을 느껴요. 제 생각에 제가 그러면 선생님도 상처받을 거예요. 아니면 아내나 치료자, 혹은 선생님이 마음을 연, 다른 친밀한 사람에게 그런 말을 듣는다면요. 선생님이 잘 말해 주고 가르쳐 줘도 저는 견딜 수가 없어요. 제가 몸으로, 가슴으로, (네.) 목으로 느꼈다고 말했어요. (음) 제가 완벽주의자나 되는 것처럼 틀린 것만 지적당하면 싫어요. [목소리를 높이며] 물론 저는 자책을 하죠. 잘 생각해 봤지만 그건 제 탓이 아니에요. 제 생각에 선생님은 그 감정을 이해하는 데 필요한 관심, 진정한 관심이나 감성이 없어요. 선생님은 정말 마음속의 감정을 읽거나 위안을 주는 능력이 부족한 것 같아요. 여기 앉아서 선생님 얘기를 듣는 게 어떤 기분인지 모르시겠죠. 선생님은 안색도 표정도 전혀 바뀌지 않아요. 선생님 눈빛은 선생님이 원하는 수준에서, 원하는 주제에 관해 얘기할 때만 바뀌어요. [목소리를 높이며] 제 팔이 부러졌을 때만은 선생님이 반응하길 바랐어요. [울먹이며, 4초간 침묵] 선생님은 표정이나 눈빛이 변할 때가 있나요? 아니면 안색이 변할 때가 있나요? 이런 식으로 쳐다보는 사람 앞에서 굴욕당하면서 앉아 있는 것이 얼마나 힘든 일인 줄 아세요?

치료자3: 그런데요, ○○씨가 나를 어떻게 보는지에서 우리는 많은 것을 배울 수 있을 것 같은데요.

내담자4: [격분하며] 선생님이 뭘 생각하든 상관없어요. 이건 제 경험이에요.

치료자4: 맞아요. 하지만 저를 반응이 없는 사람으로 느끼고, 제가 ○○씨를 취한 사람 대하듯 반응을 안 하고 무표정하다고 생각하는 것이 하나예요. 하지만 내가 내 잘못을 인정해도 ○○씨는 또 다른 이유로 힘들어할 거예요.

내담자5: [울먹이며] 저는 하루 24시간을 살아가면서, 반응을 얻지 못하는 경험을 너무 많이 해요. 그게 힘들어요. [격분하며] 1초라도 거기서 벗어나지 못해요. 그게 날 짓누르죠. 토네이도처럼 덮쳐요. (네.) 이 감옥에서 절대로 나올 수 없어요, 절대로. 교회에서 누군가가 저를 위해 기도해 줄 때만 괜찮은데, 어떤 때는 그것도 잘 안 돼요. 거기서 벗어나고 싶어요. 마치 감옥 같아요. 아버지가 저지른 것은 선생님이 저를 바라보며 하는 임상적인 반응으로는 해결되지 않아요. 그런 방법으로는 안 될 거예요.

치료자5: 제가 좀 할 말이 있는데.

내담자6: 무슨 할 말이요? 그런 거 없잖아요. [따지듯이] 왜 그렇게 웃는 얼굴로 봐요?

치료자6: 아니, 할 말이 있다고요.

내담자7: 선생님이 자유로워졌고 훨씬 더 잘하고 있다는 얘기요? 그렇다면 왜 저는 더 기분이 나쁘죠? 즐거워야 하는데, 기분이 나아지다가도 나빠지겠어요. [격분하며] 앞으로 40년은 기분이 더 나빠지도록 두세요. 그러면 선생님 기분이 좋아질 테니까요.

치료자7: 그런데 내 지적 때문에 굴욕감을 느낀 순간과 굴욕감을 느끼지 않기 위해 내게 삐딱해야 한다는 것을 자각한 순간이 있었어요. 또 다른 무언가를 얘기했는데, 그때 아주 중요한 것을 짧은 말로 표현했어요. 내가 그 말을 다시 말해 볼게요.

내담자8: 하지 마세요. 그건 내 말이고 내 인생이에요. 무엇 때문에 그걸 반복해야 되는 거죠? (음) 선생님 팀을 위해서요? [소리 지르며] 제기랄, 팀한테나 하세요.

치료자8: 그런데 내가 ○○씨에게 아무런 도움이 안 된다는 주제로 돌아갔는데, 사실은 ○○씨가….

내담자9: 그러니 이렇게도 소중한 치료의 비용을 선생님이 내셔야겠어요.

치료자9: 자기 자신을 괜찮은 사람이라고 보지 않아서 나를 괜찮은 사람이라고 인정할 수 없다고 말했는데, 그때 자신을 발견한 것 같아요.

내담자10: [따지듯이] 선생님은 전에 그런 말을 누가 했는지 아세요? 선생님 전에 내가 누구한테 이런 말을 들은 적이 없다고 생각하시지요?

치료자10: 누구예요?

내담자11: 나를 사랑하고 존중하고 나를 걱정해 주는 사람들이죠. 지어낸 얘기라고 생각해요?

치료자11: 아니요. 적절한 순간에 나왔네요. ○○씨를 사랑하고 걱정하는 사람들과 연결돼 있다는 것….

내담자12: [격분하며] 빌어먹을.

치료자12: 그러니까 ○○씨가 적절하게 얘기하면서 우리 사이에 긍정적인 관계와 소통이 잘 이루어지는 때 화를 내서 상황을 망쳐 버렸어요. 그런 일이 왜 일어났는지 의문이에요. 잠시라도 생겼던 긍정적인 부분은 왜 그렇게 쉽게 깨질까요?

내담자13: 선생님이 망쳤어요.

치료자13: 내가 뭘 놓쳤어요. 하지만 아주 잠깐이라도 나와 관계가 좋은 것 같으면, 무슨 이유에서인지 ○○씨는 더욱 불안하고 편안할 수가 없는 것 같아요. ○○씨는 화난 것 같고, 트집 잡기 위해 뭔가 찾아내야만 하는 것 같아요.

내담자14: 더는 못하겠어요.

치료자14: 그런데, 또 똑같은 일이 일어나네요. 슬픈 일이지만, ○○씨는 평온하게 얘기할 때보다 싸울 때 더 편하게 느끼는 것 같아요.

내담자15: [격분하며] 선생님도 봤잖아요. 잠깐 마음을 열었는데 선생님이 놓쳤어요. 이 빌어먹을 치료 시간이 정말 싫어요.

치료자15: 조금 더 구체적으로 얘기해 보죠. 지금 이 치료 시간의 어떤 점을 견딜 수 없죠? 새로울 것이 전혀 없는 카메라로 시작했어요. 그다음에는 관계맺는 게 힘들다고 했는데, 내 생각에는 그게 문제인 것 같아요. 하지만 관계의 어려움보다는 카메라를 탓하는 게 만만하겠죠. 그다음 상황은 더 많은 걸 알려 줘요. ○○씨가 마음을 열었고, 내가 놓쳤더니 난리가 났죠. 공책을 던졌고 내게 지옥에 가라고 했어요.

내담자16: 선생님이 내게 한 것을 그대로 돌려주고 싶었어요.

치료자16: 지옥에 보냈어요?

내담자17: [소리 지르며] 맞아요, 나를 비난하는 건 지옥으로 보내는 거란 말이에요.

치료자17: 비난했다구요?

내담자18: [격분하며] 그럼요, 비난했지요. 하나하나 설명해야 하나요?

치료자18: 좀 알려 주세요.

내담자19: 아시잖아요.

치료자19: 무슨 말인지 추측할 수 있어요. 그런데 지금 우리는 또 같은 문제에 부딪혔어요. 그래도 이번에는 좀 더 많은 이야기를 나누고 있네요.

내담자20: 문제요?

치료자20: 문제는 서로가 추측만 하고 분명해지지 않는 거예요. 여기서 직접적으로 말하기 어렵게 하는 것이 뭘까요? 그게 뭔지 더욱 분명하고, 더 명쾌하고, 더 구체적으로 이해하는 게 중요할 거 같아요.

내담자21: [분개하며] 나는 그렇게 하는데 선생님이 놓치는 거잖아요.

치료자21: 맞아요. 하지만 놓친 걸 인정했는데 돌이킬 수가 없네요.

내담자22: 여러 번 노력했는데 한 번도 다르지 않아요. 왜 달라질 수 있다고 잠깐이라도 생각했는지 모르겠어요. 간절하게 바라보는 강아지를 매번 내쳐 버리는 것 같아요. 내가 자랄 때처럼 말이죠.

치료자22: 음, 재미있는 이미지네요. 지금 간절하게 바라보는 강아지를 떠올리기는 좀 어렵네요. 오늘 잠깐 그런 이미지가 있었는지 모르겠는데, 그 강아지가 내쳐진다고 느꼈을 때는 오히려 성난 황소가 됐어요.

내담자23: 죽을 지경이니까 화가 났던 거예요.

치료자23: 아, 죽을 지경, 죽을 지경이라고요. 나에게서 아무 도움도 못 받은 것 같이 느끼는 걸 알아요. 그런데 우리는 오늘 ○○씨가 얼마나 쉽게 돌아서고 반격하는지 보게 됐어요.

내담자24: 내가 좋아서 반격하는 줄 아세요?

치료자24: 아니요. 하지만 그렇게 해야 더 안전하다고 느끼는 것 같아요. 결국에는 혼자 남게 되겠죠.

내담자25: 혼자인 게 상처받는 것보다 나아요.

치료자25: 네, 둘 중 하나만 선택해야 된다면 그럴 수도 있겠네요.

내담자26: 선생님은 좋은 사람들이 있다고 믿죠.

치료자26: 네.

내담자27: 선생님이 맞는지 모르겠어요. 어쩌면 내 생각이 맞고 선생님이 틀린 것일 수도 있어요. 선생님이 순진한 거죠.

치료자27: 그 두 가능성을 살펴보는 것도 좋을 것 같아요. 그리고 우리가 이제 그걸 시작할 수 있을 거 같군요. 하지만 오늘은 마칠 시간이 돼서 다음 시간에 그 이야기를 계속했으면 좋겠어요.

 참고문헌

Ahadi SA, Rothbart MK: Temperament, development, and the big five, in The Developing Structure of Temperament and Personality From Infancy to Adulthood. Edited by Halverson CF, Kohnstamm GA. Hillsdale, NJ, Erlbaum, 1994, pp 189–207

American Psychiatric Association: Diagnostic and Statistical Manual of Mental Disorders, 3rd Edition. Washington, DC, American Psychiatric Association, 1980

American Psychiatric Association: Diagnostic and Statistical Manual of Mental Disorders, 3rd Edition Revised. Washington, DC, American Psychiatric Association, 1987

American Psychiatric Association: Diagnostic and Statistical Manual of Mental Disorders, 4th Edition. Washington, DC, American Psychiatric Association, 1994

American Psychiatric Association: Diagnostic and Statistical Manual of Mental Disorders, 5th Edition. Washington, DC, American Psychiatric Association, 2013

Auchincloss EL, Samberg E (eds): Psychoanalytic Terms and Concepts. New Haven, CT, Yale University Press, 2012

Ayduk O, Mendoza-Denton R, Mischel W, Downey G, Peake PK, Rodriguez M et al: Regulating the interpersonal self: strategic self-regulation for coping with rejection sensitivity. J Pers Soc Psychol 79:776–792, 2000

Ayduk O, Zayas V, Downey G, et al: Rejection sensitivity and executive control: joint predictors of borderline personality features. J Res Pers 42:151–168, 2008 18496604

Baker L, Silk KR, Westen D, Nigg JT, Lohr NE: Malevolence, splitting, and parental ratings by borderlines. J Nerv Ment Dis 180:258–264, 1992 1556566

Barnicot K, Katsakou C, Marougka S, Priebe S: Treatment completion in psychotherapy for borderline personality disorder: a systematic review and meta-analysis. Acta Psychiatr

Scand 123(5):327-338, 2011 21166785

Barone L: Developmental protective and risk factors in borderline personality disorder: a study using the Adult Attachment Interview. Attach Hum Dev 5(1):64-77, 2003 12745829

Bartlett FC: Thinking: An Experimental and Social Study. New York, Basic Books, 1958

Bateman A, Fonagy P: Effectiveness of partial hospitalization in the treatment of borderline personality disorder: a randomized controlled trial. Am J Psychiatry156(10):1563-1569, 1999 10518167

Bateman A, Fonagy P: Psychotherapy for Borderline Personality Disorder: Mentalization-Based Treatment. New York, Oxford University Press, 2004

Beck AT, Freeman A, Davis DD, et al: Cognitive Therapy of Personality Disorders, 2nd Edition. New York, Guilford, 2004

Bender DS, Skodol AE: Borderline personality as a self-other representational disturbance. J Pers Disord 21(5):500-517, 2007 17953503

Berenson KR, Gyurak A, Ayduk O, et al: Rejection sensitivity and disruption of attention by social threats cues. J Res Pers 43:1064-1072, 2009 20160869

Berenson KR, Downey G, Rafaeli E, et al: The rejection-rage contingency in borderline personality disorder. J Abnorm Psychol 120:681-690, 2011 21500875

Bion WR: Learning From Experience. New York, Basic Books, 1962

Bion WR: Notes on memory and desire. Psychoanalytic Forum 2:271-280, 1967

Blum HP: The concept of erotized transference. J Am Psychoanal Assoc 21(1):61-76, 1973 4713717

Bowlby J: A Secure Base: Parent-Child Attachment and Healthy Human Development. New York, Basic Books, 1988

Britton R: Subjectivity, objectivity, and triangular space. Psychoanal Q 73(1):47-61, 2004 14750465

Calabrese ML, Farber BA, Westen D: The relationship of adult attachment constructs to object relational patterns of representing self and others. J Am Acad Psychoanal Dyn Psychiatry 33(3):513-530, 2005 16238476

Caligor E, Clarkin JF: An object relations model of personality and personality pathology, in Psychodynamic Psychotherapy for Personality Disorders: A Clinical Handbook. Edited by Clarkin JF, Fonagy P, Gabbard GO. Washington DC, American Psychiatric Publishing, 2010, pp 3-36

Caligor E, Kernberg OF, Clarkin JF: Handbook of Dynamic Psychotherapy for Higher Level Personality Disorder. Washington, DC, American Psychiatric Publishing, 2007

Caligor E, Diamond D, Yeomans FE, et al: The interpretive process in the psychoanalytic psychotherapy of borderline personality pathology. J Am Psychoanal Assoc 57:271-301, 2009 19516053

Carlson EA, Egeland B, Sroufe LA: A prospective investigation of the development of borderline symproms. Dev Pychopathol 21:1311-1334, 2009

Carsky M, Yeomans F: Overwhelming patients and overwhelmed therapists. Psychodyn Psychiatry 40(1):75-90, 2012 23006030

Caspi A, Roberts BW, Shier R: Personality development. Annu Rev Psychol 56: 453-484, 2005

Cervone D: Personality architecture: within-person structures and processes. Annu Rev Psychol 56:423-452, 2005 15709942

Cicchetti D, Beeghly M, Carlson V, et al: The emergence of the self in atypical populations, in The Self in Transition: Infancy to Childhood. Edited by Cicchetti D, Beeghly M. Chicago, IL, University of Chicago Press, 1990, pp 309-344

Clark LA: Assessment and diagnosis of personality disorder: perennial issues and an emerging reconceptualization. Annu Rev Psychol 58:227-257, 2007

Clarkin JF, De Panfilis C: Developing conceptualization of borderline personality disorder. J Nerv Ment Dis 201(2):88-93, 2013 23364115

Clarkin JF, Posner M: Defining the mechanisms of borderline personality disorder. Psychopathology 38(2):56-63, 2005 15802943

Clarkin JF, Widiger TA, Frances A, et al: Prototypic typology and the borderline personality disorder. J Abnorm Psychol 92:263-275, 1983 6619404

Clarkin JF, Hull JW, Hurt SW: Factor structure of borderline personality disorder criteria. J Pers Disord 7:137-143, 1993

Clarkin JF, Yeomans FE, Kernberg OF: Psychotherapy for Borderline Personality. New

York, Wiley, 1999

Clarkin JF, Foelsch PA, Levy KN, et al: The development of a psychodynamic treatment for patients with borderline personality disorder: a preliminary study of behavioral change. J Pers Disord 15(6):487–495, 2001 11778390

Clarkin JF, Yeomans FE, Kernberg OF: Psychotherapy for Borderline Personality: Focusing on Object Relations. Washington, DC, American Psychiatric Publishing, 2006

Clarkin JF, Levy KN, Lenzenweger M-F, Kernberg OF: Evaluating three treatments for borderline personality disorder: a multiwave study. Am J Psychiatry 164(6):922–928, 2007 17541052

Clarkin JF, Fonagy P, Levy KN, et al: Borderline personality disorder, in Handbook of Contemporary Psychodynamic Approaches to Psychopathology. Edited by Luyten P, Mayes LC, Fonagy P, et al. New York, Guilford, in press

Coifman KG, Berenson KR, Rafaeli R, et al: From negative to positive and back again: polarized affective and relational experience in borderline personality disorder. J Abnorm Psychol 121:668–679, 2012 22686872

Connolly MB, Crits-Christoph P, Shappell Sandi, et al: The relation of transference interpretations to outcome in the early sessions of brief supportive-expressive psychotherapy. Psychotherapy Research 9(4):485–495, 1999

Crits-Christoph P, Gibbons M, Murkherjee D: Psychotherapy process-outcome research, in Bergin and Garfield's Handbook of Psychotherapy and Behavior Change, 6th Edition. Edited by Lambert MJ. New York, Wiley, 2013, pp 298–340

Depue RA, Lenzenweger MF: A neurobehavioral dimensional model, in Handbook of Personality Disorders: Theory, Research and Treatment. Edited by Livesley WJ. New York, Guilford, 2001, pp 136–176

Depue RA, Lenzenweger MF: A neurobehavioral dimensional model of personality disturbance, in Major Theories of Personality Disorder, 2nd Edition. Edited by Lenzenweger MF, Clarkin JF. New York, Guilford, 2005, pp 391–454

Diamond D, Clarkin JF, Stovall-McClough KC, et al: Patient-therapist attachment: impact on therapeutic process and outcome, in Attachment Theory and the Psychoanalytic Process. Edited by Cortina M, Marrone M. London, Whurr, 2003, pp 179–203

Diamond D, Yeomans FE, Levy K: Psychodynamic psychotherapy for narcissistic personality disorder, in The Handbook of Narcissism and Narcissistic Personality Disorder: Theoretical Approaches, Empirical Findings, and Treatment. Edited by Campbell K, Miller J. New York, Wiley, 2011, pp 423-433

Distel MA, Willemsen G, Ligthart L, et al: Genetic covariance structure of the four main features of borderline personality disorder. J Pers Disord 24(4):427-444, 2010 20695804

Dixon-Gordon KL, Chapman AL, Lovasz N, et al: Too upset to think: the interplay of borderline personality features, negative emotions, and social problem solving in the laboratory. Personal Disord 2:243-260, 2011 22448801

Doering S, Höorz S, Rentrop M, et al: Transference-focused psychotherapy v. treatment by community psychotherapists for borderline personality disorder: randomised controlled trial. Br J Psychiatry 196(5):389-395, 2010 20435966

Downey G, Feldman SI: Implications of rejection sensitivity for intimate relationships. J Pers Soc Psychol 6:1327-1343, 1996 8667172

Dozier M, Cue K, Barnett L. Clinicians as caregivers: role of attachment organization in treatment. J Consult Clin Psychol 62:793-800 2003 7962883

Dziobek I, Preißler S, Grozdanovic Z, Heuser I, Heekeren HR, Roepke S: Neuronal correlates of altered empathy and social cognition in borderline personality disorder. Neuroimage 57:539-548, 2011

Eisenberg N, Smith CL, Sadovsky A, et al: Effortful control: relations with emotional regulation, adjustment, and socialization in childhood, in Handbook of Self-Regulation: Research, Theory, and Applications. Edited by Baumeister RF, Vohs KD. New York, Guilford, 2004, pp 259-282

Eisenberger NI, Lieberman MD, Williams KD: Does rejection hurt? An fMRI study of social exclusion. Science 302:290-292, 2003 14551424

Fairbairn WRD: An Object-Relations Theory of the Personality. New York, Basic Books, 1943

Fairbairn WRD: Psychoanalytic Studies of Personality. London, Tavistock, 1952

Fertuck EA, Lenzenweger MF, Clarkin JF, et al: Executive neurocognition, memory systems, and borderline personality disorder. Clin Psychol Rev 26(3):346-375, 2006 15992977

Fonagy P, Leigh T, Steele M, et al: The relation of attachment status, psychiatric classification, and response to psychotherapy. J Consult Clin Psychol 64(1):22-31, 1996 8907081

Fonagy P, Steele M, Steele H, et al: Reflective-function manual: version 5.0. For application to the Adult Attachment Interview. Unpublished manuscript, University College, London, 1998

Fonagy P, Gergely G, Target M: The parent-infant dyad and the construction of the subjective self. J Child Psychol Psychiatry 48(3-4):288-328, 2007 17355400

Freud S: Observations on transference-love (1915), in The Standard Edition of the Complete Psychological Works of Sigmund Freud, Vol 12. Translated and edited by Strachey J. London, Hogarth, 1958, pp 157-171

Freud S: Mourning and melancholia (1917), in The Standard Edition of the Complete Psychological Works of Sigmund Freud, Vol 14. Translated and edited by Strachey J. London, Hogarth, 1958, pp 237-258

Freud S: Beyond the pleasure principle (1920), in The Standard Edition of the Complete Psychological Works of Sigmund Freud, Vol 18. Translated and edited by Strachey J. London, Hogarth, 1958, pp 3-64

Frith CD, Frith U: Mechanisms of social cognition. Annu Rev Psychol 63:287-313, 2012 21838544

Gabbard GO: Technical approaches to transference hate in the analysis of borderline patients. Int J Psychoanal 72(4):625-637, 1991 1797717

Gergely G, Watson JS: The social biofeedback theory of parental affect-mirroring: the development of emotional self-awareness and self-control in infancy. Int J Psychoanal 77(Pt 6):1181-1212, 1996 9119582

Giesen-Bloo J, van Dyck R, Spinhoven P, et al: Outpatient psychotherapy for borderline personality disorder: randomized trial of schema-focused therapy vs transference-focused psychotherapy. Arch Gen Psychiatry 63(6):649-658, 2006 16754838

Gill M: The connection of all transference to the actual analytic situation, in Analysis of Transference, Vol 1: Theory and Technique. New York, International Universities Press, 1982, pp 96-106

Green A: Le Travail du Néatif. Paris, Editions de Minuit, 1993

Green A: La position phobique centrale, in La PenséClinique. Paris, Editions Odile Jacob, 2002, pp 149-186

Grinker R, Werble B, Drye R: The Borderline Syndrome. New York, Basic Books, 1968

Gross JJ, John OP: Individual differences in two emotion regulation processes: implications for affect, relationships, and well-being. J Pers Soc Psychol 85:348-362, 2003 12916575

Gross JJ, Thompson RA: Emotion regulation: conceptual foundations, in Handbook of Emotion Regulation. Edited by Gross JJ. New York, Guilford, 2007, pp 351-372

Gunderson JG, Kolb JE: Discriminating features of borderline patients. Am J Psychiatry 135(7):792-796, 1978 665789

Gunderson JC, Links P: Handbook of Good Psychiatric Management for Borderline Personality Disorder. Washington DC, American Psychiatric Publishing, 2014

Gunderson JG, Lyons-Ruth K: BPD's interpersonal hypersensitivity phenotype. J Pers Disord 22: 22-41, 2008 18312121

Hallquist MN, Pilkonis PA: Refining the phenotype of borderline personality disorder: diagnostic criteria and beyond. Pers Disord 3(3):228-246, 2012 22823231

Hampson SE: Personality processes: mechanisms by which personality traits "get outside the skin." Annu Rev Psychol 63:315-339, 2012 21740225

Harter S: The Construction of the Self: A Developmental Perspective. New York, Guilford, 1999

Heatherton TF, Wagner DD: Cognitive neuroscience of self-regulation failure. Trends Cogn Sci 15(3):132-139, 2011 21273114

Herpertz S: Self-injurious behavior: psychopathological and nosological characteristics in subtypes of self-injurers. Acta Psychiatr Scand 91: 57-68, 1995 7754789

Hesse E: The Adult Attachment Interview: protocol, method of analysis, and empirical studies, in Handbook of Attachment: Theory, Research, and Clinical Applications. Edited by Cassidy J, Shaver P. New York, Guilford, 2010, pp 552-598

Hill D: Special place of the erotic transference in psychoanalysis. Psychoanal Inq 14:483-498, 1994

Høglend P, Bøgwald KP, Amlo S, et al: Transference interpretations in dynamic psychotherapy: do they really yield sustained effects? Am J Psychiatry 165(6):763-771, 2008 18413707

Hooker CI, Gyurak A, Verosky SC, et al: Neural activity to a partner's facial expression predicts self-regulation after conflict. Biol Psychiatry 67:406-413, 2010 20004365

Horowitz LM: Interpersonal Foundations of Psychopathology. Washington, DC, American Psychological Association, 2004

Jacobson E: Contribution to the metapsychology of psychotic identifications. J Am Psychoanal Assoc 2:239-262, 1954 13151997

Jacobson E: Denial and repression. J Am Psychoanal Assoc 5: 61-92, 1957 13398327

Jacobson E: The Self and the Object World. New York, International Universities Press, 1964

Jacobson E: On the paranoid urge to betray, in Depression: Comparative Studies of Normal, Neurotic, and Psychotic Conditions. New York, International Universities Press, 1971, pp 302-318

Johansen M, Karterud S, Pedersen G, et al: An investigation of the prototype validity of the borderline DSM-IV construct. Acta Psychiatr Scand 109(4):289-298, 2004 15008803

Joseph B: Transference: the total situation. Int J Psychoanal 66:447-454, 1985

Jovev M, Jackson HJ: The relationship of borderline personality disorder, life events and functioning in an Australian psychiatric sample. J Pers Disord 20:205-217, 2006 16776551

Kazdin A: Psychotherapy for children and adolescents, in Bergin and Garfield's Handbook of Psychotherapy and Behavior Change, 5th Edition. Edited by Lambert MJ. New York, Wiley, 2004, pp 543-589

Kernberg OF: Borderline Conditions and Pathological Narcissism. New York, Aronson, 1975

Kernberg OF: Internal World and External Reality: Object Relations Theory Applied. New York, Jason Aronson, 1980

Kernberg OF: Severe Personality Disorders: Psychotherapeutic Strategies. New Haven, CT, Yale University Press, 1984

Kernberg OF: Aggression in Personality Disorders and Perversions. New Haven, CT, Yale

University Press, 1992

Kernberg OF: Aggression, trauma, and hatred in the treatment of borderline patients. Psychiatr Clin North Am 17(4):701-714, 1994 7877899

Kernberg OF: Love Relations: Normality and Pathology. New Haven, CT, Yale University Press, 1995

Kernberg OF: Aggressivity, Narcissism, and Self-Destructiveness in the Psychotherapeutic Relationship: New Developments in the Psychopathology and Psychotherapy of Severe Personality Disorders. New Haven, CT, Yale University Press, 2004

Kernberg OF: New developments in transference-focused psychotherapy. Int J Psychoanal, 97(2):385-407, 2016

Kernberg OF, Caligor E: A psychoanalytic theory of personality disorders, in Major Theories of Personality Disorder, 2nd Edition. Edited by Lenzenweger ML, Clarkin JF. New York, Guilford, 2005, pp 114-156

Kernberg OF, Diamond D, Yeomans FE, et al: Mentalization and attachment in borderline patients in transference focused psychotherapy, in Mind to Mind: Infant Research, Neuroscience, and Psychoanalysis. Edited by Jurist EJ, Slade A, Bergner S. New York, Other Press, 2008, pp 167-201

King-Casas B, Sharp C, Lomax-Bream L, et al: The rupture and repair of cooperation in borderline personality disorder. Science 321(5890):806-810, 2008 18687957

Klein M: Notes on some schizoid mechanisms. Int J Psychoanal 27(Pt 3-4):99-110, 1946 20261821

Klein M: Mourning and its relation to manic-depressive states, in Contributions to Psychoanalysis. London, Hogarth Press, 1948, pp 311-338

Klein M: Envy and Gratitude, a Study of Unconscious Sources. New York, Basic Books, 1957

Knight RP: Borderline states, in Psychoanalytic Psychiatry and Psychology. Edited by Knight RP, Friedman CR. New York, International Universities Press, 1954, pp 97-109

Kochanska G: Emotional development in children with different attachment histories: the first three years. Child Dev 72(2):474-490, 2001 11333079

Kochanska G, Knaack A: Effortful control as a personality characteristic of young children:

antecedents, correlates, and consequences. J Pers 71(6):1087–1112, 2003 14633059

Koenigsberg HW, Kernberg OF, Stone MH, et al (eds): Borderline Personality Disorder: Extending the Limits of Treatability. Basic Books, New York, 2000a

Koenigsberg HW, Kernberg OF, Stone MH, et al: Transference-focused psychotherapy in sequence with other modalities, in Borderline Patients: Extending the Limits of Treatability. New York, Basic Books, 2000b, pp 247–266

Koenigsberg HW, Kernberg OF, Stone MH, et al: Using dream material, in Borderline Patients: Extending the Limits of Treatability. New York, Basic Books, 2000c, pp 207–228

Koenigsberg HW, Fan J, Ochsner KN, et al: Neural correlates of the use of psychological distancing to regulate responses to negative social cues: a study of patients with borderline personality disorder. Biol Psychiatry 66(9):854–863, 2009a 19651401

Koenigsberg HW, Siever LJ, Lee H, et al: Neural correlates of emotion processing in borderline personality disorder. Psychiatry Res 172(3):192–199, 2009b 19394205

Korfine L, Hooley JM: Directed forgetting of emotional stimuli in borderline personality disorder. J Abnorm Psychol 109(2):214–221, 2000 10895559

Korfmacher J, Adam E, Ogawa J, et al: Adult attachment: implications for the therapeutic process in a home visitation intervention. Appl Dev Sci 1:43–52, 1997

Krueger F, Mccabe K, Moll J, et al: Neural correlates of trust. Proc Natl Acad Sci 104:20084–9, 2007 18056800

Lenzenweger MF: Current status of the scientific study of the personality disorders: an overview of epidemiological, longitudinal, experimental psychopathology, and neurobehavioral perspectives. J Am Psychoanal Assoc 58(4):741–778, 2010 21115756

Lenzenweger MF, Cicchetti D: Toward a developmental psychopathology approach to borderline personality disorder. Dev Psychopathol 17(4):893–898, 2005 16613423

Lenzenweger MF, Clarkin JF: Major Theories of Personality Disorder, 2nd Edition. New York, Guilford, 2005

Lenzenweger MF, Clarkin JF, Kernberg OF, et al: The Inventory of Personality Organization: Psychometric properties, factorial composition, and criterion relations with affect, aggressive dyscontrol, psychosis proneness, and self-domains in a nonclinical sample.

Psychol Assess 13:577–591, 2001 11793901

Lenzenweger MF, Johnson MD, Willett JB: Individual growth curve analysis illuminates stability and change in personality disorder features: the longitudinal study of personality disorders. Arch Gen Psychiatry 61(10):1015–1024, 2004 15466675

Lenzenweger MF, Clarkin JF, Yeomans FE, et al: Refining the borderline personality disorder phenotype through finite mixture modeling: implications for classification. J Pers Disord 22(4):313–331, 2008 18684047

Lenzenweger MF, Clarkin JF, Levy KN, et al: Predicting domains and rates of change in borderline personality disorder. Pers Disord 3(2):185–195, 2012a 22452776

Lenzenweger MF, McClough JF, Clarkin JF, Kernberg OF: Exploring the interface of neurobehaviorally linked personality dimensions and personality organization in borderline personality disorder: the Multidimensional Personality Questionnaire and Inventory of Personality Organization. J Pers Disord 26(6):902–918, 2012b 23281675

Levy KN, Meehan KB, Kelly KM, et al: Change in attachment patterns and reflective function in a randomized control trial of transference-focused psychotherapy for borderline personality disorder. J Consult Clin Psychol 74(6):1027–1040, 2006 17154733

Levy KN, Meehan KB, Beeney JE, et al: Mechanisms of change in the psychodynamic treatment of borderline personality disorder: findings from experimental psychopathology and psychotherapy process and outcome. Paper presented at the Annual Meeting of the Society for Psychotherapy Research, Bern, Switzerland, June 2011

Levy KN, Meehan KB, Yeomans FE: An update and overview of the empirical evidence for transference-focused psychotherapy and other psychotherapies for borderline personality disorder, in Psychodynamic Psychotherapy Research: Evidence-Based Practice and Practice-Based Evidence. Edited by Levy RA, Ablon JS, Kähele H. New York, Springer, 2012, pp 139–167

Lieberman MD: Social cognitive neuroscience: a review of core processes. Annu Rev Psychol 58:259–289, 2007 17002553

Linehan MM: Cognitive-Behavioral Treatment of Borderline Personality Disorder. New

York, Guilford, 1993

Linehan MM, Armstrong HE, Suarez A, et al: Cognitive-behavioral treatment of chronically parasuicidal borderline patients. Arch Gen Psychiatry 48(12):1060-1064, 1991 1845222

Livesley WJ: Conceptual and taxonomic issues, in Handbook of Personality Disorders: Theory, Research, and Treatment. Edited by Livesley WJ. New York, Guilford, 2001, pp 3-38

Mahler MS: A study of the separation-individuation process and its possible application to borderline phenomena in the psychoanalytic situation. Psychoanal Study Child 26:403-424, 1971 5163236

McMain SF, Guimond T, Streiner DL, et al: Dialectical behavior therapy compared with general psychiatric management for borderline personality disorder: clinical outcomes and functioning over a 2-year follow-up. Am J Psychiatry 169(6):650-661, 2012 22581157

Meyer B, Pilkonis PA: An attachment model of personality disorders, in Major Theories of Personality Disorder, 2nd Edition. Edited by Lenzenweger MF, Clarkin JF. New York, Guilford, 2005, pp 231-281

Miano A, Fertuck EA, Arntz A, Stanley B: Rejection sensitivity is a mediator between borderline personality disorder features and facial trust appraisal. J Pers Disord 27(4):442-456, 2013 23586933

Mischel W, Shoda Y: Toward a unified theory of personality: integrating dispositions and processing dynamics within the cognitive-affective processing system, in Handbook of Personality: Theory and Research, 3rd Edition. Edited by John OP, Robins RW, Pervin LA. New York, Guilford, 2008, pp 208-241

Mitchell S, Aron L (eds): Relational Psychoanalysis: The Emergence of a Tradition. Relational Perspectives Book Series, Vol 14. Hillsdale, NJ, Analytic Press, 1999

Nelson K, Fivush R: The emergence of autobiographical memory: a social cultural developmental theory. Psychol Rev 111(2):486-511, 2004 15065919

Ochsner KN, Gross JJ: Cognitive emotion regulation: insights from social cognitive and affective neuroscience. Curr Dir Psychol Sci 17:153-158, 2008

Paris J: Borderline Personality Disorder: A Multidimensional Approach. Washington DC,

American Psychiatric Press, 1994

Patrick M, Hobson RP, Castle D, et al: Personality disorder and the mental representation of early social experience. Dev Psychopathol 6:375-388, 1994

Perry JC, Herman JL: Trauma and defense in the etiology of borderline personality disorder, in Borderline Personality Disorder: Etiology and Treatment. Edited by Paris J. Washington DC, American Psychiatric Press, 1993, pp 123-139

Pincus AL: A contemporary integrative interpersonal theory of personality disorders, in Major theories of personality disorder, 2nd Edition. Edited by Lenzenweger M, Clarkin J. New York, Guilford, 2005, pp 282-331

Piper WE, Duncan SC: Object relations theory and short-term dynamic psychotherapy: findings from the Quality of Object Relations Scale. Clin Psychol Rev 19(6):669-685, 1999 10421951

Piper WE, Azim HFA, Joyce AS, McCallum M: Transference interpretations, therapeutic alliance, and outcome in short-term individual psychotherapy. Arch Gen Psychiatry 48(10):946-953, 1991 1929765

Posner MI, Rothbart MK: Developing mechanisms of self-regulation. Dev Psychopathol 12(3):427-441, 2000 11014746

Posner MI, Rothbart MK, Vizueta N, et al: Attentional mechanisms of borderline personality disorder. Proc Natl Acad Sci 99:16366-16370, 2002

Racker H: The meanings and uses of countertransference. Psychoanal Q 26(3):303-357, 1957 13465913

Reich W: Character Analysis. New York, Farrar, Straus, and Giroux, 1972

Renneberg B, Herm K, Hahn A, et al: Perception of social participation in borderline personality disorder. Clin Psychol Psychother 19(6):473-480, 2012 22076727

Rockland LH: Supportive Therapy for Borderline Patients: A Psychodynamic Approach. New York, Guilford, 1992

Rothbart MK, Bates JE: Temperament, in Handbook of Child Psychology, Vol 3, 5th Edition. Edited by Damon W, Eisenberg N. New York, Wiley, 1998, pp 105-176

Russell JJ, Moskowitz DS, Zuroff DC, et al: Stability and variability of affective experience and interpersonal behavior in borderline personality disorder. J Abnorm Psychol

116(3):578-588, 2007 17696713

Sadikaj G, Russell JJ, Moskowitz DS, Paris J: Affect dysregulation in individuals with borderline personality disorder: persistence and interpersonal triggers. J Pers Assess 92(6):490-500, 2010 20954051

Sanderson C, Clarkin JF: Further use of the NEO-PI-R personality dimensions in differential treatment planning, in Personality Disorders and the Five-Factor Model of Personality, 3rd Edition. Edited by Widiger TA, Costa Jr PT. Washington, D.C., American Psychological Association, 2013, pp 325-348

Sanislow CA, Grilo CM, McGlashan TH: Factor analysis of the DSM-III-R borderline personality disorder criteria in psychiatric inpatients. Am J Psychiatry 157(10):1629-1633, 2000 11007717

Selby EA, Ward AC, Joiner TE Jr: Dysregulated eating behaviors in borderline personality disorder: are rejection sensitivity and emotion dysregulation linking mechanisms? Int J Eat Disord 43(7):667-670, 2010 19806606

Shea M, Stout R, Gunderson J, et al: Short-term diagnostic stability of schizotypal, borderline, avoidant, and obsessive-compulsive personality disorders. Am J Psychiatry 159:2036-2041, 2002 12450953

Shedler J, Westen D: The Shedler-Westen assessment procedure: making personality diagnosis clinically meaningful, in Psychodynamic Psychotherapy for Personality Disorders: A Clinical Handbook. Edited by Clarkin JF, Fonagy P, Gabbard GO. Washington, DC, American Psychiatric Publishing, 2010, pp 125-161

Silbersweig D, Clarkin JF, Goldstein M, et al: Failure of frontolimbic inhibitory function in the context of negative emotion in borderline personality disorder. Am J Psychiatry 164(12):1832-1841, 2007 18056238

Silk KR, Friedel RO: Psychopharmacological and neurobiological considerations, in The Integrated Treatment of Borderline Personality Disorder. Edited by Livesley WJ, Dimaggio G, Clarkin JF. New York, Guilford, in press

Skodol AE, Pagano ME, Bender DS, et al: Stability of functional impairment in patients with schizotypal, borderline, avoidant, or obsessive-compulsive personality disorder over two years. Psychol Med 35:443-451, 2005 15841879

Staebler K, Helbing E, Rosenbach C, Renneberg B: Rejection sensitivity and borderline personality disorder. Clin Psychol Psychother 18(4):275-283, 2011a 21110407

Staebler K, Renneberg B, Stopsack M, et al: Facial emotional expression in reaction to social exclusion in borderline personality disorder. Psychol Med 41(9):1929-1938, 2011b 21306661

Steiner J: Psychic Retreats: Pathological Organization of the Personality in Psychotic, Neurotic and Borderline Patients. London, Routledge and The Institute of Psychoanalysis, 1993

Stepp SD, Pilkonis PA, Yaggi KE, et al: Interpersonal and emotional experiences of social interactions in borderline personality disorder. J Nerv Ment Dis 197(7):484-491, 2009 19597355

Stern BL, Yeomans FE, Diamond D, et al: Transference-focused psychotherapy for narcissistic personality disorder, in Treating Pathological Narcissism. Edited by Ogrodniczuk J. Washington, DC, American Psychological Association, 2013

Stiglmayr CE, Ebner-Priemer UW, Bretz J, et al: Dissociative symptoms are positively related to stress in borderline personality disorder. Acta Psychiatr Scand 117:139-147, 2008 18028248

Stoffers J, Völm BA, Rüker G, et al: Pharmacological interventions for borderline personality disorder. Cochrane Database Syst Rev(6):CD005653, 2010 20556762

Stone MH: Personality Disordered Patients: Treatable and Untreatable. Washington, DC, American Psychiatric Publishing, 2006

Trull TJ, Ebner-Priemer UW: Using experience sampling methods/ecological momentary assessment (ESM/EMA) in clinical assessment and clinical research: introduction to the special section. Psychol Assess 21(4):457-462, 2009 19947780

Westen D: The impact of sexual abuse on self structure, in Disorders and Dysfunctions of the Self (5th Rochester Symposium on Developmental Psychopathology, 1991). Edited by Cicchetti D, Toth SL. Rochester, NY, University of Rochester Press, 1993, pp 223-250

Widiger TA, Simonsen E: Alternative dimensional models of personality disorder: finding a common ground, in Dimensional Models of Personality Disorders: Refining the

Research Agenda for DSM-V. Edited by Widiger TA, Simonsen E, Sirovatka P, et al. Washington, DC, American Psychiatric Association, 2006, pp 1-21

Winnicott DW: Hate in the counter-transference. Int J Psychoanal 30:69-74, 1949

Wnuk S, McMain S, Links PS, et al: Factors related to dropout from treatment in two outpatient treatments for borderline personality disorder. J Pers Disord 27(6):716-726, 2013 23718760

Yeomans FE, Selzer MA, Clarkin JF: Treating the Borderline Patient: A Contract-Based Approach. New York, Basic Books, 1992

Yeomans FE, Gutfreund J, Selzer MA, et al: Factors related to drop-outs by borderline patients. J Psychother Pract Res 3(1):16-24, 1994 22700170

Yeomans FE, Clarkin JF, Kernberg OF: A Primer of Transference-Focused Psychotherapy for the Borderline Patient. Northvale, NJ, Jason Aronson, 2002

Yun RJ, Stern BL, Lenzenweger MF, et al: Refining personality disorder subtypes and classification using finite mixture modeling. Pers Disord 4(2):121-128, 2013 23046042

Zanarini MC, Williams AA, Lewis RE, et al: Reported pathological childhood experiences associated with the development of borderline personality disorder. Am J Psychiatry 154(8):1101-1106, 1997 9247396

Zanarini MC, Frankenburg FR, Hennen J, et al: The longitudinal course of borderline psychopathology: 6-year prospective follow-up of the phenomenology of borderline personality disorder. Am J Psychiatry 160:274-283, 2003 12562573

Zanarini MC, Frankenburg FR, Reich DB, Fitzmaurice G: Attainment and stability of sustained symptomatic remission and recovery among patients with borderline personality disorder and axis II comparison subjects: a 16-year prospective follow-up study. Am J Psychiatry 169(5):476-483, 2012 22737693

👀 찾아보기

저자 소개

프랑크 여만스(Frank E. Yeomans, M.D., Ph.D.)

코넬대학교의 Joan and Sanford I. Weill 의대와 의과대학원의 정신과 임상 조교수다. 현재 인성장애연구소에서 고위자문을 하고 있고 국제적인 교육을 맡고 있으며 화이트 플레인스 (White Plains)와 뉴욕에서 개업하고 있다.

존 클라킨(John F. Clarkin, Ph.D.)

뉴욕 Presbyterian병원, Westchester분원의 인성장애연구소 부소장이며 Joan and Sanford I. Weill 의대의 정신과와 뉴욕시 코넬대학교 의과대학원의 임상심리 교수다. 심리치료 연구회의 운영자를 맡고 있다.

오토 컨버그(Otto F. Kernberg, M.D.)

뉴욕 Presbyterian병원, Westchester분원의 인성장애연구소 소장이며 Joan and Sanford I. Weill 의대와 뉴욕시 코넬대학교 의과대학원의 정신과 교수다. 컬럼비아대학교의 정신분석 수련 및 연구 센터에서 수련과 지도감독 분석가이고 국제정신분석학회의 회장을 역임하였다.

역자 소개

윤순임(Yoon SoonIm)

현재 서울정신분석상담연구소 소장을 맡고 있으며 정신분석가이자 임상심리전문가다. 독일 뷔르츠부르크대학교와 동 대학원 및 박사과정에서 심리학을 전공하고 뷔르츠부르크대학교 디플롬 임상심리학자 자격을 취득한 후 뷔르츠부르크대학교 임상심리학연구소 연구원을 역임하였다. 독일 슈투트가르트 정신분석연구소에서 정신분석 전공으로 수련 및 임상활동을 하였고, 독일정부 공인 정신분석가(정신분석치료) 자격면허를 획득하여 독일에서 정신분석가로 활동하였다. 1989년 귀국 이후 정신분석가로 임상 및 교육활동을 활발히 하며, 서울대학교 학생생활연구소 특별연구원, 한국청소년상담원 상담부교수 및 상담연수실장 등을 역임하였다. 저서 및 역서로는『경계선 인성장애의 정신분석 심리치료』(윤순임 외 공역, 학지사, 2016),『전이초점 심리치료 입문』(윤순임 외 공역, 학지사, 2013),『경험에서 배우기』(윤순임 역, 눈출판사, 2012),『현대 상담심리치료의 이론과 실제』(윤순임 외 공저, 중앙적성출판사, 1995),『남녀관계의 사랑과 공격성』(윤순임 외 공역, 학지사, 2005),『경계선 장애와 병리적 나르시시즘』(윤순임 외 공역, 학지사, 2008),『만화로 만나는 20세기의 큰 인물 '프로이드'』(윤순임 감수, 웅진출판사, 1996) 등이 있으며, 정신분석과 정신분석 치료에 관련된 다수의 논문이 있다. 방송 출연으로는 KBS 일요스페셜 특별기획다큐 〈마음, 제3편 무의식에 새겨진 마음을 깨우다〉, EBS 〈도종환의 책과 함께 하는 세상, 프로이트의『정신분석 강의』〉, SBS 〈Turning Point, 이혼위기 부부 문제〉, 방송대학 TV 〈우리 시대의 고전이야기, 꿈의 해석〉 등과 KBS 〈아침마당, 무엇이든 물어보세요〉, KBS 라디오 〈자녀교육상담실〉 등 다수가 있다.

이용승(Lee YongSeung)

임상심리전문가, 서울대학교 심리학박사

서울대학교병원 신경정신과 임상심리연수원 과정 수련

전 서울대학교, 연세대학교, 이화여자대학교, 충북대학교 등 강사

현 서울정신분석상담연구소 연구원

심영숙(Shim YoungSuk)

임상심리전문가, 서울대학교 심리학석사, 가톨릭대학교 심리학박사

강남클리닉 임상심리 과정 수련

전 가톨릭대학교, 충북대학교, 서울불교대학원대학교 강사, 법원행정처 양성평등상담위원

현 서울정신분석상담연구소 연구원

문형춘(Moon HyungChoon)

상담심리전문가, 서울대학교 심리학석사, 가톨릭대학교 심리학박사

전 서울대학교 학생생활연구소 상담연구원, 서울특별시청소년종합상담실 상담부장

     가톨릭대학교, 한국상담대학원대학교, 서울불교대학원대학교 등 강사

현 서울정신분석상담연구소 연구원

남기숙(Nam KiSook)

임상심리전문가, 서울대학교 심리학박사

서울대학교병원 신경정신과 임상심리연수원 과정 수련

전 서울대학교 공과대학 전기공학부 상담원

     서울사이버대학교, 아주대학교, 가톨릭대학교 등 강사

현 서울정신분석상담연구소 연구원

이임순(Lee ImSoon)

임상심리전문가, 상담심리전문가, 고려대학교 심리학박사

서울대학교병원 신경정신과 임상심리연수원 과정 수련

전 숙명여자대학교 교육학부 초빙교수, KAIST 경영대학 서울캠퍼스 학생상담실 상담전문가

     서울정신분석상담연구소 연구원

현 심리상담센터 '함께' 대표

경계선 인성장애를 위한 전이초점 심리치료
-임상 가이드-

Transference-Focused Psychotherapy for Borderline Personality Disorder
A Clinical Guide, First edition

2019년 11월 15일 1판 1쇄 발행
2020년 10월 20일 1판 2쇄 발행

지은이 • Frank E. Yeomans · John F. Clarkin · Otto F. Kernberg
옮긴이 • 윤순임 외
펴낸이 • 김진환
펴낸곳 • ㈜**학지사**

　　　　　04031 서울특별시 마포구 양화로 15길 20 마인드월드빌딩
대표전화 • 02-330-5114　　팩스 • 02-324-2345
등록번호 • 제313-2006-000265호

홈페이지 • http://www.hakjisa.co.kr
페이스북 • https://www.facebook.com/hakjisa

ISBN 978-89-997-1972-1　93180

정가 27,000원

역자와의 협약으로 인지는 생략합니다.
파본은 구입처에서 교환해 드립니다.

이 책을 무단으로 전재하거나 복제할 경우 저작권법에 따라 처벌을 받게 됩니다.

이 도서의 국립중앙도서관 출판시도서목록(CIP)은 서지정보유통지
원시스템 홈페이지(http://seoji.nl.go.kr)와 국가자료공동목록시스템
(http://www.nl.go.kr/kolisnet)에서 이용하실 수 있습니다.
(CIP 제어번호: CIP2019042878)

출판 · 교육 · 미디어기업 학지사
간호보건의학출판 **학지사메디컬** www.hakjisamd.co.kr
심리검사연구소 **인싸이트** www.inpsyt.co.kr
학술논문서비스 **뉴논문** www.newnonmun.com
원격교육연수원 **카운피아** www.counpia.com